Ihr gutes Recht

BILD WEGWEISER DURCH DEN RECHTSALLTAG

Akademische Arbeitsgemeinschaft Verlag
Postfach 10 01 61 · 68001 Mannheim
Telefon 0621 / 8 62 62 62
Telefax 0621 / 8 62 62 63
www.akademische.de

2. Auflage

Stand: März 2012

Autoren: Manfred Kotzian-Rumpf, Dr. Betina Münch, Michael Terhaag, Axel Theunissen
Grafische und redaktionelle Bearbeitung: Wolters Kluwer Deutschland GmbH, Akademische Arbeitsgemeinschaft Verlag
Lektorat: Wolters Kluwer Deutschland GmbH,
Akademische Arbeitsgemeinschaft Verlag; Raimund Witkop
Gestaltung: Veronika Illmer, futurweiss kommunikationen, Wiesbaden

Satz: Da-TeX Gerd Blumenstein, Leipzig
Druck: CPI – Clausen & Bosse, Leck

ISBN 978-3-404-60695-5

Recht haben, das ist die eine Sache. Sein gutes Recht auch durchsetzen können, das ist eine ganz andere. Vor allen Dingen dann, wenn man selbst kein Jurist ist, und die Gegnerseite ein Konzern, eine Behörde, eine große Hausverwaltung oder gar eine Anwaltskanzlei ist.

Seit über 40 Jahren können sich BILD-Leser an „BILD kämpft für Sie" wenden und um Hilfe bitten. Bis zu 20.000 Fälle bearbeitet die Redaktion jedes Jahr. In vielen Fällen kann BILD kämpfen und helfen, aber lange nicht in allen. Am Ende bleibt dann nur noch der teure Gang zum Anwalt und vors Gericht – mit ungewissem Ausgang. Oft können Sie durch genaues Hinschauen vermeiden, in eine missliche Lage oder einen Rechtsstreit zu kommen: Sei es indem Sie das Kleingedruckte oder die Allgemeinen Geschäftsbedingungen genau lesen, sich nicht auf mündliche Zusagen verlassen, sondern diese im schriftlichen Vertrag fixieren oder das Augenmerk ganz genau auf Kündigungsfristen und andere Verlagsklauseln legen.

Dieser Rechtsratgeber von BILD steht Ihnen nicht erst zur Seite, wenn der Streit da ist!

Ob es um Job, Miete, Internet, Handy-Verträge, Musik-Download, Gebührenfallen, Straßenverkehr, Handwerker-Pfusch, Scheidung oder Behörden-Ärger geht, „Ihr gutes Recht" gibt Ihnen kompetenten Experten-Rat und nützliche Links zu Standard-Verträgen. Dieses Buch bringt den Leser schon vor Vertragsabschluss auf Augenhöhe mit dem Vertragspartner – und macht so das Leben leichter.

Denn die beste Auseinandersetzung ist immer die, die gar nicht erst geführt werden muss, weil Sie schon beim Abschluss des Vertrages gewusst haben, wie Sie Ihr gutes Recht schützen können.

Ihr

Ralf Pörner

Redaktionsleiter „BILD kämpft für Sie"

Inhaltsverzeichnis

C BERUF UND RECHT

Ihre Rechte beim Einkauf im Ladengeschäft

I. Wenn Sie einen Kaufvertrag abschließen

→ Ab wann Sie sich vertraglich binden

Der Kaufvertrag ist in dem Moment **geschlossen**, wenn Sie als Kunde erklären, eine bestimmte Ware **kaufen** zu wollen, und der Verkäufer damit **einverstanden** ist. Alltägliches Beispiel: Sie legen im Supermarkt Ware auf das Kassierband, die Kassiererin scannt den Preis ein. Das hat rechtliche Folgen:

- Der **Verkäufer** muss die Ware **liefern**.
- Als **Käufer** müssen Sie den Kaufpreis **bezahlen** und die Ware **abnehmen**.
- Sie erkennen die **Allgemeinen Geschäftsbedingungen** (abgekürzt AGB) des Verkäufers an.
- Spätestens mit der Übergabe der Ware beginnen die **Fristen** der **Gewährleistungsrechte** zu laufen (→ Abschn. VI 1).

Tipp:
Damit Sie den Zeitpunkt und auch den Inhalt des Vertragsschlusses im Streitfall nachweisen können, sollten Sie sämtliche **schriftlichen Unterlagen** (z. B. Bestellung, Kaufvertrag, Quittung) sorgfältig aufbewahren.

In manchen Branchen (z. B. Möbel- oder Kfz-Handel) sehen die Allgemeinen Geschäftsbedingungen einen **Annahmevorbehalt** vor. Hier muss der Verkäufer innerhalb einer bestimmten Frist die Bestellung ausdrücklich annehmen, um den Vertragsschluss zu besiegeln. Tut er das nicht, ist der Vertrag nicht zustande gekommen.

→ In welcher Form können Kaufverträge abgeschlossen werden?

Beim **typischen Barkauf** wird der Kaufvertrag nur **mündlich** abgeschlossen. In manchen Branchen ist es üblich, den Kaufvertrag **schriftlich** zu schließen, etwa im Möbel- oder Kfz-Handel.

Daneben gibt es **gesetzliche Sonderfälle.** Bestimmte Kaufverträge müssen **schriftlich** abgeschlossen (z. B. Teilzahlungskauf) oder sogar **notariell beurkundet** werden (z. B. Grundstückskauf).

Kaufverträge lassen sich auch **telefonisch**, über das **Internet**, per **E-Mail** oder **Fax** schließen (z. B. im Versandhandel). Diese sogenannten Fernabsatzverträge sind in speziellen Gesetzen geregelt (→ Kapitel A 2).

→ Was ist beim »Kleingedruckten« zu beachten?

Die meisten Einzel- oder Fachhändler regeln in »**Allgemeinen Geschäftsbedingungen**« die Vertragsabwicklung: also Lieferungs- und Zahlungsbedingungen, Lieferort, Eigentumsvorbehalt, Gewährleistungsrechte und Haftungsfragen. Die AGB werden in der Regel im Ladengeschäft **ausgehängt** (z. B. an der Kasse) oder auf der Rückseite von Bestellformularen oder Rechnungen **abgedruckt**. Hierzu gilt:

- Lesen Sie das »Kleingedruckte« **vor dem Kauf!** Denn mit dem Abschluss des Vertrages erkennen Sie die AGB des Verkäufers an. Entscheidend ist, dass Sie die Möglichkeit hatten, die AGB zu lesen, und nicht, ob Sie sie tatsächlich gelesen haben.
- **Individuelle Vereinbarungen** mit dem Verkäufer **gehen den Klauseln vor!** Haben Sie sich mit dem Verkäufer beispielsweise darauf geeinigt, dass er die Versandkosten trägt, gilt dies, auch wenn in den AGB steht, dass der Käufer diese Kosten zahlt. Halten Sie solche Vereinbarungen aus Beweisgründen unbedingt **schriftlich** fest.
- Bei der Gestaltung seiner Allgemeinen Geschäftsbedingungen muss der Verkäufer **strenge gesetzliche Vorgaben beachten.** Beispielsweise darf er weder die Haftung für Mängel der Ware ausschließen noch die 2-jährige Gewährleistungsfrist für neue Waren verkürzen. Verstößt eine Klausel gegen das Gesetz, ist nur diese Regelung, nicht der gesamte Vertrag unwirksam.

Bei Zweifeln, ob das »Kleingedruckte« mit dem Gesetz vereinbar ist, beraten Sie die Verbraucherzentralen.

II. Wenn es um den Preis und ans Bezahlen geht

→ Was gilt bei Falschauszeichnungen und Sonderangeboten?

- Ist eine Ware falsch ausgezeichnet, haben Sie **keinen Anspruch** darauf, den Artikel zum günstigeren (= falschen) Preis zu kaufen (z. B. ist ein Artikel versehentlich mit € 10,– ausgezeichnet, kostet aber tatsächlich € 100,–). Denn **Warenauszeichnungen** und **Schaufensterauslagen** sind **unverbindliche Angebote** des Verkäufers. Hier können Sie höchstens auf die Kulanz des Verkäufers hoffen, Ihnen die Ware günstiger zu überlassen.

- **Wirbt** ein Händler mit einer **Preisgarantie** – wie es Elektronik- und Baumärkte oft tun –, ist diese für ihn **verbindlich.** Bewahren Sie aber die Werbung auf, damit Sie im Streitfall das Garantieversprechen nachweisen können.
- Zwar darf ein Händler nicht mit falschen oder unvollständigen Sonderangeboten werben (sogenannte »**Lockvogelangebote**«). Als privater Verbraucher lässt sich daraus aber **kein Anspruch** herleiten. Das gilt ebenso, wenn beworbene Artikel schnell ausverkauft sind, weil der Händler sie nicht in ausreichender Menge vorrätig hält (z.B. bei Alltagswaren für mindestens zwei Tage). In beiden Fällen könnte zwar beispielsweise ein Konkurrent einen Wettbewerbsverstoß beanstanden, Ihnen als Kunde nützt das aber nichts.

→ Wann müssen Sie den Kaufpreis bezahlen?

Grundsätzlich müssen Sie den Kaufpreis erst bezahlen, wenn Ihnen die gekaufte Ware übergeben wird. Eine **Anzahlung** darf der Verkäufer aber verlangen, wenn er dafür einen **sachlichen Grund** hat (z.B. will er sicherstellen, dass Sie eigens für Sie bestellte Ware auch wirklich abholen). Die Höhe ist Verhandlungssache.

Durch eine Regelung im »**Kleingedruckten**« eines Kaufvertrages dürfen Sie nicht zu einer Anzahlung verpflichtet werden. Auch die Klausel »Zahlung am (Datum), Restzahlung vor Lieferung« ist unzulässig. Sie müssen also nicht vor der Lieferung den kompletten Kaufpreis zahlen.

III. Wie kommen Sie von einem Kaufvertrag wieder los?

→ Der Verkäufer zeigt sich kulant

Ein von Ihnen gekaufter Artikel ist an sich **einwandfrei**, passt oder gefällt Ihnen aber nicht: Ob Sie die Ware zurückgeben dürfen, hängt allein von der Kulanz (also dem Entgegenkommen) des Verkäufers ab. Sie haben **keinen** gesetzlichen **Anspruch auf Umtausch**, wenn die Ware in Ordnung ist.

In der Praxis räumen aber viele Händler (z.B. Bekleidungsgeschäfte) ihren Kunden die Möglichkeit ein, die Ware innerhalb einer bestimmten Frist gegen **Vorlage des Kassenbons** umzutauschen.

Tipp:
Erkundigen Sie sich vor dem Kauf, ob und innerhalb welcher Frist Sie die Ware umtauschen können. Fragen Sie auch, ob Sie dann Geld oder einen Warengutschein erhalten.

Alles Wissenswerte zum Umgang mit **Waren- und Geschenkgutscheinen** finden Sie unter www.bild-ihr-gutes-recht.de (R 13837).

→ Sie können den Vertrag ausnahmsweise anfechten

Sie können einen Kaufvertrag nur in bestimmten Fällen anfechten:

- Sie haben sich beim Vertragsschluss über den **Inhalt des Kaufvertrages** oder eine **wesentliche Eigenschaft** der Kaufsache **geirrt**. Es reicht nicht, wenn sich Ihr **Beweggrund** für den Kauf nachträglich als Irrtum herausstellt (z. B. passt das Sofa nicht so gut ins Wohnzimmer, wie Sie sich das vorgestellt haben).
- Sie **verschreiben** sich beim Ausfüllen eines Bestellformulars und geben eine falsche Bestellnummer an.
- Der Verkäufer hat Sie **bedroht** oder **arglistig getäuscht** (z. B. versichert der Möbelverkäufer, es handle sich um Massivholz, in Wirklichkeit weiß er, dass der Schrank nur furniert ist).

Fechten Sie den Vertrag erfolgreich an, wird er **unwirksam. Folge:** Sie geben die Ware zurück und erhalten dafür den gezahlten Kaufpreis. Die Anfechtung müssen Sie gegenüber dem Verkäufer sofort erklären – spätestens am Tag, nachdem Sie den Irrtum bemerkt haben. Wurden Sie bedroht oder arglistig getäuscht, haben Sie **ein Jahr** Zeit. Aus Beweisgründen sollten Sie den Kaufvertrag stets **schriftlich** anfechten.

Auch der **Verkäufer** kann einen Kaufvertrag **anfechten**, beispielsweise wenn er Rechnungspositionen **falsch addiert** hat. Hier ist eine Berichtigung möglich. **Anders** bei einem **Kalkulationsirrtum:** Legt der Verkäufer irrtümlich einen falschen Preis im Vertrag fest (z. B. verwendet er veraltete Preislisten), kann er diesen Fehler nicht mehr korrigieren. Sie bekommen die Waren zum genannten Preis.

Haben Sie einen Vertrag angefochten, darf der Verkäufer in manchen Fällen **Schadensersatz** verlangen, weil er auf den Bestand des Vertrages vertraut hat (z. B. fehlt die Originalverpackung und kann der Verkäufer die Ware nicht mehr zum Originalpreis verkaufen, müssen Sie die Differenz bezahlen).

→ Sie treten vom Vertrag zurück

Wie Sie vom Vertrag loskommen, wenn die **Lieferung verzögert** oder **gar nicht erfolgt,** lesen Sie im nächsten Abschnitt. Auch wenn die gekaufte Ware mangelhaft ist, dürfen Sie den Vertrag rückabwickeln (→ Abschn. VI 4).

→ Kein Widerruf beim Einkauf im Ladengeschäft

Kaufen Sie Waren im Ladengeschäft eines Einzel- oder Fachhändlers, haben Sie **nicht das Recht,** den Vertrag zu **widerrufen.** Das gilt entgegen der landläufigen Meinung auch für Bestellware (z. B. bestellt der Elektrohändler ein spezielles Leuchtmittel für Sie, das er nicht in seinem Sortiment hat). Ein gesetzliches Widerrufsrecht steht Ihnen aber zu, wenn Sie Waren im **Versandhandel** bestellen (→ Kapitel A 2).

IV. Wenn sich die Vertragserfüllung verzögert

→ Der Verkäufer liefert die Ware nicht zum vereinbarten Termin

Verzögert sich die Lieferung, sollten Sie den Verkäufer zunächst durch eine **schriftliche Mahnung »in Verzug setzen«.** Das bedeutet: Sie weisen ihn ausdrücklich darauf hin, dass er seinen Teil des Vertrags nicht erfüllt hat, und räumen ihm zugleich eine angemessene Frist zur Lieferung ein (z. B. zwei Wochen). Gleichzeitig drohen Sie an, sich weitere Rechte vorzubehalten (z. B. Rücktritt oder Schadensersatz), wenn die Frist erfolglos verstreicht.

Auf die Mahnung können Sie **verzichten,** wenn

- ein **bestimmter Liefertermin nach dem Kalender** vereinbart wurde (z. B. »Lieferung am 31. 1. 2011«),
- ein **bestimmter Liefertermin nach einem vorher festgelegten Ereignis** vereinbart wurde (z. B. »Lieferung zwei Wochen nach Eingang der Bestellung«) oder
- der **Verkäufer** die **Lieferung ernsthaft und endgültig verweigert** (z. B. teilt er Ihnen schriftlich mit, nicht zu liefern).

Liefert der Verkäufer auch nach Ablauf der in der Mahnung gesetzten Frist nicht oder war eine Mahnung aus einem der drei Gründe entbehrlich, gerät er mit seiner Lieferpflicht in **Verzug.** Jetzt haben Sie zwei Möglichkeiten:

- Möchten Sie die Ware nach wie vor haben, können Sie die **Lieferung abwarten.** Sie haben weiterhin einen Anspruch darauf. Gleichzeitig steht Ihnen Schadensersatz zu, wenn Ihnen wegen der Verzögerung tatsächlich ein Schaden entstanden ist.
- Haben Sie nach Fristablauf kein Interesse mehr an der Ware, haben Sie das Recht, vom Vertrag **zurückzutreten** und **Schadensersatz** zu verlangen, soweit Ihnen ein konkreter Schaden entstanden ist.

  Beispiel: Sie bestellen einen Kühlschrank für € 350,–. Nach erfolgloser Mahnung treten Sie vom Vertrag zurück. Der gleiche Kühlschrank kostet bei einem anderen Händler € 400,–. Außerdem sind die Lieferkosten um € 20,– höher. Der Verkäufer hat Ihnen sowohl die Preisdifferenz als auch die höheren Lieferkosten zu erstatten.

Beachten Sie: In diesem Fall müssen Sie dem Verkäufer **auch dann eine Frist setzen,** wenn für die Lieferung ein bestimmter Termin vereinbart war (z. B. »Die Lieferung erfolgt am 1. 2. 2011«). Nur wenn der Verkäufer die Lieferung ernsthaft und endgültig verweigert hat, brauchen Sie ihn kein weiteres Mal zur Lieferung aufzufordern.

Schadensersatz gibt es aber nur, wenn der **Verkäufer für die Verzögerung verantwortlich ist.** Verzögert sich die Lieferung aus Gründen, die er nicht zu verantworten hat (z. B. aufgrund einer Hochwasserkatastrophe im Liefergebiet), muss er keinen Schadensersatz leisten.

→ Der Verkäufer kann die Ware überhaupt nicht mehr liefern

Ein Händler kann aus verschiedenen Gründen nicht mehr in der Lage sein, die Ware zu liefern. Beispielsweise, wenn der gekaufte Bauernschrank vor Auslieferung durch einen Wasserschaden zerstört wird oder der bestellte Kindersitz aufgrund einer zwischenzeitlichen Rückrufaktion des Herstellers nicht mehr produziert wird. **Folge:** Der Verkäufer ist **nicht (mehr) zur Lieferung verpflichtet** (§ 275 BGB).

Ist er aber **verantwortlich,** weil er zum Beispiel den Bauernschrank einem anderen, mehr bietenden Kunden verkauft und geliefert hat, haben Sie folgende **Möglichkeiten:**

- Sie können statt der Lieferung der Ware Schadensersatz verlangen. Ersetzt wird der Schaden, der entstanden ist, weil der Verkäufer **nicht mehr liefern** kann.
- **Anstelle** von **Schadensersatz** können Sie auch die Kosten vom Verkäufer verlangen, die Ihnen im Vertrauen auf die Vertragsdurchführung entstanden sind. Die **zu ersetzenden Aufwendungen** müssen dabei jedoch in einem angemessenen Verhältnis zum Kaufpreis stehen.

  Beispiel: Für ein neu gekauftes Klavier haben Sie bereits eine Klavierbank mit einem speziellen Bezug anfertigen lassen, die nicht umgetauscht werden kann.
- Haben Sie den **Kaufpreis bereits bezahlt** und kann die Ware nicht mehr geliefert werden, sollten Sie sich wie stets zunächst an den Verkäufer halten. Bekommt dieser eine **Versicherungsentschädigung** (z. B. Wertersatz für eine Antiquität), können Sie diese Entschädigung von ihm verlangen.

- Die einfachste Möglichkeit: Sie **treten** vom Vertrag **zurück,** zum Beispiel, weil Sie die gekaufte Ware auch woanders kaufen können. Für den Rücktritt genügt eine einfache schriftliche Mitteilung an den Verkäufer.

→ Es wird die falsche Ware geliefert

Wird Ihnen statt der bestellten eine andere Ware (z. B. statt 93er-Bordeaux ein 96er) oder eine zu geringe Menge geliefert (z. B. statt zwei Kisten Wein nur eine), haben Sie **dieselben Rechte** wie bei Lieferung einer **mangelhaften Sache** (→ Abschn. V 2).

V. Wann ist eine Ware mangelhaft?

Ein **Mangel** liegt nach § 434 BGB vor, wenn

- die Ware **nicht für den vertraglich vorausgesetzten,** auch dem Verkäufer bekannten **Zweck geeignet** ist (z. B. darf die für innen gekaufte Farbe nur außen verarbeitet werden); **oder**
- der **Ware Eigenschaften fehlen,** die Sie nach den **Äußerungen des Verkäufers** oder des **Herstellers in der Werbung** erwarten können. **Voraussetzung** ist, dass Sie sich gerade wegen der beworbenen Eigenschaft zum Kauf entschlossen haben (z. B. ein günstiger Stromverbrauch); **oder**
- der Verkäufer die **Montage unsachgemäß** durchgeführt hat (z. B. klemmen die Schubladen des Küchenschrankes) oder die **Montageanleitung fehlerhaft** oder **unverständlich** ist; **oder**
- eine **falsche Ware** oder eine **zu geringe Menge** geliefert wird.

VI. So reklamieren Sie mangelhafte Waren richtig

1. Keine Einschränkungen zu Ihrem Nachteil

Ihr Vertragspartner ist der **Verkäufer**, und damit auch **Ihr erster Ansprechpartner.** Ist die gekaufte Ware mangelhaft, wenden Sie sich zunächst an ihn. Es ist allerdings rechtlich zulässig, wenn der Verkäufer Sie zur Mangelbeseitigung **an den Hersteller** oder eine **Servicefirma** verweist. Dies kann für Sie auch einfacher sein, insbesondere, wenn der Verkäufer den Fehler nicht selbst beheben kann.

Beispiel:
Sie kaufen bei einem Discounter einen PC mit einem umfangreichen Softwarepaket. Bei der Installation ergeben sich Probleme. Hier kann in der Regel nur der Support des Softwareherstellers helfen.

Im »Kleingedruckten« darf der Verkäufer die gesetzlichen Gewährleistungsrechte **nicht** zu Ihrem Nachteil **ausschließen** oder **einschränken.** Entsprechende Klauseln sind **unwirksam** (z. B. die Regelung: »Ein Mangel muss per Einschreiben angezeigt werden«).

Das gilt auch für mangelhafte Ware, wenn der Verkäufer sie preiswert oder preisreduziert verkauft hat. **Ausnahme:** Der Verkäufer weist ausdrücklich darauf hin, dass die Ware Mängel haben könnte (z. B. wird sie als »**Zweite-Wahl-Artikel**« ausgezeichnet). Hier können Sie aus diesen Fehlern der Ware keine Rechte herleiten.

Die Frist für die Reklamation mangelhafter Waren darf weder **im »Kleingedruckten«** noch durch eine **individuelle Vereinbarung** verkürzt werden. Sie beträgt für **neue Waren zwei Jahre,** für **gebrauchte Waren** mindestens **ein Jahr.**

Innerhalb der ersten sechs Monate ab Erhalt der Ware wird zu Ihren Gunsten **gesetzlich vermutet,** dass die Ware bereits beim Kauf mangelhaft war. Das Gegenteil muss der Verkäufer beweisen. Diese Vermutung gilt sogar, wenn unklar ist, ob der Mangel bereits vor Übergabe vorlag oder auf einen Bedienungsfehler des Käufers zurückzuführen ist. **Ab dem siebten Monat** müssen Sie als Käufer den Beweis erbringen, dass der Mangel bereits vorlag, als Sie die Kaufsache erhalten haben.

2. Immer schön der Reihe nach!

Ist die gekaufte Ware mangelhaft, stehen Ihnen verschiedene Rechte zu. **Beachten Sie:** Diese **Rechte** sind nach dem Gesetz zwingend **gestaffelt,** das heißt: Sie müssen Schritt für Schritt vorgehen.

- **Schritt 1:** Sie können zunächst »Nacherfüllung«, das heißt Reparatur oder Ersatz vom Verkäufer verlangen.
- **Schritt 2:** Bleibt die Nacherfüllung erfolglos, können Sie vom Vertrag zurücktreten oder den Kaufpreis herabsetzen.
- **Schritt 3:** Zusätzlich können Sie Ersatz Ihres Schadens oder Ihrer Kosten verlangen.

3. Sie müssen immer zuerst Reparatur oder Ersatz verlangen

→ Der Verkäufer bekommt eine »zweite Chance«

Haben Sie ein mangelhaftes Produkt gekauft, **müssen** Sie also zunächst **Nacherfüllung verlangen** (§ 439 BGB). Dabei haben Sie als Käufer ein **Wahlrecht,** ob Sie die Reparatur der mangelhaften Ware oder die Lieferung einer neuen fordern. **Aber:** Ist Ihr Wunsch mit **unverhältnismäßigen Kosten** verbunden, darf der Verkäufer die andere Möglichkeit wählen.

Bleibt der **erste Nacherfüllungsversuch erfolglos** (z. B. schleudert die Waschmaschine trotz Reparatur immer noch nicht), müssen Sie dem Verkäufer grundsätzlich einen **zweiten Versuch** zugestehen. Setzen Sie ihm dabei eine **Frist** – aus Beweisgründen am besten schriftlich. Erst wenn diese Frist erfolglos **abgelaufen** ist, stehen Ihnen die **weiteren Rechte** zu (→ Abschn. VI 4).

→ Das gilt für die Durchführung der Reparatur

Die **Reparatur** muss – sofern Sie nichts anderes mit dem Verkäufer vereinbart haben – **an dem Ort** durchgeführt werden, wo sich die reklamierte Ware **befindet.** Und zwar ohne Rücksicht auf die Entfernung vom Geschäftssitz des Verkäufers (z. B. der Wohnsitz des Käufers bei Reklamation einer Couchgarnitur).

Die verwendeten Ersatzteile müssen dem Zustand der Kaufsache entsprechen. Neue Waren müssen also mit neuwertigen Ersatzteilen ausgestattet werden.

→ Das gilt für die Kosten

Alle **Kosten** im Zusammenhang mit der Nacherfüllung **trägt der Verkäufer.** Dazu zählen Transport-, Arbeits-, Wege- oder Materialkosten. Er muss zudem die Aus- und Einbaukosten übernehmen.

Vorsicht: Auf Ihren Kosten bleiben Sie sitzen, wenn Sie einen **Mangel selbst beseitigen** oder durch einen Dritten beseitigen lassen, ohne vorher den Verkäufer unter Fristsetzung zur Reparatur aufgefordert zu haben.

Stellt sich Ihr **Mangelbeseitigungsverlangen** als **unberechtigt** heraus (z. B. weil der Mangel nachweislich allein auf einem Bedienungsfehler beruht), darf der Verkäufer Ihnen die Reparaturkosten in Rechnung stellen.

Der Verkäufer darf für den Fall der Ersatzlieferung **keine Nutzungsentschädigung** dafür verlangen, dass Sie die mangelhafte Ware in Gebrauch hatten: Der Umtausch des defekten Geräts gegen ein neues hat kostenlos zu erfolgen. **Anders,** wenn Sie aufgrund einer mangelhaften Ware komplett vom Kaufvertrag Abstand nehmen (→ Abschn. VI 4).

→ Was gilt, wenn die Nacherfüllung misslingt?

Kann der Verkäufer den Mangel **auch im zweiten Anlauf** nicht oder nicht dauerhaft beheben, dürfen Sie gleich Rücktritt oder Minderung verlangen (→ Abschn. VI 4).

Allerdings muss der **ursprüngliche Mangel weiter bestehen.** Es darf kein neuer Mangel anlässlich der Reparatur auftreten. Als Käufer, der die Ware nach einer Nachbesserung des Verkäufers angenommen hat, tragen Sie grundsätzlich die Beweislast für das 2-malige Fehlschlagen der Nachbesserung. Sie müssen aber nicht die Ursache dafür benennen. Der Verkäufer kann sich somit bei der Ursachenforschung nicht mehr dumm stellen.

Bei einer **fehlgeschlagenen Nacherfüllung** können Sie nachgelieferte oder nachgebesserte Teile weiter reklamieren. Hier beginnt die 2-jährige Gewährleistung neu zu laufen. Das gilt aber nur, wenn der Verkäufer den Mangel wirklich anerkannt hat und nicht nur aus Kulanz repariert hat (vgl. nächster Punkt).

→ Neue Verjährung, wenn der Mangel behoben wird?

Reklamieren Sie eine mangelhafte Ware **erfolgreich,** so ist rechtlich umstritten, ob Sie danach erneut zwei Jahre Zeit haben, Mängel zu reklamieren. **Voraussetzung** für einen Neubeginn der Verjährung ist, dass der Verkäufer den Mangel **anerkennt.** Handelt er nur aus Kulanz, gilt dies nicht. Die Abgrenzung erfolgt im Einzelfall je nach Umfang, Dauer und Kosten der Mängelbeseitigung.

4. Sie wollen den Vertrag rückabwickeln oder weniger bezahlen

→ Sie treten vom Vertrag zurück

Verweigert der Verkäufer die **Nacherfüllung,** ist sie ihm **unzumutbar** oder **fehlgeschlagen,** können Sie vom Vertrag zurücktreten (§ 440 BGB). Nach dem Gesetz gilt die Nachbesserung grundsätzlich nach dem zweiten erfolglosen Versuch als fehlgeschlagen. Beachten Sie dabei Folgendes:

Ihren Rücktritt teilen Sie dem Verkäufer **schriftlich** mit. Fordern Sie ihn gleichzeitig dazu auf, Ihnen den Kaufpreis zurückzuzahlen und geben Sie ihm die Ware zurück (sofern sie noch bei Ihnen ist). **Wichtig:** Sie bekommen **Geld,** einen Gutschein müssen Sie nicht akzeptieren!

Der Verkäufer darf von Ihnen eine **Nutzungsentschädigung** dafür verlangen, dass Sie die Ware in Gebrauch hatten.

Ihr Rücktrittsrecht ist **ausgeschlossen,** wenn der Mangel nur **unwesentlich ist,** das heißt, die Gebrauchstauglichkeit der Ware nicht deutlich herabgesetzt wird. Der Mangel gilt als unerheblich, wenn sich der Beseitigungsaufwand im Rahmen von 5 % bis 10 % des Kaufpreises bewegt. Das Recht, **den Kaufpreis zu mindern,** bleibt Ihnen in diesem Fall unbenommen.

Das Rücktrittsrecht bleibt Ihnen aber erhalten, auch wenn sich erst nach der Erklärung des Rücktritts herausstellt, dass der **Fehler einfach zu beheben** war.

➔ Sie wollen den Kaufpreis herabsetzen

Statt vom Vertrag **zurückzutreten**, können Sie auch den **Kaufpreis mindern** (§ 441 BGB). Um welchen Betrag Sie den Kaufpreis herabsetzen können, richtet sich nach dem Ausmaß des Fehlers und der sich daraus ergebenden **Wertbeeinträchtigung** der Ware.

Tipp:
Erkundigen Sie sich bei einer Verbraucherzentrale, in welcher Größe eine Minderung vertretbar ist. Was Sie am Ende als Minderung herausholen, hängt auch von Ihrem **Verhandlungsgeschick** ab.

Teilen Sie dem Verkäufer mit, um welchen Betrag Sie den Kaufpreis herabsetzen. Grundsätzlich kann dies mündlich geschehen. Aus Beweisgründen empfiehlt sich aber ein kurzes Schreiben.

5. Sie verlangen Schadensersatz

Schadensersatz steht Ihnen **zusätzlich** zum Rücktrittsrecht und dem Recht auf Minderung zu. Voraussetzung ist, dass die Nacherfüllung 2-mal fehlgeschlagen ist und der Verkäufer den Schaden verschuldet hat (z. B. führt er die Reparatur unsachgemäß aus).

Ist Ihnen durch die mangelhafte Ware ein Schaden entstanden, können Sie dafür vom Verkäufer **Ersatz** verlangen. Dabei ist zu unterscheiden zwischen Mangelschäden und sogenannten »Mangelfolgeschäden«:

Beispiel:

- Die Reparatur der neu gekauften Waschmaschine scheitert zwei Mal. Sie treten deshalb vom Vertrag zurück. Mussten Sie ein kostenpflichtiges Gutachten erstellen lassen, um den Mangel zu beweisen, können Sie die Gutachterkosten als **Mangelschaden** vom Verkäufer verlangen (§ 440 i.V.m. § 281 BGB).
- Durch die defekte Waschmaschine entsteht ein Wasserschaden an Ihrem Badezimmerteppich. Die Kosten für die Reinigung bzw. für einen neuen Teppich stehen Ihnen als sogenannter »**Mangelfolgeschaden**« zu (§ 280 BGB).

  Sie können auch den **Ersatz der Ihnen entstandenen Kosten** verlangen (z.B. fallen erhöhte Telefongebühren an, weil Sie für die Reklamation eine teure Servicenummer anrufen müssen).

VII. Wenn Ihnen der Händler eine Garantie einräumt

Die Garantie ist eine **freiwillige Leistung des Verkäufers oder Herstellers.** Sie kann sich auf die **Beschaffenheit** der Ware (z.B. »100 % ökologisch abbaubar«) oder auf die **Haltbarkeit** (z.B. »30 Jahre haltbar«) beziehen. Einen Anspruch auf Garantie haben Sie nicht.

Wichtig: Wird Ihnen allerdings eine Garantie eingeräumt, stehen Ihnen **zusätzliche Rechte** zu. Diese gelten **unabhängig** von den gesetzlichen Mängelrechten (→ Abschn. VI 2). Sie können sich **daneben** – also zusätzlich – darauf berufen.

In der Praxis spielt eine Garantie insbesondere eine Rolle, wenn die **Garantiefrist länger** ist **als die Gewährleistungsfrist** (z.B. drei Jahre statt zwei bei Neuwaren) oder die **Gewährleistungsrechte nicht mehr durchsetzbar** sind. Beispielsweise weil der Laden geschlossen hat, in dem Sie die Ware gekauft haben. Die Garantie vom Hersteller gilt dann weiter.

Wie Sie einen Versandhandelskauf optimal abwickeln

I. Die Regelungen zum »Fernabsatz« schützen Sie

Für den **Versandhandelskauf** per Katalog, Brief, Telefon, E-Mail und Internet gelten besondere rechtliche Regeln. Denn diese Art des Geschäfts ist für Sie als Verbraucher besonders **risikoreich.** Sie kennen weder Ihren Vertragspartner noch das Produkt, das Sie kaufen wollen. Deshalb **schützen** Sie die gesetzlichen Regelungen zum Fernabsatz vor unseriösen Geschäftemachern (§ 312 b BGB).

Beispiel:
Den Anbietern von Fernabsatzgeschäften werden umfangreiche Informationspflichten auferlegt (→ Abschn. III). Als Verbraucher dürfen Sie den Fernabsatzvertrag binnen 14 Tagen widerrufen oder die gekaufte Ware zurückgeben (→ Abschn. V).

Prüfen Sie Punkt für Punkt durch, ob Sie sich im konkreten Fall erfolgreich darauf berufen können.

II. Wann finden die Regelungen Anwendung?

Unter den gesetzlichen Schutz fallen Verträge über Warenlieferungen oder Dienstleistungen, die Sie als Verbraucher mit einem Unternehmer, das heißt einem **gewerblichen Verkäufer,** abschließen.

Verbraucher sind Sie aber nur, wenn Sie den Vertrag »**privat**« abschließen. Der Vertragszweck darf also nicht Ihrer selbstständigen oder beruflichen Tätigkeit dienen.

Wenn Sie per Brief, Postkarte, Katalog, Fax, Telefon, SMS, E-Mail oder über das Internet bestellen, steht Ihnen der Schutz des Gesetzes zu. Erforderlich ist aber, dass der Vertrag unter **ausschließlicher Verwendung** sogenannter **Fernkommunikationsmittel** zustande kommt, d. h., Sie bestellen beispielsweise per Internet Ware aus einem Katalog oder telefonisch über eine in einer Werbeanzeige angegebene »Bestell-Hotline«.

Sie dürfen **keinerlei persönlichen Kontakt** während der Vertragsanbahnung oder des Vertragsschlusses zum Verkäufer haben. Sonst entfällt der Schutz des Fernabsatzrechts.

Das Fernabsatzrecht gilt ferner nur dann, wenn der Unternehmer regelmäßig Waren oder Dienstleistungen im Wege des Fernabsatzes vertreibt und hierfür ein **eigenes Vertriebs- oder Dienstleistungssystem** eingerichtet hat. Davon können Sie beispielsweise ausgehen beim Versandhandel, Online-/Teleshopping, E-Commerce oder Online-Banking.

Zudem **schließt das Gesetz** bestimmte **Verträge** einfach **aus.** Dazu zählen nach § 312 b Abs. 3 BGB:

- **Fernunterrichtsverträge** (z.B. nehmen Sie ein Studium an einer Fernuniversität auf);
- Verträge über die Teilnutzung von Wohngebäuden (sogenanntes **»Time-Sharing«**): Sie schließen einen Vertrag, wonach Sie eine bestimmte Wohnung auf Mallorca drei Wochen im Jahr nutzen dürfen;
- **Immobiliengeschäfte;**
- **Lieferung von Lebensmitteln, Getränken** oder sonstigen **Haushaltsgegenständen des täglichen Bedarfs** – nicht aber Weinversand;
- Verträge über **Unterbringung, Beförderung, Lieferung von Speisen und Getränken sowie Freizeitgestaltung,** wenn der Unternehmer bei Vertragsschluss dazu verpflichtet wird, die Dienstleistung zu einem bestimmten Zeitpunkt oder innerhalb eines bestimmten Zeitraums zu erbringen (z.B. Bestellung eines Hotelzimmers, Buchung von Flügen, Online-Ticketkauf);
- **Automatenkauf** (z.B. Warenkauf aus einem Automaten);
- Verträge über die **Benutzung von öffentlichen Fernsprechern,** Faxgeräten oder E-Mail-Terminals.

Auch **Verträge von privat zu privat,** die Sie beispielsweise über das Internet oder per E-Mail abwickeln, fallen nicht unter das Fernabsatzrecht. Das gilt grundsätzlich auch bei Internetauktionen. **Ausnahme:** Der Verkäufer handelt gewerblich oder ist ein sogenannter Powerseller bei eBay.

III. Sie müssen umfassend aufgeklärt werden

→ Worüber muss der Verkäufer Sie aufklären?

§ 312 c BGB i.V.m. § 1 BGB-InfoV verlangt vom **Verkäufer,** dass er folgende Informationen preisgibt:

- seine **Identität** (d.h. Name, Rechtsform der Firma) und **ladungsfähige Anschrift** (d.h. Land, Ort, Postleitzahl, Straße); die Postfachanschrift als Widerrufsadresse genügt, da Sie in gleicher Weise wie durch die Angabe einer Hausanschrift Ihre Widerrufserklärung auf den Postweg bringen können.
- die Möglichkeit zur **unmittelbaren und effizienten Kontaktaufnahme,** wie beispielsweise Telefon- oder Faxnummer und ggf. Internetadresse;
- **wesentliche Merkmale der Ware oder der Dienstleistung** (z.B. Hosenanzug, 2-teilig, schwarz) und Informationen dazu, **wie der Vertrag zustande kommt** (z.B. durch Übermittlung einer Auftragsbestätigung per E-Mail);
- die **Mindestlaufzeit des Vertrages,** wenn dieser eine dauernde oder regelmäßig wiederkehrende Leistung beinhaltet (z.B. Handyvertrag);
- einen **Vorbehalt,** eine in Qualität oder Preis gleichwertige Leistung zu erbringen, und einen Vorbehalt, die versprochene Leistung im Fall ihrer Nichtverfügbarkeit nicht zu erbringen;
- den **Gesamtpreis** der Ware oder Dienstleistung (d.h. einschließlich Steuern oder sonstiger Preisbestandteile) sowie **sonstige zusätzlich anfallende Kosten;**
- Einzelheiten hinsichtlich der Zahlung und der Lieferung oder Erfüllung;
- das Bestehen eines Widerrufs- und Rückgaberechts;
- **Gültigkeitsdauer befristeter Angebote,** insbesondere hinsichtlich des Preises.

Tipp:
Lassen Sie sich von der Informationsfülle nicht abschrecken! Die Vielzahl der Informationen entspricht dem gesetzlichen Standard. Unterläuft dem Verkäufer hier ein Fehler, profitieren Sie davon (z.B. verlängert sich die Widerrufsfrist). Dies gilt selbst dann, wenn Sie die Voraussetzungen erst in Ruhe anschauen, nachdem es Ärger mit der Bestellung gegeben hat.

→ Wann muss der Verkäufer Sie aufklären?

Die Informationen müssen Sie **vor Vertragsschluss** erhalten – und zwar in der Regel vor der Abgabe Ihrer auf den Vertragsschluss gerichteten Erklärung: Bei **Online-Bestellungen** genügt es, dass Sie diese Angaben über einen Link abrufen können. Bei **Telefongesprächen** muss der Verkäufer seine Identität und den geschäftlichen Zweck des Vertrages zu Beginn des Gesprächs ausdrücklich offenlegen.

Im Übrigen müssen Ihnen die Informationen spätestens vorliegen, wenn Sie die **Ware erhalten.**

→ Gibt es Ausnahmen von der Informationspflicht?

Ja. Rufen Sie beispielsweise Informationen über Fax ab, laden sich Software aus dem Internet herunter oder nehmen einen telefonischen Auskunftsdienst in Anspruch, gilt: Bei **Dienstleistungen,** die auf einmal **unmittelbar durch Einsatz von Fernkommunikationsmitteln** erbracht und über den Betreiber der Fernkommunikationsmittel abgerechnet werden (z.B. über die Telefonrechnung oder Kreditkarte), muss Ihnen **lediglich die Anschrift der Niederlassung des Unternehmers** mitgeteilt werden, an den Sie sich bei Beschwerden wenden können.

→ Wie muss der Verkäufer Sie informieren?

In der Regel in **Textform.** Das bedeutet, Sie müssen die Informationen entweder in Papierform vorliegen haben (z.B. Katalog, Wurfsendung) oder auf dem Bildschirm oder der Website lesen und ausdrucken können. Möglich ist auch, dass Sie per Fax, CD oder E-Mail informiert werden.

Die Informationen müssen **klar und unmissverständlich** sein und dürfen nicht an versteckter Stelle stehen (z.B. in einem »Sternchen«-Hinweis). Das gilt ebenso, wenn der Anbieter die Informationen in die AGB aufnimmt. Sie müssen diese Informationen dort mühelos auffinden und zur Kenntnis nehmen können.

Zusätzlich müssen bestimmte, besonders wichtige Informationen drucktechnisch **besonders hervorgehoben** werden (z.B. durch Farbe, Fettdruck oder Sperrschrift). Dazu zählen die Informationen über:

- das Widerrufs- oder Rückgaberecht;
- die Anschrift der Niederlassung des Unternehmers, bei dem Sie Ihre Reklamationen vorbringen können;
- den Kundendienst und geltende Gewährleistungs- und Garantiebedingungen;
- die Kündigungsbedingungen bei Verträgen, die für mindestens ein Jahr (z.B. Mobilfunkverträge) oder auf unbestimmte Zeit geschlossen werden.

→ Falls Sie nicht richtig informiert wurden

Als wichtigste Folge **verzögert** sich der **Beginn der Widerrufs- oder Rückgabefrist:** Sie beginnt erst, wenn der Verkäufer seine Informationspflichten vollständig erfüllt hat (→ Abschn. V 2).

Wurden Sie vor Vertragsschluss gar nicht, falsch oder unvollständig informiert, und entsteht Ihnen dadurch ein **Schaden,** muss der Verkäufer diesen ersetzen.

IV. Das gilt für Bestellung und Lieferung

→ Darf bei einer Bestellung Ihre Bonität geprüft werden?

Ja. Bei einer Erstbestellung darf der Versandhändler Ihr Geburtsdatum erfragen, um beim Kauf gegen Rechnung Ihre Bonität prüfen zu können. Das gilt auch bei einer telefonischen Bestellung. Diese Frage ist **datenschutzrechtlich unbedenklich,** da die Information Abrechnungszwecken dient.

→ Ab wann sind Sie an eine Bestellung gebunden?

Die **Homepage** oder der Katalog des Verkäufers stellt noch **kein Angebot** dar. Erst Ihre **Bestellung** beinhaltet das **Angebot** an den Anbieter, einen Vertrag abzuschließen. Deshalb sind Sie an die Bestellung in der Regel ab dem Zeitpunkt **gebunden,** in dem der Verkäufer diese beispielsweise per E-Mail, Anruf oder Fax **bestätigt.** Das gilt aber nur, wenn sich aus der Nachricht klar und deutlich ergibt, dass der Auftrag bestätigt wird. Bloße Eingangs- oder Bestellbestätigungen erfüllen diese Voraussetzung nicht.

Anders kann dies bei einer **Internetauktion** sein. Hier kann schon in der Gestaltung der Angebotsseite und der Angabe eines Mindestgebotes ein wirksames Angebot liegen. Gleiches gilt auch, wenn **direkt abrufbare Leistungen** online erfüllt werden (z. B. Herunterladen einer kostenpflichtigen Software). Lesen Sie zum Vertragsschluss im Internet auch Kapitel A 6.

→ Was Sie zu Preisangaben wissen müssen

Die Preisangaben für Katalog- oder Internetbestellungen müssen **eindeutig und wahr** sein. Es muss auch klar werden, welche Versand- und sonstigen Zusatzkosten anfallen (z. B. Liefer- und Versandkosten, Nachnahmekosten). Diese brauchen allerdings nicht auf den ersten Blick erkennbar oder direkt neben der Ware abgebildet zu sein. Ausreichend ist etwa, wenn entsprechende Angaben gut wahrnehmbar auf einer gesonderten Internetseite gemacht werden, die noch vor Einleitung des Bestellvorgangs zwingend aufgerufen werden muss.

Unzulässig sind hingegen mit einem »**Sternchen**« versehene Preisangaben, die am Ende der Seite auf zusätzliche Vorverkaufs- und Systemgebühren verweisen.

Aber: Ist der Preis für die Ware **fälschlicherweise zu niedrig** angegeben (z. B. aufgrund eines Softwarefehlers), haben Sie **keinen Anspruch** darauf, die Ware zu diesem Preis zu kaufen. Vorausgesetzt, es war für Sie erkennbar, dass es sich um eine falsche Preisangabe handelte (z. B. kostet ein Flachbildfernseher lediglich 1 / 10 des üblichen Marktpreises). Hat der Verkäufer Ihre Bestellung per E-Mail bestätigt, kann er den Vertrag **nachträglich anfechten,** sofern er den Preisfehler vorher nicht bemerken konnte.

→ Dürfen Sie die Ware oder Dienstleistung prüfen?

Ja. Das Widerrufs- und Rückgaberecht darf nicht ausgeschlossen werden, weil Sie die Verpackung der Ware **zur Prüfung geöffnet** haben. **Aber:** Gehen Sie mit der Ware so sorgsam wie möglich um. Denn bei Verschlechterung oder Beschädigung der Ware müssen Sie **Wertersatz** leisten. Vorausgesetzt, Sie wurden über diese Rechtsfolge zuvor informiert (→ Abschn. V 4).

Auch Dienstleistungen dürfen Sie grundsätzlich auf **Ihre Funktion hin überprüfen** (z. B. schließen Sie bei einem Mobilfunkanbieter einen kombinierten Mobilfunk- und Handykaufvertrag ab und aktivieren zu Testzwecken die SIM-Karte für einen Anruf oder eine SMS). Widerrufen Sie anschließend den Vertrag, müssen Sie für den vor Ihrem Widerruf in Anspruch genommenen Teil der Dienstleistung Wertersatz leisten (d. h. den Anruf oder die SMS bezahlen).

→ Was gilt bei Verlust oder Beschädigung auf dem Versandweg?

Geht bei einem Fernabsatzgeschäft die bestellte Ware auf dem Versandweg **verloren** oder wird sie **beschädigt,** haben Sie keinen Anspruch, dass Ihnen die Ware noch einmal geliefert wird. Allerdings müssen Sie die Ware in diesem Fall zunächst auch **nicht bezahlen.** Das brauchen Sie erst, wenn Sie die Ware unbeschädigt bekommen haben.

V. Wann können Sie Ihre Bestellung rückgängig machen?

1. Wenn die Ware mangelhaft ist

Weist die bestellte Ware Mängel auf (z. B. hat der Pullover einen Webfehler), können Sie sie **innerhalb** der Widerrufs- bzw. Rückgabefrist **zurückschicken** (→ Abschn. V 2).

Entdecken Sie den Mangel **nach Ablauf** der Widerrufs- bzw. Rückgabefrist, haben Sie die **gleichen Rechte wie beim Kauf im Ladengeschäft:** Reklamieren Sie dazu den Mangel am besten schriftlich. Fordern Sie den Verkäufer zunächst zur Nachbesserung auf, das heißt Reparatur der alten oder Lieferung einer neuen Ware. Bleibt das erfolglos, können Sie den Kaufpreis mindern, vom Vertrag zurücktreten und / oder Schadensersatz verlangen (→ Kapitel A 1).

Tipp:
Haben Sie den **Kaufpreis bereits bezahlt,** senden Sie die Ware »**unfrei**« (d. h. ohne Porto) an den Verkäufer und verlangen Sie den Kaufpreis zurück. Klauseln in den AGB, wonach der Kunde die Kosten des Rücktransports mangelhafter Waren trägt, sind unwirksam.

2. Wenn Ihnen ein Widerrufsrecht zusteht

→ Hat man Sie über Ihr Widerrufsrecht belehrt?

Der Verkäufer muss Sie grundsätzlich vor Vertragsschluss – spätestens jedoch bei Erhalt der Ware – darüber aufklären, **dass** und **wie** Sie den Vertrag **widerrufen** können (→ Abschn. III).

Tipp:
Auch darüber, dass Ihnen **kein Widerrufsrecht** zusteht, sind Sie zu belehren. Und zwar in allen Fällen, in denen ein an sich bestehendes Widerrufsrecht durch gesetzliche Regelung ausgeschlossen ist (vgl. unten).

→ Was muss die Widerrufsbelehrung enthalten?

§ 360 BGB beschreibt den notwendigen Inhalt einer **ordnungsgemäßen Belehrung.** Sie muss folgende Hinweise enthalten:

- auf das Recht zum Widerruf;
- darauf, dass der Widerruf nicht begründet werden muss und in Textform oder durch Rücksendung der Ware innerhalb der Widerrufsfrist erklärt werden kann;
- den Namen und die ladungsfähige Anschrift, wem gegenüber der Widerruf zu erklären ist; **und**
- auf die Dauer und den Beginn der Widerrufsfrist sowie darauf, dass zur Fristwahrung das rechtzeitige Abschicken von Erklärung oder Ware genügt.

→ Wie muss eine ordnungsgemäße Widerrufsbelehrung aussehen?

Sie muss **deutlich und unmissverständlich** sein und darf keine verwirrenden oder ablenkenden Zusätze enthalten. Sie muss sich drucktechnisch vom übrigen Text abheben (z.B. durch Farbe, Fettdruck oder Sperrschrift).

Die Belehrung muss Ihnen außerdem in **Textform** erteilt werden, also etwa in einem schriftlichen Vertrag, per Fax oder per E-Mail. Ein Hinweis auf der Website reicht nur aus, wenn Sie ihn herunterladen und / oder ausdrucken können.

Der Verkäufer darf die Widerrufsbelehrung auch in seine **AGB** aufnehmen, wenn er sie darin nicht »verschwinden« lässt, sondern drucktechnisch hervorhebt (z.B. durch Fettdruck).

→ Darf das Widerrufsrecht ausgeschlossen oder eingeschränkt werden?

Nein. Eine anderslautende Klausel im »Kleingedruckten« des Versandhändlers ist deshalb **unwirksam,** beispielsweise die Klausel mit dem Inhalt: »Die 2-wöchige Rückgabefrist beim Internetkauf beginnt mit der Auslieferung, nicht erst mit der Übergabe der Ware«.

→ Gibt es Ausnahmen vom Widerrufsrecht?

Ja. § 312 d Abs. 4 BGB regelt dies, und zwar bei Verträgen

- zur Lieferung von Waren, die nach **individuellen Kundenspezifikationen** angefertigt werden oder eindeutig auf die **persönlichen Bedürfnisse** zugeschnitten sind oder die aufgrund ihrer **Beschaffenheit** nicht für eine Rücksendung geeignet sind (z.B. Heizöl) oder schnell verderben können (z.B. Schnittblumen) oder deren Verfallsdatum überschritten würde;
- zur Lieferung von **Audio- oder Videoaufzeichnungen oder von Software,** sofern Sie die gelieferten Datenträger **entsiegeln.** Bei nicht versiegelten Datenträgern bleibt das Widerrufsrecht bestehen;
- zur **Lieferung von Zeitungen, Zeitschriften** und **Illustrierten. Aber:** Ein Widerrufsrecht steht Ihnen zu, wenn Sie als Verbraucher den Vertrag am Telefon geschlossen haben;
- zur Erbringung von **Wett- und Lotteriedienstleistungen. Ausnahme:** Der Widerruf ist möglich nach telefonischem Vertragsschluss;
- die in **Form von Versteigerungen** geschlossen werden (z.B. ersteigern Sie telefonisch ein Gemälde, kommt der Vertrag mit Zuschlag des Galeristen zustande). **Beachten Sie:** Sogenannte Online-Auktionen gehören nicht dazu (z.B. bei eBay);

- über die Lieferung von Waren oder die Erbringung von Finanzdienstleistungen, deren Preis auf dem Finanzmarkt Schwankungen unterliegt, auf die der Unternehmer keinen Einfluss hat und die innerhalb der Widerrufsfrist auftreten können (**Spekulationsgeschäfte,** z.B. kaufen Sie online Aktien);
- über die Erbringung telekommunikationsgestützter Daten, die auf Veranlassung des Verbrauchers unmittelbar per Telefon oder per Fax erbracht werden (z.B. Faxabruf von Informationen bei einer Fachzeitschrift). Ausgenommen hiervon sind Finanzdienstleistungen.

Tipp:
Bei diesen Verträgen steht Ihnen zwar kein Widerrufsrecht nach dem Fernabsatzrecht zu, möglicherweise können Sie den Vertrag aber nach den Vorschriften des Haustürwiderrufs- oder Verbraucherkreditrechts widerrufen. Die Informationspflichten über Namen und ladungsfähige Anschrift des Händlers, Art und Preis der Ware und andere wesentliche Vertragsmerkmale gelten aber trotzdem.

→ Besonderheit beim Kauf von Musik, Filmen oder Software

Bestellen Sie bei einem Online-Anbieter Musik, Filme oder Software, gilt grundsätzlich ebenfalls das Fernabsatzrecht. Jedoch ist hinsichtlich der Möglichkeit, den Vertrag zu widerrufen, zu **unterscheiden:**

- Werden Ihnen die bestellten **Datenträger** versiegelt geliefert (z.B. Musik-CD, DVD oder CD-ROM), ist ein Widerruf des Vertrages ausgeschlossen, sobald Sie die Siegel brechen.
- Umstritten ist die Frage, ob Sie einen Fernabsatzvertrag widerrufen dürfen, wenn Sie bewusst und gewollt Musik, Fotos, Filme oder Software aus dem Internet **herunterladen.** Rechtlich wird ein solcher **Download** zwar mehrheitlich als Warenlieferung eingestuft, womit der Widerruf durch das Gesetz nicht ausdrücklich ausgeschlossen ist. **Aber:** Downloads werden auf der anderen Seite überwiegend als Waren angesehen, die sich nicht für eine Rücksendung eignen. **Folge:** Das Widerrufsrecht entfällt.

→ Wie widerrufen Sie eine Bestellung?

Den Widerruf müssen Sie **schriftlich oder in sonstiger Textform** (z.B. per E-Mail oder Fax) innerhalb der Widerrufsfrist erklären. Ein mündlicher oder telefonischer Widerruf ist unwirksam. Aus **Beweisgründen** sollten Sie den Widerruf nachweisen können (z.B. durch einen Fax-Sendebericht) und deshalb **in jedem Falle schriftlich** ausüben. Dies gilt auch, wenn Sie bereits gelieferte Ware zurückschicken wollen. Eine Begründung des Widerrufs ist nicht erforderlich.

Tipp:
Zur Fristwahrung genügt es, dass Sie den Widerruf rechtzeitig abschicken. Das müssen Sie im Streifall nachweisen können. Versenden Sie deshalb den Widerruf immer schriftlich per Fax mit Sendebericht oder per Einwurfeinschreiben! Ein teures Rückschein-Einschreiben ist nicht notwendig.

➔ Wie funktioniert der Widerruf bei Dienstleistungen?

Bezieht sich der Fernabsatzvertrag auf Dienstleistungen, ist ein Widerruf auch dann noch möglich, wenn der Anbieter **schon begonnen** hat, den Auftrag auszuführen. Nur wenn der Vertrag von beiden Seiten vor dem Ablauf der Widerrufsfrist **vollständig und mangelfrei erfüllt ist,** ist der Widerruf ausgeschlossen (§ 312 d Abs. 3 BGB).

➔ Wie lange dürfen Sie einen Fernabsatzvertrag widerrufen?

Die Widerrufsfrist beträgt grundsätzlich **14 Tage,** sofern Sie **ordnungsgemäß vor Vertragsschluss** darüber **belehrt** wurden.

Gleichgestellt sind bei bestimmten Fernabsatzgeschäften die Fälle, in denen Sie **unmittelbar nach** Vertragsschluss die Belehrung in Textform erhalten (z. B. ersteigern Sie bei eBay eine Ware. Die sofortige Bestätigungsmail über den »Zuschlag« enthält auch die Widerrufsbelehrung).

Wurden Sie zwar **ordnungsgemäß,** aber erst **nach** Vertragsschluss belehrt, verlängert sich die Frist auf **einen Monat.**

Wurden Sie **überhaupt nicht, unvollständig oder falsch über Ihr Widerrufsrecht belehrt** (z. B. wurde eine falsche Anschrift angegeben, an die Sie den Widerruf richten müssen), können Sie den Vertrag **unbefristet** widerrufen. Der Onlinehändler darf allerdings jederzeit die ordnungsgemäße Belehrung nachholen und damit die 1-monatige Widerrufsfrist auslösen.

Wurden **andere Informationspflichten verletzt** (z. B. wurden Sie nicht in Textform informiert), die Voraussetzung für den Beginn der Widerrufsfrist sind, können Sie den Vertrag **sechs Monate** lang widerrufen.

➔ Wann beginnt die Widerrufsfrist?

Bei **Warenlieferungen** mit Erhalt der Ware. Schließen Sie einen Abonnementvertrag über gleichartige Leistungen ab (z. B. beziehen Sie ein mehrbändiges Lexikon), ist der Erhalt der ersten Teillieferung entscheidend. **Wichtig:** Die Widerrufsfrist beginnt danach nicht noch einmal neu! Bei

Dauerlieferverträgen über ungleichartige Leistungen (z. B. mehrere Kleidungsstücke) beginnt die Frist erst nach Erhalt der letzten Lieferung.

Bei **Dienstleistungen** beginnt die Widerrufsfrist mit dem Datum des Vertragsschlusses.

→ Welche Folgen hat der Widerruf?

Der Vertrag muss **rückabgewickelt** werden. Das heißt, Sie geben die Ware zurück und erhalten den gegebenenfalls bereits gezahlten Kaufpreis erstattet. Darauf haben Sie einen gesetzlichen Anspruch. Sie müssen sich nicht auf eine **Gutschrift** auf Ihrem Kundenkonto für den Fall des Widerrufs der Bestellung verweisen lassen. Eine entsprechende Klausel im »Kleingedruckten« ist **unzulässig.**

3. Wenn Ihnen ein Rückgaberecht zusteht

→ Wann können Sie sich auf ein Rückgaberecht berufen?

Sofern Ihnen der Verkäufer **anstelle** des gesetzlichen **Widerrufsrechts ein Rückgaberecht** einräumt (§ 356 BGB). Voraussetzung für das Rückgaberecht ist, dass Sie den Vertrag aufgrund eines **Verkaufsprospektes** (z. B. Katalog, Online-Shop) geschlossen haben, den Sie eingehend lesen konnten und der Sie deutlich über das Rückgaberecht belehrt.

→ Welche Waren sind von der Rückgabe ausgeschlossen?

Grundsätzlich gilt: Sie können **alle bestellten Waren** zurückgeben. **Ausnahme:** Für Verträge, für die kein Widerrufsrecht gilt (z. B. versiegelte Datenträger oder individuell angefertigte Produkte), ist auch die Rückgabe der Ware ausgeschlossen (→Abschn. V 2).

→ Wie üben Sie das Rückgaberecht aus?

Haben Sie die bestellte Ware bereits erhalten, unterscheiden sich Widerruf und Rückgabe rein praktisch nicht: In beiden Fällen **senden** Sie die Ware an den Verkäufer **zurück.** Allerdings müssen Sie beim Widerruf eine (zusätzliche) Widerrufserklärung abgeben. **Ausnahme:** Bei **nicht paketversandfähiger Ware** (über 20 kg) genügt es, dass Sie den Verkäufer schriftlich zur Rücknahme auffordern (vgl. unten).

Für die Ausübung des Rückgaberechts gelten die gleichen **Fristen** wie beim Widerruf (→Abschn. V 2). Zur Fristwahrung genügt es, dass Sie die Ware rechtzeitig zurücksenden. Die 14-tägige Rückgabefrist beginnt grundsätzlich mit Erhalt der Ware.

Bewahren Sie aus **Beweisgründen** die **Postquittung** auf.

→ Was gilt, wenn Sie benutzte oder beschädigte Waren zurücksenden?

Grundsätzlich dürfen Sie die bestellte Ware prüfen bzw. die Verpackung zu Prüfzwecken öffnen, die Ware dabei jedoch weder benutzen noch beschädigen. Geben Sie eine **»verschlechterte« Ware** zurück (z. B. haben Sie das bestellte Abendkleid bereits getragen), kann der Verkäufer **Wertersatz** von Ihnen verlangen, sofern er Sie bei Vertragsschluss darauf ausdrücklich hingewiesen hat (→ Abschn. V 4).

→ Wie müssen Sie die Ware für die Rücksendung verpacken?

Soweit möglich in der – pfleglich behandelten – **Originalverpackung**, der Sie auch den Liefer-, Retoure- oder Warenschein beifügen sollten. Haben Sie die Originalverpackung nicht mehr, sorgen Sie für eine angemessene Ersatzverpackung. Hier gilt:

Der Verkäufer darf die Rücknahme der Ware nicht von der Rücksendung in Originalverpackung abhängig machen. Eine entsprechende Klausel im »Kleingedruckten« ist unwirksam.

Fordert Sie der Verkäufer ausdrücklich auf, die Ware ausreichend zu verpacken (z. B. in Luftpolsterfolie), haben Sie Anspruch auf Ersatz der Materialkosten.

→ Können Sie verlangen, dass die Ware abgeholt wird?

Ja. Wiegt die **Ware mehr als 20 kg** und überschreitet sie damit die Gewichtsgrenze für Pakete, dürfen Sie den Verkäufer schriftlich innerhalb der Widerrufsfrist auffordern, die Ware zurückzunehmen und abzuholen.

→ Wer haftet für Schäden an der Ware beim Rücktransport?

Ab dem Zeitpunkt der Rücksendung trägt im Versandhandel der **Verkäufer** wieder die Verantwortung für die Ware: Geht die Ware demnach während des Rücktransports **verloren** oder wird sie **beschädigt,** fällt dies in seinen **Risikobereich.** Sobald Sie die ordnungsgemäß verpackte Ware versandt haben, sind Sie von jeglichen Pflichten befreit. Sie müssen also keinen Ersatz leisten und bekommen Ihr Geld trotzdem zurück.

4. Mit diesen Kosten müssen Sie rechnen

→ Wer trägt die Kosten für die Reklamation mangelhafter Waren?

Stets der **Verkäufer.** Weist die bestellte Ware Mängel auf (z. B. hat die Vase einen Sprung oder funktioniert die Spielkonsole nicht), können Sie die Ware

»unfrei« zurücksenden (→ Abschn. V 1). Das gilt auch, wenn der Händler Ihnen eine **falsche Ware** geliefert hat.

→ Wer trägt die Kosten, wenn Sie Ihre Bestellung widerrufen?

Widerrufen Sie einen Vertrag und senden Sie die Ware an den **Unternehmer** zurück, trägt er **uneingeschränkt** die **Hinsendekosten.** Er darf Ihnen als Verbraucher die Hinsendekosten auch nicht in einer Klausel im »Kleingedruckten« auferlegen. Dies ist unzulässig, sofern Sie Ihre **Bestellung komplett widerrufen. Aber:** Schicken Sie lediglich einen Teil der gleichzeitig bestellten Waren zurück, müssen Sie die Hinsendekosten bezahlen, sofern diese im Bestellformular separat aufgeführt sind.

Online-Händler tragen grundsätzlich auch die **Rücksendekosten** im Fall des Widerrufs. Sie müssen deshalb »unfrei« verschickte Sendungen annehmen. **Aber:** In folgenden Fällen dürfen sie den Verbrauchern – anders als bei den Hinsendekosten – die Rücksendekosten **vertraglich auferlegen** – und somit im Ergebnis die Annahme unfreier Sendungen zu Recht ablehnen:

- Die zurückzusendende Ware kostet nicht mehr als € 40,–. Entscheidend ist dabei der jeweilige Warenwert und nicht der (Gesamt-)Bestellwert, wenn Sie mehrere Produkte bestellt haben.
- Die gelieferte Ware ist teurer als € 40,– und Sie haben zum Zeitpunkt des Widerrufs weder etwas angezahlt noch den Kaufpreis vollständig beglichen.

Die Auferlegung der Rücksendekosten kann dabei zwar im »Kleingedruckten« erfolgen. Sie muss aber in einer **separaten Klausel** stehen. Ein Hinweis in der Widerrufsbelehrung, dass die Kosten der Rücksendung vom Käufer zu tragen sind, reicht nicht aus.

→ Wer trägt die Kosten, wenn Ihnen ein Rückgaberecht zusteht?

In diesem Fall trägt der **Verkäufer** die Kosten der Hin- und Rücksendung **uneingeschränkt,** also – anders als beim Widerruf der Bestellung – auch bei einem Warenwert unter € 40,–.

→ Müssen Sie Wertersatz im Fall von Widerruf bzw. Rückgabe leisten?

Versand- und Internethändler haben ihre Kunden vor Vertragsschluss umfassend darüber zu informieren, dass unter bestimmten Umständen bei der Ausübung des Widerrufs- oder Rückgaberechts **Wertersatz für gezogene Nutzungen** bei Fernabsatzverträgen oder wegen **Verschlechterung der Ware** zu leisten ist.

Als Verbraucher müssen Sie aber nur dann Wertersatz leisten, wenn der Gebrauch über die **Prüfung der Eigenschaften und deren Funktionsweise** hinausgeht. Darunter versteht man das Testen und Ausprobieren der Ware, wie es vergleichbar in einem Ladengeschäft möglich und üblich wäre.

Beispiel:
Sie dürfen ein bestelltes Abendkleid anprobieren, auch wenn Sie es deswegen aus der Verpackung nehmen müssen und der Verkäufer die zurückgeschickte Ware gegebenenfalls aufbügeln und neu verpacken muss. Allerdings dürfen Sie das Kleid nicht einen Abend lang in der Oper tragen, und es dann zurückschicken.

Doch das **Risiko der Rückgabe** trägt grundsätzlich der **Internetanbieter.** Er muss im Einzelfall auch Ware zurücknehmen und den Kaufpreis erstatten, selbst wenn diese durch das Ausprobieren wertlos geworden ist (z. B. füllen Sie ein im Internet gekauftes Wasserbett zum Probeliegen mit Wasser und geben es anschließend zurück).

Beachten Sie weiter Folgendes:

- **Ohne ausreichende Information kein Wertersatz.** Sie müssen vor oder bei Vertragsschluss auf dieses Risiko **in Textform** hingewiesen worden sein, ebenso auf die Möglichkeit, wie Sie den Wertersatz konkret vermeiden können. Als Verbraucher müssen Sie einen Wertverlust nicht ausgleichen, wenn die Verschlechterung der Ware allein auf deren Prüfung zurückzuführen ist, und Sie auch im Ladengeschäft die Ware nicht anders behandelt hätten als bei der Lieferung einer Online-Bestellung.
- Außerdem darf von Ihnen im »Kleingedruckten« **nicht generell Wertersatz** verlangt werden für den Fall, dass Sie den Vertrag widerrufen.
- Ebenso ist ein **pauschalierter Betrag** als Wertersatz **unzulässig.**
- Schließlich muss die Höhe des Wertersatzes in einem **angemessenen Verhältnis** zum Kaufpreis der Ware stehen. Unangemessen ist die Ersatzforderung beispielsweise, wenn der geforderte Betrag des Wertersatzes den Anschaffungspreis übersteigt.

Diese Grundsätze gelten entsprechend, wenn Sie im Wege des Fernabsatzes **Dienstleistungen** in Anspruch nehmen.

VI. Wenn Sie nicht bestellte Waren und Leistungen erhalten

→ Wann gelten Waren oder Leistungen als »nicht bestellt«?

Das ist der Fall, wenn Sie den Unternehmer **nicht zur Lieferung aufgefordert** haben.

Beispiel:

- Sie erhalten ohne vorherige Bestellung Waren auf Rechnung (z. B. ein Kosmetikset). In dem beiliegenden Brief heißt es, dass der Verkäufer davon ausgehe, dass Sie die Ware behalten und kaufen wollen, wenn Sie sie nicht zurücksenden.
- Sie erhalten eine Rechnung für eine Dienstleistung (z. B. Eintragung in ein »neues« Telefonbuch). Es wird der Eindruck erweckt, dass die Eintragung bereits erfolgt ist und die Rechnung sofort fällig sei.

Von »unbestellten Waren« ist zu **unterscheiden** ein »Kauf auf Probe«, »Testkauf« oder das Anfordern eines sogenannten »Kennenlernpakets«. Hier haben Sie die Ware jeweils selbst zur Ansicht bestellt und der Kaufvertrag kommt zustande, wenn Sie mit der Ware einverstanden sind.

→ Grundsätzlich sind Sie zu nichts verpflichtet

Der Verkäufer hat allein durch Zusendung unbestellter Waren oder Erbringung unbestellter Leistungen **keinen Zahlungsanspruch** (§ 241 a BGB). **Ausnahme:** Sie nehmen die »aufgedrängte« Ware oder Dienstleistung ausdrücklich an (z. B. bestätigen Sie dem Händler auf telefonische Nachfrage, dass Sie das zugesandte Paket behalten wollen).

Schweigen Sie also, passiert nichts. Sie müssen das Angebot auch **nicht** ausdrücklich **ablehnen.** Auch nicht, wenn im »Kleingedruckten« steht, dass der Kauf ansonsten verbindlich werde. Sie müssen die unbestellte Ware **nicht** – und schon gar nicht auf Ihre Kosten – **zurücksenden.** Sie dürfen die Ware sogar **ge- oder verbrauchen** (z. B. das Buch lesen oder den Wein trinken), ohne dass der Verkäufer von Ihnen Schadensersatz verlangen kann. Einziges Tabu: Der Weiterverkauf an Dritte ist untersagt.

→ Ausnahmsweise heißt es doch »handeln«

Unter bestimmten Voraussetzungen müssen Sie die Ware entweder bezahlen oder auf Kosten des Verkäufers zurücksenden. Dies ist der Fall, wenn

- die Ware oder erbrachte Leistung **nicht für Sie, sondern jemand anderen** bestimmt war und Sie das erkannt haben oder hätten erkennen können;
- Ihnen die Ware zugesandt wurde, weil der **Verkäufer irrtümlich von einer vorigen Bestellung ausging** und Ihnen dieser Irrtum bekannt war oder von Ihnen hätte bemerkt werden müssen;
- **ein anderer** als »Scherz« oder aus böser Absicht **auf Ihren Namen** Waren bestellt hat;
- Ihnen der **Verkäufer anstelle der bestellten Ware** eine nach Qualität und Preis gleich- oder **höherwertige Ware anbietet** und er Sie darauf hinweist, dass Sie zur Annahme nicht verpflichtet sind und die Kosten der Rücksendung nicht tragen müssen.

Beispiel:
Sie bestellen telefonisch ein Handy. Weil das bestellte Telefon nicht mehr lieferbar ist, schickt Ihnen der Verkäufer das qualitativ bessere, aber auch teurere Nachfolgemodell. Wollen Sie es nicht behalten, haben Sie das Recht, die Annahme zu verweigern oder es zurückzuschicken.

→ Wer trägt die Kosten für die »Abwicklung«?

Schicken Sie unbestellte Ware an den Verkäufer zurück, können Sie die Ware »**unfrei**« senden. Damit brauchen Sie die Portokosten nicht vorzustrecken. Der Verkäufer muss die Rücksendekosten bezahlen.

→ Was tun, wenn (dennoch) ein Mahnbescheid kommt?

Legen Sie in diesem Fall unbedingt fristgerecht **binnen zwei Wochen** ab Zustellung des Mahnbescheides **Widerspruch** dagegen ein. Dann ist der Händler im Zugzwang. Das Gericht teilt ihm nur mit, dass Widerspruch eingelegt worden ist. Im Mahnverfahren wird nicht geprüft, ob der Anspruch tatsächlich berechtigt ist oder nicht. Häufig verfolgen Versandhändler schon nach dem Widerspruch den Anspruch nicht mehr weiter.

Was Sie über den Umgang mit Plastikgeld wissen sollten – die größten Risiken

I. Wenn Sie mit Ihrer ec-Karte bezahlen

1. Das Electronic-Cash-Verfahren

→ Was können Sie bei einer Falschabbuchung tun?

Beim Electronic-Cash-Verfahren – das ist die verbreitete Methode mit Online-Terminal und PIN-Code – kann es aus technischen Gründen zu **Doppelabbuchungen** kommen. Hier ist die Bank beweispflichtig dafür, dass Sie den doppelt gebuchten Umsatz tatsächlich getätigt haben. Dafür muss man Ihnen den entsprechenden **Beleg vorlegen.** Das geht logischerweise nicht, sodass Ihre Reklamation in jedem Fall Erfolg hat.

Kontrollieren Sie Ihre Kontoauszüge. Zu Unrecht erfolgte Abbuchungen müssen zwar zurückerstattet werden, Sie machen sich aber dem Kreditinstitut gegenüber unter Umständen schadensersatzpflichtig, wenn Sie dies zu spät tun. Heben Sie zur Sicherheit die Kassenbelege auf – zumindest so lange, bis die Abbuchung auf Ihrem Kontoauszug aufgetaucht ist.

→ Was müssen Sie bei Diebstahl oder anderweitigem Verlust beachten?

Hier gelten dieselben Spielregeln, als wenn eine andere Person Ihre ec-Karte missbräuchlich am Bargeldautomaten benutzt hätte. Sie haften unabhängig von Ihrem Verschulden für den Schaden bis € 150,–.

Wird die Karte nach Eingang der Verlustanzeige benutzt, übernehmen die Banken den ganzen Schaden, egal wie leichtsinnig Sie zuvor mit Ihrer Karte umgegangen sind. Deshalb gilt die Devise: Sofort die **Karte sperren** lassen. Am schnellsten geht dies, wenn Sie die ausgebende Bank informieren. Ansonsten kommen folgende Sperrdienste infrage:

- Zentrale Notrufannahme 01805/021021
- Sperrnotruf 116 116 für alle ec-Karten oder von Sparkassen, Volksbanken und Raiffeisenbanken

Nach Entdeckung des Kartenverlustes haben Sie ca. eine Stunde Zeit, die Karte sperren zu lassen. Andernfalls laufen Sie Gefahr, für den Schaden aufkommen zu müssen, selbst wenn Sie mit der Karte vorschriftsmäßig verfahren sind.

Teilen Sie deshalb Ihrer Bank bei der Sperrung auf keinen Fall mit, dass schon mehr als eine Stunde seit der Entdeckung vergangen ist.

Wird die Karte vor der Verlustanzeige benutzt, tragen Sie außerdem den ganzen Schaden, wenn man Ihnen **grobe Fahrlässigkeit** vorwerfen kann.

Beispiel:

- Grob fahrlässig handelt, wer die persönliche Geheimzahl in einem Adressbuch notiert und dieses mit der Karte zusammen in derselben Tasche aufbewahrt.
- Dasselbe gilt für das gemeinsame Aufbewahren der Karte zusammen mit der als vierstellige Telefonnummer getarnten PIN in einem massiven Schließfach in einem Krankenhauszimmer, dessen Tür verschlossen ist.
- Nicht grob fahrlässig handeln Sie dagegen, wenn Sie Ihre Karte daheim unverschlossen in Ihrem Schreibtisch und die PIN-Nummer mit anderen Unterlagen in einem anderen Raum der Wohnung aufbewahren.

Am sichersten ist es nach wie vor, die PIN auswendig zu lernen. Aber selbst das ist noch kein absoluter Schutz.

So gibt es Trickbetrüger, die anderweitig Ihre PIN auskundschaften. Dies geschieht zum Beispiel, indem sie Ihnen beim Bezahlvorgang über die Schulter schauen, während Sie die PIN eingeben. Achten Sie deshalb insbesondere in dieser Situation darauf, dass Sie unbeobachtet bleiben.

Auch das sogenannte **Skimming** kann Ihnen leicht zum Verhängnis werden. Hier wird der Kartenschlitz mit einem fremden Lesegerät manipuliert, sodass Ihre Daten ausgespäht werden können . Die Betrüger fertigen dann mit Ihren Daten eine Kartenkopie und heben Geld ab. Deshalb Kartenautomaten immer genau anschauen und bei verdächtigen Erscheinungen lieber meiden.

Aufgepasst, heißt es erst recht im Internet. Hier ist das **Phishing** sehr gefährlich. Antworten Sie nie auf E-Mails, in denen Sie zur Eingabe von **PIN** und / oder **TAN**s aufgefordert werden. Klicken Sie auch nicht auf Links innerhalb solcher Mails. Löschen Sie diese E-Mails endgültig.

Die Beweislast bei grober Fahrlässigkeit trägt zwar nach noch geltender höchstrichterlichen Rechtsprechung der Bankkunde. Danach gibt es den **Beweis des ersten Anscheins** dafür, dass der Karteninhaber seine Pflicht zur Geheimhaltung der PIN verletzt hat, wenn ein Dritter ohne Probleme mit der Karte Geld aus dem Automaten holen konnte. Das bedeutet: Man geht davon aus, dass Sie unvorsichtig waren. In diesem Fall liegt es an Ihnen, das Gegenteil zu beweisen. Von diesem Grundsatz gibt es aber nach neuester Rechtsprechung des Bundesgerichtshof eine wichtige Ausnahme. Die Bank muss nämlich jetzt Ihnen **beweisen, dass bei der Abhebung die Orginalkarte eingesetzt wurde**. Was ja gerade beim o. g. Skimming nicht der Fall ist.

Tipp:
Da das Ganze nicht so einfach ist, sollten Sie von vornherein versuchen, den Schaden so gering wie möglich zu halten. Das geht zum Beispiel, indem Sie die Tageshöchstbeträge bei Barabhebungen entsprechend Ihren Bedürfnissen so gering wie möglich halten. Außerdem empfiehlt es sich, täglich zu schauen, ob Ihr Plastikgeld noch vorhanden ist. So können Sie den Verlust schnellstmöglich melden.

2. Das elektronische Lastschriftverfahren

→ Hat Ihr Vertragspartner eine Zahlungsgarantie?

Beim elektronischen Lastschriftverfahren – das ist die Variante mit Unterschrift auf dem Beleg – übernehmen die Banken **keine Garantie** für den Karteninhaber. Mit Ihrer Unterschrift **ermächtigen Sie aber Ihre Bank, Ihren Namen und Ihre Adresse mitzuteilen,** falls Sie die Lastschrift aus irgendwelchen Gründen widerrufen sollten oder Ihr Konto keine entsprechende Deckung aufweist und Ihre Bank deshalb nicht zahlt. Damit kann Ihr Vertragspartner, also der Verkäufer, den **Zahlungsanspruch anderweitig gegen Sie durchsetzen.**

→ Welche Kosten entstehen Ihnen?

Die Ihnen entstehenden Kosten sind dieselben wie beim Electronic Cash. Je nach der Gebührenregelung Ihrer Bank oder Sparkasse kann eine Buchungsgebühr anfallen.

Sollte die Lastschrift allerdings wegen **mangelnder Kontodeckung** zurückgegeben werden, dürfen Ihnen hierfür **keinerlei Gebühren** abverlangt werden. Das gilt auch für pauschal verlangte Benachrichtigungsentgelte. Schadensersatz kann Ihre Bank nur dann von Ihnen verlangen, wenn sie den Schaden konkret beziffert.

→ Was können Sie bei einer Falschabbuchung tun?

Überprüfen Sie regelmäßig Ihre Kontoauszüge, und vergleichen Sie sie mit den Kassenzetteln. Sind Sie mit einer Abbuchung nicht einverstanden, können

Sie binnen sechs Wochen problemlos **der Lastschrift widersprechen.** Auch danach ist dies noch möglich.

➔ Was müssen Sie bei Diebstahl oder anderweitigem Verlust beachten?

Beim elektronischen Lastschriftverfahren liegt **das Risiko beim jeweiligen Vertragspartner.** Da die Zahlung ohne Geheimzahl erfolgt, muss der Händler oder Dienstleister nachweisen, dass tatsächlich der Kontoinhaber den Kauf bzw. den Auftrag getätigt hat, wenn dieser die Lastschrift widerruft. Auf alle Fälle heißt es auch hier, unbedingt innerhalb der 6-Wochen-Frist zu widersprechen. Und ganz wichtig: Karte sperren lassen!

II. Wenn Sie mit der Kreditkarte bezahlen

1. Wie funktioniert der Zahlungsvorgang?

➔ Wenn Sie die Karte beim Händler bzw. Dienstleister benutzen

Wenn Sie mit Ihrer Kreditkarte zahlen, führt Ihr Vertragspartner die Karte in ein Terminal ein. Die Daten der Karte werden eingelesen, und es wird **eine Onlineverbindung zum Rechner des Kartenunternehmens** hergestellt. Dieser prüft die Echtheit der Karte, den persönlichen Verfügungsrahmen und eventuelle Sperren. Mittels moderner Technik wird auch überprüft, ob der Verdacht für einen Missbrauch besteht.

Ist die Zahlung freigegeben, müssen Sie nur noch unterschreiben. Dann hat der Händler auch eine **Zahlungsgarantie** gegenüber dem Kartenunternehmen.

➔ Wenn Sie mit Ihrer Karte im Internet oder am Telefon zahlen

In diesem Fall reicht es aus, wenn Name, Kartennummer und Kartengültigkeit angegeben werden. Diese Daten kommen leicht in falsche Hände, deshalb ist das Missbrauchsrisiko hier besonders hoch. Allerdings trägt das Risiko aus solchen Geschäften (z. B. bei Kartenbestellung für Konzerte) das Vertragsunternehmen.

Widersprechen Sie als Kunde bei der Kontrolle Ihrer Auszüge der Belastung, kann in der Regel nicht bewiesen werden, wer bestellt hat. Genauso verhält es sich mit der **Bestellung im Internet.** Wer hier unter Ihrem Namen mit Ihren Kreditkartendaten bestellt, bekommt, was er will. Es liegt an Ihnen, die Abbuchung zu kontrollieren und gegebenenfalls die Lastschrift binnen sechs Wochen wieder rückgängig zu machen. Den Schaden hat dann also das Vertragsunternehmen.

→ Wenn Sie eine Zusatzkarte oder eine Firmenkarte haben

Fast alle Kreditkartenunternehmen bieten **Zusatzkarten für Familienangehörige und Lebenspartner** an. Allerdings hat diese Kartenart einen **Nachteil:** Der Inhaber der Hauptkarte muss nach den Geschäftsbedingungen voll für die Zahlungen, die ein anderer mit der Partnerkarte getätigt hat, geradestehen. Deshalb sollten Sie im Fall einer Trennung die Partnerkarte sofort sperren lassen. Hierzu müssen Sie die Karte an das Kartenunternehmen zurückgeben.

Insbesondere große Firmen stellen ihren Mitarbeitern **Firmenkarten** zur Verfügung, damit sie auf Reisen beispielsweise Hotels, Mietwagen leichter bezahlen können. Damit entfällt die spätere Abrechnung von Spesen bzw. der Spesenvorschuss. **Hauptschuldner ist hier die Firma.** Für private Käufe haftet der Mitarbeiter selbst.

Unangenehm wird es für den Mitarbeiter, wenn **das Unternehmen nicht mehr liquide** ist. In diesen Fällen haftet nach den Kreditkartenklauseln der Mitarbeiter selbst, wenn es sich eindeutig um betriebliche Aufwendungen handelt. Chancen haben Sie hier vor Gericht nur dann, wenn Sie nachweisen können, dass Sie normalerweise nicht die Spesen privat bar im Voraus zahlen müssen, sondern dass die direkte Abrechnung im Vordergrund steht.

→ Können Sie die Kartenzahlung widerrufen?

Es kann Situationen geben, in denen Sie die **Kartenzahlung rückgängig machen** möchten. Der Bundesgerichtshof hat allerdings entschieden, dass Zahlungen per Kreditkarte **grundsätzlich nicht widerrufbar** sind. Die Banken zahlen also zu Recht an das Kartenunternehmen.

Eine **Ausnahme** kann aber gemacht werden, wenn zum Beispiel offensichtlich eine **Unterschriftenfälschung** vorliegt.

2. Wie können Sie sich vor Falschabbuchungen schützen?

→ Vorsichtsmaßnahmen, die Ärger vermeiden helfen

Auch wenn Sie bei den meisten Falschabbuchungen nicht selbst das Risiko tragen, weil Sie der Abbuchung widersprechen können, sollten Sie dennoch beim Bezahlen mit der Kreditkarte bestimmte Dinge beachten:

- Achten Sie schon beim Unterschreiben des Zahlungsbelegs darauf, dass der **Rechnungsbetrag und der auf dem Beleg eingetragene Betrag identisch** sind – und zwar **in der richtigen Währung.**
- Unterschreiben Sie **keine Blankobelege.**

- Streichen Sie gegebenenfalls **Leerräume auf dem Beleg.**
- Achten Sie darauf, dass der **Beleg in Ihrer Gegenwart erstellt** wird.
- Kommt es zu einer **Fehleingabe,** bestehen Sie darauf, dass der falsche **Beleg in Ihrer Gegenwart vernichtet oder Ihnen ausgehändigt** wird.
- **Bewahren Sie Ihren Beleg zumindest so lange auf,** bis der Betrag ordnungsgemäß bei Ihnen abgebucht worden ist.
- Wenn Sie **Belege** nicht mehr brauchen, machen Sie diese **unkenntlich.**
- Setzen Sie Ihre Karte am besten nur dort ein, wo **Sie von der Seriosität Ihres Vertragspartners** überzeugt sind.
- Geben Sie Ihre **Kreditkartennummer** nur bei einer sicheren (verschlüsselten) Internetverbindung ein. Sie können dies in der Adresszeile Ihres Browsers erkennen: Sichere Seiten beginnen mit »https« (statt nur »http«), und ein kleines Vorhängeschlosssymbol erscheint in der Statuszeile. Der meistverwendete Sicherheitsstandard ist der SSL-Standard.
- Erledigen Sie grundsätzlich den elektronischen Zahlungsverkehr von Ihrem Computer daheim aus, nicht etwa aus einem Internetcafé. Nutzen Sie aktuelle Anti-Virenprogramme.
- Nach einem Kartenmissbrauch im beleglosen Zahlungsverkehr sollten Sie Ihre Karte abgeben und eine neue beantragen. So können Sie weiteren Missbräuchen vorbeugen.

➔ Was tun bei einer Falschabbuchung?

Stellen Sie anhand Ihrer Abrechnung oder Ihrer Kontoauszüge fest, dass Sie einen Umsatz entweder gar nicht oder zumindest nicht in der angegebenen Höhe getätigt haben, sollten Sie die **Buchung beim Kreditkartenunternehmen sofort beanstanden.** Beachten Sie dabei, dass die Frist hierfür nicht unbegrenzt ist. Die Kreditkarten-AGB enthalten häufig eine **Saldoanerkenntnisklausel,** die Ihnen **in der Regel 28 Tage oder einen Monat** Zeit lässt.

Nimmt das Kreditkartenunternehmen die Buchung nach Ihrer Beanstandung nicht zurück, bleibt Ihnen die Möglichkeit, der Lastschrift bei Ihrem Kreditinstitut zu widersprechen. Hierbei ist – wie bei allen Lastschriftverfahren – grundsätzlich eine **6-Wochen-Frist zu beachten.**

Beharrt das Kartenunternehmen weiter auf der Zahlung, verlangen Sie den **Originalbeleg.** Grundsätzlich muss nämlich das Kreditkartenunternehmen nachweisen, dass Sie die Zahlung vorgenommen haben. Wenn das Kartenunternehmen dies nicht mit dem Originalzahlungsbeleg mit Ihrer Originalunterschrift kann, brauchen Sie nicht zu zahlen. Eine **Kopie reicht nicht.**

Tipp:
Wenn Sie einen Kreditkartenbeleg blanko unterschrieben haben: Im Ausland wird zum Beispiel beim Anmieten eines Autos oder beim Einchecken im Hotel oft als **Sicherheitsleistung** ein blanko unterschriebener Kreditkartenbeleg verlangt. Hier können Sie die Abbuchung nicht ohne Weiteres verhindern. Denn mit der Unterschrift ist eine Zahlungsanweisung an die Bank unwiderruflich ergangen.

→ Was müssen Sie bei Diebstahl oder Verlust beachten?

In der Regel haften Sie bei Verlust der Karte und Missbrauch, den eine andere Person begangen hat, bis zum Zeitpunkt der Verlustmeldung an das Kartenunternehmen mit **bis zu maximal € 50,–.** Nach der Meldung haften Sie überhaupt nicht mehr. Dies ist der Vorteil der Kreditkarte gegenüber Bankkarten: Nur dann, wenn man Ihnen selbst einen vorsätzlichen Missbrauch nachweisen kann oder Sie Ihre Geheimzahl nicht sorgfältig verwahrt haben, machen Sie sich haftbar.

Tipp:
Wenn die Karte bei der Zusendung abhandengekommen ist: Hier müssen Sie keine € 50,– zahlen. Der Versand fällt in die **Risikosphäre der Kartenorganisation.** Zur Sicherheit werden Karten daher oft erst nach einem Kontrollanruf beim Kartenunternehmen freigeschaltet.

Auf keinen Fall sollten Sie mit der Verlustmeldung lange warten. In den AGB der Kartenausgeber wird von Ihnen verlangt, dass Sie »**unverzüglich**« den Verlust melden. Allerdings kann keiner von Ihnen verlangen, ständig nach der Karte zu schauen. Es reicht aus, wenn Sie nachweisen können, dass Sie die Karte sicher aufbewahrt haben. Ansonsten gelten dieselben Verhaltensregeln wie bei Ihrer ec-Karte. Deshalb hier die **wichtigsten Sperrannahmenummern** (in Klammern jeweils die Rufnummer aus dem Ausland):

- **Mastercard:** Festnetz: 08008 / 191040,
  Handy: +163 / 67227111 (+1 / 6367227111)
- **Visa:** Festnetz: 0800 / 8118440, Handy: +14105819994 (+1 / 4105819994)
- **American Express:** 069 / 97971000 (+49 / 6997971000)
- **Diners Club:** 01805 / 336695 (+1 / 3037991504)

Tipp:
Achtung: Bei weiteren Umsätzen nach Verlustmeldung erhalten Sie von Ihrem Kreditkartenunternehmen ein Formular, in dem Sie nach Ihrem letzten getätigten Kreditkartenumsatz gefragt werden. Vergessen Sie auf keinen Fall, **dieses Formular korrekt ausgefüllt binnen der vorgeschriebenen Zeit zurückzuschicken.** Andernfalls können Ihnen die jetzt noch getätigten Umsätze angelastet werden!

3. Wann kann der Kreditkartenvertrag gekündigt werden?

Die meisten **Kartenunternehmen behalten sich ein jederzeitiges Kündigungsrecht** gegenüber dem Kunden vor. Gründe muss das Unternehmen nicht angeben. Eine Kündigung zur Unzeit kann den Karteninhaber erheblich in Schwierigkeiten bringen, zum Beispiel wenn er sich auf einer Auslandsreise befindet. Der Bundesgerichtshof hat deshalb die Kündigung in diesen Fällen für unzulässig erklärt. Kreditkartenunternehmen müssen daher **eine Kündigungsfrist von sechs Wochen zum Schluss eines Kalendervierteljahres** einhalten.

Ausnahme: Sie haben dem Kartenunternehmen einen **besonderen Grund zur außerordentlichen Kündigung** geliefert. Ein derartiger Grund ist etwa die Manipulation einer Karte oder das wiederholte absichtliche Überziehen des Verfügungsrahmens.

Auch **als Kunde** können Sie die Kreditkarte kündigen. Meist akzeptieren dies die Unternehmen sogar während der Laufzeit. Die Kündigung wird aber nur dann gültig, wenn **die zerschnittene Karte beim Unternehmen eingegangen** ist. Haben Sie den Kreditkartenvertrag vorzeitig gekündigt, muss man Ihnen den entsprechenden Teil der Jahresgebühr zurückerstatten. Das gilt aber nur für einen Vertrag, bei dem keine feste Laufzeit vereinbart wurde.

Sicher mit Handwerkern und Kundendiensten umgehen

I. Worauf es schon bei der Auftragsvergabe ankommt

1. Erteilen Sie einen genauen und verbindlichen Auftrag

Mit der Beauftragung eines Handwerkers schließen Sie einen **Werkvertrag.** Der Handwerker schuldet Ihnen einen bestimmten **Erfolg** (z. B. soll der defekte Fernseher wieder funktionieren). Er hat nur dann ein Anrecht auf seinen Lohn, wenn er Ihnen das Ergebnis präsentieren kann, das Sie vertraglich vereinbart haben.

Je unbestimmter Sie Ihren Auftrag formulieren (z. B. »Schauen Sie doch mal nach, was an dem Gerät kaputt ist!«), desto mehr Möglichkeiten räumen Sie dem Handwerker ein, später auch für Tätigkeiten kassieren zu können, die gar nicht nötig waren bzw. gar nicht zum Erfolg geführt haben. Deshalb sollten Sie Ihren **Auftrag so konkret wie möglich formulieren.**

Der telefonisch erteilte Auftrag ist genauso verbindlich wie ein im Geschäft des Handwerkers unterschriebener oder per Fax oder E-Mail angebahnter Vertrag. Aus Beweisgründen sollten Sie aber – wenn möglich – den Auftrag **schriftlich** erteilen.

Denken Sie auch daran, mit dem Handwerker verbindlich zu vereinbaren, zu welchem **Zeitpunkt** die Arbeiten beendet sein sollen. Ist Ihnen die rechtzeitige Fertigstellung besonders wichtig, sollten Sie dem Handwerker deutlich machen, dass das Geschäft mit der Einhaltung der vereinbarten Zeit steht und fällt (sog. »**Fixgeschäft**«).

2. Kostenvoranschlag oder Festpreisvereinbarung?

Mit einem Kostenvoranschlag legt der Handwerker den **voraussichtlichen Arbeitsumfang** sowie die **entstehenden Kosten** fest. Insbesondere bei Arbeiten größeren Umfangs empfiehlt es sich, mehrere Kostenvoranschläge einzuholen. Lassen Sie sich möglichst einen schriftlichen Kostenvoranschlag mit einer genauen Leistungsbeschreibung sowie einer Aufstellung des Materials, der Nebenkosten und der Umsatzsteuer geben.

→ Schützt Sie der Kostenvoranschlag vor Kostenüberschreitungen?

Da der Handwerker mit dem Kostenvoranschlag nur eine ungefähre Schätzung der Kosten vornimmt, ist ein **Kostenvoranschlag in der Regel unverbindlich.** Ihr Auftragnehmer darf daher die veranschlagten Kosten »unwesentlich« überschreiten, wenn er dies **plausibel begründen** kann. Als **unwesentlich** gelten nach der bisherigen Rechtsprechung **Überschreitungen** von **10 bis 20 %.**

Kann der Handwerker während der Durchführung der Arbeiten erkennen, dass der Kostenvoranschlag **wesentlich überschritten** wird, muss er Sie hierüber **unverzüglich informieren** (§ 650 Abs. 2 BGB). Sie können dann den Vertrag **kündigen** und brauchen nur einen der schon geleisteten Arbeit entsprechenden Teil der Vergütung zu zahlen. In der Praxis ist es allerdings häufig schwer, einen anderen Handwerker zu finden, der die Arbeiten fortsetzt.

Wird die wesentliche Kostenüberschreitung **nicht unverzüglich angezeigt,** macht sich der Handwerker schadensersatzpflichtig. Über die Konsequenzen im Einzelnen sind sich die Gerichte jedoch nicht einig. Teilweise wird dem Handwerker nur der ursprünglich veranschlagte Betrag zuzüglich einer »unwesentlichen Überschreitung« zugebilligt.

Tipp:
Bei einer deutlichen Überschreitung des Kostenvoranschlags: Zahlen Sie nur den veranschlagten Betrag zuzüglich einer »unwesentlichen Überschreitung« von 15 %. Damit minimieren Sie Ihr Prozesskostenrisiko.

Sie müssen aber damit rechnen, dass Sie den üblichen Marktwert der erbrachten Leistungen zahlen müssen. Können Sie z. B. durch den Kostenvoranschlag eines Konkurrenten nachweisen, dass ein anderer Handwerker die Arbeiten insgesamt preiswerter durchgeführt hätte, brauchen Sie nur den günstigeren Preis zu entrichten.

→ Darf eine Vergütung für den Kostenvoranschlag verlangt werden?

In § 632 Abs. 3 BGB heißt es ausdrücklich: »Ein Kostenvoranschlag ist im Zweifel nicht zu vergüten.« Deshalb kann der Handwerker eine Vergütung für seinen Kostenvoranschlag grundsätzlich **nur dann** beanspruchen, wenn er dies mit dem Kunden **ausdrücklich vereinbart** hat. Es genügt dabei nicht, dass er auf eine Klausel in seinen Geschäftsbedingungen verweist. Die **Beweislast** für eine Vergütungsvereinbarung **trägt der Handwerker.** Kann er den Beweis nicht erbringen, brauchen Sie nicht zu zahlen.

Ausnahme: Eine **ausdrückliche Vergütungsvereinbarung** ist nach der bisherigen Rechtsprechung des Bundesgerichtshofs **nicht notwendig,** wenn eine solche branchenüblich ist. Bei **Reparaturaufträgen** in der Radio- und Fernsehtechnikerbranche, im Elektrogerätebereich und im Kfz-Sektor sollten Sie sich darauf einstellen, dass Sie zur Kasse gebeten werden. Dagegen können Sie bei der Erstellung von Angeboten im Bauhandwerk davon ausgehen, dass diese kostenlos sind, wenn Ihnen der Handwerker nicht zuvor etwas anderes mitteilt.

➔ Eine Festpreisvereinbarung schützt vor Überraschungen

Da Sie nur selten einen Handwerker dazu bewegen können, seinen Kostenvoranschlag ausdrücklich für »verbindlich« zu erklären, sollten Sie eine **Festpreisvereinbarung** anstreben. Diese kommt meist dadurch zustande, dass der Handwerker ein **schriftliches Angebot** mit den zu erbringenden Einzelleistungen zu einem festen Endpreis abgibt, das Sie dann annehmen. An derartige Preisabsprachen ist der Handwerker gebunden; er darf den Preis auch dann nicht überschreiten, wenn er sich verkalkuliert hat.

Tipp:
Vereinbaren Sie mit dem Handwerker einen konkreten Zeitpunkt, bis zu dem sein Angebot steht. So können Sie weitere Angebote einholen.

II. Was tun, wenn sich die Arbeiten verzögern?

1. Auf Vertragserfüllung bestehen?

Da Sie einen verbindlichen Vertrag abgeschlossen haben, können Sie auf Vertragserfüllung bestehen und vom Handwerker verlangen, dass er die Arbeiten zu einem späteren Termin erbringt. Das ist immer sinnvoll, wenn mit den Arbeiten schon begonnen wurde. Denn in der Regel wird es schwierig sein, kurzfristig einen anderen Handwerker zu finden, der die Arbeiten fortsetzt.

Theoretisch haben Sie wegen der Verzögerung auch einen **Schadensersatzanspruch.** Ersatz verlangen können Sie aber nur, wenn Sie belegen können, dass die Verzögerung Sie Geld gekostet hat. Vergeudete Arbeitszeit bekommen Sie nur ersetzt, wenn Sie nachweislich unbezahlten Urlaub genommen haben.

A

2. Den Vertrag beenden?

→ Durch Kündigung

Grundsätzlich können Sie einen Werkvertrag **jederzeit ohne Angabe von Gründen kündigen** (§ 649 BGB). Günstiger für Sie ist es meistens, die Voraussetzungen für einen Rücktritt zu schaffen. Bei einer Kündigung kann der Handwerker nämlich seinen Lohn verlangen, natürlich unter Abzug derjenigen Kosten, die er wegen des nicht durchgeführten Auftrags eingespart hat.

→ Durch Rücktritt

Verzögern sich die Arbeiten und wollen Sie sich ohne finanzielle Nachteile vom Vertrag lösen, müssen Sie dem Handwerker erst noch einmal **eine angemessene Frist setzen.** Die Länge der Frist hängt von den Umständen des Einzelfalls ab.

Tipp:
Musterformulierungen hierfür finden Sie unter www.bild-ihr-gutes-recht.de (R 15270) als PDF oder als interaktive Muster auf Ihrer Arbeitshilfen-CD.

Schreiben Sie ihm aus Beweisgründen am besten per **Einschreiben.** Verstreicht die Frist, ohne dass der Handwerker tätig wurde, können Sie vom Vertrag zurücktreten (§ 323 Abs. 1 BGB). Dabei spielt es keine Rolle, ob der Handwerker die Frist verschuldet hat. Ihr Rücktrittsrecht bleibt auch bestehen, wenn er einwendet, dass er aus diesen oder jenen Gründen »für die Fristversäumnis nichts kann«.

Ausnahmsweise können Sie, ohne eine Nachfrist setzen zu müssen, vom Vertrag zurücktreten, wenn Sie mit dem Handwerker einen genauen Termin für die Arbeiten vereinbart haben (§ 323 Abs. 2 Nr. 2 BGB). Dabei muss im Vertrag jedoch deutlich gemacht werden, dass das Geschäft mit der Einhaltung des vereinbarten Termins steht und fällt (sogenanntes »**Fixgeschäft**«).

→ Wann Sie zusätzlich Schadensersatz verlangen können

Hat der Handwerker das Versäumnis verschuldet, können Sie neben dem Rücktritt Schadensersatz verlangen, zum Beispiel für zusätzliche Aufwendungen wie Porto- oder Telefonkosten. Sie können auch einen anderen (teureren) Handwerker beauftragen und etwaige Mehrkosten von Ihrem ursprünglichen Vertragspartner ersetzt verlangen.

III. Worauf sollten Sie bei den Arbeiten achten?

1. Wenn Sie etwas unterschreiben sollen

Haben Sie den Handwerker telefonisch beauftragt, haben Sie damit bereits einen verbindlichen Vertrag geschlossen. Legt Ihnen der Handwerker bei seiner Ankunft zusätzlich ein **Auftragsformular** (»Nur zur Bestätigung«) vor, sollten Sie unbedingt auf die dort abgedruckten **Allgemeinen Geschäftsbedingungen** achten.

Enthält das Formular **Preisklauseln,** die Ihnen nicht einleuchten, **unterschreiben Sie nicht!** Sonst können die Klauseln später der Abrechnung zugrunde gelegt werden. Das gilt auch dann, wenn Sie die Unterschrift erst nach Durchführung der Arbeiten leisten sollen. Besonders bei umfangreicheren Arbeiten lässt sich der Handwerker zunächst sogenannte **Stundenzettel** unterzeichnen, die der späteren Rechnung zugrunde gelegt werden. Achten Sie ganz genau darauf, dass die **Ankunftszeit** und das **Arbeitsende** korrekt angegeben werden.

Die Arbeitszeit sollte ggf. für jede der arbeitenden Personen getrennt aufgeführt werden. Achten Sie auch darauf, dass das Formular **keine weiteren Klauseln** enthält, die Sie durch Ihre Unterschrift bestätigen würden. Lassen Sie sich in jedem Fall eine **Durchschrift** aushändigen.

2. Wenn der Handwerker in Begleitung kommt

Schickt der Handwerksbetrieb gleich mehrere Mitarbeiter, brauchen Sie nur **einen** Handwerker zu entlohnen, wenn der Auftrag von einem Einzelnen problemlos ausgeführt werden kann. Sie sollten von vornherein deutlich machen, dass Sie den Einsatz eines zweiten Mitarbeiters nicht akzeptieren und diesen auch nicht bezahlen werden. **Ausnahmsweise** kann die **Entlohnung weiterer Mitarbeiter** gerechtfertigt sein,

- wenn aus Gründen der Arbeitssicherheit der Einsatz von zwei Monteuren zwingend vorgeschrieben ist oder
- umfangreiche Arbeiten von mehreren Mitarbeitern gleichzeitig erbracht werden.

A

3. Wenn der Handwerker ein zweites Mal kommen muss

Nur allzu oft passiert es, dass der Handwerker erneut kommen muss, weil er den Auftrag bei seinem ersten Besuch nicht vollständig ausführen konnte. Dann entstehen erneut An- und Abfahrtkosten.

Tipp:
Lassen Sie sich genau erklären, aus welchem Grund er erneut kommen muss. Haben Sie den Eindruck, dass der erneute Termin bei korrekter Durchführung des Auftrages nicht erforderlich gewesen wäre (z. B. hätte er wissen müssen, dass er ein bestimmtes Werkzeug benötigen würde), lehnen Sie die Übernahme zusätzlicher Arbeits- und Fahrtkosten ausdrücklich ab.

IV. Wenn die Arbeiten abgeschlossen sind

1. Müssen Sie das Werk abnehmen?

➔ Was Sie über die Abnahme wissen sollten

Hat der Handwerker seine Leistung **vertragsgemäß** erbracht, müssen Sie das Werk (also die geleistete Arbeit) **abnehmen** (§ 640 Abs. 1 Satz 1 BGB). Unter Abnahme versteht man, dass Sie als Auftraggeber das Werk entgegennehmen und als vertragsgemäß billigen. Die Abnahme kann **ausdrücklich** erklärt werden. Es reicht aber auch, wenn aus Ihrem Verhalten geschlossen werden kann, dass Sie mit dem Werk einverstanden sind **(stillschweigende Abnahme):**

Beispiel:
- Sie holen das reparierte Gerät ab und nehmen es vorbehaltlos mit.
- Nach Reparatur Ihres Fernsehgerätes in Ihrer Wohnung zeichnen Sie dem Kundendienst den Stundenzettel ab oder Sie begleichen die Rechnung ohne Vorbehalte.
- Nach Durchführung von Dachdeckerarbeiten an Ihrem Haus schauen Sie sich mit dem Meister die Arbeiten an und äußern sich anerkennend.

Ehe Sie vorschnell das Werk in diesem Sinne »abnehmen«, sollten Sie sich bewusst machen, dass die **Abnahme erhebliche Rechtsfolgen** auslöst:

- Der Handwerker kann seine **Vergütung** verlangen (§ 641 Abs. 1 BGB).
- Die **Verjährungsfrist** für die Geltendmachung von Gewährleistungsansprüchen beginnt zu laufen (→Abschn. V).
- Die **Beweislast** für eine mangelhafte Reparaturleistung geht auf Sie über. Das heißt, **bis zur Abnahme** muss der **Handwerker** beweisen, dass er die vertraglich versprochene Leistung ordnungsgemäß erbracht hat. Wollen Sie **nach der Abnahme** Rechte geltend machen, müssen Sie beweisen, dass der Mangel bereits bei der Abnahme vorhanden war oder auf eine unsachgemäße Handwerkerleistung zurückzuführen ist.

→ Überprüfen Sie wenn möglich erst den Erfolg der Arbeiten

Sie sind zwar nicht verpflichtet und manchmal auch praktisch nicht in der Lage, zu prüfen, ob das Werk wirklich einwandfrei ist (z. B. lässt sich Ihr reparierter Tintenstrahldrucker in der Abholstelle nicht testen). Sie können aber auch später noch Rechte geltend machen. Dennoch sollten Sie vor der Abnahme zumindest im Groben prüfen, ob die Leistung dem entspricht, was Sie mit dem Handwerker vereinbart hatten. Entdecken Sie dabei Mängel, haben Sie die Möglichkeit, die Abnahme und die Zahlung zu verweigern (→Abschn. IV 3).

→ Bei unwesentlichen Mängeln müssen Sie das Werk abnehmen

Dies schreibt § 640 Abs. 1 Satz 2 BGB vor. Mit dieser Vorschrift will der Gesetzgeber eine mutwillige Verzögerung der Abnahme verhindern. Ob ein Mangel »**unwesentlich**« ist, hängt vom Einzelfall ab. Hierbei darf es sich nur um Kleinigkeiten handeln, die einerseits der Abnahme des Werkes nicht entgegenstehen, die aber andererseits auch nicht hingenommen werden müssen.

Beispiel:
Der Schreiner hat mehrere Innentüren ausgewechselt. Bei einer Tür ist der Beschlag verkratzt und muss ausgewechselt werden. Hier liegt ein unwesentlicher Mangel vor.

Wollen Sie in einem solchen Fall das Werk nicht abnehmen, kann der Handwerker Ihnen eine **angemessene Frist für die Abnahme** setzen. Nach ergebnislosem Fristablauf gilt das Werk als abgenommen (§ 640 Abs. 1 Satz 3 BGB).

2. Wann hat das Werk einen »Mangel«?

Allgemein hat das Werk einen Mangel, wenn die tatsächliche Beschaffenheit davon abweicht, wie das Werk eigentlich sein sollte. Der Gesetzgeber hat verschiedene Kategorien für einen Mangel gebildet:

- **Das Werk entspricht nicht dem, was Sie gewöhnlich erwarten durften:** Zum Beispiel hat Ihr frisch gereinigter Anzug immer noch Fettflecken.
- **Dem Werk fehlt eine vereinbarte Beschaffenheit:** Zum Beispiel vereinbaren Sie mit dem Schreiner, dass er Ihren Keller mit Kiefernholz verkleidet. Der Schreiner erbringt die Arbeiten zwar fachlich einwandfrei, verwendet jedoch Fichtenholz.
- **Das Werk eignet sich nicht für die vertraglich vorausgesetzte Verwendung:** Zum Beispiel lassen Sie sich vom Schreiner Schränke für Ihr Bad bauen. Der Schreiner erbringt die Arbeiten fachlich einwandfrei, verwendet jedoch Holz, das für Nassräume ungeeignet ist.
- **Der Handwerker stellt ein anderes Werk oder ein Werk in zu geringer Menge her:** Zum Beispiel beauftragen Sie die Autowerkstatt, Winterreifen auf sämtliche Räder Ihres Wagens einschließlich Reserverad aufzuziehen. Das Reserverad wird dabei vergessen.

3. Ihre Rechte, wenn Mängel vorhanden sind

Erklärt der Handwerker seine Arbeiten für abgeschlossen und stellen Sie einen Mangel fest, müssen Sie zunächst prüfen, ob es sich hierbei um »unwesentliche« Mängel oder solche Mängel handelt, die »mehr als unwesentlich« sind.

→ Der Mangel ist unwesentlich

Es wäre ungerecht, wenn der Handwerker die volle Vergütung erhielte, obwohl er ein mangelhaftes Werk abgeliefert hat. Deshalb dürfen Sie in diesem Fall nach § 641 Abs. 3 BGB einen angemessenen Teil der Vergütung verweigern, und zwar »mindestens in Höhe des Dreifachen der für die Beseitigung des Mangels erforderlichen Kosten«.

Tipp:
Hat das Werk Mängel, sollten Sie nicht den gesamten Rechnungsbetrag zahlen, sich aber gleichzeitig wegen der erkannten Mängel Ihre Rechte vorbehalten. Seien Sie hierbei zu Ihren Gunsten großzügig, damit der Handwerker einen Anreiz hat, auch die restlichen Arbeiten noch zu erledigen.

→ Der Mangel ist nicht nur unwesentlich

Dann haben Sie folgende Rechte:

- Sie können und sollten die **Abnahme unbedingt verweigern.** Wenn Sie nämlich das Werk abnehmen und sich Ihre Rechte nicht vorbehalten, verlieren Sie gemäß § 640 Abs. 2 BGB die nachfolgend aufgeführten Mängelrechte!
- Sie können die **Zahlung verweigern.**
- Sie können die ordnungsgemäße **Herstellung** des Werks verlangen.

Es steht dem Handwerker frei, ob er das mangelhafte Werk durch eine Nachbesserung oder ausnahmsweise durch eine völlige Neuherstellung in Ordnung bringt (→ Abschn. V 2).

Für die Nachbesserung können Sie dem Handwerker eine angemessene Frist setzen. Hält er diese nicht ein, können Sie vom Vertrag **zurücktreten** und, sofern den Handwerker auch ein Verschulden trifft, **Schadensersatz** verlangen, zum Beispiel für die eingetretene Verzögerung.

4. Wenn der Handwerker Schäden angerichtet hat

Auch wenn das Werk an sich einwandfrei erbracht wurde, kann es besonders bei Arbeiten, die bei Ihnen zu Hause ausgeführt werden, vorkommen, dass der Handwerker aus Unachtsamkeit einen Schaden anrichtet.

Sobald Sie einen Schaden entdecken, zeigen Sie diesen dem Handwerker an. Sie können dann in Höhe des mutmaßlichen Schadensbetrages die Zahlung der Rechnung verweigern, denn das Gesetz gibt Ihnen insoweit ein **Zurückbehaltungsrecht** (§ 273 BGB).

V. Wenn Sie nach der Abnahme Mängel feststellen

1. Reklamieren Sie jeden Mangel umgehend

Als Auftraggeber sind Sie für das Vorliegen des Mangels beweispflichtig. Je länger Sie damit warten, desto leichter kann sich Ihr Handwerker herausreden. Er könnte zum Beispiel behaupten, dass der Mangel durch Ursachen entstanden sei, die nach Abnahme des Werks aufgetreten sind (z. B. falschen Gebrauch).

→ Nehmen Sie keine Eigenreparaturen vor

Versuchen Sie nicht eigenmächtig, einen Mangel selbst zu beheben oder durch einen anderen Handwerker beseitigen zu lassen. Sie bringen sich dadurch in Beweisschwierigkeiten. Außerdem muss der Handwerker die Ihnen entstandenen Reparaturkosten nicht erstatten.

→ Beachten Sie »Rügefristen« im Kleingedruckten

Viele Handwerker verwenden Verträge mit Allgemeinen Geschäftsbedingungen. Dort findet man gelegentlich **Klauseln,** die den Kunden verpflichten, auftretende Mängel innerhalb kürzester Frist bei ihm zu melden. Da durch solche Klauseln die gesetzlichen Verjährungsfristen weit unterschritten werden, sind sie nur zulässig, sofern sie sich auf **offensichtliche Mängel** beziehen. Die Frist muss **mindestens eine Woche** betragen, in der Regel sind mindestens **zwei Wochen** erforderlich. Dennoch sollten Sie möglichst die angegebenen Fristen einhalten.

→ Beachten Sie die Verjährung

Ihre Mängelrechte unterliegen der Verjährung, das heißt, nach Ablauf gewisser Fristen können Sie Ihre Rechte nicht mehr durchsetzen. Die **Verjährung beginnt mit der Abnahme** des Werks. Die Verjährungsfrist bei Werkleistungen ist unterschiedlich:

- Sie beträgt für **Reparaturarbeiten** und für **Arbeiten an Grundstücken zwei Jahre** (§ 634a Abs. 1 Nr. 1 BGB). Darunter fallen etwa kleinere Arbeiten am Haus (Auswechslung eines Fensters, Innenanstrich). Allerdings kann der Handwerker die Frist in seinen AGB auf **ein Jahr** verkürzen (§ 309 Nr. 8 b) ee) BGB). Das dürfte bei Reparaturleistungen die Regel sein.
- Die Verjährungsfrist für »**Bauwerke**« beträgt **fünf Jahre** (§ 634a Abs. 1 Nr. 2 BGB); sie kann auch durch Geschäftsbedingungen nicht verkürzt werden. Darunter fallen umfangreichere Arbeiten, die für den Bestand und die Erhaltung des Gebäudes von wesentlicher Bedeutung sind (z. B. Einbau einer Heizungsanlage, komplette Erneuerung des Daches).

2. Verlangen Sie »Nacherfüllung«

Tritt ein Mangel auf, können Sie zunächst von Ihrem Vertragspartner nur die Mängelbeseitigung, die sogenannte »Nacherfüllung«, verlangen. Der Handwerker kann sich aussuchen, ob er das ganze Werk neu herstellt **(Neuherstellung)** oder ob er eine Reparatur vornimmt **(Nachbesserung).**

Tipp:
Fordern Sie Ihren Handwerker am besten schriftlich auf, den Mangel zu beheben. Setzen Sie Ihrem Handwerker gleichzeitig eine **Frist,** wenn Sie den Weg für weitere Schritte (→ Abschn. IV 3) bahnen wollen. Bemessen Sie die Frist so, dass eine Mängelbeseitigung innerhalb dieser Zeitspanne möglich ist. **Musterformulierungen** hierfür finden Sie unter www.bild-ihr-gutes-recht.de (R R 15270) als PDF oder als interaktive Muster auf Ihrer Arbeitshilfen-CD.

Ist die **Mängelbeseitigung** für den Handwerker mit **unverhältnismäßigen Kosten** verbunden, darf er sie ausnahmsweise ablehnen (§ 635 Abs. 3 BGB).

→ Wie viele Nacherfüllungsversuche müssen Sie hinnehmen?

Hierbei kommt es auf die »Umstände des Einzelfalles« an, insbesondere auf den Umfang des ursprünglichen Auftrages. Waren die ursprünglich zu erbringenden Arbeiten technisch aufwändig und kompliziert (z. B. Installation einer neuen Heizung), wird Ihnen eine mehrmalige Nachbesserung eher zuzumuten sein als bei einfachen Reparaturen (z. B. Schuhreparatur).

Als **Faustregel** kann gelten, dass Ihnen bei größeren Arbeiten **zwei Nacherfüllungsversuche** zuzumuten sind. Unzulässig ist, dass der Handwerker in seinen **Allgemeinen Geschäftsbedingungen** von vornherein eine bestimmte Anzahl von Nacherfüllungsversuchen festlegt.

Führt die Nacherfüllung insgesamt innerhalb angemessener Frist nicht zu dem gewünschten Erfolg, können Sie zu den weiteren Rechten – Selbstvornahme, Minderung, Rücktritt oder Schadensersatz – übergehen (→ Abschn. IV 3).

→ Wer trägt die Kosten der Nacherfüllung?

Diese trägt der Handwerker (§ 635 Abs. 2 BGB). Anderslautende Klauseln im Kleingedruckten sind unzulässig. Zu den Nacherfüllungskosten zählen sämtliche dafür erforderlichen Aufwendungen.

Beispiel:

- **Transportkosten:** Ihr Handwerker muss die mangelhaft reparierte Gefriertruhe wieder von Ihnen abholen, wenn diese nicht bei Ihnen repariert werden kann.
- **Wegekosten:** Diese können durch eine erneute Reparatur anfallen.
- **Arbeits- und Materialkosten**
- **Schäden am Eigentum des Auftraggebers, die im Zuge der Nachbesserung zwangsläufig entstanden sind:** Nach dem Versetzen der falsch angebrachten Küchenoberschränke fallen Maler- und Reinigungsarbeiten an.

Ausnahme: Haben Sie den Handwerker mit einer Reparatur beauftragt und hatte der Defekt **mehrere Ursachen,** beseitigt der Handwerker bei der Reparatur aber zunächst nur eine Ursache, kann er die Kosten ersetzt verlangen, die für die Beseitigung der **anderen** Ursachen entstehen. Es handelt sich dabei um sogenannte »**Sowieso-Kosten**«, die Ihnen ohnehin entstanden wären, wenn der Handwerker diese Maßnahme gleich zu Anbeginn getroffen hätte.

Beispiel:
Der Reparaturdienst hat zunächst lediglich einen defekten Schalter Ihrer Waschmaschine repariert. Bei der anschließenden Wäsche stellen Sie fest, dass die Maschine immer noch nicht richtig läuft. Der Reparaturdienst stellt fest, dass auch die Heizspirale erneuert werden muss. Die Materialkosten müssen Sie bezahlen, nicht aber die Kosten der zweiten Anfahrt sowie die Arbeitszeit für die nochmalige Demontage.

3. Wenn keine Nacherfüllung (mehr) in Betracht kommt

Führt die Nacherfüllung innerhalb einer angemessenen Frist nicht zum gewünschten Ergebnis oder hat sie gar nicht stattgefunden, weil der Handwerker sie abgelehnt hat, haben Sie nunmehr die **Wahl:**

- Sie können die Mängel durch einen anderen Handwerker beseitigen lassen und diese Kosten dem ersten Handwerker in Rechnung stellen. Das ist die sog. **Selbstvornahme** (§ 637 BGB).
- Sie können die Vergütung des Handwerkers herabsetzen, also eine **Minderung** vornehmen (§ 638 BGB).

- Sie können den gesamten Vertrag rückgängig machen, das heißt den **Rücktritt** vom Vertrag erklären (§ 634 Nr. 3 BGB, § 636 BGB).
- Sie können unter bestimmten Voraussetzungen **Schadensersatz** verlangen.

Beachten Sie darüber hinaus, dass Sie die Ihnen günstigen Tatsachen im Streitfall **beweisen** müssen, insbesondere, dass ein Mangel vorgelegen hat. Sorgen Sie daher für Zeugen oder für schriftliche Dokumente (z. B. Aufforderungsschreiben mit Fristsetzung).

→ Sie wollen den Mangel selbst beheben bzw. beheben lassen

Wenn Sie in der Lage sind, die restlichen Arbeiten zur Beseitigung des Mangels fachgerecht durchzuführen, können Sie die Arbeiten selbst ausführen. In diesem Fall können Sie **Kostenersatz** für das verwendete Material sowie für Ihre Arbeitsleistung verlangen. Grundlage ist der **Nettostundenlohn,** der einem abhängig Beschäftigten mit vergleichbarer Tätigkeit zustände, etwa € 15,– bis € 20,–. Erkundigen Sie sich am besten bei der Handwerkerinnung nach dem üblichen Lohn.

In der Regel ist es aber sinnvoll, einen weiteren Handwerker zu beauftragen. Auch wenn dieser Handwerker einen höheren Stundensatz verlangt, müssen Sie keine weiteren Kostenvoranschläge einholen. Sobald die Rechnung vorliegt, muss Ihr erster Handwerker Ihnen diese Kosten ersetzen. Sind die zu erwartenden Kosten relativ hoch, können Sie von vornherein von Ihrem ursprünglichen Vertragspartner einen **Kostenvorschuss** verlangen.

Tipp:
Lassen Sie sich von Ihrem zweiten Handwerker eine genaue Fehlerbeschreibung und detaillierte Aufstellung der notwendigen Arbeiten anfertigen.

→ Sie wollen die Vergütung kürzen

In den Fällen, in denen Sie glauben, mit dem Mangel leben zu können, werden Sie die **Minderung** wählen. Diese kommt vor allem in Betracht, wenn der Mangel geringfügig ist. Haben Sie bereits bezahlt, können Sie den Minderungsbetrag vom Handwerker zurückverlangen. Die Höhe des anzusetzenden Minderungsbetrages richtet sich nach dem Umfang des Mangels und einer in § 638 Abs. 3 BGB beschriebenen, recht komplizierten Formel.

Tipp:
Setzen Sie als Minderung am besten den Betrag an, der für die Mängelbeseitigung anfallen würde. Dies entspricht der Auffassung der Rechtsprechung.

→ Sie wollen den Vertrag rückgängig machen

Das Gesetz gibt Ihnen zwar theoretisch die Möglichkeit, nach erfolgloser Fristsetzung zur Beseitigung des Mangels vom Vertrag zurückzutreten. Mit dem Rücktritt können Sie sich allerdings häufig gewisse Nachteile einhandeln:

- Beim Rücktritt erhalten Sie zwar den Werklohn zurück, doch hat Ihr Handwerker das Recht, die von ihm eingesetzten Materialien wieder herauszuverlangen. Da dies oft nicht möglich ist, kann er dann von Ihnen **Wertersatz** verlangen. Sie müssen also zahlen, obgleich Sie noch kein mangelfreies Werk in Händen haben.
- Der Rücktritt vom Werkvertrag ist **ausgeschlossen,** wenn durch den Mangel der Wert oder die Tauglichkeit des Werkes nur »**unerheblich**« gemindert ist (§ 323 Abs. 5 Satz 2 BGB). Deshalb kann es Ihnen passieren, dass Sie mit Ihrem Handwerker nicht nur darüber streiten, ob überhaupt ein Mangel vorliegt, sondern auch darüber, ob dieser erheblich ist. Für die entsprechende Bewertung ist in der Regel ein Gutachten erforderlich, was für Sie wiederum einen zusätzlichen Kostenaufwand darstellt.

Fazit: Bevor Sie vorschnell den Rücktritt vom Vertrag erklären, sollten Sie sorgfältig überlegen, ob es für Sie nicht günstiger ist, zum Beispiel eine Minderung und daneben Schadensersatz zu verlangen.

→ Sie wollen Schadensersatz verlangen

In diesem Fall sollten Sie vorsichtshalber Rechtsrat einholen, wenn der Handwerker Ihre Forderung nicht akzeptiert. Kostengünstige Beratung erhalten Sie zum Beispiel bei den Verbraucherzentralen.

→ Schadensersatz infolge des Mangels

Hat das Werk einen Mangel und entstehen Ihnen dadurch Schäden, können Sie Schadensersatz verlangen (§ 634 Nr. 4 i. V. m. § 281 bzw. § 280 BGB):

- Ihr Schadensersatzanspruch bezieht sich zunächst auf die Kosten für die Behebung der Mängel. Er erfasst aber auch zusätzliche damit anfallende Kosten für Anfahrt, Verdienstausfall, Nutzungsausfall (z. B. müssen Sie ein Ersatzgerät mieten), Kosten für die Einholung eines Privatgutachtens über die Reparaturmängel, Anwaltskosten usw.
- Sie können auch Schadensersatz verlangen, wenn **durch den Mangel der Werkleistung auch an anderen Gegenständen bzw. Rechtsgütern** (z. B. Ihrer Gesundheit) **ein Schaden verursacht** wird.

Sie müssen nachweisen, dass der Schaden durch einen Mangel des Werks verursacht wurde. Will der Handwerker einwenden, dass er den Schaden nicht schuldhaft verursacht hat, muss er das auch beweisen können (§ 280 Abs. 1 Satz 2 BGB).

→ Schadensersatz infolge der Verletzung von Nebenpflichten

Verursacht der Handwerker einen Schaden dadurch, dass er **schuldhaft Nebenpflichten verletzt** hat, können Sie auch **ohne vorherige Fristsetzung** (für die Beseitigung des Mangels) Schadensersatz verlangen (§§ 280 Abs. 1, 241 Abs. 2 BGB). Das betrifft die Fälle, in denen der Handwerker neben seiner Hauptpflicht (z. B. zur ordnungsgemäßen Reparatur) weitere Pflichten verletzt.

Beispiel:

- **Ihr Handwerker verletzt seine Aufklärungspflicht:** Ihr Malermeister soll Ihre alten Fenster von außen streichen. Er versäumt es, Sie darauf aufmerksam zu machen, dass ohne fachgerechten Innenanstrich und Sanierung der Holzteile der neue Außenanstrich alsbald abblättern und reißen kann.
- **Ihr Handwerker verursacht einen zusätzlichen Schaden am Werk:** Er repariert den Motor Ihrer Nähmaschine zwar ordnungsgemäß, während der Reparatur fällt ihm jedoch die Nähmaschine zu Boden. Das Gehäuse wird erheblich beschädigt.
- **Er verursacht aus Unachtsamkeit einen Schaden an Ihrem Eigentum:** Der Fernsehtechniker, der Ihr Fernsehgerät bei Ihnen zu Hause repariert, bemerkt nicht, dass sein Lötkolben auf den Teppich gefallen ist und dort einen Brandfleck verursacht.

VI. Was tun, wenn Sie zur Kasse gebeten werden?

Verlangen Sie eine nachvollziehbare Rechnung. Sie müssen immer überprüfen können, wie sich im Einzelnen die verlangte Vergütung zusammensetzt. Zumindest die ausschlaggebenden Positionen (z. B. Arbeitszeit, Fahrtzeit, Materialkosten und Umsatzsteuer) müssen angegeben sein.

Tipp:
Eine Checkliste für Ihre Handwerkerrechnung finden Sie unter www.bild-ihr-gutes-recht.de (R 15274).

Ist die Rechnung in Ordnung, müssen Sie den Betrag sofort begleichen. Bei höheren Beträgen ist es üblich, dass diese überwiesen werden. Mehr als 30 Tage nach Zugang der Rechnung dürfen Sie sich auf keinen Fall Zeit lassen, da Sie sonst in Verzug geraten und mit hohen Zinsforderungen rechnen müssen.

Tipp:
Sind Ihnen bestimmte Rechnungsposten unklar geblieben, sollten Sie einen Teilbetrag der Rechnungssumme bis zur vollständigen Klärung zurückbehalten oder zumindest unter **schriftlichem** Vorbehalt zahlen.

Wie können Sie sich gegen Strom- und Gaspreiserhöhungen wehren?

I. Schöpfen Sie Ihre Rechte aus

Preiserhöhungen von Strom- und Gaspreisen sind ein ständiges Ärgernis für Energiekunden. Sind Sie von einer Energiepreiserhöhung betroffen, haben Sie im Prinzip **zwei Möglichkeiten:**

- Wollen Sie trotz der angekündigten Preiserhöhung Kunde Ihres Versorgers bleiben, können Sie die **Zahlung verweigern** oder nur unter **Vorbehalt bezahlen** (→ Abschn. II bis V). Hier müssen Sie allerdings mit erheblichem Widerstand Ihres Versorgers und mit einer gerichtlichen Auseinandersetzung rechnen. Lassen Sie sich deshalb von den Verbraucherzentralen oder einem auf dieses Thema spezialisierten Rechtsanwalt **beraten.** Trotz zahlreicher Musterverfahren gegen die Versorger und trotz einer Flut von Gerichtsurteilen gibt es immer noch keine endgültige Klarheit zu allen Rechtsfragen.
- Wenn Sie sich nicht mit den Problemen bei einer Preiserhöhung auseinandersetzen wollen, können Sie auch den **Tarif oder** den **Anbieter wechseln.** Das ist sinnvoll, wenn andere Unternehmen günstigere Preise bieten (→ Abschn. VI).

II. So prüfen Sie eine Energiepreiserhöhung

1. Darf Ihr Energieversorger die Preise überhaupt erhöhen?

Jede Preiserhöhung ist nur unter **zwei Bedingungen** zulässig:

- Es muss eine gesetzliche oder eine vertragliche **Rechtsgrundlage** bestehen **und**
- die konkrete Preiserhöhung muss der **Billigkeit** entsprechen. Dabei muss der Versorger auch die Interessen der Kunden angemessen berücksichtigen. Dies kann notfalls gerichtlich überprüft werden.

Weitere Einzelheiten zu diesen verschiedenen **Prüfschritten** finden Sie in den folgenden Abschnitten. Nehmen Sie dazu Ihre jeweiligen Vertragsunterlagen und die Korrespondenz mit dem Versorger zur Hand!

2. Gibt es eine Rechtsgrundlage für die Erhöhung?

→ Das gilt für Haushaltskunden in der Grundversorgung

Alle Haushalte, die **Kunden des Grundversorgers** – in der Regel die örtlichen Stadtwerke – sind und von diesem zu allgemeinen Preisen mit Strom bzw. Gas beliefert werden, gelten als »Haushaltskunden in der Grundversorgung«.

Zählen Sie zu diesem Kundenkreis, haben Sie gegenüber dem Grundversorger einen Anspruch auf Belieferung zu den allgemeinen Preisen. Diese gibt der Versorger anlässlich jeder Preisänderung **öffentlich bekannt** (z. B. in der Tageszeitung). Zudem muss der Versorger Preisänderungen im Internet veröffentlichen und Sie hierüber **zusätzlich per Brief informieren.** Das sieht jeweils § 5 Abs. 2 Satz 2 der Grundversorgungsverordnungen für Strom bzw. Gas als **Rechtsgrundlage für Preisänderungen** so vor. Voraussetzung für die Wirksamkeit einer Preiserhöhung ist aber allein deren rechtzeitige öffentliche Bekanntgabe, die mindestens sechs Wochen vor der beabsichtigten Änderung erfolgen muss.

Somit steht dem Versorger ein einseitiges Recht zur Bestimmung der Preise zu. Eine Preiserhöhung muss aber stets nach »billigem Ermessen« erfolgen, das heißt der »Billigkeitsprüfung« nach § 315 BGB standhalten. Ob die konkrete Preiserhöhung angemessen ist, kann notfalls gerichtlich geprüft werden.

→ Das gilt für Haushaltskunden außerhalb der Grundversorgung

Haben Sie einen Strom- oder Gasliefervertrag mit dem Grundversorger zu einem **anderen als dem allgemeinen Preis** abgeschlossen (z. B. beziehen Sie bewusst Ökostrom) oder beziehen Sie die Energie von einem **anderen Versorger,** so sind Sie »Haushaltskunde außerhalb der Grundversorgung«. Diese Kunden werden auch als »**Sonderkunden**« bezeichnet.

Es ist rechtlich von großer Bedeutung, welcher Kundengruppe Sie zuzuordnen sind. Der Bundesgerichtshof hat hierzu festgestellt, dass die **Abgrenzung** im Einzelfall **durch Auslegung** zu erfolgen hat. Finden Sie beispielsweise in Ihrem Vertrag die Bezeichnung »Sondertarif«, ist das ein Indiz für Ihre Eigenschaft als Sonderkunde.

Mit Sonderkunden schließen die Versorger standardisierte Sonderverträge. Da es für diese Kunden **keine gesetzliche Regelung** zu Preisänderungen gibt, muss der Versorger eine vertragliche Rechtsgrundlage für Preisänderungen schaffen. Deshalb finden sich in den Verträgen **Preisänderungsklauseln.**

Fehlt eine solche Klausel im Vertrag oder ist eine Klausel **unwirksam,** ist eine Preiserhöhung unzulässig. Besteht hingegen eine **wirksame** Preisänderungsklausel, ist in einem zweiten Schritt zu prüfen, ob die konkrete Preisänderung der Billigkeit entspricht (→ Abschn. II 3).

Der BGH stellt strenge Anforderungen an die Wirksamkeit von Preisänderungsklauseln und sah bisher regelmäßig die von ihm geprüften Klauseln als unwirksam an.

Eine Preisänderungsklausel ist in der Regel nur wirksam, wenn sie dem Verbraucher im Falle der Preiserhöhung ein **Kündigungsrecht** einräumt. Ansonsten besteht leider Unsicherheit bezüglich der Bewertung von Preisklauseln.

Tipp:
Bei der Prüfung, ob Ihre Klausel wirksam ist, sollten Sie sich unbedingt von Fachleuten beraten lassen. Hilfe finden Sie bei den in Abschnitt V genannten Stellen (z. B. bei der örtlichen Verbraucherzentrale).

3. Ist die Erhöhung im konkreten Fall angemessen?

Die Preise und Preiserhöhungen sind nach »**billigem Ermessen**« zu bestimmen. Das ergibt sich aus § 315 BGB. **Voraussetzung** ist nur, dass der Versorger ein **einseitiges Leistungsbestimmungsrecht** hat. Das ist nicht nur bei Verträgen im Rahmen der Grundversorgung, sondern auch bei Sonderverträgen regelmäßig der Fall.

Ob Ihr Energieversorger sein Ermessen korrekt ausgeübt hat, können Sie gerichtlich überprüfen lassen. Der Bundesgerichtshof hat nämlich in mehreren Entscheidungen festgestellt, dass **§ 315 BGB** auf Preisänderungen **von Strom- und Gaspreisen anzuwenden** ist.

Im Ergebnis ist die Frage nach der zulässigen Preiserhöhung aber immer eine Frage des Einzelfalls. **Gesetzliche Höchstgrenzen** für die Energiepreise **gibt es nicht.** Strom wird auch an der Börse gehandelt, sodass der Preis starken Schwankungen unterliegt. Eine konkrete Prozentangabe als Richtschnur ist leider nicht möglich. Lassen Sie sich eine ordentliche Begründung geben!

Bei **Haushaltskunden in der Grundversorgung** muss eine geplante Preiserhöhung mindestens sechs Wochen vorher öffentlich bekannt gegeben werden (§ 5 Abs. 2 Satz 1 StromGVV bzw. GasGVV). Außerdem hat der Grundversorger seine Kunden zugleich per Brief zu informieren und die Änderungen auf seiner Internetseite zu veröffentlichen (§ 5 Abs. 2 Satz 3 StromGVV bzw. GasGVV). **Aber:** Die briefliche Mitteilung ist keine Wirksamkeitsvoraussetzung für die Preiserhöhung.

Sonderkunden erhalten in der Regel ein persönliches Schreiben. Ob darüber hinaus eine öffentliche Bekanntgabe der Preisänderung erforderlich ist, hat der BGH noch nicht klar entschieden.

Wie umfassend ein Versorger seinen Kunden gegenüber die Preiserhöhung begründet, steht grundsätzlich in seinem Ermessen.

Liegt der einzige Grund in **gestiegenen Bezugskosten** (das heißt den Beschaffungs- und Vertriebskosten), ist Ihr Versorger verpflichtet, darzulegen, um wie viel diese Kosten seit der letzten Preisanhebung gestiegen sind und dass er ausschließlich diese Preissteigerung weitergegeben hat.

Als Verbraucher können Sie häufig die Begründung nicht nachvollziehen. **Vor Gericht** muss der Versorger allerdings beweisen, dass die Preiserhöhung angemessen ist. Er trägt insofern die **Darlegungs- und Beweislast.**

Umgekehrt trifft die Beweislast Sie als **Verbraucher,** wenn Sie zunächst die verlangte Preiserhöhung zahlen und sich später entschließen, etwas zurückzuverlangen. Allerdings werden an Energiekunden keine unzumutbaren Beweisanforderungen gestellt. Im Ergebnis muss auch hier der Versorger seine Karten auf den Tisch legen. Von dieser Auslegung der Beweislastverteilung profitieren Sie zumindest, wenn Sie die **Preiserhöhung unter Vorbehalt** gezahlt haben.

III. Wie können Sie gegen eine Preiserhöhung vorgehen?

1. Sie müssen unmittelbarer Vertragspartner sein

Gegen eine Preiserhöhung können Sie sich nur wehren, wenn Sie der **unmittelbare Vertragspartner** des Versorgungsunternehmens sind. Das gilt also insbesondere für **Grundstückseigentümer.**

Aber auch als **Wohnungseigentümer** können Sie gegen eine Preiserhöhung vorgehen, sofern Sie einen eigenen Versorgungsvertrag haben.

Haben Sie als **Mieter** einen **eigenen Gas- oder Stromzähler,** müssen Sie sich direkt an den Versorger wenden. Besteht **keine Vertragsbeziehung** zwischen Mieter und Versorger, sollten Sie Ihren Vermieter bitten, gegen überhöhte Rechnungen der Versorger vorzugehen und ihm mitteilen, dass Sie die fraglichen Nebenkosten nur unter Vorbehalt zahlen.

2. Vorbehaltszahlung oder Zahlungsverweigerung – Sie haben die Wahl

→ Untätigkeit zahlt sich nicht aus!

Wer als Gas- oder Stromkunde nach einer Preiserhöhung den geänderten Abschlag bzw. den in der Jahresrechnung ausgewiesenen Betrag **kommentarlos zahlt** und der Preiserhöhung **nicht widersprochen** hat, kann eventuell später nichts zurückfordern. Deshalb sollten Sie auf Preiserhöhungen unbedingt reagieren.

→ Sie zahlen die Preiserhöhung unter Vorbehalt

In diesem Fall bezahlen Sie zunächst den vom Versorger verlangten Betrag, behalten sich aber eine **spätere Rückforderung** vor. **Nachteil:** Ihr Geld ist erst einmal weg. Da die Versorger kaum freiwillig etwas zurückzahlen, müssen Sie später irgendwann klagen. Die Beweislast für die Unbilligkeit der Preiserhöhung liegt dann bei Ihnen als Verbraucher. Aus diesem Grunde raten viele Verbraucherverbände davon ab, nur unter Vorbehalt zu zahlen.

Tipp:
Sind Sie mit einer angekündigten Preiserhöhung nicht einverstanden und wollen nur unter Vorbehalt zahlen, verwenden Sie unseren Musterbrief »**Energiepreiserhöhung: Zahlung unter Vorbehalt**«. Dieses Muster können Sie auch verwenden, wenn Sie sich nach Erhalt der Jahresabrechnung gegen die Preiserhöhung entsprechend wehren wollen. Sie finden es unter www.bild-ihr-gutes-recht.de (R 03063).

→ Sie verweigern die Zahlung der Preiserhöhung

Hier behalten Sie zunächst das Geld in der Tasche. Ihnen droht in diesem Fall jedoch eine Zahlungsklage des Energieversorgers. Zwar regelt § 17 Abs. 1 Satz 3 GasGVV bzw. StromGVV ausdrücklich, dass Verbraucher sich auf § 315 BGB berufen können, ohne in Verzug zu geraten. Demzufolge darf Ihnen bei einer Zahlungsverweigerung auch **keine Energiesperre** angedroht oder gar verhängt werden.

Das schützt Sie aber nicht vor einer **Zahlungsklage des Versorgers.** In vielen Fällen haben die Gerichte allerdings die Klagen abgewiesen und den Verbrauchern recht gegeben, weil die Versorger den Beweisanforderungen nicht genügt haben. Die Rechtsprechung ist aber nicht einheitlich.

Tipp:
Weigern Sie sich nach Ankündigung einer Preiserhöhung oder nach Zugang der Jahresabrechnung, den überhöhten Preis zu bezahlen, wenden Sie sich mit unserem Musterschreiben »**Energiepreiserhöhung: Rechnungskürzung**« an Ihren Energieversorger. Sie erhalten es unter www.bild-ihr-gutes-recht.de (R 03064).

3. Wann sollten Sie gegen eine Preiserhöhung vorgehen?

→ Wenn der Versorger die Preiserhöhung ankündigt

Erfahren Sie aus der Presse von einer geplanten Preiserhöhung oder kündigt Ihnen der Versorger die Erhöhung in einem individuellen Schreiben an – wozu er nach § 5 Abs. 2 Strom- bzw. GasGVV verpflichtet ist –, sollten Sie schriftlich darauf reagieren, um Ihre Rechte auf jeden Fall zu wahren.

Verlangt der Versorger zugleich mit der Preiserhöhung höhere Abschläge, **müssen** Sie reagieren, sofern Sie die Zahlung verweigern wollen. Teilen Sie dies Ihrem Versorger **schriftlich** mit.

Haben Sie dem Versorgungsunternehmen eine **Einzugsermächtigung** erteilt, weisen Sie zudem ausdrücklich darauf hin, dass es die Abschläge nur in der bisherigen Höhe weiter abbuchen darf und soll.

Tipp:
Ziehen Sie **nicht zu viel** ab, sonst kann der Energieversorger Mahnungen schicken und Sie in Verzug setzen. Dann drohen zusätzliche Kosten. Falls Sie die Preiserhöhung **unter Vorbehalt zahlen** wollen, dürfen Sie die Abschläge überhaupt nicht kürzen. Denn bei korrekter Festlegung der Abschläge durfte der Versorger die aktuelle Preiserhöhung nicht berücksichtigen.

Rechnen Sie mit **Gegenwehr des Versorgers.** Meist reagiert der Versorger mit einem Katalog von Standardargumenten. Da hiervon erfahrungsgemäß nicht abgerückt wird, hat es wenig Sinn, darauf zu reagieren. **Ausnahme:** Es werden Ihnen rechtlich relevante Maßnahmen angekündigt, wie etwa die Androhung einer Versorgungssperre oder die Kündigung der Einzugsermächtigung (→ Abschn. IV).

➔ Wenn Sie die Jahresabrechnung erhalten

Hier heißt es **aufpassen!** Denn häufig berechnen die Versorger den höheren Preis – unabhängig davon, wie Sie auf frühere Preisänderungen reagiert haben. Der Bundesgerichtshof hat deutlich gemacht, dass Kunden in der Grundversorgung zur Wahrung ihrer Rechte **zumindest gegen** eine **Jahresrechnung in angemessener Zeit Widerspruch einlegen** müssen. Das ist auch für Sonderkunden sinnvoll. Sie sollten daher auf die Jahresrechnung reagieren:

- Wollen Sie die Preiserhöhung **unter Vorbehalt zahlen,** sollten Sie dies Ihrem Versorger (nochmals) schriftlich mitteilen. Das gilt auch, wenn Sie auf eine Preiserhöhung bereits während der laufenden Abrechnungsperiode reagiert haben.
- Wollen Sie die Zahlung der **Preiserhöhung verweigern,** müssen Sie – neben der Mitteilung an den Versorger – die Jahresrechnung entsprechend kürzen. Für die Ermittlung des »richtigen« Kürzungsbetrages orientieren Sie sich an dem folgenden

Beispiel:
In einer ordentlichen Rechnung müssen dem jeweiligen Verbrauchszeitraum (z.B. Oktober 2009 bis September 2010) ein Verbrauchswert (z.B. 25 000 kWh Gas) sowie der jeweilige Preis (z.B. 5,3 ct/kWh) zugeordnet sein. Sie müssen dann also statt des erhöhten Preises für den ausgewiesenen Verbrauchswert nur die bis zur Preiserhöhung geltenden Preise zugrunde legen und die Differenz von der Rechnung abziehen.

➔ Wenn die Abschläge in der Jahresabrechnung erhöht werden

In der Jahresabrechnung werden die Abschläge für die neue Abrechnungsperiode festgesetzt. Auch wenn manche Versorger den Jahresbetrag durch elf Monate (statt durch 12) teilen und so zu einem etwas höheren Abschlag kommen, ist das noch akzeptabel.

Geplante **künftige Preiserhöhungen** dürfen nicht mitberücksichtigt werden und nicht von vornherein zu einer Erhöhung der Abschläge führen. Erst wenn der Versorger im Laufe der kommenden Abrechnungsperiode eine weitere Preiserhöhung rechtmäßig vornimmt, darf er zu diesem Zeitpunkt die Abschläge anpassen. Hierbei gilt:

- Zahlen Sie etwaige **Preiserhöhungen unter Vorbehalt,** dürfen Sie korrekt berechnete Abschläge nicht **kürzen.**
- Falls Sie die Zahlung der Preiserhöhung(en) verweigern wollen, sollten Sie konsequenterweise neben der Rechnung auch die Abschläge kürzen.

4. Ist jede neue Erhöhung gesondert anzugreifen?

Wenn Sie einmal auf eine Preiserhöhung reagiert haben, hängt das weitere Vorgehen davon ab, wie Sie Ihren Protest formuliert haben. Haben Sie bereits angekündigt, dass Sie auch künftige Preiserhöhungen nicht akzeptieren werden, brauchen Sie nicht erneut zu schreiben. Im Zweifel sollten Sie aber auf eine individuelle Ankündigung einer Preiserhöhung immer reagieren.

Erhalten Sie die Jahresrechnung, sollten Sie auf jeden Fall tätig werden und dem Versorger schriftlich ankündigen, dass Sie den Rechnungsbetrag nur unter Vorbehalt zahlen oder einen Teil kürzen.

5. Was müssen Sie bei der Rückforderung unberechtigter Preiserhöhungen beachten?

→ Der Widerspruch gegen die Jahresrechnung ist unerlässlich

Hat der Energieversorger eine Preiserhöhung vorgenommen, obwohl dafür keine wirksame Rechtsgrundlage vorliegt oder die konkrete Erhöhung nicht der Billigkeit entspricht, können Sie zu viel gezahltes Geld zurückverlangen. Bei **Kunden in der Grundversorgung** wird jedoch vorausgesetzt, dass sie innerhalb angemessener Zeit nach Erhalt der Jahresrechnung Widerspruch eingelegt und die Prüfung der Billigkeit der Preiserhöhung verlangt haben. Um sicherzugehen, sollten Sie möglichst innerhalb eines Monats nach Zugang der Rechnung widersprechen.

Sonderkunden müssen nach Ansicht des Bundesgerichtshofes einer Jahresrechnung nicht unbedingt widersprechen. Denn die vorbehaltlose Zahlung darf nicht als stillschweigende Zustimmung zu dem erhöhten Preis angesehen werden. Der BGH hat jedoch angedeutet, dass Kunden, die den Preiserhöhungen nicht widersprochen haben, gegebenenfalls leer ausgehen können (BGH, Urteil vom 14. 7. 2010, VIII ZR 246/08). Daher ist auch für Sonderkunden ein Widerspruch ratsam.

Tipp:
Die Rechtsprechung zum Thema »Rückzahlung unberechtigter Preiserhöhungen« ist im Fluss. Aktuelle Urteile dazu finden Sie unter www.energieverbraucher.de. Achten Sie darauf, ob eine etwaige Entscheidung rechtskräftig ist. Andernfalls kann sie durch die höhere Instanz noch geändert werden.

→ Wann verjähren die Forderungen?

Etwaige Ansprüche von Verbrauchern auf Rückzahlung unberechtigter Preiserhöhungen unterliegen der allgemeinen **3-jährigen Verjährungsfrist** des § 195 BGB. Sie müssen also innerhalb dieser Frist notfalls Klage erheben oder sich eine schriftliche Erklärung des Versorgers geben lassen, dass er auf die Einrede der Verjährung verzichtet.

Wenn Sie sich auf § 315 BGB berufen, beginnt die Verjährungsfrist zwar erst, nachdem der Versorger seine Forderung (das heißt die Preiserhöhung) ordentlich begründet hat. Vorsorglich sollten Sie jedoch davon ausgehen, dass die Frist am Schluss des Jahres beginnt, in welchem Ihnen die Jahresabrechnung zugeht. Die Zahlungsansprüche der Energieversorger gegenüber Kunden, die Geld einbehalten haben, verjähren ebenfalls in drei Jahren.

IV. Womit müssen Sie rechnen, wenn Sie erhöhte Abschläge oder die Jahresabrechnung kürzen?

→ Verzug als Voraussetzung für mögliche Konsequenzen

Bezahlen Sie eine Preiserhöhung, die während der laufenden Abrechnungsperiode durch Erhöhung der Abschläge vorgenommen oder in der Jahresabrechnung berechnet wird, nicht und berufen sich darauf, dass die Preiserhöhung unangemessen ist (§ 315 BGB), wird die Forderung der Preiserhöhung **nicht fällig.** Fälligkeit ist aber eine wesentliche Voraussetzung für Verzug. Und dieser wiederum für mögliche Konsequenzen, die sich für Sie als Energiekunden ergeben können.

→ Kommen Mahnkosten auf Sie zu?

Nein. Der Energieversorger darf keine Mahnkosten berechnen. Dennoch schicken manche Versorger einfach monatliche Mahnungen mit jeweiligen Kostenzuschlägen. Lassen Sie sich davon nicht beeindrucken.

→ Droht Ihnen eine Versorgungssperre?

Nein. Die Androhung oder gar Durchführung einer Versorgungssperre ist in der Regel **rechtswidrig.**

Solange Sie nur darauf bestehen, dass der Versorger seine Preiserhöhung ordentlich begründet, sind Sie nicht generell zahlungsunwillig. Der Versorger darf also in diesem Fall nicht die Leitungen »kappen« bzw. den Gashahn abdrehen.

Tipp:
Wird Ihnen dennoch eine Sperre von Strom- oder Gasversorgung angedroht, können Sie sich mit einer **einstweiligen Verfügung,** die Sie beim Amtsgericht beantragen, dagegen wehren. Auch wenn Sie diesen Antrag selbst stellen dürfen, sollten Sie einen auf dem Gebiet der Energieversorgung versierten Rechtsanwalt einschalten.

→ Darf das Versorgungsunternehmen kündigen?

Auf Dauer werden Sie nicht jede Preiserhöhung mit dem Hinweis auf § 315 BGB abwehren können. Denn ein Teil der Preiserhöhungen dürfte sich sicherlich begründen lassen. Einige Versorger kündigen die Verträge, um ihre **säumigen Kunden** loszuwerden. Dabei müssen sie zumindest die vertraglich vereinbarten Kündigungsfristen beachten. Dann heißt es für Sie: den Anbieter wechseln (→vgl. Abschn. VI).

→ Dürfen Sie auf Rückzahlung verklagt werden?

Ja. Seit dem Urteil des Bundesgerichtshofes gehen viele Versorger gegen säumige Kunden vor und klagen einbehaltene Beträge ein. Der BGH hat nämlich entschieden, dass ein Versorger gestiegene Bezugskosten an die Kunden weitergeben darf. Dafür trägt er jedoch die Beweislast, wobei unter Umständen ein Zeugenbeweis genügt.

Falls Sie einen Teil der Preiserhöhungen nicht bezahlt haben und eine Klage Ihres Versorgers befürchten oder er Ihnen diese androht, können Sie diese immer noch durch **Zahlung des Restbetrages** vermeiden. Sie sollten dann aber ausdrücklich unter Vorbehalt zahlen, damit Sie später eventuell doch noch etwas zurückfordern können. Sollte der Versorger Sie allerdings ohne weitere Ankündigung verklagen, können Sie nur durch ein sofortiges Anerkenntnis die Kosten gering halten.

V. Wenn Sie eine Preiserhöhung gerichtlich prüfen lassen

→ Wo finden Sie Informationen, Beratung und Hilfestellung?

Wer?	Womit?	Wohin?
Verbraucherzentralen	allgemeine Informationen, Musterbriefe und individuelle Rechtsberatung	vgl. Serviceseiten 12 b/2
Bund der Energieverbraucher	umfangreiche und aktuelle Informationen (z. B. Zusammenstellung aktueller Rechtsprechung, Liste spezialisierter Rechtsanwälte)	**Bund der Energieverbraucher** Frankfurter Str. 1 53572 Unkel Tel.: 02224/9227–0 Fax: 02224/10 321 www.energieverbraucher.de
Regulierungsbehörden	Beschwerdestelle über Missstände im Zusammenhang mit hohen Netzentgelten, Probleme beim Anbieterwechsel oder bei der Stromkennzeichnung	auf Bundesebene: **Bundesnetzagentur** Tulpenfeld 4 53113 Bonn Tel.: 0228/14–0 Fax: 0228/14–8872 www.bundesnetzagentur.de auf Landesebene: Wirtschaftsministerien
Kartellbehörden	Beschwerdestelle über Missstände im Zusammenhang mit hohen Preisen. Massiver Protest von Verbrauchern kann als Druckmittel für rechtliche Verbesserungen wirken	**Bundeskartellamt** Kaiser-Friedrich-Str. 16 53113 Bonn Tel.: 0228/94 99–0 Fax: 0228/94 99–400 www.bundeskartellamt.de oder dieLandeskartellbehörden (Wirtschaftsministerien)

→ Wann eine individuelle Klage sinnvoll ist

Wenn Sie die Zahlung der Preiserhöhung verweigern, könnten Sie zugleich eine **Feststellungsklage** mit dem Ziel erheben, dass das Gericht die Unbilligkeit der Preiserhöhung feststellt. Das empfiehlt sich aus prozessualen Gründen (d. h. wegen Fragen der Beweislast und des Kostenrisikos) aber nur, sofern Sie **rechtsschutzversichert** sind.

Haben Sie als Kunde die Preiserhöhung unter Vorbehalt gezahlt, müssen Sie irgendwann im Wege einer **Zahlungsklage** den zu viel entrichteten Preis zurückverlangen. **Erfolgschancen** haben Sie als Sonderkunde, wenn Ihr Versorger **keine wirksame Preisänderungsklausel** verwendet hat.

Als Kunde in der Grundversorgung können Sie nur die Billigkeit der Preise angreifen. In diesem Fall müssen Sie als Kläger nicht nur die Gerichtskosten vorstrecken, sondern auch zunächst für mögliche Sachverständigenkosten zu den Kalkulationsgrundlagen der Preiserhöhung aufkommen.

VI. So funktioniert der Tarif- oder Anbieterwechsel

1. Wann können Sie wechseln?

Früher waren Sie als Strom- oder Gaskunde an Ihren örtlichen (Grund-) Versorger gebunden. Inzwischen können Sie jedoch mit diesem einen Sondervertrag zu günstigeren Preisen abschließen oder zu einem anderen Energieversorger wechseln. Der Wechsel ist **rechtlich unproblematisch.**

Falls Sie noch nicht gewechselt haben, sind Sie **Haushaltskunde in der Grundversorgung** und können den Vertrag jederzeit ohne Angabe von Gründen mit Monatsfrist zum Monatsende kündigen. Bei einem **Umzug** dürfen Sie sogar den Vertrag mit 2-wöchiger Frist auf das Ende eines Kalendermonats kündigen (§ 20 Abs. 1 StromGVV bzw. GasGVV).

Kündigen Sie im Falle einer angekündigten Preiserhöhung und schließen innerhalb eines Monats einen neuen Vertrag mit einem anderen Versorger, läuft der alte Vertrag mit den alten Preisen bis zu Beginn des neuen Vertrags weiter (§ 20 Abs. 1 StromGVV).

Haben Sie bereits mit Ihrem örtlichen Versorger oder einem anderen Unternehmen einen besonderen Liefervertrag abgeschlossen, sind Sie **Sonderkunde.** Möchten Sie erneut wechseln, müssen Sie die im Vertrag vereinbarten Fristen beachten.

Anlässlich einer Preiserhöhung können Sie auch einen Sondervertrag stets kündigen. Wie der Wechsel funktioniert, erfahren Sie in der Regel bei den Verbraucherzentralen oder beim Bund der Energieverbraucher (→ vgl. Abschn. V).

Wichtig: Wenn Sie einen neuen Vertrag abschließen, akzeptieren Sie damit den vereinbarten Preis und können später hiergegen nicht mehr den Einwand der Unbilligkeit erheben. Gegen spätere Preiserhöhungen können Sie sich jedoch in der Regel wehren. Sie sollten sich deshalb zumindest Ihre Rechte aus dem alten Vertrag vorbehalten, um dem Argument des Versorgers vorzubeugen, Sie hätten die Schlussrechnung aus dem alten Vertrag anerkannt und könnten nun keine Rechte mehr geltend machen.

2. Wie können Sie wechseln?

Sie schließen mit dem neuen Anbieter einen Liefervertrag und erteilen ihm eine Vollmacht zur Kündigung Ihres laufenden Vertrages. Der neue Anbieter leitet dann alles für Sie in die Wege. Nur wenn Sie anlässlich einer Preiserhöhung wechseln möchten, müssen Sie eventuell eine kurze Kündigungsfrist einhalten und sollten dann den laufenden Vertrag selbst kündigen.

Nachdem Sie eine Vertragsbestätigung erhalten haben, teilt Ihnen der neue Anbieter nochmals den Zeitpunkt des Lieferbeginns mit. Die **Umstellung** erfolgt **immer zum 1. eines Monats.** Zu diesem Zeitpunkt sollten Sie den Zählerstand Ihres Strom- bzw. Gaszählers ablesen und ihn dem neuen Anbieter und vorsorglich auch Ihrem alten Anbieter mitteilen. Von Ihrem bisherigen Anbieter erhalten Sie dann eine Schlussrechnung.

3. Was gilt für die Auswahl eines neuen Anbieters?

Sammeln Sie zunächst Informationen über die Marktlage, das heißt Preise, Anbieter und Vergleiche – beispielsweise beim Bund der Energieverbraucher oder bei den Verbraucherzentralen (→ Abschn. V).

Vergleichen Sie die Preise! Beim Preisvergleich müssen Sie immer den Gesamtpreis für Ihren jeweiligen Jahresverbrauch vergleichen. Eine einfache Möglichkeit zum Preisvergleich bieten **Preisrechner im Internet** (z. B. www.verivox.de, www.tarifvergleich.de, www.energieverbraucherportal.de). Bei einem Preisrechner geben Sie Ihren Jahresstrom- bzw. Gasverbrauch und Ihre Postleitzahl ein und erhalten dann eine Angebotsübersicht.

Tipp:
Da nicht unbedingt alle Rechner sämtliche Anbieter berücksichtigen und die Ergebnisse nicht immer identisch sind, sollten Sie zumindest die Ergebnisse von zwei Preisrechnern vergleichen.

Aufgepasst bei der Benutzung eines Preisrechners, denn die Rechner arbeiten mit **Voreinstellungen,** die erheblichen Einfluss auf das angezeigte Ergebnis haben. Prüfen Sie daher zunächst die Einstellung des Preisrechners und aktivieren Sie gezielt nur die Kriterien, die Sie wirklich berücksichtigen wollen.

Beispiel:
Vorsicht ist geboten bei Angeboten mit **Vorauskasse.** Sie bergen im Fall der Insolvenz des Anbieters ein Risiko. Tarife mit **Kaution** besagen nur, dass Sie vor Lieferbeginn einen Sonderabschlag zahlen. Bei Tarifen mit **Neukundenbonus** wird der Bonus in der Regel erst mit der Jahresabrechnung gutgeschrieben.

In Verträgen mit Verbrauchern dürfen die Versorger höchstens eine **Grundlaufzeit von zwei Jahre**n festlegen. Zudem gibt es verschiedene Vertragsmodelle, die unter Umständen auch Nachteile für Sie als Verbraucher bergen. Lesen Sie daher vor Abschluss des Vertrags das **Kleingedruckte!**

Beispiel:
- Wird ein **Festpreis** vereinbart, sind Sie zwar vor Preisänderungen während der Vertragslaufzeit geschützt. Bei Marktveränderungen können Sie aber den Anbieter nicht ohne Weiteres wieder wechseln. Daher sollten Sie möglichst keine langfristigen Verträge mit mehr als einem Jahr Grundlaufzeit abschließen.
- Häufig wird bei Verträgen mit **Preisgarantie** die Garantie in der Weise eingeschränkt, dass Kostensteigerungen aufgrund erhöhter Steuern und Abgaben weitergegeben werden dürfen.
- Bei **Paketangeboten** vereinbaren Sie einen festen Preis für eine bestimmte, jährliche Abnahmemenge, etwa für 3 600 kWh Strom. Verbrauchen Sie mehr, wird der Mehrverbrauch teuer. Verbrauchen Sie weniger als die Paketmenge, erhalten Sie keine Erstattung.
- Vorsicht ist auch geboten bei Angeboten, bei denen Sie sich zu einer hohen **Vorauszahlung** verpflichten. Wird der Versorger später insolvent, ist Ihr Geld unter Umständen verloren.

Online-Verträge und Internetnutzung – ganz schön tückisch

I. Bestellen im Internet

1. Welche Regeln gelten für den »Online-Vertragsschluss«?

→ Der Vertragsschluss erfolgt per Mausklick oder E-Mail

Auch der Vertragsschluss im oder über das Internet besteht aus einem **Angebot** und dessen **Annahme.** Einzige **Besonderheit:** Diese Erklärungen geben Sie **per Mausklick, Enter-Taste oder E-Mail** ab. Solche elektronischen Erklärungen sind **wirksam.** Ob Sie eine E-Mail versenden oder ein Online-Bestellformular ausfüllen, macht rechtlich keinen Unterschied.

Zum **Vertragsschluss bei Internetauktionen** lesen Sie → Kapitel A 7.

→ Wann kommt der Vertrag zustande?

Der **Zeitpunkt des Vertragsschlusses** ist entscheidend für die Frage, ob Sie Ihr Angebot noch zurückziehen können oder rechtlich daran schon gebunden sind. Davon hängt es nämlich ab, wie Sie den Vertragsschluss korrigieren oder den Vertrag beenden können (→ Abschn. I 4).

Ob Sie rechtlich bereits gebunden sind, hängt davon ab, wann Ihre Bestellung angenommen wird. Für den **Zugang von elektronischen Erklärungen** kommt es darauf an, wann mit dem Abruf einer Mail durch den Empfänger **üblicherweise gerechnet** werden kann. Hier ist zu unterscheiden:

- Von **Geschäftsleuten** können Sie die **regelmäßige Kontrolle** des elektronischen Postfachs erwarten. Nachrichten, die während der üblichen Geschäftszeiten abrufbar werden, gelten im gleichen Zeitpunkt als zugegangen. Mitteilungen, die außerhalb der Geschäftszeiten eingehen, werden üblicherweise bei Öffnung des Geschäfts zur Kenntnis genommen.
- Bei **Privatpersonen** dürfen Sie davon ausgehen, dass sie zumindest **einmal täglich** ihren Posteingang durchsehen. Hier gelten Nachrichten einen Tag nach der Abrufbarkeit auf dem Server oder in der Mailbox als zugegangen.

→ Als Internetkunde müssen Sie wissen, was es kostet

Deshalb muss der Internetanbieter von Waren oder Dienstleistungen Sie über Preise und Kosten informieren, die mit der Bestellung zusammenhängen:

- Der **genaue Preis sowie die Versand- und Lieferkosten.** Jeder Internetanbieter muss zusätzlich zum Endpreis angeben, dass die Preise die Umsatzsteuer enthalten und ob bzw. welche zusätzlichen Liefer- und Versandkosten anfallen. Vorgeschrieben ist, dass der Internetnutzer die Angaben »sehen«, also aufrufen muss, noch bevor er den Bestellvorgang einleitet.
- Gegebenenfalls die **Gültigkeitsdauer** des Preises.
- Die **Einzelheiten zur Zahlung.**
- Die **Mindestlaufzeit des Vertrages.**

Welche weiteren Informationspflichten Internetanbieter haben (z. B. Produktbeschreibung), erfahren Sie in → Kapitel A 2. Ein Verstoß verzögert den Beginn der Widerrufs- oder Rückgabefrist.

→ Was gilt bei Lieferproblemen oder Mängeln?

Warten Sie wochenlang vergeblich auf online bestellte **Waren,** kommen diese gar nicht oder beschädigt bei Ihnen an oder sind mangelhaft, werden Sie wie jeder andere Versandkunde behandelt: Sie können beispielsweise eine Bestellung widerrufen oder mangelhafte Ware reklamieren (→ Kapitel A 2).

Anders ist es, wenn Sie sich z. B. online beraten lassen oder über Internet sonstige Auskünfte einholen. Erweist sich eine solche Leistung als mangelhaft (z. B. werden Sie falsch beraten), berechtigt Sie das nicht zur Minderung der Vergütung. Hier steht Ihnen unter Umständen aber ein Schadensersatzanspruch zu.

2. Das gilt für das »Kleingedruckte« im Internet

Gerade wenn Sie über Internet Waren oder Dienstleistungen beziehen, sollten Sie die Allgemeinen Geschäftsbedingungen (AGB) des Anbieters vor einer Online-Bestellung aufmerksam lesen. Denn dort finden Sie als Kunde viele **wichtige Informationen** und **Regelungen** rund um die Abwicklung der Bestellung (z. B. über Bezahlverfahren, Widerrufsrecht, Rücksendekosten). Laden Sie sich aus Beweisgründen deshalb die AGB herunter oder drucken Sie diese aus.

Kommt es zum Streit, kann der Internetanbieter sich nur dann auf seine AGB berufen, wenn er im Zeitpunkt des Vertragsschlusses ausdrücklich darauf hingewiesen hat und Sie die Möglichkeit hatten, vom »Kleingedruckten« Kenntnis zu nehmen. Er muss Ihnen seine AGB vor Vertragsschluss so zur Verfügung stellen, dass Sie sie **abrufen und in wiedergabefähiger Form speichern** können.

Zulässig ist auch das sogenannte **»Click-Wrap-Agreement«.** Hier können Sie die AGB elektronisch zum Lesen einsehen und erklären durch Anklicken Ihr Einverständnis damit. Dies stellt eine wirksame Einbeziehung des »Kleingedruckten« dar.

Auch Online-AGB müssen den inhaltlichen Maßstäben des BGB entsprechen. So dürfen beispielsweise Ihre Gewährleistungsrechte nicht eingeschränkt werden, wenn die gelieferte Ware mangelhaft ist. Unzulässige Klauseln sind »unwirksam«, der Verkäufer kann sich im Streitfall nicht auf sie berufen.

3. Wenn Ihre Unterschrift erforderlich ist

Bei manchen Erklärungen oder Verträgen verlangt das Gesetz Schriftform (§ 126 a BGB). Die sogenannte **elektronische Form** ermöglicht das auch per Internet, dabei wird die eigenhändige Unterschrift durch eine **qualifizierte elektronische Signatur** ersetzt.

Die praktische Bedeutung ist jedoch gering: Für eine Vielzahl von verbraucherrelevanten Erklärungen ist die elektronische Form **gesetzlich ausgeschlossen.** Außerdem ist der **Aufwand,** elektronisch signieren zu können, **groß** (z. B. brauchen Sie eine spezielle Soft- und Hardware).

Von der elektronischen Form zu unterscheiden ist die sogenannte **Textform** (§ 126 b BGB). Die Textform ist gewahrt, wenn eine Erklärung

- in einer Urkunde oder auf eine andere »zur dauerhaften Wiedergabe in Schriftzeichen geeignete Weise« abgegeben worden ist (z. B. per E-Mail),
- die Person des Erklärenden nennt (im Kopf oder Inhalt des Textes) und
- der Abschluss der Erklärung erkennbar gemacht wird (z. B. durch die Schlusszeile »Mit freundlichen Grüßen, Name und Nachname«).

Die Textform hat im **Rechtsalltag von Verbrauchern** eine **große Bedeutung.** Denn mit dieser Regelung können bestimmte Erklärungen per E-Mail oder Fax abgegeben werden und sind genauso wirksam wie ein unterschriebener Einschreibe-Brief. Das gilt beispielsweise für den Widerruf einer Online-Bestellung.

4. So können Sie den Vertrag korrigieren oder beenden

→ Was gilt, wenn Sie sich geirrt haben?

Internethändler müssen ihren Kunden eine **Korrekturmöglichkeit** zur Verfügung stellen, damit sie Eingabefehler vor Abgabe der Bestellung erkennen und berichtigen können (z. B. wird der Warenkorb vor dem Abschicken der Bestellung nochmals angezeigt und kann korrigiert werden).

Fehlt eine entsprechende Korrekturmöglichkeit, haben Sie mehrere Möglichkeiten: Entsteht Ihnen dadurch ein Schaden, können Sie vom Internetanbieter **Schadensersatz** verlangen. Daneben können Sie die fehlerhafte Online-Bestellung auch **widerrufen,** wenn Sie als Privatkunde bei einem gewerblichen Anbieter etwas bestellen (→ Kapitel A 2).

Besteht eine Korrekturmöglichkeit und unterläuft Ihnen gleichwohl ein Fehler bei der Bestellung, können Sie den **Vertrag anfechten,** wenn Ihre Bestellung auf einem Irrtum beruht. Das Recht zur Anfechtung haben übrigens beide Seiten – Käufer wie Verkäufer. Es gilt für gewerbliche Geschäfte und auch für Vertragsschlüsse im Internet von »privat zu privat«.

Beispiel:
- Sie bestellen bei einem Online-Anbieter, vertippen sich dabei und bestellen statt eines Buches zehn Exemplare.
- Sie bieten selbst eine Ware über das Internet an und geben statt des gewünschten Verkaufspreises von € 1 000,– aus Versehen nur € 100,– an.
- Aufgrund eines softwarebedingten Fehlers im Datentransfer erscheint ein (ursprünglich korrekt eingegebener) falscher Kaufpreis auf der Homepage. Hier kann der Vertrag vom Verkäufer im Nachhinein angefochten werden.

Achtung: Sie müssen **schnell reagieren!** Die Anfechtung muss unverzüglich, nachdem Sie Ihren Irrtum bemerkt haben, erfolgen. In der Rechtsprechung wird je nach den Umständen des Einzelfalls hierfür die absolute Obergrenze von zwei Wochen ab Kenntnis angenommen. **Außerdem** müssen Sie die **Anfechtung ausdrücklich erklären.** Aus der Anfechtungserklärung muss eindeutig hervorgehen, dass Sie sich vom Vertrag vollständig lösen wollen.

→ Was gilt, wenn Sie den Vertrag rückabwickeln wollen?

Hier sind zu unterscheiden:

- **Fernabsatzgeschäfte** (→Kapitel A 2).
- **eBay-Geschäfte** (→Kapitel A 7).
- Ob ein fehlgeschlagener **Download-Vertrag** widerrufen werden kann, haben die Gerichte noch nicht endgültig geklärt. Sind Sie Opfer eines missglückten Downloads (z. B. lässt sich das Musikstück nicht abspielen), können Sie dies aber nach den Vorschriften des Kaufrechts reklamieren (→Kapitel A 1).

→ Was gilt, wenn Sie einen Vertrag kündigen wollen?

Haben Sie einen Vertrag abgeschlossen, der auf Dauer angelegt ist (z. B. einen Mobilfunkvertrag) oder eine regelmäßig wiederkehrende Leistung beinhaltet (z. B. einen Abonnementvertrag), steht Ihnen ein Kündigungsrecht zu. Rechtlich macht es keinen Unterschied, ob Sie den Vertrag online geschlossen haben oder im Ladengeschäft vor Ort.

Sie müssen aber grundsätzlich die **vereinbarte Kündigungsfrist** einhalten. **Ausnahmsweise** können Sie den Vertrag außerordentlich kündigen, wenn Sie dazu einen **wichtigen Grund** haben (z. B. mehrfache Nichtbelieferung).

Die Kündigung muss **schriftlich** erfolgen und **dem Empfänger zugehen.** Sie dürfen per E-Mail oder online kündigen. Aus Beweisgründen empfiehlt sich nach wie vor eine schriftliche Kündigung mit Zustellungsnachweis.

5. Sie erhalten unbestellte Waren oder Dienstleistungen

Wenn Dritte in Ihrem Namen einen Online-Vertrag abschließen, um Ihnen einen Streich zu spielen oder Sie zu schikanieren, ist zu unterscheiden:

- Bestellt jemand unter Ihrem Namen Waren oder Dienstleistungen **ohne Ihre Kenntnis** und sind Sie damit nicht einverstanden, ist der **Vertrag unwirksam.** Teilen Sie dem Internethändler umgehend mit, dass die Bestellung nicht von Ihnen stammt und widerrufen Sie sie vorsorglich. Den **Kaufpreis** für unbestellte Waren kann der Händler **nicht von Ihnen verlangen** (§ 241a BGB; →Kapitel A 2).

Tipp:
Werden Sie Opfer solch schikanösen Verhaltens, sollten Sie Anzeige gegen unbekannt erstatten. Der Übeltäter kann über die IP-Adresse seines Computers ermittelt und bestraft werden.

- **Wussten Sie** hingegen von der Bestellung oder erklären sich **nachträglich** damit **einverstanden** (z.B. behalten Sie die Ware), sind Sie an den Vertrag gebunden und müssen den Kaufpreis zahlen. Das Gleiche gilt, wenn Sie Ihre Online-Kennung und das dazugehörige Passwort an einen Dritten zur Nutzung weitergeben, der damit im Internet shoppen geht.

6. Wenn es zum Streit kommt

Droht Streit um den Abschluss oder die Abwicklung eines Online-Vertrages, sollten Sie alle gewechselten **E-Mails und sonstigen Vertragsunterlagen ausdrucken** und sichern. Nur so können Sie Vereinbarungen oder Zusicherungen im Streitfall nachweisen.

Tipp:
Bevor Sie einen Streit mit einem Internetanbieter gerichtlich ausfechten, sollten Sie eine **außergerichtliche Streitschlichtung** versuchen. Kostenlose Hilfe bietet beispielsweise der Online-Schlichter (www.online-schlichter.de).

II. Wenn Minderjährige Online-Verträge abschließen

→ Es gelten die Grundsätze wie im Ladengeschäft

Bestellen **Kinder zwischen 7 und 17 Jahren** Waren oder Dienstleistungen, ist diese Bestellung nur dann **wirksam, wenn die Eltern zustimmen.** Nur **ausnahmsweise** dürfen Jugendliche mit ihrem Taschengeld oder ihren Ersparnissen wirksam Verträge abschließen (→ Kapitel B 1).

Sind Sie mit dem Internet-Einkaufsbummel Ihres Sprösslings nicht einverstanden, **verweigern** Sie nachträglich Ihre **Genehmigung** und widersprechen der Bestellung. Dann bleibt der Anbieter auf seinen Kosten sitzen. Er muss zudem die Rücksendung bezahlen bzw. die Ware auf eigene Kosten abholen.

Bemerken Sie auf Ihrem Kontoauszug eine **zweifelhafte Abbuchung** (z.B. hat sich Ihr Kind für den Internet-Einkaufsbummel Ihrer Kreditkarte bemächtigt), sollten Sie schriftlich widersprechen und von der Bank die Rückbuchung verlangen. Sie erhalten Ihr Geld zurück, sofern Ihnen die Bank keine Verletzung der Sorgfaltspflicht nachweisen kann. Das wird in der Regel nicht gelingen, denn die verwendeten Daten (wie Kreditkartennummer, Name und Ablaufdatum) sind nicht geheim.

→ Wer haftet für Rechtsverletzungen von Kindern im Internet?

Als **Eltern** müssen Sie Ihre **minderjährigen Kinder** über die Risiken und Gefahren bei der Nutzung des Internets (→ Kapitel A 8) **belehren** und – soweit im Rahmen der Erziehung möglich – auch **überwachen.** Verletzen Sie diese Belehrungs- und Überwachungspflichten, haften Sie als Anschlussinhaber grundsätzlich mit, wenn es zu Rechtsverstößen kommt.

III. Wenn Sie in eine Internetfalle tappen

Auf einer Internetseite bemerken Sie auf den ersten Blick keinen Preis und loggen sich ein. Doch hinter dem scheinbaren Gratis-Angebot steckt häufig eine **überteuerte Einmalleistung** (z. B. für Horoskope, Rezepte, Hausaufgabenhilfe). Unseriöse Angebote führen gar zum Abschluss eines teuren **Abonnements.** Im Nachhinein erhalten Sie eine Rechnung und erfahren, dass versteckt auf der Homepage der Preis angegeben war.

Ist die Internetfalle erst einmal zugeschnappt, sollten Sie als Verbraucher den über Internet abgeschlossenen Dienstleistungsvertrag **unbedingt widerrufen!** Bislang konnten Sie unberechtigte Rechnungen einfach in den Papierkorb werfen. Doch mit einem Widerspruch verhindern Sie einen eventuellen, unberechtigten Schufa-Eintrag, mit dem die Internetabzocker gerne drohen.

Zwar können Sie einmal jährlich eine kostenlose Eigenauskunft bei der Schufa verlangen und auch dann noch dem unberechtigten Eintrag widersprechen. Doch wenn Sie gleich reagieren, beugen Sie unnötigem Ärger vor, damit Ihnen nicht infolge eines unberechtigten Eintrags andere Leistungen verweigert werden (z. B. möchten Sie einen Handyvertrag abschließen).

Verschicken Sie Ihren Widerruf aus Beweisgründen am besten per **Einschreiben.** Alles Wichtige zum Widerruf (z. B. Berechnung der Fristen) erfahren Sie in → Kapitel A 2.

Wer nicht widerspricht, sollte **auf keinen Fall die Rechnung bezahlen!** Denn mit der Zahlung erkennen Sie den Vertragsschluss an und bekommen bei einem 2-Jahres-Abo im Folgejahr die nächste Rechnung.

IV. Wenn es um den Online-Zahlungsverkehr geht

Sie haben **keinen Anspruch auf eine bestimmte Zahlungsart.** In der Regel können Sie aber **wählen:**

- **Sie zahlen mit Kreditkarte:** Sie haben den Vorteil, dass Sie Kreditkartenzahlungen relativ leicht stornieren lassen können. **Achtung:** Verschicken Sie Ihre Kreditkartendaten nicht unverschlüsselt!
- **Sie erteilen eine Einzugsermächtigung:** Der Vorteil für Sie liegt darin, dass Sie Lastschriften innerhalb von sechs Wochen zurückbuchen lassen können.
- **Sie überweisen den Rechnungsbetrag nach Lieferung:** Sofern möglich, sollten Sie diese Zahlungsart wählen. Das Bonitäts- bzw. Zahlungsrisiko trägt hier der Händler. Um sich abzusichern, prüft er oft vor Auslieferung die Bonität eines Bestellers durch eine automatisierte Schufa-Abfrage.

V. Grenzüberschreitende Internetverträge

Wollen Sie beispielsweise eine Ferienwohnung online von einem ausländischen Vermieter buchen, gilt Folgendes:

Füllen Sie ein entsprechendes Bestellformular aus und sind auch die Allgemeinen Geschäftsbedingungen **in fremder Sprache** abgefasst, sind Sie an das »Kleingedruckte« gebunden – selbst wenn Sie tatsächlich nicht alles verstanden haben. Sprachprobleme sind also Ihr Risiko.

Ihr **Vorteil** als privater Internetkunde: Kommt es zum Streit mit einem gewerblichen Anbieter oder Händler, gilt bei **Verbraucherverträgen** grundsätzlich das Recht des Staates, in dem der Verbraucher seinen gewöhnlichen Aufenthalt hat (Art. 6 II 2 Rom I-Vo). Dies gilt auch, wenn bei der Bestellung die Geltung ausländischen Rechts vereinbart wurde. Bei elektronischen Bestellungen steht Ihnen daher stets der **Schutz des BGB** zu.

Müssen Sie im Fall des Falles den ausländischen Anbieter vor einem deutschen Gericht verklagen, sollten Sie sich rechtzeitig von einem Fachanwalt für IT-Recht beraten lassen.

VI. Wie Sie Missbrauch vorbeugen können

1. Ausreichende Information ist Pflicht

Versandhändler und Anbieter von Dienstleistungen im Internet haben umfangreiche Informationspflichten (→ Kapitel A 2). **Anbieter von Internetdiensten** (z. B. Telebanking, Wetter- oder Börsendatendienste) müssen auf ihrer Homepage **weitere Informationspflichten** erfüllen.

Wer geschäftsmäßig Informationen bereithält, muss nach dem Telemediengesetz (TMG) beispielsweise Namen, Anschrift, E-Mail-Adresse, Registereinträge und seine Umsatzsteueridentifikationsnummer mitteilen. Diese Angaben finden Sie in der Regel im Impressum. Dient der Teledienst **kommerziellen Zwecken** (z. B. Gewinnspiel mit Werbecharakter), muss dies klar erkennbar sein. Andernfalls drohen dem Betreiber hohe Geldbußen.

2. Achten Sie auf eine sichere Datenübertragung

Verschicken Sie vertrauliche Daten (z. B. Bankverbindung, Kreditkartennummer), sollten Sie auf eine **verschlüsselte Datenübertragung** achten, beispielsweise eine SSL-Verschlüsselung. Diese erkennen Sie am entsprechenden Hinweis beim Öffnen der Seite (»Sie sind im Begriff, sich Seiten über eine sichere Verbindung anzeigen zu lassen...«) sowie an der Internetadresse (https://...).

3. Datenschutz hat Vorrang

→ »Datensammeln« ist verboten

Bei jeder Internetbestellung werden personenbezogene Daten erfasst (z. B. Name, Vorname, Anschrift, Staatsangehörigkeit, Beruf). Ob das zulässig ist und was mit diesen Daten weiter geschehen darf, bestimmt das Bundesdatenschutzgesetz (BDSG). Hiernach gilt: Grundsätzlich ist jede Datenerhebung, -nutzung oder -verarbeitung **verboten. Ausnahme:** Der Betroffene hat **eingewilligt** oder eine **gesetzliche Vorschrift** erlaubt die Verarbeitung.

→ Vorsicht mit der Einwilligung!

Denn diese ist schneller erteilt, als Sie denken. Grundsätzlich muss die Einwilligung zwar schriftlich erfolgen. Bei Internetverträgen reicht aber auch, wenn Sie **elektronisch einwilligen.**

Der Internetanbieter muss Sie vorher eindeutig über Art und Umfang der Speicherung sowie die vorgesehene Datenübermittlung **informieren.** Das darf er auch in seinem »**Kleingedruckten**«. Wirksam ist Ihre Einwilligung nur, wenn er Ihnen zugleich ermöglicht, der Datennutzung jederzeit zu widersprechen.

→ Datenverarbeitung zu Vertragszwecken ist zulässig

Bestellen Sie beispielsweise im oder über das Internet Waren, dürfen Ihre Daten für die Abwicklung der Bestellung gespeichert und verarbeitet werden. Daten dürfen aber nur im Rahmen des vorhandenen Zwecks genutzt und nicht »auf Vorrat« gesammelt werden. **Daten von Kindern** dürfen nur erhoben werden, wenn die **Eltern zustimmen.**

→ Ihre Rechte bei Datenschutzverstößen

Bemerken Sie einen **Verstoß gegen den Datenschutz** (z.B. erhalten Sie Werbemails eines Anbieters, mit dem Sie zuvor noch nie zu tun hatten), können Sie den Internetanbieter **schriftlich** auffordern, die Datennutzung zu **unterlassen,** Auskunft über den »Weg Ihrer Daten« zu erteilen sowie Ihre Daten zu **löschen.**

Reagiert der Internetanbieter auf dieses Schreiben nicht, sondern verwendet er Ihre Daten weiter, wenden Sie sich an die zuständige **Aufsichtsbehörde.** Wer das ist, erfahren Sie von Ihrer Landesregierung.

Sicher anbieten, mitsteigern und kaufen bei eBay

I. eBay als Auktionshaus und Handelsplattform

Privatleute versteigern ihre meist gebrauchten Waren auf eBay an Höchstbietende. Unternehmen bieten neue Waren sofort zu einem **Festpreis** oder zum **Ersteigern** an. Rechtlich gesehen ist es aber egal, ob Sie etwas ersteigern, zum Festpreis kaufen oder verkaufen – Sie gehen stets ein **rechtsverbindliches Geschäft** ein. Hierzu gelten folgende Grundsätze:

- Den Kaufvertrag schließen Sie als Käufer direkt mit dem Verkäufer. eBay selbst wird nicht Ihr Vertragspartner und ist somit **nicht für die Abwicklung der Vertragsprobleme zuständig** (→ Abschn. III).
- Wird ein Produkt zur **Versteigerung** angeboten, kommt am Ende der vorab festgelegten Auktionszeit mit dem Bieter, der das höchste Gebot abgegeben hat, automatisch ein Vertrag zustande. Bei den **Festpreisangeboten,** dem sogenannten »Sofort-Kauf«, wird das Angebot sofort beendet, wenn sich ein Kaufinteressent findet.
- Kaufen Sie die Waren von einem **Unternehmer,** handelt es sich um ein sogenanntes **Fernabsatzgeschäft,** für das besondere Verbraucherschutzbestimmungen gelten (z. B. können Sie ein solches Geschäft leichter widerrufen; → Abschn. IV 2).

II. Mitmachen können nur Mitglieder

1. Ein Mitgliedskonto ist Pflicht

Kaufen oder verkaufen können Sie nur, nachdem Sie sich als eBay-Mitglied angemeldet haben. Als **Verkäufer** müssen Sie zudem ein **eBay-Mitgliedskonto** einrichten. Die Anmeldung erfolgt online und ist kostenlos.

Wenn Sie sich anmelden, schließen Sie mit eBay einen **Vertrag über die Nutzung** der eBay-Webseiten. Hierfür hat eBay Nutzungsbedingungen festgelegt.

Diese AGB bestimmen die Regeln für alle eBay-Geschäfte. Sie gelten nur zwischen den Mitgliedern und eBay, nicht aber im Verhältnis zwischen Käufer und Verkäufer.

Ein **Verstoß** gegen die Nutzungsbedingungen kann sich jedoch auf das Verhältnis zwischen Anbieter und eBay auswirken (z. B. kann das Angebot vom Auktionshaus gesperrt werden). Wenn Ihnen Verstöße gegen die Nutzungsbedingungen auffallen, melden Sie dies eBay.

→ Werden neue Mitglieder überprüft?

Haben Sie Ihren E-Mail-Account bei einem **Internetzugangsprovider** (z.B. T-Online, 1&1), werden Ihre Anmeldedaten in der Regel nicht überprüft, wenn Ihr Provider bereits eine Identitätsprüfung durchgeführt hat. In diesem Fall erhalten Sie nach Ihrer Anmeldung innerhalb kurzer Zeit per E-Mail einen **Bestätigungscode,** den Sie online aktivieren müssen, um die Anmeldung zu bestätigen. Erst danach können Sie auf der Auktionsplattform aktiv werden.

Nutzen Sie eine E-Mail-Adresse von einem **Internetdienstanbieter** wie web.de oder hotmail, müssen Sie einer **Schufa-Überprüfung** zustimmen. Ihr Name, Ihre Anschrift und Ihr Geburtsdatum werden dann mit der Datenbank der Schufa abgeglichen. Es findet aber nur ein Identitäts-Check statt, Ihre Kreditwürdigkeit wird nicht abgefragt.

Absolute Fälschungssicherheit gibt es aber nicht. Immer wieder gelingt es Betrügern, sich mit der Identität anderer Personen anzumelden und Geschäfte zu machen (→ Abschn. III).

2. Problemfall »Minderjährige«

Erst mit **18 Jahren** ist eine Mitgliedschaft möglich. Minderjährige können sich nicht bei eBay anmelden. Überprüft wird das Alter mit dem bei der Anmeldung anzugebenden Geburtsdatum oder anhand der Identitätsprüfung.

Ob der Vertrag wirksam ist, hängt vom **tatsächlichen Alter** Ihres Vertragspartners ab. Ist er zwischen sieben und achtzehn Jahre alt, ist er nach § 107 BGB nur beschränkt geschäftsfähig. Willigen die Eltern nicht vorher ein, ist der Vertrag zunächst unwirksam. Genehmigen die Eltern auch nachträglich das Geschäft nicht, bleibt es endgültig unwirksam.

Billigen Sie, dass Ihr minderjähriges Kind Ihren Mitgliedsnamen und Ihr Passwort benutzt, geht das zu Ihren Lasten. Das gilt insbesondere, wenn Sie das Tun und Treiben Ihres Sprösslings hätten **erkennen** und **verhindern können,** indem Sie zum Beispiel Ihr Passwort ändern.

Ihr Kind handelt in diesem Fall als Ihr Stellvertreter und der Verkäufer kann von Ihnen die Vertragserfüllung verlangen.

3. Kann die Mitgliedschaft beendet oder beschränkt werden?

Sie selbst können den Vertrag ohne Einhaltung einer Kündigungsfrist **jederzeit kündigen. eBay** muss hingegen eine Frist von **14 Tagen zum Monatsende** einhalten. Das ergibt sich aus den AGB von eBay, die Sie mit Ihrer Anmeldung akzeptieren.

Verstoßen Sie gegen die AGB oder handeln Sie betrügerisch, stehen eBay weitere **Sanktionsmöglichkeiten** zu. So kann eBay beispielsweise ein eingestelltes Angebot löschen, eine Verwarnung aussprechen, Ihre Nutzungsrechte einschränken oder Ihre Mitgliedschaft vorläufig oder endgültig sperren.

Eine **endgültige Sperre** kommt etwa in Betracht, wenn Sie von anderen Mitgliedern wiederholt negativ bewertet werden oder wenn Sie falsche Kontaktdaten angeben (z. B. eine falsche E-Mail-Adresse).

Wird Ihr Mitgliedskonto gesperrt, werden Sie **insgesamt vom eBay-Handel ausgeschlossen,** unter welchem Mitgliedsnamen auch immer. Auch eine Neuanmeldung ist nicht möglich.

Halten Sie die **Sperre** für **ungerechtfertigt,** können Sie hiergegen **Einspruch** einlegen. eBay bietet hierfür ein Formular an. Wird die Sperre dann nicht aufgehoben, bleibt Ihnen nur der Gerichtsweg.

4. Welche weiteren Sanktionen drohen?

Stellen Sie Waren zum Verkauf ein, können Sie bei der Warenbeschreibung urheberrechtswidrig nicht einfach auf Bilder und Texte anderer Autoren zurückgreifen. Außerdem müssen Sie unbedingt die Markenrechte anderer beachten! Sie dürfen daher nur Originalware mit Markennamen beschreiben.

Gegen **Markenpiraterie** und **Urheberrechtsverletzungen** gehen Rechteinhaber rigoros vor. Mittels besonderer Software wird regelmäßig nach Verstößen gesucht. Ihnen drohen hier **Abmahnung, Unterlassungsanspruch** sowie **Kosten- und Schadensersatz** von mehreren Hundert Euro.

Tipp:
Erhalten Sie eine Abmahnung, lassen Sie sie **umgehend anwaltlich prüfen.** Geben Sie vorher keine Unterlassungserklärung ab und leisten Sie keine Zahlungen. Einige Rechtsanwälte verschicken Massenabmahnungen per Serienbrief, die oftmals unberechtigt sind.

A

5. Wie wird der Datenschutz gewährleistet?

Ihre persönlichen Mitgliedsdaten werden nach Angaben von eBay vertraulich behandelt und auf einem sicheren Server hinterlegt. Mit der Anmeldung stimmen Sie der in der **Datenschutzerklärung** beschriebenen Nutzung und Verarbeitung Ihrer Daten zu.

Beispiel:
- Name, Anschrift, E-Mail-Adresse und nach vorheriger ausdrücklicher Zustimmung auch Lieferanschrift und Bankverbindung werden an den Käufer bzw. den Verkäufer übermittelt, wenn ein Angebot beendet ist.
- Ihr Mitgliedsname und Ihr Bewertungsprofil werden angezeigt.
- Ihre personenbezogenen Daten werden für eBay-Marketing-Maßnahmen und die Übersendung eines Newsletters genutzt. Dem können Sie aber jederzeit **widersprechen** und den Newsletter jederzeit **abbestellen.**

III. Was gilt für den Vertragsschluss?

→ eBay bietet nur die Handelsplattform

eBay wird nicht Ihr Kaufvertragspartner, sondern bietet nur die Handelsplattform und legt per AGB die Regeln für die Geschäfte fest. Bei **Auktionen** kommt der Vertrag somit zwischen Verkäufer und Höchstbietendem mit zeitlichem Ablauf der Auktion zustande.

Beim **Sofort-Kauf** geben Sie als Verkäufer ebenfalls mit Freischaltung ein Angebot zum Abschluss eines Vertrages ab, bestimmen aber einen **Festpreis.** Wird auf einen Sofort-Kauf geboten, kommt der Vertrag bereits dann zustande, wenn der Käufer auf das Feld »Kaufen« klickt.

→ Was für Angebot und Gebot gilt

Damit Sie als eBay-Verkäufer erfolgreich sind, sollten Sie ein paar Grundsätze beachten (z. B. Urheber- oder Markenrechte, Nutzungsbedingungen von eBay), um Ihre Verkaufschancen nicht zu mindern. Denn Fehler können Sie teuer zu stehen kommen. Sei es, dass Ihnen eine Abmahnung ins Haus flattert, sei es, dass eBay aufgrund eines Verstoßes gegen die AGB das Angebot löscht oder Ihre Mitgliedschaft sperrt.

Umgekehrt sollten auch eBay-Käufer wissen, worauf zu achten ist, wenn sie auf »Schnäppchenjagd« gehen. Verschaffen Sie sich deshalb einen Überblick über bestimmte Vorsichtsmaßnahmen im Umgang mit Passwort, Rechner und den Angeboten des Internetauktionshauses, um Betrügern nicht auf den Leim zu gehen.

Checklisten zur rechtssicheren Gestaltung Ihres Angebotes und für die Abgabe Ihres Gebots bietet unsere Übersicht »**Wie Sie bei eBay richtig anbieten oder erwerben**«. Vergleichen Sie dazu unter www.bild-ihr-gutes-recht.de (R 16808).

→ AGB des Verkäufers

Die AGB von eBay gelten nicht direkt zwischen Käufer und Verkäufer. Im Zweifel können sie aber zur Vertragsauslegung herangezogen werden, wenn es zu Streitigkeiten über die Vertragsabwicklung kommt.

Gewerbliche Verkäufer verwenden meist **eigene AGB.** Darin regeln sie beispielsweise Gewährleistungs- und Garantiebedingungen, Haftungsbegrenzungen und informieren ihre Kunden über die Rechte und Pflichten bei Fernabsatzgeschäften.

Das »Kleingedruckte« wird Vertragsbestandteil, wenn es **vor Vertragsschluss im Angebot** enthalten ist. Ist die Auktion oder der Sofort-Verkauf beendet, können keine zusätzlichen oder abweichenden AGB mehr vereinbart werden.

→ Wie lange sind Sie an Ihr Angebot gebunden?

Nur solange noch niemand ein Gebot abgegeben hat, können Sie Ihr Angebot zurücknehmen. Liegt schon ein Angebot vor, dürfen Sie die Auktion nur **ausnahmsweise vorzeitig beenden.** Bei eBay ist dies in **drei Fällen** erlaubt:

- Sie merken, dass Sie sich beim Einstellen **über** die **Beschaffenheit** des Artikels **geirrt** haben (z. B. fällt Ihnen ein, dass die von Ihnen angebotene Bluse aus Viskose anstatt – wie von Ihnen beschrieben – aus Seide ist).
- Während der Auktion **ändert** sich die **Beschaffenheit** des Artikels (z. B. bekommt die angebotene CD einen Kratzer).
- Sie können den beschriebenen Artikel nicht mehr verkaufen, weil er in der Zwischenzeit **zerstört** wurde (z. B. geht die zum Verkauf angebotene Vase zu Bruch).

Benutzen Sie für die vorzeitige Beendigung das entsprechende **eBay-Formular.** Es fallen zwar keine Gebühren für die vorzeitige Beendigung an, die ursprünglichen Einstellgebühren müssen Sie aber dennoch bezahlen.

Dabei gilt: Auch wenn eBay die vorzeitige Beendigung einer Auktion zulässt, bleibt Ihr ursprüngliches Verkaufsangebot zunächst wirksam. Besteht der

Bieter auf Vertragserfüllung, können Sie Ihr Angebot dann nur im Wege der **Anfechtung** beseitigen, die Sie so schnell wie möglich erklären müssen.

→ Können Sie Ihr Gebot zurückziehen?

An Ihr Gebot sind Sie grundsätzlich gebunden und können es normalerweise nur mit dem Einverständnis des Verkäufers zurücknehmen.

Ändert der Verkäufer allerdings nach Ihrem Gebot die Beschreibung des Artikels **in wesentlichen Punkten** (z. B. fügt er hinzu, dass die angebotene Software nur unter Windows Vista läuft), können Sie Ihr Gebot zurückziehen. Das gilt auch, wenn Sie den **Verkäufer** unter der angegebenen E-Mail-Adresse **nicht erreichen,** weil diese sich zwischenzeitlich geändert hat oder falsch ist. Nutzen Sie hierfür das von eBay bereitgestellte **Formular.**

→ Was gilt bei Preisschaukelei?

Erweckt der eingestellte Artikel nicht das erwartete Interesse, kann es vorkommen, dass der Verkäufer unter einem anderen Mitgliedsnamen oder durch Dritte eigene Gebote abgibt, um den **Preis künstlich in die Höhe zu treiben.** Erkennbar ist eine solche Preisschaukelei meist nicht. Anhaltspunkte für manipulierte Gebote lassen sich allenfalls dem Bewertungsprofil entnehmen, wenn dort immer wieder die gleichen Mitgliedsnamen als Käufer auftauchen und angeblich bereits verkaufte Waren noch einmal verkauft werden.

Tipp:
Eine solche **Manipulation** ist laut Nutzungsbedingungen von eBay **verboten.** Wer dagegen verstößt, riskiert eine Sperre der Mitgliedschaft. Melden Sie Ihren Verdacht deshalb dem Auktionshaus unter der betreffenden Artikelnummer. Speichern und drucken Sie die Angebotsseiten aus.

→ Was gilt im Fall eines »Identitätsklaus«?

Wenn Sie zur Zahlung aufgefordert werden, aber gar nicht mitgesteigert haben, ist der Fall eindeutig: Man hat Ihre Identität geklaut und unter Ihrem Namen ein Höchstgebot abgegeben.

Hier gilt: Keine Panik! Die **Beweislast** dafür, dass Sie tatsächlich der Käufer sind, trägt der **Verkäufer.** Es besteht kein Anscheinsbeweis dafür, dass das Gebot von Ihnen stammt. Die Identifikation mittels Passworts ist kein Beweis dafür, dass Sie ein Gebot tatsächlich abgegeben haben.

Der Sicherheitsstandard im Internet ist nicht ausreichend, um aus der Verwendung eines geheimen Passworts auf denjenigen als Verwender zu schließen, der dieses Passwort ursprünglich gewählt hat. Dies gilt umso eher, als dass immer wieder Meldungen über gravierende Sicherheitslücken bei eBay die Runde machen. Dennoch sollten Sie schnell aktiv werden.

Tipp:
Setzen Sie sich mit den Verkäufern in Verbindung, erläutern Sie den Sachverhalt und verweigern Sie die Zahlung. Wählen Sie sofort ein neues Passwort und informieren Sie eBay über den Missbrauch. Verlangen Sie die unverzügliche Änderung Ihres Mitgliedsnamens. Berufen Sie sich hierbei auf das Urteil des Amtsgerichts Potsdam, das einen Anspruch auf Sperrung bejaht hat. Erstatten Sie bei der Polizei Anzeige gegen unbekannt.

→ Müssen zunächst überbotene Käufer nachrücken?

Nein. Zwar kann Ihnen der Verkäufer, wenn der eigentliche „Höchstbietende" abgesprungen ist, vorschlagen, den Artikel doch noch zu kaufen. Bei eBay ist dies bis zum 60. Tag nach Auktionsende möglich. Als unterlegener Bieter sind Sie hierzu aber nicht verpflichtet.

IV. Wie kommen Sie vom Vertragsschluss wieder los?

1. Wenn Sie sich geirrt haben

Haben Sie sich beim Eingeben Ihres Preisvorschlags oder Gebotsbetrags vertippt oder wurden Sie über die Beschaffenheit der Ware arglistig getäuscht, können Sie den Vertrag anfechten. Die Anfechtung muss **unverzüglich,** das heißt spätestens zwei Wochen nach Kenntnis des Anfechtungsgrundes, erfolgen.

Tipp:
Streit darüber, dass Sie sich tatsächlich vertippt haben oder nur anfechten, weil Sie den Artikel nun doch nicht haben möchten, können Sie aus dem Weg gehen. Haben Sie sich bei der Gebotseingabe vertippt, müssen Sie dann mit der Rücknahme des Gebots **gleichzeitig ein neues Gebot** abgeben. Nutzen Sie hierfür das von eBay bereitgestellte **Formular.**

A

2. Wenn Ihnen ein Widerrufsrecht zusteht

→ So üben Sie Ihr Widerrufsrecht aus

Haben Sie als **privater Verbraucher** von einem **Unternehmer** bei eBay eine Ware gekauft, können Sie den Vertrag grundsätzlich innerhalb einer **Frist von 14 Tagen** widerrufen. Für einige Waren besteht allerdings kein Widerrufsrecht.

Beispiel:
Software, Videos, CDs und DVDs, die Ihnen versiegelt geliefert werden. Brechen Sie das Siegel, können Sie die Ware nicht mehr zurücksenden.

Wann und wie Sie Ihr Widerrufsrecht ausüben können, lesen Sie ausführlich in → Kapitel A 2 zum Fernabsatzrecht. Denn eBay-Käufe bei Unternehmern sind rechtlich gesehen nichts anderes als Versandhandelsgeschäfte.

→ Entscheidend ist, dass Sie von einem Unternehmer kaufen

Es kommt immer wieder vor, dass Händler sich als Privatverkäufer tarnen. **Konsequenz** für Sie als Käufer: Sie müssen die Unternehmereigenschaft des Verkäufers **beweisen,** wenn Sie sich auf Ihr Widerrufsrecht berufen wollen.

Die nachfolgende **Checkliste** nennt Ihnen Indizien für die Unternehmereigenschaft. Damit können Sie leichter erkennen, wer als Unternehmer gilt:

- Prüfen Sie, ob Sie es mit einem eBay-Shop oder einem Powerseller zu tun haben. Denn wer mit einem **eigenen eBay-Shop** oder als **Powerseller** verkauft, gilt im Zweifel als Unternehmer.
- **Allein die Anzahl** von Geschäften oder Beurteilungen ist noch **kein ausreichendes Indiz** für eine Unternehmereigenschaft. Vielmehr müssen **weitere Umstände** hinzutreten, die auf unternehmerisches Handeln schließen lassen:
  - Es werden immer wieder **gleiche Waren in regelmäßigen Abständen** verkauft.
  - Es wird **überwiegend mit Neuwaren** gehandelt.
  - Es liegt eine **Spezialisierung** auf bestimmte Gegenstände oder Warengruppen vor.
- Für eine **Privatperson** spricht eher, wenn mehr gekauft als verkauft wird. Gleiches gilt, wenn typische Gebrauchtwaren des privaten Gebrauchs angeboten werden (z. B. Haushaltsgegenstände, Kleidung). Auch derjenige, der jede Tasse seines Porzellanservices oder jedes Taschenbuch einzeln verkauft, handelt nicht allein wegen der hohen Anzahl von Geschäften als Unternehmer.

Tipp:
Recherchieren Sie nach Zeitpunkt, Art und Anzahl der Geschäfte anhand der Bewertungen des Verkäufers. Drucken Sie die Ergebnisse aus. Fragen Sie im Zweifel bei anderen Käufern nach, die Sie dem Bewertungsprofil entnehmen können.

V. So erfüllen Sie den Vertrag

1. Wenn es ans Bezahlen geht

Als Verkäufer können Sie verschiedene Zahlungsarten anbieten. **Barzahlung** kommt nur bei **Selbstabholung** der Ware in Betracht. Eine sichere Sache! Als Käufer können Sie hier die Ware vor Ort prüfen.

Die meisten eBay-Geschäfte werden aber gegen **Vorkasse** abgewickelt. Die Zahlung kann dabei auf verschiedenen Wegen erfolgen:

- **Überweisung** auf das Konto des Verkäufers: Die Bankverbindung wird in der sogenannten »Kaufabwicklung« vorher bei eBay hinterlegt. Es ist auch Zahlung **per Kreditkarte** möglich. Eine riskante Sache, aber leider Normalität bei eBay.
- **Nachnahmelieferung:** Sie bekommen die Ware vom Zusteller erst nach der Bezahlung ausgehändigt, ohne dass Sie den Inhalt des Pakets prüfen konnten. **Aber:** Innerhalb von sieben Tagen nach Auslieferung können Sie die Beschädigung der Ware unter Vorlage des Pakets auf einer Postfiliale reklamieren.
- Zahlung über **PayPal:** Hierbei handelt es sich um eine **sichere, schnelle und weltweit mögliche Zahlungsart.**

  Dazu müssen beide Vertragspartner ein PayPal-Konto einrichten. Der Käufer lädt sein PayPal-Konto per Überweisung oder Kreditkarte auf und weist PayPal an, die Zahlung auf das PayPal-Konto des Verkäufers vorzunehmen. PayPal ist für den **Verkäufer kostenpflichtig.**

  Allerdings sichert das Verfahren auch nur den Bezahlweg. Schutz vor Betrügern, die es allein auf das Geld des Käufers abgesehen haben, gibt es nicht. Doch der Käufer ist durch den **PayPal-Käuferschutz** geschützt. Liefert der Verkäufer nicht oder entspricht der gelieferte Artikel eindeutig nicht der Beschreibung, deckt PayPal den Schaden für Ihre Käufe auf eBay in unbegrenzter Höhe ab.

- Der Käufer überweist das Geld an den **eBay-Treuhandservice** (www.ilo-xx.de). Dieser meldet dem Verkäufer den Zahlungseingang, der die Ware dann verschickt. Der Käufer überprüft die Ware und meldet den Eingang dem Treuhandservice. Dieser überweist anschließend den Kaufpreis an den Verkäufer. **Vorteile** dieses Service: Die Vertrauenswürdigkeit des Verkäufers wird verbessert und seine Verkaufschancen erhöht. Käufer wiederum werden vor Falschlieferungen geschützt.

  Der Treuhandservice ist **kostenpflichtig.** Die Kosten richten sich nach der Höhe des Gesamtbetrages und sind gestaffelt. Sie liegen bei einem Treuhandbetrag von bis zu € 250,– bei € 4,50 und betragen € 100,– bei einem Gesamtbetrag von € 50 000,–.

Tipp:
Klären Sie bereits vor Abgabe Ihres Gebotes, ob der Verkäufer mit dem Treuhandservice einverstanden ist. Versuchen Sie, sich auf eine Teilung der Treuhandkosten zu einigen. Nutzen Sie den Treuhandservice für alle hochpreisigen Artikel. Im Zweifel sollten Sie auf den Kauf teurer Produkte besser verzichten, wenn der Verkäufer den Treuhandservice ablehnt.

2. Wenn es um die Lieferung geht

→ Als Verkäufer bestimmen Sie den Versandweg

Ob Paketservice, Post, Kurierdienst oder Selbstabholung – den Versandweg legen Sie als Verkäufer bereits in der Artikelbeschreibung fest.

Als Käufer dürfen Sie die Ware auch beim Versteigerer **abholen,** sofern der Verkäufer die Selbstabholung **nicht ausdrücklich ausgeschlossen** hat. Ein Hinweis auf die Versandkosten genügt nicht, um einen Versand als einzige Möglichkeit der Warenübergabe festzulegen.

→ Wenn es zu Transportschäden kommt

Wenn die Ware beim Versand beschädigt wird oder verloren geht, ist zu unterscheiden:

- Kaufen Sie von einem **Unternehmer,** trägt dieser während des Versands das sogenannte »**Transportrisiko**«. Im Schadensfall muss er Ihnen die gleiche Ware in unbeschädigtem Zustand noch einmal zusenden oder – falls dies nicht möglich ist – den Kaufpreis zurückerstatten und gegebenenfalls auch Schadensersatz leisten.

- Kaufen Sie von einer **Privatperson,** hat der Verkäufer seine Lieferpflicht erfüllt, wenn er die gekaufte Ware dem Versender übergeben hat. Wird die Ware auf dem Weg zu Ihnen beschädigt oder geht sie verloren, müssen Sie dennoch den Kaufpreis bezahlen. Allerdings haftet Ihnen das Versandunternehmen, wenn es den Unfall verschuldet hat (z. B. wird die Ware bei einem Verkehrsunfall beschädigt).

Bei einigen Versendern ist eine **Transportversicherung** bereits in den Versandkosten enthalten; bei anderen können Sie sie gegen Aufpreis abschließen. Beim Kauf unter Privatleuten ist der Abschluss der Transportversicherung jedoch nur sinnvoll, wenn der Wert der verschickten Ware höher ist als die pauschalisierte Höchstschadenssumme des Versanddienstes. Erkundigen Sie sich beim Versender oder prüfen Sie dessen AGB.

VI. Wenn es Probleme bei der Vertragsabwicklung gibt

1. Wenn der Käufer nicht oder nicht rechtzeitig zahlt

Sie müssen den Käufer in diesem Fall **mahnen** und ihn im äußersten Fall auf Zahlung **verklagen.** Alternativ können Sie auch **vom Vertrag zurücktreten,** wenn der Käufer zu erkennen gibt, dass er nicht zahlen wird (→ Kapitel A 1).

Tipp:
Bei Vorkasse müssen Sie die Ware erst nach Zahlungseingang liefern. Ihr Schaden ist daher überschaubar. Melden Sie den Vorfall aber immer dem Auktionshaus. Bei eBay haben Sie in diesem Fall einen Anspruch auf die **Gutschrift der Verkaufsprovision.** Bieten Sie denselben Artikel nochmals zum Verkauf an, wird Ihnen die **Angebotsgebühr erstattet.**

2. Wenn der Verkäufer nicht oder verspätet liefert

Warten Sie **mehr als eine Woche** auf bereits **bezahlte Waren,** fordern Sie den Verkäufer auf, innerhalb von sieben Tagen zu liefern. Erklären Sie bereits für den Fall der Fristüberschreitung, dass Sie vom Vertrag zurücktreten und Sie die Rückzahlung des Kaufpreises verlangen werden (→ Kapitel A 1).

Erhalten Sie lediglich eine **leere Verpackung** oder ist der **Verkäufer verschwunden,** liegt ein Betrug nahe. Informieren Sie neben eBay auch die Polizei und stellen Sie Strafanzeige.

3. Wenn der Verkäufer mangelhafte Ware liefert

→ Ihre Rechte bei mangelhaften Waren

Stimmt die Ware nicht mit der auf der Internetseite beschriebenen Ware überein oder weist die Ware einen Mangel auf, haftet der Verkäufer. Wie Sie mangelhafte Ware **richtig reklamieren,** erfahren Sie in → Kapitel A 1. Geben Sie bei einer Reklamation immer die Auktionsnummer und die Artikelnummer der Ware an. Drucken Sie zu Beweiszwecken die Internetseiten der Auktion aus.

Vorsicht bei gebrauchten Waren: Ob diese tatsächlich mangelhaft sind, hängt von der Beschreibung der Ware im Angebot ab. Werden dort negative Angaben gemacht, stellen diese keine Mängel dar (z. B. wird ein Auto mit Rostschäden abgebildet und beschrieben oder bei Kleidung auf Tragespuren hingewiesen).

Was gilt, wenn die **Gewährleistung ausgeschlossen** wurde, hängt davon ab, ob Sie

- von einem **Unternehmer** kaufen: Dieser darf die Gewährleistung für Neuwaren nicht ausschließen oder einschränken. Bei Gebrauchtwaren ist eine Verkürzung auf maximal ein Jahr zulässig, wenn er dies im Angebot deutlich macht. Anderslautende Klauseln bei der Artikelbeschreibung sind unwirksam.
- von einem **privaten Verkäufer** kaufen: Dieser darf die Gewährleistung sowohl für Gebraucht- als auch für Neuwaren ausschließen. Dies muss jedoch in der Artikelbeschreibung deutlich zum Ausdruck gebracht werden: »Die Ware wird unter Ausschluss jeglicher Gewährleistung oder Garantie verkauft.« Aber auch der knappe Hinweis »Privatverkauf, daher keine Garantie« reicht aus.

  Trotzdem dürfen Sie als privater Verkäufer weder einen Mangel **arglistig verschweigen** noch eine **Beschaffenheitsgarantie** übernehmen, die Sie nicht einhalten können.

VII. So setzen Sie Ihre Rechte durch

1. Grundsatz: Einigen vor Klagen

Wenn der Verkäufer nicht liefert oder der Käufer nicht zahlt, nehmen Sie Kontakt auf und versuchen Sie zunächst, sich **gütlich zu einigen.** Gerade bei Geschäften »von privat zu privat« basieren Probleme häufig auf geschäftlicher Unerfahrenheit. Greifen Sie dabei auch auf die **Hilfe von eBay** zurück, das für viele Probleme vorformulierte Texte und Mails bereithält. Oder nutzen Sie den **Käuferschutz** bei **PayPal-Zahlungen.**

Scheitert eine Einigung, wenden Sie sich an eine Verbraucherzentrale oder schalten Sie einen Rechtsanwalt ein. Scheint eine **Klage** unvermeidlich, sollten Sie vorher eine sorgfältige Kosten-Nutzen-Analyse vornehmen, denn bei geringem Streitwert sind Zeitaufwand und Kosten oft höher als der Nutzen.

Wenn Sie den Verdacht haben, auf einen Betrüger hereingefallen zu sein, schalten Sie die Polizei ein und erstatten Sie **Betrugsanzeige.**

2. Das Bewertungssystem als Beurteilungsmittel

Die Vertragspartner beurteilen sich gegenseitig freiwillig. Bewertungen können innerhalb von 60 Tagen nach Angebotsende abgegeben werden. **Verkäufer** dürfen ihre Kunden nicht neutral oder negativ bewerten. eBay möchte so »Rachebewertungen« von schlecht bewerteten Verkäufern verhindern. **Käufer** hingegen dürfen Verkäufern schlechte Noten erteilen und sie detailliert bewerten (z. B. in den Rubriken Artikelbeschreibung, Kommunikation, Versandzeit, Gebühren). Aus den Bewertungspunkten ergibt sich ein **Bewertungsprofil** zur Einschätzung der Zuverlässigkeit der Mitglieder – auch als Informationsquelle für künftige Verkäufer und Bieter.

Nur sachlich gerechtfertigte und wahre Bewertungen sind **zulässig. Unzulässig** sind negative Bewertungen, wenn sie unwahr und unsachlich sind, Schmähkritik, üble Nachrede oder Beleidigungen enthalten, überspitzt sind oder zu falschen Schlussfolgerungen führen können.

Abgegebene Bewertungen werden von eBay nur unter ganz strengen Voraussetzungen gelöscht, etwa wenn **beide Vertragspartner einverstanden** sind.

Ferner stellt eine unzulässige Negativbewertung eine Vertragsverletzung dar und ist mit den eBay-Nutzungsbedingungen unvereinbar. Sie können deshalb von Ihrem Vertragspartner bei ungerechtfertigten oder unwahren Bewertungen verlangen, dass er der Löschung durch eBay **zustimmt.**

Tipp:
Möchten Sie, dass eBay die negative Bewertung löscht, nutzen Sie das Formular »Antrag auf Bewertungslöschung« und setzen Sie Ihrem Vertragspartner eine Frist von 14 Tagen. Kommt er dieser Aufforderung nicht nach, bleibt Ihnen nur der Klageweg.

Musikkopien, Downloads und Tauschbörsen – Was ist illegal?

I. Ehrlich währt am längsten

Der Musikdownload aus dem Internet oder der Tausch von Musikdateien auf dem Pausenhof gehören zum Alltag. Es dürften hauptsächlich Jugendliche sein, die durch illegales Downloaden und Kopieren gefährdet sind.

Doch viele Eltern wissen häufig nicht, was ihre Sprösslinge am Computer treiben, obwohl sie als Inhaber des Internetzugangs häufig mit in der Haftung sind. Dann kann es unangenehm und teuer werden. Denn **»Musikpiraterie«** ist **strafbar** und macht **schadensersatzpflichtig** – und das nicht nur theoretisch. Die Musikindustrie geht insbesondere gegen die Teilnehmer von Musik-Tauschbörsen gezielt vor. Wer erwischt wird, wird abgemahnt. Das kostet im Einzelfall schnell mal € 10 000,– oder mehr.

II. Was dürfen Sie kopieren bzw. aufnehmen?

1. »Gekauft« heißt nur »benutzen dürfen«

Zunächst müssen Sie wissen, dass sich der Kauf von künstlerischen Werken wie Musik oder Filmen auf CD oder DVD vom einfachen Kauf eines sonstigen Gegenstands unterscheidet: Sie erwerben zwar volles Eigentum am Datenträger. An den gespeicherten Inhalten hingegen werden Ihnen lediglich bestimmte **Nutzungsrechte** eingeräumt.

Beispiel:
Es ist zulässig, eine **CD ohne Kopierschutz** auf den eigenen Rechner zu ziehen oder auf Ihren MP3-Player zu kopieren.

2. Spielregeln für Musikkopien

→ **Vorlage illegal, Kopie illegal!**

Wenn bereits die **Vorlage offensichtlich illegal** ist, dann auch die Kopie.

A

Beispiel:

- Sie verwenden einen heimlichen Konzertmitschnitt eines Freundes als Vorlage.
- Ein fliegender Händler verkauft aktuelle Titel zum Dumpingpreis. Hier drängt sich der Verdacht auf Raubkopien oder Hehlerware geradezu auf.
- Wird kurz vor oder nach einer Filmpremiere der Film im Internet angeboten, ist die Vorlage ebenfalls offensichtlich rechtswidrig.

➔ Kopien nur für den Privatgebrauch!

Was darunter zu verstehen ist, prüfen Sie anhand der folgenden **Kriterien:**

- **Der Anlass:** Privatgebrauch spielt sich immer in »geschlossener Gesellschaft« ab. Schul-, Vereins- oder Straßenfeste gehören nicht mehr hierzu und sind öffentlich. Hierfür brauchen Sie eine Sondererlaubnis der GEMA (siehe unter www.gema.de).
- **Der Personenkreis:** Eine Privatkopie darf beispielsweise für den CD-Spieler im Auto benutzt oder an die Ehefrau, Kinder oder andere, **persönlich verbundene Personen** verschenkt werden. Das können auch enge Freunde, Arbeitskollegen oder Nachbarn sein. Es muss aber immer eine individuelle, soziale Nähe gegeben sein. Dies ist bei einem Dutzend Mannschaftskameraden, Chormitgliedern oder vergleichbaren Gruppen nicht mehr der Fall.
- **Die Unentgeltlichkeit:** Die Nutzung und Weitergabe einer Kopie müssen stets unentgeltlich sein. Der Verkauf (z. B. auf dem Schulhof oder Flohmarkt), die Vermietung oder die sonstige Gewinnerzielung sind unzulässig.

➔ Niemals mehr als sieben Kopien!

Diese **Faustregel** gilt als Antwort auf die Frage, wie viele Kopien zulässig sind. Sie orientiert sich an den Vorgaben der Rechtsprechung.

➔ Was gilt für die Kopie einer Kopie?

Eine Kopie von einer Kopie ist grundsätzlich zulässig. Es gelten dieselben Regeln wie für eine Kopie vom Original.

→ Was gilt für mitgeschnittene Aufnahmen?

Die Ausstrahlung von Musik über Rundfunk und Fernsehen ist eine legale Quelle und darf daher im Rahmen einer Privatkopie mitgeschnitten werden. Das gilt auch für Videos.

Als **Vertragspartner** eines Pay-TV-Senders, dem ein Receiver mit Smartcard, PIN oder ähnliche legale Empfangstechniken zur Verfügung stehen, dürfen Sie auch hier Mitschnitte als Privatkopie anfertigen.

Sie dürfen von den Mitschnitten im zulässigen Umfang auch Privatkopien machen, soweit Ihre Quelle rechtmäßig war. Auch hier gelten die allgemeinen Regeln über Anzahl und Weitergabe von Kopien.

→ Keine Ausnahme für Oldies, »alte« CDs und Schallplatten

Auch Oldies, »alte« CDs und Schallplatten dürfen kopiert werden. Hierfür gelten grundsätzlich **keine Besonderheiten,** denn Urheberrechte erlöschen erst nach 70 Jahren.

Schallplatten kennen keinen digitalen Kopierschutz. Deshalb stellt das analoge Kopieren keinen Rechtsverstoß im Sinne des Gesetzes dar. Rechtsverbindlich ist diese Frage aber noch nicht geklärt. Deshalb sollten Sie auch von einer Schallplatte nicht mehr als sieben Privatkopien anfertigen.

3. Kopierschutz knacken ist tabu!

Gerade neuere CDs und DVDs sind häufig mit einem **digitalen Kopierschutz** versehen. Hersteller dürfen die Scheiben mit einem Kopierschutz versehen. Sie müssen aber kopiergeschützte CDs oder DVDs **ausdrücklich kennzeichnen.** Ist das nicht der Fall und können Sie den Datenträger nicht auf einem üblichen Abspielgerät wiedergeben, dürfen Sie die Ware zurückgeben (→ Kapitel A 1).

Liegt Ihnen ein kopiergeschütztes Original vor, müssen Sie auf eine Privatkopie verzichten. Knacken Sie trotzdem den Schutzmechanismus, machen Sie sich zwar im Rahmen des erlaubten Eigengebrauchs der Kopien (noch) nicht strafbar. Mit zivilrechtlichen Ersatzansprüchen müssen Sie aber gleichwohl rechnen.

Eine **Ausnahme** gilt, wenn der **Kopierschutz nicht funktioniert.** In diesem Fall dürfen Sie eine Privatkopie erstellen.

Ob eine **analoge Kopie** (z. B. vom PC über die Soundkarte auf Kassette) auch bei Kopierschutz zulässig ist, ist derzeit nicht abschließend geklärt. Da die digital wirkenden Kopierschutzvorkehrungen technisch nicht zum Zuge kommen, liegt eigentlich kein Gesetzesverstoß vor.

III. Was gilt für Musikdownloads aus dem Internet?

1. Im Grundsatz gilt »kostenpflichtig = legal«

Für **legale Downloads** gilt grundsätzlich dasselbe wie für im Laden gekaufte CDs oder DVDs: Sie erhalten ein Nutzungsrecht, dürfen privat abspielen, kopieren und brennen – soweit kein Schutzmechanismus eingreift (→ Abschn. II 3). **Voraussetzung** auch hier: Das Original, das heißt die Downloadquelle, darf nicht offenkundig rechtswidrig sein.

Beachten Sie: Beim Kauf durch legalen Download können Sie sich häufig vorab aussuchen, ob die Nutzung der Musikdatei beschränkt oder frei sein soll.

Beispiel:

- Für € 1,– gibt es die Musikdatei mit der elektronischen Sperre, dass sie beispielsweise nur zweimal kopiert und fünfmal auf CD gebrannt werden kann.
- Für € 4,– erhalten Sie dagegen das Lied frei von solchen elektronischen Schutzmechanismen und unterliegen dann allein den gesetzlichen Nutzungsschranken.

2. Stimmt dann die Gleichung »kostenlos = illegal«?

Nicht immer. Denn im Internet sind auch zahlreiche Angebote zu finden, mit denen beispielsweise Hobbykünstler oder Newcomer ihre Titel zum freien Download bereitstellen. Bei Werken von bekannten Popstars ist Vorsicht geboten. Aber wenn hier etwas verschenkt wird, ist in der Regel erheblicher Werbeaufwand damit verknüpft, sodass kein Zweifel über die Rechtmäßigkeit der Quelle herrscht.

IV. Was gilt für die Teilnahme an Tauschbörsen?

Hinter »P2P«, dem Kürzel für sogenannte »Peer-to-Peer-Tauschbörsen«, verbirgt sich die Möglichkeit, über Internet **kostenlos Musik auszutauschen.** Dabei kann jeder Internetnutzer online die Sammlung auf der Festplatte anderer Teilnehmer durchstöbern und seine Wunschlieder auf den eigenen PC herunterladen (sogenanntes Filesharing). Hier gilt:

- Der **Download** von Musiktiteln auch aus privaten Tauschbörsen ist illegal, wenn er **offenkundig rechtswidrig** erfolgt, also gegen den Willen der Urheber oder Musikverlage. **Fazit:** Aus solchen Netzwerken kann in der Regel keine legale Privatkopie erstellt werden.
- Als Teilnehmer einer Musik-Tauschbörse machen Sie in der Regel automatisch auch Ihre Dateien anderen Teilnehmern zum Herunterladen zugänglich (sog. **Upload**). Der Upload geschieht aber ohne Einwilligung des Urhebers. Er ist **unzulässig** und stellt einen – sogar strafrechtlich relevanten – Verstoß gegen das Verbreitungs- und Vervielfältigungsrecht des Urhebers dar.

V. Welche Folgen hat illegales Musikkopieren?

1. Wie werden Musikpiraten und Raubkopierer entdeckt?

Strafverfahren im großen Stil werden hauptsächlich gegen professionelle Banden geführt – zur Abschreckung aber auch gegen »Gelegenheitstäter«. Eine **Bagatellgrenze gibt es nicht.** Das heißt: Auch nur ein paar illegale Dateien auf Ihrem Rechner reichen für eine Strafe.

Gerade bei Tauschbörsen (→ Abschn. IV) wird der einzelne Gelegenheitsnutzer hauptsächlich durch **private Ermittlungen der Musikindustrie** ertappt, die dazu die Teilnehmerverzeichnisse durchforsten.

Bislang erging zunächst Strafanzeige gegen unbekannt, um über die Staatsanwaltschaft Zugang zu den Anschlussdaten (sogenannte IP-Adresse) zu erhalten. War diese bekannt, wurde über den Provider der verantwortliche Anschlussinhaber ermittelt. Ob der Provider in jedem Fall **Auskunft über die IP-Adresse** (das heißt Namen, Anschrift des Kunden) geben muss, war in der Rechtsprechung umstritten und wurde zunehmend verneint. Aktuelle Entwicklungen zeigten zudem, dass in Serienabmahnungen gegen Privatleute nicht mehr in jedem Fall ermittelt wurde.

Sicher darf sich ein Benutzer jedoch nicht fühlen. Denn die Musikindustrie hat ein **eigenes privatrechtliches Auskunftsrecht gegenüber Providern,** um ihre Urheberrechte besser durchzusetzen (§ 101 a UrhG). **Aber:** Es muss sich um Rechtsverletzungen »in gewerblichem Ausmaß« handeln, und ein Richter muss zustimmen, dass der Provider die Kundendaten herausrücken darf.

A

2. Es drohen rechtliche Konsequenzen

Unbedachter Download oder unzulässiger Vertrieb von Kopien hingegen kann unangenehm und teuer werden. Denn Verstöße gegen das Urheberrecht sind nicht nur eine Vermögensschädigung des Rechteinhabers, sondern auch **strafbar.** Es geht daher nicht nur um Schadensersatz, sondern auch um erhebliche Geldstrafen. Sogar Freiheitsstrafe bis zu drei Jahren ist möglich. Auch Minderjährige unterliegen dem Strafrecht ab 14 Jahren. Bereits im Ermittlungsverfahren sind unter anderem auch Durchsuchungen Ihrer Wohnung und Ihres PCs und Beschlagnahmen (z. B. Ihrer Festplatte) Routine.

3. Mit einer Abmahnung wird es teuer

Meistens werden Rechtsanwälte für den Berechtigten (meist die Plattenfirmen) tätig. Sie beauftragen Ermittler und beantragen die Strafverfahren. Zu spät ist es in der Regel, wenn ein Beschuldigter **abgemahnt** wird. Dies bedeutet, dass er schriftlich beschuldigt wird, bestimmte Rechtsverletzungen begangen zu haben. Gleichzeitig wird von ihm verlangt, für die Zukunft eine sogenannte **Unterlassungserklärung** abzugeben, **Schadensersatz** zu leisten und die **Anwaltskosten** zu tragen. Auch kann eine Quellenauskunft verlangt werden. Es werden Fristen gesetzt und der Gang zum Gericht angedroht.

Tipp:
Flattert Ihnen eine Abmahnung ins Haus, sollten Sie umgehend Rechtsrat bei einem im Internet- und / oder Urheberrecht versierten Anwalt einholen. Mitunter lassen sich die teilweise überhöhten Forderungen durch Verhandlungsgeschick reduzieren.

Es wird auch diskutiert, ob »Musikpiraten« eine **Unterlassungserklärung** abgeben sollen, wenn zu befürchten ist, dass illegal Musik vom eigenen PC getauscht wurde. Damit verpflichtet man sich gegenüber der Musikindustrie, künftig keine Musik mehr zu tauschen. Ob und wann es sinnvoll ist, eine solche Erklärung abzugeben, ist höchst umstritten und im Einzelfall unbedingt von einem Anwalt zu prüfen. Denn diese gilt in der Regel für 30 Jahre.

Schockierend wirken dabei hauptsächlich die Geldforderungen: Als **Schadensersatz** werden häufig 4- oder sogar 5-stellige Eurobeträge angesetzt – und im Einzelfall von der Rechtsprechung auch schon anerkannt. Dementsprechend hoch sind dann auch die **Anwaltskosten.**

Beispiel:
Einem Internetnutzer wird das illegale Tauschen von zehn Musiktiteln nachgewiesen. Hierbei hält ein Teil der Rechtsprechung einen Streitwert von **€ 10 000,– pro Titel** für gerechtfertigt (hier insgesamt: € 100 000,–). Andere Gerichte **staffeln den Streitwert** zugunsten der Betroffenen und legen € 6 000,– für den ersten Titel, € 3 000,– für den 2. bis 5., € 1 500,– für den 6. bis 10. und ab dem 11. Titel € 600,– zugrunde (hier insgesamt: € 25 500,–).

Die **Anwaltskosten** betragen hier – je nach Streitwert – also rund € 1 600,– bzw. € 900,–. Hinzu kommt der eigentliche **Schadensersatzanspruch.** Bei zehn Titeln steht ohne Weiteres ein Schaden von € 4 000,– bis € 6 000,– im Raum.

Seit dem 1. 7. 2008 sind die **Abmahnkosten auf pauschal € 100,– begrenzt,** sofern die Urheberrechtsverletzung noch kein »gewerbliches Ausmaß« angenommen hat.

Schadensersatz und Kosten steigen mit der **Anzahl der illegal verwendeten Titel.** Mögen ein paar Lieder noch mit vergleichsweise niedrigen Eurobeträgen »abzubüßen« sein, kann die komplett in die Tauschbörse gestellte Musiksammlung der Weg in die Armut sein.

4. Haftet auch der Internetanschlussinhaber?

Um die eigene (zusätzliche) Haftung als Anschlussinhaber auszuschließen, treffen Eltern, die einen PC und Internetanschluss bereitstellen, zunächst umfangreiche **Aufklärungspflichten** (z. B. über Ge- und Verbote der Internetnutzung). **Weitere Kontroll- und Überwachungsmaßnahmen** (z. B. eine Anschlusssperre) sehen manche Gerichte erst als erforderlich an, wenn konkrete Anhaltspunkte für ein illegales Tun vorliegen oder wenn neben den eigenen Kindern auch deren Freunde das Netz nutzen. Andere Gerichte sind hier strenger.

Beispiel:
Der Anschlussinhaber eines »Familienrechners«, der vom Ehepartner und den minderjährigen Kindern genutzt wird, haftet für Urheberrechtsverletzungen, wenn der Verursacher nicht ermittelt werden kann. Das Verbot allein, an einer Tauschbörse teilzunehmen, schließt die Haftung nicht aus. Es muss überwacht und der Rechner technisch beschränkt werden.

Aber selbst wenn Eltern vortragen können, dass sie den Zugriff ihrer Kinder auf PC und Internet **sorgfältig reguliert haben,** geht der Vorwurf auf das Kind über. **Minderjährige** haften, wenn es um Schadensersatzansprüche geht, nach ihrer Einsichtsfähigkeit (→ Kapitel B 1).

Was für die Urheberrechtsverletzung über **unverschlüsseltes WLAN** (z. B. stellen Dritte Unfug über ein offenes privates WLAN-Netzwerk an), hat der Bundesgerichtshof klargestellt: Wer ein privates WLAN-Netzwerk betreibt, **haftet für sein offenes WLAN.** Als Anschlussinhaber müssen Sie deshalb von Anfang an zumindest die werkseitigen Standardsicherheitseinstellungen des WLAN-Routers durch ein persönliches, ausreichend langes und sicheres Passwort ersetzen.

Richten Sie **keinen Passwortschutz** ein, haften Sie im Fall einer Urheberrechtsverletzung durch Dritte über Ihren Anschluss auf **Unterlassung.** Sie müssen zudem die **Abmahnkosten** tragen. **Aber:** Sie machen sich **nicht schadensersatzpflichtig,** weil Sie selbst weder Täter noch Teilnehmer der Urheberrechtsverletzung sind.

Facebook, Twitter, Xing und Co. – So agieren Sie gefahrlos in sozialen Netzwerken

I. Die Beziehungen bei Twitter, Facebook, Google+, Xing und Co.

1. Darauf müssen Sie unbedingt achten

Unabhängig davon, ob es sich um ein kostenloses Angebot wie Twitter, Google+ oder Facebook handelt, oder – wie zum Beispiel beim deutschen Business-Netzwerk Xing – für einen sogenannten **Premium-Account** eine monatliche Gebühr entrichtet wird: Der Nutzer geht mit dem Dienst eine Vertragsbeziehung ein. Er hat sich an die Spielregeln (Nutzungsbedingungen) zu halten, wenn er nicht Gefahr laufen will, vielleicht auch auf Dauer vor die virtuelle Türe gesetzt zu werden.

Beispiel:

- Bei allen Social-Network-Diensten ist zunächst ein Nutzer-Account einzurichten. Man kann auch ein Profilbild einstellen und Angaben zu seiner Person machen. Aber man kann das je nach konkreter Verwendung des Dienstes durchaus auch lassen.
- Anschließend lassen sich vergleichsweise leicht und vor allem rasch Meinungen, Links, Fotos, Videos und Ähnliches verbreiten. Die Plattformen leben zudem maßgeblich davon, dass sich ihre Teilnehmer untereinander verknüpfen.

Man kann die einzelnen Beiträge teilweise auf seine »Gefolgsleute« beschränken oder aber gleich in die ganze Welt hinausposaunen, also jedermann zugänglich machen. Hierbei sollte man sich gerade über den tatsächlichen Verbreitungsgrad zu jeder Zeit im Klaren sein, um unangenehme Überraschungen zu vermeiden.

Tipp:
Sollte man sich durch irgendetwas oder irgendjemanden **in seinen Rechten betroffen** fühlen, steht sowohl der einzelne Verursacher, grundsätzlich aber auch der Dienstbetreiber selbst als Ansprechpartner zur Verfügung.

2. Der richtige Nutzername

Jedem Nutzerkonto wird ein Nutzer- oder auch Profilname oder Account-Name zugeordnet. Den kann man sich selbst geben, sofern er nicht bereits von einem schnelleren anderen Nutzer blockiert ist. Wobei es sinnvollerweise bei Xing durchaus eine Vielzahl von Nutzern mit den identischen Nutzernamen gibt.

Tipp:
Wie bei der richtigen Auswahl der Internetdomain sollte man auch hier tunlichst die Finger von fremden Namen und Marken lassen. Auch bei Städtenamen ist – zumindest in Alleinstellung – größte Vorsicht geboten. So hat es bereits Auseinandersetzungen gegeben, weil etwa die Städte Mannheim und Augsburg die entsprechenden Accounts von ihren Bürgern herausverlangten.

Erstaunlicherweise ist es auch überaus verbreitet, sich unter falschen, größtenteils auch gern prominenten Namen bei Twitter und Facebook anzumelden. Das stellt in den Fällen, bei denen es nicht mit ausdrücklicher Erlaubnis des eigentlichen Namensinhabers geschieht, eindeutig eine **Namensrechtsverletzung bzw. Namensanmaßung,** eine **Persönlichkeitsrechtsverletzung** und nicht zuletzt häufig auch eine **Verletzung des Rechts am eigenen Bild** dar. Mit der Folge, dass es zu Abmahnungen oft verbunden mit Geldforderungen oder auch direkt zu Klagen und Schadensersatzforderungen kommt. Dies sollte man tunlichst vermeiden.

3. Das Einbinden von Fotos und Videos

→ Welche Bilder darf ich einstellen?

Gerade in den sozialen Netzwerken werden Fotos und Videos gepostet, ohne groß darüber nachzudenken, ob das erlaubt ist oder nicht. Aber irgendeine **Erlaubnis** braucht man zur Veröffentlichung eigentlich immer. Bei Personen von den Abgelichteten selbst, bei Kindern von deren Eltern, bei Innenaufnahmen von Gebäuden von deren Besitzern usw. und in allen Fällen von dem eigentlichen Fotografen.

Bei allen Social-Network-Diensten, wie überall im Internet, sollten **ausschließlich eigene Bilddateien** verwendet werden und auch nur solche, für die man alle hier erforderlichen Rechte hat. Das ist nicht zwingend deshalb bereits der Fall, weil man alleine auf dem Bild zu sehen ist.

Bei professionell erstellten Bewerbungsfotos etwa muss explizit das Nutzungsrecht für das Internet mit dem Fotografen vereinbart und auch bezahlt werden.

Es dürfte sich von selbst verstehen, dass fremde Markenlogos und Fotos ohne entsprechende Erlaubnis der Rechteinhaber unzulässig sind.

Das gilt natürlich auch für das Hintergrundbild des Twitter-Accounts, bei dem man häufiger schon einmal Bild-Collagen sieht, die sicher nicht immer von allen Abgebildeten abgesegnet sind.

Tipps zu Personenfotos

- Ist die Person erkennbar?
- Wenn ja: ausdrückliche oder stillschweigende Einwilligung, im Einzelfall auch ein angemessenes Honorar, erforderlich.
- Wenn keine Einwilligung vorliegt: Foto nur ausnahmsweise erlaubt bei:

  a) Person und Ereignis des Zeitgeschehens

  b) Person nur als »Beiwerk« zu Landschaft

  c) Versammlungen, künstlerische Zwecke
- Werden berechtigte Interessen der Person verletzt?

Kritisch bei: Privat- oder Intimsphäre, Menschenwürde, Beleidigung, Anprangerung, kommerzielle Ausnutzung durch Werbung.

Jeder Mensch hat gemäß § 22 Kunsturhebergesetz (KUG) das sogenannte **Recht am eigenen Bild.** Das bedeutet, als besondere Ausgestaltung des allgemeinen Persönlichkeitsrechts kann jedermann im Normalfall selbst darüber entscheiden, was und vor allem was nicht mit Bildern, auf denen er persönlich erkennbar ist, gemacht wird. Insbesondere, ob diese überhaupt und, falls ja, in welchem Zusammenhang veröffentlicht werden.

Von dieser Regel gibt es jedoch einige **Ausnahmen**. So ist nach deutschem Recht eine Einwilligung von sogenannten **Personen der Zeitgeschichte** nur eingeschränkt erforderlich.

Absolute Personen der Zeitgeschichte stehen durch ihr gesamtes Wirken dauerhaft im Blickpunkt der Öffentlichkeit.

Beispiel:
Angehörige von Königshäusern, Politiker und berühmte Wissenschaftler. Das kann aber auch für Schauspieler, Sportler, Showgrößen u. a. gelten. Man könnte auch schlicht Prominente sagen.

Sogenannte relative Personen der Zeitgeschichte sind nicht immer in der Öffentlichkeit aktiv, sondern werden zu einem bestimmten wichtigen Ereignis durch ihre Anwesenheit Teil der Geschichte.

Beispiel:
Der Volkssoldat, der über den Stacheldraht aus der DDR flieht, oder der wegen Betruges verurteilte Fußballbundesliga-Schiedsrichter: Diesen relativen Personen der Zeitgeschichte kommt ihre Bedeutung nur aufgrund dieses konkreten Ereignisses zu.

Eine Veröffentlichung von Schnappschüssen ist hier ausschließlich möglich, wenn diese im Zusammenhang mit diesem Ereignis stehen. Gleichzeitig muss die Veröffentlichung des Bildes zwingend einem Informationsinteresse der Allgemeinheit dienen.

Der **konkrete Zusammenhang zum Ereignis** muss sich aber nicht zwingend aus dem Bild selbst ergeben. Er kann auch durch eine Bildunterschrift oder eine entsprechende Erläuterung in einem Begleittext abgeleitet werden.

Bei **Kindern** ist immer wichtig, dass die Minderjährigen selbst ihr Einverständnis zur Veröffentlichung ihrer Bilder wirksam überhaupt nicht geben können. Hier ist eigentlich immer die Unterschrift eines Elternteils oder noch besser aller beider Eltern erforderlich!

Besonders beliebt ist auch das Veröffentlichen von **Disco- oder Partyfotos** im Web 2.0, insbesondere Portraits oder Kleingruppenbilder. Hier wird häufig ein Einverständnis zur (privaten) Fotografie durch schlüssiges Verhalten wie etwa Lächeln oder in die Kamera schauen gegeben sein. Ein Einverständnis zur Veröffentlichung im Internet ist das aber noch lange nicht, wenn der Fotograf als solcher nicht zum Beispiel durch seine Kleidung als Journalist oder Web-Blogger zu erkennen ist.

Tipp:
Wurde Ihr Recht am eigenen Bild durch eine unbefugte Veröffentlichung verletzt, dann können Sie einen **Unterlassungsanspruch** gegen denjenigen geltend machen, der das Bild veröffentlicht hat. Wurde durch die Veröffentlichung schwerwiegend in Ihr Recht am eigenen Bild eingegriffen, beispielsweise durch die Veröffentlichung von Nacktfotos, kann auch ein Anspruch auf **Schmerzensgeld** bestehen.

Etwas anderes gilt, wenn eine abgebildete Person zwar erkennbar, aber lediglich **Beiwerk** ist, zum Beispiel nur zufällig innerhalb einer Menschenmenge in der Öffentlichkeit wie etwa bei einer Sportveranstaltung oder einem Rock-Konzert im Zuschauerbereich fotografiert wird.

II. Impressumspflicht für Social-Web-Seiten?

Wie auf jeder anderen Internetseite stellt sich auch im Social Web die Frage nach der Impressumspflicht. Also nach der Angabe einer angemessenen Anbieterkennzeichnung.

Während das für **private Webseiten** tatsächlich kontrovers diskutiert wird, stellt sich die Frage bei einem gewerblichen Angebot sicher nicht. Im Ergebnis sollte immer ein inhaltlich Verantwortlicher benannt werden. Für gewerbliche Angebote ergibt sich das unmittelbar aus dem Gesetz.

Bei **Twitter** stellt die richtige Einbindung der **Anbieterkennzeichnung** bereits technisch und in erster Linie aus Platzmangel ein Problem dar. Solche Pflichtangaben müssen leicht erkennbar, unmittelbar erreichbar und ständig verfügbar sein. Zumindest die richtige Firmierung bzw. den Namen des Unternehmens oder der Einzelperson wird man ohne Weiteres noch einbauen können. Zusätzliche Informationen, wie die vollständige Anschrift, Handelsregisternummer und Aufsichtsbehörde, müssten dann schon in die Hintergrundgrafik eingearbeitet werden. Im Bereich »Web« lässt sich jedoch ein Link auf die eigentliche Homepage einbauen, was – wenn dort das Impressum leicht erkennbar, unmittelbar erreichbar und ständig verfügbar ist – ausreichen sollte.

III. Urheberrechte an Nachrichten und Tweets?

→ Was gilt für Kopien von Tweets?

Auch wenn man meinen mag, dass das sozusagen zum Geschäftsmodell gehört, kommt es immer mal wieder zum Streit über einen möglichen Urheberschutz an Tweets bei Twitter oder auch Meldungen bei Google+ und Facebook. Vorab ist unbedingt festzuhalten, dass **Nachrichten an sich keinen urheberrechtlichen Schutz genießen**, und zwar ganz gleich, ob nun die Nachricht lautet: »in China ist ein Fahrrad umgefallen« oder »die Berliner Mauer wird abgerissen« (§ 49 Abs. 2 UrhG).

Dennoch können einzelne Tweets oder Meldungen ihrer Formulierung, ihrem Wortwitz oder der konkreten Ausgestaltung wegen durchaus dann **Urheberrechtsschutz** genießen, wenn sie ein Mindestmaß an schöpferisch eigener Leistung überschreiten. Diese so genannte Schöpfungshöhe dürfte im Web 2.0 und gerade bei Twitter sehr häufig nicht erreicht sein, unmöglich ist das aber nicht.

Möchte man in diesen (wenigen) Fällen die **Tweets kopieren** und an anderer Stelle oder auch nur bei Twitter verwenden, benötigt man hierzu grundsätzlich die entsprechende Einwilligung des Urhebers. Nach richtiger Beurteilung dürfte das aber nicht für die sogenannten »**Re-Tweets**«, eine extra bei Twitter vorgesehene Weiterverbreitungsfunktion, gelten, die es mittlerweile auch bei Facebook und Google+ gibt. Hierbei wird sozusagen systemimmanent von einer konkludenten Einwilligung des Verfassers ausgegangen. Erst recht, wenn der Urheber als Quelle des Tweets mit angegeben wird.

➔ Das Zitatrecht – manchmal ist kopieren erlaubt

Im Zusammenhang mit »geliehenen« Textpassagen wird häufig das Argument des sogenannten Zitatrechts angeführt. Tatsächlich ist das Zitieren nach deutschem Urheberrecht unter Umständen erlaubt (§ 51 UrhG). Begründet wird dies nachvollziehbar damit, dass Zitate, wie übrigens reine Ideen auch, der kulturellen und wissenschaftlichen Weiterentwicklung einer Gesellschaft dienen und daher nicht monopolisiert werden sollen. Das ist grundsätzlich auch gut so.

Zitate sind allerdings immer mit genauen **Quellenvermerken** zu versehen. Das gilt auch im Internet.

Voraussetzung ist zudem, dass das Werk, in dem zitiert wird, selbst eine hinreichende Schöpfungshöhe aufweist. Und die Interessen, insbesondere die wirtschaftlichen Belange, des Urhebers bzw. Rechteinhabers des zitierten Werkes dürfen durch ein Zitat nicht unangemessen eingeschränkt werden.

Zudem unterliegen Zitate dem **Änderungsverbot**. Auch wenn Kürzungen zulässig sind, sofern sie den Sinn nicht entstellen.

Bei den sozialen Netzwerken ist sicher auch eine **konkludente Einwilligung des Zitatgebers** möglich, wenn der konkrete Dienst (wie zum Beispiel Twitter) maßgeblich darauf basiert, durch Extra-Funktionen (»Retweet« oder »Teilen«) zitiert und vervielfältigt zu werden. Kürzungen sind zudem häufig technisch bedingt und bis auf Ausnahmefälle von dieser dem Dienst innewohnenden, konkludenten Einwilligung mit abgedeckt.

IV. Schleichwerbung ist unzulässig

Nach den Regelungen des Gesetzes gegen den unlauteren Wettbewerb (UWG) ist es ausdrücklich verboten, den Werbecharakter von geschäftlichen

Handlungen zu verschleiern oder finanzierte Werbung als Information zu tarnen. Auch das Telemediengesetz (TMG) verlangt von Teledienstanbietern ausdrücklich, dass deren kommerzielle Kommunikation als solche erkennbar sein muss.

Solange man also **unter eigenem Namen bzw. Firma** über den entsprechenden Twitter- oder Facebook-Account für eigene Produkte oder Websites Werbung treibt, ist das durchaus zulässig.

Schleichwerbung ist jedoch unzulässig. Und zwar egal, wie man sie nennt. Das oft als sogenanntes »**Guerilla-Marketing**« gepriesene »faken«, also »fälschen«, von Accounts, um dann in vermeintlich fremdem Namen seine eigenen Produkte werbend aktiv anzupreisen, ist nach deutschem Recht also zumindest bedenklich.

Das häufig als »**virales Marketing**« bezeichnete Bezahlen von Dritten, um diese via sozialer Netzwerke und Medien für sich selbst verschleiert Werbung machen zu lassen, dürfte jedoch vergleichsweise eindeutig eine unzulässige kommerzielle Werbung im Sinne des Gesetzes sein.

➔ Spam im Social Web

Es dürfte sich herumgesprochen haben, dass Werbung per elektronischer Post, sowie auch per Fax oder Telefon, der **vorherigen ausdrücklichen Einwilligung** des Adressaten bedarf. Wenn das persönliche E-Mail-Postfach dennoch ständig verstopft ist, oder der Junkmail-Filter überquillt, liegt das in 99,5 % der Fälle an Absendern aus dem Ausland.

Gleiches gilt für Nachrichten in sozialen Netzwerken, wenn diese werbenden Charakter haben. Wer also beispielsweise anderen Twitter-Nutzern werbende Direktnachrichten senden möchte, benötigt grundsätzlich dafür eine entsprechende Einwilligung oder Genehmigung des Empfängers. Anderenfalls drohen **Unterlassungs- und Schadensersatzansprüche**.

V. Das gilt für Datenschutz und Persönlichkeitsrechte

Für die Zulässigkeit der bei Google+ oder Facebook eingestellten Einträge bzw. getwitterten Inhalte gelten grundsätzlich keine rechtlichen Besonderheiten. Das gilt auch und gerade für den Bereich des Datenschutzes sowie des Persönlichkeitsrechts. Die Praxis zeigt, dass diese Thematik dennoch angesprochen werden muss. Gerade in sozialen Netzwerken werden diese Rechte häufig und intensiv mit Füßen getreten.

Grundsätzlich hat jeder Mensch das aus der informellen Selbstbestimmung abgeleitete Recht frei zu entscheiden, was mit seinen personenbezogenen Daten gemacht wird und was nicht. Das Veröffentlichen solcher personenbezogenen Daten (Name, Telefonnummer, Anschrift etc.) Dritter **gegen deren Willen** verstößt massiv gegen geltendes Datenschutzrecht. Im Einzelfall, insbesondere wenn es sich um Informationen der Privats- oder Intimsphäre handelt, sind auch rasch Persönlichkeitsrechte berührt und ebenso schnell verletzt.

So sollte man, auch wenn es zum Beispiel nur um 140 Zeichen geht, tunlichst seine gute Kinderstube nicht an der Garderobe abgeben. Jede Art von Beleidigungen, Diskreditierungen und die Verbreitung unwahrer Tatsachenbehauptungen sind auch in sozialen Netzwerken absolut tabu.

Selbstverständlich darf man aber hierzulande seine Meinung auch im Internet frei äußern. Man sollte sich der Bedeutung dieser Meinung aber immer bewusst sein. Und manchmal sind die Grenzen zur Beleidigung oder zur nicht nachzuweisenden Tatsachenbehauptung fließend.

Als Unternehmen sollte man sich grundsätzlich jeder Bewertung der unmittelbaren Wettbewerber enthalten. Einen solchen Kommentar zulässig, vollständig, richtig und »wasserdicht« zu machen ist häufig schon aus technischen oder Platzgründen kaum möglich. Daher sollte man sich das lieber verkneifen. Vergleichende Werbung ist in Deutschland zwar seit Jahren erlaubt. Die hohen Anforderungen des Gesetzes gegen unlauteren Wettbewerb sind z.B. bei Twitter jedoch kaum zu erfüllen. Daher kann man hier lediglich zu einem Vorgehen nach dem Grundsatz »Weniger ist mehr « raten.

VI. Das gilt für die Haftung

1. Hafte ich für meinen Facebook-Account?

Einfacher Fall: Ein Dritter postet an meine Pinnwand bei Facebook beleidigende Inhalte oder obszöne Fotos von einem anderen. Hafte ich dafür? Klare Antwort: Ab Kenntnis ja!

Festzuhalten ist, dass die Haftung eines Facebook-Nutzers als Host-Provider immer dann in Betracht kommt, wenn dieser seine **Pflichten verletzt** hat. Bei dem Beispiel mit dem obszönen Bild dürfte das immer der Fall sein, wenn eine Löschung nach dem Hinweis darauf nicht unverzüglich erfolgt.

Bei streitigen Tatsachenbehauptungen muss man so vorgehen:

- Regelmäßig ist zunächst die Beanstandung des Betroffenen an den für den Pinnwandeintrag Verantwortlichen zur Stellungnahme weiterzuleiten.

- Bleibt eine Stellungnahme innerhalb einer nach den Umständen angemessenen Frist aus, ist von der Berechtigung der Beanstandung auszugehen und der beanstandete Eintrag zu löschen.
- Stellt der für den Pinnwandeintrag Verantwortliche die Berechtigung der Beanstandung mit werthaltigen Argumenten in Abrede und ergeben sich deshalb berechtigte Zweifel, ist der Provider grundsätzlich gehalten, dem Betroffenen dies mitzuteilen und gegebenenfalls Nachweise zu verlangen, aus denen sich die behauptete Rechtsverletzung ergibt.
- Bleibt eine Stellungnahme des Betroffenen aus oder legt er gegebenenfalls erforderliche Nachweise nicht vor, ist eine weitere Prüfung nicht notwendig.
- Ergibt sich aus der Stellungnahme des Betroffenen oder den vorgelegten Belegen auch unter Berücksichtigung einer etwaigen Äußerung des für den Eintrag Verantwortlichen eine rechtswidrige Verletzung des Persönlichkeitsrechts, ist der beanstandete Eintrag ebenfalls zu löschen.

In den meisten Fällen sollte und wird man auf entsprechenden Zuruf **einfach löschen.**

2. Partyalarm – wer haftet für Facebook-Einladungen?

Spätestens seitdem die Geburtstagsfeier einer fünfzehnjährigen Schülerin in Hamburg trotz Absage der Veranstaltung wegen des gewaltigen Ansturms von über 1500 Facebook-Teilnehmern völlig aus dem Ruder lief, warnen auch Politiker immer mit der immensen Haftung als Veranstalter solcher offener Facebook-Partys.

Bei Facebook-Partys handelt es sich um Treffen mit völlig unterschiedlichem Hintergrund oder Zweck, zu denen im Internet mittels eines sozialen Netzwerks wie Facebook oder StudiVZ aufgerufen wird. Meistens vergisst der Verantwortliche hierbei den Besucherkreis auf seine Freunde einzuschränken und macht die Party versehentlich öffentlich.

Natürlich haftet jeder einzelne Verantwortliche für etwaig verursachte Schäden. Naturgemäß ist es aber um einiges verlockender und einfacher, einen Verantwortlichen insgesamt für Schäden, Kosten von Polizei und Abfallentsorgung verantwortlich zu machen.

Abgesehen davon, dass in den meisten Fällen der Verantwortliche alles andere als sofort erkennbar ist, kann eine solche Haftung unter Umständen durchaus in Betracht kommen.

In den Polizeigesetzen der Länder ist vorgesehen, dass grundsätzlich nur derjenige in Anspruch genommen werden kann, der durch seine eigene Handlung, durch seinen Zustand oder deshalb, weil er für eine Sache verantwortlich ist, eine Gefahr verursacht. Wenn der Einladende vorwerfbar die Ursache dafür schafft, dass andere durch ihre Handlung ihrerseits einen Schaden verursachen, kommt eine Haftung als Zweckveranlasser zumindest theoretisch in Betracht.

Ein entsprechender Vorsatz wird nur schwer nachzuweisen sein. Und ob eine Kostenpflicht auch begründet werden kann, wenn die Einladungen in einer großen Masse nur versehentlich ausgesprochen worden sind, ist sicher eine Betrachtung des Einzelfalls. Neben den Kosten für einen Polizeieinsatz kommen auch die der Müllbeseitigung oder konkreter Beschädigungen an Nachbargrundstücken o. Ä. in Betracht. Entsprechende Urteile hierzu gibt es allerdings noch nicht.

In jedem Fall bleibt es neben einer möglichen Einstandspflicht des Einladenden immer bei einer **Haftung des unmittelbaren Schädigers**. Beide haften als sogenannte Gesamtschuldner. Das bedeutet, der Geschädigte kann sich denjenigen aussuchen, der eher in der Lage ist, den Schaden zu begleichen. Sollte sich ein Geschädigter erfolgreich gegen den Veranstalter einer solchen Party durchsetzen, kommt in dem Fall auch noch ein Erstattungsanspruch gegen den eigentlichen Verursacher in Betracht. Sofern er denn konkret bekannt ist.

VII. So wehren Sie sich – Abmahnung, einstweilige Verfügung und Strafanzeige

Es gibt kaum ein größeres und missverstandeneres »Schreckgespenst« im Internet als die Abmahnung.

Sie wird nicht nur häufig missverstanden, sondern leider immer noch häufig als Instrumentarium missbraucht. So drängen sich leider immer wieder Abmahnvereine, »Kasse machende« Rechtsanwälte oder Serienabmahner ins Rampenlicht.

Es gibt diese Fälle des Abmahnmissbrauchs. Dabei handelt es sich aber um eine verschwindende Minderheit und lediglich »schwarze Schafe«. Zudem haben sehr viele Abmahnungen lediglich den Anschein, rechtsmissbräuchlich zu sein. Sie sind es aber gerade nicht!

Die Abmahnung ist in ihrer Rechtsnatur sicher eine vernünftige Sache. Richtigerweise sollte sie als Hilfe, als »Gelbe Karte« oder als (zweite) Chance, sich angemessen im Rechtsverkehr zu verhalten, verstanden werden. Nämlich um eine gerichtliche Auseinandersetzung zu vermeiden.

Gleichzeitig ist die Abmahnung aber durchaus auch ein probates Mittel, möglicherweise ohne die Bemühung von Gerichten selbst zu seinem Recht zu kommen und unzulässige Inhalte aus dem Internet entfernen zu lassen.

1. Warum werden Sie wegen sozialer Netzwerke abgemahnt?

In der Regel werden Sie abgemahnt, weil Sie aus Sicht Ihres Gegenübers etwas falsch gemacht haben. Sei es durch die unberechtigte Übernahme von Texten und Bildern. Oder sei es wie zumeist im Social Web wegen der **Verbreitung falscher Tatsachenbehauptungen oder Beleidigungen.** Möglich ist aber auch hier etwa ein Wettbewerbsverstoß wegen falscher Belehrung von Verbrauchern oder unzulässiger Werbung.

2. Was ist eine Abmahnung?

Eine Abmahnung erkennt man grundsätzlich daran, dass jemand einem anderen einen Rechtsverstoß vorwirft und ihn unter Fristsetzung zur Abgabe einer sogenannten Unterlassungs- und Verpflichtungserklärung sowie häufig zur Übernahme der ihm entstandenen Kosten auffordert. Der Begriff »Abmahnung« muss hierbei in solchen Schreiben gar nicht ausdrücklich vorkommen.

Das richtige Verhalten unmittelbar nach Erhalt einer Abmahnung ist sehr wichtig. So manche hektische Löschaktion oder Kontaktaufnahme beim gegnerischen Rechtsanwalt war in der Vergangenheit nur mit unverhältnismäßigem Aufwand wieder geradezurücken. In jedem Fall gilt es, **Ruhe zu bewahren** und sich die konkrete Situation zunächst einmal bewusst zu machen.

3. Welche Folgen hat die Abmahnung?

Zunächst soll eine Abmahnung vordergründig eine gerichtliche Auseinandersetzung vermeiden, indem man dem Verletzer die Möglichkeit einräumt, eine außergerichtliche Streitbeilegung zu schaffen.

Die Abmahnung ist zwar keine Voraussetzung für eine gerichtliche Geltendmachung der Unterlassungsansprüche. Der Antrag auf Erlass einer einstweiligen Verfügung ist auch ohne eine Abmahnung möglich. Der Antragsteller riskiert aber in diesem Fall durch ein sofortiges Anerkenntnis des Verletzenden und den Hinweis, diese habe keinen Anlass zu gerichtlichen Maßnahmen gegeben, trotz einer erfolgreichen einstweiligen Verfügung auf den Kosten des Verfahrens sitzen zu bleiben.

Schon aus diesem Grund wird in den meisten Fällen vor der Beantragung einer einstweiligen Verfügung oder auch einer Unterlassungsklage zuvor abgemahnt.

Die Erfahrung lehrt zudem, dass die ganz überwiegende Anzahl der Auseinandersetzungen vorgerichtlich erledigt werden können.

Eine berechtigte Abmahnung hat neben dem klaren Warnsignal einer möglichen gerichtlichen Auseinandersetzung gleichzeitig zur Folge, dass der berechtigt Abgemahnte gegenüber dem Abmahnenden die im Zusammenhang mit der Abmahnung entstandenen **Kosten zu ersetzen** hat.

Der Verletzer hat bei entsprechender Berechtigung dem zum Beispiel öffentlich Diskreditierten oder Beleidigten zumindest dessen Rechtsanwaltskosten zu ersetzen. Sofern sie denn erforderlich waren und in ihrer Höhe angemessen angesetzt wurden.

4. So reagieren Sie richtig auf eine Abmahnung

Beim Erhalt einer Abmahnung sollte man niemals überreagieren oder diese ignorieren. Man sollte sich die Abmahnung immer in Ruhe ein paar Mal durchlesen. In der Regel wird einem eine Frist zum Tätigwerden gesetzt, die man durchaus bis zum Ende ausnutzen kann.

Tipp:
Löschen Sie niemals die angeblich unzulässigen Bilder sofort oder nehmen die vermeintlich beleidigenden Inhalte sofort aus dem Netz. Gerade die Bewertung und Unterscheidung zwischen Meinungsäußerung und Tatsachenbehauptung auf der einen Seite und die Abgrenzung zwischen Meinungsäußerung und Schmähkritik auf der anderen Seite sollten Sie im Zweifelsfall einem Fachmann und / oder einem Fachanwalt für IT-Recht oder gewerblichen Rechtsschutz überlassen.

Legen Sie die Abmahnung aber niemals unberücksichtigt einfach nur in die Schublade! Die »Vogel-Strauß-Taktik« bringt nichts! So laufen Sie Gefahr, nach Fristablauf eine einstweilige Verfügung zu »kassieren«, wodurch der Ärger und die damit verbundenen Kosten nur unnötig steigen.

Dennoch bringt es in der Regel nichts, dem Abmahnenden oder gegnerischen Rechtsanwalt lediglich einen Brief zu schreiben und zu erklären, das gerügte Verhalten in Zukunft nicht mehr vorzunehmen und / oder das persönliche Foto oder die Äußerung bereits gelöscht zu haben. Hiermit räumt man den Verstoß als solchen nur ein und ein solches Schreiben mit bloßen Absichtserklärungen für die Zukunft hat juristisch keinerlei weitere Bedeutung.

5. Unterlassungs- und Verpflichtungserklärung

Einer Abmahnung liegt zumeist – aber keinesfalls immer – eine sogenannte Unterlassungs- und Verpflichtungserklärung bei.

Wenn tatsächlich Unterlassungsansprüche bestehen, ist nur eine strafbewehrte Unterlassungserklärung geeignet, der Angelegenheit insgesamt wesentlich ihre Bedeutung zu entziehen. Strafbewehrt bedeutet, dass die Erklärung auch eine Vertragsstrafe beinhalten muss. Sonst ist die Unterlassungserklärung das Papier nicht wert, auf dem sie steht. Anders ausgedrückt, die Erklärung muss »ernsthaft« sein.

Zwingend erforderlich ist, dass die sogenannte **Wiederholungsgefahr ausgeräumt** wird. Eine solche wird nach einer Erstbegehung vermutet. Das heißt, wenn der Abmahner einen einzigen Verstoß nachweisen kann, muss er befürchten, dass sich ein solches Verhalten fortsetzt bzw. wiederholt.

Wichtig ist, dass der Strafbetrag objektiv geeignet ist, den konkreten Verletzer in Zukunft von weiteren solchen Verstößen auch tatsächlich abzuhalten. Hier dürften mehrere Tausend Euro die absolute Untergrenze sein und je nach konkretem Verletzer, insbesondere bei mittleren und größeren Unternehmen, sind auch Beträge von € 10 000,– oder gar € 15 000,– Vertragsstrafe möglich und nötig. Üblich ist eine Vertragsstrafe in Höhe von € 5 001,–.

6. Die Übernahme der Kosten der Abmahnung

Der abgemahnte Verletzer, also derjenige, der einen anderen etwa bei Facebook oder StudiVZ beleidigt oder bei Twitter einen die Persönlichkeitsrechte verletzenden Schnappschuss veröffentlicht hat, hat dem Verletzten bei entsprechender Berechtigung zur Abmahnung dessen **Schaden zu ersetzen.** Hierzu gehören insbesondere auch dessen Rechtsverteidigungskosten.

Dennoch ist es grundsätzlich innerhalb der Unterlassungs- und Verpflichtungserklärung zur Ausräumung der Wiederholungsgefahr **keinesfalls**

zwingend erforderlich, auch gleichzeitig zu erklären, die entstandenen Rechtsanwaltsgebühren zu bezahlen.

Weigert sich der Abgemahnte die gegnerischen Rechtsanwaltskosten zu übernehmen, muss er aber damit rechnen, dafür gesondert gerichtlich in Anspruch genommen zu werden.

Auch wenn durch Abgabe der strafbewehrten Unterlassungs- und Verpflichtungserklärung die Wiederholungsgefahr ausgeräumt ist und damit der Unterlassungsanspruch aus der Welt geschafft wurde. Sie erledigt für sich genommen den zusätzlich bestehenden Kostenerstattungsanspruch nicht.

Im Rahmen einer anschließenden Honorarklage läuft der Abgemahnte dann zwar Gefahr, die hierfür entstandenen (wenn auch wesentlich geringeren) Gerichtskosten zusätzlich tragen zu müssen. Die klagende Partei aber muss den gesamten Rechtsverstoß und damit auch die Berechtigung der Abmahnung als solche vollständig darlegen und begründen. Die Praxis zeigt, dass es häufig genug dazu nicht mehr kommt.

Während bei einer Unterlassungsklage oder einstweiligen Verfügung gerade im Zusammenhang mit dem Internet regelmäßig hohe Streitwerte angesetzt werden und hierdurch auch hohe weitere Kosten entstehen, geht es in Honorarklagen »nur« noch um den im Verhältnis zum ursprünglichen Streitwert vergleichsweise geringen Kostenerstattungsanspruch für Rechtsanwaltsgebühren.

7. Richtiges Verhalten vor und nach Abgabe einer Unterlassungs- und Verpflichtungserklärung

Wenn man sich zur Abgabe einer strafbewehrten Unterlassungs- und Verpflichtungserklärung durchringt, muss man unbedingt vorher sicherstellen, dass der gerügte Verstoß zum Zeitpunkt der Abgabe der Unterlassungs- und Verpflichtungserklärung bereits **im Internet nicht mehr abrufbar** ist.

Gleichzeitig sollte man sich in Zukunft davon fernhalten, das gleiche Bild wieder einzustellen oder die gleiche oder ähnliche Behauptung erneut zu verbreiten, wenn man nicht unweigerlich und sofort dem Gegenüber die versprochene Vertragsstrafe zukommen lassen möchte.

In einem solchen Wiederholungsfall riskiert der Verletzer zudem eine erneute Abmahnung mit Kostentragungspflicht. Die so schön ausgeräumte Wiederholungsgefahr lebt durch einen erneuten Verstoß wieder auf. Der Rechteinhaber hat dann Anspruch auf eine neue mit einer deutlich höheren Vertragsstrafe abzugebenden Unterlassungs- und Verpflichtungserklärung.

8. Wehren Sie sich richtig gegen unberechtigte Abmahnungen!

Es gibt durchaus Fälle, bei denen, sei es nun vorsätzlich oder aufgrund einer falschen Rechtsauslegung, der Abmahnende überhaupt kein Recht für sich beanspruchen kann, insbesondere keinen seiner geltend gemachten Unterlassungs- und Schadensersatzansprüche.

Beispiel:
Es ist ohne Weiteres zulässig, beweisbare und wahre Tatsachenbehauptungen zu veröffentlichen oder eigene Fotos unter bestimmten Umständen zu veröffentlichen. Auch die Verwendung fremder Marken in berichtenden Beiträgen oder Produktbeschreibungen kann ohne Weiteres zulässig sein.

In diesem Fall sollte man die Sache keineswegs auf sich beruhen lassen. Zuerst ist über eine sogenannte **Gegenabmahnung** nachzudenken, indem man die Gegenseite zunächst über die tatsächliche Sach- und Rechtslage aufklärt und ihr wiederum unter entsprechender Fristsetzung Gelegenheit gibt, von den angeblichen Unterlassungs- und Schadensersatzansprüchen Abstand zu nehmen. Unter besonderen Umständen kann man die Kosten der Gegenabmahnung dem anderen gleich mit auferlegen.

Reagiert der ursprüngliche Abmahner hierauf nicht angemessen, steht der Rechtsweg einer sogenannten negativen Feststellungsklage offen. Hier stellt man bei Gericht den Antrag, verbindlich festzustellen, dass dem ursprünglichen Angreifer die angeblichen Ansprüche tatsächlich nicht zustehen. So lässt sich eine endgültige Regelung des Sachverhaltes schaffen. Man muss sich also nicht ewig Sorgen darüber machen, ob man im Recht war oder nicht.

Gleichzeitig kann es in ganz besonderen Einzelfällen sinnvoll sein, durch einen Rechtsanwalt eine sogenannte **Schutzschrift** beim zuständigen Gericht zu hinterlegen. Die kann deshalb erforderlich sein, weil einstweilige Verfügungen auf Antrag unter Umständen ohne mündliche Verhandlung ergehen können.

Eine Abmahnung, aber auch eine einstweilige Verfügung und Hauptsacheklage sind nicht nur Dinge, deren man sich erwehren muss, sondern die man auch für seine eigene Rechtswahrnehmung nutzen kann.

9. Beweissicherung bei Verletzung Ihrer Rechte

Natürlich kann es auch sein, dass Ihre Rechte im Social Web mit Füßen getreten werden. Als Ansprechpartner bei etwaigen Rechtsverletzungen stehen einem Betroffenen sowohl der eigentliche Verursacher als auch der Portalbetreiber zur Verfügung. In jedem Fall steht zunächst eine gute Beweissicherung an. Hier lautet das Zauberwort schlicht »**Screenshot**« (= Bildschirmausdruck).

Mit der »Druck«-Taste lässt sich die aktuelle Bildschirmausgabe in die Zwischenablage kopieren und mit einem einfachen »Strg-V« oder rechte Maustaste und »Einfügen« in jede mögliche Anwendung kopieren.

Screenshots geben den Internetinhalt besonders plastisch und auch für den vielleicht nicht so Internet-erfahrenen Richter nachvollziehbar wieder. Gerade im Social Web sind Verstöße oft genauso rasch wieder weg, wie sie gekommen sind. Deshalb sollte man unbedingt entsprechende Screenshots oder echte Ausdrucke von den fraglichen Internetseiten machen.

10. Kann ich auch selbst abmahnen?

Selbstverständlich ist es die professionellere Herangehensweise, sich eines Rechtsbeistandes zu bedienen und nicht selbst an das Gegenüber heranzutreten. Das eine schließt das andere aber nicht zwingend aus. So sollte je nach Grad der Verletzungshandlung oder Beleidigung durchaus zunächst dem Verursacher unter einer bewusst **kurz gehaltenen Fristsetzung** von nur wenigen Tagen Gelegenheit gegeben werden, die Sache ohne die Hinzuziehung eines kostenauslösenden Rechtsanwaltes aus der Welt zu schaffen.

Beispiel:
Wenn ein Urlaubsbild von Ihnen veröffentlicht wurde, das Sie nicht bei Facebook im Internet haben wollen, ist es sicher sinnvoll, den Einsteller zunächst persönlich darum zu bitten, das Bild zu löschen. Man kann sich parallel auch an Facebook selbst wenden. Bei nicht angemessener Reaktion muss man dann unverzüglich den Anwalt seines Vertrauens hinzuziehen.

Hier sollte man im Auge behalten, dass eine **einstweilige Verfügung bestenfalls innerhalb von vier Wochen ab Kenntniserlangung** beantragt werden kann und vorher noch eine Abmahnung mit angemessener Fristsetzung erfolgen sollte.

Ist es für ein solches Eilverfahren zu spät, steht dem Betroffenen auch eine »ganz normale« Unterlassungsklage offen. In der anders als im einstweiligen Verfügungsverfahren dann auch gleich eventuelle Schadensersatz- oder Auskunftsansprüche neben der bloßen Unterlassung mit geltend gemacht werden können.

In der Rechtspraxis hat sich für die typischen internetrechtlichen Verstöße aber ganz klar das einstweilige Verfügungsverfahren durchgesetzt. Nicht nur das Internet selbst ist schnell. Auch das Bedürfnis nach schnellen Regelungen ist groß und so müssen auch juristische Maßnahmen und Entscheidungen rasch ergriffen und erwirkt werden.

11. Strafanzeige zum Schutz eigener Rechte

Bei bestimmten, besonders krassen Verstößen, wie etwa einer vorsätzlichen Urheberrechtsverletzung, bei schweren Beleidigungen, aber auch besonders deutlichen Fällen eines Verstoßes gegen das Gesetz gegen den unlauteren Wettbewerb, kommen auch Straftatbestände in Betracht.

Tipp:
Hier können Sie mittels Strafanzeige bei der zuständigen Staatsanwaltschaft oder Ihrer örtlichen Polizeidienststelle ein entsprechendes Ermittlungsverfahren gegen den Verletzer einleiten.

In der Praxis wird auch oft zunächst eine Strafanzeige gestellt werden müssen, um den **eigentlichen Verursacher herauszufinden.** Dem Betroffenen gegenüber teilen die Portalbetreiber in den seltensten Fällen auf Zuruf mit, wer sich unter »cyberbarbie73« oder »FC-Kalle« verbirgt, den Strafermittlungsbehörden aber schon.

A

So vermeiden Sie Fehler im Umgang mit Telefon- und Internet-Anbietern

I. Bevor Sie sich für einen Provider entscheiden

1. Wählen Sie den passenden Internetanschluss

→ Komplettvertrag, Providervertrag oder Internet via TV-Kabel?

Bevor Sie sich für einen Internetanbieter entscheiden, sollten Sie sich darüber informieren, welche rechtlichen Konsequenzen mit der **jeweiligen Vertragsgestaltung** verbunden sind. Je nach Variante müssen Sie bei **verschiedenen Stellen reklamieren,** wenn es Ärger mit dem Anbieter gibt. Es spricht aber nichts gegen mehrere Vertragspartner, wenn es für Sie günstig ist. Achten Sie darauf, dass die Vertragslaufzeiten der verschiedenen Verträge gleichzeitig beginnen (z. B. Anschluss- und Tarifvertrag).

Beispiel:

- Bei vielen Angeboten ist der Internetzugang mit einem Festnetz-Telefonanschluss kombiniert (sogenannter **Vollanschluss**). Bei Vollanschlüssen haben Sie es nur mit **einem Vertragspartner** zu tun.
- Bei sogenannten »**Resale**«-**Anschlüssen** bietet Ihnen der Provider nur den DSL-Anschluss, für den aber noch ein Telefonanschluss bei der Deutschen Telekom AG notwendig ist. Hier stehen Ihnen **zwei Vertragspartner** gegenüber.
- Breitband-Internet über Kabelanschluss ist einem DSL-Anschluss gleichwertig. Auch hier gibt es Komplettverträge mit **einem Vertragspartner.**
- Für standortunabhängiges deutschlandweites Surfen per **Mobilfunknetz** bieten Netzbetreiber Pauschaltarife. Sie haben in der Regel ebenfalls **einen Vertragspartner.**

→ Ist DSL bei Ihnen verfügbar?

Einen Überblick darüber, in welchen Gemeinden mit welchen Techniken ein Zugang zum Breitbandinternet möglich ist, gibt der **Breitbandatlas des Bundeswirtschaftsministeriums,** den Sie im Internet unter www.zukunft-breitband.de finden. Auf ihren Internetseiten informieren die Anbieter zudem über die konkrete **Verfügbarkeit.**

Welche **Geschwindigkeit an Ihrem Wohnort tatsächlich möglich** ist, hängt von der Entfernung Ihres Wohnorts zur nächsten Vermittlungsstelle ab. Die **Verfügbarkeitsabfragen** der Anbieter sind hierfür nicht unbedingt zuverlässig. Denn sie liefern **nur Richtwerte** zur erreichbaren Geschwindigkeit des Breitbandanschlusses.

Tipp:
Verlassen Sie sich deshalb nicht auf Verfügbarkeitsabfragen. Erkundigen Sie sich beim Anbieter nach der tatsächlich realisierbaren Geschwindigkeit, um sich vor bösen Überraschungen zu schützen (z. B. stellt sich die DSL-Leistung als zu langsam heraus; → Abschn. IV 2).

2. Achten Sie auf die anfallenden Kosten

Bei Vollanschlüssen mit Flatrate für Internet und Telefon bezahlen Sie einen Komplettpreis. Wählen Sie hingegen keinen Anschluss »aus einer Hand«, bezahlen Sie neben den **Grundgebühren** für Ihren Telefon- und Internetanschluss die **Kosten für den gewählten Tarif.**

Die Rechnung erhalten Sie beim Vollanschluss von einem Anbieter, bei getrennten Anschlüssen von verschiedenen Anbietern.

Surfen Sie selten im Internet, kann sich ein volumen- oder minutenbasierter Tarif für Sie lohnen. Eine **Flatrate,** also ein Pauschalpreis für die Internetnutzung, ist vorteilhafter, wenn Sie häufig online sind und einen DSL-Highspeed-Anschluss gewählt haben. Den **günstigsten Anbieter** ermitteln Sie am besten anhand eines **Online-Tarifrechners** (z. B. www.tarifrechner.de).

Lesen Sie vor dem Vertragsschluss unbedingt das Kleingedruckte durch, ob dort weitere Kosten versteckt sind. Das kann Ihren Anschluss oder die Nutzung des Internets nämlich erheblich verteuern.

Beispiel:
Achten Sie auf die Höhe einmaliger Anschlussgebühren. Wird die erforderliche Hardware (z. B. Modem, Splitter) kostenlos bereitgestellt? Fallen Versandkosten an? Wie hoch sind die Kosten für den optionalen Installationsservice?

3. Wenn Sie den »Richtigen« gefunden haben

Bestellen Sie Ihren DSL-Vertrag im Internet, wird Ihnen bereits einige Minuten später per E-Mail der Eingang Ihrer Bestellung bestätigt. Dies ist aber noch nicht die Bestätigung des Vertragsschlusses. Rechtlich bindet sich der Anbieter nämlich erst, wenn er Ihren **Auftrag ausdrücklich schriftlich bestätigt,** Ihnen die **Hardware** (z.B. Modem) **sendet** oder mit Ihnen einen **Termin vereinbart,** um den Internetzugang einzurichten. Als Kunde sind Sie jedoch an Ihr Angebot zum Vertragsschluss gebunden. Unter bestimmten Umständen können Sie den Vertrag allerdings widerrufen (→Abschn. V 1).

Weicht die Auftragsbestätigung von Ihrer Bestellung ab (z.B. anderer Tarif, geringere Bandbreite), gilt dies als Ablehnung Ihrer Bestellung und als neues Angebot des Anbieters. **Widersprechen** Sie deshalb unbedingt **schriftlich** dieser Änderung, wenn Sie damit nicht einverstanden sind. Andernfalls akzeptieren Sie die neuen Bedingungen, wenn Sie beispielsweise die gelieferte Hardware installieren und den Internetzugang nutzen.

Unseriöse Anbieter **unterstellten bislang** häufig Ihr **Einverständnis,** wenn Sie Ihnen im Rahmen eines unerwünschten Werbeanrufs einen Anbieterwechsel vorschlugen, um dann den Wechsel auch sofort ohne Ihr Zutun auf den Weg zu bringen. Als Opfer eines »**kalten Werbeanrufs**« war es trotz der Ausschöpfung aller möglichen Rechtsmittel oft sehr mühsam und langwierig, den unterstellten Vertragsschluss wieder rückgängig zu machen.

Neuerdings sind Sie **vor untergeschobenen Verträgen besser geschützt.** Sie können solche Verträge auch dann noch widerrufen, wenn der neue Anbieter schon damit begonnen hat, den DSL-Anschluss bei Ihnen einzurichten. Außerdem darf Ihr alter Vertrag nur von dem neuen Anbieter gekündigt werden, wenn die Kündigung des Vertrags oder eine Vollmacht zur Kündigung in Textform (d.h. per E-Mail oder Fax) vorliegt (→Abschn. V 1).

In den AGB und Leistungsbeschreibungen der Anbieter sind häufig wichtige Informationen versteckt, die Sie kennen sollten, ehe Sie den Vertrag unterschreiben.

Beispiel:
Sie bestellen DSL 16.000. Laut der Leistungsbeschreibung braucht Ihnen der Anbieter aber nur 6.340 kbit / s bereitzustellen (→Abschn. IV.2).

II. Das gilt für den Tarif- oder den Anbieterwechsel

→ Wenn es um einen Tarifwechsel geht

Sie möchten von einem Minutentarif zu einer Flatrate wechseln oder benötigen für die Internetnutzung anstatt der bestellten Bandbreite von 6.000 kbit/s nunmehr 16.000 kbit/s. Grundsätzlich gilt: Vertrag ist Vertrag! Sie haben **keinen Rechtsanspruch** auf einen **Tarifwechsel.** Die meisten DSL-Anbieter lassen sich aber auf Vertragsänderungen ein – wenn auch zu unterschiedlichen Bedingungen. Da jeder Anbieter seine eigene Geschäftspolitik hat, sollten Sie sich vor Vertragsschluss über die Möglichkeiten eines Tarifwechsels erkundigen.

Beispiel:
Der Wechsel zu einem **teureren Tarif** ist in der Regel kein Problem. Der Wechsel zu einem **günstigeren Tarif** kommt hingegen meist erst zum Ende der Laufzeit des Vertrages in Betracht, oder die Anbieter knüpfen den Wechsel an eine neue Mindestvertragslaufzeit von 24 Monaten.

Gelegentlich **bieten** die **Provider** Ihren Kunden von sich aus einen **Tarifwechsel an.** Empfiehlt der Anbieter ausdrücklich einen Tarifwechsel zu höheren Bandbreiten, ohne dass dies tatsächlich technisch möglich ist, liegt eine sogenannte Schlechtleistung vor. Hier dürfen Sie nach vorheriger Fristsetzung den Vertrag außerordentlich kündigen oder können ihn wegen arglistiger Täuschung anfechten (→ Abschn. V 1).

→ Wenn Sie den Anbieter wechseln möchten

Haben Sie sich für einen neuen Anbieter entschieden, sollten Sie sich für das Ausfüllen des Bestellformulars ausreichend Zeit nehmen. Für einen reibungslosen Ablauf des Anbieterwechsels ist Ihre **Mithilfe** nötig. Denn der Wechsel folgt hinter den Kulissen komplizierten Spielregeln. Halten Sie daher die »richtige« Reihenfolge ein. Orientieren Sie sich dabei an folgender **Checkliste:**

- Überprüfen Sie die Laufzeiten und Kündigungsfristen Ihres alten Vertrages. Geben Sie als **frühesten Wechseltermin** den Zeitpunkt an, zu dem Ihr alter Vertrag endet.
- **Kalkulieren Sie Wartezeiten ein.** Relativ sicher ist, wer schon ca. zwei Monate vor Ablauf des alten Vertrages den neuen DSL-Anschluss zum Wechseltermin in Auftrag gibt.
- **Lassen Sie die Kündigung des alten Vertrages über den neuen DSL-Anbieter laufen,** wenn er Ihnen dies anbietet. Eigene Kündigungen

gefährden den Ablauf beim Anbieterwechsel, da zwischen altem und neuem Anbieter Termine abzustimmen sind. Die Kündigungserklärung ist meist bereits im Antragsformular des neuen Anbieters enthalten. Sie muss auch dann in Textform (etwa per E-Mail oder Fax) vorliegen, wenn Sie den Anbieterwechsel über Telefon oder Internet vollziehen.

- **Füllen** Sie das **Vertragsformular** des neuen Anbieters **sehr sorgfältig** aus. Achten Sie unbedingt darauf, dass Sie dem neuen und dem alten Anbieter **identische Daten** zu Ihrem Namen, Ihrer Adresse und dem gewünschten Anschlussort gegeben haben.
- Geben Sie **sämtliche Telefonnummern** an, die Sie zum neuen Anbieter **mitnehmen** möchten (→ Kapitel A 10).

III. Wenn der Anbieter eine »lange Leitung« hat

1. Wer hat den »Schwarzen Peter« bei Verzögerungen?

Haben Sie sich an den Ablauf gehalten (→ Abschn. II), ist es unerheblich, wer die Verantwortung für den immer noch nicht funktionierenden DSL-Anschluss trägt: **Ihr Ansprechpartner ist stets der neue Anbieter** – selbst wenn dieser den »Schwarzen Peter« an die Deutsche Telekom weitergeben möchte. Denn diese besitzt fast alle Anschlussleitungen in die Privathaushalte, sodass der neue Anbieter sich mit der Telekom abstimmen muss.

Der neue Anbieter ist letztlich dafür verantwortlich, dass der Vertrag erfüllt wird – auch wenn er sich hierbei der Deutschen Telekom oder Mitarbeitern anderer Firmen bedient. Diese sind nur seine sogenannten »Erfüllungsgehilfen«.

2. Wie können Sie Druck machen?

→ Reklamieren Sie nur schriftlich und gegenüber dem neuen Anbieter!

Bleibt die Mitteilung eines verbindlichen Termins für die Frei- oder Umschaltung Ihres bestellten DSL-Anschlusses aus, versetzt Sie der Techniker oder wird die Leitung trotz Ankündigung nicht freigeschaltet, **müssen Sie aktiv werden.**

Bringen Sie Ihre Beschwerden aber **keinesfalls telefonisch** bei der Hotline des Anbieters an. Im Streitfall lässt sich ein solcher Anruf nicht beweisen. Reklamieren Sie daher **immer schriftlich!** Geeignet sind hierfür E-Mails mit Eingangsbestätigung durch den Empfänger oder ein Telefax mit Sendebericht. Am sichersten ist ein Einschreiben mit Rückschein, auch wenn es die teuerste Variante ist.

Sofern Sie es doch mit einer **Hotline** zu tun haben, **notieren** Sie zu Beweiszwecken unbedingt den **Namen** Ihres Gesprächspartners, **Datum** und **Uhrzeit** des Anrufs.

Hilfestellung bei der Auseinandersetzung mit dem Provider bieten Ihnen auch die Verbraucherzentralen. Ist Ihre Leitung bereits »tot«, hilft meist nur noch die Einschaltung eines auf Telekommunikationsrecht spezialisierten Rechtsanwalts, der Ihre Rechte gerichtlich per einstweiliger Verfügung durchsetzen muss.

➔ Fristsetzung, Rücktritt vom Vertrag und Schadensersatz

Gehen Sie hierbei auf Nummer sicher und setzen Sie den Anbieter zunächst schriftlich »in Verzug«. Geben Sie ihm letztmalig die Chance, den DSL-Anschluss bereitzustellen und setzen Sie ihm hierfür **eine Frist von ca. drei Wochen.** Drohen Sie ihm dabei gleichzeitig an, ohne weitere Ankündigung vom **Vertrag zurückzutreten,** wenn nach Ablauf der Frist Telefon oder Internet immer noch nicht funktionieren sollten.

Verstreicht auch diese Frist, haben Sie das Recht, **vom Vertrag zurückzutreten.** Hat sich der Anbieter zwischenzeitlich gemeldet und steht die Bereitstellung des Anschlusses tatsächlich kurz bevor, können Sie selbstverständlich auch von einem Vertragsrücktritt absehen.

Läuft die Nachfrist ergebnislos ab, können Sie für den Ihnen durch die »anschlusslose Zeit« entstandenen Schaden **Ersatz verlangen** (z. B. Kosten für Handytelefonate, die bei pünktlicher Bereitstellung über das Festnetz geführt worden wären).

Schadensersatz gibt es aber nur, wenn allein der Anbieter für die Verzögerung verantwortlich ist. Trifft Sie ein **Mitverschulden** (z. B. haben Sie nicht ganz korrekte Angaben im Bestellformular gemacht), gehen Sie leer aus.

Tipp:
Bewahren Sie Quittungen und Rechnungen auf! So können Sie Ihren Schaden nachweisen. Fehlen Ihnen Belege, können Sie auch versuchen, eine Pauschalsumme mit dem Anbieter auszuhandeln.

IV. Endlich »freigeschaltet«, aber weiterhin Ärger

1. Mangelhafte Hardware

Ist ein **Gerät, das für das Funktionieren des Internetzugangs notwendig** ist, mangelhaft (z. B. defektes DSL-Modem), gehen Sie wie oben beschrieben vor (→ Abschn. III 2).

Sind lediglich **zusätzlich bestellte Geräte** defekt, wie ein WLAN-Router für den Aufbau eines hausinternen Netzwerks, kommt ein Rücktritt vom DSL-Vertrag grundsätzlich nicht in Betracht. Mangelhafte Ware reklamieren Sie nach den Regeln der gesetzlichen Gewährleistungsrechte (→ Kapitel A 1).

2. Technische und andere Verbindungsprobleme

→ Wenn Telefon und Internet nicht funktionieren

Fällt **gelegentlich** der Internetzugang aus oder können Sie zeitweilig nicht telefonieren, müssen Sie solche technischen Störungen hinnehmen. Nur bei **dauerhaften** oder **häufigen kleinen Störungen** liegt ein wichtiger Grund für eine außerordentliche Vertragskündigung vor (§ 314 BGB; vgl. Abschn. V 1).

Tipp:
Notieren Sie Datum und Dauer der Ausfallzeiten. Schreiben Sie sich auf, wann genau Sie beispielsweise der Hotline den Fehler gemeldet haben. Darüber hinaus sollten Sie aber immer schriftlich reklamieren (→ Abschn. III 2).

Auch hier müssen Sie den Anbieter zunächst schriftlich unter Fristsetzung auffordern, den Fehler zu beheben. Je dringender Sie auf einen funktionierenden Internet- oder Telefonanschluss angewiesen sind, desto kürzer die Frist. Maximal müssen Sie drei Wochen akzeptieren.

→ Wenn die DSL-Leitung zu langsam ist

Ihr DSL ist eine »lahme Ente« – trotz bestellter DSL16.000? Kein seltenes Problem in der Praxis. Da die **tatsächliche Übertragungsrate** aber erst nach Freischaltung der DSL-Leitung exakt feststellbar ist, versuchen die Anbieter sich vor rechtlichen Konsequenzen zu schützen und schränken deshalb ihre Werbeaussagen ein: Es heißt nicht »DSL mit 16.000 kbit/s«, sondern »**bis zu 16.000 kbit/s**«.

Dabei ist rechtlich **umstritten,** ob die **beworbenen Übertragungsraten** in den AGB oder Leistungsbeschreibungen **beschränkt werden dürfen.** Es könnte sich hierbei um eine unzulässige Leistungsänderung handeln (z. B. eine Minimalgarantie von 384 kbit/s bei einem mit »bis zu 16.000 kbit/s« beworbenen DSL-Anschluss). Urteile hierzu existieren aber noch nicht.

Um zu prüfen, welche Leistung bei Ihnen ankommt, können Sie im Internet einen **kostenlosen DSL-Speedtest** machen (z. B. bei www.wieistmeineip.de).

→ Wenn die garantierte Bandbreite unterschritten wird

Kommt bei Ihnen weniger Übertragungsgeschwindigkeit als **vertraglich garantiert** an und liegt dies nicht an Ihren Endgeräten, handelt es sich um eine Schlechtleistung. Sie müssen dann zunächst dem Anbieter Gelegenheit geben, den Fehler zu beheben. Setzen Sie ihm hierfür eine Frist von ca. drei Wochen. Verstreicht die Frist erfolglos, können Sie den Vertrag außerordentlich kündigen – am besten per Einschreiben mit Rückschein (→ Abschn. V 1).

Empfiehlt Ihnen der Anbieter ausdrücklich einen Tarifwechsel zu höheren Bandbreiten und Sie lassen sich deshalb auf einen neuen 24-Monats-Vertrag ein, können Sie diesen Vertrag auch **wegen arglistiger Täuschung** gemäß § 123 BGB **anfechten,** wenn Sie tatsächlich nicht mehr Leistung als vor dem Tarifwechsel erhalten.

Tipp:
Bevor Sie kündigen, prüfen Sie, ob ein Wechsel zu einem günstigeren Tarif mit einer niedrigeren Bandbreite vorteilhafter wäre. Geht der Anbieter hierauf nicht ein, können Sie den Vertrag immer noch außerordentlich kündigen.

→ Wenn die beworbene Bandbreite nicht erreicht wird

Bei Verträgen mit beispielsweise »bis zu 16.000 kbit/s (Downstream)« gilt **nicht nur die Höchstübertragungsrate als vertragsgemäß.** Auch geringere Bandbreiten reichen daher aus, den Vertrag zu erfüllen. Grund: Die Anbieter können den Datentransfer außerhalb ihres Wirkungsbereichs kaum beeinflussen. Unter welchen Bedingungen die beim Kunden ankommende Geschwindigkeit noch als eine vertragsgemäße Leistung oder bereits als Schlechtleistung gilt, wurde bislang von der **Rechtsprechung** noch **nicht entschieden.**

Die **Verbraucherzentralen** argumentieren, dass bei gestaffelten DSL-Angeboten von beispielsweise 1.000, 2.000, 6.000 und 16.000 kbit/s wenigstens eine Übertragungsrate geliefert werden muss, die oberhalb der Bandbreite der nächstgeringeren Vertragsvariante liegt. Und bei DSL16.000 sollte die Leistung erheblich über 6.000 kbit/s liegen.

Fazit: Sie müssen sich auf eine schwierige Auseinandersetzung mit dem Anbieter einstellen, wenn Sie wegen geringerer als beworbener Bandbreite den Vertrag außerordentlich kündigen möchten.

V. Wenn es um die Vertragsbeendigung geht

1. Sie wollen aus einem Providervertrag aussteigen

→ Können Sie den Vertrag widerrufen?

Hier kommt es darauf an, wo bzw. wie Sie den Vertrag abgeschlossen haben:

- Haben Sie Ihren Vertrag zu Hause im Rahmen eines Vertreterbesuchs geschlossen, können Sie dieses **(Haustür-)Geschäft** mit einer Frist von 14 Tagen widerrufen. Die Widerrufsfrist beginnt mit dem Vertragsschluss.
- Haben Sie den Internetanschluss am Telefon, im Internet oder per Brief geschlossen, gilt dies als **Fernabsatzvertrag,** den Sie widerrufen dürfen. Über Ihr Widerrufsrecht müssen Sie in **Textform** (etwa per E-Mail oder Fax) informiert werden. Die **Widerrufsfrist** beträgt 14 Tage und beginnt erst, wenn Sie über Ihr Widerrufsrecht in Textform belehrt wurden (z. B. gedruckt auf dem Auftragsformular, per E-Mail oder per Brief). Beim Vertragsschluss am Telefon verlängert sich die Widerrufsfrist sogar auf einen Monat – ab ordnungsgemäßer Widerrufsbelehrung und Erfüllung anderer Informationspflichten des Anbieters (z. B. über die Identität des Unternehmers sowie über wesentliche Merkmale der Dienstleistung).

  Wurden Sie **ordnungsgemäß belehrt,** müssen Sie allerdings unbedingt die Widerrufsfrist einhalten. **Folge:** Die bis zum Zeitpunkt des Widerrufs vom Anbieter erbrachte Leistung müssen Sie nur dann bezahlen, wenn er Sie vor Vertragsschluss auf diese Pflicht hingewiesen hat und Sie ausdrücklich zugestimmt haben, dass der Anbieter vor Ende der Widerrufsfrist bereits mit der Dienstleistung beginnt.

  Wurden Sie **nicht** über Ihr Widerrufsrecht **belehrt,** dürfen Sie den Vertrag widerrufen, solange der Vertrag noch läuft (z. B. bis zum Ablauf der 24-monatigen Laufzeit Ihres Vertrags). Der Vertrag wird damit rückwirkend beendet.

  Beispiel: Aufgrund einer Telefonwerbung wechseln Sie zu einem vermeintlich günstigeren Anbieter und binden sich für ein Jahr. Weder während des Telefonats noch später werden Sie über Ihr Widerrufsrecht noch über die Verpflichtung, im Falle des Widerrufs für bis dahin erbrachte Leistungen zahlen zu müssen, informiert. Sie telefonieren zunächst munter mit dem neuen Tarif. Anhand der ersten beiden Rechnungen stellen Sie jedoch fest, dass der neue Tarif Sie teurer kommt als der alte Tarif. Sie können nunmehr den neuen Providervertrag widerrufen und müssen auch die beiden Monatsrechnungen nicht begleichen.

→ Wann ist eine ordentliche Kündigung zulässig?

Sie können den Vertrag **nur zum Ende der Mindestvertragslaufzeit** (in der Regel 24 Monate) kündigen. Dabei müssen Sie die **Kündigungsfrist** einhalten, die nicht länger als drei Monate zum Ende der Mindestlaufzeit sein darf. **Aufgepasst:** Verpassen Sie die Frist, verlängert sich der Vertrag automatisch – maximal um ein Jahr!

Tipp:
Kündigen Sie immer schriftlich und versenden Sie die Kündigung am besten per Einschreiben mit Rückschein, um die fristgerechte Kündigung nachweisen zu können.

→ Wann dürfen Sie den Vertrag fristlos kündigen?

Kurzfristig können Sie nur aus dem Vertrag aussteigen, wenn Sie dazu einen **wichtigen Grund** haben (§ 314 BGB). Dieser kann etwa in einer dauerhaften Störung des Internetzugangs liegen oder darin, dass die zugesicherte Übertragungsgeschwindigkeit nicht erreicht wird (→ Abschn. IV 2). Auf jeden Fall müssen Sie dem Anbieter vor Ausspruch der Kündigung noch eine letzte Frist setzen, um den Problemen abzuhelfen. Verstreicht diese ergebnislos, steht Ihrer Kündigung nichts entgegen.

→ Was gilt bei Umzug?

Haben Sie einen langfristigen DSL-Vertrag abgeschlossen und profitieren dabei von günstigen Gebühren und suventionierter Hardware (z. B. Router, WLAN-Stick), ist ein Umzug **kein wichtiger Grund** zur vorzeitigen Vertragsauflösung. Das gilt auch dann, wenn Ihr Provider am **neuen Wohnort keinen DSL-Anschluss** bereitstellen kann.

Das Risiko, einen längerfristigen Dienstleistungsvertrag aus persönlichen Gründen (z. B. wechseln Sie aus beruflichen Gründen den Wohnort oder ziehen Sie mit jemanden zusammen) nicht mehr nutzen zu können, tragen Sie als Kunde allein. Sie müssen bis zum Ende der Vertragslaufzeit die monatliche Grundgebühr bezahlen.

Tipp:
Wollen Sie mehr Flexibilität, sollten Sie einen DSL-Vertrag ohne Mindestlaufzeit oder Extras wählen (z. B. kein kostenlose Hardware). Achten Sie deshalb auf Verträge mit kürzerer Laufzeit oder kürzeren Kündigungsfristen. Ein etwas teureren DSL-Vertrag kann hier günstiger kommen.

Einige Provider bieten Umzugsformulare an. Nutzen Sie diese, wird meist ihr alter Vertrag vorzeitig aufgelöst und am neuen Wohnort ein Vertrag mit **neuer Mindestlaufzeit von 24 Monaten** geschlossen.

Tipp:
Lassen Sie sich nur darauf ein, wenn dabei ein besserer Tarif für Sie rausspringt. Bestehen Sie ansonsten auf der alten, schon begonnenen Vertragslaufzeit. Lässt Ihr Anbieter sich nicht darauf ein, rechnen Sie genau nach, ob es nicht günstiger ist, am Umzugsort einen günstigeren Anbieter zu wählen und für den alten Vertrag bis zum nächstmöglichen Kündigungstermin die Grundgebühr zu zahlen.

2. Wenn der Provider den Vertrag beenden möchte

Dann muss er ebenso wie Sie die Vertragslaufzeiten und die Kündigungsfristen beachten. Außerordentlich kann er nur kündigen, wenn Sie ihm hierfür einen wichtigen Grund gegeben haben (z. B. nutzen Sie eine Flatrate für einen privaten Anschluss für gewerbliche Zwecke oder sind mit mehr als zwei Monatsraten in Zahlungsverzug).

Mobilfunkvertrag: Aufgepasst bei Vertrags- und Gebührenfallen!

I. In der Regel zwei Verträge: Handy und Karte

Oft wird der Abschluss eines Mobilfunkvertrages gleichzeitig mit dem Kauf eines Handys verbunden. Rechtlich betrachtet schließen Sie dann **zwei unterschiedliche Verträge** ab, die **nebeneinander bestehen:**

- den **Kaufvertrag über das Handy.** Alle Rechtsfragen hierzu richten sich nach den Vorschriften des BGB (→ Kapitel A 1).
- den **Mobilfunkvertrag.** Für ihn sind die rechtlichen Rahmenbedingungen im **Telekommunikationsgesetz** (TKG) geregelt.

Haben Sie den **Mobilfunkvertrag unterzeichnet,** händigt der Mobilfunkanbieter Ihnen die sogenannte »**SIM-Karte**« aus. Besteht Streit darüber, ob die Karte tatsächlich ausgehändigt wurde, trifft die Beweislast den Mobilfunkanbieter. Sie können natürlich auch **nur eine SIM-Karte kaufen,** also den Mobilfunkvertrag ohne Handy abschließen.

II. Vertrags- oder Kartenhandy – Sie haben die Wahl!

1. Sie entscheiden sich für ein Vertragshandy

→ Drum prüfe, wer sich lange bindet ...

Entscheiden Sie sich, ein Vertragshandy zu erwerben, schließen Sie mit dem Mobilfunkanbieter einen sogenannten **Laufzeitvertrag** ab, meist über 24 Monate. Längere **Mindestlaufzeiten** sind unzulässig. Vertragshandys sind vom Mobilfunkanbieter »subventioniert«, das heißt, der Anbieter übernimmt einen großen Teil der Kosten für das Gerät. Weil Sie einen längerfristigen Vertrag abschließen, rechnet sich das für ihn.

In der Regel wird **vor Vertragsschluss Ihre Bonität** (das heißt: Ihre Zahlungsfähigkeit) mit einer Anfrage bei einer Wirtschaftsauskunftei (z. B. Schufa-Auskunft) überprüft, mit der Sie sich bei Vertragsschluss einverstanden erklären müssen. Aber auch **während der Vertragslaufzeit** werden Daten – mit Ihrem Einverständnis – über nicht vertragsgemäßes Verhalten oder über die Sperrung oder Beendigung des Vertrages an verschiedene Wirtschafts-Auskunfteien übermittelt.

Tipp:
Wenn Ihr minderjähriges Kind – ohne Altersprüfung des Mobilfunkanbieters – den Vertrag ohne Ihre Einwilligung abgeschlossen hat, können Sie als Eltern den Vertrag rückgängig machen. **Verweigern Sie nachträglich Ihre Genehmigung,** bleibt der Anbieter auf der Rechnung sitzen.

→ Erst telefonieren, dann zahlen!

Die **Telefongebühren** werden Ihnen bei einem Laufzeitvertrag – wie beim Festnetz – **erst nachträglich in Rechnung** gestellt. Monatliche Grundgebühren müssen Sie allerdings im Voraus zahlen.

Wenn Sie die Rechnung mindestens fünf Werktage vor der Abbuchung prüfen können, darf der Mobilfunkanbieter von Ihnen eine **Einzugsermächtigung** zur Abbuchung der angefallenen Kosten verlangen.

2. Sie entscheiden sich für ein Prepaid-Handy

→ Erst zahlen, dann telefonieren!

Bei einem Handy mit einer Prepaid-Karte können Sie nur auf **Guthabenbasis** telefonieren. Ist es verbraucht, müssen Sie es erst wieder aufladen. Ein Prepaid-Handy schützt Sie so vor überraschend hohen Mobilfunkrechnungen.

Prepaid-Handys haben aber oft eine sogenannte SIM-Lock-Sperre. Das heißt, dass das Handy für zwei Jahre nur mit der gekauften SIM-Karte funktioniert. **Nach Ablauf der Mindestfrist** können Sie Ihr Handy **kostenfrei entsperren** lassen. Dazu erhalten Sie in der Regel per E-Mail einen Entsperr-Code vom Netzbetreiber. **Achtung:** Geben Sie die Daten sorgfältig ein, denn nach mehreren Fehleingaben wird Ihr Handy für immer gesperrt.

Auch einen Prepaid-Vertrag kann Ihr Sprössling ohne Ihre Einwilligung erst **ab 18 Jahren** abschließen. Das **Guthaben aufladen** können Minderjährige allerdings **ohne elterliches Einverständnis** mit ihrem **Taschengeld** (→ Kapitel B 1).

→ Restguthaben auf Prepaid-Karten verfallen nicht!

Denn Klauseln im »Kleingedruckten«, nach denen **Prepaid-Guthaben verfallen,** weil sie nicht innerhalb einer bestimmten Frist aufgeladen wurden oder weil der Vertrag gekündigt wurde, sind **ungültig.**

III. Was gilt, wenn es beim Mobiltelefonieren hapert?

1. Das Handy hat einen technischen Defekt

Ist der Akku Ihres Handys defekt oder treten Störungen auf dem Display auf, reklamieren Sie den Mangel bei dem Händler, bei dem Sie das Handy gekauft haben. Dabei ist es wichtig, den »**richtigen Vertragspartner**« zu kennen:

Beispiel:

- Einen Mobilfunkvertrag können Sie direkt mit einem der vier **Betreiber der Mobilfunknetze** (T-Mobile, Vodafone, O2 und E-Plus) abschließen. Er wird dann Ihr Vertragspartner.
- Oder Sie entscheiden sich für einen der **Serviceprovider** (z. B. debitel, freenet). Ihr Vertragspartner ist in dem Fall der Serviceprovider.
- Bei **Discounter-Tarifen** handelt es sich hingegen nur um Kooperationen der Netzbetreiber mit branchenfremden Partnern. Sie schließen dann den Vertrag mit O2 oder E-Plus, auch wenn das Ganze »tchibofonieren« oder »Aldi-Talk« heißt.

Sie haben zwei Jahre Anspruch auf **Nacherfüllung,** das heißt auf Reparatur oder Lieferung eines neuen Handys. Schlägt die Nacherfüllung 2-mal fehl, können Sie die **Minderung** des Kaufpreises verlangen oder vom Vertrag **zurücktreten** (→ Kapitel A 1). **Beachten Sie:** Der **Mobilfunkvertrag** ist rechtlich unabhängig vom Kaufvertrag über das Handy, er **läuft trotz mangelhaftem Handy weiter.** Denn die SIM-Karte funktioniert auch mit anderen Handys.

Tipp:
Ein Rücktritt vom Vertrag ist meist nicht sinnvoll, wenn Sie günstig ein subventioniertes Handy erhalten haben. Die Kaufpreiserstattung reicht in der Regel nicht für den Kauf eines neuen Hersteller-Handys aus. Bestehen Sie daher auf einem neuen Gerät, wenn das alte defekt ist.

2. Fehlende oder unzureichende Gebrauchsanweisung

Grundsätzlich stellt eine fehlende oder unzureichende deutschsprachige Gebrauchsanweisung einen **Mangel** dar. **Aber:** Bevor Sie in die juristische Offensive gehen, sollten Sie Bedienungsfragen zunächst im Gespräch mit dem Verkäufer klären oder einen Blick ins Internet werfen. Dort finden sich viele Handy-Gebrauchsanweisungen zum Herunterladen (z. B. über die Homepage der jeweiligen Hersteller) und Foren, in denen Nutzer ihre Erfahrungen austauschen. Kann der Verkäufer nicht weiterhelfen oder Ihnen keine fehlerfreie Gebrauchsanweisung zur Verfügung stellen, haben Sie aber das Recht, vom **Vertrag zurückzutreten.**

3. Was gilt bei »Branding«?

Wenn eigentlich frei programmierbare Tasten Ihres Handys bereits fest mit anderen Funktionen belegt sind, spricht man von »**Branding.**« Beliebt ist die Voreinstellung mit dem Online-Angebot des Netzbetreibers. Das kann aber rasch zur **Kostenfalle** werden. Denn oft genügt ein Tastendruck, um beispielsweise den Internetzugang ohne jeden zusätzlichen Hinweis zu aktivieren.

Hätten Sie anhand der Werbung oder Produktinformation die Umprogrammierung erkennen können, müssen Sie sich mit dem »gebrandeten« Handy als vertragsgemäße Leistung zufriedengeben. Werden Sie aber hierüber im Unklaren gelassen, stellt Branding einen **Mangel** dar. Denn so wird der vom Hersteller vorgesehene Funktionsumfang des Handys eingeschränkt.

Wegen der **Kosten,** die durch Ihr **versehentliches Tippen** auf die gebrandete Taste entstehen, müssen Sie sich mit dem **Netzbetreiber** auseinandersetzen. Schildern Sie den Sachverhalt, verweigern Sie die Zahlung der entsprechenden Rechnungsposten und berufen Sie sich auf einen **Erklärungsirrtum** (§ 119 Abs. 1 BGB).

Im Internet werden entsprechende Utensilien zum Löschen der Netzbetreiber-Software angeboten (sogenanntes »Flashen«). Einige Firmen erledigen das De-Branding auch gegen Entgelt für Sie. **Aber Vorsicht:** Ihnen droht beim **De-Branding** der Verlust von Gewährleistungs- und Garantieansprüchen.

4. Netzlücken – der Teilnehmer ist leider nicht erreichbar

Wenn es **Versorgungslücken** im jeweiligen Mobilfunknetz gibt (z. B. gibt es an Ihrem Wohnort keinen Netzempfang oder wird eine Mobilfunkantenne stillgelegt), bleibt der Mobilfunkvertrag wirksam. **Aufgepasst:** Der Mobilfunkanbieter muss Sie auch **nicht** vor Vertragsschluss auf etwaige Versorgungslücken **hinweisen.** Es gilt als allgemein bekannt, dass Mobilfunk nicht lückenlos gewährleistet werden kann.

Tipp:
Lassen Sie sich **vor Vertragsschluss** vom Anbieter oder Verkäufer **schriftlich zusagen,** dass im gewünschten Gebiet Netzempfang besteht. Haben Sie trotz Zusage keinen Empfang, sind Sie berechtigt, den Vertrag fristlos zu kündigen.

IV. Was gilt bei Vertragsänderungen?

Ein Tarifwechsel ist **meist möglich.** Einige Anbieter verlangen aber, dass Sie sich dann für eine neue **feste Laufzeit binden** oder berechnen Ihnen eine **Bearbeitungsgebühr.** Lässt der Anbieter hingegen grundsätzlich keinen Tarifwechsel zu, bleibt Ihnen nur die Kündigung zum Ende der vereinbarten Laufzeit.

Tarifänderungen müssen Sie nur dann akzeptieren, wenn sie sich zu Ihren Gunsten auswirken! **Ändert** der Mobilfunkanbieter den Tarif aber **zu Ihren Ungunsten,** muss er Sie vorher über seine Pläne **informieren** und Ihnen schriftlich ein **Widerspruchsrecht** einräumen. **Widersprechen** Sie der Tarifänderung, dürfen Sie den Vertrag fristlos kündigen oder die Fortgeltung des alten Tarifs verlangen. Im letzteren Fall müssen Sie aber damit rechnen, dass der Anbieter den Vertrag zum Ablauf der Vertragslaufzeit kündigt.

V. Was gilt für die Beendigung des Vertrages?

1. Für Mobilfunkkunden: Widerruf oder Kündigung

→ Wann können Sie widerrufen?

Nur bei Bestellungen per Katalog, Telefon oder Internet haben Sie 14 Tage Zeit, den (Fernabsatz-)Vertrag zu widerrufen (→ Kapitel A 2). Die 14-tägige Widerrufsfrist läuft erst, nachdem Sie **ordnungsgemäß über Ihr Recht zum Widerruf belehrt** wurden und nicht, bevor die Bestellung bei Ihnen eingegangen ist.

Aufgepasst: Während der Widerrufsfrist dürfen Sie zu **Testzwecken** das Handy auf seine Eignung überprüfen (z. B. darf die SIM-Karte zu Testzwecken aktiviert werden). Ein Anruf oder eine SMS führen nicht zum Verlust des Widerrufsrechts.

Widerrufen Sie anschließend, müssen Sie die SMS oder den Anruf nur bezahlen, wenn Sie vor Vertragsschluss hierauf hingewiesen wurden und Sie dem zugestimmt haben. Widerrufen Sie den Vertrag, so werden beide Verträge – Kaufvertrag und Mobilfunkvertrag – aufgehoben. Die Kosten für die Rücksendung des Handys müssen Sie in der Regel nur übernehmen, wenn Sie darauf vorher ausdrücklich hingewiesen wurden.

→ Ordentliche Kündigung – welche Fristen gelten?

Ihren **Prepaid-Vertrag** können Sie **jederzeit** – meist mit einer Frist von einem Monat – **beenden.** Prüfen Sie die Frist in Ihren AGB! Haben Sie auf Ihrer Karte noch ein Guthaben, muss Ihnen dies ausgezahlt werden (→ Abschn. II 2).

Ihren **Laufzeitvertrag** hingegen können Sie grundsätzlich erst zum **Ende der Vertragslaufzeit kündigen.** Beachten Sie die vertraglich vereinbarte **Kündigungsfrist** im »Kleingedruckten«, die aber **nicht länger als drei Monate** zum Ende der Mindestlaufzeit sein darf. **Verpassen** Sie die Frist, **verlängert** sich der Vertrag automatisch um maximal ein Jahr!

Tipp:
Übergeben Sie die Kündigung am besten persönlich im Geschäft des Anbieters und lassen Sie sich den Empfang schriftlich bestätigen oder wählen Sie ein Einschreiben mit Rückschein, damit Sie im Streitfall die fristgerechte Kündigung nachweisen können.

→ Können Sie einen Mobilfunkvertrag außerordentlich kündigen?

Ausnahmsweise ja, wenn hierfür ein »**wichtiger Grund**« vorliegt. Der wichtige Grund muss im **Verantwortungsbereich des Anbieters** liegen. Außerdem muss der Grund schon mehrfach aufgetreten sein oder es muss nach dem bisherigen Verlauf der Vertragsbeziehung damit zu rechnen sein, dass er wieder auftritt.

Beispiel:
- Mehrfache falsche Abrechnung (z. B. wird das versprochene Startguthaben bereits in der zweiten Rechnung nicht mehr fortgeschrieben).
- Über mehrere Monate hinweg nicht behebbare Störungen, sodass teilweise weder telefoniert noch gesimst werden konnte.
- Der Anbieter verletzt vorsätzlich oder grob fahrlässig seine gesetzlichen Pflichten (z. B. legt er trotz Wunsch des Kunden keinen Einzelverbindungsnachweis vor).

Auch wenn Ihr **Tarif erhöht** wird **oder** sich **Leistungen zu Ihren Ungunsten ändern** (→ Abschn. IV), können Sie den Vertrag zum Zeitpunkt des Inkrafttretens der Änderung außerordentlich kündigen.

Aber: Haben Sie den Grund zu verantworten, aufgrund dessen Sie sich schnell vom Vertrag lösen möchten, dürfen Sie nicht fristlos kündigen. Etwa wenn Sie Ihr **Handy verlieren** oder es Ihnen **gestohlen** wird (→ Abschn. VI).

➔ Darf Sie die Vertragsbeendigung etwas kosten?

Eindeutig **nein.** Für die Stilllegung des Mobilfunkanschlusses dürfen keine Gebühren verlangt werden. Sogenannte »**Deaktivierungsgebühren**« sind unzulässig. Auch Ihr Handy müssen Sie nicht zurückgeben.

➔ Ist die Rufnummernmitnahme beim Anbieterwechsel möglich?

Ja. Hierauf haben Sie sowohl bei Prepaid- als auch bei Laufzeitverträgen einen **Rechtsanspruch** (§ 46 TKG). Dies gilt aber nicht bei Vertragsänderungen ohne Wechsel des Anbieters (z. B. Wechsel vom Laufzeit- zum Prepaid-Vertrag). Die Rufnummernmitnahme steht dann allein im Ermessen des Anbieters.

Für die Rufnummernmitnahme dürfen Ihnen sogenannte »**Portierungskosten**« in Rechnung gestellt werden. Diese betragen je nach Anbieter bis zu € 30,–.

Tipp:
Damit auch alles reibungslos klappt, müssen Sie Ihren alten Vertrag kündigen und beim neuen Anbieter **spätestens 31 Tage nach Vertragsschluss** die Übernahme Ihrer alten Rufnummer beantragen.
Weiterhin müssen Ihre **Kundendaten** beim alten und neuen Anbieter **identisch** sein. Ziehen Sie beispielsweise um, sollten Sie deshalb vor der Kündigung Ihres Vertrages beim alten Anbieter Ihre Daten aktualisieren lassen.

2. Für Mobilfunkanbieter: Kündigung und Anschlusssperre

Möchte der Anbieter Ihren Vertrag nicht mehr zu den alten Konditionen verlängern, muss er ihn zum Ende der Laufzeit **ordentlich kündigen** und dabei die Kündigungsfristen beachten.

Außerordentlich kündigen kann Ihnen der Anbieter hingegen nur, wenn Sie ihm hierfür einen **wichtigen Grund** gegeben haben, der ihm die Fortsetzung des Vertrages unzumutbar macht, und den Sie zu verantworten haben. Prüfen Sie die AGB Ihres Anbieters. Dort werden in der Regel Beispiele für »wichtige Gründe« aufgeführt.

Beachten Sie dabei: Eine Klausel, die den Anbieter bei jedwedem Zahlungsverzug zur außerordentlichen Kündigung berechtigt, ist **unwirksam.**

Ist ein Anbieter zur außerordentlichen Kündigung des Mobilfunkvertrages berechtigt, kann er zudem **Schadensersatz** von Ihnen verlangen und als entgangenen Gewinn den Betrag fordern, den Sie bis zum Ende der Vertragslaufzeit in jedem Fall an ihn hätten zahlen müssen.

Um Ihnen eine letzte Chance einzuräumen, sich vertragsgemäß zu verhalten, kann der Anbieter Ihnen **androhen,** im ersten Schritt Ihren Anschluss zu sperren und im zweiten, den Vertrag fristlos zu kündigen, wenn Sie die Störung nicht beseitigen (z. B. die ausstehenden Gebühren bezahlen).

Eine **Handysperre** kommt aber nicht in Betracht, wenn Sie mit verhältnismäßig kleinen Beträgen beim Anbieter in der Kreide stehen (z. B. ist eine Klausel im Kleingedruckten unzulässig, wonach bereits ab einem Zahlungsrückstand von € 15,50 das Handy gesperrt werden kann). § 45 k TKG, der beim Festnetz erst bei Rückständen ab € 75,– die Sperre eines Telefonanschlusses erlaubt, ist auf Mobilfunkverträge entsprechend anzuwenden.

VI. Was gilt, wenn Ihr Handy weg ist?

Wird Ihnen Ihr Handy gestohlen oder kommt es sonst abhanden, sollten Sie **umgehend** Ihre **Mobilfunkkarte sperren lassen!** Wenden Sie sich telefonisch oder per Fax an die **Servicehotline Ihres Mobilfunkanbieters.**

Tipp:
Notieren Sie folgende Angaben, um den Kartenverlust zu melden: Handyrufnummer, SIM-Kartennummer, Kundennummer oder Kundenkennwort. Notieren Sie sich auch die Gerätenummer (sogenannte **IMEI-Nummer**) Ihres Handys, die durch Drücken der Tasten *#06# im Handydisplay erscheint.

Die **Sperrkosten** müssen Sie übernehmen. Sie betragen je nach Anbieter bis zu € 12,50. Taucht das Handy nicht wieder auf, steht Ihnen eine **Ersatzkarte** zu, die allerdings durchschnittlich € 20,– kostet.

Telefonieren Dritte **bis zur Sperre** auf Ihre Kosten, müssen Sie die bis dahin entstehenden **Telefonkosten tragen.** Haben Sie den Diebstahl nicht fahrlässig ermöglicht, darf der Anbieter das Missbrauchsrisiko aber nicht voll auf Sie abwälzen. Bei den meisten Anbietern ist die Haftung daher **auf € 50,– begrenzt,** wenn Sie Ihre Karte unmittelbar, nachdem Sie den Verlust bemerkt haben, sperren lassen. **Nach der Sperrmeldung** haften Sie dann nicht mehr.

VII. Wenn ein Tastendruck teuer wird

1. Premium-SMS: Besonders gefährlich für Jugendliche!

→ Was sind Premium-SMS?

Premium-SMS sind **Mehrwertdienste für Handynutzer,** wie beispielsweise Klingeltöne, Flirtlines oder Sport-News. Diese Dienste können Sie mit einer 5-stelligen Kurzwahlnummer per SMS bestellen. Sie werden dann per SMS auf Ihr Handy geschickt, was Sie zwischen € 0,29 und € 4,99 pro SMS kostet.

Tipp:
Erinnern Sie sich nicht, Premium-SMS bestellt zu haben, sollten Sie die **Zahlung verweigern.** Denn jetzt muss der **Mobilfunkanbieter** anhand eines Einzelverbindungsnachweises **beweisen,** dass Sie tatsächlich Premium-SMS-Nummern angewählt haben. Kann er dies nicht, brauchen Sie nicht zu zahlen.

→ Berufen Sie sich auf die neuen Verbraucherschutzregelungen!

Um der Missbrauchsgefahr durch Premium-SMS vorzubeugen, enthält das TKG einige Schutzvorschriften für Kunden:

- In der Werbung muss der **Preis** für Premium-SMS deutlich genannt werden.
- Wenn die **Premium-SMS mehr als € 2,–** kostet, muss der Kunde vor Erhalt der SMS zunächst eine Zwischennachricht mit Preisangabe erhalten und diese dann per SMS bestätigen.
- Bei Abonnements muss **vor Vertragsschluss** deutlich über Vertrag, Preis, Abrechnungszeitraum und Zahl der Kurznachrichten informiert werden. Sofern der Kunde den Erhalt dieser **Informationen** nicht ausdrücklich **bestätigt,** kommt kein Vertrag zustande.
- Für per SMS abgeschlossene Abo-Verträge besteht ein **besonderes gesetzliches Kündigungsrecht.** Der Kunde kann das Abo grundsätzlich mit einer Frist von einer Woche gegenüber dem Anbieter bis zum Ende eines Abrechnungszeitraums kündigen. Dieser darf höchstens einen Monat betragen. **Ausnahme:** Sie können jederzeit und ohne Einhaltung einer Frist ein SMS-Abonnement kündigen, sofern dieses »ereignisbasiert« ist. Darunter fallen Dienste mit aktuellen Meldungen wie beispielsweise Aktienkurse, Fußballergebnisse oder Newsticker.
- Überschreitet ein Abo die monatlichen Kosten von € 20,–, kann der Kunde verlangen, dass er hierauf mit einer **kostenlosen Warn-SMS** hinge-

wiesen wird. Unterbleibt der Hinweis, muss der Kunde den Mehrbetrag nicht bezahlen.

Reklamieren Sie Verstöße gegen die Schutzvorschriften, und holen Sie sich Unterstützung im Streit mit dem Anbieter bei den Verbraucherzentralen oder der Bundesnetzagentur (www.bundesnetzagentur.de).

→ Kostenfalle: Abonnementvertrag

Zur Kostenfalle können **SMS-Abonnements** werden – insbesondere für **Jugendliche.** So wird häufig in Jugendzeitschriften für Klingeltöne, Logos und SMS-Bilder im Abo zum Preis von € 8,– pro Monat geworben, wobei die Laufzeit des Vertrages ein Jahr beträgt. Wie Sie von einem solchen SMS-Abo schnell wieder Abstand nehmen können, erfahren Sie im vorigen Abschnitt. Beachten Sie hierzu die Hinweise auf die besonderen gesetzlichen Kündigungsrechte bei Kurzwahldiensten.

Für Eltern **minderjähriger Kinder** gilt noch vor der Kündigung: Sie können den Abo-Vertrag rückgängig machen, indem Sie **nachträglich Ihre Genehmigung verweigern.** Das gilt sowohl für den Fall, dass Sie Ihrem Kind Ihr eigenes **Vertragshandy** zur Verfügung stellen und damit ein Klingelton-Abo abgeschlossen wird, als auch für den Fall, dass dem Kind ein **Prepaid-Handy** zur Nutzung überlassen wurde.

Aber: Handelt es **sich nicht um ein Abo,** sondern um einzeln bestellte Klingeltöne oder die Teilnahme an einem SMS-Chat, sind solche SMS vom »**Taschengeldparagrafen**« gedeckt (§ 110 BGB). Das bedeutet: Haben Sie Ihrem Kind ein Handy zur Verfügung gestellt, so müssen Sie heutzutage auch damit rechnen, dass das Taschengeld für Premium-SMS verwendet wird.

Tipp:
Um größeren Schaden zu verhindern, sollten Sie Ihrem minderjährigen Kind nur ein Handy mit **Prepaid-Vertrag kaufen** (→ Abschn. II 2).

→ Kostenfalle: »SMS-Chats«

Bei sogenannten Flirtlines entwickeln sich SMS-Chats, ein direkter Kontakt wird aber nicht hergestellt. Wird **vorgegaukelt,** Kontakte zu anderen Partnersuchenden herzustellen, obwohl in Wirklichkeit bezahlte Mitarbeiter in Callcentern arbeiten, ist dies **unlautere Werbung.** Gleichzeitig liegt auch eine **arglistige Täuschung** vor, die Betroffene zur Anfechtung **des Vertrages berechtigt** (§ 123 BGB).

Den Vertrag anfechten können Sie auch, wenn Sie über den **Preis getäuscht** werden oder der **Preis verschleiert** wird. Der Preis muss entweder direkt nach der Aufforderung zur Antwort genannt werden, oder zu Beginn der SMS muss auf die am Ende stehende Preisinformation hingewiesen werden.

Tipp:
Sind Sie getäuscht worden, **fechten** Sie den Vertrag **wegen arglistiger Täuschung unverzüglich** nach Erhalt der Handyrechnung **an** – am besten per Einschreiben mit Rückschein. Fordern Sie den Anbieter zur Rückzahlung bereits abgebuchter Entgelte für die Premium-SMS auf.

2. Auslandsgespräche: Kostenfalle »Roaming«!

Nutzen Sie Ihr Handy im Ausland, fallen sogenannte **Roaming-Gebühren** an – egal ob Sie selbst telefonieren oder angerufen werden. Diese Gebühren verlangen die Mobilfunkfirmen, wenn sich ein ausländisches Handy in ihr Netz einwählt.

Seit dem 30. 6. 2007 sinken aufgrund einer EU-Verordnung die Roaming-Gebühren in Europa schrittweise. Zudem wurden **Höchstpreise** vorgeschrieben (sogenannter »Eurotarif«).

Beispiel:

- Mobilfunkanbieter dürfen seit dem 1. 7. 2010 für abgehende Gespräche höchstens 46,41 Cent/Minute (inklusive 19 % Mehrwertsteuer) berechnen. Ab 1. 7. 2011 sind es dann nur noch 41,65 Cent/Minute. Für im Ausland angenommene Anrufe liegt die Höchstgrenze seit dem 1. 7. 2010 bei 17,85 Cent/Minute und ab dem 1. 7. 2011 bei 13,09 Cent pro Minute.
- Das Verschicken von Kurznachrichten (SMS) im EU-Ausland kostet seit dem 1. 7. 2009 maximal 13,09 Cent pro SMS.
- Nutzen Sie im europäischen Ausland Datendienste wie beispielsweise Internet per Handy, gilt ab dem 1. 7. 2010 eine maximale Kostenobergrenze von € 59,50, wenn Sie nicht ein höheres Limit vereinbaren. Sind 80 % der Kosten verbraucht, erhalten Sie eine Warn-SMS. Die Verbindung wird nach Überschreiten der Grenze automatisch gekappt, es sei denn, Sie haben zwischenzeitlich eine Weiterführung des Datendienstes mit dem Anbieter vereinbart.

Egal ob Prepaid- oder Vertragskunde, jeder im Ausland mobil telefonierende Kunde hat einen **Anspruch auf den preiswerten Eurotarif.**

Was Eltern minderjähriger Kinder unbedingt wissen sollten

I. Wenn Kinder Verträge schließen

1. Kinder zwischen 0 und 6 Jahren

Kinder, die noch nicht 7 Jahre alt sind, sind nach § 104 Abs. 1 BGB **absolut geschäftsunfähig.** Alle rechtlich bedeutsamen **Erklärungen,** die sie von sich geben, sind **nichtig.** Sie können keinerlei Verträge wirksam abschließen. Daran ändert auch die elterliche Erlaubnis nichts. Kauft Ihr Kind etwas ein, handelt es als Bote, also für Sie.

2. Kinder zwischen 7 und 18 Jahren

Mit dem siebten Geburtstag darf Ihr Kind rechtlich bedeutsame Erklärungen abgeben, für die es aber die Einwilligung von Ihnen als Eltern braucht (§ 106 BGB). Jetzt ist es **beschränkt geschäftsfähig.** Der **Vertrag** ist nicht nichtig, sondern »**schwebend unwirksam**«. Konkret: Als Eltern können Sie Ihre **Genehmigung noch nachträglich** erteilen, um das Geschäft wirksam zu machen. Das geschieht in aller Regel, wenn Sie sich nicht rühren, also stillschweigend verhalten.

Ausnahmen: Der sogenannte **Taschengeldparagraf** (§ 110 BGB) deckt kleinere Geschäfte wie zum Beispiel Zeitschriftenkauf ab. Was Sie als Eltern auch noch darunterfallen lassen wollen, hängt ganz von ihren Erziehungsprinzipien ab. Auf alle Fälle haben Sie das letzte Wort.

Handelt es sich um »größere Sachen«, wie zum Beispiel einen **Grundstückskauf,** reicht selbst die elterliche Genehmigung nicht aus. Hier muss das **Familiengericht** zustimmen. Und sind gar die eigenen Eltern oder die Großeltern daran beteiligt, muss noch ein sogenannter Ergänzungspfleger eingeschaltet werden.

Tipp:
Der **Minderjährigenschutz hat absoluten Vorrang** und darf nicht ausgehöhlt werden. Laden sich zum Beispiel minderjährige Kinder ein Klingelton-Abo runter, wird dieser Vertrag ohne Ihre Zustimmung nicht wirksam. Der Taschengeldparagraf reicht hier nicht. Dem Anbieter stehen auch keine Schadensersatzansprüche zu, selbst wenn ihn das Kind über sein wahres Alter getäuscht hat.

3. Ab 18 Jahren

Mit Eintritt der Volljährigkeit, also ab dem 18. Geburtstag, wird Ihr Kind **voll geschäftsfähig.** Es nimmt wie jeder andere Erwachsene am Rechtsverkehr teil, das heißt, es muss für alles persönlich geradestehen. **Aber:** Ein **Geschäft, das aus der Zeit der Minderjährigkeit herrührt** und noch schwebend unwirksam ist, wird **nicht mit Eintritt der Volljährigkeit automatisch wirksam.** Der Neu-Erwachsene kann sich aber selbst die Genehmigung erteilen (§ 108 Abs. 3 BGB).

II. Wenn Kinder Schäden verursachen

1. In welchem Umfang haften Kinder?

Dass minderjährige Kinder erhebliche Schäden verursachen können, zeigt schon der tägliche Blick in die Zeitung. Vom Großbrand bis zum folgenschweren Verkehrsunfall durch unachtsames Verhalten ist da alles vertreten. Ob die lieben Kleinen für die Schäden auch aufkommen müssen, hängt von ihrer Verantwortlichkeit ab. Und diese hängt wiederum vom Alter ab. Wie die **Haftung in den einzelnen Altersstufen** geregelt ist, ergibt sich aus § 828 BGB:

➔ Kinder unter sieben Jahren

In dieser Altersklasse gilt der Grundsatz: »Denn sie wissen nicht, was sie tun«. Egal, was sie angestellt haben, sie werden für nichts verantwortlich gemacht. Nur besonders reiche Kinder müssen »aus Billigkeitsgründen« den von ihnen angerichteten Schaden finanziell wiedergutmachen. Man spricht hier von dem »Millionärsparagrafen« (§ 829 BGB).

Besteht eine private Haftpflichtversicherung im Hintergrund, reicht das nicht, die Haftung zu bejahen.

➔ Kinder zwischen sieben und 18 Jahren

Wenn Kinder sieben Jahre alt werden, haften sie entsprechend ihrer Einsichtsfähigkeit. Lässt sich Einsichtsfähigkeit feststellen, kann ein Minderjähriger für den Schaden **in voller Höhe persönlich haftbar** gemacht werden, wenn dem Geschädigten kein Mitverschulden anzulasten ist. Dass Kinder in der Regel vermögenslos sind, spielt keine Rolle. Denn aus einem rechtskräftigen Gerichtsurteil kann 30 Jahre lang vollstreckt werden.

Tipp:
Wenn ein Kind einen Schaden verursacht hat, bei ihm aber nichts zu holen ist, sollten Geschädigte versuchen, über das **Opferentschädigungsgesetz** Ersatz zu erhalten. Berufen Sie sich auf eine einschlägige Entscheidung des Bundessozialgerichts. Im entschiedenen Fall hatte ein 10-jähriges Kind einem anderen Kind einen angezündeten Feuerwerkskörper in die Hosentasche gesteckt. Dabei kam es zu schweren Verbrennungen.

Eine **wichtige Ausnahme** gibt es seit dem 1. 8. 2002: Wenn der Schaden mit einem Kraftfahrzeug oder Bus / Bahn verursacht worden ist, haften Kinder unter 10 Jahren generell nicht mehr (§ 828 Abs. 2 BGB). Dieses Haftungsprivileg gilt allerdings nicht für Schäden, die Kinder im ruhenden Verkehr verursachen, also zum Beispiel mit dem Fahrrad an parkenden Fahrzeugen Schäden verursachen. Ist das Fahrzeug dagegen verkehrswidrig abgestellt, bleibt es bei dem Haftungsprivileg. Entscheidend ist, ob das Kind durch die konkrete Verkehrssituation überfordert ist.

Wann konkret bei einem Schadensfall die **Einsichtsfähigkeit** vorliegt, hängt vom Einzelfall ab. Generell lässt sich aber sagen: Einsichtsfähig ist ein Kind immer dann, wenn es in der Lage ist, das Unrecht seiner Handlung gegenüber dem Mitmenschen und zugleich die Verpflichtung zu erkennen, in irgendeiner Weise für die Folgen seiner Handlung selbst einstehen zu müssen. Außerdem muss ein Kind in der Lage sein, sich der Einsicht gemäß zu verhalten.

Beispiel:
- Mehrere 10-jährige Kinder, die in einem abgesperrten Bereich einer Kiesgrube einen Radlader in Gang und anschließend beim Zurücksetzen in einen Schlammweiher gesetzt haben, sind zur gesamtschuldnerischen Haftung in Höhe von ca. € 27 000,– verurteilt worden. Begründung: Bei einem 10-jährigen Kind könne man davon ausgehen, dass es wisse, nicht mit einem Radlader fahren zu dürfen. Es müsse wissen, dass dies gefährlich ist.
- Das Oberlandesgericht Köln gab der Schmerzensgeldklage gegen einen 11-jährigen, geistig um zwei Jahre zurückgebliebenen Jungen statt, der beim Spielen einen siebenjährigen Kameraden mit einem Wurfpfeil im Gesicht getroffen hatte. Das verletzte Kind erblindete auf einem Auge. Hier entschied das Gericht, der Pfeilwerfer hätte wissen müssen, dass das Spiel gefährlich war.

2. Haften Eltern für ihre Kinder?

Wenn die Aufsichtspflicht verletzt worden ist, haften unter Umständen auch die Eltern nach § 832 Abs. 1 Satz 2 BGB. Denn wer ein Kind betreut, das aufsichtsbedürftig ist, macht sich bei Verletzung der Aufsichtspflicht selbst schadensersatzpflichtig – gleich, ob das Kind den Schaden vorsätzlich oder fahrlässig herbeigeführt hat.

Der Gesetzgeber geht hier sogar so weit, dass er den Eltern die Beweislast dafür aufbürdet, das Kind in gehöriger Weise, das heißt dem Alter entsprechend, beaufsichtigt zu haben. Es handelt sich um eine sogenannte »Beweislastumkehr« zugunsten des Geschädigten.

→ Die Aufsichtspflicht gilt nicht unbegrenzt

Laut Bundesgerichtshof bestimmt sich das Maß der gebotenen Aufsicht

- nach **Alter, Eigenart und Charakter des Kindes,**
- nach der **Vorhersehbarkeit** des schädigenden Verhaltens
- sowie danach, was verständige Eltern nach vernünftigen Anforderungen in der konkreten Situation an erforderlichen und zumutbaren Maßnahmen treffen müssen,

um Schädigungen Dritter durch ihr Kind zu verhindern.

Beispiel:
Im entschiedenen Fall ging es um einen zündelnden **fast 12-jährigen Jungen.** Dieser hatte mit einem in einer Schmuckkassette seiner Mutter gefundenen Feuerzeug Stroh in Brand gesetzt und dadurch eine Scheune in Schutt und Asche gelegt. Die Feuerversicherung des Geschädigten wollte sich an die Eltern halten, weil die Haftpflichtversicherung des Kindes nur einen Teilbetrag übernommen hatte. Man warf der Mutter vor, sie habe die Schmuckkassette, in der sich das Feuerzeug befand, dem Kind unbeaufsichtigt überlassen und es so fahrlässig in Versuchung geführt.

Das sah das Gericht nicht so. Mit zunehmendem Alter ist ein normal begabtes und entwickeltes Kind intellektuell und psychisch in der Lage, die Gefahren offenen Feuers zu erkennen. Demnach musste die Mutter hier nicht damit rechnen, dass ihr Sohn ihr das Feuerzeug heimlich entwendet und später zum Zündeln einsetzt.

Anders sieht es dagegen bei **sieben bis acht Jahre alten Kindern** aus. Diese müssen nicht nur eindringlich über die Gefährlichkeit des Spiels mit dem Feuer belehrt werden. Zusätzlich gilt für die Aufsichtspflicht: Je geringer der Erziehungserfolg bzw. je jünger das Kind ist, umso intensiver müssen Aufsicht und Überwachung sein. So dürfen zum Beispiel Kleinkinder grundsätzlich nicht längere Zeit sich selbst überlassen bleiben.

Bei einem **geistig zurückgebliebenen und schwer verhaltensgestörten Kind** wird von den Eltern ebenfalls eine mehr oder weniger ständige unmittelbare Kontrolle des Kindes verlangt. Ein **normal entwickeltes Kind von acht Jahren** darf dagegen im Freien ohne Aufsicht auch dort spielen, wo die Eltern nicht sofort eingreifen können. Es genügt, wenn Sie sich als Eltern einen groben Überblick über das kindliche Tun und Treiben verschaffen. Es gibt aber auch zahlreiche Fälle, in denen die Rechtsprechung sogar die **Alleinhaftung der Eltern** annimmt.

Beispiel:

- Eine 3-Jährige versuchte, einen Elektroherd einzuschalten. Die Mutter hatte sie zwar beobachtet und das Kind ermahnt, aber ohne Erfolg. Es kam zu einem Brand, für den die Mutter haftbar gemacht wurde. Sie hätte damit rechnen müssen, dass das Kind nicht aufhört am Herd herumzuspielen, wenn das Interesse einmal geweckt ist (OLG Düsseldorf, Urteil vom 15. 9. 2000, 22 U 19/00).
- Auch Eltern eines zweieinhalbjährigen Kindes müssen stets damit rechnen, dass das Kind unvermittelt und ohne Grund plötzlich irgendwohin rennt. Deshalb ist ein Kind in diesem Alter noch an der Hand zu halten bzw. müssen die Eltern das Verhalten des Kindes jederzeit steuern können. Hier war ein Kind in diesem Alter unvermittelt auf die Straße gelaufen. Dadurch war ein herzkranker Pkw-Fahrer zum Bremsen gezwungen worden und erlitt einen tödlichen Anfall (OLG Düsseldorf, Urteil vom 15. 11. 1991, 14 U 16/91).

➔ Was gilt für andere Aufsichtspersonen

Die Aufsichtspflicht gilt natürlich nicht nur für Eltern. Dieselbe Pflicht trifft alle anderen aufsichtspflichtigen Personen wie zum Beispiel **Kindermädchen, Erzieher, Lehrer** etc., die die Betreuung Ihres Kindes übernommen haben. Das können übrigens auch andere Eltern sein, bei denen sich Ihr Kind aufhält.

Beispiel:
Ein Elternpaar, das zum Kindergeburtstag eingeladen hatte, machte sich wegen eines Aufsichtsverschuldens haftbar. Eines der eingeladenen Kinder warf einen Tennisball so, dass ein auf dem Tisch stehendes Glas zersprang. Unglücklicherweise kam es dabei zu einer Augenverletzung eines anderen Kindes durch einen Glassplitter. Die einladenden Eltern hätten nach Ansicht des entscheidenden Gerichtes den Unfall verhindern müssen.

→ Wie können sich Eltern und andere Aufsichtspersonen entlasten?

Am besten legen Sie konkret dar, was Sie alles zur Pflichterfüllung getan haben. Selbstverständlich müssen Sie das beweisen. Gelingt Ihnen dies nicht, haften Sie. Dasselbe gilt für jede andere aufsichtspflichtige Person.

Da es aber nicht immer ganz einfach ist, die erteilten Mahnungen, Belehrungen und Kontrollen nachzuweisen, sollten Sie sich in einem eventuellen Prozess als Partei vernehmen lassen. Dadurch erhält Ihre Aussage so viel Gewicht wie eine Zeugenaussage. Damit schaffen Sie sich ein probates Beweismittel.

Tipp:
Bedenken Sie, dass es Fälle gibt, in denen es von Vorteil ist, sich zu einem Aufsichtsverschulden zu bekennen. Denn gerade wenn Ihr Kind zum Beispiel altersbedingt nicht haftet, tritt in der Regel nicht die Privathaftpflichtversicherung ein. Trifft Sie als Eltern aber ein Aufsichtsverschulden, zahlt die Versicherung zwar nicht für Ihr Kind, aber für Ihr Fehlverhalten.

3. Wenn nicht nur die Eltern ein Verschulden trifft

→ Eltern und Kinder haften gemeinsam

Kann man sowohl Ihnen als auch Ihrem über 7-jährigen Kind ein Verschulden an dem Schaden anlasten, haften Sie zusammen mit Ihrem Kind als Gesamtschuldner (§ 840 BGB). Sie und Ihr Kind können jeder für sich auf den vollen Schadensersatz in Anspruch genommen werden. Meist hält sich der Geschädigte lieber an die Eltern. Das kann unter Umständen sogar für alle Beteiligten von Vorteil sein, wenn zum Beispiel kein Privathaftpflichtversicherungsschutz besteht, aber bei den Eltern die Kfz-Haftpflicht für den Schaden aufkommen muss.

Beispiel:
Eine Autofahrerin hielt am linken Rand einer Einbahnstraße. Die 11-jährige Tochter öffnete unachtsam die rechte Beifahrertür und beschädigte so ein von hinten kommendes Fahrzeug. Das Kind hätte es in seinem Alter schon besser wissen müssen, andererseits hätte die Mutter nachdrücklich auf die Gefahrensituation hinweisen müssen (LG Mainz, Urteil vom 16. 11. 1999, 6 S 15/98).

Folge: Der Geschädigte kann sich an die Mutter bzw. an deren Kfz-Haftpflichtversicherung wegen seines Gesamtschadens halten.

Dabei gilt im Verhältnis zu den eigenen Kindern, dass die Eltern theoretisch den von ihnen beglichenen Schaden voll von ihren Kindern zurückverlangen können (§ 840 Abs. 2 BGB).

➔ Den Geschädigten trifft ein Mitverschulden

In diesem Fall wird der Schadensersatzanspruch in der Regel gemindert (§ 254 BGB). Die Verursachungsbeiträge der Eltern, des Kindes und des Geschädigten – also ihr jeweiliger Anteil am Geschehen – werden einander gegenübergestellt. Besonders häufig kommt das bei Unfällen im Straßenverkehr vor. Zum einen müssen bei Kindern Autofahrer besonders aufmerksam fahren, weshalb ein Mitverschulden in der Regel vorliegt. Zum anderen haften Autofahrer aus der sogenannten Betriebsgefahr ihres Fahrzeugs.

4. Die private Haftpflichtversicherung – für Eltern sinnvoll

Weil die lieben Kleinen Schäden in beträchtlicher Höhe verursachen können, ist eine Privathaftpflichtversicherung für Eltern unbedingt anzuraten.

Aber: Auch wenn Sie eine Privathaftpflicht haben, versprechen Sie dem Geschädigten nicht zu viel – jedenfalls nicht, bevor Ihre Versicherung Zahlungsbereitschaft zugesagt hat. Ist nämlich Ihr Kind noch keine sieben Jahre alt, muss die Versicherung an sich nicht zahlen. Kinder unter sieben Jahren können nicht haftbar gemacht werden. Und wer nicht persönlich haftet, für den zahlt die Versicherung grundsätzlich auch nicht.

Vermeiden Sie deshalb **Vorauszahlungen auf den vermeintlichen von der Versicherung erwarteten Schadensersatz.** Das Geld bekommen Sie oft nicht zurück. Sinnvoll ist es dagegen, bei Kindern dieser Altersklasse das eigene Aufsichtsverschulden nicht zu unterschlagen. Schließlich zahlt Ihre Versicherung dann für Ihr Verschulden.

Es gibt allerdings inzwischen Privathaftpflichtversicherungen, die aus Kulanz bei Kindern unter sieben Jahren ohne Aufsichtsverschulden zahlen. Dies sollte zumindest bei einem Neuabschluss, wenn man Kinder in diesem Alter hat, abgeklärt werden. Selbstverständlich zahlt die Versicherung nicht, wenn der Schaden vom Kind oder von Ihnen **vorsätzlich** herbeigeführt worden ist.

5. Wie sieht die Haftung in Kindergarten und Schule aus?

→ Im Kindergarten

Hier haften Kinder nicht für Schäden, die sie anderen zufügen. Während der Besuchszeit eines Kindergartens besteht jedoch eine **gesetzliche Unfallversicherung** (§ 105 SGB VII). Diese Unfallversicherung kommt **für alle Personenschäden** auf, die Kinder in diesen Einrichtungen verursachen. Versichert sind hierdurch also alle Tätigkeiten, die sich in diesem Rahmen abspielen, also im Gebäude, auf dem Gelände des Kindergartens bzw. der Schule, aber auch außerhalb, z.B. auf öffentlichen Spielplätzen, in Badeanstalten, beim Zoobesuch oder bei Ausflügen und Wanderungen etc.

Erfasst werden ebenfalls die Wege von und zum Kindergarten bzw. zur Schule. Träger, Erzieher und Kinder haften dagegen weder untereinander noch gegeneinander für die Personenschäden. Der Verletzte muss sich an den zuständigen Träger der gesetzlichen Unfallversicherung wenden.

Die **gesetzliche Unfallversicherung** gilt **nicht für Kinderkrippen, Krabbelstuben und Kinderhorte.** Hier bleibt es bei der allgemeinen pflegerischen Haftung. Dabei gelten dieselben Grundsätze wie in allen anderen Haftungsfällen, nur dass anstelle der Eltern die mit der Aufsicht beauftragten Erzieher eventuell haften. Sind die Erzieher im kirchlichen oder öffentlichen Dienst, kann der Geschädigte sich an den Dienstherrn wenden, der dann im Wege der sogenannten Amtshaftung für den Schaden aufkommt.

Es kommt auf alle Fälle darauf an, dass den Betreuer ein Aufsichtsverschulden trifft. Das gilt übrigens auch für Sachschäden, die Kinder im Kindergarten verursachen. In beiden Fällen hat es der Geschädigte also nicht leicht, seinen Schaden ersetzt zu bekommen.

Beispiel:
Kinder auf einem umzäunten Kindergartengelände müssen nicht rund um die Uhr bewacht werden – jedenfalls dann nicht, wenn es sich um normal entwickelte Kinder handelt. Folge: Werfen Kinder zum Beispiel von dort aus Steine auf Fahrzeuge, bekommt der Geschädigte nichts.

→ In der Schule

Dasselbe wie für Kindergartenkinder gilt auch für alle Schüler der allgemeinbildenden und berufsbildenden Schulen. Sie sind ebenfalls nach dem § 105 SGB VII gesetzlich versichert. Versichert sind **alle Unfälle,** die Schüler bei Tätigkeiten verursachen bzw. erleiden, die mit dem Schulbesuch in Zusammenhang stehen. Dazu zählen Unfälle auf dem Schulweg oder bei schulischen Veranstaltungen jeder Art ebenso wie Verletzungen, die sich Schüler bei Raufereien im Schulbereich zufügen.

Auch hier kann der Anspruch des Geschädigten gegenüber dem Schädiger normalerweise nur gegen den zuständigen Träger der Unfallversicherung gerichtet werden. Eine persönliche Haftung ist ausgeschlossen. Das hat zur Folge, dass zwar die üblichen Personenschäden wie zum Beispiel Heilbehandlungskosten bezahlt werden. Ausgeschlossen ist dagegen ein **Schmerzensgeldanspruch.** Das gilt auch, wenn der Schädiger eine private Haftpflichtversicherung im Hintergrund hat.

Schmerzensgeld gibt es nur, wenn dem Schädiger Vorsatz nachgewiesen werden kann. Dabei muss der Vorsatz auch die schweren Folgen umfassen (BGH, Urteil vom 11. 2. 2003, VI ZR 34/02).

Beispiel:
Bei der oben zitierten Entscheidung ging es um einen 16-jährigen Schüler, der im Klassenzimmer Kügelchen aus Alufolie mit einer Eisensäge durch das Klassenzimmer schoss. Dabei verwendete er die Säge wie einen Tennisschläger. Unseligerweise löste sich das Sägeblatt und traf einen Mitschüler im Gesicht. Dieser verlor sein Sehvermögen auf dem rechten Auge und einen Teil eines Zahns. Das Gericht lehnte eine persönliche Haftung des Schädigers ab. Die schweren Folgen hatte er sicherlich nicht vorausgesehen.

Die Haftungsbeschränkung durch die gesetzliche Unfallversicherung besteht aber nicht für Verletzungen, die sich Schüler auf dem Heimweg zufügen – selbst wenn schon in der Schule aufgestaute Aggressionen die Ursache dafür waren (LG Hamburg, Urteil vom 27. 4. 1999, 309 S 125/98). Grund: Einer

Rauferei auf dem Heimweg von der Schule fehle es an der räumlichen Nähe zur Schule. Das hatte im entschiedenen Fall zur Folge, dass der Schädiger unter anderem für ein erhebliches Schmerzensgeld aufkommen musste. Voraussetzung ist allerdings auch hier, dass der Schädiger bei der konkreten Körperverletzung **vorsätzlich oder fahrlässig gehandelt** hat.

Tipp:
Wenn es bei reinen Sachschäden geblieben ist: In diesem Fall zahlt die gesetzliche Unfallversicherung nicht, weil sie nur für reine Personenschäden zuständig ist. Deshalb gelten hierfür die **allgemeinen haftungsrechtlichen Grundsätze.** Konkret: Von der leichten Fahrlässigkeit bis zum Vorsatz muss der Schädiger für das Ergebnis der Rauferei aufkommen. Ist zum Beispiel die Armbanduhr eines Mitschülers beschädigt worden, muss er selbst bzw. die private Haftpflichtversicherung der Eltern bezahlen.

Nicht eheliche Lebensgemeinschaft und nicht eheliche Kinder

I. Unterschiede zur Ehe bleiben

Gerade im Vermögensbereich bestehen große Unterschiede für unverheiratete Paare im Vergleich zu Ehepaaren. Wer sich entscheidet, mit seinem Partner in eine gemeinsame Wohnung zu ziehen, den Haushalt und die anfallenden Kosten mit ihm gemeinsam zu tragen, ohne in absehbarer Zeit heiraten zu wollen, sollte sich über die wirtschaftlichen und rechtlichen Konsequenzen im Klaren sein. Partner, die sich gegen eine Ehe entscheiden, tun dies aus Sicht der Gerichte bewusst. Sie bilden **keine wirtschaftliche Rechtsgemeinschaft.** Allerdings sieht der Bundesgerichtshof die Unterschiede zwischen ehelichem und nicht ehelichem Zusammenleben immer mehr schwinden (→Abschn. II 2).

Es gibt aber Lösungswege: In einem Partnerschaftsvertrag lassen sich zumindest **schwerwiegende wirtschaftliche Nachteile** zulasten des finanziell schwächeren Partners ausschließen.

Ansonsten gilt: Solange keine gemeinsamen Kinder zu versorgen sind, gibt es

- **keine Unterhaltsansprüche,**
- **keinen Ausgleich bei den Altersversorgungsansprüchen,**
- **keinen Zugewinnausgleich** und
- **kein gesetzliches Erbrecht.**

Übrigens: Dieses Kapitel betrifft auch **gleichgeschlechtliche Partnerschaften,** soweit es keine »eingetragenen Partnerschaften« sind.

II. Vermögen und Schulden

1. Was gilt für den Hausrat?

→ Wenn noch »eitel Sonnenschein« herrscht

Zum Hausrat gehören nicht nur Möbel, Teppiche und Geschirr, sondern auch Bücher und CDs, die Stereoanlage etc. sowie der gemeinsam genutzte Pkw. Die dem persönlichen Gebrauch dienenden Gegenstände wie Kleider und Schmuck fallen nicht hierunter.

Grundsätzlich gilt: Alles, was Sie beim Einzug mitgebracht haben, bleibt in Ihrem **Alleineigentum,** auch wenn Ihr Partner die Sachen mitbenutzt oder sogar sämtliche Reparaturen, zum Beispiel an Ihrem Pkw, bezahlt hat.

Ob Sie Alleineigentümer werden oder Ihr Partner Miteigentum erwirbt, wenn später Gegenstände angeschafft werden, hängt davon ab, was beide Partner gewollt haben. Oft ist das im Streitfall ohne Weiteres nicht mehr festzustellen. Wichtige Anhaltspunkte sind, wer den Gegenstand ausgesucht, gekauft und bezahlt hat.

Haben Sie den **Gegenstand gemeinsam ausgesucht** und aus der gemeinsamen Kasse bezahlt, sind Sie dagegen beide Miteigentümer geworden. Dabei muss der Begriff »gemeinsame Kasse« nicht wörtlich genommen werden. Bestand zum Beispiel Einigkeit darüber, dass einer von Ihnen den gemeinsamen Urlaub bezahlt, der andere als Ausgleich dafür die neuen Esszimmermöbel, haben Sie ebenfalls gemeinsames Eigentum erworben.

Beim **Erwerb eines Pkw** kommt es zudem noch darauf an, wer als Eigentümer im Kaufvertrag, im Kfz-Brief und im Kfz-Schein eingetragen ist, wozu und von wem der Pkw regelmäßig genutzt wurde und wer für den laufenden Unterhalt gesorgt hat.

Tipp:
Um späteren Streitigkeiten aus dem Weg zu gehen, sollten Sie zumindest bei Dingen, die Ihnen wichtig sind, Quittungen und sonstige Nachweise (z. B. Überweisungsbelege) aufheben. Damit können Sie am ehesten nachweisen, wer den Gegenstand gekauft und bezahlt hat. Wollen Sie ganz sichergehen, empfiehlt es sich, eine Inventarliste anzufertigen.

Mit derartigen Belegen können Sie auch Gläubigern Ihres Partners gegenüber nachweisen, dass Sie Eigentümer sind. Damit verhindern Sie im Ernstfall, dass Ihnen gehörende Gegenstände in die **Zwangsvollstreckung** kommen.

Wird im Laufe des Zusammenlebens ein wertlos gewordener oder schadhafter Gegenstand, den Sie in die Lebensgemeinschaft mit eingebracht haben, ersetzt, gehört Ihnen allein auch der neue Gegenstand – egal, wer ihn bezahlt. Sie können selbstverständlich jederzeit im gegenseitigen Einverständnis ausdrücklich (am besten schriftlich) vereinbaren, dass eine bestimmte Sache nur einem Partner allein und eine andere beiden gemeinsam gehören soll.

→ Wenn es zur Trennung kommt

→ Eigentum bleibt Eigentum

Im Gesetz gibt es **keine ausdrückliche Regelung** für die Aufteilung des Hausrats, wenn sich eine nicht eheliche Lebensgemeinschaft trennt. Deshalb gilt **grundsätzlich:** Gegenstände, die sich in Ihrem Alleineigentum befinden, können Sie problemlos mitnehmen. In der Regel dürfen Sie sie auch dann **ohne Entschädigungszahlung** mitnehmen, wenn Ihr Partner sie ganz oder zum Teil finanziert hat – immer vorausgesetzt, Sie sollten das Alleineigentum daran erwerben.

Für alles, woran Sie und Ihr Partner **Miteigentum** erworben haben, sollten Sie möglichst eine **einvernehmliche Lösung** finden. Denn können Sie sich nicht einigen, bleibt nur noch ein meist verlustreicher Verkauf der entsprechenden Sachen. Haben Sie nichts anderes vereinbart, bekommt dann jeder Partner die Hälfte, unabhängig davon, wer die einzelnen Gegenstände ursprünglich in welchem Umfang finanziert hat (§ 731 BGB).

Bei größeren gemeinschaftlichen Anschaffungen empfiehlt es sich, eine **schriftliche Ausgleichsvereinbarung** zu treffen, indem sich zum Beispiel derjenige, der einen gemeinsamen Gegenstand behält, verpflichtet, dem anderen 50 % des Schätzwertes zu bezahlen.

→ Grundsätzlich keine Entschädigungszahlungen

Trennt man sich nach einer längeren Beziehung, ohne Ausgleichsvereinbarungen getroffen zu haben, bleibt der Streit, ob ein Partner den anderen für dessen finanzielle Beiträge zur Haushaltsführung sowie für teurere Anschaffungen wie zum Beispiel einen Pkw zu entschädigen hat, meist nicht aus.

Einen **finanziellen Ausgleich** gibt es hier **nur in seltenen Ausnahmefällen.** Grundsätzlich soll es dabei bleiben, dass jeder mitnehmen kann, was ihm gehört, und gemeinsame Gegenstände geteilt werden.

Beispiel:
Jahrelang sind Sie allein für die Miete und sonstige Lebenshaltungskosten aufgekommen, während Ihr Partner erst einmal seine Altschulden aus früherer Zeit beglichen hat. Nach Ihrer Trennung verlangen Sie von ihm für jeden Monat den hälftigen Anteil an den Miet- und Lebenshaltungskosten zurück. Haben Sie mit Ihrem Partner diesbezüglich nichts vereinbart, werden Sie hier das Nachsehen haben.

Beim **Autokauf** gilt, dass Sie das Fahrzeug entschädigungslos wieder mitnehmen dürfen, wenn Sie es in die Beziehung mitgebracht haben. Das gilt auch dann, wenn Ihr Partner während des Bestehens der Lebensgemeinschaft laufend für Wartung und werterhaltende Reparaturen aufgekommen ist.

Ein finanzieller Ausgleich zwischen den Partnern erfolgt lediglich, wenn der während der Partnerschaft angeschaffte Pkw im Alleineigentum eines der Partner steht und auch nur von diesem genutzt wurde, der andere Partner den Kauf jedoch mitfinanziert hat. Allerdings kommt ein Ausgleich auch hier nur in Betracht, wenn noch Zahlungen erbracht werden müssen, die **nach der Trennung fällig** werden.

2. Was gilt für Immobilien?

→ Grundsätzlich kein Ausgleichsanspruch

Hier gilt im Prinzip **das Gleiche wie beim Hausrat:** Jeder kann für sich das beanspruchen, was ihm gehört, ohne dass er dem anderen für dessen finanziellen Beitrag zu der Immobilie einen Ausgleich schuldet. Allerdings lassen die Gerichte **hier eher Ausgleichsansprüche** zu, wenn ein Partner nicht Eigentümer ist, die Immobilie aber mitfinanziert hat (s. u.).

Tipp:
Wollen beide Partner dieselben Rechte haben, sollten sie sich auch beide als Eigentümer in das Grundbuch eintragen lassen. Ist beabsichtigt, später zu heiraten, kann der Miteigentumsanteil auch unter der Bedingung der späteren Heirat übertragen werden. Das spart Steuern – bei Grundstücksübertragungen unter Nichtverheirateten wird Grunderwerbsteuer fällig – und bei einer Trennung die Kosten der Rückübertragung.

→ Wann es doch einen Ausgleich gibt

Ausnahmsweise muss der Alleineigentümer an den anderen eine **Ausgleichszahlung** leisten, wenn dieser **erhebliche Eigenleistungen** erbracht hat, mit denen ein **gemeinsamer Vermögenswert geschaffen** werden sollte. In nicht eindeutigen Fällen **nehmen die Gerichte eine Gesamtwürdigung vor.**

So ist zunächst entscheidend, ob es sich um Vermögenswerte von erheblicher wirtschaftlicher Bedeutung handelt. Bisher haben die Gerichte finanzielle Ausgleichsansprüche bei **Zuwendungen eines Partners von mehr als € 20 000,–** für möglich gehalten. Außerdem kommt es darauf an, dass die Partner einen **gemeinsamen Wert** schaffen wollten, der ihnen auch gemeinsam gehören sollte.

Beispiel:

- Während der 18 Jahre bestehenden nicht ehelichen Lebensgemeinschaft renovierte der Mann ein Haus seiner Partnerin. Er hat dabei sämtliche Arbeiten organisiert, durchgeführt und mit ca. € 100 000,– allein finanziert. Das Haus wurde vermietet, deshalb ging der Bundesgerichtshof hier davon aus, dass der Mann wesentliche Beiträge zu einer gemeinsamen Wertschöpfung geleistet hat.
- Die nicht eheliche Lebensgemeinschaft bestand 10 Jahre. Die Frau kaufte ein Baugrundstück, der Mann investierte ca. 1 000 Arbeitsstunden und ca. € 80 000,– in den Neubau. Bei dem Geld handelte es sich um die Altersversorgung des Mannes. Ihm sollte ein lebenslanges Wohnrecht zustehen. Als die Beziehung in die Brüche ging, verlangte er sein Geld zurück und war dabei in letzter Instanz erfolgreich.

Um unnötige Auseinandersetzungen hier zu vermeiden, sollten Sie eine **ausdrückliche Ausgleichsvereinbarung** über die Höhe Ihres finanziellen Beitrags schriftlich formulieren und durch eine Grundschuld sichern.

3. Was gilt für sonstige Vermögenswerte?

➔ Wenn es um Wertsachen geht

Wertvolle Bilder, Teppiche, Antiquitäten etc. bieten allemal einen Grund sich zu streiten, wenn eine Beziehung auseinandergeht. Auch hier ist grundsätzlich ausschlaggebend, wem der Gegenstand gehört (→ Abschn. II 1). Im Übrigen gilt Ähnliches wie bei den Immobilien (→ Abschn. II 2). Aus diesem Grunde empfiehlt sich, eine Inventarliste anzufertigen, um späteren Streitereien aus dem Wege zu gehen.

Allerdings lassen die Gerichte nur **in seltenen Fällen Ausgleichsansprüche** zu. Voraussetzung ist, dass es sich um Vermögensgegenstände handelt, deren Wert über € 20 000,– liegt und die nur einem Partner gehören, obwohl der andere **erhebliche Aufwendungen** dafür hatte und beide einen **gemeinsamen Vermögenswert** schaffen wollten. Unter Umständen können auch weniger wertvolle Gegenstände davon erfasst werden, wenn beispielsweise andernfalls die Existenz eines Partners bedroht wäre. Der Anspruch ist ein **reiner Geldanspruch.**

➔ Wertpapierdepots, Konten und Sparbücher

Guthaben gehören immer dem Kontoinhaber, der allein darüber verfügen darf. Bloß bei einem gemeinsamen Konto, das heißt, wenn Sie beide Kontoinhaber sind, gehört Ihnen das Guthaben gemeinsam.

Bei einem Gemeinschaftskonto, das als sogenanntes »Oder-Konto« (beide können jeweils allein – ohne den anderen – darauf zugreifen) geführt wird, müssen Sie im Fall einer Trennung berücksichtigen, dass Ihr Partner das gesamte Geld abheben oder sogar das Konto auflösen kann. Hier nützt Ihnen Ihr Ausgleichsanspruch unter Umständen wenig.

In der Regel beschränken sich die meisten nicht verheirateten Paare auf die reine **Kontovollmacht.** Dann dürfen sie über das Konto des Partners verfügen, solange und insoweit die Vollmacht besteht. Sie sind aber nicht Kontoinhaber. Und im Streitfall kann der Kontoinhaber die **Vollmacht umgehend widerrufen.**

Bedenken Sie also Folgendes: Zahlen Sie während des Zusammenlebens größere Beträge auf das Konto des Partners, müssen Sie im Fall der Trennung oder Todes Ihres Partners damit rechnen, dass das ganze Geld weg ist.

Möchten Sie eine klare Trennung der Vermögen auch während der Lebensgemeinschaft beibehalten, sollten Sie **besser auf einem eigenen Konto sparen.** Ein anderer Weg ist Ihnen allerdings **dringend** anzuraten, **wenn Sie keine eigenen Einkünfte haben** und stattdessen durch die Haushaltsführung / Kindererziehung Ihren Beitrag zur Lebensgemeinschaft leisten.

Tipp:
In diesem Fall sollten Sie unbedingt darauf achten, dass **Ersparnisse auf ein gemeinsames Konto** kommen – und zwar in Form eines sogenannten »Und-Kontos« (beide können nur gemeinsam zugreifen). Dann können Sie nämlich nach der Trennung oder dem Tod Ihres Partners auch bei nur einseitigen oder unterschiedlich hohen Einzahlungen die Hälfte des Guthabens beanspruchen. Sollen die Ersparnisse in einem anderen Verhältnis geteilt werden, muss dies – am besten schriftlich – zwischen den Partnern ausdrücklich vereinbart werden.

4. Was gilt für Schulden?

➔ Wenn Kredite nur auf einen Partner laufen

Hier haftet nur der Partner, der im Vertrag als Kreditnehmer geführt wird. Es gibt **grundsätzlich keinen Ausgleich im Fall der Trennung.**

Ausnahmen lassen die Gerichte nur für Raten zu, die nach der Trennung noch bezahlt werden müssen. Entscheidend ist dann, wem das Darlehen zugutekam. War der Kredit für die gemeinsame Lebensführung gedacht, gibt es keinen Ausgleich. Haben Sie das **Darlehen im Interesse Ihres Partners** aufgenommen, steht Ihnen für die Ratenzahlungen, die nach der Trennung fällig werden, ein Ausgleichs- bzw. Freistellungsanspruch gegen Ihren Partner zu.

Beispiel:
Sie haben einen Pkw, der ausschließlich dem anderen Partner gehört, finanziert, weil Sie kreditwürdiger waren. Hier müssen zwar die Raten, die noch während der bestehenden Lebensgemeinschaft gezahlt wurden, nicht erstattet werden, wohl aber die nach der Trennung noch zu leistenden Raten.

➔ Wenn der Kredit gemeinsam aufgenommen wurde

In diesem Fall oder wenn das gemeinsame Konto überzogen worden ist, darf die Bank von jedem von Ihnen die Rückzahlung des gesamten Betrages verlangen (§ 421 BGB). Gegenüber der Bank sind beide Partner in diesen Fällen **Gesamtschuldner.** Die Bank wird sich hier an den zahlungskräftigeren Partner halten.

Ein Ausgleich nach Beendigung der Partnerschaft kommt nur für die noch fälligen Raten infrage. Dabei kommt es darauf an, zu wessen Gunsten das Darlehen aufgenommen wurde. Haben beide Partner von dem Geld profitiert, sind die nach der Trennung anfallenden Raten hälftig zu teilen. Kam der Kredit ausschließlich dem anderen Partner zugute bzw. verbleibt ein auf Raten gekaufter Gegenstand nach Beendigung der Lebensgemeinschaft bei einem der Partner, muss dieser nach der Trennung die anfallenden Raten vollständig übernehmen.

Beispiel:
Die Partner hatten gemeinschaftlich einen Ratenkaufvertrag für ihre neue Einbauküche abgeschlossen. Nach dem Scheitern der Beziehung blieb der eine Partner in der Wohnung und behielt auch die Einbauküche. Der ausziehende Partner hat in diesem Fall, auch wenn er die Raten bislang allein gezahlt hat, einen Anspruch darauf, von dem anderen von der Restschuld befreit zu werden.

5. Geschenke und andere Zuwendungen

→ Wenn sich die Partner gegenseitig beschenken

Selbstverständlich dürfen Sie Ihre Weihnachts- und Geburtstagsgeschenke auch dann behalten, wenn die Beziehung scheitert. **Ausnahme:** Im Zusammenhang mit einer Verlobung gemachte Geschenke dürfen Verlobte auch heute noch nach § 1301 BGB wieder zurückfordern. Darüber hinaus gelten die allgemeinen Bestimmungen des Bürgerlichen Gesetzbuches, nach denen man nur in extrem seltenen Fällen **Schenkungen wieder rückgängig machen** kann.

Problematisch ist in den meisten Fällen allerdings nicht die Frage, ob Sie ein Geschenk zurückgeben müssen, sondern, ob es sich überhaupt um ein Geschenk handelt. Das wäre nämlich nur dann der Fall, wenn der fragliche Gegenstand oder Geldbetrag wirklich ohne Gegenleistung und auf Dauer in das Eigentum des anderen übergehen sollte. Gerichte sehen in bedeutenden Zuwendungen nur selten eine Schenkung.

In der Regel gehen sie bei finanziellen Beiträgen für den Lebensunterhalt des anderen von einem auf Gegenseitigkeit beruhenden Beitrag zum Zusammenleben aus. In diesem Fall ist nichts auszugleichen.

Anders sieht es dagegen aus, wenn es sich um ein **zinsloses Darlehen** handelt, das im Fall der Trennung zurückgezahlt werden soll. Das Darlehen muss selbstverständlich zurückgezahlt werden.

Tipp:
Vereinbaren Sie ein **Darlehen aus Beweisgründen immer schriftlich** und vermerken Sie auch, ob das Darlehen unter bestimmten Umständen zur Rückzahlung fällig wird, wie zum Beispiel im Fall einer Trennung.

Aber auch eine weit über das übliche Maß hinausgehende Zuwendung kann wegen Wegfalls der Geschäftsgrundlage erfolgreich zurückverlangt werden.

→ Geschenke von Dritten wie zum Beispiel den Eltern

Wenn Eltern oder andere Verwandte den »Kindern« etwas zuwenden, ohne dass ausdrücklich nur das eigene Kind bedacht worden ist, lassen die Gerichte ähnliche **Grundsätze wie bei einer gescheiterten Ehe** der Kinder gelten. Ein Ausgleichsanspruch besteht nach § 313 BGB demnach dann, wenn »allein die Rückgewähr der Zuwendung geeignet erscheint, einen untragbaren mit den Grundsätzen von **Treu und Glauben** unvereinbaren Zustand zu vermeiden«. Es kommt also sehr auf den Einzelfall an.

Tipp:
Bei Geschenken von den Eltern an nicht eheliche Partner sollte – jedenfalls bei größeren Sachwerten – schriftlich festgelegt werden, dass nur das eigene Kind und nicht der Partner Eigentum erwerben soll. So kann im Fall der Trennung Streit vermieden werden. Eine solche Erklärung können Sie auch noch nach erfolgter Übergabe des Gegenstandes oder Geldbetrages abfassen.

III. Was gilt, wenn einer der Partner stirbt?

1. Das Erbrecht des überlebenden Partners

Ohne ausdrückliche Regelung erben Sie beim Tod Ihres Lebenspartners gar nichts. Ihnen steht lediglich der sogenannte »Dreißigste« zu, wenn Sie zum Todeszeitpunkt im selben Haushalt gelebt haben. Hiernach dürfen Sie auch bei einer nicht ehelichen Partnerschaft 30 Tage nach dem Tod des Lebensgefährten in der Wohnung wohnen bleiben und die Haushaltsgegenstände benutzen. Haben Sie vom Verstorbenen Unterhalt bezogen, müssen Erben Ihnen für diesen Zeitraum den gleichen Unterhalt gewähren.

Um eine **Absicherung** des überlebenden Partners zu erreichen, sollten beide eine **letztwillige Verfügung (Testament oder Erbvertrag)** abschließen.

Partner einer nicht ehelichen Lebensgemeinschaft können allerdings kein gemeinschaftliches Testament errichten. Es kann also **nur ein Einzeltestament** verfasst werden. Das hat im Vergleich zu einer erbvertraglichen Regelung den **Vorteil,** dass es **jederzeit frei widerrufen** werden kann.

Tipp:
Sollten Sie sich für einen notariellen Erbvertrag entscheiden, was bei größeren Vermögenswerten üblich ist, vergessen Sie nicht, für den Fall des Scheiterns der Beziehung einen **Rücktrittsvorbehalt** oder eine **auflösende Bedingung** zu vereinbaren. Da das Ganze ohnehin nicht ohne Notar geht, lassen Sie sich von ihm ausführlich beraten.

Neben einem Testament oder Erbvertrag haben Sie die Möglichkeit, mit Ihrer Bank einen sogenannten **Vertrag zugunsten Dritter** abzuschließen. Dann geht das entsprechende Vermögen im Todesfall direkt auf Ihren Partner über, ohne erst Teil der Erbmasse zu werden. Um das zu erreichen, müssen Sie lediglich mit Ihrer Bank einen Vertrag abschließen, wonach diese im Todesfall sofort an Ihren Partner überweist.

2. Vollmachten bieten Sicherheit und Handlungsfähigkeit

Da Sie mit dem Lebenspartner weder verwandt noch verschwägert sind, sollten Sie sich gegenseitig durch Vollmachten (Vorsorgevollmacht, Generalvollmacht, Einzelvollmacht und Postvollmacht) sowohl für den Krankheits- wie für den Todesfall vorbereiten. Denn nur so können Sie weiterhin in finanziellen Angelegenheiten, die sie beide betreffen, handeln, ohne dass Ihnen eventuelle Erben einen Strich durch die Rechnung machen oder Sie vor Behörden erst gar nicht handlungsfähig sind.

Tipp:
Musterformulierungen hierfür finden Sie unter www.bild-ihr-gutes-recht.de (R 12001).

IV. Nicht eheliche Kinder

Seit 1998 sind nicht eheliche Kinder den ehelich geborenen rechtlich weitgehend gleichgestellt. Das gilt vor allen Dingen beim Unterhalt (→ Kapitel B 5).

1. Wer sind die Eltern? rein rechtlich betrachtet?

Kein Zweifel besteht normalerweise daran, wer die Mutter des Kindes ist. Das ist immer die Frau, die das Kind geboren hat (§ 1591 BGB). Das gilt selbst dann, wenn eine Frau im Ausland eine Eispende gemacht hat und nun eine andere Frau das Kind austragen lässt. Hingegen ist oft fraglich, wer (rechtlich) der Vater ist.

→ Wenn die Eltern bei der Geburt nicht verheiratet sind

Selbst wenn Sie schon seit Jahren mit Ihrer nicht ehelichen Partnerin zusammenleben, begründet dies bei der Geburt eines gemeinsamen Kindes **keine automatische Verwandtschaft** im Sinne einer rechtlichen Beziehung zum Kind. Die Vaterschaft – und somit auch die Verwandtschaft des Vaters mit dem Kind – muss ausdrücklich festgestellt werden.

→ Wenn die Mutter bei der Geburt noch verheiratet ist

In diesem Fall gilt der Ehemann als rechtlicher Vater (§ 1592 BGB) und das Kind gilt als sein eheliches Kind – egal wer der biologische Vater ist. Es handelt sich dabei um eine sogenannte gesetzliche Vermutung. Allein die spätere Scheidung ändert daran nichts.

Ist der Ehemann also nur der **Scheinvater,** dürfen er, die Mutter und das Kind die **Ehelichkeit anfechten. Selbst der biologische Vater hat das Recht dazu. In diesem Fall wird gleichzeitig mit dem Anfechtungsurteil dessen Vaterschaft festgestellt.**

Tipp:
Wenn die Mutter dem Ehemann ein Kind »unterschiebt«: Hier besteht **keine Aufklärungspflicht** der Mutter gegenüber dem Ehemann. Es können aber Schadensersatzansprüche bestehen, wenn die Mutter auf Frage des Ehemannes den Kontakt mit anderen Männern leugnet.

→ Wenn der Ehemann zum Zeitpunkt der Geburt tot ist

Der verstorbene Ehemann ist von Gesetzes wegen der eheliche Vater, wenn das Kind **innerhalb von 300 Tagen nach seinem Tod geboren** wird. Das gilt selbst dann, wenn sicher ist, dass der Verstorbene nicht der leibliche Vater ist. **Heiratet die Witwe** den leiblichen Vater und wird das Kind nach der Eheschließung geboren, gilt der neue Ehemann rechtlich als Vater (§ 1593 Satz 3 BGB).

→ Wenn die Mutter sich scheiden lässt

Wird das Kind während des Scheidungsverfahrens geboren, ist es grundsätzlich ein ehelich geborenes Kind. Soll es vom leiblichen Vater anerkannt werden, muss aber jetzt nicht mehr die Anfechtung der Vaterschaft durch den Ehemann abgewartet werden (§ 1599 Abs. 2 BGB). Es reicht aus, wenn der Vater die Vaterschaft innerhalb eines Jahres nach der Scheidung der Ehe anerkennt. Wenn er will, kann er das schon vor der Geburt gemäß § 1594 BGB machen.

Wird das Kind nach Rechtskraft der Scheidung geboren, ist es nicht ehelich – selbst wenn es kurz nach der Scheidung zur Welt kommt und der Ex-Mann tatsächlich der biologische Vater ist. Es ist rechtlich betrachtet vaterlos.

Möchte allerdings der geschiedene Ehemann die Vaterschaft anerkennen, so darf er dies selbstverständlich gemäß § 1592 Nr. 2 BGB. Die Mutter muss hier jedoch zustimmen. Stimmt sie nicht zu oder wollen weder der geschiedene noch der leibliche Vater die Vaterschaft anerkennen, bleibt nur die gerichtliche Feststellung der Abstammung.

2. Wie wird die Vaterschaft festgestellt?

→ Vaterschaftsfeststellung durch Anerkennung

Bekennt sich der Vater zu seinem Kind, wird er die Vaterschaft freiwillig anerkennen. Dies erfolgt durch eine **Erklärung gegenüber dem Standesbeamten, dem Rechtspfleger, dem Notar oder dem Jugendamt** (§ 1594 BGB). Die Mutter muss zustimmen (§ 1595 BGB). Verweigert sie die Zustimmung, bleibt diesem nur der Weg über das Vaterschaftsfeststellungsverfahren gemäß § 1600 d BGB.

Das **Kind muss nicht zustimmen.** Ausnahme: Die Mutter ist nicht sorgeberechtigt, weil ihr das Sorgerecht zum Beispiel wegen Vernachlässigung des Kindes entzogen worden ist. Die Zustimmung wird dann durch den Vertreter – in der Regel das Jugendamt als Beistand – erteilt.

→ Vaterschaftsfeststellung durch Klage

Hat der vermeintliche **Vater Zweifel an seiner Vaterschaft** und erkennt sie deshalb nicht an, bleibt nur die gerichtliche Feststellung (§§ 1592 Nr. 3, 1600 d ff. BGB). Klagen dürfen hier das Kind – gleich ob minder- oder volljährig – oder die Mutter.

Wenn umgekehrt der leibliche Vater ein Interesse an seiner Vaterschaftsfeststellung hat und ihm die Mutter die Anerkennung verwehrt, besteht ebenfalls die Möglichkeit der Vaterschaftsfeststellung durch das Gericht (§ 1600 e Abs. 1 BGB). Die Abstammung selbst ermittelt das Gericht durch ein sogenanntes Kompaktgutachten. Bei Werten von 99,73 % geht man von einer nachgewiesenen Vaterschaft aus. Die Kosten für den Test trägt derjenige, der verliert.

Fristen gelten für die Vaterschaftsfeststellungsklage nicht. Sie kann jederzeit eingereicht werden. Sollten sich Ansprüche aus der Vaterschaft ergeben, wie zum Beispiel Unterhaltsansprüche, werden diese erst nach der tatsächlichen Feststellung zugesprochen. Dann aber rückwirkend von der Geburt des Kindes an (§ 1613 Abs. 2 Nr. 2 a BGB).

Unzulässig ist die Vaterschaftsklage, wenn ein anderer die Vaterschaft anerkannt hat. Denkbar ist auch, dass zwar das Kind, jedoch nicht die Mutter ein Interesse an der Vaterschaftsfeststellung hat. Hier ist die Mutter verpflichtet, den Namen des Vaters preiszugeben, damit das Kind zum Beispiel Erbansprüche gegen den Vater geltend machen kann. Dieses Recht ist stärker als das Recht der Mutter auf »Intimsphäre«.

Seit 1. 4. 2008 besteht für den Scheinvater die Möglichkeit, die Vaterschaft klären zu lassen. Eine Anfechtung der Vaterschaft ist nicht zwangsläufig damit verbunden (§ 1598 a BGB). So wird verhindert, dass unnötig Porzellan zerschlagen wird. Schließlich will nicht jeder Scheinvater gleich die ganze Beziehung abbrechen lassen.

Auf eine Frist kommt es nicht an. Unabhängig davon bleibt dem Scheinvater das Recht, die Vaterschaft anzufechten. Welche Folgen das hat, zeigt Ihnen der nachfolgende Punkt 3.

3. Wie wird die Vaterschaft angefochten?

Gleich, ob die Vaterschaft durch Anerkennung begründet worden oder durch die Ehe mit der Mutter zustande gekommen ist: Der »Scheinvater« hat das Recht, den Schein – also sein rechtliche, aber nicht biologische Vaterschaft – durch gerichtliche Anfechtung der Vaterschaft zu beseitigen. Aber auch die Mutter und das Kind dürfen die Vaterschaft anfechten.

Voraussetzung für eine erfolgreiche Vaterschaftsanfechtungsklage ist ein sogenannter **Anfangsverdacht.** Dieser muss glaubhaft gemacht werden. **Geheime Gentests** sind hierfür ein untaugliches Mittel und werden vom Gericht nicht verwertet. Denn laut höchstrichterlicher Rechtsprechung verletzen diese Tests das Recht des Kindes auf informationelle Selbstbestimmung.

Ausnahme: Es ist trotz des Verwertungsverbotes ein Abstammungsgutachten vom Gericht eingeholt worden. Dann darf eine Anfechtung auf das unzulässigerweise eingeholte Gutachten gestützt werden.

Ist die Vaterschaft schon in einem »Klärungsverfahren« festgestellt worden, kann diese dennoch vom Scheinvater angefochten werden.

Tipp:
Wenn der Scheinvater zu Unrecht Unterhalt gezahlt hat: In diesem Fall kann der Vater den Unterhalt sogar für die Vergangenheit vom biologischen Vater zurückverlangen, allerdings nur in der Höhe, die den Einkommensverhältnissen des wahren Vaters entspricht. Hier kann die Vaterschaft sogar direkt im Schadensersatzprozess gegen den biologischen Vater geklärt werden.

Gemäß § 1600 b Abs. 1 BGB muss die Klage innerhalb von zwei Jahren erhoben werden, nachdem der Anfechtende von den Umständen erfahren hat, die gegen die Vaterschaft sprechen. Die Anfechtungsfrist beginnt jedoch nicht vor der Geburt des Kindes und sie läuft nicht ab, wenn ein Klärungsverfahren läuft.

Bei einem minderjährigen Kind kommt es nicht auf dessen Kenntnis, sondern auf die des gesetzlichen Vertreters an – meist also auf die Mutter. Wird das Kind volljährig, darf es die Vaterschaft selbst anfechten.

In diesem Fall beginnt die oben genannte Zweijahresfrist nicht vor dem Eintritt der Volljährigkeit und nicht vor dem Zeitpunkt, zu dem das Kind von den Umständen erfährt, die es an der Vaterschaft zweifeln lassen (§ 1600 b Abs. 3 BGB) bzw. die die Folgen der Vaterschaft unzumutbar erscheinen lassen (§ 1600 b Abs. 5 BGB). Das ist zum Beispiel der Fall, wenn der Vater wegen einer schweren Straftat verfolgt wird und das Kind nichts damit zu tun haben will.

4. Welchen Namen trägt das Kind?

Der Familienname des Kindes richtet sich nach dem Sorgerecht. Haben sich die Eltern für das **gemeinsame Sorgerecht** entschieden, steht ihnen ein **Wahlrecht** zu.

Hat dagegen die Mutter das **Alleinsorgerecht,** erhält das Kind mit der Geburt automatisch den Namen der Mutter (§ 1617 a Abs. 1 BGB). Sie hat aber auch die Möglichkeit, nach Vollendung des fünften Lebensjahrs des Kindes beim

Standesamt zu erklären, dass das Kind den Namen des Kindsvaters annehmen soll. Dieser muss hier allerdings zustimmen (§ 1617 a Abs. 2 BGB).

Wird die gemeinsame Sorge erst später begründet, haben die Eltern die Möglichkeit, den Namen des Kindes binnen drei Monaten nach der gemeinsamen Sorgerechtserklärung zu wählen (§ 1617 b BGB). Dasselbe gilt, wenn die Eltern die gemeinsame Sorge durch Heirat begründen.

Heiratet ein Elternteil des Kindes einen anderen Partner, kann das Kind nun grundsätzlich den Namen aus der neuen Ehe erhalten bzw. diesen dem bisherigen Kindsnamen voranstellen oder anfügen, wenn diesem Elternteil die alleinige Sorge zusteht (§ 1618 BGB).

Trägt dagegen das Kind den Namen des anderen Elternteils, muss dieser jetzt der Namensanpassung zustimmen. Verweigert der zustimmungspflichtige Elternteil dies, kann die Zustimmung vom Familiengericht ersetzt werden. Voraussetzung: Die Namensänderung ist für das Kindeswohl erforderlich.

Tipp:
Weitere Informationen zur »Namensgestaltung« finden Sie unter www.bild-ihr-gutes-recht.de (R 12020).

V. Sorge- und Umgangsrecht

1. Wie ist das Sorgerecht geregelt?

➔ Die Mutter hatte bislang Vorrang

Grundsätzlich stand der nicht ehelichen Mutter das Sorgerecht allein zu (§ 1626 a Abs. 2 BGB). Allein sie hatte die Pflicht und das Recht, das Kind zu pflegen, zu betreuen und zu erziehen.

Das hat das Bundesverfassungsgericht inzwischen für unzulässig erklärt (BVerfG, Beschluss vom 21. 7. 2010, 1 BvR 420/09). Das heißt, nicht eheliche Väter können auch ohne ausdrückliche Gesetzesänderung jetzt schon das gemeinsame Sorgerecht beantragen.

Unabhängig davon gilt: Damit Sie aber als alleinerziehende Mutter nicht ganz allein dastehen, können Sie das **Jugendamt als Beistand** in Anspruch nehmen. Hierzu müssen Sie beim Jugendamt einen Antrag stellen. Dann wird man Ihnen bei der Vaterschaftsermittlung und der Unterhaltssicherung helfen. Die Beistandschaft lässt sich beenden, wenn Sie als Mutter diese nicht mehr wünschen. Außerdem endet sie automatisch, wenn

- das Kind volljährig wird,
- die gemeinsame elterliche Sorge eintritt oder
- das Kind durch eine dritte Person adoptiert wird.

→ Ein gemeinsames Sorgerecht ist möglich

Der Kindsvater kann neben der Mutter das Sorgerecht beantragen. Dazu müssen beide erklären, dass sie die Sorge gemeinsam übernehmen wollen (**Sorgerechtserklärung).** Das gemeinsame Sorgerecht setzt also immer **das Einverständnis der Kindsmutter** voraus.

Ausnahme: Wenn das Kindeswohl durch die missbräuchliche Ausübung der elterlichen Sorge gefährdet wird. Das wäre zum Beispiel der Fall, wenn eine drogenabhängige Mutter ihr Kind vernachlässigt.

Gemeinsame Sorge heißt aber nicht, dass die Mutter mit dem Vater zusammenleben muss. Beide Elternteile können getrennt leben und mit einem anderen Partner verheiratet sein. Auf alle Fälle muss die Sorgeerklärung und die Zustimmung **öffentlich beurkundet** werden. Das heißt, die Erklärungen müssen vor einem Notar oder Jugendamt abgegeben werden (§ 1626 d Abs. 1 BGB). Dabei ist nur die Erklärung vor dem Jugendamt kostenlos. Es besteht sogar die Möglichkeit, die Erklärung schon vor der Geburt des Kindes abzugeben.

→ Bei Trennung der Eltern

Selbst wenn die Mutter bislang das alleinige Sorgerecht hatte, kann das Sorgerecht auf den Vater übertragen werden. Das setzt voraus, dass die Mutter zustimmt und die Übertragung auf den Vater dem Kindeswohl dient. Auch hier darf auf die Zustimmung der Mutter in extremen Einzelfällen verzichtet werden, wenn zum Beispiel das Kind vernachlässigt wird. Das muss allerdings gerichtlich festgestellt werden.

Wenn die Eltern das Sorgerecht bislang gemeinsam ausgeübt haben, gelten dieselben Regeln wie bei der Trennung oder Scheidung der Ehegatten (§ 1671 BGB). Leben die Eltern nicht nur vorübergehend getrennt, kann also jeder beantragen, dass ihm die bisher gemeinsam ausgeübte elterliche Sorge übertragen wird.

→ Beim Tod eines sorgeberechtigten Elternteils

War ein Elternteil bislang allein sorgeberechtigt, überträgt das Familiengericht das Sorgerecht auf den anderen Elternteil, wenn dies dem Kindeswohl entspricht (§ 1680 Abs. 2 Satz 2 BGB).

War der verstorbene Elternteil aufgrund einer **gerichtlichen Entscheidung** allein sorgeberechtigt, erhält der überlebende Elternteil das Sorgerecht vom Familiengericht nur, falls dies dem Kindeswohl nicht widerspricht (§ 1680 Abs. 2 Satz 1 BGB). So dürfen dem Kind durch die Rückübertragung **keine Nachteile** entstehen. **Konkret:** Ein Nachteil besteht nicht darin, dass mit dem Sorgerecht des Vaters ein Ortswechsel verbunden ist. Es muss allerdings gewährleistet sein, dass sich der Vater um sein Kind kümmert.

Kommt der Vater nicht als Sorgeberechtigter infrage, kann das Familiengericht zum Beispiel auch den Lebensgefährten der Mutter, den Stiefvater oder unter Umständen auch die ältere Schwester einsetzen.

Wenn beide Eltern bislang gemeinsam sorgeberechtigt waren, erhält der überlebende Elternteil automatisch das alleinige Sorgerecht (§ 1680 Abs. 1 BGB).

Der sorgeberechtigte Elternteil kann Vorkehrungen für den Todesfall treffen und testamentarisch einen Vormund für sein minderjähriges Kind bestimmen.

Tipp:
Ist der sorgeberechtigte Elternteil der Ansicht, dass der andere Elternteil nicht die Sorgeübertragung bekommen soll, empfiehlt es sich, dies im Testament oder Erbvertrag genau zu begründen. Denn der nicht sorgeberechtigte Elternteil kann durch Einschaltung des Familiengerichtes trotzdem die Alleinsorge erhalten, wenn dies dem Kindeswohl nicht widerspricht.

2. Wie ist das Umgangsrecht geregelt?

Trennen sich die Eltern oder haben sie nie zusammengelebt, wird der Vater hin und wieder sein Kind sehen wollen. Das sieht das Gesetz auch so vor (§ 1684 Abs. 1 BGB). **Ausnahme:** Hat der Vater sich praktisch nie um das Kind gekümmert, sodass zwischen ihm und dem Kind keine Beziehung entstanden ist, kann das Umgangsrecht abgelehnt werden.

Neben den Eltern haben auch andere Bezugspersonen ein Umgangsrecht (§ 1685 BGB). Das sind zum Beispiel die Großeltern, Geschwister, Stief- und Pflegeeltern, wenn sie mit dem Kind längere Zeit in häuslicher Gemeinschaft gelebt haben – immer vorausgesetzt, der Umgang dient dem Kindeswohl. **Kein Umgangsrecht** steht allerdings einem nicht ehelichen Partner der Mutter nach der Trennung zu, der nicht biologischer Vater des Kindes ist.

VI. Welche Unterhaltsansprüche bestehen?

1. Wenn es um den Unterhaltsanspruch des Kindes geht

Seit 1998 gelten für eheliche und nicht eheliche Kinder dieselben Vorschriften, was den Kindesunterhalt anbetrifft (→Kapitel B 5). Sollte sich nachträglich herausstellen, dass der Vater nur ein »Scheinvater« war und zu Unrecht Unterhalt gezahlt hat, steht ihm gegen den biologischen Vater ein Regressanspruch zu (→Abschn. IV).

2. Wenn es um den Unterhaltsanspruch der Mutter geht

Der Vater hat der Mutter sechs Wochen vor und nach der Geburt des Kindes Unterhalt zu gewähren. Dazu gehören auch die Kosten, die durch die Schwangerschaft und Entbindung außerhalb dieses Zeitraumes entstehen, wie zum Beispiel Umstandskleidung.

→ Anspruchsgrund

Wenn die Mutter wegen der Schwangerschaft, einer durch die Schwangerschaft oder Entbindung verursachten Krankheit oder der Pflege oder Erziehung des Kindes nicht erwerbstätig sein kann, hat der Kindsvater ebenfalls Unterhalt zu leisten. Diese Verpflichtung beginnt frühestens vier Wochen vor der Geburt und endet **drei Jahre nach der Geburt** des Kindes.

Seit dem 1. 1. 2008 besteht unter Umständen noch länger ein Unterhaltsanspruch. Nicht eheliche Mütter werden nämlich jetzt wie eheliche behandelt (→Kapitel B 4).

→ Anspruchshöhe

Die **Höhe hängt vom Einzelfall** ab. Entscheidend ist die **Lebensstellung der Mutter.** Die Unterhaltshöhe richtet sich also grundsätzlich nach dem Einkommen, das die Mutter vor der Geburt des Kindes hatte. War die Mutter vor der Geburt des Kindes erwerbstätig, bestimmt demnach ihr früheres Einkommen ihren Geldbedarf. Er soll ihrem Verdienstausfall entsprechen. Eine Anrechnung vom **Elterngeld** findet nicht statt.

Aber: Die junge Mutter kann nicht mehr beanspruchen, als ihr zustünde, wenn sie mit dem Vater verheiratet wäre. Das heißt, ihr Anspruch ist begrenzt auf die Hälfte des Einkommens des Vaters nach Abzug des Kindesunterhaltes.

Wegen der konkreten Berechnung können Sie sich an der Berechnung des Ehegattenunterhalts im Scheidungsfall orientieren (→ Kapitel B 4). Beachten Sie dabei, dass ein **Anspruch auf Alters- und Krankheitsvorsorge** nicht besteht.

Tipp:
Lassen Sie sich beim Jugendamt beraten, auch wenn Sie keine Beistandschaft beantragt haben. Das Jugendamt ist dazu verpflichtet.

VII. Was gilt, wenn Sie das Stiefkind adoptieren wollen?

Wenn die Mutter eines nicht ehelichen Kindes heiratet, der Ehemann aber nicht der Vater des Kindes ist, besteht häufig der Wunsch, durch Adoption des Kindes zu einer »richtigen Familie« zu werden. Durch die sogenannte Stiefkindadoption erhält das Kind automatisch den **Status eines gemeinschaftlichen Kindes.**

Einer solchen Adoption muss aber gemäß § 1747 Abs. 1 Satz 1 BGB der rechtliche Vater zustimmen. Hat er **kein Sorgerecht,** kann seine Zustimmung durch das Vormundschaftsgericht ersetzt werden. Aber auch das geht nur in Ausnahmefällen. Denn Voraussetzung ist, dass andernfalls ein unverhältnismäßiger Nachteil für das Kind entsteht. Das bedeutet umgekehrt, dass mit der Adoption ein erheblicher Vorteil für das Kind verbunden sein muss.

Das Kind selbst muss ebenfalls zustimmen – bis zum 14. Lebensjahr allerdings vertreten durch den sorgeberechtigten Elternteil. Danach muss es die Zustimmung selbst erklären, aber bis zur Volljährigkeit mit Zustimmung des gesetzlichen Vertreters, hier die Mutter.

Durch die Adoption **erlischt das Verwandtschaftsverhältnis** zum ersten Vater und dessen Angehörigen. **Ausnahme:** Der erste Vater ist verstorben und war sorgeberechtigt (§ 1756 Abs. 2 BGB).

Tipp:
Weitere Informationen zum Thema »Adoption« finden Sie unter www.bild-ihr-gutes-recht.de (R 12019).

B

Einverständliche oder streitige Scheidung – Sie können das Verfahren beeinflussen

I. Wenn der Entschluss zur Scheidung gefallen ist

1. Welche Möglichkeiten, sich scheiden zu lassen, gibt es?

Wie die meisten scheidungswilligen Ehegatten werden Sie eine **rasche Durchführung des Scheidungsverfahrens** wollen. Hierzu müssen Sie wissen, dass es **verschiedene Möglichkeiten der Scheidung** gibt:

- die einvernehmliche nach einem Jahr Trennungszeit,
- die streitige ebenfalls nach einem Jahr Trennungszeit,
- die Scheidung nach drei Jahren Trennung und
- die Scheidung nach weniger als einem Jahr Trennungszeit (Härtefall).

Nach dem Scheidungstyp richten sich das Vorgehen und der zeitliche Ablauf. So ist zum Beispiel klar, dass die **einvernehmliche Scheidung** schneller vonstattengeht als die **streitige Scheidung.**

2. Der Weg zum Anwalt ist unerlässlich

→ Ein Anwalt für beide ist das Minimum

Ohne **Anwalt** kann sich ein Ehepaar nicht scheiden lassen. Es besteht **Anwaltszwang.** Lassen Sie sich auf jeden Fall von einem Fachanwalt für Familienrecht vertreten. Sie können aber bei **Einvernehmlichkeit untereinander** die Scheidung mit nur **einem Anwalt** durchführen, der für beide Seiten tätig wird.

Eine weitere Möglichkeit besteht darin, die Vereinbarung bei Gericht im Scheidungstermin protokollieren zu lassen. Dazu ist ein weiterer Anwalt hinzuzuziehen, der hierfür ein geringes Pauschalhonorar von etwa € 190,– zzgl. Mehrwertsteuer erhält.

Tipp:
Wenn die Scheidungsvereinbarung durch den Anwalt nur eines Ehegatten erarbeitet worden ist, ist dem anderen Ehegatten dringend zu empfehlen, sich von einem anderen Anwalt zumindest **einmal beraten** zu lassen.

Daneben gibt es auch die Möglichkeit, dass beide Ehegatten **gemeinsam einen Anwalt oder Notar beauftragen,** mit ihnen eine Scheidungsvereinbarung zu erarbeiten. Dieser Anwalt ist dann **im Interesse beider tätig** und kann später im Scheidungsverfahren – wenn es doch zum Streit kommt – nicht einen Ehegatten gegen den anderen vertreten!

➔ Kommt ein Mediationsverfahren für Sie infrage?

Das **Mediationsverfahren** bei Trennung und Scheidung ist ein Verfahren, in dem Sie Vereinbarungen einvernehmlich am runden Tisch aushandeln. »Mediation« (aus dem Lateinischen) bedeutet »Vermittlung«. Der Vermittler heißt dann »Mediator«.

In diesem Verfahren haben Sie die Möglichkeit, alle in Ihrem Fall regelungsbedürftigen Scheidungsfolgen mithilfe eines Mediators zu regeln. Am besten geeignet ist hier ein auf familienrechtliche Mediation spezialisierter Anwalt, der Sie gegebenenfalls auch vor Gericht vertreten kann. Auf jeden Fall soll der Mediator ein **neutraler Vermittler** sein, der trotz des Streits die verbliebenen Gemeinsamkeiten herausfindet und eine Einigung erzielt.

➔ Was müssen Sie zum ersten Anwaltstermin mitbringen?

Auf alle Fälle braucht Ihr Anwalt

- Ihre **Heiratsurkunde,**
- die **Geburtsurkunden** der gemeinsamen Kinder, soweit vorhanden,
- einen **Staatsangehörigkeitsnachweis** bei Ausländern,
- einen **Reisepass oder Personalausweis** und
- gegebenenfalls Ihren **Ehevertrag.**

Auch **Verdienstbescheinigungen** von Ihnen und Ihrem Ehepartner, **Urkunden,** aus denen sich die Vermögenslage ergibt, insbesondere Grundbuchauszüge und Darlehensverträge, Versicherungspolicen, eventuell der **Mietvertrag** usw. sind in aller Regel jetzt schon gefragt. Erkundigen Sie sich vorab, welche Unterlagen Sie mitbringen sollen.

3. Was Ihr Anwalt vorab mit Ihnen klärt

Ihr Anwalt wird nun mit Ihnen besprechen, welche **Art der Scheidung für Sie** infrage kommt,

- die **einvernehmliche mit Vereinbarung,**
- die **streitige,**
- die **nach mehr als dreijähriger Trennung (ohne Vereinbarung)** oder
- ausnahmsweise die **Härtefallscheidung** nach weniger als einem Jahr Trennung.

Ist das weitgehend geklärt, stellt Ihr Anwalt den entsprechenden Antrag.

Tipp:
Dinge, die Ihnen persönlich wichtig sind, die Ihr Anwalt aber so nicht wissen kann, sollten Sie jetzt erörtern. Ist Ihnen zum Beispiel wichtig, dass keinerlei Angaben zu den Scheidungsgründen gemacht werden, sagen Sie dies unbedingt Ihrem Anwalt. Haben Sie sich schon mit Ihrem Noch-Ehepartner über die Scheidungsfolgen geeinigt, teilen Sie dies ebenfalls Ihrem Anwalt mit.

II. Ihr Anwalt leitet die Scheidung in die Wege

1. Die einvernehmliche Scheidung

Auch wenn es bei Scheidungen viel Streit gibt, ist die einvernehmliche Scheidung der **Normalfall.** Es gibt aber drei Mindestvoraussetzungen:

- Die **Ehegatten leben seit einem Jahr getrennt.**
- Beide **Ehegatten sind mit der Scheidung einverstanden.**
- Eine Vereinbarung über die sogenannten »**Scheidungsfolgesachen,**« wie bis zum 1. 9. 2009 erforderlich, muss nicht mehr vorgelegt werden. Aber: Beide Ehepartner müssen eine Erklärung abgeben, ob sie sich über die Scheidungsfolgesachen geeinigt haben.

Liegen diese Voraussetzungen vor, gilt die **Ehe nach § 1566 Abs. 1 BGB unwiderlegbar als gescheitert.** Der Scheidungsrichter hört die Ehepartner dann nur zum Getrenntleben an, alles andere sollte ihn eigentlich nicht interessieren.

→ Was bedeutet das einjährige Getrenntleben?

Von einem Getrenntleben im Sinne des Scheidungsrechts spricht man, wenn die **häusliche Gemeinschaft nicht mehr besteht und einer der Ehegatten sie auch nicht mehr herstellen will:**

- Es bestehen **keine intimen Beziehungen** mehr;
- die Ehegatten erbringen einander **keine Haushalts- und Versorgungsleistungen** mehr und
- die **Mahlzeiten werden nicht mehr gemeinsam eingenommen** (gelegentliche Ausnahmen ändern daran nichts).

Eindeutig ist der Fall, wenn die Ehegatten in **verschiedenen Wohnungen** leben. Ein **Getrenntleben** ist nach § 1567 Abs. 1 Satz 2 BGB aber auch innerhalb einer Wohnung oder einem Haus möglich.

Tipp:
Verständigen Sie sich mit Ihrem Ehegatten darüber, beim Einreichen des Scheidungsantrags sowie bei Gericht übereinstimmende Angaben zum Getrenntleben zu machen.

Ein **Versöhnungsversuch,** also ein Zusammenleben über kürzere Zeit (bis vier Wochen, unter Umständen auch länger), unterbricht die Trennungszeit nicht. **Grund:** Es soll keiner aus Angst vor Unterbrechung des Fristablaufs vom Versöhnungsversuch abgehalten werden.

Tipp:
Steuerrechtlich unterbricht ein **Versöhnungsversuch** das Getrenntleben. Hier reichen bereits einige Tage. Dann können Sie **in dem betreffenden Jahr noch die gemeinsame Veranlagung** wählen.

→ Zustimmung des anderen Ehepartners

Es muss sicher sein, dass der andere Ehepartner die Bedeutung seiner Erklärung versteht und sie auch nicht unter Zwang abgegeben hat. Die Erklärung muss ausdrücklich erfolgen. Die Zustimmung des anderen Ehepartners kann zu Protokoll der Geschäftsstelle abgegeben werden oder im Scheidungstermin.

Achtung: Die Zustimmung kann bis zum Schluss der mündlichen Verhandlung zurückgezogen werden. Dann wird die Scheidung vom Gericht als »streitige Scheidung« behandelt.

→ Wenn die ursprünglich einvernehmliche Scheidung streitig wird

Kommt die ursprünglich beabsichtigte Einigung nicht einmal im Termin zustande, wird die Scheidung vom Gericht als streitig behandelt (siehe unten).

2. Die »streitige Scheidung« nach einjähriger Trennung

→ Zerrüttung der Ehe muss nachgewiesen werden

Eine Ehe kann auch **ohne Vereinbarung bzw. Zustimmung des anderen Ehegatten** nach § 1566 II BGB geschieden werden, wenn

- die Eheleute ein Jahr getrennt leben und
- der Richter aufgrund eines entsprechenden Vortrags des Antragstellers und der Anhörung der Parteien davon überzeugt ist, dass die Ehe zerrüttet ist.

Das ist in der Regel der Fall, **wenn nach einem Jahr Trennung nur einer der Partner die Scheidung will.** Bei dieser sogenannten »streitigen« Scheidung tragen Sie als derjenige, der die **Scheidung will, vor, dass die Lebensgemeinschaft zwischen Ihnen und dem anderen Ehegatten nicht mehr besteht.** Sie müssen die Trennung darlegen und beweisen. Das ist bei einer Trennung durch Auszug in der Regel kein Problem. Eine Trennung innerhalb der Wohnung lässt sich dagegen schwer nachweisen, wenn der andere nicht mitzieht.

Außerdem muss der Antrag die Erklärung enthalten, dass die **eheliche Gemeinschaft nicht wiederhergestellt** werden wird (§ 1565 Abs. 1 Satz 2 BGB). Das heißt, **konkrete Fakten** gehören in den Antrag. Es genügt in der Regel, wenn sich das Gericht in der mündlichen Verhandlung davon überzeugt, dass der Antragsteller den festen Entschluss gefasst hat, die Scheidung zu wollen. Manche Gerichte wollen dagegen sehr genau wissen, woran die Ehe gescheitert ist, und verlangen einen »**substanziierten**« (mit Beispielen und Beweisen ergänzten) Vortrag. Besprechen Sie am besten mit Ihrem Anwalt, wie weit Sie hier mit den »Szenen einer Ehe« gehen müssen.

> **Tipp:**
> **Bei zwischenzeitlicher Versöhnung:** Hier gilt dasselbe wie bei der einvernehmlichen Scheidung. Bei kurzfristigen Versöhnungen wird das Trennungsjahr nicht unterbrochen.

→ Scheidungsfolgenvereinbarung nicht erforderlich

Im Unterschied zur einvernehmlichen Scheidung können sich die Parteien oft über die Folgesachen einigen. Typischerweise wird deshalb über diese

Fragen gestritten und das Gericht muss darüber entscheiden. Voraussetzung ist ein entsprechender **Antrag.** Dies geschieht normalerweise im sogenannten **Verbundverfahren** (→ Abschn. III 6).

3. Scheidung nach dreijährigem Getrenntleben

Leben Sie und Ihr Ehepartner seit drei Jahren getrennt, wird nach § 1566 Abs. 2 BGB **unwiderlegbar die Zerrüttung der Ehe vermutet.** Die **Zustimmung des anderen Ehegatten spielt keine Rolle.** Es genügt in diesen Fällen, dem Gericht das dreijährige Getrenntleben vorzutragen. Hierbei können Sie dieselben Angaben machen wie bei der einvernehmlichen Scheidung (siehe oben).

Mit den sogenannten **Folgesachen** – wie Unterhalt, Zugewinnausgleich, Wohnungszuteilung usw. – **beschäftigt sich das Gericht nur,** wenn dafür ein Antrag gestellt ist (→ Abschn. III 6). Ausnahme: der Versorgungsausgleich, über den wird von Gesetzes wegen entschieden, wenn keine anderweitige Regelung vorgeht.

4. Wenn das Trennungsjahr zu lang erscheint

Im Einzelfall kann es unzumutbar sein, das Trennungsjahr abzuwarten. Dieser Fall wird in der gerichtlichen Praxis allerdings nur selten anerkannt.

Beispiel:
- Erwartet die Ehefrau aus einem ehebrecherischen Verhältnis ein Kind, kann dem Ehemann schon allein wegen der Möglichkeit der gesetzlichen Vaterschaftsvermutung das Abwarten des Trennungsjahres nicht zugemutet werden.
- Körperliche Gewalt gegen den anderen Ehepartner reicht auch. **Aber:** Anders sieht es bei einer nur einmaligen Misshandlung aus. Das reicht nicht.

Vermeiden Sie es auf alle Fälle, »schmutzige Wäsche« zu waschen. Das ist nicht nur im Verhältnis zum Expartner taktisch unklug, wenn man in allen anderen Dingen eine schnelle Einigung erzielen möchte. Auch Richter reagieren hier wenig wohlwollend.

Tipp:
In Extremfällen bietet das »Gewaltschutzgesetz« die Möglichkeit, durch einen Antrag beim Familiengericht dem Ex verbieten zu lassen, die gemeinsame Wohnung zu betreten oder sich im Umkreis der Wohnung aufzuhalten.

III. Wie läuft das Verfahren bei Gericht ab?

1. Der Scheidungsantrag wird eingereicht

Für den Antrag reicht es aus, wenn einer der Ehegatten ihn stellt. Da das Ehescheidungsverfahren nach dem Gesetz eine sogenannte Ehesache ist, müssen sich beide beim Scheidungstermin anwaltlich vertreten lassen (§ 78 Abs. 2 Nr. 1 ZPO). Es ist also grundsätzlich erforderlich, dass jeder Ehegatte einen eigenen Anwalt beauftragt. Der Antragsgegner kann allerdings auf einen **eigenen Anwalt verzichten.**

2. Gericht und Anwalt wollen Geld sehen

→ Mit welchen Kosten ist zu rechnen?

Damit das Verfahren bei Gericht in Gang kommt, ist ein Gerichtskostenvorschuss fällig. Dieser kann sehr unterschiedlich ausfallen. Maximal verlangen die Gerichte einen Vorschuss in Höhe von zwei vollen Gerichtsgebühren bezogen auf den voraussichtlichen Streitwert der Scheidung (die Summe von drei Nettomonatsgehältern beider Ehegatten abzgl. € 250,– je minderjährigem Kind, jedoch nicht unter € 2 000,–). Monatliche Kreditraten können ebenfalls vom Nettoeinkommen abgezogen werden, sofern sie nicht für Grundbesitz gezahlt werden. Sozialleistungen zählen hier nicht zum Einkommen.

Die einzuzahlenden Gerichtskosten wird Ihr Anwalt bei Ihnen anfordern. Wegen seiner eigenen Kosten wird er darüber hinaus einen Kostenvorschuss verlangen, der sich ebenfalls am Streitwert orientiert.

Tipp:
Einen Scheidungskostenrechner finden Sie im Internet zum Beispiel unter www.justiz.nrw.de/BS/Hilfen/Kostenrechner.html.

Beachten Sie dabei: In manchen Regionen nehmen die Gerichte einen Abschlag auf den Streitwert des Scheidungsverfahrens vor, wenn es sich um eine einvernehmliche Scheidung handelt, wenn also beide Ehegatten die Scheidung wollen. Dieser Abschlag beläuft sich– wenn er denn gewährt wird – auf ca. 25 %.

→ Bei Bedarf gibt es Prozesskostenhilfe

Es besteht die Möglichkeit, Prozesskostenhilfe (kurz: PKH) zu beantragen. Hierfür muss der Ehegatte, der einen Scheidungsantrag stellt, auf einem Formular eine Erklärung über seine persönlichen und wirtschaftlichen Verhältnisse abgeben. Diese Erklärung reicht der Rechtsanwalt zusammen mit den Unterlagen über die Einkommenssituation an das Gericht weiter. Das Gericht entscheidet in diesen Fällen vorab durch Beschluss, ob die Prozesskostenhilfe mit oder ohne Ratenzahlung gewährt wird. Auch der Antragsgegner darf Prozesskostenhilfe beantragen.

Prozesskostenhilfe gibt es aber erst nach dem **Trennungsjahr.** Dabei gibt es noch eine **Besonderheit** zu beachten: Derjenige Ehegatte, der vom anderen Unterhalt verlangen kann, hat gegen diesen auch einen Anspruch auf **Prozesskostenvorschuss.** Das heißt, der unterhaltspflichtige Ehegatte muss dem anderen dessen Gerichts- und Anwaltskosten vorschießen, wenn er dazu wirtschaftlich in der Lage ist.

Tipp:
Normalerweise fallen auch für den Antrag auf Prozesskostenhilfe Extra-Anwaltsgebühren an. Diese müssten Sie dann auf jeden Fall selbst tragen. Die meisten Anwälte stellen diese Gebühren aber nicht in Rechnung. Fragen Sie am besten Ihren Anwalt vorher, ob er diese Gebühren berechnen will.

3. Der Scheidungsantrag wird dem Antragsgegner zugestellt

Das Familiengericht stellt den Antrag des scheidungswilligen Ehepartners dem anderen zu. Haben Sie als Antragsgegner noch keinen Anwalt beauftragt, wird Ihnen der Scheidungsantrag persönlich zugestellt. Haben Sie als Antragsgegner schon einen Anwalt, weil Sie zum Beispiel schon im Vorfeld der Scheidung einen hinzugezogen haben, wird diesem der Antrag zugestellt.

Das Zustellungsdatum hat erhebliche rechtliche Auswirkungen:

- **Versorgungsausgleich**

  Wenn eine Ehe geschieden wird, kommt es normalerweise von Amts wegen zum Versorgungsausgleich. Hier geht es um die gerechte Aufteilung der in der Ehezeit erworbenen Rentenanwartschaften.

  Um den Versorgungsausgleich durchführen zu können, **verschickt das Gericht** die hierfür erforderlichen **Formulare.** Beide Ehegatten sind verpflichtet, diese auszufüllen, andernfalls droht Zwangsgeld. Solange die Formulare nicht ausgefüllt worden sind, geht das Verfahren nicht weiter.

- **Zugewinnausgleich**

  Maßgebender Zeitpunkt für **die Beendigung des Güterstandes ist der Tag der Zustellung des Scheidungsantrags** beim Scheidungsgegner. Das bedeutet, dass die Vermögensverhältnisse beider Ehegatten an diesem Tag festgeschrieben werden. Man spricht hier vom **Stichtagsprinzip.** Falls Sie von einer **Vermögensverschlechterung** beim Antragsteller ausgehen, sollten Sie als Antragsgegner selbst einen Scheidungsantrag stellen! Nur dann bleibt Ihnen der Stichtag sicher erhalten. Nimmt nämlich der andere den Scheidungsantrag zurück, fällt der durch den Antrag bewirkte Stichtag für das Endvermögen weg.

  Sind **illoyale Vermögensverschiebungen zu erwarten,** gilt der Grundsatz: Dem anderen den Scheidungsentschluss nicht vorab mitteilen! „Illoyal" bedeutet hier, dass der andere zu Ihren Ungunsten Werte beiseiteschaffen will.

- **Ehegattenerbrecht**

  Nach § 1933 Abs. 1 BGB ist das Ehegattenerbrecht – sowohl das gesetzliche wie auch das durch letztwillige Verfügung begründete – ausgeschlossen, wenn zum Zeitpunkt des Todes die Voraussetzungen für eine Ehescheidung gegeben waren. Das ist dann der Fall, wenn der Erblasser die Scheidung beantragt oder ihr zugestimmt hatte.

- **Ehegattenunterhalt**

  Auch unterhaltsrechtlich spielt die Zustellung des Scheidungsantrags eine Rolle – und zwar für die »**Ehedauer**«. Bei einer relativ kurzen Ehe (Dauer bis etwa drei Jahre) ist der nacheheliche Ehegattenunterhalt in der Regel begrenzt.

Hat das Gericht den **Versorgungsausgleich mit den zuständigen Rentenversicherungsträgern abgeklärt,** bestimmt es den **Termin zur mündlichen Verhandlung.**

4. Was passiert im Scheidungstermin?

Auf jeden Fall müssen Sie persönlich erscheinen. Bringen Sie mit:

- die Ihnen zugestellte Ladung des Gerichts,
- einen gültigen Personalausweis und
- die Heiratsurkunde (im Original!) und
- ggf. die Geburtsurkunden der ehelichen Kinder (im Original!)

Handelt es sich um eine einvernehmliche Scheidung, wird im Gerichtstermin nur noch eine Erklärung abgegeben, ob sich die Beteiligten über die Folgesachen wie zum Beispiel den Unterhalt geeinigt haben.

Gibt es keine einvernehmliche Scheidung, bedeutet dies, dass bei ein- bis dreijährigem Getrenntleben das Gericht dann feststellen muss, dass die Ehe zerrüttet ist. Wollen die Parteien Folgesachen mithilfe des Gerichts geklärt haben, wird ein weiterer Termin festgesetzt, in dem dann über die Folgesachen entschieden werden kann. Vorsichtshalber sollten die Folgesachen spätestens im Scheidungstermin anhängig gemacht werden, das heißt entsprechende Anträge bei Gericht gestellt werden.

5. Wirksamwerden der Scheidung

Der Scheidungsrichter erlässt im Termin einen **Beschluss.** Der Scheidungsausspruch wird dann wirksam, wenn **Rechtskraft** eingetreten ist. Sie tritt ein, wenn

- die einmonatige Rechtsmittelfrist ungenutzt abgelaufen ist;
- ein wirksamer Rechtsmittelverzicht im Termin erklärt wurde.

6. Das Verbundverfahren

→ Was bedeutet Verbundverfahren?

Das Scheidungsrecht sieht vor, dass die Scheidung erst dann ausgesprochen werden soll, wenn gleichzeitig über die wichtigsten Folgesachen entschieden wird. Außerdem ist der **Verbund die kostengünstigste Lösung, um die Folgesachen einer Scheidung zu regeln.**

Deshalb wird Ihr Anwalt prüfen, ob ein Verbund sinnvoll ist. Besteht begründete Aussicht auf eine außergerichtliche Regelung, wird in der Regel vom

Verbundverfahren abgesehen. Der **Verbund entsteht von Amts wegen nur für den Versorgungsausgleich.**

Eine **Ausnahme** besteht nur für Ehen von kurzer Dauer, also Ehen bis zu drei Jahren. Hier wird nur auf Antrag einer der Ehepartner über den Versorgungsausgleich entschieden.

Im Übrigen muss ein **Antrag** auch gestellt werden beim:

- Kindesunterhalt,
- nachehelichen Unterhalt,
- Zugewinnausgleich,
- Benutzung der Ehewohnung,
- Hausrat,
- Übertragung der elterlichen Sorge für das gemeinschaftliche Kind auf einen Elternteil (hier muss zuvor ein Antrag auf Übertragung der elterlichen Sorge nach § 1671 BGB gestellt werden) und
- Umgang eines Ehegatten mit dem Kind.

Nicht in den Verbund gehören:

- der Getrenntlebensunterhalt und
- der Umgang mit den gemeinschaftlichen Kindern während des Getrenntlebens.

→ Ist eine Vorabentscheidung über den Scheidungsantrag möglich?

Auch wenn ein Verbundverfahren besteht, heißt das nicht, dass daran unbedingt festgehalten werden muss. Die Parteien können Folgesachen, über die nur auf Antrag zu entscheiden ist, durch Antragsrücknahme aus dem Verbund herauslösen.

Aber gemäß § 140 Abs. 2 Satz 1 FamFG kann auch vorab über den Scheidungsantrag entschieden werden, wenn die gleichzeitige Entscheidung über die Folgesache den Scheidungsausspruch so außergewöhnlich verzögern würde, dass der Aufschub eine **unzumutbare Härte** wäre. Dies spielt insbesondere beim Versorgungsausgleich eine Rolle.

7. Welche Fragen können vorläufig entschieden werden?

Oft zieht sich selbst ein normales Scheidungsverfahren lange hin. Deshalb gibt es die Möglichkeit, im Wege des vorläufigen Rechtsschutzes bestimmte Dinge vorab zu regeln. Dazu zählt eine schnelle Regelung für den Unterhalt, für den Umgang und für die Zuweisung der Ehewohnung. Dieses Verfahren – es wird eine einstweilige Anordnung beantragt – kann aber nur im Rahmen einer Ehesache, also einer bereits eingereichten Scheidung, geltend gemacht werden.

Die einstweilige Anordnung setzt deshalb voraus, dass

- eine Ehesache (Scheidung) anhängig ist oder
- ein Antrag auf Bewilligung der Prozesskostenhilfe für die Ehesache bereits eingereicht ist (§ 620 a Abs. 2 Satz 1 ZPO).

Ab Rechtskraft der Scheidung bzw. nach Rücknahme des Scheidungsantrags kann eine einstweilige Anordnung im Hinblick auf Unterhalt beantragt werden, wenn eine Hauptsacheklage auf Unterhalt anhängig ist.

Der Vorteil besteht darin, dass innerhalb weniger Wochen eine gerichtliche Entscheidung vorliegt, während ein Hauptsacheverfahren Monate oder Jahre dauern kann.

8. Kann man die Scheidung hinauszögern?

→ Wenn ein Härtefall vorliegt

Die Scheidung unterbleibt laut Gesetz (§ 1586 Abs. 1 BGB) ausnahmsweise wegen Vorliegen eines Härtefalls, obwohl die Ehe gescheitert ist.

In der Praxis spielt diese Härteklausel allerdings kaum eine Rolle. Zum Zuge kommt diese Vorschrift allenfalls dann, wenn der Antragsgegner nachweisbar schwer suizidgefährdet ist.

→ Wenn taktische Überlegungen die Verzögerung sinnvoll machen

Das häufigste Motiv für eine Verzögerung ist, dass ein **Ehegatte hohen Trennungsunterhalt vom anderen Ehegatten** erhält, es nach der Scheidung aber keineswegs sicher ist, ob dann auch nachehelicher Unterhalt in dieser Höhe gezahlt werden wird.

Ehegatten von Beamten verlieren außerdem mit der Rechtskraft der Scheidung ihre **Beihilfeberechtigung** und müssen dann für die private Krankenversicherung hohe Beiträge zahlen. Ehegatten von gesetzlich Krankenversicherten verlieren mit Rechtskraft der Ehescheidung die Möglichkeit, kostenlos in der **gesetzlichen Krankenversicherung** im Rahmen der Familienhilfe mitversichert zu sein. Sie müssen nach der Scheidung die Krankenversicherungsbeiträge selbst bezahlen.

Mit Rechtskraft der Scheidung wird der **Zugewinnausgleichsanspruch** fällig und ist von diesem Zeitpunkt an zu **verzinsen!** Also je später die Rechtskraft der Scheidung, desto weniger Zinsen für denjenigen, der den Ausgleich verlangen kann. Die **Zinshöhe** kann hier schon ganz schön zu Buche schlagen. Spätestens 30 Tage nach Fälligkeit liegen die Zinsen 5 % über dem **Basiszinssatz der Bundesbank.**

→ Möglichkeiten der Verzögerung

Aus welchen Gründen auch immer Sie ein Interesse daran haben, die Scheidung hinauszuzögern – **folgende Möglichkeiten gibt es:**

- Im Scheidungstermin stellt eine Partei einen Auskunftsantrag in den Folgesachen zu Unterhalt oder Zugewinnausgleich.
- Der Ehegatte, der zur Auskunft verpflichtet ist, verzögert die Auskunft, lässt sich verurteilen und legt gegen das Auskunftsurteil eventuell sogar Berufung ein.
- Formulare zum Versorgungsausgleich bzw. die diversen Rückfragen des Versicherungsträgers werden zögerlich bearbeitet.
- Der Ehegatte erscheint nicht zum Scheidungstermin, sondern lässt sich wegen Krankheit entschuldigen. Dies kann mehrfach wiederholt werden!
- Im Zugewinnausgleichsverfahren werden Sachverständigengutachten zur Ermittlung des Wertes bestimmter Vermögenswerte eingeholt.
- Durch die Einlegung einer Berufung gegen den Scheidungsbeschluss oder die Folgesachen verzögert sich ebenfalls die Rechtskraft der Scheidung.

Ehegattenunterhalt bei Trennung und Scheidung

I. Wann muss gezahlt werden?

1. Wenn sich die Ehepartner zunächst nur getrennt haben

Während der Trennungsphase braucht es **im ersten Jahr** noch keinen besonderen Grund für die Unterhaltspflicht (§ 1361 BGB). Von der unterhaltsberechtigten (also der weniger oder gar nichts verdienenden) Person kann jetzt noch nicht verlangt werden, dass sie sich eine Arbeit sucht. Deshalb sprechen Juristen hier vom sogenannten **Sofajahr.**

Eine Pflicht zur Erwerbstätigkeit kommt erst nach Ablauf des ersten Trennungsjahres infrage. Dabei kann von ihm bzw. ihr **nicht mehr verlangt werden als beim Scheidungsunterhalt.** Sollte es also einen Grund geben, weshalb der Betroffene nicht arbeiten gehen kann, muss er es auch nicht. **Typischer Fall:** Die getrennt lebende Mutter betreut ein Kind unter drei Jahren.

Tipp:
Wird der Trennungsunterhalt freiwillig vom Unterhaltsschuldner nicht oder nicht so schnell bezahlt, wie er gebraucht wird, hilft eine sogenannte **einstweilige Anordnung,** die beim Familiengericht beantragt werden muss. Notfalls können Sie sich auch an das Sozialamt wenden.

2. Wenn die Ehepartner rechtskräftig geschieden sind

Jeder Ehepartner ist nach der Scheidung für seinen Lebensunterhalt selbst verantwortlich. Ein Unterhaltsanspruch besteht nur, wenn einer der folgenden **sieben Unterhaltstatbestände** gegeben ist:

- Kindesbetreuung
- Alter
- Krankheit oder Gebrechen
- Ausbildung, Fortbildung oder Umschulung
- Arbeitslosigkeit

- Aufstockungsunterhalt bei nicht ausreichenden eigenen Erwerbseinkünften
- und / oder sonstige schwerwiegende Gründe (Billigkeitsunterhalt)

Oft kommt es vor, dass zunächst der eine Grund (wie z. B. die Kindesbetreuung) vorliegt und im Anschluss daran der Unterhaltsanspruch wegen Arbeitslosigkeit gegeben ist. Möglicherweise schließt sich unmittelbar daran noch ein **weiterer Unterhaltsgrund** an, etwa Krankheit oder Alter. Dann geht es mit der Zahlungspflicht weiter. Es darf dabei aber **keine zeitliche Lücke** zwischen den Unterhaltsgründen entstehen.

Anders sieht es natürlich aus, wenn Vermögen vorhanden ist. Dann muss dies zuerst verwertet werden.

➔ Unterhalt wegen Kindesbetreuung nach § 1570 BGB

In den **ersten drei Lebensjahren des Kindes** hat der kindesbetreuende Elternteil auf jeden Fall einen Unterhaltsanspruch, soweit er bedürftig und der andere Ehegatte leistungsfähig ist (sog. Basisunterhalt). Dieser **Basisunterhalt ist aus zwei Gründen verlängerbar,** und zwar

- aus **allgemeinen Billigkeitsgründen,** die im Interesse des Kindes liegen (§ 1570 Abs. 1 Satz 2 u. 3 BGB).**Konkret:** Der kindesbetreuende Ehegatte muss im Streitfall vortragen, ob und warum eine **Fremdbetreuung nicht möglich oder unzumutbar** ist (z. B. wegen Krankheit oder Entwicklungsrückständen des Kindes).
- aus **besonderen ehebedingten Gründen** (§ 1570 Abs. 2 BGB).**Konkret:** Hier kann Bedeutung erlangen, was die Eltern vor der Scheidung vereinbart haben. Ob sie sich beispielsweise schon in der intakten Ehe einig waren, dass der kindesbetreuende Elternteil möglichst bald in das Berufsleben zurückkehrt oder sich längere Zeit ausschließlich dem Haushalt und der Kindesbetreuung widmet. Auch die Dauer der Ehe spielt eine Rolle.

➔ Unterhalt wegen Alters nach § 1571 BGB

Wer altersbedingt nicht mehr arbeiten kann, braucht es nicht. **Aber:** Das Unterhaltsrecht kennt **keine bestimmten Altersgrenzen.** Entscheidend ist normalerweise die Regelaltersgrenze der gesetzlichen Rentenversicherung. Das gilt auch für Selbstständige.

Unterhalt gibt es aber auch dann, wenn der Ehegatte, der während der Ehe längere Zeit nicht gearbeitet hat, wegen seines vorgerückten Alters keine

Arbeit mehr findet. Es spielt keine Rolle, ob die Ehe erst im hohen Alter geschlossen worden ist, solange es keine besonders kurze Ehe war. Für die ist der Unterhaltsanspruch in aller Regel ausgeschlossen.

➔ Unterhalt wegen Krankheit nach § 1572 BGB

Dieser Unterhaltsanspruch besteht, wenn der geschiedene Ehegatte bei **Rechtskraft der Scheidung** oder **im Anschluss** an die anderen Unterhaltstatbestände **aus gesundheitlichen Gründen nicht mehr arbeiten** kann. Die Krankheit muss so schwer sein, dass **keine reale Beschäftigungsmöglichkeit** mehr besteht.

Tipp:
Wer sich auf diesen Unterhaltstatbestand beruft, sollte seinen Anspruch durch **ärztliche Atteste** belegen. Damit hilft er dem Gericht, von Anfang an den richtigen fachärztlichen Sachverständigen für das ohnehin notwendige Gutachten zu bestimmen.

Auf ein Verschulden kommt es hier nicht an. Selbst **erhebliches Übergewicht** mit Krankheitswert oder andere Krankheiten, die mit der eigenen Lebensführung zusammenhängen, schaden dem Unterhaltsberechtigten bei seinem Anspruch nicht. **Alkoholsucht** und **Medikamentenabhängigkeit** werden ebenfalls als Krankheit anerkannt. Ein Unterhaltsanspruch besteht auch dann, wenn die gesundheitliche Beeinträchtigung bereits bei der Eheschließung bestand.

➔ Unterhalt wegen Ausbildung, Fortbildung oder Umschulung

Hat der Anspruchsteller wegen der Eheschließung oder während der Ehe eine Ausbildung nicht aufgenommen oder abgebrochen, kann er Unterhalt verlangen, wenn er jetzt weitermacht bzw. anfängt (§ 1575 BGB). Vorausgesetzt, es ist mit dem **erfolgreichen Abschluss der Ausbildung** zu rechnen. Und: Es muss schon **vor der Eheschließung ein fester Plan** bestanden haben, einen bestimmten Beruf zu ergreifen. Auch konkrete Maßnahmen in diese Richtung müssen schon in die Wege geleitet worden sein. Bloße Behauptungen reichen nicht aus.

Aber: Ist eine Ausbildung wegen mangelhafter Leistung abgebrochen worden, braucht die Fortsetzung vom anderen Ehepartner nicht finanziert zu werden. Anders sieht es dagegen aus, wenn die Ausbildung wegen Krankheit unterbrochen wurde. Das schadet dem Unterhaltsanspruch nicht.

Auch eine Umschulung oder Fortbildung, die dazu dient, in einem früher ausgeübten Beruf wieder auf dem Laufenden zu sein, begründet den Unterhaltsanspruch (z. B. Fortbildung am Computer).

Wichtig: Eine unterlassene oder abgebrochene Ausbildung muss nach der Scheidung so bald wie möglich aufgenommen werden.

➔ Unterhalt wegen Arbeitslosigkeit nach § 1573 Abs. 1 BGB

Wer nach der Scheidung, nach Ende der Kindesbetreuung, nach Auslaufen des Unterhaltsanspruchs wegen Krankheit oder nach einer Ausbildung keine angemessene Arbeit findet, ist ebenfalls unterhaltsberechtigt.

Angemessene Arbeit heißt, sie muss der Ausbildung der unterhaltsberechtigten Person, ihren Fähigkeiten, ihrer früheren Erwerbstätigkeit, dem Lebensalter und dem Gesundheitszustand entsprechen (§ 1574 Abs. 2 BGB). Die bisherigen Lebensverhältnisse spielen eine wichtige Rolle, insbesondere die Dauer der Ehe und die Erziehung der gemeinschaftlichen Kinder.

Angemessene Erwerbstätigkeit heißt insbesondere, dass eine **»objektiv angemessene« Tätigkeit** verlangt werden kann. Das heißt, dass die Erwerbstätigkeit in einem bereits früher ausgeübten Beruf immer als angemessen anzusehen ist. Das gilt auch dann, wenn der jetzt Unterhalt beanspruchende Ehegatte früher eine Tätigkeit ausgeübt hat, die unter seiner beruflichen Qualifikation lag.

Beispiel:
Eine gelernte Diplom-Kauffrau arbeitet in der Zahnarztpraxis ihres Mannes als Sprechstundenhilfe. In diesem Fall ist es ihr zumutbar, auch nach der Scheidung als Sprechstundenhilfe oder in einem ähnlichen Beruf zu arbeiten. Sie kann sich nicht auf ihren Akademikerstatus berufen.

Der Anspruch besteht nur, wenn sich der arbeitslose Expartner **ernstlich bemüht,** einen Arbeitsplatz zu finden. Die Meldung bei der Arbeitsagentur reicht allein nicht aus. Bewerbungen auf Stellenanzeigen in Zeitungen – auch außerhalb des unmittelbaren Wohnbereichs – und Eigeninserate sind hier gefragt.

Tipp:
Wenn Sie als Anspruchsteller nicht vermittelbar sind, sollten Sie sich eine entsprechende **Bestätigung von der Arbeitsagentur** geben lassen oder den zuständigen Sachbearbeiter als Zeugen für das Unterhaltsverfahren benennen. Im Übrigen sollten Sie auf alle Fälle Ihre Bemühungen ausführlich dokumentieren, indem Sie zum Beispiel die einzelnen Bewerbungsschreiben und die darauf ergangenen Absagen aufbewahren.

Ein **Ortswechsel** kann nicht immer verlangt werden. Familiäre oder sonstige persönliche Bindungen können dem entgegenstehen. Das kann zum Beispiel vorkommen, wenn sich eine unterhaltsbedürftige Ehefrau schon seit Jahren um ihre betagten und pflegebedürftigen Eltern gekümmert hat.

Findet sich ein Arbeitsplatz, erlischt oder reduziert sich der Unterhaltsanspruch. Der Unterhaltsanspruch lebt aber wieder auf, wenn das Arbeitsverhältnis nach kurzer Zeit wieder endet – zum Beispiel nach der Probezeit oder wegen zeitlicher Befristung. Hier ist der Lebensunterhalt noch nicht »nachhaltig gesichert«. Anders sieht es dagegen aus, wenn die Arbeitslosigkeit erst nach längerer Zeit wieder eintritt.

→ Wenn die Einkünfte nicht ausreichen nach § 1573 Abs. 2 BGB

Wenn beide Ehepartner nach der Scheidung berufstätig sind, steht demjenigen, der jetzt trotz »Ausschöpfung seiner Arbeitskraft« wirtschaftlich schlechter dasteht, der **Aufstockungsunterhalt** zu. Damit soll der in der Ehe erreichte Lebensstandard wenigstens annähernd erhalten bleiben.

Dieser Anspruch steht meistens den Frauen zu, da sie in der Regel weniger verdienen als die Männer, selbst wenn sie ganztägig arbeiten. Er besteht entweder direkt nach der Scheidung oder als Anschlussunterhalt wegen Kindesbetreuung, nach Auslaufen des Unterhaltsanspruchs wegen Krankheit oder nach einer Ausbildung.

Beispiel:
Die geschiedene Ehefrau eines gut verdienenden Rechtsanwalts, die zunächst Unterhalt für eine Ausbildung als Rechtsanwaltsgehilfin bekommen hat und nun durch eine Ganztagstätigkeit selbst Geld verdient, darf Aufstockungsunterhalt verlangen.

➔ Unterhalt aus Billigkeitsgründen nach § 1576 BGB

Wenn alle oben aufgeführten Unterhaltstatbestände ausscheiden, bleibt der sogenannte **Billigkeitsunterhalt.** Hierbei handelt es sich um eine **Ausnahme,** die in der Praxis keine große Rolle spielt.

3. Wann gibt es weniger, kürzer oder gar keinen Unterhalt?

➔ Wenn keine ehebedingten Nachteile vorliegen

Alle Ansprüche auf nachehelichen Unterhalt können **seit 1. 1. 2008** der Höhe nach begrenzt oder zeitlich befristet werden, wenn eine am ehelichen Lebensstandard (»eheliche Lebensverhältnisse«) orientierte Berechnung »unbillig« wäre. Dies schreibt der neue § 1578b BGB vor. »Unbillig« bedeutet, dass es dem natürlichen Empfinden für Gerechtigkeit widersprechen würde.

Wenn die Voraussetzungen vorliegen, muss das Familiengericht den Unterhalt herabsetzen und / oder zeitlich begrenzen. Einen Ermessensspielraum gibt es nicht.

Es kommt darauf an, ob der unterhaltsbedürftige Ehegatte durch die Ehe in seinen Möglichkeiten beeinträchtigt worden ist, für seinen Lebensunterhalt selbst aufzukommen. Solche Nachteile können sich vor allem aus der **Rollenverteilung während der Ehe** ergeben. **Typischer Fall:** Die Frau erzieht die gemeinsamen Kinder und bleibt deswegen zu Hause.

Sind die Kinder schon groß und führt die Frau weitgehend den Haushalt allein, gibt es ebenfalls keine Befristung (BGH, Urteil vom 6. 10. 2010, XII ZR 202/08). Dasselbe gilt für eine Frau, die sich zum Beispiel um die Schwiegereltern kümmert und deshalb keiner Erwerbstätigkeit nachgeht. Aber: Kümmert sie sich um die eigenen Eltern, liegt darin kein ehebedingter Nachteil.

Wichtig: Die **Begrenzung erfolgt nicht automatisch.** Wer sich auf die Unbilligkeit beruft, also den Unterhaltsanspruch zeitlich begrenzen lassen will, muss dies im Streitfall darlegen und beweisen. Hat der Unterhaltspflichtige die Umstände vorgetragen, die für eine Begrenzung des Unterhaltsanspruchs sprechen, muss die unterhaltsberechtigte Person alles vortragen, was dagegen spricht.

Zeitliche Begrenzung heißt, zum Beispiel beim sogenannten Aufstockungsunterhalt, dass ca. drei bis vier Jahre lang gezahlt werden muss - immer vorausgesetzt, es liegen keine besonderen Umstände wie eine sehr lange Ehedauer vor. Dann ist erheblich länger zu zahlen.

➔ Verwirkung, wenn die Zahlungspflicht unzumutbar ist

Ein **Unterhaltsanspruch** ist außerdem zu versagen (also abzulehnen), herabzusetzen oder zeitlich zu begrenzen, wenn der Anspruchsteller (§ 1579 BGB)

- nur kurz mit dem anderen verheiratet war,
- in einer verfestigten Lebensgemeinschaft lebt,
- sich eines schweren Verbrechens oder eines schweren vorsätzlichen Vergehens gegen den Unterhaltspflichtigen oder einen nahen Angehörigen des Unterhaltspflichtigen schuldig gemacht hat,
- seine Bedürftigkeit mutwillig herbeigeführt hat,
- sich über schwerwiegende Vermögensinteressen des Unterhaltspflichtigen mutwillig hinweggesetzt hat,
- vor der Trennung längere Zeit hindurch seine Pflicht, zum Familienunterhalt beizutragen, gröblich verletzt hat,
- ein offensichtlich schwerwiegendes, eindeutig bei ihm liegendes Fehlverhalten gegen den Verpflichtenden zu verantworten hat, oder
- ein anderer Grund vorliegt, der ebenso schwer wiegt wie die zuvor genannten Gründe.

Mit einem oder mehreren dieser Gründe kann der Unterhaltsanspruch »verwirkt« sein; das bedeutet, man hat keinen Anspruch mehr auf Unterhalt. Doch selbst wenn einer der Unzumutbarkeitsgründe vorliegt, gehen die **Belange gemeinschaftlicher Kinder** vor. Das heißt, Kinder dürfen nicht unter dem Fehlverhalten des betreuenden Elternteils leiden.

Im Einzelfall wird, auch wenn einer der oben genannten Gründe vorliegt, der Unterhaltsanspruch beschränkt – und zwar auf das Existenzminimum in Höhe von derzeit € 770,– für einen nicht erwerbstätigen Ehegatten bzw. von € 900,– für einen erwerbstätigen Ehegatten.

Wenn ein Unterhaltspflichtiger dem Ehepartner das **Fehlverhalten verziehen** hat, sind ihm die Zahlungen zumutbar.

➔ Die Verwirkungsgründe im Einzelnen

→ Kurze Ehedauer (§ 1579 Nr. 1 BGB)

Als kurz gilt normalerweise eine **Ehedauer bis ca. zwei Jahre.** Eine Ehe über drei Jahre gilt in der Regel nicht mehr als kurz. Gerechnet wird vom Zeitpunkt der Eheschließung an bis zur Zustellung des Scheidungsantrages durch das Gericht.

Wenn **aus der Ehe Kinder hervorgegangen** sind, ist zusätzlich die Zeit zu berücksichtigen, in der der unterhaltsberechtigte Ehegatte Unterhalt wegen Kindesbetreuung verlangen kann. Dabei darf aber nicht die Kindererziehungszeit der Ehe einfach hinzugerechnet werden.

→ Verfestigte Lebensgemeinschaft (§ 1579 Nr. 2 BGB)

Seit 1. 1. 2008 ist die verfestigte Lebensgemeinschaft als eigenständiger Härtegrund in den § 1579 BGB eingefügt worden, mit dem Ansprüche »verwirkt« werden. Es muss sich um eine dauerhafte feste Beziehung handeln. Dies gilt insbesondere, wenn der geschiedene Ehegatte nun mit dem neuen Partner gemeinsam wirtschaftet, also eine Unterhaltsgemeinschaft vorliegt. Hierfür genügt ein Zeitraum von zwei bis drei Jahren. Es reicht aus, wenn sich der neue Partner überwiegend in der Wohnung des geschiedenen Ehegatten aufhält, dort übernachtet, die Freizeit im Wesentlichen gemeinsam gestaltet und in der Öffentlichkeit den Eindruck einer verfestigten Gemeinschaft erweckt wird.

Anders sieht es aus, wenn **gemeinsame Kinder** zu versorgen sind. Dann kommt es normalerweise nicht zu einer völligen Verwirkung des Anspruchs.

→ Straftaten gegen den Unterhaltspflichtigen oder dessen Angehörige

Es muss nicht gleich Mord und Totschlag sein, damit Unterhaltsansprüche verwirkt sind. Typischer Anwendungsfall für § 1579 Nr. 3 BGB ist unter anderem **Betrug, um Unterhaltsleistungen zu erlangen.** Darunter fallen zum Beispiel das Verschweigen eines Studienabbruchs oder die **Aufnahme einer Erwerbstätigkeit.** Dasselbe gilt für falsche Auskünfte über eigene Einnahmen. Hier besteht sogar eine **Pflicht zur Mitteilung** ohne vorhergehende Aufforderung.

Auch wer bewusst verschweigt, dass er mit einem neuen Partner zusammenlebt, verwirkt unter Umständen seinen Anspruch und macht sich möglicherweise sogar schadensersatzpflichtig wegen zu viel gezahlten Unterhalts in der Vergangenheit.

Der Unterhaltsberechtigte muss sich darüber hinaus **schuldhaft verhalten** haben. Es kommt aber nicht darauf an, ob das Verhalten des Unterhaltsberechtigten strafbar ist.

→ Mutwillig herbeigeführte Bedürftigkeit (§ 1579 Nr. 4 BGB)

Hierunter fallen

- Vermögensverschwendung,
- unterlassene Heilbehandlung,

- Aufgabe der Berufstätigkeit,
- Verzicht auf Arbeitslosen- und Krankengeld und so weiter.

Problematisch ist hier, dem anderen die Mutwilligkeit nachzuweisen.

→ Vermögensschädigung (§ 1579 Nr. 5 BGB)

Hier genügt es, wenn der Unterhaltsbedürftige durch sein Verhalten das Einkommen des anderen Ehegatten mindert oder gefährdet.

Beispiel:
- Der Unterhaltsberechtigte schwärzt seinen Expartner beim Arbeitgeber oder beim Geschäftspartner an, um dessen Kündigung zu erreichen.
- Leichtfertige Strafanzeigen, insbesondere wegen Steuerhinterziehung.

→ Unterhaltspflichtverletzung (§ 1579 Nr. 6 BGB)

Hier geht es um ein Fehlverhalten, das schon vor der Trennung der Ehepartner häufig stattgefunden haben muss. Denkbar sind zum Beispiel die Fälle, in denen der Ehepartner, der später Unterhalt verlangt,

- Haushalt oder Sorge für die Kinder während der Ehe vernachlässigt hat,
- ohne triftigen Grund keiner Arbeit nachgegangen ist oder
- kein Haushaltsgeld abgegeben hat.

Das Ganze muss dann auch noch über einen längeren Zeitraum stattgefunden haben. Deshalb spielt dieser Verwirkungsgrund in der Praxis kaum eine Rolle.

→ Schwerwiegendes Fehlverhalten (§ 1579 Nr. 7 BGB)

Der Hauptanwendungsfall ist hier das einseitige Ausbrechen aus einer »harmonisch verlaufenden Ehe«, indem sich der Anspruchsteller einem neuen Partner zuwendet.

Beispiel:
Eine Ehefrau hat über Jahre hinweg ein intimes Verhältnis mit einem Freund der Familie unterhalten. Ein Teil des Sportklubs, in dem das Ehepaar und der Freund Mitglied sind, weiß Bescheid.

→ Sonstige schwere Gründe (§ 1579 Nr. 8 BGB)

Der Hauptanwendungsfall dieses Ausschlussgrundes war bisher eine neue Partnerschaft des Unterhaltsberechtigten nach der Scheidung. Dieser Fall ist seit dem 1. 1. 2008 in § 1579 Nr. 2 BGB geregelt. Was also noch darunter fallen könnte, wird die Rechtsprechung im Einzelfall entscheiden müssen.

II. Wie wird der Unterhalt berechnet?

1. Wenn es um den normalen Lebensbedarf geht

➔ Ausgangspunkt sind die ehelichen Lebensverhältnisse

Der unterhaltsberechtigte Ehegatte soll so gestellt werden **wie zu Zeiten der »intakten« Ehe.** Das ist natürlich in der Praxis nicht realistisch. Jede Trennung bzw. Scheidung bringt auf beiden Seiten allein durch die doppelte Haushaltsführung erhöhte Kosten mit sich. Im Ergebnis kann daher das vorhandene Geld nach bestimmten Grundsätzen geteilt werden – in krassen Fällen spricht man von der »Aufteilung des Mangels«.

Maßgeblich für den Anspruch ist das **bereinigte Nettoeinkommen** beider Ehegatten in den letzten zwölf Monaten vor der Trennung bzw. Scheidung.

Dafür werden alle möglichen Beträge vom Einkommen des Unterhaltspflichtigen und Unterhaltsberechtigten abgezogen oder hinzugerechnet, um ein bestimmtes Nettoeinkommen als Berechnungsgrundlage zu erhalten. Im Einzelfall muss aber auch immer festgestellt werden, ob dieses Einkommen tatsächlich die **ehelichen Lebensverhältnisse geprägt** hat.

➔ Die Unterhaltsberechnung erfolgt nach Quoten

Die Familiengerichte teilen nun das zuvor ermittelte Nettoeinkommen des Unterhaltspflichtigen bzw. die Einkommensdifferenz bei Berufstätigkeit beider Ehegatten nach einem bestimmten Schlüssel auf. Dabei gibt es Unterschiede zwischen den einzelnen Oberlandesgerichten.

Der unterhaltspflichtige Ehegatte darf von seinem Einkommen immer ein bisschen mehr behalten als der unterhaltsbedürftige Ehepartner. Durch diesen sogenannten **Erwerbstätigenbonus** soll die Arbeitsfreude erhalten bleiben.

Die bekannteste Quotelung (d.h. Aufteilung des verfügbaren Einkommens pro Monat) ist die des Oberlandesgerichts Düsseldorf. Hier wird im Verhältnis 4/7 zu 3/7 zugunsten des Unterhaltsschuldners aufgeteilt.

Die Süddeutschen Leitlinien gehen dagegen vom Halbteilungsgrundsatz aus. Das heißt, dass das Einkommen 50:50 geteilt wird. Allerdings werden hier nur 90 % der Einkünfte berücksichtigt. Das heißt, hier beträgt der Erwerbstätigenbonus zur Erhaltung der Schaffensfreude (also das, was der Verdiener mehr behalten darf) 1 / 10 vom bereinigten Nettoeinkommen.

Beispiel:
Der Mann verfügt über ein monatliches Nettoeinkommen von € 2 800,– Hiervon darf er 4 / 7 behalten, also € 1 600,–.

Sind der geschiedene Ehegatte und der neue Ehepartner unterhaltsrechtlich gleichgestellt, weil zum Beispiel auf der einen Seite eine lange Ehe mit gemeinsamen Kindern bestanden hat und auf der anderen Seite noch Kleinkinder zu berücksichtigen sind, wird anders geteilt. In diesem Fall wird das Einkommen des Mannes gedrittelt - allerdings erst nach dem Abzug des Erwerbstätigenbonus von 1 / 7 bzw. 1 / 10 zugunsten des Mannes.

Tipp:
Wenn der Unterhaltsschuldner ein sehr hohes Einkommen hat: In diesem Fall setzen die Gerichte keine Quote fest. Es reicht vielmehr, wenn der unterhaltsberechtigte Ehegatte seinen **konkreten monatlichen Bedarf** darlegt und begründet. Dazu zählen auch all die Dinge, die während der Ehe das Leben schön gemacht haben – angefangen von teuren Kosmetika bis hin zu Golfstunden. Ausnahme: Es sind mit dem Scheitern der Ehe zum Beispiel repräsentative Aufgaben weggefallen, sodass der tägliche Friseurbesuch nicht mehr erforderlich ist.

Die Berechnungsmethode hängt davon ab, ob der Unterhaltsberechtigte selbst Einkommen hat. Wenn nur der Verpflichtete Einkommen hat, bestimmen nur die Einkünfte des unterhaltspflichtigen Ehegatten die ehelichen Lebensverhältnisse und damit auch die Höhe des nachehelichen Unterhalts. Bei einem oder mehreren **Kindern** ist der jeweilige Unterhaltsbetrag für die Kinder – auch für volljährige Kinder – zunächst vom Einkommen abzuziehen (sog. Vorwegabzug).

Beispiel:
Der Mann hat ein monatliches Nettoeinkommen von € 3 000,–. Für seine unterhaltsberechtigten Kinder muss er monatlich insgesamt € 690,– aufbringen (Kindesunterhalt lt. Düsseldorfer Tabelle abzgl. hälftigem Kindergeld für zwei Kinder in der Altersgruppe 6 bis 11 Jahre). Das heißt, der verbleibende Restbetrag in Höhe von € 2 310,– wird im Verhältnis 4 / 7 zu 3 / 7 geteilt. Dem Mann verbleiben deshalb € 1 320,–. Der Rest steht der Ehefrau als Unterhalt zu.

Etwas anderes gilt dann, wenn der Unterhaltsberechtigte sich nicht ausreichend um Arbeit bemüht, obwohl von ihm verlangt werden kann, dass er arbeitet. Dann wird ihm ein **fiktives Einkommen angerechnet.** Bei der Höhe werden Alter, Ausbildung, Berufserfahrung und Gesundheitszustand berücksichtigt, ebenso ein Erwerbstätigenbonus. Das Ganze ist natürlich nur begrenzt möglich. Schließlich kann niemand von fingierten Einkünften leben. Die Alternative, den Anspruchsteller auf Sozialleistungen zu verweisen, wird von den Familiengerichten in der Regel nicht praktiziert.

Haben dagegen **beide ein Einkommen,** richten sich die ehelichen Lebensverhältnisse normalerweise nach der **Summe beider Einkünfte.** Häufig sind diese aber **verschieden hoch.** Deshalb wird in diesen Fällen nach der sogenannten **Differenzmethode** gerechnet. Das heißt, das für die Berechnung maßgebliche Einkommen des Unterhaltsberechtigten wird von dem Einkommen des Unterhaltspflichtigen abgezogen. Aus der **Differenz beider Einkommen** wird dann mit der jeweils üblichen Quote der Unterhaltsanspruch ermittelt.

Beispiel:
Der Mann verfügt über ein monatliches Nettoeinkommen von € 3 000,–. Die Ehefrau verdient € 1 500,– monatlich netto. Ihr Erwerbstätigenbonus in Höhe von 1/7 ist schon herausgerechnet worden. Verteilt wird dann die Differenz in Höhe von € 1 500,– nach der Quotelung 4/7 zu 3/7 auf beide Ehegatten. Dadurch ergibt sich für die Ehefrau ein Unterhaltsanspruch in Höhe von € 643,–.

Wichtig: Auch bei der Differenzmethode kommt es zum **Vorwegabzug des Kindesunterhalts,** soweit unterhaltsberechtigte Kinder vorhanden sind. Abgezogen wird dieser normalerweise vom Einkommen desjenigen Elternteils, der das Kind nicht betreut, sondern barunterhaltspflichtig ist (→ Kapitel B 5).

Tipp:
Wenn die unterhaltsberechtigte Person Einkünfte aus unzumutbarer Tätigkeit hat: Arbeitet die Mutter eines Kleinkindes, ist ihr dies ja eigentlich nicht zumutbar. **Folge:** Die Differenzmethode darf hier nicht angewendet werden. Das heißt, das Einkommen der Mutter bleibt außer Betracht.

Aber: Übersteigt das Einkommen aus dieser unzumutbaren Tätigkeit den Unterhaltsanspruch, den die Frau hätte, wenn nur das Einkommen des unterhaltspflichtigen Mannes berücksichtigt würde, rechnen die Gerichte häufig den darüber hinausschießenden Betrag zur Hälfte an.

2. Unterhalt für die soziale Absicherung gibt es zusätzlich

→ Vorsorgeunterhalt für die Alterssicherung (§ 1578 Abs. 2 BGB)

Der Unterhaltsanspruch, der sich aus der Quotelung der Einkünfte ergibt, ist nur der **Elementarunterhalt.** Er dient der normalen Lebensführung. Aufwendungen zur **Altersvorsorge** fallen nicht darunter. Dem Unterhaltsberechtigten steht dafür ein zusätzlicher Betrag zu – und zwar ab dem Monat der Rechtshängigkeit des Scheidungsantrags. Es reicht der allgemeine Antrag auf Unterhalt.

Vorsorgeunterhalt gibt es auch dann, wenn die unterhaltsberechtigte Person selbst rentenversichert ist. In diesem Fall kommen zusätzliche private Vorsorgemöglichkeiten infrage.

Tipp:
Der Vorsorgeunterhalt wird nicht automatisch zugesprochen. Er muss vielmehr ausdrücklich vom Anwalt beantragt und beziffert werden. Reicht aber das Einkommen des Unterhaltspflichtigen schon nicht aus, um den Elementarunterhalt abzudecken, gibt es keinen Altersvorsorgeunterhalt.

Beachten Sie außerdem, dass der Elementarunterhalt aufgrund der Berechnungsmethode durch den Vorsorgeunterhalt verringert wird. Überlegen Sie sich deshalb gut, was Ihnen lieber ist.

→ Vorsorgeunterhalt für den Krankheitsfall

Ist eine Ehe noch nicht geschieden, bleibt eine **Mitversicherung** erhalten. Diese Versicherung erlischt aber mit Rechtskraft der Scheidung. So muss sich zum Beispiel die bislang in einer örtlichen Krankenkasse versicherte Hausfrau jetzt **freiwillig versichern.** Dafür hat sie **drei Monate** nach Rechtskraft der Scheidung Zeit. Der Beitragssatz hängt von der jeweiligen Krankenkasse ab. Berechnungsbasis ist der zuvor ermittelte Elementarunterhalt. Eventuell vorhandene **Kinder bleiben beim Vater mitversichert.**

Wer bislang **privat versichert** war, darf grundsätzlich weiter privat versichert bleiben. Es sollte jedoch die günstigste Möglichkeit gesucht werden. Da sich an der Höhe des Beitrags aber grundsätzlich nichts ändert, entspricht der Krankenvorsorgeunterhalt hier dem Beitragssatz.

Bei der **Beamtenehe** verliert der nicht beamtete unterhaltsberechtigte Ehegatte seinen Anspruch auf Beihilfe. In diesem Fall kann unter Umständen auf eine freiwillige Versicherung in der gesetzlichen Kasse zurückgegriffen oder die private Krankenversicherung aufgestockt werden.

Der Krankenvorsorgeunterhalt wird genauso wie der Altersvorsorgeunterhalt beim Elementarunterhalt berücksichtigt.

3. Wenn der Unterhaltsberechtigte einen Sonderbedarf hat

Unter Sonderbedarf versteht man einen unregelmäßig anfallenden außergewöhnlich hohen Bedarf. Unregelmäßig ist der Bedarf, wenn er nicht vorhersehbar und deshalb nicht beim Unterhalt berücksichtigt werden konnte. Typisches Beispiel sind **Krankheitskosten,** die nicht von der Krankenkasse oder -versicherung übernommen werden. Liegen die Voraussetzungen vor, muss der Unterhaltspflichtige zahlen – vorausgesetzt, er ist dazu finanziell in der Lage.

4. Was gilt bei einer gemeinsamen Immobilie?

Wenn Eheleute in einem Eigenheim leben, müssen sie keine Miete zahlen, aber in der Regel Zins, Tilgung und allgemeine Grundstückskosten. Das beeinflusst den Unterhaltsanspruch, weil der Elementarunterhalt einen bestimmten Mietanteil vorsieht, der durch den **»Vorteil des mietfreien Wohnens«** entfällt. Das setzt allerdings voraus, dass Eigenheimbewohner überhaupt einen finanziellen Vorteil gegenüber einer Mietzahlung haben, was angesichts der hohen Kosten für die Eigenheimfinanzierung eher selten ist. Wenn nicht, wird auch kein Wohnvorteil berücksichtigt.

Ein Wohnvorteil ist dann am ehesten gegeben, wenn die unterhaltsberechtigte Person zum Beispiel in einer schuldenfreien Immobilie wohnt, die sie zum Beispiel von den Eltern geschenkt bekommen hat.

Es bleibt also bei dem zuvor ermittelten Unterhaltsanspruch. Ein Mietwert wird nicht abgezogen. **Aber:** Solange die Ehe noch nicht endgültig gescheitert ist – zumindest in den ersten zwei bis drei Jahren –, sind die ehelichen Verhältnisse durch die Annuitäten geprägt worden. Folge: Sie werden bei demjenigen einkommensmindernd berücksichtigt, der für die Kosten aufkommt. Beachten Sie dabei die nachfolgenden **Fallkonstellationen.**

➔ Berücksichtigung des Wohnvorteils während der Trennungszeit

Wenn der unterhaltsbedürftige Ehepartner in der gemeinsamen Wohnung zurückbleibt, trägt der unterhaltspflichtige Ehepartner normalerweise die Zins- und Tilgungsleistungen, weil der andere Ehepartner sie ohnehin nicht aufbringen kann. **Folge:** Die Hausbelastungen vermindern sein Einkommen. Vorab sind von dem Einkommen jedoch staatliche Fördermittel nach dem Eigenheimzulagengesetz abzuziehen.

Gleichzeitig vermindert sich der Unterhaltsbedarf des im Haus verbliebenen Ehegatten, weil er mietfrei wohnt. **Grund:** Der Elementarunterhaltsanspruch beinhaltet einen Mietkostenanteil, der hier entfällt. Der Abschlag vom Unterhaltsanspruch richtet sich, solange die Eheleute getrennt leben, in der Regel danach, was der Unterhaltsberechtigte auf dem örtlichen Wohnungsmarkt für eine dem ehelichen Lebensstandard entsprechende kleinere Wohnung zahlen müsste. Das ist zum Beispiel bei einer 100 m2 großen Ehewohnung eine Zweieinhalbzimmerwohnung für ihn allein.

Der volle Wohnwert der Immobilie, also die auf dem Markt erzielbare Miete, die unter Umständen mehr als das Doppelte ausmachen kann, darf nicht zulasten des zurückgebliebenen Ehegatten gehen. Hier bleibt es zunächst bei der sogenannten »**angemessenen Wohnvorteilberechnung**«.

In der Praxis wird aber nicht nach »Schema F« gerechnet, sondern ergebnisorientiert. Das heißt, der **Wohnvorteil,** der schließlich nicht so weit gehen darf, dass der Unterhaltsberechtigte vom »Wohnen« leben soll, wird ca. mit einem Fünftel oder – wenn es hoch kommt – mit einem Viertel des Unterhaltsanspruchs angesetzt.

Wenn noch **gemeinsame Kinder beim unterhaltsbedürftigen Ehegatten in der ehemaligen gemeinsamen Familienwohnung** mitleben, erhöht sich unter Umständen der Wohnwert zu seinen Lasten um ca. 15 %20 % des Kindesunterhaltsanspruchs. Dieser ergibt sich wiederum aus den Unterhaltstabellen.

Bleibt der unterhaltspflichtige Ehepartner in der Wohnung und trägt wegen seines höheren Einkommens die Hauslasten alleine, wird dies einkommensmindernd berücksichtigt. Gleichzeitig muss er sich aber das mietfreie Wohnen anrechnen lassen. Auch hier **wird nur der Wert für eine angemessene Wohnung** zugrunde gelegt.

➔ Nach der Scheidung

Spätestens nach der Scheidung wird anders gerechnet, wenn einer der Ex-Partner in der ehemaligen Ehewohnung wohnen bleiben will. Denn gerade bei unverhältnismäßig hohen Belastungen muss eine **andere Lösung** gefunden werden. In den meisten Fällen heißt das: **verkaufen.**

Ist ein Wohnvorteil, der aus dem mietfreien Wohnen im eigenen Haus anfällt, wegen des Verkaufs des Eigenheims nicht mehr vorhanden, so setzt sich dieser Vorteil in dem erzielten oder erzielbaren Ertrag fort. Dieser Ertrag kann sowohl der Nutzungsvorteil einer neuen Wohnung sein, die mit dem Verkaufserlös erworben wurde, als auch der Zins des angelegten oder anzulegenden Verkaufserlöses.

Trotzdem kommt es vor, dass einer der Partner im ehemaligen gemeinsamen Haus bzw. der gemeinsamen Wohnung zurückbleibt. Das wirkt sich auf die **Unterhaltsberechnung** aus. Zahlt der Unterhaltspflichtige nach wie vor die verbrauchsunabhängigen Kosten, wie Zins, Tilgung und sonstige Hauslasten, werden bei ihm nur noch die Zinsen einkommensmindernd berücksichtigt. Unabhängig davon sind die Ex-Partner natürlich nicht daran gehindert, hier eine **einvernehmliche Lösung** zu treffen.

Tipp:
Scheidungswillige Paare sollten in dieser Situation mithilfe eines auf familienrechtliche Mediation spezialisierten Anwaltes die Scheidungsvereinbarungen miteinander am runden Tisch aushandeln, statt um jeden Cent Unterhalt vor Gericht zu streiten.

Hat derjenige, der im Haus zurückgeblieben ist, einen Wohnvorteil, weil er günstiger wohnt, als er vergleichsweise an Miete zahlen müsste, wird ihm dieser Vorteil nun als Einkommen angelastet – und zwar in Höhe des objektiven vollen Mietwertes. Davon darf er dann aber die Miete für eine angemessene Wohnung abziehen.

Beispiel:
Einer der geschiedenen Partner bleibt im ehemals gemeinsamen Familienheim wohnen. Für das Haus ließe sich auf dem Wohnungsmarkt eine Miete von € 1 000,– erzielen. Für eine dem Wohnbedarf angemessene Wohnung müsste der Mann aber nur € 650,– bezahlen. Folge: Sein Einkommen erhöht sich um den Vorteil von € 350,–.

5. Wenn der Unterhaltspflichtige nicht genug verdient

Solange der Unterhaltspflichtige so viel verdient, dass er allen gerecht wird, die Unterhaltsansprüche an ihn stellen, gibt es keine Schwierigkeiten? jedenfalls keine finanziellen. Wer aber einen geschiedenen ersten Ehegatten, einen neuen Ehegatten und mehrere Kinder aus erster und zweiter Ehe zu versorgen hat, kann häufig den Geldbedarf aller nicht mehr voll aufbringen. Familienrichter sprechen hier von einem **Mangelfall.** Wie hier gerechnet wird, können Sie dem **Berechnungsbeispiel** aus den Erläuterungen zur Düsseldorfer Tabelle entnehmen.

Tipp:
Eine Beispielsberechnung für diesen Fall finden Sie in der Düsseldorfer Tabelle, die Ihnen unter www. bild-recht.com (R 03001) zur Verfügung steht.

Auf jeden Fall sollten Sie sich darüber im Klaren sein, dass **seit 1. 1. 2008** die **Kinder** – egal ob aus der ersten oder zweiten Ehe, ehelich oder nicht ehelich – **absoluten Vorrang vor dem unterhaltsberechtigten Ehepartner** haben. Auch im Verhältnis der jeweiligen Partner untereinander gibt es jetzt die Besonderheit, dass die kindererziehende Person vorrangig vor dem nicht kindererziehenden Partner zu versorgen ist.

Ausnahme: Ehepartner, die nach langen Ehejahren besonders schutzwürdig sind. Diese Personen werden mit kinderbetreuenden Unterhaltsberechtigten gleichgesetzt. In diesem Fall wird das Einkommen des beiden gleichermaßen verpflichteten Mannes gedrittelt.

Unterhaltsansprüche ehelicher und nicht ehelicher Kinder

I. Wann sind Eltern unterhaltspflichtig?

→ Grundsätzlich immer!

Beide Elternteile müssen für den Unterhalt ihrer minderjährigen Kinder aufkommen. Dabei ist es gleich, ob die Eltern verheiratet sind oder nicht. Es gibt beim Kindesunterhalt **keinen Unterschied mehr zwischen ehelichen und nicht ehelichen Kindern.** Neu ist, dass seit 1. 1. 2008 minderjährige Kinder vor allen anderen Unterhaltsberechtigten absoluten Vorrang haben. So haben auch die Kinder aus nicht ehelichen Beziehungen Vorrang vor dem Ex-Ehepartner.

Konkret: Derjenige Elternteil, bei dem das Kind normalerweise lebt, kommt seiner Unterhaltspflicht nach, indem er es betreut und erzieht. Außer diesem »**Betreuungsunterhalt**« muss normalerweise kein weiterer Unterhalt geleistet werden. Den sogenannten »**Barunterhalt**« in Form einer monatlichen Geldrente hat dagegen der nicht betreuende Elternteil zu leisten.

Von dieser Regel – eine Seite trägt den Barunterhalt – gibt es aber **Ausnahmen:**

- Wenn das Kind von dritten Personen, wie zum Beispiel **Großeltern, Tanten, Onkeln** etc., betreut wird oder in einem **Heim** oder **Internat** untergebracht ist. Hier schulden **beide Elternteile** ausschließlich **Barunterhalt** – und zwar anteilig nach ihren Erwerbs- und Vermögensverhältnissen.
- Wenn ein Elternteil, zum Beispiel aufgrund einer Vereinbarung, das Kind oder die Kinder **teilweise betreut,** ist in Ausnahmefällen eine Herabsetzung des Barunterhalts möglich. Voraussetzung: Die Dauer der Betreuung macht **ungefähr die Hälfte der Gesamtbetreuungszeit** aus. Entscheidet sich ein unterhaltsberechtigtes Kind, den **betreuenden Elternteil zu wechseln,** führt dies dagegen nicht automatisch zur Änderung bei der Barunterhaltspflicht.
- Bei einem **gut verdienenden betreuenden Elternteil** und einem weniger gut verdienenden barunterhaltspflichtigen Elternteil kann zulasten des Besserverdieners eine teilweise Barunterhaltspflicht eintreten.
- Ist der unterhaltspflichtige Elternteil finanziell nicht in der Lage, für den Unterhalt des Kindes zu sorgen, müssen unter Umständen auch die **Großeltern,** also seine Eltern, zahlen. Das gilt natürlich nur, wenn auch

beim anderen Elternteil nichts zu holen ist und die Großeltern »leistungsfähig« sind.

➔ Müssen Eltern trotz Streits mit dem volljährigen Kind zahlen?

Der **Unterhaltsanspruch kann teilweise oder ganz ausgeschlossen** sein, wenn das Kind schwere Verfehlungen gegenüber dem Unterhaltspflichtigen begangen hat. Allerdings kommt dies **nur in ganz extremen Fällen** in Betracht. Dazu zählen zum Beispiel schwerwiegende Beleidigungen des Unterhaltspflichtigen, die auf eine vorsätzliche Kränkung angelegt sind. Die bloß schriftliche Ablehnung des Kontaktes reicht in der Regel nicht aus. Eine Verwirkung kommt allerdings in Betracht, wenn die Verbindung plötzlich ohne jegliche Erklärung abgebrochen worden ist.

Erst recht verliert ein volljähriges Kind seinen Unterhaltsanspruch, wenn es anrechnungsfähige Einkünfte verschweigt (z. B. Einkünfte aus einer Praktikumstätigkeit). Eigene Einkünfte muss es den unterhaltspflichtigen Eltern mitteilen.

➔ Müssen Eltern ewig zahlen?

Wenn **Kinder volljährig** werden, ist heute **noch lange nicht Schluss.** Geht Ihr Kind noch zu einer allgemeinbildenden Schule wie zum Beispiel einem Gymnasium, wird Ihnen das selbstverständlich sein. Als Eltern müssen Sie aber auch eine »**angemessene Berufsausbildung**« finanziell ermöglichen.

II. Ermittlung der monatlichen Unterhaltszahlungen

1. Kindesalter und Elterneinkommen sind entscheidend

Grundlage für den Kindesunterhalt ist bundesweit die sogenannte Düsseldorfer Tabelle. Sie unterscheidet nach Altersstufen der anspruchsberechtigten Kinder und Einkommensstufen der unterhaltspflichtigen Eltern.

Unterhalt müssen Sie nur von Ihrem »**bereinigten**« **Nettoeinkommen** zahlen. Gemeint ist nicht das Einkommen, das auf Ihrer Gehaltsabrechnung als Nettoeinkommen genannt wird, sondern der Betrag, um den sich dieses Einkommen durch besondere Ausgaben vermindert.

Düsseldorfer Tabelle zum Kindesunterhalt (Stand 1. 1. 2011)

Nettoeinkommen des Barunterhaltspflichtigen in Euro	**1. Altersstufe 0–5 Jahre** (Geburt bis 6. Geburtstag	**2. Altersstufe 6–11 Jahre** (6. bis 12. Geburtstag)	**3. Altersstufe 12–17 Jahre** (12. bis 18. Geburtstag)
bis € 1 500,–	€ 317,–	€ 364,–	€ 426,–
€ 1 501,– bis € 1 900,–	€ 333,–	€ 383,–	€ 448,–
€ 1 901,– bis € 2 300,–	€ 349,–	€ 401,–	€ 469,–
€ 2 301,– bis € 2 700,–	€ 365,–	€ 419,–	€ 490,–
€ 2 701,– bis € 3 100,–	€ 381,–	€ 437,–	€ 512,–
€ 3 101,– bis € 3 500,–	€ 406,–	€ 466,–	€ 546,–
€ 3 501,– bis € 3 900,–	€ 432,–	€ 496,–	€ 580,–
€ 3 901,– bis € 4 300,–	€ 457,–	€ 525,–	€ 614,–
€ 4 301,– bis € 4 700,–	€ 482,–	€ 554,–	€ 648,–
€ 4 701,– bis € 5 100,–	€ 508,–	€ 583,–	€ 682,–

Anmerkungen zur Tabelle:

- Die Tabelle hat keine Gesetzeskraft, sondern stellt eine Richtlinie dar. Sie weist den monatlichen Unterhaltsbedarf aus, bezogen auf zwei Unterhaltsberechtigte, ohne Rücksicht auf den Rang. Der Bedarf ist nicht identisch mit dem Zahlbetrag; dieser ergibt sich unter Berücksichtigung der nachfolgenden Anmerkungen.

  Bei einer größeren/geringeren Anzahl Unterhaltsberechtigter können **Ab- oder Zuschläge** durch Einstufung in niedrigere/höhere Gruppen angemessen sein. Reicht das verfügbare Einkommen auch dann nicht aus, setzt sich der Vorrang der Kinder durch.
- Berufsbedingte Aufwendungen, die sich von den privaten Lebenshaltungskosten eindeutig abgrenzen lassen, sind vom Einkommen abzuziehen.
- Berücksichtigungsfähige Schulden sind vom Einkommen abzusetzen.
- Der notwendige Eigenbedarf (Selbstbehalt) beträgt seit dem 1. 1. 2011
  - gegenüber minderjährigen unverheirateten Kindern,
  - gegenüber volljährigen unverheirateten Kindern bis zur Vollendung des 21. Lebensjahres, die im Haushalt der Eltern oder eines Elternteils leben und sich in der allgemeinen Schulausbildung befinden,

- in der Regel beim nicht erwerbstätigen Unterhaltspflichtigen monatlich € 770,–, beim erwerbstätigen Unterhaltspflichtigen monatlich € 950,–. Hierin sind bis € 360,– für Unterkunft einschließlich umlagefähiger Nebenkosten und Heizung (Warmmiete) enthalten. Der Selbstbehalt kann angemessen erhöht werden, wenn dieser Betrag im Einzelfall erheblich überschritten wird und dies nicht vermeidbar ist.

- Die Vergütung, die ein Kind in der Berufsausbildung erhält, während es noch im Haushalt der Eltern oder eines Elternteils wohnt, wird angerechnet. In der Regel wird die Vergütung aber um einen ausbildungsbedingten Mehrbedarf von monatlich € 90,– gekürzt.
- In den Unterhaltsbeträgen sind Beiträge zu Kranken- und Pflegeversicherung sowie Studiengebühren nicht enthalten.
- Das auf das jeweilige Kind entfallende Kindergeld ist nach § 1612 b BGB auf den Tabellenunterhalt (Bedarf) anzurechnen.

Tipp:
Eine aktuelle Düsseldorfer Tabelle einschließlich Zahlbetragsübersichten, die das jeweilige Kindergeld berücksichtigen, finden Sie unter www.bild-ihr-gutes-recht.de (R 03001).

Fällt der unterhaltspflichtige Elternteil aus, weil er nicht zahlen kann oder will, haben betroffene Kinder bis zur Vollendung des zwölften Lebensjahres Anspruch auf **Unterhaltszahlungen nach dem Unterhaltsvorschussgesetz** in Höhe der Basisbeträge der Düsseldorfer Tabelle. Das Geld gibt es beim zuständigen Jugendamt, das dann versucht, beim Unterhaltsschuldner zurückzuholen, was geht.

Tipp:
Da Jugendämter zur Beratung in Sachen Kindesunterhalt verpflichtet sind, sollten Sie von dieser Möglichkeit auch dann Gebrauch machen, wenn es nicht nur um Unterhaltsvorschuss geht. Häufig können Sie sich dadurch den Besuch beim Rechtsanwalt ersparen.

→ Unterhaltsrechtliche Leitlinien der Oberlandesgerichte

Die verschiedenen Oberlandesgerichte der einzelnen Bundesländer haben teilweise abweichende Regelungen zu Einzelheiten bei der Unterhaltsberechnung.

B

Tipp:
Die Leitlinien können Sie im Internet auf den Seiten des jeweiligen Oberlandesgerichts herunterladen oder direkt bei den Gerichten anfordern.

→ Bedarf bei Volljährigen, die noch im Elternhaus leben

In diesem Fall bemisst sich der Unterhalt **bei zusammenlebenden Eltern** nach einem angemessenen Taschengeld, also ca. **€ 60,– bis € 100,– monatlich,** und dem Geld für notwendige Sachaufwendungen zur Ausbildung.

Volljährige Kinder **dauernd getrennt lebender** oder **geschiedener Eltern** bekommen **Barunterhalt nach der Düsseldorfer Tabelle** (s. o.), und zwar nach der vierten Altersgruppe (→ Abschn. II 1). Anders als bei minderjährigen Kindern sind **nun beide Elternteile barunterhaltspflichtig.** Ausgangsbetrag für das Elterneinkommen sind beide zusammengerechneten Nettoeinkommen.

Konkret: Der Elternteil, bei dem das Kind nicht wohnt, muss jetzt nur noch teilweise für den Unterhaltsbedarf aufkommen, der sich aus der Tabelle ergibt. Er braucht nur noch in der Höhe zu zahlen, die seinem Nettoeinkommen im Verhältnis zum Einkommen des anderen Elternteils entspricht. Kümmert sich der andere Elternteil in dieser Situation aber auch weiterhin noch um das leibliche Wohl des Sprösslings, spielt dies keine Rolle. Dies geschieht freiwillig und kann allenfalls auf den Barunterhaltsanspruch gegen diesen Elternteil angerechnet werden.

Beispiel:
Verdient der nicht betreuende Vater doppelt so viel wie die betreuende Mutter, muss er vom gesamten Bedarfsbetrag zwei Drittel und die Mutter ein Drittel übernehmen. Verfügen beide Elternteile über ein Gesamtnettoeinkommen von € 3 000,–, beträgt der Gesamtbedarf des Kindes laut Düsseldorfer Tabelle € 536,–. Das heißt, der Vater muss davon 2/3, also € 357,– zahlen.

→ Wie hoch ist der Bedarf, wenn Ihr Kind nicht mehr zu Hause wohnt?

Generell steht studierenden oder anderen erwachsenen Kindern mit eigenem Haushalt in der Ausbildungszeit ein Betrag von **€ 670,– monatlich** seit dem 1. 1. 2011 zu. Dieser Betrag gilt unabhängig davon, in welchem Bundesland das Kind wohnt und ob die Eltern getrennt leben oder nicht.

Leben die **Eltern getrennt oder sind geschieden,** wird genauso wie im obigen Beispiel ermittelt, wie hoch der jeweilige Elternanteil ist. Beide Elternteile bezahlen ihren Anteil in bar aus, es sei denn, die Beteiligten treffen eine andere Vereinbarung.

Bei einem **Auslandsstudium** kann der Bedarf allerdings erheblich höher werden. Erfüllt Ihr Sprössling zum Beispiel die Voraussetzungen einer Hochbegabtenförderung und kann dadurch in den USA studieren, sind Sie verpflichtet, sich an den Kosten zu beteiligen – immer vorausgesetzt, Ihre wirtschaftlichen Verhältnisse lassen das zu.

2. Eigene Einkünfte vermindern den Unterhaltsbedarf

→ Wenn es um staatliche Zuwendungen geht

→ Kindergeld

Kindergeld ist gemäß § 1612 b BGB unmittelbar zur Deckung des Barbedarfs des Kindes zu verwenden, und zwar

- zur Hälfte, wenn ein Elternteil seine Unterhaltspflicht durch Betreuung des Kindes erfüllt,
- in allen anderen Fällen in voller Höhe.

Beispiel:
Ein Vater mit einem Nettoeinkommen von € 3 000,– ist seinen vier Kindern gegenüber unterhaltspflichtig. Das Kindergeld, das die Mutter bezieht, beträgt für die ersten beiden Kinder je € 184,–, für das dritte € 190,– und für das vierte Kind € 215,–.Nach § 1600 b Abs. 1 BGB wird das Kindergeld wie folgt berücksichtigt:

Erstes Kind:	€ 512,–	abzüglich € 92,–	= **€ 420,–**
Zweites Kind:	€ 437,–	abzüglich € 92,–	= **€ 345,–**
Drittes Kind:	€ 381,–	abzüglich € 95,–	= **€ 286,–**
Viertes Kind:	€ 381,–	abzüglich € 107,50	= **€ 273,50**

Nicht gemeinsame Kinder werden hier nicht mitgerechnet. Der sogenannte Zählkindervorteil spielt keine Rolle (§ 1612 b Abs. 2 BGB).

→ Ortszuschlag

Beim Ortszuschlag im öffentlichen Dienst handelt es sich um eine staatliche Leistung wegen des Kindes, aber nicht um ein »Einkommen« des Kindes. Der Zuschlag wirkt sich deshalb nur aufseiten des Barunterhaltspflichtigen aus – und zwar **einkommenserhöhend.**

→ Waisenrente

Hierdurch vermindert sich der Unterhaltsbedarf des Kindes. Eine Halbwaisenrente wird allerdings nur zur Hälfte gegenüber dem nicht betreuenden Elternteil **auf den Unterhaltsbedarf angerechnet,** wenn zum Beispiel der Stiefvater das Kind versorgt.

→ Kinderzuschüsse zur Rente

Hier wird gerechnet wie beim Kindergeld, soweit dieses dadurch ersetzt wird (§ 1612 c BGB). Der darüber hinausgehende Betrag **erhöht das Einkommen** des barunterhaltspflichtigen Elternteils und wirkt sich deshalb indirekt auf die Höhe des kindlichen Unterhaltsanspruchs aus.

→ Pflegegeld

Pflegegeld für behinderte Kinder (nach den Landespflegegesetzen) ist auf den Mehrbedarf anzurechnen, der durch die Behinderung entsteht. Eine Anrechnung auf den Tabellenunterhalt – also den eigentlichen Unterhalt – kommt nicht infrage.

→ Sozialleistungen

Staatliche Leistungen zu Unterhaltszwecken werden grundsätzlich **nicht bedarfsmindernd** angerechnet.

→ Ausbildungsvergütung wird teilweise angerechnet

Die Ausbildungsvergütung wird auf den Unterhaltsanspruch des volljährigen Kindes angerechnet, aber **nicht in voller Höhe.** Sie vermindert sich um einen Pauschalbetrag in Höhe von € 90,– laut Düsseldorfer Tabelle.

→ Ausbildungsversicherung wird angerechnet

Haben Eltern für Ihr Kind eine Ausbildungsversicherung abgeschlossen, muss sich das Kind die Versicherungssumme in voller Höhe auf den Unterhaltsanspruch anrechnen lassen.

→ BAföG wird unter Umständen angerechnet

Erhält Ihr Kind »**Vorausleistungen**« nach § 36 BAföG (also eine staatliche Ausbildungsförderung), obwohl Sie als Eltern Unterhalt leisten könnten, aber nicht wollen, geht der Anspruch Ihres Kindes auf das Land über (§ 37 Abs. 1 BAföG). In diesem Fall liegt **kein anrechenbares Einkommen** bei Ihrem Kind vor. Die geleisteten Beträge werden durch das Land von Ihnen zurückgefordert.

Liegen Sie als **Eltern unterhalb der Einkommensgrenzen des BAföG,** gelten grundsätzlich die BAföG-Leistungen beim volljährigen Kind als Einkommen und **mindern den Anspruch.** Es spielt keine Rolle, ob das BAföG als Darlehen oder ohne Rückzahlungsverpflichtung gezahlt wird. Da der Höchstförderungssatz praktisch identisch ist mit dem oben genannten Tabellenbedarf, müssen Sie eventuell noch für einen Differenzbetrag aufkommen, wenn nicht der Höchstsatz gezahlt wird. Diese Fallkonstellation kommt aber selten vor.

→ Einkünfte aus Ferienarbeit werden in der Regel nicht angerechnet

Gymnasiasten und Studenten müssen **grundsätzlich nicht während der Schul- oder Semesterferien arbeiten.** Nichtsdestotrotz haben junge Erwachsene oft **Nebeneinkünfte** durch »überobligatorische« Arbeit. Dieses Geld dürfen sie grundsätzlich wie ein Taschengeld nach Belieben ausgeben, ohne dass es angerechnet würde. Ausnahmsweise wäre es **bei geringen Einkünften der Eltern** oder auch bei **vielen Geschwistern** denkbar, das Taschengeld zu kürzen.

Beispiel:
Eine Schülerin hat samstags einen festen Job in einem Bekleidungsgeschäft. Hier muss sie damit rechnen, dass man ihr einen Teil auf den Unterhaltsbedarf anrechnet.

→ Vermögen und Zinseinkünfte

→ beim minderjährigen Kind

Das Kind darf nicht auf ein vorhandenes Vermögen verwiesen werden, wenn es um seinen Unterhalt geht (§ 1602 Abs. 2 Satz 2 BGB). **Ausnahme:** Sie müssten als Eltern neben Ihrem reichen Kind darben? ein Fall, der zwar nicht oft vorkommt, aber theoretisch denkbar ist.

Deshalb sind Sie hier erst dann unterhaltspflichtig, wenn Sie mehr als Ihren angemessenen Unterhalt für sich zur Verfügung haben. Und der beträgt zurzeit monatlich € 1 150,–. Anders sieht es grundsätzlich bei Erträgen aus Vermögen aus. Diese – z. B. Zinsen – werden als Einkünfte behandelt, also auf den Anspruch angerechnet.

→ beim volljährigen Kind

Im Gegensatz zu Minderjährigen muss das volljährige Kind **den Stamm seines Vermögens antasten,** soweit dies nicht unwirtschaftlich ist. Selbst ein **Notgroschen** wird nur begrenzt zugestanden.

Beispiel:
Eine volljährige Studentin verfügte über geerbte Pfandbriefe im Nennwert von ca. € 5 000,– und drei Krügerrandmünzen im Wert von ca. € 850,–. Der Bundesgerichtshof meinte hier, das sei für einen »Notgroschen« zu viel. Selbst bei einem hohen Elterneinkommen hält das Gericht einen nicht antastpflichtigen Notgroschen von ca. € 2 500,– für ausreichend.

Hat sich das unterhaltsberechtigte Kind von vorhandenem Vermögen aber zum Beispiel einen **Gebrauchtwagen** gekauft, muss es diesen nicht wieder zu Geld machen. Schließlich gehört zumindest für einen erwerbstätigen Erwachsenen ein Fahrzeug zum üblichen Lebensstandard. Und das soll auch für 18-jährige Auszubildende gelten, wenn die Eltern in überdurchschnittlichen Einkommensverhältnissen leben.

Zu den anrechnungspflichtigen **Vermögenserträgen** zählen Zinsen aller Art, Gewinnanteile aus Beteiligungen und Kapitalgesellschaften, Dividenden, Einkünfte aus stiller Gesellschaft und sonstigen Wertpapieren. Grundsätzlich ist Vermögen so ertragreich wie möglich anzulegen. Die Einnahmen mindern den monatlichen Bedarf.

3. Werden Zuwendungen von dritter Seite angerechnet?

Lassen zum Beispiel großzügige Tanten, Onkel oder Großenkel dem Kind etwas zukommen, wird dies nicht zugunsten des zahlenden Elternteils berücksichtigt. Eine Ausnahme wird nur dann gemacht, wenn es bei den Geschenken darum geht, den unterhaltspflichtigen Elternteil dadurch zu entlasten.

Deshalb sollten zum Beispiel Großeltern, die Kinderkleidung kaufen, diese Absicht ausdrücklich klarstellen. So lässt sich Streit vermeiden.

4. Was gilt bei außergewöhnlich hohem Elterneinkommen?

In diesem Fall gibt es **keine Obergrenze** für den Unterhaltsanspruch. Ist Ihr Kind an teure Musik- oder Reitstunden gewöhnt, gehört dies zu seinem Lebensbedarf und muss deshalb auch bei der Unterhaltsbemessung berücksichtigt werden, wenn Sie sich als Eltern trennen. Auch wenn Sie ihm zum Beispiel ein Auto oder Urlaubsreisen finanziert haben, können Sie ihn nicht plötzlich mit nur noch € 670,– abspeisen. **Aber:** Eltern brauchen **kein Luxusleben** zu ermöglichen. Mehr als der **konkrete Bedarf** muss nicht gedeckt werden.

Es besteht insbesondere keine Verpflichtung, Jungerwachsene vollständig am elterlichen Wohlstand teilhaben zu lassen. Schließlich befinden sich die Kinder in dieser Altersklasse auf dem Weg in die wirtschaftliche Selbstständigkeit.

5. Wenn das Kind während der Schulzeit volljährig wird

→ Die Höhe des Unterhaltsanspruchs

Solange Ihre Tochter oder Ihr Sohn noch zu Hause wohnt, richtet sich der Unterhaltsbedarf nach der vierten Altersstufe der Düsseldorfer Tabelle (→Abschn. II 1).

Lebt Ihr Kind nicht mehr zu Hause und führt es einen eigenen Haushalt, ist der Unterhaltsbedarf unabhängig vom Einkommen der Eltern. Er beträgt monatlich zurzeit € 670,– abzüglich Kindergeld, wenn es an das Kind direkt ausgezahlt wird.

→ Wie müssen sich die Eltern jeweils beteiligen?

Wenn beide Elternteile Geld verdienen, müssen sich jetzt beide am Unterhalt beteiligen. Das gilt auch, wenn das Kind noch bei einem Elternteil wohnt. Eine Gleichwertigkeit von Bar- und Betreuungsunterhalt wie bei Minderjährigen gibt es nicht mehr. Sollte zum Beispiel die Mutter mehr arbeiten, als sie eigentlich müsste, weil sie noch kleinere Kinder betreut, wird das Einkommen daraus für ihren Anteil am Unterhalt des volljährigen Kindes dennoch voll angerechnet.

Ob und inwieweit der Elternteil, bei dem das Kind lebt, seiner Unterhaltspflicht durch Kost und Logis nachkommt, kann er dann mit dem Kind vereinbaren. Es handelt sich ansonsten um eine freiwillige Leistung, die den Unterhaltsanspruch nicht schmälert. Der konkrete Anteil richtet sich nach dem Verhältnis der beiden anrechenbaren Einkommen. Diese sind vorab jeweils um einen Sockelbetrag zu kürzen, der dem sogenannten angemessenen Selbstbehalt der Düsseldorfer Tabelle, also zurzeit € 1 150,–, entspricht.

Hat zum Beispiel die Mutter kein eigenes Einkommen, muss sie unter Umständen eine Nebentätigkeit aufnehmen, um ihrer anteiligen Unterhaltspflicht nachzukommen.

→ Wie wird das Kindergeld berücksichtigt?

Hier wird anders gerechnet als bei Minderjährigen. Das Kindergeld wird hier in vollem Umfang vorweg von dem Bedarf abgezogen, der sich aus der Düsseldorfer Tabelle ergibt – immer vorausgesetzt, das Kindergeld wird an das Kind ausgezahlt. Der Restbetrag wird mit der Quote aufgeteilt, mit der jeder Elternteil zum Barunterhalt beiträgt.

6. Was gilt, wenn das Einkommen nicht reicht?

Ist ein **barunterhaltspflichtiger** Elternteil mehrfachen gleichrangigen Unterhaltsansprüchen ausgesetzt (z.B. wenn Kinder aus erster und zweiter Ehe zu versorgen sind), sind die jeweiligen Bedarfssätze zusammengerechnet oft so hoch, dass das Einkommen beim besten Willen nicht reicht. Der notwendige Selbstbehalt des Unterhaltspflichtigen darf dabei nicht unterschritten werden.

In solchen Fällen wird der Bedarfsbetrag des einzelnen Kindes durch eine Herabstufung in eine niedrigere Einkommensgruppe ermittelt. Unter Umständen muss sogar eine sogenannte **Mangelbedarfsrechnung** angestellt werden. Auf jeden Fall gilt: Gegenüber minderjährigen Kindern muss der barunterhaltspflichtige Elternteil alles bis auf den »**notwendigen Selbstbehalt**« abgeben.

Dieser notwendige Selbstbehalt beträgt monatlich beim nicht erwerbstätigen Unterhaltspflichtigen € 770,–, beim erwerbstätigen Unterhaltspflichtigen monatlich € 950,–. Diese Beträge gelten auch in den neuen Bundesländern.

Wenn der Unterhaltspflichtige wieder verheiratet ist, vermindern die Gerichte unter Umständen den Selbstbehalt. Das ist dann der Fall, wenn der **zweite Ehepartner** über angemessene Einkünfte verfügt. Dasselbe ist auch für das nicht eheliche **Zusammenleben mit einem neuen Partner** entschieden worden.

Der Selbstbehalt beinhaltet eine Pauschale von € 360,– für Unterkunft einschließlich Nebenkosten. Er kann aber angemessen erhöht werden, wenn dieser Betrag im Einzelfall erheblich überschritten wird, weil es zum Beispiel keine günstigere Wohnung gibt.

Wenn der Unterhaltspflichtige **Krankengeldbezieher** oder **Umschüler** ist, steht ihm ebenfalls nur ein verringerter Selbstbehalt zu. Hier kommt es stets auf den Einzelfall an.

Der über den Selbstbehalt hinausgehende Teil des bereinigten Nettoeinkommens wird nun nach einem bestimmten Verteilungsmaßstab auf die unterhaltsberechtigten Kinder verteilt. Für derartige Mangelfälle liefert die Düsseldorfer Tabelle ein Berechnungsbeispiel.

Tipp:
Eine aktuelle Düsseldorfer Tabelle steht Ihnen unter www.bild-ihr-gutes-recht.de (R 03001) zur Verfügung.

➔ Was gilt bei volljährigen Kindern?

Hat das volljährige Kind noch jüngere Geschwister unter 18 Jahren, werden deren Unterhaltsansprüche vom Einkommen der Eltern bzw. des zahlungspflichtigen Elternteils **vorweg abgezogen.** Dasselbe gilt für unterhaltsberechtigte Ehepartner, unter Umständen auch aus mehreren Ehen. Unterhaltsansprüche ebenfalls volljähriger Geschwister werden dagegen nicht vorweg abgezogen. Denn diese stehen gleichrangig nebeneinander.

Außerdem muss Eltern ein angemessener **Eigenbedarf** bleiben. Dieser beträgt pro Elternteil monatlich mindestens € 1 150,– . Darin ist eine Warmmiete von € 450,– enthalten. Der Eigenbedarf kann also höher sein, wenn nachweislich eine erheblich höhere Miete erforderlich ist. Leben **beide Elternteile zusammen,** wird der jeweilige Eigenbedarf allerdings oft um 20 % gekürzt, weil in der gemeinsamen Haushaltsführung eine gewisse Ersparnis liegt. Reicht das elterliche Einkommen nicht, muss das volljährige Kind den Restbedarf anderweitig decken (z. B. mit BAföG oder einem Stipendium).

➔ Zur Sicherung des Mindestbedarfs müssen Sie fast alles tun

Als Eltern dürfen Sie sich keineswegs auf den Standpunkt stellen, »wenns nicht reicht, dann reichts eben nicht«. Es zählt nicht nur das tatsächliche Einkommen, sondern auch das, was Sie bei »gutem Willen« erzielen könnten. **Konkret:** Gegenüber minderjährigen Kindern und volljährigen Kindern bis zum 21. Lebensjahr besteht, solange Letztere eine allgemeinbildende Schule besuchen und bei einem Elternteil oder den Eltern leben, die sogenannte **gesteigerte Unterhaltspflicht.** Sie verlangt von den Eltern, **alle finanziellen Möglichkeiten auszuschöpfen,** um der Unterhaltspflicht optimal gerecht zu werden (§ 1603 Abs. 2 BGB). Wer sich seiner gesetzlichen Unterhaltspflicht entzieht, macht sich unter Umständen sogar **nach § 170 b StGB strafbar.**

Natürlich kann niemand den Unterhaltspflichtigen zur Arbeit zwingen. Deshalb helfen sich die Gerichte damit, dem Unterhaltspflichtigen **fiktive Einkünfte zu unterstellen.** Das kann zum Beispiel so aussehen, dass der Unterhaltsschuldner in der Düsseldorfer Tabelle einkommensmäßig höhergestuft wird.

Grundsätzlich ist auch der Vermögensstamm für die Erfüllung der Unterhaltspflicht zu verwenden. Es darf allerdings kein wirtschaftlich unvertretbarer und unzumutbarer Nachteil damit einhergehen. Dasselbe gilt, wenn Sie Vermögensrücklagen bilden müssen, um Ihren Lebensbedarf zu sichern. So wurde von einem Gericht auf die Verwertung eines größeren Schmerzensgeldbetrages verzichtet, weil der Unterhaltspflichtige auf Einkünfte daraus angewiesen war.

7. Wann kommt noch Sonderbedarf dazu?

Außer dem laufenden Unterhalt kann Ihr Kind in bestimmten Fällen zusätzliche Unterhaltszahlungen beanspruchen, den sogenannten »Sonderbedarf«. Das ist ein **unregelmäßiger, außergewöhnlicher hoher Bedarf** (§ 1613 Abs. 2 Nr. 1 BGB). »Unregelmäßig« bedeutet hierbei, dass der Bedarf nicht vorhersehbar war und deshalb bei der Bemessung des laufenden Unterhalts nicht berücksichtigt werden konnte. Letztlich ist das Ganze immer eine Sache des Einzelfalls, wie die nachfolgende **Übersicht** zeigt:

Fälle, in denen die Rechtsprechung Sonderbedarf bejaht

- **Krankheitskosten,** soweit sie nicht von der Krankenkasse ersetzt werden, in Ausnahmefällen auch eine privatärztliche Behandlung. Anerkannt wird auch der Sonderbedarf bei Kosten für eine kieferorthopädische Behandlung, soweit sie nicht von der Krankenkasse abgedeckt sind.
- Die sogenannte **Säuglingserstausstattung.**
- Kosten für **Klassenfahrten,** wenn von den normalen Unterhaltszahlungen keine Rücklagen gebildet werden können.
- Die Anschaffung eines **Musikinstrumentes.** Neues **Bettzeug** wegen einer Staubmilbenallergie.
- Kosten für **Nachhilfeunterricht,** soweit pädagogisch erforderlich. Dasselbe gilt für den Besuch einer Privatschule, wenn diese Maßnahme von einem Gutachter empfohlen wird.
- Selbst **Telefonkosten** können im Extremfall als Sonderbedarf geltend gemacht werden. Verursacht zum Beispiel ein Halbwüchsiger, der bei seiner Mutter lebt, extrem hohe Telefonkosten (hier € 500,–) über Servicenummern, kann diese die Hälfte der Kosten von ihrem getrennt lebenden Ehemann als Sonderbedarf verlangen.

Fälle, in denen die Rechtsprechung Sonderbedarf verneint

- **Kindergartenbesuch** und Kindertagesstättenbesuch. Allerdings zählen die Kosten für den Kindergarten zum Mehrbedarf des Kindes. Das heißt, beide Eltern müssen sich daran beteiligen. Ausnahme: Der Besuch der Kindertagesstätte ist aus Gründen, die beim Kind liegen, erforderlich –

wie z. B. geistige Behinderung, Lernschwäche oder Schwererziehbarkeit; sowie die Mehrkosten für den Ganztagskindergarten.

- **Brillenkauf.**
- Auslagen für den **Urlaub.**
- **Austauschschülerkosten.**
- Neue **Einrichtung** eines Kinder- oder Jugendzimmers, wenn zum Beispiel das bisherige Kinderbett zu klein geworden ist.
- **Konfirmation und Kommunion** – die Kosten hierfür sind spätestens mit Beginn des Konfirmandenunterrichts absehbar und deswegen nicht überraschend.
- Der **Computer** zur Anwendung von Lernprogrammen muss gegebenenfalls als Sonderbedarf vom unterhaltspflichtigen Elternteil finanziert werden. Das gilt zumindest bei Lernschwierigkeiten des Kindes, die damit möglicherweise beseitigt werden können. Hier kommt es auch darauf an, ob von den normalen Unterhaltszahlungen entsprechende Rücklagen hätten gebildet werden können.

III. Was heißt Ausbildungsfinanzierung?

1. Eltern haben kein Mitbestimmungsrecht bei der Berufswahl

Als Eltern schulden Sie Ihrem Kind eine **angemessene Berufsausbildung** (§ 1610 Abs. 2 BGB) – das heißt eine **Ausbildung, die der Begabung, den Fähigkeiten, dem Leistungswillen und den beachtenswerten Neigungen Ihres Kindes** entspricht. Der Beruf der Eltern und deren gesellschaftliche Stellung spielen keine Rolle. Selbst ein wenig aussichtsreicher Beruf darf nicht aus grundsätzlichen Überlegungen verwehrt werden.

Beispiel:
Will der Sohn eines Arztehepaares partout Schauspieler statt Praxisnachfolger werden und bewirbt sich erfolgreich an einer anerkannten Schauspielschule, haben seine Eltern keine Chance, dem jungen Mann diese Laufbahn finanziell zu verwehren.

Aber auch die **Kinder müssen aktiv eine Berufsausbildung anstreben.** Wer allzu lange beruflich orientierungslos bleibt, kann nicht eines Tages Ausbildungsunterhalt von seinen Eltern fordern.

Beispiel:
In einer Entscheidung des Bundesgerichtshofes hatte ein Student nach zahlreichen schulischen Misserfolgen das Gymnasium zunächst ohne Abschluss verlassen. Zwischenzeitlich hatte er eineinhalb Jahre gejobbt, anschließend eineinhalb Jahre Zivildienst geleistet, wieder gejobbt und erst danach am Abendgymnasium das Abitur nachgemacht. Zu Beginn des Studiums war er 27 Jahre alt. Hierfür gab es kein Geld mehr. Eltern müssen sich darauf einstellen können, dass irgendwann einmal mit der Unterhaltslast Schluss ist – so der BGH. Das gilt insbesondere dann, wenn durch das Alter des Kindes steuerliche Erleichterungen und andere geldwerte Vorteile wie Kindergeld entfallen.

2. Mehr als eine Ausbildung nur ausnahmsweise

→ Wann müssen Eltern eine Zweitausbildung finanzieren?

Will zum Beispiel eine gelernte Kosmetikerin nach abgeschlossener Ausbildung Apothekenhelferin werden, brauchen Eltern dies nicht zu unterstützen – jedenfalls nicht finanziell. Das gilt selbst dann, wenn **die Ausbildungskosten der Erstausbildung nicht besonders hoch** waren.

Zahlen müssen Eltern dagegen für eine Zweitausbildung, wenn **die Erstausbildung auf einer »deutlichen Fehleinschätzung der Ausbildungsfähigkeit des Kindes«** beruhte und sich bis zum Ende der ersten Ausbildung schon eine wesentlich höhere Ausbildungsfähigkeit zeigte.

Beispiel:
Eine Abiturientin mit einem Notendurchschnitt von »nur« 2,5 hatte zunächst eine Ausbildung als medizinisch-technische Assistentin erfolgreich abgeschlossen. Ihr Interesse galt jedoch der Biologie, zumal sie in der Schule in Biologie und Chemie gute Noten hatte. Nachdem sie entgegen dem elterlichen Willen das Biologiestudium aufgenommen hatte, erzielte sie dort sogar die Note »gut« im Vordiplom. Grund genug also, die Eltern an der Finanzierung des Studiums zu beteiligen.

Wenn eine **Ausbildung aus gesundheitlichen Gründen abgebrochen** wird, müssen Eltern ebenfalls für die Kosten einer Zweitausbildung aufkommen.

→ Wann müssen Eltern eine Weiterbildung finanzieren?

→ Wenn es um die Promotion geht

Will Ihre Tochter bzw. Ihr Sohn zum Beispiel im direkten Anschluss an ein Hochschulstudium promovieren, müssen Sie sich unter Umständen an den Kosten beteiligen. Das gilt aber nur dann, wenn Nichtpromovierte in dem jeweiligen Beruf Nachteile gegenüber Promovierten haben, wie das zum Beispiel bei Ärzten denkbar ist. Es besteht allerdings eine **Pflicht zum Nebenverdienst.**

Stellt der Doktortitel allerdings »nur« einen akademischen Grad dar, brauchen Eltern selbst bei **überdurchschnittlicher Begabung** ihres Sprösslings die Promotion nicht zu finanzieren.

→ Wenn das Studium auf Abitur und Lehre folgen soll

Hier besteht grundsätzlich eine Unterhaltspflicht, wenn

- das Ganze ein **einheitlicher Ausbildungsvorgang** ist,
- zwischen den einzelnen Ausbildungsabschnitten **ein enger zeitlicher Zusammenhang** besteht und
- den Eltern die **Finanzierung zumutbar** ist.

Typischer Fall ist hier die Banklehre und das anschließende Betriebswirtschaftsstudium. Allerdings ist die **Abgrenzung häufig nicht ganz einfach.** Das zeigen nachfolgende

Beispiel:

- Ein Student hatte nach einer abgeschlossenen Lehre zum Industriemechaniker die mittlere Reife über eine Berufsaufbauschule gemacht. Danach hatte er ein berufliches Gymnasium mit Wirtschaftsabitur absolviert und anschließend Maschinenbau studiert. Hier sah das Oberlandesgericht Frankfurt keinen engen sachlichen Zusammenhang und lehnte die Unterhaltsverpflichtung der Eltern ab.
- Pech hatte auch eine Europasekretärin, die nach ihrer Ausbildung ein Studium der Volkswirtschaftslehre angefangen hatte.
- Unterhaltspflichtig sind dagegen Eltern, wenn der erfolgreiche Abschluss einer Lehre in Verbindung mit dem zuvor erworbenen Abschlusszeugnis einer zweijährigen höheren Handelsschule zur Fachhochschulreife führt. Wenn dann ein Kind studieren will, kommt es auf den sachlichen Zusammenhang gar nicht an. Denn die Lehre wird als eine sinnvoll sachliche Vorbereitung des Studiums gesehen.

3. Wann ist Schluss mit dem Ausbildungsunterhalt?

→ Die übliche Ausbildungsdauer ist entscheidend

Die elterliche Zahlungspflicht erlischt nach der üblichen Ausbildungsdauer. Bei Studiengängen wird deshalb die sogenannte **Höchstförderungsdauer nach dem Bundesausbildungsförderungsgesetz** (kurz: BAföG) zugrunde gelegt. Diese wiederum orientiert sich an den Regelstudienzeiten der einzelnen Studiengänge. Eine Ausnahme kann nur dann gemacht werden, wenn die Verzögerung des Studiums nicht ausschließlich am Kind liegt, wenn zum Beispiel eine Krankheit dazwischengekommen ist.

Eine **Verzögerung** des Studiums durch ein sinnvolles Auslandsstudium müssen Eltern hinnehmen, wenn es ihnen wirtschaftlich zumutbar ist. Anders sieht es aus, wenn die Verzögerung mit einem Engagement im AStA einherging.

Außerdem gilt: Wer **seine Ausbildung ohne triftigen Grund abbricht oder verlängert,** verliert seinen Unterhaltsanspruch. Wird das volljährige Kind aus **gesundheitlichen Gründen** oder wegen eines einverständlich vorgenommenen **Studienortswechsels** in seiner Ausbildung zurückgeworfen, müssen Sie als Eltern aber die damit verbundenen Verzögerungen um ein bis zwei Semester hinnehmen.

Ein einmaliges **Prüfungsversagen** lässt die Zahlungspflicht nicht entfallen. Selbst zweimaliges Versagen lässt den Unterhaltsanspruch nicht automatisch entfallen. Es kommt wie immer auf den Einzelfall an.

Auf jeden Fall haben Eltern einen Anspruch darauf, dass ihr Sprössling seine Studienfortschritte durch **Leistungsnachweise** belegt. Andernfalls dürfen sie den Geldhahn zudrehen, wie zum Beispiel die Eltern einer Sozialpädagogikstudentin, die nach neun Semestern immer noch kein Vordiplom in der Tasche hatte.

→ Während der Jobsuche muss noch gezahlt werden

Eine **3-monatige Arbeitsplatzsuche** nach Ausbildungsende müssen Sie Ihrer Tochter oder Ihrem Sohn zugestehen.

Danach heißt es, sich mit einfachen Jobs über Wasser zu halten, bis eine angemessene Arbeitsstelle gefunden ist. Hier werden ähnliche Maßstäbe angesetzt wie bei unterhaltspflichtigen Eltern gegenüber ihren minderjährigen Kindern. **Konkret:** Vom Zeitungsaustragen bis zur Küchenhilfe ist alles drin.

➔ Wenn der Ausbildungsplatz verloren gegangen ist

In diesem Fall müssen sich Ihre Tochter bzw. Ihr Sohn ernsthaft um einen neuen Ausbildungsplatz bemühen. Andernfalls geht der Unterhaltsanspruch nach Ablauf einer gewissen Zeit verloren.

➔ Wenn die Ausbildung wegen Schwangerschaft unterbrochen wird

In diesem Fall müssen Eltern weiter zahlen. Der Unterhaltsanspruch soll nur dann entfallen, wenn man dem unterhaltsberechtigten Kind vorwerfen kann, seine Ausbildung schuldhaft unterbrochen zu haben. Dies ist bei einer Schwangerschaft, unabhängig davon, ob ein Kinderwunsch bestanden hat, normalerweise nicht der Fall. Eine Schwangerschaft wird unterhaltsrechtlich wie eine Krankheit behandelt.

4. Wie hoch ist der Ausbildungsunterhalt?

Billiger ist es allemal, wenn Ihre Tochter oder Ihr Sohn **zu Hause wohnen.** Deshalb ist es Ihr gutes **Elternrecht,** wenn Sie **Naturalunterhalt** in Form von Wohnung, Mahlzeiten und Wäschewaschen etc. anbieten. Zwar können Sie flügge gewordene Kinder nicht daran hindern, das elterliche Nest zu verlassen, zahlen müssen Sie aber nicht in jedem Fall.

Möchten Sie Ihrem Kind außer einem angemessenen Taschengeld keinen weiteren Barunterhalt, sondern lieber **Kost und Logis anbieten,** sollten Sie dies allerdings **ausdrücklich** tun. Ist Ihr Sprössling nämlich schon mit Ihrem mehr oder weniger ausdrücklichen Einverständnis ausgezogen, gibt es kein Zurück mehr. Jetzt bleibt es bei dem Barunterhaltsanspruch, auch wenn Sie Naturalunterhalt anbieten.

Beim **Auswärtsstudium** ist normalerweise der volle Barunterhalt fällig. Das gilt zumindest dann, wenn der Studienort nicht frei bestimmt werden kann. Aber auch wenn ein Studienort durch tägliche Hin- und Rückfahrt erreicht werden kann, gibt es hier Zumutbarkeitsgrenzen. So ist zum Beispiel eine tägliche Fahrtzeit von zweimal 90 Minuten unzumutbar.

Darüber hinaus ist zu beachten, dass **Ansprüche von Geschwistern und (Ex-)Ehepartnern** vorgehen. Hat das volljährige Kind zum Beispiel noch jüngere Geschwister unter 18 Jahren oder Geschwister zwischen 18 und 21 Jahren, die sich noch in einer allgemeinen Schulausbildung befinden, werden deren Unterhaltsansprüche vom Einkommen der Eltern bzw. des zahlungspflichtigen Elternteils vorweg abgezogen. Dasselbe gilt für vorrangig unterhaltsberechtigte Ehepartner, unter Umständen auch aus mehreren

Ehen. Unterhaltsansprüche ebenfalls volljähriger Geschwister werden dagegen nicht **vorweg abgezogen.** Diese stehen gleichrangig nebeneinander.

Außerdem muss Eltern ein angemessener **Eigenbedarf** bleiben. Dieser beträgt pro Elternteil monatlich mindestens € 1 150,– (Düsseldorfer Tabelle: Stand 1. 1. 2011). Darin ist eine Warmmiete von € 450,– enthalten. Der Eigenbedarf kann also höher sein, wenn nachweislich eine erheblich höhere Miete gezahlt wird.

Leben **beide Elternteile zusammen,** wird der jeweilige Eigenbedarf allerdings oft gekürzt (in der Regel um 20 %), weil in der gemeinsamen Haushaltsführung eine gewisse Ersparnis liegt, wie das Beispiel unten zeigt.

Steht der konkrete Unterhaltsbedarf Ihres erwachsenen Sprösslings fest und haben Sie ermittelt, was von Ihrem Einkommen überhaupt noch übrig bleibt, geht es an die Haftungsverteilung.

Leben die **Eltern zusammen,** wird in der Regel aus einem Topf gewirtschaftet. Wie sie sich diese gemeinsame Unterhaltspflicht teilen, ist ihnen überlassen.

Beispiel:
Ein zusammenlebendes Ehepaar, das über ein gemeinsames Nettoeinkommen von € 3 600,– verfügt, hat eine 20-jährige Tochter und einen 17-jährigen Sohn, der noch zur Schule geht. Der Unterhaltsbedarf des minderjährigen Sohnes beträgt laut Düsseldorfer Tabelle monatlich € 580,–. Dieser Betrag wird zuerst abgezogen. Die Eltern können für sich selbst einen Eigenbedarf in Höhe von € 1 840,– beanspruchen (2 x € 1 150,– ./. 20 % Ersparnis für die gemeinsame Haushaltsführung). Es bleibt also ein Restbetrag von € 1 180,–. Aus diesem müssen die Eltern den Unterhaltsanspruch der Tochter in Höhe von € 670,– abzgl. Kindergeld bestreiten.

Leben dagegen die Eltern getrennt, wird das jeweils den Selbstbehalt von € 1 150,– übersteigende Einkommen zugrunde gelegt. Die übersteigenden Beträge werden ins Verhältnis gesetzt. Das heißt, hat der Mann das Doppelte wie die Frau, zahlt er 2 / 3 und sie 1 / 3 des Unterhaltsbedarfs.

Kümmert sich der andere Elternteil in dieser Situation aber auch weiterhin um das leibliche Wohl des Sprösslings, spielt dies grundsätzlich keine Rolle. Das ist freiwillig und kann allenfalls auf den Barunterhaltsanspruch gegen diesen Elternteil angerechnet werden.

Beispiel:

Unterhaltsbedarf des Volljährigen ohne Berücksichtigung des Kindergeldes	€ 670,–
Einkommen des Vaters	€ 1 950,–
Einkommen der Mutter	€ 1 450,–

Damit liegt der Vater mit seinem anrechenbaren Nettoeinkommen um € 800,– höher als sein Selbstbehalt. Das anrechenbare Einkommen der Mutter beträgt nur € 300,– mehr als der Selbstbehalt. Die anteilige Haftung wird demnach wie folgt ermittelt:

Beide anrechenbare Einkommensanteile betragen € 1 100,– (€ 800,– + € 300,–). Der Vater haftet in Höhe von € 670,– : € 1 100,– x € 800,– = € 487,–. Den Restbedarf in Höhe von € 183,– hat die Mutter zu tragen.

Soweit der Volljährige noch Kindergeld bezieht, vermindert dies seinen Bedarf: Das heißt, das Kindergeld wird von den € 670,– abgezogen immer vorausgesetzt, das Kind erhält das Geld vorab.

Reicht das elterliche Einkommen nicht, bleibt dem volljährigen Kind nichts anderes übrig, als den Restbedarf anderweitig zu decken (z. B. mit BAföG, einem Studienkredit oder einem Stipendium).

IV. Müssen Eltern auch ohne Ausbildung zahlen?

1. Wenn Ihre Tochter ein Kind, aber kein Einkommen hat

Hat Ihre volljährige, unverheiratete Tochter ein nicht eheliches Kind zu versorgen und kann deshalb keiner Arbeit nachgehen, steht ihr nach dem **Schwangerenfamilienhilfegesetz vorrangig ein Unterhaltsanspruch gegen den Vater des Kindes** zu (§ 1615 Abs. 1 BGB).

Nur wenn sich hier nichts holen lässt, kommt **ein Unterhaltsanspruch gegen die Eltern** infrage. Hierzu müsste sich allerdings die Tochter zumindest um eine Teilzeitbeschäftigung oder Nebentätigkeit bemühen und das Kind in einer Kinderkrippe, Kindergarten oder Ähnlichem unterbringen.

2. Wenn Ihr Sohn wehrpflichtig oder Zivildienstleistender ist

Grundsätzlich dürfen Eltern davon ausgehen, dass der **normale Bedarf durch den Wehrsold gedeckt** ist. Ähnliches gilt für den Zivildienstleistenden und während des **freiwilligen sozialen Jahres,** wenn Unterkunft, Verpflegung und ein Taschengeld gewährt werden.

Ausnahmen: Sind schon **früher Sonderwünsche von den Eltern erfüllt** worden, wie zum Beispiel Abonnements, Sportverein oder Musikunterricht, müssen Eltern hierfür weiterzahlen. Aber auch das gilt nur, wenn der Wehrpflichtige vorher **keine eigene wirtschaftliche Lebensstellung** hatte, den Wehrdienst also gleich nach der Schule absolviert.

Zahlen müssen Eltern unter Umständen aber auch, wenn **ein Zivildienstleistender keine Dienstunterkunft** hat und sich deshalb eine eigene Wohnung anmieten muss.

3. Wenn Ihr Kind behindert oder (alkohol)krank ist

→ Was gilt bei Behinderung?

Hier lebt die elterliche Unterhaltspflicht eventuell wieder auf, denn für die Unterhaltspflicht gibt es **grundsätzlich keine Altersgrenze.** Allerdings geht nach dem **21. Lebensjahr** der Unterhaltsanspruch bei Heimunterbringung, der bei behinderten erwachsenen Menschen zunächst vom **Sozialamt** abgedeckt wird, nicht auf das Sozialamt über. Sie brauchen deshalb nicht damit zu rechnen, dass die Behörde die geleistete Sozialhilfe bei Ihnen wieder eintreibt.

Hat sich ein Elternteil jahrelang mit intensiver Pflege um das Kind gekümmert, liegt laut Bundesgerichtshof ebenfalls eine »unbillige Härte« vor, wenn obendrein noch Unterhalt gezahlt werden soll. Im entschiedenen Fall hatte eine Mutter ihren behinderten Sohn mehr als 20 Jahre lang gepflegt.

Ausnahme: Wenn die wirtschaftlichen Verhältnisse der Eltern überdurchschnittlich gut sind, müssen diese trotzdem weiter zahlen. Hier liegt keine »unbillige Härte« vor.

Andererseits müssen Behinderte ihren Unterhaltsbedarf zunächst mit **Leistungen nach dem Grundsicherungsgesetz** decken. Wenn Sie hierzu Näheres wissen wollen, informieren Sie sich am besten bei der BfA unter www.deutsche-rentenversicherung-bund.de.

➔ Was gilt bei Alkoholismus und Drogensucht?

Wenn sich Ihre Tochter oder Ihr Sohn wegen **Alkoholismus oder Drogensucht** nicht mehr selbst unterhalten können, werden Sie eventuell noch einmal unterhaltspflichtig. Meist geschieht dies über den Umweg des Sozialamtes, das sich die geleistete Sozialhilfe von Ihnen zurückholen will.

In diesem Fall dürfen Sie sich auf **Verwirkung** des Unterhaltsanspruchs berufen, wenn die drogenabhängige oder alkoholabhängige Person trotz von den Eltern finanzierter Ausbildung und Therapiemaßnahmen immer wieder rückfällig wurde. Im Einzelfall können Sie aber doch zur Zahlung verpflichtet werden, wenn Ihre wirtschaftliche Situation dies zulässt.

➔ Was gilt bei anderen Erkrankungen, wie zum Beispiel Aids?

Hier können Sie sich als Eltern nicht ohne Weiteres Ihrer Unterhaltspflicht entziehen. So verurteilte zum Beispiel ein Gericht einen Vater zum Barunterhalt für seinen 37 Jahre alten, an Aids erkrankten Sohn.

Sie werden in diesen Fällen **unterhaltsrechtlich allerdings besser behandelt als gegenüber einem volljährigen Kind, das noch in der Ausbildung ist.** Das heißt, die Freibeträge sind erheblich höher. So stehen Ihnen zurzeit als Eltern jeweils € 1 100,– zu. Allerdings werden bei zusammenlebenden Eltern normalerweise 20 % Ersparnis für die gemeinsame Haushaltsführung abgezogen.

B

Heimunterbringung der Eltern: Wann kann das Sozialamt Sie zur Kasse bitten?

I. Altersversorgung reicht oft nicht aus

Wenn Eltern ihren Lebensabend im Pflegeheim verbringen, reicht die Altersversorgung häufig für die Unterkunft und Verpflegung nicht aus. Denn selbst bei nur mittlerer Pflegestufe kostet ein Heimplatz heute bis zu € 3 500,– monatlich. Die Pflegeversicherung deckt die Kosten aber nur teilweise ab. Die Unterbringungs- und Versorgungskosten muss der Heimbewohner selbst bzw. sein Ehepartner tragen.

Reicht das eigene Geld nicht, werden die erwachsenen Kinder aufgrund der unterhaltsrechtlichen Regelung im Bürgerlichen Gesetzbuch (§§ 1601 ff. BGB) in Anspruch genommen.

Das läuft dann so ab, dass das Sozialamt zunächst die Kosten übernimmt und den fehlenden Betrag an das Heim zahlt. Erst danach wird sich das Amt an Sie wenden und ermitteln, in welchem Umfang Sie und gegebenenfalls Ihre Geschwister sich an den Heimkosten beteiligen müssen.

II. Was verlangt das Sozialamt von Ihren Eltern?

1. Es kommt auf den konkreten Bedarf Ihrer Eltern an

Bei der Heimunterbringung setzt sich der konkrete Bedarf aus den Heimunterbringungskosten, einem angemessenen Taschengeld und sogenannten einmaligen Beilhilfen zum Beispiel für Kleidung zusammen. Hier kann es allerdings Unterschiede geben, denn Heimkosten sind nicht gleich Heimkosten. Es gibt teure und weniger teure Heime.

Aber: Es besteht keine Verpflichtung der Eltern, sich um das kostengünstigste Heim zu kümmern. Die Sozialhilfeträger haben mit fast allen Heimen Abkommen, wonach die Kosten übernommen werden.

Das heißt nicht, dass man Ihnen die Kosten für ein besonders teures Heim anlasten kann. Kennen Sie zum Beispiel in Ihrer Nähe ein günstigeres Heim als das von Ihren Eltern ausgewählte, können Sie sich darauf berufen, nur dafür im Rahmen des Elternunterhalts die Kosten mitzutragen.

2. Eltern müssen ihre finanziellen Möglichkeiten ausschöpfen

→ Renten und andere Einkünfte stehen an erster Stelle

Alles, was Ihren Eltern an Einkünften zur Verfügung steht, muss verwendet werden, um den Heimaufenthalt zu finanzieren. Das sind in erster Linie Renteneinkünfte oder Pensionen, aber auch Zinseinkünfte etc.

Möglicherweise hat Ihr Vater bzw. Ihre Mutter auch Anspruch auf Leistungen nach dem **Grundsicherungsgesetz.** Von dieser Möglichkeit muss auf jeden Fall zuerst Gebrauch gemacht werden. Hier werden die Ämter von sich aus aktiv. Verfügen Sie allerdings über ein Jahreseinkommen von über € 100 000,–, gibt es keine Grundsicherung für die Eltern.

→ Leistungen der Pflegeversicherung kommen hinzu

Die Pflegeversicherung zahlt Pauschalen für die pflegebedingten Aufwendungen der Eltern? und zwar unabhängig vom Einkommen. Es kommt nur darauf an, wie der Medizinische Dienst der Krankenkasse oder Krankenversicherung des betroffenen Elternteils die Pflegebedürftigkeit einstuft. Nach welchen Kriterien sich das richtet, zeigt die nachfolgende Übersicht (Stand: 1. 1. 2010).

- **€ 1 023,– in der Pflegestufe I**
  Hier wird ein Pflegebedarf von mindestens einmal täglich und mindestens zwei Verrichtungen mit einem Zeitaufwand von 1,5 Stunden im Bereich der Körperpflege, Ernährung und / oder Mobilität zugrunde gelegt.
- **€ 1 279,– in der Pflegestufe II**
  Hier wird ein Pflegebedarf von dreimal täglicher Hilfe zu verschiedenen Tageszeiten mit einem Zeitaufwand von drei Stunden im Bereich der Körperpflege, Ernährung und / oder Mobilität zugrunde gelegt.
- **€ 1 510,– in Pflegestufe III**
  Hier wird eine Hilfe im 24-Stunden-Dienst mit einem Zeitaufwand von fünf Stunden und mehr zugrunde gelegt.
- **€ 1 825,– in Härtefällen**
  Hier besteht ein außergewöhnlich hoher und intensiver Pflegeaufwand, der über das übliche Maß der Pflegestufe III weit hinausgeht.

Die Pflegestufe wird vom **Medizinischen Dienst der Krankenkassen** festgesetzt – und zwar nicht nur am Anfang des Heimaufenthalts, sondern auch immer wieder zwischendurch. Sind Sie nicht einverstanden mit der

Einstufung, können Sie dagegen Widerspruch und gegebenenfalls Klage vor dem Sozialgericht erheben.

Tipp:
Verschaffen Sie sich Akteneinsicht – und zwar bei der zuständigen Pflegekasse, nicht beim Medizinischen Dienst. Man muss Ihnen die Akten zuschicken. Dann können Sie sehen, weshalb der Antrag abgelehnt worden ist und entsprechend reagieren.

Bedenken Sie allerdings, dass mit einer **Erhöhung der Pflegestufe** zwar ein höheres Pflegegeld erzielt wird. Die Heimunterbringungskosten allerdings werden in diesem Fall noch stärker steigen. **Folge:** Die ungedeckten Heimkosten wachsen letztendlich trotz des höheren Pflegegeldes. Es ist also nichts gewonnen.

Tipp:
Möchte das Heim die Pflegestufe von sich aus erhöhen lassen, sollten Sie das Ganze kritisch prüfen. Unter Umständen kann es auch einmal sinnvoll sein, auf eine Herabsetzung der Pflegestufe zu bestehen. Das kann zum Beispiel vorkommen, wenn das Pflegepersonal weniger Aufwand hat, weil eine Ernährung durch eine Sonde nötig geworden ist.

→ Pflegewohngeld in manchen Bundesländern möglich

In einigen Bundesländern (etwa Nordrhein-Westfalen) wird zur Deckung der vom Heim erhobenen Investitionskosten ein sogenanntes Pflegewohngeld gezahlt. Den **Antrag** stellt das Pflegeheim. Nähere Auskünfte, ob ein solcher Anspruch besteht, geben die Pflegeheime.

→ Bedarfsdeckung aus bestehendem Vermögen

→ Was gilt für Barvermögen?

Neben dem Einkommen haben Ihre Eltern auch ihr Vermögen zur Deckung der Heimkosten einzusetzen. Beim Barvermögen darf allerdings ein **Notgroschen** von derzeit € 2 600,– für eine Einzelperson zurückbehalten werden.

Besteht ein Bestattungsvertrag, muss dieser ebenfalls in Anspruch genommen werden, soweit er die Grenze für eine angemessene Bestattung überschreitet. In einem entschiedenen Fall betrug die Versicherungssumme € 8 000,–, das Gericht begrenzte die Kosten für eine angemessene Beerdigung auf € 3 500,–.

→ Was gilt für Immobilienvermögen?

Lebt nur noch ein Elternteil, der in einem Pflegeheim untergebracht werden muss, besteht grundsätzlich die Verpflichtung, vorhandenes Immobilienvermögen zu verwerten.

Eine **Besonderheit** besteht allerdings, wenn noch beide Elternteile leben und nur ein Elternteil im Heim untergebracht wird, während der andere im Haus oder der Eigentumswohnung zurückbleibt. Hier verlangen die Sozialämter in der Regel nicht den Verkauf der Immobilie. Selbst wenn die Sozialhilfe rechtlich betrachtet zum Beispiel für eine einzelne Person unangemessen groß ist, gewährt die Behörde die **Kostenübernahme als Darlehen.** In diesem Fall brauchen Sie nicht für Ihre Eltern aufzukommen.

→ Was gilt, wenn die Eltern Vermögen verschenkt haben?

In diesem Fall besteht ein **Rückforderungsanspruch** wegen Verarmung des Schenkers (§ 528 BGB). Das heißt, wenn Ihre Eltern die Heimkosten nicht aus ihrem eigenen Einkommen oder Vermögen decken können, dürfen bzw. müssen sie Schenkungen, die sie in den vergangenen **zehn Jahren** getätigt haben, zurückfordern. Bei mehreren Schenkungen gilt unabhängig von der Höhe, dass immer die letzte Schenkung zuerst zurückzufordern ist.

Sofern **Immobilienvermögen verschenkt** worden ist, besteht keine Rückgabeverpflichtung. Hier ist lediglich der monatliche Unterhaltsbedarf vom Beschenkten aufzubringen, bis der Wert des Geschenkes aufgebraucht ist. Wenn es Ihnen als beschenkter Person anders finanziell nicht möglich ist, wird von Ihnen erwartet, dass Sie die **Immobilie beleihen** und daraus den Unterhalt bestreiten.

Auch bei schon länger zurückliegenden **Immobilienübertragungen** versucht das Sozialamt unter Umständen, an dieses Vermögen mit dem Argument »Sittenwidrigkeit« heranzukommen. Dies ist allerdings nur selten erfolgreich.

Anstandsschenkungen wie zum Beispiel Geburtstags-, Hochzeits- und Jubiläumsgeschenke brauchen nicht zurückerstattet zu werden. Geschenke über € 500,– sind aber mehr, als der Anstand verlangt. Beschenkte müssen sich deshalb darauf einstellen, den Zeitwert zurückzuerstatten. Auch hier gilt die 10-Jahres-Grenze.

Beispiel:
Ihre Mutter hat Ihnen ein wertvolles Gemälde aus hauseigenen Beständen zum Geburtstag geschenkt, das einen Wert von ca. € 3 000,– hat.

Übertragen Ihnen die Eltern ihr Haus, sollte bei entsprechenden Gegenleistungen im **Notarvertrag** darauf hingewiesen werden, dass die Übertragung nicht bzw. nicht vollständig als Schenkung erfolgt ist. Die Gegenleistungen sollten ebenso wie der Verkehrswert der Immobilie in den Vertrag aufgenommen werden. Am sichersten ist der Verkauf des Hauses oder der Wohnung und die Verrechnung der erbrachten Gegenleistung auf den Kaufpreis. Machen Sie gegebenenfalls den Notar auf die Problematik aufmerksam.

→ Was gilt, wenn ein Wohnrecht besteht?

Haben Ihre Eltern ihr Haus auf Sie übertragen und als Gegenleistung dafür mit Ihnen ein **lebenslanges Wohnrecht** vereinbart, erlischt dieses nicht automatisch mit dem Umzug ins Heim. Ein lebenslanges Wohnrecht ist vielmehr Teil der Altersversorgung. Aus diesem Grund sind Mieteinnahmen aus der nun anderweitig genutzten Wohnung zugunsten des Elternteils zu verwenden.

Aber: Sie sind rechtlich nicht verpflichtet, die Wohnung zu vermieten. Das heißt, Sie dürfen als Eigentümer die Wohnung unentgeltlich nutzen. Dasselbe gilt für nahe Familienangehörige. Sie dürfen sogar, wenn Sie wollen, die Räume leer stehen lassen.

III. Was verlangt das Sozialamt von Ihnen?

1. Die Kostenübernahme erfolgt nur vorübergehend

Auch wenn das Sozialamt zunächst kostenmäßig in die Bresche springt: Reicht das Geld der Eltern hinten und vorne nicht, wird als Nächstes geprüft, ob bei den unterhaltspflichtigen Angehörigen etwas zu holen ist. Denn Unterhaltsansprüche gehen in diesen Fällen auf den Träger der Sozialhilfe über (§ 94 SGB XII).

Sie erhalten deshalb, wenn man Sie als grundsätzlich unterhaltspflichtige Person ausgemacht hat, die sogenannte **Überleitungsanzeige.** Diese bewirkt, dass der Unterhaltsanspruch Ihrer Eltern auf die Behörde übergeleitet wird. Dadurch wird das Sozialamt in die Lage versetzt, die Unterhaltsansprüche selbst gegen die Kinder geltend zu machen.

2. Sie müssen Auskunft erteilen

Verbunden mit der Überleitungsanzeige erhalten Sie auch die Aufforderung, **Auskunft über Ihre Einkünfte und Ihr Vermögen** zu erteilen. Beigefügt ist meist auch ein Formblatt, das vom Arbeitgeber auszufüllen ist. Außerdem wird der Ehegatte (Lebenspartner) des Unterhaltspflichtigen zur Auskunftserteilung aufgefordert. Selbst das ist zulässig. Selbstverständlich erhalten auch Ihre Geschwister und gegebenenfalls auch der andere Elternteil diese Aufforderung.

Wenn Sie die Auskunft nicht oder nicht rechtzeitig erteilen, laufen Sie Gefahr, dass das Sozialamt Vollstreckungsmaßnahmen gegen Sie ergreift. Dies geht, ohne dass vorher ein gerichtliches Verfahren eingeleitet worden ist. Dabei darf das Sozialamt sogar an Ihren Arbeitgeber herantreten. Ebenso besteht ein Auskunftsanspruch gegenüber dem **Finanzamt** (§ 21 Abs. 4 SGB X).

Tipp:
Nachdem Sie die Auskünfte erteilt haben, geschieht oft längere Zeit nichts. Und das ist auch gut so. Je länger Sie von der Sache nichts hören, desto besser kann das für Sie sein. Denn wenn das Sozialamt Ihren Fall länger als ein Jahr nicht bearbeitet, können Sie sich unter Umständen auf die Verwirkung berufen. Wenden Sie sich deshalb tunlichst nicht von sich aus an die Behörde, um nach dem Stand der Dinge zu fragen. Stellen Sie sich dennoch darauf ein, zahlen zu müssen und legen Sie hierfür Monat für Monat einen bestimmten Betrag zurück. Am besten versuchen Sie, die konkrete Höhe anhand der nachfolgenden Ausführungen zu ermitteln.

3. Das Sozialamt ermittelt Ihre »Leistungsfähigkeit«

Inwieweit Sie sich jetzt an den offenstehenden Kosten beteiligen müssen, wird in **drei Schritten** ermittelt:

- Zunächst wird ermittelt, wie groß **Ihr unterhaltsrechtlich relevantes Einkommen** ist.
- Dann wird ermittelt, was von diesem Einkommen Ihnen und Ihrer unmittelbaren Familie bleiben muss. Man spricht hier vom **Selbstbehalt.**
- Was übrig bleibt, steht zur **Hälfte für Unterhaltszahlungen** zur Verfügung.

→ Erster Schritt: Ihr unterhaltsrechtlich relevantes Einkommen

Ausgegangen wird von Ihrem **Nettoeinkommen**, das heißt, Steuern und die üblichen Sozialabgaben sind schon abgezogen. Außerdem werden dann Ihre berufsbedingten Aufwendungen abgezogen (z. B. Fahrtkosten, Gewerkschaftsbeiträge). Was darüber hinaus **einkommensmindernd** ist, ist häufig umstritten. Auf jeden Fall sollten Sie bei bestehenden Verbindlichkeiten (z. B. Hausfinanzierung, Anschaffungskredit) und Altersvorsorgemaßnahmen wissen, wie diese zu berücksichtigen sind. Die Sozialhilfeträger helfen Ihnen dabei nicht.

→ Schuldverbindlichkeiten

Kreditraten aus Schuldverpflichtungen, die Sie bereits vor Eintritt der Unterhaltsbedürftigkeit Ihrer Eltern eingegangen sind, werden auf jeden Fall einkommensmindernd berücksichtigt.

Anders sieht es dagegen aus, wenn Sie Schulden nach Bekanntwerden der Unterhaltsverpflichtung eingegangen sind. **Ausnahme:** Der Kredit ist für **unaufschiebbare Anschaffungen** aufgenommen worden wie zum Beispiel für ein beruflich benötigtes Auto.

Eine Besonderheit gilt für Verbindlichkeiten im Zusammenhang mit einer **selbst genutzten Wohnimmobilie.** Hier werden Zins und Tilgung berücksichtigt. Darüber hinaus sind die verbrauchsunabhängigen Kosten (z. B. Grundsteuer) zu berücksichtigen.

Im Gegenzug müssen Sie sich den sogenannten **Wohnvorteil** einkommenserhöhend anrechnen lassen. Dieser Vorteil richtet sich grundsätzlich nach dem monatlichen Betrag, den Sie, wenn Sie nicht Eigentümer des Hauses oder der Wohnung wären, an Miete zahlen müssten. Um hier allerdings unangemessene Ergebnisse zu vermeiden, ist die Rechtsprechung dazu übergegangen, den Wohnvorteil auf € 450,– für Sie und € 350,– für Ihren Ehegatten zu begrenzen.

→ Vorsorgeaufwendungen

So werden auch Aufwendungen für die **zusätzliche private Altersvorsorge anerkannt?** und zwar bis zu einer Höhe von 5 % des Bruttoeinkommens. Es kommt nicht auf die Art der Altersvorsorge an, auch die Investitionen in Immobilien werden hier anerkannt.

Unterliegen Sie nicht der gesetzlichen Rentenversicherung bzw. anderen Versicherungssystemen, weil Sie zum Beispiel selbstständig sind, werden angemessene Beiträge zur freiwilligen Krankenversicherung und zu einer Lebensversicherung bis zu 20 % des Bruttoeinkommens anerkannt.

Aber: An anderer Stelle hat der Bundesgerichtshof schon wieder eine Einschränkung gemacht, nämlich für den Fall, dass Sie bereits selbst genutztes Wohneigentum haben. In diesem Fall sollen nur die Aufwendungen dafür als zusätzliche Altersversorgung einkommensmindernd anerkannt werden.

Der Umstand, dass Sie schon selbst in **Rente oder Pensionär** sind, schließt übrigens nicht aus, dass Sie auch noch Vorsorgeaufwendungen betreiben dürfen. Diese müssen ebenfalls anerkannt werden.

Tipp:
Scheuen Sie sich auf keinen Fall, alle Kosten, die Ihr Einkommen tatsächlich mindern, gegenüber dem Sozialamt anzuführen. Das gilt insbesondere für Versicherungsprämien. Diese werden in der Regel anerkannt. Aber auch andere Kosten wie zum Beispiel Fahrtkosten zum Pflegeheim sind schon einkommensmindernd berücksichtigt worden.

→ Zweiter Schritt: Abzug von Unterhaltsleistungen für vorrangig Berechtigte und Sie selbst

Selbstverständlich muss bei der Ermittlung Ihrer Leistungsfähigkeit berücksichtigt werden, ob Sie Kindern und Ihrem Ehepartner Unterhalt zahlen müssen. Und selbstverständlich muss auch Ihnen noch etwas zum Leben bleiben? der sogenannte **Selbstbehalt.**

→ Unterhalt für Kinder

Für unterhaltsberechtigte Kinder werden, egal ob diese noch minderjährig oder schon volljährig sind, die Bedarfssätze der Düsseldorfer Tabelle vom Einkommen abgezogen. Das Kindergeld wird hier berücksichtigt, indem es bei Minderjährigen auf den Tabellenunterhalt zur Hälfte und bei Volljährigen ganz angerechnet wird.

→ Unterhalt für den Ehegatten

Der angemessene Unterhalt für Ihren Ehegatten richtet sich nach den sogenannten ehelichen Lebensverhältnissen (Halbteilungsgrundsatz). Er beträgt jedoch mindestens € 1 050,– monatlich.

Tipp:
Die aktuelle Düsseldorfer Tabelle (Stand: 1. 1. 2011) finden Sie unter www.bild-ihr-gutes-recht.de (R 03001).

→ Unterhalt für den eigenen Bedarf

Der angemessene Selbstbehalt für Sie selbst beträgt zurzeit nach der Düsseldorfer Tabelle mindestens € 1 500,– zzgl. der Hälfte des darüber hinausgehenden Einkommens.

Wichtig: In dem Selbstbehalt von € 1 500,– ist für Sie eine Warmmiete von € 450,– berücksichtigt, im Selbstbehalt für Ihren Ehegatten eine Warmmiete von € 350,–. Sollten Ihre Unterkunftskosten einschließlich Heizung diesen Wohnkostenanteil übersteigen, muss Ihr Selbstbehalt erhöht werden.

Beispiel:
Sie zahlen € 1 000,– Warmmiete; hier beträgt der Mindestselbstbehalt für Sie und Ihren Ehegatten nicht € 2 550,–, sondern € 2 750,–. Es sind € 200,– zusätzlich für die Unterkunftskosten berücksichtigt worden.

Lediglich die Ersparnis, die durch das **gemeinsame Wirtschaften** erzielt wird, schmälert den Selbstbehalt. Wie, das zeigen Ihnen die Berechnungsbeispiele unten.

→ Alles, was Ihren Selbstbehalt übersteigt, dürfen Sie zur Hälfte behalten

Erst wenn feststeht, was Ihnen, Ihrem Ehepartner und Ihren Kindern zusteht, ermittelt das Sozialamt Ihre **endgültige Leistungsfähigkeit** – jedenfalls unterhaltsrechtlich betrachtet.

Konkret: Nach Abzug aller einkommensmindernden Aufwendungen, vorrangigen Unterhaltsverpflichtungen und Selbstbehaltposten wird der so ermittelte Betrag um 50 % reduziert. Der nun verbleibende Betrag ist das, was konkret für den Elternunterhalt zur Verfügung steht.

4. Berechnungsbeispiele je nach Familienkonstellation

→ Wenn der kinderlose Unterhaltspflichtige unverheiratet und vollberufstätig ist

Ein unterhaltspflichtiger alleinstehender Sohn ohne Geschwister verfügt über ein bereinigtes Nettoeinkommen von € 2 550,–. Seine Warmmiete beträgt € 600,–. Der Selbstbehalt macht hier € 1 500,– + € 150,– wegen der höheren Mietkosten aus, da die Düsseldorfer Tabelle nur einen Warmmietenanteil von € 450,– berücksichtigt. Der Mann hat deshalb ein seinen Eigenbedarf übersteigendes Einkommen in Höhe von € 900,–. Davon steht für den Elternunterhalt die Hälfte zur Verfügung, also € 450,– monatlich.

➔ Wenn der Unterhaltspflichtige verheirateter Alleinverdiener ohne unterhaltsberechtigte Kinder ist

Ein unterhaltspflichtiger Sohn verfügt über ein bereinigtes Nettoeinkommen von € 3 000,–. Seine Frau hat kein eigenes Einkommen. Zunächst wird hier der Unterhaltsbedarf der Ehefrau ermittelt. Dazu werden vorab 14 % Haushaltsersparnis vom Einkommen des Mannes für das gemeinsame günstigere Wirtschaften abgezogen. Das macht monatlich € 420,–. Es verbleiben € 2 580,–. Die Hälfte hiervon, also € 1 290,–, entspricht dem Bedarf der Ehefrau. Dieser Betrag wird nun vom bereinigten Nettoeinkommen des Mannes abgezogen. Es verbleiben für ihn monatlich € 1 710,–. Das macht bei einem Selbstbehalt gegenüber seinen Eltern in Höhe von € 1 500,– ein Mehreinkommen in Höhe von € 210,–. Hiervon steht die Hälfte, also € 105,–, für den Elternunterhalt zur Verfügung.

➔ Wenn der Unterhaltspflichtige verheirateter Alleinverdiener mit unterhaltsberechtigten Kindern ist

Ein unterhaltspflichtiger Sohn hat ein bereinigtes Nettoeinkommen von € 4 000,–. Seine Ehefrau ist einkommenslos und im Haushalt leben zwei Kinder im Alter von 14 und 19 Jahren (beide noch Schüler eines Gymnasiums). Hier werden von den € 4 000,– zunächst für das 14-jährige Kind € 522,– (lt. Düsseldorfer Tabelle unter Berücksichtigung des hälftigen Kindergeldes) und für das 19-jährige Kind € 519,– (lt. Düsseldorfer Tabelle unter Berücksichtigung des vollen Kindergeldes) abgezogen. Das macht € 2 959,–. Davon werden 14 % für die gemeinsame Haushaltsführung abgezogen. Somit verbleiben € 2 545,–. Hiervon steht der Ehefrau die Hälfte zu, also € 1 272,50,-. Dem Mann verbleiben somit nach Abzug des Kindes- und Ehegattenunterhalts € 1 686,50,- (€ 2 959,– ./. € 1 272,50). Das ergibt bei einem Selbstbehalt von € 1 500,– ein übersteigendes Einkommen in Höhe von € 186,50,-. Hiervon steht die Hälfte, also € 93,25, für den Unterhalt zur Verfügung. Würde der Mann weniger verdienen, z. B. € 3 000,–, sähe das Ganze schon ganz anders aus; hier läge er aufgrund des Selbstbehaltes unterhalb der Leistungsgrenze und müsste gar nichts für den Elternunterhalt aufbringen.

➔ Wenn der nicht unterhaltspflichtige Ehepartner über eigenes Einkommen verfügt

Ein unterhaltspflichtiger Sohn hat ein bereinigtes Nettoeinkommen von € 3 000,–. Die Ehefrau verdient aufgrund einer Halbtagstätigkeit netto € 1 000,–. Hier werden die Einkommen zunächst addiert. Das heißt, beiden stehen zusammen € 4 000,– zur Verfügung. 14 % werden als Ersparnis für die gemeinsame Haushaltsführung abgezogen und es verbleiben € 3 440,–.

Davon steht der Frau die Hälfte zu, also € 1 720,–, die sie bis auf € 720,– aus ihrem eigenen Einkommen decken kann. Demnach werden beim Sohn für den Unterhalt seiner Frau nur € 720,– abgezogen. Es verbleiben € 2 280,–. Sein Selbstbehalt beträgt € 1 500,–, sodass noch € 780,– übrig sind. Davon stehen 50 %, also € 390,–, für den Elternunterhalt zur Verfügung.

➔ Wenn nur der nicht unterhaltspflichtige Ehepartner Einkommen hat

Das Ganze kann so weit gehen, dass Sie als unterhaltspflichtige Person Ihren **Taschengeldanspruch** gegenüber Ihrem Ehepartner nutzen müssen, um Elternunterhalt zu leisten. Denn Sie haben, auch wenn Sie »nur« den Haushalt führen, nicht bloß einen Anspruch auf Haushaltsgeld. Ihnen steht auch Taschengeld in einer Größenordnung von ca. 5 bis 7 % des Nettoeinkommens Ihres Ehegatten zu. Diesen müssen Sie dann zur Hälfte für Unterhaltszahlungen verwerten.

Achtung: In diesem Fall bleibt das Einkommen und Vermögen Ihres Ehegatten nicht völlig unberücksichtigt, obwohl er mangels Verwandtschaft mit Ihren Eltern diesen **eigentlich nicht zum Unterhalt verpflichtet ist.** Grund: Ihr Ehepartner leistet einen höheren Beitrag zum Familienunterhalt, sodass Ihr Selbstbehalt plötzlich gekürzt werden darf? und zwar je nach Einzelfall. Betroffen sind hier natürlich nur Fälle, in denen überhaupt genug Geld vorhanden ist, um den eigenen Unterhalt bestreiten zu können. Wird das Familieneinkommen nachweislich verbraucht, haben Sie in dieser Fallkonstellation gute Chancen, nicht zahlen zu müssen.

Anmerkung zu den Beispielen: Ob der jeweils ermittelte Betrag in voller Höhe gebraucht wird, hängt vom konkreten Bedarf des unterhaltsbedürftigen Elternteils ab.

5. Wenn Sie über Vermögen verfügen

In diesem Fall müssen Sie dies grundsätzlich **auch für Ihre Eltern verwerten.** Auf jeden Fall ist Ihnen aber eine **Kapitalreserve** zu belassen. In der Praxis setzen Sozialhilfeträger bei ihren Berechnungen, wenn Sie im eigenen Haus wohnen oder eine vermietete Immobilie besitzen, einen Betrag von € 25 000,– an. Verfügen Sie über keine Immobilie, gesteht man Ihnen einen Barbetrag von € 75 000,– zu.

Es kann im Einzelfall aber auch mehr sein. Denn **Rücklagen für die eigene zusätzliche Altersversorgung** dürfen schließlich auch nicht dem Elternunterhalt zum Opfer fallen. Sichern Sie zum Beispiel Ihren eigenen Altersunterhalt durch Sparvermögen oder ähnliche Kapitalanlagen, muss Ihnen ein bestimmter Betrag verbleiben. Dessen Höhe ergibt sich aus der Anlage einer Altersvorsorge, wie sie unterhaltsrechtlich zugebilligt wird, nämlich bis zu 5 % des Bruttoeinkommens bis zum Renteneintritt bei einer Rendite von 4 %.

Tipp:
Lassen Sie sich also nicht vom Sozialhilfeträger bei der Frage des Vermögenseinsatzes mit den vorgegebenen Standardfreibeträgen abspeisen. Verwenden Sie zum Beispiel das Berechnungstool zum Schonvermögen beim Elternunterhalt auf der Seite www.elternunterhalt.org. Dabei werden Sie feststellen, dass Ihr individueller Freibetrag erheblich höher sein kann.

Wichtig: Sie müssen auf keinen Fall Ihr **eigenes Haus- und Wohnungseigentum** für den Wohnungsunterhalt verkaufen. Dies ist generell von einer Vermögensverwertung ausgeschlossen. Dasselbe gilt für die Verpflichtung, ein Darlehen aufzunehmen oder eine Grundschuld auf das Immobilienvermögen eintragen zu lassen.

IV. Wie wird bei mehreren unterhaltspflichtigen Angehörigen gerechnet?

1. Wenn der unterhaltsbedürftige Elternteil verheiratet ist

In diesem Fall haftet der Ehepartner vorrangig für die ungedeckten Kosten des im Heim lebenden Elternteils. Denn wenn nur ein Elternteil im Pflegeheim untergebracht ist und der andere Elternteil in der bisherigen Wohnung verbleibt, gelten beide sozialhilferechtlich immer noch als **Bedarfsgemeinschaft.**

Das heißt, das Sozialamt ermittelt den Gesamtbedarf für beide Ehegatten und stellt diesen Bedarf dem Gesamteinkommen bzw. Vermögen gegenüber. Dabei spielt es keine Rolle, ob das Einkommen desjenigen Ehepartners, der im Heim lebt, ausreichen würde, seinen konkreten Bedarf zu decken. Das heißt, das Sozialamt verteilt das vorhandene Einkommen des Ehepaares und kommt gegebenenfalls für die ungedeckten Heimkosten auf.

Ihr Vorteil: Hier können Sie gegenüber dem Sozialamt einwenden, dass der im Heim lebende Elternteil nicht bedürftig ist. Denn im zivilrechtlichen Unterhalt gilt der Grundsatz, dass eigenes Einkommen zunächst auch auf den eigenen Bedarf anzurechnen ist und nicht für den Ehegatten verwendet werden muss.

Auch wenn Ihre Eltern geschieden sind oder getrennt leben, muss das Sozialamt zunächst versuchen, den anderen Ehegatten heranzuziehen. Nur wenn die Kosten immer noch nicht gedeckt werden können, müssen Sie gegebenenfalls für den Elternunterhalt herhalten.

2. Wenn Geschwister vorhanden sind

In diesem Fall haften Sie gemeinsam mit Ihren Geschwistern **anteilig nach Ihren jeweiligen Einkommens- und Vermögensverhältnissen.** Selbst wenn Sie allein in der Lage wären, die offenen Heimkosten Ihrer Eltern zu tragen, darf das Sozialamt nicht ausschließlich Sie in Anspruch nehmen. Hier wird sowohl für Sie als auch Ihre Geschwister eine eigenständige Berechnung durchgeführt. Wenn der Unterhalt, den Sie und Ihre Geschwister zu zahlen in der Lage sind, die offenen Heimkosten übersteigt, teilt das Sozialamt die Unterhaltsverpflichtung entsprechend auf.

Beispiel:
Die Berechnung hat ergeben, dass Sie in der Lage wären, € 600,– zu zahlen, Ihr Bruder lediglich € 300,–. Es bestehen offene Heimkosten in Höhe von € 300,–. Dementsprechend müssen Sie, der doppelt so viel leisten kann wie der Bruder, € 200,– zahlen, der Bruder kommt mit € 100,– davon.

Sie brauchen erst zu zahlen, wenn man Ihnen gegenüber die Einkommens- und Vermögensverhältnisse Ihrer Eltern und Geschwister offengelegt hat. Andernfalls können Sie nicht überprüfen, wie das Sozialamt gerechnet hat.

Tipp:
Weil diese Auskünfte mit Hinweis auf den Datenschutz möglicherweise nicht erteilt werden, sollten Sie die Zahlung verweigern. Es gehört zu einer schlüssigen Berechnung, dass auch das Einkommen der anderen Unterhaltspflichtigen offengelegt wird. Kommt das Sozialamt dieser Verpflichtung erst im Klageverfahren nach, besteht für Sie die Möglichkeit, den Unterhaltsanspruch anzuerkennen, und das Sozialamt hat die gesamten Kosten des Verfahrens zu tragen.

V. Wann brauchen Sie trotz Leistungsfähigkeit nicht zu zahlen?

→ Wenn der Anspruch »verwirkt« ist

Im Unterhaltsrecht kann es Gründe geben, die eine Zahlungsverpflichtung entfallen lassen. Verwirkung liegt vor,

- wenn Ihre Eltern durch ein **sittliches Verschulden** bedürftig geworden sind. Das ist zum Beispiel der Fall, wenn Ihre Mutter bzw. Ihr Vater durch Spiel-, Trunk- oder Drogensucht bedürftig geworden sind. Hierbei wird allerdings berücksichtigt, ob dieses Verhalten Krankheitswert hatte. Denn dann wird das sittliche Verschulden nicht in der Krankheit selbst, sondern nur dann angenommen, wenn beispielsweise keine Therapie zur Heilung begonnen wurde.
- wenn Ihre Eltern selbst die eigene **Unterhaltspflicht Ihnen gegenüber vernachlässigt** haben, also selbst kein Unterhalt bezahlt haben; trotz entsprechender Verpflichtung. Ausnahme: Die Vernachlässigung durch den Elternteil beruhte auf dessen psychischer Erkrankung.
- wenn Ihre Eltern Ihnen oder Ihren nahen Angehörigen gegenüber eine **vorsätzliche schwere Verfehlung** begangen haben. Dies muss den Charakter eines üblichen Familienstreits jedoch deutlich übersteigen (z.B. Missbrauch).

Eine Verwirkung kommt auch dann in Betracht, wenn die Eltern **keine eigene Altersvorsorge aufgebaut** haben, obwohl sie dazu in der Lage gewesen wären.

Berücksichtigen Sie aber, dass in all den genannten Fällen der Unterhaltsanspruch nicht immer vollkommen entfällt. Es kommt auch eine **Herabsetzung des Anspruchs** infrage.

→ Wenn eine »unbillige Härte« vorliegt

Eine Besonderheit liegt vor, wenn der Unterhaltsanspruch Ihrer Eltern auf das Sozialamt übergegangen ist ((§ 94 SGB XII)). Dies ist etwa der Fall, wenn Sie Ihre Eltern umfangreicher gepflegt haben, als das üblicherweise von Ihnen als Kind erwartet wird.

Beispiel:
Sie haben Ihre eigene Erwerbstätigkeit aufgegeben, um Ihre Eltern zu pflegen. In einem solchen Fall würde eine spätere finanzielle Inanspruchnahme nicht gerechtfertigt sein.

VI. Wenn Sie mit der Entscheidung des Sozialamtes nicht einverstanden sind

Dadurch, dass das Sozialamt den Unterhalt Ihrer Eltern fordert, ändert sich am Anspruch selbst nichts. Das heißt, Sie können alle Einwendungen, die Sie gegen Ihre Eltern haben, auch dem Sozialamt entgegenhalten. Aus dem Unterhaltsanspruch wird **kein öffentlich-rechtlicher Anspruch.** Sie brauchen deshalb gegen eine Zahlungsaufforderung des Sozialamtes auch keinen Widerspruch einzulegen. Wenn keine Einigung erzielt werden kann, muss das Sozialamt den Unterhalt vor dem Familiengericht einklagen.

Selbst wenn Sie sich nach der Überleitungsanzeige (vgl. Abschn. III 1) darauf einstellen sollten, rückwirkend in Anspruch genommen zu werden, gibt es auch für das Sozialamt hier **Grenzen.**

Das Amt darf nämlich nichts mehr verlangen, wenn es seine **Ansprüche nicht »zeitnah«** durchsetzt. Dadurch soll verhindert werden, dass Ihre Unterhaltspflicht zu einer »erdrückenden Schuldenlast« anwächst. Der Bundesgerichtshof entschied hier, dass ein Zeitraum von über einem Jahr nicht mehr zeitnah ist. Das heißt, in allen Fällen, in denen trotz Rechtswahrungsanzeige mehr als ein Jahr vergangen ist, dürfen Sie sich auf die Verwirkung der Ansprüche seitens des Sozialamtes berufen.

Ausnahme: Die Vernachlässigung durch den Elternteil beruhte auf einer Erkrankung (z. B. psychischer Arzt).

Der Arbeitsvertrag – hier geht es um Ihre Rechte am Arbeitsplatz

I. Der Arbeitsvertrag als Grundlage Ihrer Tätigkeit

1. Darauf sollten Sie beim Vertragsschluss achten

→ Die Vertragsfreiheit und ihre Grenzen

Grundsätzlich dürfen Sie und Ihr künftiger Arbeitgeber den Arbeitsvertrag frei gestalten. Allerdings ist Ihre **Gestaltungsfreiheit** durch Gesetz, Tarifverträge oder Betriebsvereinbarungen **beschränkt** (§ 105 GewO).

- Von **zwingendem Gesetzesrecht** darf nicht zu Ihren Ungunsten abgewichen werden. Von sonstigen **gesetzlichen Regelungen** kann ausnahmsweise durch eine Regelung **in Tarifverträgen abgewichen werden.**
- Von **Regelungen in Tarifverträgen** darf nur zu Ihren Gunsten abgewichen werden. **Beachten Sie:** Tarifverträge gelten grundsätzlich für Sie als Arbeitnehmer, wenn Sie Mitglied der jeweiligen Gewerkschaft sind, und wenn Ihr Arbeitgeber den Tarifvertrag selbst abgeschlossen hat oder Mitglied des Arbeitgeberverbandes ist. Darüber hinaus gibt es **Tarifverträge,** die für **allgemein verbindlich erklärt** wurden. Ein Verzeichnis hierzu gibt es beim Bundesministerium für Arbeit und Soziales (www.bmas.bund.de).
- Von **Betriebsvereinbarungen,** die meist zwingend für alle Arbeitnehmer eines Betriebes gelten, darf nicht zu Ihren Ungunsten abgewichen werden.
- Das Gesetz als **höherrangige Norm** geht grundsätzlich den Regelungen in Tarifverträgen und Betriebsvereinbarungen vor. **Ausnahme:** Sie können sich auf die niederrangige Bestimmung berufen, wenn diese eine für Sie **günstigere Regelung** enthält.

Ihr Arbeitsvertrag wird nicht unwirksam, wenn **einzelne Klauseln darin unzulässig** sind oder fehlen. Dann tritt an die Stelle der unwirksamen Klausel die entsprechende gesetzliche oder tarifliche Bestimmung.

→ Schriftlich oder mündlich?

Sie können einen Arbeitsvertrag **grundsätzlich auch mündlich** abschließen. Ausnahmen können sich aus Gesetzen, aus Tarifverträgen oder einer Betriebsvereinbarung ergeben. Allerdings wird auch in diesen Fällen ein

Arbeitsverhältnis begründet, wenn Sie keinen schriftlichen Vertrag schließen, jedoch Ihre Tätigkeit bei Ihrem Arbeitnehmer aufgenommen haben.

Tipp:
Aus **Beweisgründen** sollten Sie auf den Abschluss eines **schriftlichen Arbeitsvertrages** bestehen. Lassen Sie sich von Ihrem Arbeitgeber einen **Vertragsentwurf** in doppelter Ausfertigung aushändigen. Prüfen Sie einen solchen Entwurf Punkt für Punkt (→ Abschn. II). Lassen Sie sich unbedingt **Kopien von Dokumenten** aushändigen, auf die im Vertrag Bezug genommen wird (z. B. Tarifvertrag, Betriebsvereinbarungen).

Wird kein **schriftlicher Arbeitsvertrag** geschlossen, verlangen Sie von Ihrem Arbeitgeber innerhalb eines Monats nach dem vereinbarten Beginn des Arbeitsverhältnisses einen Nachweis des Vertragsinhaltes. Anspruch darauf haben alle Arbeitnehmer (§ 1 NachwG). **Ausnahme:** Sie sind nur zur vorübergehenden Aushilfe von höchstens einem Monat eingestellt.

Der schriftliche und vom Arbeitgeber unterschriebene **Nachweis über die wesentlichen Arbeitsbedingungen** muss Ihnen ausgehändigt werden (§ 2 Abs. 1 NachwG). Kommt Ihr Arbeitgeber dieser Verpflichtung nicht nach, bleibt das Arbeitsverhältnis dennoch wirksam. Aus einem solchen Verstoß resultiert für Sie gegebenenfalls jedoch ein Schadensersatzanspruch.

Beispiel:
Sie werden nicht auf eine im Betrieb geltende tarifliche Ausschlussfrist aufmerksam gemacht (→ Abschn. III) und versäumen daher, Ihre an sich berechtigten Ansprüche rechtzeitig zu verlangen. Ihr Arbeitgeber muss gleichwohl zahlen.

→ Befristet oder unbefristet?

Die Zulässigkeit befristeter Arbeitsverhältnisse ist an strenge Voraussetzungen geknüpft. Insbesondere bedürfen sie **grundsätzlich eines sachlichen Grundes.** Hier nennt das Gesetz acht typische Befristungsgründe (§ 14 Abs. 1 Teilzeit- und Befristungsgesetz (TzBfG)). Darunter folgende:

- Der betriebliche Bedarf an der Arbeitsleistung besteht vorübergehend;
- die Befristung erfolgt im Anschluss an ein Studium oder eine Ausbildung und soll den Übergang in eine Anschlussbeschäftigung erleichtern;
- Sie werden zur Vertretung eines anderen Arbeitnehmers beschäftigt;
- Sie werden zu Probezwecken befristet eingestellt.

Ausnahmsweise sind kalendermäßig befristete Arbeitsverträge, das heißt Verträge mit einem festen Endtermin oder mit einer festen Laufzeit mit Anfangsdatum, auch **ohne sachlichen Grund** zulässig. Das gilt beispielsweise für:

- **Neueinstellungen** (§ 14 Abs. 2 TzBfG) bis zur Dauer von zwei Jahren. Eine 3-malige Verlängerung innerhalb dieses Zeitraumes ist möglich. **Vorausgesetzt** wird, dass Sie noch **nie beim gleichen Arbeitgeber beschäftigt** waren. Beachten Sie: Tarifverträge können die Höchstdauer der Befristung und die Anzahl der Verlängerungsoptionen abweichend regeln.
- Beschäftigungen in **einem neu gegründeten Unternehmen** (§ 14 Abs. 2 a TzBfG). Dieses »Gründungsprivileg« gilt in den ersten vier Jahren nach der Unternehmensgründung. Hier dürfen für die Dauer von vier Jahren befristete Arbeitsverhältnisse abgeschlossen werden. Der Vierjahreszeitraum muss dabei nicht von Anfang an ausgeschöpft werden, sondern kann durch wiederholte befristete Verlängerungen erreicht werden.

Ein befristeter Vertrag muss vor Arbeitsbeginn **schriftlich vereinbart** werden. Die Dauer der Befristung kann kalendermäßig (z. B. für ein Jahr) oder durch den Zweck oder die Art der Arbeitsleistung bestimmt werden (z. B. Urlaubs- oder Schwangerschaftsvertretung, Durchführung eines Projektes).

Eine **rechtsunwirksame Befristung** führt zu einem **unbefristeten Arbeitsverhältnis.** Ein solches entsteht auch, wenn Sie nach Ablauf der Befristung oder nach Zweckerreichung – z. B. der erfolgreiche Abschluss eines Projekts – Ihre Tätigkeit fortsetzen und der Arbeitgeber dem nicht unverzüglich widerspricht oder Ihnen mitteilt, dass der Zweck erreicht ist.

→ Probearbeitsverhältnis oder Probezeit?

Probezeiten sind üblich, müssen aber ausdrücklich vereinbart werden. Dabei gibt es grundsätzlich zwei Möglichkeiten: Sie können ein **befristetes Probearbeitsverhältnis** vereinbaren. Dies ist grundsätzlich zulässig, denn die Einstellung zur Probe gilt als sachlicher Grund. Bei befristeten Probearbeitsverhältnissen können Sie vor Ablauf der Frist nur ordentlich kündigen, wenn Sie dies ausdrücklich geregelt haben. **Nach Ablauf der Frist** endet dieses Arbeitsverhältnis, sofern Sie es nicht vorher verlängern.

Oder Sie vereinbaren ein **unbefristetes Arbeitsverhältnis mit einer Probezeit:** Dann liegt nach Ablauf der Probezeit ein Dauerarbeitsverhältnis vor, sofern weder Sie noch Ihr Arbeitgeber vorher gekündigt haben. Eine ordentliche Kündigung ist während der Probezeit mit einer gesetzlichen Frist von zwei Wochen jederzeit möglich (§ 622 Abs. 3 BGB). **Achtung:** Tarifverträge enthalten häufig sehr viel kürzere Kündigungsfristen! Die **Höchstdauer der Probezeit** hängt von der jeweiligen Tätigkeit ab. Wenn die zunächst vereinbarte kurze Probezeit abgelaufen ist, können Sie die Probezeit **einverständlich** innerhalb der ersten sechs Monate **verlängern.**

2. Was gilt für nachträgliche Vertragsänderungen?

→ Sie vereinbaren eine Änderung

Änderungen des Arbeitsvertrages sind **jederzeit durch einvernehmliche Regelung** zwischen Ihnen und Ihrem Arbeitgeber möglich. Misslingt eine Einigung, können Sie sich in bestimmten Fällen auf einen **gesetzlichen Anspruch** berufen, um eine Vertragsänderung durchzusetzen.

→ Ein einseitiger Widerrufsvorbehalt ist nur eingeschränkt möglich

Im Arbeitsvertrag kann sich ein Vertragspartner die einseitige Änderung einzelner Vertragsklauseln vorbehalten – etwa durch einen **Änderungs-, Freiwilligkeits- oder Widerrufsvorbehalt** (§ 308 Nr. 4 BGB). **Zulässig** ist das nur, wenn die Änderung dem jeweiligen Vertragspartner **zumutbar** ist (→ Kapitel D 3).

→ Der Arbeitgeber kann sein Weisungsrecht ausüben

Ihr Arbeitgeber kann **einseitig** den wesentlichen Inhalt, den Ort und die Zeit der Arbeitsleistung **konkretisieren,** soweit dies im Rahmen des Arbeitsvertrages, des Tarifvertrages, der Betriebsvereinbarung oder durch das Gesetz möglich ist (sogenanntes »**Weisungs- oder Direktionsrecht**«; § 106 GewO). In diesem Rahmen darf er auch die **betriebliche Ordnung regeln.**

Den Anordnungen Ihres Arbeitgebers müssen Sie grundsätzlich Folge leisten, es sei denn, sie sind gesetzes-, vertrags- oder sittenwidrig. **Missachtet er die Grenzen** seines Weisungsrechts, können Sie Ihre Arbeit verweigern (→ Abschn. III).

→ Der Arbeitgeber kann eine Änderungskündigung aussprechen

Sofern Ihr Arbeitgeber darüber hinaus den Inhalt einzelner Vertragsbestimmungen nachträglich ändern will oder muss (z. B. ist Ihr Einsatz an einem anderen als dem vereinbarten Arbeitsort notwendig), hat er nur folgende Möglichkeit: Da eine **Teilkündigung einzelner Klauseln** des Arbeitsvertrages gegen Ihren Willen **unzulässig** ist, muss er den bisherigen Arbeitsvertrag insgesamt kündigen und Ihnen gleichzeitig ein Angebot unterbreiten, das Arbeitsverhältnis unter geänderten Bedingungen fortzusetzen (→ Kapitel D 3).

II. Prüfen Sie Ihren Arbeitsvertrag Punkt für Punkt

Für den Inhalt Ihres Arbeitsvertrages sind Sie **selbst (mit-)verantwortlich.** Ihr **Arbeitgeber** muss Ihnen **grundsätzlich keine Rechtsauskunft geben** oder Sie beraten. Äußert er sich jedoch, muss die Auskunft richtig und vollständig sein, im Zweifelsfall muss er Sie an andere Stellen (z. B. Arbeitsagentur, Rechtsanwalt, Steuerberater) verweisen. Andernfalls **haftet** der Arbeitgeber wegen falscher oder unterlassener Auskünfte auf Schadensersatz.

1. Wenn es um den Beginn des Arbeitsverhältnisses geht

Achten Sie darauf, dass das **genaue Datum** eingesetzt wird. Der Beginn des Arbeitsverhältnisses ist beispielsweise relevant für die Berechnung

- der Kündigungsfrist;
- der Wartezeit für den Kündigungsschutz (→ Kapitel D 4) oder der Wartefrist für die Entgeltfortzahlung im Krankheitsfall (→ Abschn. II 9);
- Ihres Urlaubsanspruchs;
- von Ansprüchen aus der Sozialversicherung (z. B. Arbeitslosengeld);
- der Dauer und der Höhe von betrieblichen Leistungen (→ Abschn. II 6).

2. Wenn es um die Arbeitszeit geht

→ Gesetzliche Höchstgrenzen sind einzuhalten

Die Dauer und Lage Ihrer Arbeitszeit ist einzel- oder tarifvertraglich festgelegt. Findet sich keine Regelung, gelten die im Betrieb üblichen Zeiten. Die **Grenzen der Arbeitszeit** regelt das Arbeitszeitgesetz (ArbZG).

Danach dürfen Sie in der Regel **nicht mehr als acht Stunden pro Werktag** arbeiten. Somit beträgt die maximale Wochenarbeitszeit 48 Stunden. An **Sonn- und Feiertagen** müssen Sie grundsätzlich nicht arbeiten. Ausnahmen bestehen für bestimmte Arbeitnehmergruppen (z. B. Ärzte, Hotelangestellte) oder in Notfällen (z. B. Naturkatastrophen, Maschinenausfall). Eine **Erhöhung auf zehn Stunden** täglich ist auch ohne sachlichen Grund möglich, wenn innerhalb von sechs Kalendermonaten oder innerhalb von 24 Wochen im Durchschnitt die 8-Stunden-Grenze eingehalten wird.

Werden diese Zeiten überschritten, ist die Vereinbarung unwirksam. Beachten Sie jedoch, dass Tarifverträge oder Betriebsvereinbarungen häufig abweichende, teilweise für Sie ungünstigere Regelungen der Arbeitszeit enthalten.

→ Was zählt zur Arbeitszeit?

Die Zeit **von Beginn bis zum Ende der Arbeit** – unabhängig davon, ob Sie tatsächlich gearbeitet haben oder nicht (z. B. haben Sie aus technischen Gründen keinen Zugriff auf Ihren Rechner). Zur Arbeitszeit zählen auch Zeiten der **Arbeitsbereitschaft** und **Bereitschaftsdienste.**

Davon zu unterscheiden ist die sogenannte »**Rufbereitschaft**«. Hier halten Sie sich an einem Ort Ihrer Wahl auf, von dem aus Sie bei Bedarf tätig werden. In diesem Fall zählt nur die tatsächliche Inanspruchnahme als Arbeitszeit.

Auch **Dienstreisen** und **sonstige Wegezeiten** gelten zumindest während des normalen Zeitraums der Tätigkeit als Arbeitszeit. Umstritten ist dies für Reisezeiten außerhalb der regulären Arbeitszeit. Klären Sie diesen Fall deshalb ausdrücklich mit Ihrem Arbeitgeber.

Der **Weg zur Arbeit, Pausen** sowie **Umkleide- und Waschzeiten** gehören in der Regel nicht zur Arbeitszeit im Sinne des ArbZG. Arbeits- oder tarifvertraglich kann jedoch etwas anderes vereinbart werden.

→ Was gilt für Überstunden?

Müssen Sie länger als im Arbeits- oder Tarifvertrag oder in der Betriebsvereinbarung vorgesehen arbeiten, fallen Überstunden an. Überstunden können **einseitig** vom Arbeitgeber nur angeordnet werden, wenn es sich um einen betrieblichen Notfall handelt. **Ansonsten** müssen Sie nur Überstunden machen, wenn dies **vertraglich geregelt** ist und die gesetzlichen Höchstarbeitszeiten eingehalten werden. Außerdem müssen Überstunden tatsächlich nötig und von Ihrem Arbeitgeber angeordnet sein. Gibt es in Ihrem Betrieb einen Betriebsrat, muss dieser in der Regel der Anordnung zustimmen.

Die **Überstundenvergütung** richtet sich ebenfalls nach der vertraglichen Regelung. Als außertariflicher Angestellter sind Überstunden meist pauschal mit dem Gehalt abgegolten. Die Pauschalierung in den AGB eines Formulararbeitsvertrages ist nur wirksam, wenn sie klar und eindeutig regelt, welche Arbeitsleistung abgegolten ist. Im Streit um die Anordnung und Bezahlung von Überstunden trifft Sie als Arbeitnehmer eine besondere **Dokumentationspflicht.** Protokollieren Sie deshalb für jeden Arbeitstag die Überstunden gesondert nach Datum, Tageszeit und Tätigkeit.

3. Wenn es um den Arbeitsort geht

Ist der **Arbeitsort genau festgelegt,** müssen Sie nur innerhalb des Zumutbaren anderswo tätig werden (z. B. innerhalb eines Betriebes an einem anderen Arbeitsplatz). **Faustregel:** Je genauer der Arbeitsort festgelegt ist (z. B. Beschäftigung im Einstellungsbetrieb), desto geringer wird der Spielraum Ihres Arbeitgebers, Sie im Rahmen einer Anordnung zu versetzen.

Ist im Vertrag **nichts geregelt,** kommt es auf den **Einzelfall** an. Beispielsweise haben Sie als Außendienstmitarbeiter, Handwerker, Monteur oder Revisor typischerweise wechselnde Arbeitsorte. Ihr Arbeitgeber kann Sie hier im Rahmen seines Weisungsrechts versetzen (→ Abschn. I 2). Allerdings müssen vor einer Versetzung sorgfältig alle Interessen und Umstände gegeneinander abgewogen werden.

Enthält Ihr Arbeitsvertrag einen sogenannten »**Versetzungsvorbehalt**«, verpflichten Sie sich, an jedem anderen Ort tätig zu werden, an dem Ihr Arbeitgeber eine Niederlassung oder einen Betrieb unterhält. In diesen Fällen ist das **Direktionsrecht** Ihres Arbeitgebers **erweitert,** und Sie müssen die Anordnung eines anderen Arbeitsplatzes grundsätzlich hinnehmen, sofern sie einer Interessenabwägung standhält. Allerdings ist eine Versetzungsklausel unzulässig, wenn sie höheres Recht verletzt, etwa der Kündigungsschutz damit unterlaufen wird.

Zumutbar ist in der Regel eine **Betriebsverlagerung innerhalb des gleichen Ortes** oder wenn Sie den neuen Standort ohne Schwierigkeiten erreichen können (z. B. besteht eine Anbindung mit öffentlichen Verkehrsmitteln). Wollen oder können Sie der Änderung des Arbeitsortes nicht folgen, folgt regelmäßig eine Kündigung. Im Übrigen **endet** das Weisungsrecht Ihres Arbeitgebers **an den Landesgrenzen:** Ins Ausland kann Ihr Arbeitgeber Sie nicht schicken. Außer, Sie haben dies ausdrücklich vereinbart.

Tipp:
Vereinbaren Sie im Falle der Änderung Ihres Arbeitsortes, dass Ihr Arbeitgeber die Umzugs- oder Unterbringungskosten trägt.

Bei der Frage der Versetzung ist der Betriebsrat zu beteiligen, wenn Sie voraussichtlich länger als einen Monat den Arbeitsort wechseln. Haben Sie ohnehin einen wechselnden Arbeitsplatz, gilt dies nicht.

C

4. Wenn es um Ihre Tätigkeit geht

→ Auf die Tätigkeitsbeschreibung kommt es an

Sie sollten darauf achten, dass im Arbeitsvertrag Ihr Arbeitsplatz bzw. Ihre Tätigkeit **umfassend und möglichst konkret beschrieben** wird. Das Weisungsrecht Ihres Arbeitgebers wird eingeschränkt, je genauer die Beschreibung ist (→ Abschn. I 2).

Tipp:
Nehmen Sie deshalb den Text der Stellenanzeige oder den Verweis darauf in Ihren Arbeitsvertrag auf oder heften Sie diese dem Vertrag an.

Enthält Ihr Arbeitsvertrag keine genaue Tätigkeitsbeschreibung oder wurde ein **Versetzungsvorbehalt** vereinbart, können Art, Inhalt, Ort und Umfang Ihrer Arbeitsleistung **einseitig** durch den Arbeitgeber **verändert** werden. Besteht in Ihrem Betrieb ein Betriebsrat, muss er in diesen Fällen beteiligt werden.

→ Eine Nebentätigkeit müssen Sie sich in der Regel genehmigen lassen

Arbeits- oder Tarifverträge enthalten häufig ein **Verbot von Nebentätigkeiten** oder **erfordern** hierfür eine **Genehmigung**. Solche Einschränkungen sind zulässig, wenn Ihr Arbeitgeber ein berechtigtes Interesse daran hat. Ein Generalverbot ist hingegen unzulässig.

Beispiel:
- Ihr Arbeitgeber befürchtet, dass Ihre Leistungsfähigkeit während der Hauptarbeitszeit eingeschränkt ist, weil Sie aufgrund Ihres nächtlichen »Zweitjobs« übermüdet zur Arbeit erscheinen (z. B. arbeiten Sie als Platzanweiser abends im Kino).
- Sie erledigen die Nebentätigkeit während der Hauptarbeitszeit (z. B. veranstalten Sie »Tupperpartys« und wickeln die Bestellungen vom Arbeitsplatz aus ab).
- Sie wollen nebenberuflich für einen Konkurrenten Ihres Arbeitgebers arbeiten.

Sie müssen in diesen Fällen Ihrem Arbeitgeber die Nebentätigkeit **mitteilen** und **genehmigen** lassen. Unterlassen Sie dies, riskieren Sie eine Abmahnung (→ Kapitel D 5), im Wiederholungsfall droht eine verhaltensbedingte und in besonderen Fällen sogar eine fristlose Kündigung.

5. Wenn es um Ihre Vergütung geht

Achten Sie darauf, dass insbesondere folgende Punkte geregelt sind:

- die **Höhe des Bruttomonatsgehalts;**
- **zusätzliche Leistungen** (z. B. Weihnachts- oder Urlaubsgeld, Beihilfen, Spesen, vermögenswirksame Leistungen, Versorgungszusagen, Dienstwagen) sowie die **Berechnungsgrundlage für variable Entgeltbestandteile** (z. B. Zuschläge, Prämien, Sonderzahlungen);
- die **Fälligkeit der Vergütung,** also wann Ihre Vergütung ausgezahlt wird.

Tipp:
Treffen Sie **für den Todesfall Vorsorge.** Regeln Sie in Ihrem Arbeitsvertrag **ausdrücklich,** dass Ihre Hinterbliebenen für eine bestimmte Zeit weiterhin Ihr Gehalt beziehen (z. B. für zwei Monate). Enthält ein einschlägiger Tarifvertrag eine entsprechende Regelung, können Sie darauf Bezug nehmen.

Auch die Frage der **Gehaltserhöhung** sollten Sie **ausdrücklich regeln,** wenn Sie nicht unter einen Tarifvertrag fallen und somit Ihr Gehalt nicht automatisch erhöht wird. Vereinbaren Sie dazu mit Ihrem Arbeitgeber eine **»Anpassungsklausel«.** Beispielsweise soll Ihr Gehalt jeweils zu Beginn des neuen Jahres angepasst werden, wobei Ihre persönliche Leistung, die Entwicklung der Lebenshaltungskosten und die einschlägigen Branchentarife berücksichtigt werden.

Provisionen erhalten Sie nur, wenn dies **ausdrücklich** in Ihrem Arbeitsvertrag **vereinbart** wurde. Achten Sie darauf, dass Ihnen ein monatlicher Mindestverdienst garantiert wird. Sie können eine monatliche Abrechnung verlangen.

Als **leitender Angestellter** können Sie auch eine Gewinnbeteiligung (Tantiemen) am Geschäftsergebnis Ihres Arbeitgebers vereinbaren. Dies muss **ausdrücklich** erfolgen. Ihr Arbeitgeber muss Ihnen dann sämtliche Informationen offenlegen, die Sie benötigen, um die Höhe der Tantieme prüfen zu können.

Vermögenswirksame Leistungen erhalten Sie nur bei **ausdrücklicher** Vereinbarung in Ihrem Arbeitsvertrag. Einen Anspruch darauf haben Sie nicht. Jedoch können Sie von Ihrem Arbeitgeber verlangen, dass er einen Teil Ihres normalen Gehalts vermögenswirksam für Sie anlegt.

Das 13. Monatsgehalt muss **ausdrücklich** einzel- oder tarifvertraglich vereinbart werden. Aus der Vereinbarung muss **deutlich** werden, dass Ihnen das 13. Gehalt als **zusätzlicher Lohn für Arbeitsleistungen** und nicht als Weihnachtsgratifikation gezahlt wird.

Mit **Sonderzuwendungen (Gratifikationen)** des Arbeitgebers wie etwa Weihnachts- oder Urlaubsgeld oder Jubiläumszuwendungen wird in der Regel Ihre **Betriebstreue** oder Ihre **Anwesenheit belohnt.** Eine Gratifikation kann entweder einzelvertraglich vereinbart werden, sich aus einem Tarifvertrag oder einer Betriebsvereinbarung ergeben oder aus **betrieblicher Übung** entstehen. Hierzu ist es erforderlich, dass Ihnen Ihr Arbeitgeber **wiederholt** (in der Regel drei Mal hintereinander) und **vorbehaltlos** die Leistung gewährt.

Sofern Ihr Arbeitgeber anderen Mitarbeitern im Betrieb oder Unternehmen die Gratifikation bezahlt, darf er Sie **ohne sachlichen Grund nicht** von der Leistung **ausschließen.** Als Teilzeitarbeitnehmer erhalten Sie diese Leistung anteilig (→ Kapitel D 2). Aus wichtigen Gründen kann Ihr Arbeitgeber die Zahlung der Gratifikation verweigern, wenn Sie dies ausdrücklich vereinbart haben.

6. Wenn es um die betriebliche Altersversorgung geht

Ihr Arbeitgeber muss Ihnen **grundsätzlich keine Versorgungszusage** geben. Sie können sich jedoch auf den Abschluss einer solchen zusätzlichen Leistung einigen. Dabei ist es **allein Sache des Arbeitgebers,** welche Versorgungsform er Ihnen anbietet.

Beachten Sie: Auch wenn Sie keinen Anspruch auf solche Leistungen haben, ist Ihr Arbeitgeber an den **Gleichbehandlungsgrundsatz** gebunden. Das heißt, erhalten Mitarbeiter im Betrieb eine solche Zusage, können Sie **nicht ohne sachlichen Grund** von dieser Leistung **ausgeschlossen** werden. Erkundigen Sie sich auch danach, ob ein für Sie maßgeblicher Tarifvertrag oder eine Betriebsvereinbarung eine betriebliche Altersversorgung vorsieht.

Tipp:
Achten Sie darauf, dass **im Fall Ihres Todes Ihre Angehörigen** auch durch Leistungen aus der betrieblichen Altersversorgung **abgesichert** sind.

7. Wenn es um den Dienstwagen geht

Kommen Sie als Arbeitnehmer in den Genuss eines Firmenwagens (z. B. als Außendienstmitarbeiter oder als leitender Angestellter), erkundigen Sie sich, ob in Ihrem Betrieb eine sogenannte »**Dienstwagenvereinbarung**« besteht. Darin werden die Nutzungsbedingungen im Einzelnen geregelt.

Beispiel:
Kategorie des Fahrzeugs mit Preisobergrenze; Art der Nutzung; der Umfang der Nutzung (z.B. Ehegatte, Urlaub); Kosten; Haftungsfragen bei Beschädigung (z.B. übliche Selbstbeteiligung bis € 500,–) sowie die Frage der Rückgabe.

Besteht keine solche Vereinbarung, sollten Sie all diese Punkte mit Ihrem Arbeitgeber klären und schriftlich festhalten.

Ein ausschließlich **als Dienstwagen genutztes Fahrzeug** kann Ihr Arbeitgeber **jederzeit herausverlangen.**

Haben Sie hingegen die **Privatnutzung** des Dienstwagens vereinbart, dann steht Ihnen das Fahrzeug so lange zur Verfügung, **bis Ihr Arbeitsverhältnis endet.** Die Privatnutzung eines Dienstwagens ist Teil Ihres Gehaltes. Entzieht Ihnen Ihr Arbeitgeber die Nutzung, können Sie **Entschädigung** verlangen.

Die **Höhe der Entschädigung** orientiert sich bei kürzeren Ausfallszeiten an der »Nutzungsausfallstabelle« für Kfz-Schadensfälle (→ Kapitel F 3); ansonsten können Sie nur den Betrag verlangen, den Sie aufbringen (müssen), wenn Sie ein gleichwertiges Fahrzeug privat nutzen (würden). Um Streit über die Höhe der Nutzungsentschädigung zu vermeiden, empfiehlt es sich, sie vertraglich festzulegen.

8. Wenn ein Fall der Arbeitsverhinderung vorliegt

Häufig enthalten Arbeitsverträge, Betriebsvereinbarungen oder Tarifverträge Regelungen, nach denen Sie **bezahlten Sonderurlaub** bekommen.

Beispiel:
Eigene standesamtliche oder kirchliche Trauung, besondere Vorkommnisse in der Familie (z.B. Geburt- oder Sterbefälle, schwere Erkrankung naher Angehöriger, goldene Hochzeit der Eltern), Umzug, Verkehrsunfall oder gerichtliche Vorladung.

Ohne konkrete Regelung gilt § 616 BGB: Danach erhalten Sie Ihr Gehalt, wenn Sie aus einem »persönlichen Grund unverschuldet für eine verhältnismäßig nicht erhebliche Zeit verhindert sind« (z.B. haben Sie während der Arbeitszeit einen unaufschiebbaren Arzttermin, weil Sie beispielsweise morgens nüchtern zu einer Laboruntersuchung erscheinen müssen).

Wie lange und wie häufig Sie verhindert sein dürfen, ist eine Frage des **Einzelfalls**. Als **Faustregel** gilt: einen Tag bei einer Beschäftigungsdauer von sechs Monaten, zwei Tage im ersten Jahr Ihrer Beschäftigung, danach bis zu einer Woche.

Auch wenn es in der Praxis häufig kulant gehandhabt wird, gilt vom Grundsatz her: Kommen Sie aus **objektiven Gründen** zu spät zur Arbeit, gibt es dafür kein Geld. Etwa wenn Sie sich aufgrund schlechter Witterungsverhältnisse (z. B. Glatteis), einer Straßensperrung oder eines Staus verspäten. Das gilt auch, wenn öffentliche Verkehrsmittel ausfallen.

Tipp:
Wenn Sie Kinder haben: Ausnahmsweise erhalten Sie Ihr **Gehalt auch ohne Arbeit,** wenn Sie verhindert sind, weil ein **eigenes Kind unter 12 Jahren** krank ist und Sie keine anderweitige Betreuungsmöglichkeit haben (§ 45 SGB V). Ist Ihr Kind gesetzlich krankenversichert, stehen Ihnen je Kind pro Kalenderjahr maximal zehn Arbeitstage, Alleinerziehenden 20 Tage zu.

9. Wenn Sie krank sind oder in Kur gehen

➔ Wann und wie Sie sich »richtig« arbeitsunfähig melden

Krank sein heißt nicht automatisch, arbeitsunfähig zu sein (z. B. können Sie trotz eines verstauchten Knöchels reine Schreibtischarbeit erledigen). **Arbeitsunfähig** sind Sie, wenn Sie Ihre Tätigkeit objektiv nicht mehr ausüben können oder sich Ihr Gesundheitszustand dabei verschlechtern würde. Das entscheidet im Einzelfall der behandelnde Arzt.

Sind Sie arbeitsunfähig, müssen Sie das Ihrem Arbeitgeber, also Ihrem Chef oder der Personalabteilung, **unverzüglich mitteilen** – per Telefon, Fax, E-Mail oder SMS. Sie müssen sich also am ersten Tag der Erkrankung melden, am besten gleich zu Arbeitsbeginn oder noch vor einem beabsichtigten Arztbesuch. Auch Angehörige oder Arbeitskollegen können das für Sie erledigen. Mitgeteilt werden muss auch die voraussichtliche Dauer der Krankheit.

Eine **ärztliche Arbeitsunfähigkeitsbescheinigung** müssen Sie vorlegen, wenn die Krankheit **länger als drei Kalendertage dauert** (§ 5 EFZG). Dieser Nachweis muss im Original also **spätestens am vierten Tag der Arbeitsunfähigkeit** Ihrem Arbeitgeber **vorliegen.** Andernfalls kann Ihr Arbeitgeber die Entgeltfortzahlung verweigern, bis das Attest vorliegt. Allerdings muss er dann das Entgelt ab dem ersten Tag Ihrer Arbeitsunfähigkeit nachzahlen.

Tipp:
Eine gesetzliche Mindestfrist gibt es nicht! In Arbeitsverträgen, Betriebsvereinbarungen oder Tarifverträgen sind häufig **kürzere Fristen** geregelt. Der Arbeitgeber kann grundsätzlich verlangen, dass Sie **bereits am ersten Tag** eine Arbeitsunfähigkeitsbescheinigung vorlegen.

Erkranken Sie im Ausland, müssen Sie **schnellstmöglich** sowohl Ihren Arbeitgeber als auch Ihre gesetzliche Krankenkasse informieren, dass und wie lange Sie voraussichtlich arbeitsunfähig sind und wo Sie sich gerade aufhalten – etwa per Telefon, Fax, E-Mail oder Telegramm (§ 5 Abs. 2 EFZG). Sobald Sie wieder zu Hause sind, müssen Sie dies den beiden Stellen ebenfalls mitteilen. Auch im Ausland sollten Sie einen Arzt aufsuchen und sich eine Arbeitsunfähigkeitsbescheinigung ausstellen lassen. Achten Sie darauf, dass der ausländische Arzt zwischen bloßer Erkrankung und Arbeitsunfähigkeit unterscheidet.

Eine ordnungsgemäß ausgestellte ärztliche Arbeitsunfähigkeitsbescheinigung ist der **Beweis,** dass Sie tatsächlich arbeitsunfähig krank waren. Ihr Arbeitgeber muss Ihnen dann Ihr Entgelt weiterzahlen. Will der Arbeitgeber den Beweiswert des Attests erschüttern, muss er bei Inlandsattesten sowie bei Attesten aus EU-Ländern berechtigte Zweifel an der Arbeitsunfähigkeit vorbringen.

Beispiel:
Sie wechseln häufig den Arzt, erkranken nach Ablehnung eines Urlaubsantrages im fraglichen Zeitraum oder kündigen die Krankheit an, kann dies Zweifel Ihres Arbeitgebers begründen. Sie müssen sich allerdings nicht in Ihrer Wohnung aufhalten. Spaziergänge oder Einkäufe sind zulässig und reichen nicht aus, um berechtigte Zweifel zu begründen.

Bei **Auslandsattesten aus anderen als EU-Staaten** muss der Arbeitgeber hingegen den Missbrauch voll beweisen. Hier wird er bei konkreten Verdachtsmomenten unter Umständen auch vor unkonventionellen Maßnahmen nicht zurückschrecken und beispielsweise einen Detektiv beauftragen. Bestätigt sich der Verdacht, müssen Sie sogar die Detektivkosten ersetzen.

Hat der Arbeitgeber berechtigte **Zweifel an Ihrer Arbeitsunfähigkeit,** kann er dies auch der Krankenkasse mitteilen. Diese schaltet den »**Medizinischen Dienst**« ein, der Ihren Gesundheitszustand überprüft. Verweigern Sie eine Untersuchung, spricht das in der Regel gegen die Richtigkeit des Attests. Einen »Kontrollbesuch« des Arbeitgebers selbst müssen Sie nicht dulden:

Ihren Chef müssen Sie weder in Ihre Wohnung lassen noch ihm Auskunft geben. Auch der Betriebsarzt darf die Arbeitsunfähigkeit nicht überprüfen.

→ Auch im Krankheitsfall gibt es Geld

Sind Sie **krankheitsbedingt arbeitsunfähig und** haben Sie dies **durch ärztliches Attest nachgewiesen,** muss Ihnen Ihr Arbeitgeber Ihr »**normales**« **Bruttogehalt** weiterzahlen (§ 3 Abs. 1 EFZG). Gratifikationen und Überstundenzuschläge außerhalb Ihrer regelmäßigen Arbeitszeit werden nicht berücksichtigt. Anders bei dauerhaft anfallenden Überstunden. Eine anteilige Kürzung für bestimmte Geldleistungen kann vertraglich vereinbart werden. Entgeltfortzahlung erhalten alle Arbeitnehmer. Anspruch darauf haben Sie, sobald Ihr Arbeitsverhältnis **vier Wochen ununterbrochen besteht.** Es wird für die **Dauer von sechs Wochen** bezahlt. Die Anspruchsdauer kann durch Tarifvertrag oder Betriebsvereinbarung nur verlängert (aber nicht verkürzt) werden.

Erkranken Sie **während der 4-wöchigen Wartezeit,** das heißt während der 4-wöchigen ununterbrochenen Dauer des Arbeitsverhältnisses, bekommen Sie die Leistungen von der Krankenkasse oder Ihrer privaten Krankenversicherung. Das gilt auch, wenn Sie **länger als sechs Wochen** arbeitsunfähig sind. In diesen Fällen beziehen Sie 70 % des Bruttogehalts.

→ Wann entfällt die Entgeltfortzahlungspflicht?

Bei **selbst verschuldeter Arbeitsunfähigkeit** muss Ihr Arbeitgeber nicht zahlen. Hier kommt es immer auf den Einzelfall an, ob man Ihnen ein **persönliches Verschulden** vorwerfen kann. Das heißt, Sie müssen grob fahrlässig oder vorsätzlich die Arbeitsunfähigkeit herbeigeführt oder verlängert haben (z. B. graben Sie trotz Rückenbeschwerden Ihren Garten um).

Sportunfälle gelten nicht grundsätzlich als selbst verschuldet. **Ausnahme:** Sie üben eine **extrem gefährliche Sportart** aus (z. B. Kickboxen). Darüber hinaus liegt ein Verschulden nur vor, wenn Sie für den Sport nicht geeignet sind oder ihn nicht ausreichend ausgerüstet oder regelwidrig ausüben. Schuldhaftes Verhalten muss Ihnen hier Ihr Arbeitgeber im Einzelfall konkret nachweisen, so entschieden von der Rechtsprechung etwa beim Skifahren, Drachenfliegen, Fallschirmspringen, Fußball, Karate, Motorradrennen oder Boxen.

→ Wenn Sie in Kur gehen oder an einer Reha-Maßnahme teilnehmen

Hier gelten grundsätzlich dieselben Grundsätze wie für die Entgeltfortzahlung wegen Krankheit (§ 9 EFZG). Dies gilt sowohl für **stationär** als auch für **ambulant** durchgeführte Maßnahmen. Voraussetzung ist allerdings, dass

Ihr Sozialversicherungsträger die medizinische Maßnahme bewilligt hat und sie in einer anerkannten Einrichtung durchgeführt wird. Sind Sie nicht gesetzlich kranken- oder rentenversichert, brauchen Sie eine besondere ärztliche Verordnung.

10. Wenn es um Feiertage geht

Auch wenn Sie infolge eines **gesetzlichen Feiertages** nicht arbeiten, erhalten Sie von Ihrem Arbeitgeber Ihr Gehalt (§ 2 Abs. 1 EFZG). **Ausnahme:** Sie hätten an diesem Tag ohnehin nicht gearbeitet, etwa weil Sie jeweils donnerstags freihaben oder nach dem Dienstplan ohnehin nicht hätten arbeiten müssen.

11. Wenn es um Ihren Urlaub geht

Als Arbeitnehmer haben Sie grundsätzlich **Anspruch auf bezahlten Erholungsurlaub.**

Das Bundesurlaubsgesetz regelt die gesetzlichen Mindestbedingungen und sieht einen **Mindesturlaub** von 24 Werktagen vor. Samstage gelten danach als Werktage, sodass der gesetzliche Mindesturlaub auch für denjenigen, der eine 5-Tage-Woche hat, nur vier Wochen beträgt. Sonn- und Feiertage werden nicht als Urlaubstage mitgezählt.

Meist enthalten aber Arbeits- oder Tarifverträge oder Betriebsvereinbarungen **weiter gehende Urlaubsansprüche** (z. B. stehen Ihnen 28 Tage zu). Erkundigen Sie sich danach bei Ihrem Arbeitgeber oder der Personalabteilung.

Auch derjenige, der überhaupt **keinen schriftlichen Arbeitsvertrag** hat, hat bei Vollzeittätigkeit mindestens Anspruch auf vier Wochen Jahresurlaub. Hat der Arbeitgeber Ihnen bei Vertragsschluss mehr zugesagt, muss er sich daran festhalten lassen. Halten Sie das aus Beweisgründen schriftlich fest.

Teilzeitarbeitnehmer informieren sich darüber hinaus in → Kapitel D 2 über die Besonderheiten.

12. Wenn es um die Kündigung geht

→ Können Sie vor Arbeitsaufnahme kündigen?

Grundsätzlich können Sie zwischen dem Abschluss eines Arbeitsvertrages und dem vereinbarten Dienstbeginn kündigen. **Ausnahme:** Sie haben die ordentliche Kündigung vor Dienstantritt vertraglich ausgeschlossen oder eingeschränkt. Auch im Fall der Kündigung vor Dienstantritt müssen Sie **schriftlich** kündigen und die gesetzlich oder vertraglich vereinbarte **Kündigungsfrist einhalten.**

Wann die Kündigungsfrist zu laufen beginnt, ist durch Vertragsauslegung zu ermitteln. Zulässig ist es, im Arbeitsvertrag ausdrücklich festzulegen, dass Sie erst ab dem Tag kündigen können, an dem Sie Ihre Arbeit vertragsgemäß antreten. Ihr neuer **Arbeitgeber** darf ebenfalls bereits vor Arbeitsaufnahme das Arbeitsverhältnis kündigen. Ansonsten beginnt im **Zweifel** die Kündigungsfrist mit dem **Zugang der Kündigung.**

→ Das müssen Sie zu den Kündigungsfristen wissen

Die Kündigungsfrist orientiert sich entweder an der **gesetzlichen Grundfrist des § 622 BGB,** an gesetzlichen **Sonderkündigungsfristen** (z. B. für Aushilfskräfte oder Auszubildende) oder Sie treffen eine **einzelvertragliche Regelung** (→ Kapitel D 3). Beachten Sie dabei, dass

- **die gesetzlichen Kündigungsfristen nur ausnahmsweise verkürzt werden können.** Beispielsweise gilt während der Probezeit innerhalb der ersten sechs Monate eine Frist von zwei Wochen (§ 622 Abs. 3 BGB). Möglich ist eine Verkürzung durch **Tarifvertrag.** Auf eine solche Tarifregelung können auch nicht tarifgebundene Arbeitgeber und Arbeitnehmer Bezug nehmen und sie vertraglich vereinbaren (§ 622 Abs. 4 BGB);
- **längere Fristen stets vereinbart** werden können, etwa eine Verlängerung der Kündigungsfrist auf drei Monate zum Quartalsende oder weiter reichende Kündigungstermine (z. B. ein Jahr zum Jahresende). Grundsätzlich darf jedoch die Kündigungsfrist **für Sie als Arbeitnehmer nicht länger sein als die Ihres Arbeitgebers** (§ 622 Abs. 6 BGB).

13. Wenn es um Rückzahlungsklauseln geht

→ Rückzahlung von Sonderzuwendungen

Gratifikationen wie Weihnachts- oder Urlaubsgeld oder Jubiläumszuwendungen (→ Abschn. II 5) stehen häufig unter einem Rückzahlungsvorbehalt. Dieser kann in Ihrem Arbeitsvertrag, im Tarifvertrag oder in einer Betriebsvereinbarung vereinbart werden. Die Regelung muss die **Bindungsfrist** und den **Betrag eindeutig und klar bestimmen.** Dazu sind folgende **Grundregeln** zu beachten:

- **Kleingratifikationen** (d. h. für Sonderzahlungen bis zu ungefähr € 100,–) können überhaupt nicht zurückgefordert werden.

- Beträgt die **Gratifikation zwischen € 100,– und einem Monatslohn,** dürfen Sie bis 31. 3. des Folgejahres an den Betrieb gebunden werden. Verlassen Sie den Betrieb früher, müssen Sie den Betrag zurückzahlen.
- Beträgt die Gratifikation ein **volles Monatsgehalt oder mehr,** so kann eine Bindung bis maximal zum 30. 6. des Folgejahres vereinbart werden. Das bedeutet: Ein Arbeitnehmer muss die Gratifikation zurückzahlen, wenn er früher als bis zum 30. 6. kündigt. Rechtlich zulässig ist daher die in der Praxis häufige Vereinbarung, dass eine Gratifikation in Höhe eines vollen Monatsgehaltes zurückzuzahlen ist, falls der Arbeitnehmer das Arbeitsverhältnis zum »31. 3. des folgenden Jahres oder früher« kündigt.

Wichtig: Haben Sie eine **zu lange Bindungsfrist** vereinbart, ist die Klausel in Ihrem Vertrag insgesamt unwirksam. Es besteht dann überhaupt keine Rückzahlungspflicht.

➔ Rückzahlung von Ausbildungskosten

Es ist üblich, Rückzahlungsklauseln für Ausbildungskosten zu vereinbaren, die Ihr Arbeitgeber Ihnen bezahlt hat (z. B. für Aus- oder Fortbildungsmaßnahmen wie Meisterkurse oder EDV-Schulungen). Sie sind dann verpflichtet, die Kosten (anteilig) zurückzuzahlen, wenn Sie nach Abschluss der Bildungsmaßnahme die Arbeitsstelle nicht antreten oder vor Abschluss einer bestimmten Frist aufgeben. Ausgeschlossen sind solche Klauseln bei Berufsausbildungsverhältnissen (§§ 12 Abs. 2, 26 BBiG).

Eine Rückzahlung von Ausbildungskosten kann nur **vor Beginn** der Aus- bzw. Fortbildung vereinbart werden, aus Beweisgründen **am besten schriftlich.** Ob eine entsprechende Klausel **zulässig** ist, hängt von den **Umständen des Einzelfalls** ab.

Der Arbeitgeber darf Sie beispielsweise nicht zur Kasse bitten, wenn das Arbeitsverhältnis vor Ablauf einer bestimmten Frist beendet wird, ohne dass es auf den Grund der Beendigung ankommt. Außerdem müssen Sie als Arbeitnehmer durch die Aus- oder Fortbildung einen **geldwerten Vorteil** erlangt haben. Das heißt, Sie erwerben Kenntnisse und Fähigkeiten, die Sie auch außerhalb des Betriebes einsetzen können.

Ausbildungsdauer, Höhe der Kosten, die Freistellung des Arbeitnehmers und die Bindungsdauer müssen in einem **angemessenen Verhältnis** stehen. Das bedeutet: Je länger, je teurer und je qualifizierter die Maßnahme ist, desto länger darf die Bindungsfrist sein – jedoch **nicht über fünf Jahre** (§ 624 BGB). Es gelten folgende Grundsätze:

- Ausbildungsdauer bis zu einem Monat: Bindungsfrist maximal sechs Monate;
- Ausbildungsdauer bis zu zwei Monaten: Bindungsfrist bis zu einem Jahr;
- Ausbildungsdauer drei Monate bis ein Jahr: Bindungsfrist maximal drei Jahre;
- Ausbildungsdauer über 24 Monate: Bindungsfrist zwei Jahre, im Einzelfall auch drei Jahre.

Wichtig: Haben Sie eine **zu lange Bindungsfrist** vereinbart, entfällt die Klausel in Ihrem Vertrag insgesamt. Die Rückzahlungsverpflichtung besteht dann nicht mehr.

Die **Gesamtkosten** müssen Sie im Übrigen **nicht auf einmal zurückzahlen.** Üblich ist eine Regelung, wonach sich die Rückzahlungspflicht auf zwei bis drei Jahre verteilt und sich der **Rückzahlungsbetrag anteilig mindert,** wenn das Arbeitsverhältnis nach Beendigung der Bildungsmaßnahme weiter besteht.

Tipp:
Die Kosten brauchen Sie nur zurückzuzahlen, wenn Sie selbst kündigen oder Ihr Arbeitgeber Ihnen verhaltensbedingt ordentlich oder außerordentlich kündigt. Rückzahlungsklauseln für den Fall betriebsbedingter Kündigungen sind unwirksam.

14. Wenn es um die Konkurrenz geht

→ Sie sind zur Verschwiegenheit verpflichtet

Die grundsätzliche Verpflichtung, über **Betriebsinterna** gegenüber Dritten zu schweigen, ergibt sich aus dem Gesetz (§§ 1, 17 UWG) oder als Nebenpflicht aus Ihrem Arbeitsvertrag, auch wenn dies nicht ausdrücklich geregelt ist. Sie bezieht sich auf **Betriebs- und Geschäftsgeheimnisse** (z. B. Preis- und Kundenlisten, Umsatzzahlen, Software, Produktionseinrichtungen), umfasst aber auch **sonstige schützenswerte wirtschaftliche Interessen** Ihres Arbeitgebers (z. B. Informationen über seine Kreditwürdigkeit).

Es ist zulässig, die **Schweigepflicht individuell vertraglich zu erweitern.** So beispielsweise hinsichtlich Tatsachen, die ausdrücklich als »vertraulich« bezeichnet werden oder die sich auf persönliche Verhältnisse beziehen (z. B. Lohn- und Gehaltsdaten).

➔ Es besteht ein Wettbewerbsverbot

Auch **ohne ausdrückliche Regelung** im Arbeitsvertrag dürfen Sie **während des Arbeitsverhältnisses** Ihrem Arbeitgeber keine Konkurrenz machen. Das heißt, Sie dürfen nicht bei einem Wettbewerber arbeiten. **Endet das Arbeitsverhältnis,** endet grundsätzlich auch das Wettbewerbsverbot.

Anders, wenn ein sogenanntes »**nachvertragliches Wettbewerbsverbot**« **schriftlich vereinbart** wurde (§ 74 HGB). Eine solche Regelung im Arbeitsvertrag verbietet Ihnen über das Ende Ihres Arbeitsverhältnisses hinaus, bei einem Konkurrenten tätig zu werden. **Unzulässig** ist eine solche Vereinbarung mit Minderjährigen oder Auszubildenden.

Damit das Verbot wirksam wird, müssen **Formvorschriften** eingehalten werden. Das heißt, **beide** Vertragsparteien müssen **unterschreiben** und als Arbeitnehmer erhalten Sie die **Originalurkunde** ausgehändigt.

Zudem sind **inhaltliche Mindestbedingungen** einzuhalten: Das Verbot ist für einen Zeitraum von **bis zu zwei Jahren** zulässig, sofern der Arbeitgeber ein **berechtigtes geschäftliches Interesse** daran hat. Für die Dauer des Verbots erhalten Sie von Ihrem ehemaligen Arbeitgeber eine monatliche Entschädigung in Höhe von mindestens der Hälfte Ihrer bisherigen Bruttobezüge (sogenannte »**Karenzentschädigung**«). Diese ist jeweils am Monatsende fällig.

Ist ein Wettbewerbsverbot **unwirksam,** sind Sie daran nicht gebunden (z. B. wurde es nicht schriftlich vereinbart, oder Sie erhalten keine Karenzentschädigung). **Verstoßen** Sie **gegen** ein wirksam vereinbartes **Wettbewerbsverbot,** machen Sie sich schadensersatzpflichtig. Ihr Arbeitgeber kann Sie deshalb abmahnen oder fristlos kündigen (➔ Kapitel D 5). Zudem riskieren Sie eine Vertragsstrafe (➔ Abschn. II 15).

15. Wenn es um eine Vertragsstrafe geht

Häufig sehen Arbeitsverträge für den Fall eines Vertragsbruchs durch den Arbeitnehmer eine »Vertragsstrafenklausel« vor. Für Ihren Arbeitgeber hat eine solche Vereinbarung den Vorteil, dass er in der Regel keinen Schaden für sich nachweisen muss. Doch nur wenn eine solche Regelung **ausdrücklich** vereinbart wurde, kann er von Ihnen eine solche Strafzahlung verlangen. Außerdem ist eine arbeitsvertragliche Vertragsstrafenklausel **nur zulässig,** wenn

- sie **kein globales Strafversprechen** enthält. Unzulässig ist es, wenn die Klausel alle schuldhaft vertragswidrigen Verhaltensweisen des Arbeitnehmers erfasst, die den Arbeitgeber zur fristlosen Kündigung berechtigen.

- sie **unmissverständlich und bestimmt formuliert** ist. Das heißt, es muss genau festgelegt sein, welches schuldhafte Fehlverhalten des Arbeitnehmers unter Strafe gestellt wird.
- Sie als Arbeitnehmer dadurch **nicht unangemessen benachteiligt** werden. So muss die **Höhe der Strafe bestimmt** sein. Sie darf in der Regel ein Bruttomonatsgehalt nicht überschreiten. Während der 2-wöchigen Kündigungsfrist in der Probezeit sollte sie ein halbes Monatsgehalt nicht überschreiten.
- Ferner darf die Vertragsstrafenregelung **nicht** zu einer **Übersicherung** des Arbeitgebers führen. Unzulässig ist es, wenn die Klausel für jeden Einzelfall eines gravierenden Vertragsverstoßes (z.B. gegen ein Wettbewerbsverbot) eine Vertragsstrafe in Höhe des 1- bis 3-fachen Monatsgehalts vorsieht.

Eine **unangemessene Vertragsstrafenregelung** ist **insgesamt unwirksam.** Eine nachträgliche Herabsetzung auf einen angemessenen Betrag ist nach Ansicht des Bundesarbeitsgerichts nicht möglich. Sind Sie der Meinung, dass eine solche Klausel unwirksam ist, können Sie unter Umständen die Zahlung verweigern und sie gerichtlich prüfen lassen.

III. Wie setzen Sie Ihre Rechte durch?

→ Sie treten die Arbeit unter Vorbehalt an

Missachtet Ihr **Arbeitgeber durch eine Dienstanweisung Ihre Rechte,** können Sie diese Arbeit grundsätzlich verweigern. Um keine Abmahnung wegen beharrlicher Arbeitsverweigerung zu riskieren, sollten Sie die Arbeit **unter Vorbehalt antreten.** Besteht der Arbeitgeber weiterhin auf seiner Anordnung, können Sie deren **Rechtmäßigkeit gerichtlich überprüfen** lassen. Auch wenn Sie vor den Arbeitsgerichten grundsätzlich selbst agieren können, sollten Sie sich vorher von einem Anwalt oder den Rechtsberatungsstellen der Gewerkschaften beraten lassen.

→ Achten Sie auf Ausschluss- bzw. Verfallsfristen!

Wenn Sie sich Ihrer Rechte und Pflichten im Arbeitsrecht sicher sind, können Sie sie gegenüber Ihrem Arbeitgeber **einfordern – gegebenenfalls auch gerichtlich.** Von erheblicher praktischer Bedeutung sind in diesem Zusammenhang jedoch »Ausschluss- bzw. Verfallsfristen«. Denn Sie müssen Ihre arbeitsvertraglichen oder tariflichen Ansprüche meist **innerhalb einer kurzen Frist einfordern** (in der Regel drei bis sechs Monate), sonst verfallen sie und Sie gehen leer aus. Zudem wird verlangt, dass Sie Ihre Ansprüche **schriftlich** gegenüber dem Arbeitgeber **oder gerichtlich** geltend machen.

Die Ausschlussfrist muss **mindestens drei Monate** betragen. Ist die Ausschluss- oder Verfallsfrist **zu kurz,** ist die Klausel unwirksam und **fällt ersatzlos weg.** Sie können Ihre Ansprüche in diesem Fall bis zum Ablauf der Verjährungsfrist geltend machen.

Tipp:
Auf eine **in Ihrem Arbeitsvertrag geregelte Ausschlussfrist** müssen Sie ausdrücklich hingewiesen werden oder sie muss im Vertrag drucktechnisch deutlich hervorgehoben werden und darf nicht »versteckt« werden (z. B. unter einer unpassenden Überschrift wie etwa »Lohnzahlung«). Andernfalls brauchen Sie die Fristen nicht zu beachten. **Anderes** gilt jedoch für **tarifliche Ausschlussfristen.** Diese laufen auch ohne Ihre Kenntnis.

➔ Achten Sie auch auf die Verjährung!

Neben möglichen **Ausschluss- bzw. Verfallsfristen** müssen Sie auch für Ansprüche aus Ihrem Arbeitsverhältnis die **Verjährungsvorschriften** beachten, beispielsweise wenn Sie rückständiges Gehalt einfordern. Diese Ansprüche verjähren regelmäßig in **drei Jahren.** Die Verjährung **beginnt mit dem Ende des Kalenderjahres,** in dem die Forderung entstanden ist (§ 195 BGB).

C

Teilzeitarbeit: Wie Sie Ihre Rechte sichern und durchsetzen

I. Teilzeitbeschäftigte sind keine Arbeitnehmer zweiter Klasse

Verweigert Ihr Arbeitgeber Ihnen unter Hinweis auf den geringeren Umfang Ihrer Arbeitszeit beispielsweise Weihnachts- oder Urlaubsgeld, stützt er eine Kündigung darauf oder ignoriert er Ihren Teilzeitwunsch, ist Ärger im Betrieb vorprogrammiert.

Häufig steckt allerdings **Unwissenheit über die Rechte von Teilzeitarbeitnehmern** hinter dem Verhalten des Arbeitgebers. Grundsätzlich gilt, dass die allgemeinen arbeitsrechtlichen Vorschriften auch auf Teilzeitarbeitsverhältnisse Anwendung finden und das Teilzeit- und Befristungsgesetz (TzBfG) daneben besondere Bestimmungen enthält. **Informieren** Sie sich deshalb über Ihre Rechte und Pflichten als Teilzeitarbeitnehmer und setzen Sie sich mit Ihrem Arbeitgeber auseinander.

II. Wann gelten Sie als Teilzeitarbeitnehmer?

1. Sie arbeiten dauerhaft »weniger als normal«

Sie sind Teilzeitarbeitnehmer, wenn Ihre regelmäßige wöchentliche Arbeitszeit kürzer ist als die der vergleichbaren vollzeitbeschäftigten Kollegen in Ihrem Betrieb (§ 2 Abs. 1 TzBfG).

Beispiel:

- Ihre tägliche Arbeitszeit ist kürzer als die Ihrer Kollegen (z. B. arbeiten Sie statt der regelmäßigen 38 Wochenstunden nur 15 Wochenstunden) oder Sie arbeiten nur an einzelnen Tagen in der Woche.
- Als Student kellnern Sie regelmäßig jedes Wochenende in einem Café.

Entscheidend ist zum einen, dass Sie die **regelmäßige betriebliche Arbeitszeit** unterschreiten. Maßgebend ist dafür die durchschnittliche gearbeitete Zeit in Ihrem Betrieb oder die übliche tarifvertragliche Arbeitszeit.

Zum Zweiten muss Ihre **Arbeitszeit auf Dauer verkürzt** sein. Eine kurzfristige Beschäftigung, Saisonarbeit, ein Ferienjob oder Kurzarbeit sind deshalb in der Regel keine Teilzeitbeschäftigungen nach dem TzBfG, wenn dabei die regelmäßige betriebliche Arbeitszeit eingehalten wird. **Ausnahme:** Sie arbeiten in einem solchen Arbeitsverhältnis »weniger als normal«. Dann gelten auch für Sie die Grundsätze des Teilzeitarbeitsrechts.

Sie können auch **mehrere Teilzeitbeschäftigungen** nebeneinander ausüben. Dabei haben Sie in jedem Teilzeitarbeitsverhältnis gesonderte Rechte.

2. Sie sind geringfügig beschäftigt

Sie sind auch dann teilzeitbeschäftigt, wenn Sie regelmäßig **nicht mehr als € 400,– brutto pro Monat verdienen** – inklusive anteiligem Urlaubs- und Weihnachtsgeld (§ 2 Abs. 2 TzBfG i. V. m. § 8 Abs. 1 Nr. 1 SGB IV). Eine Wochenstundenbegrenzung besteht hierbei nicht. Als sogenannter **»Minijobber«** haben Sie die gleichen Rechte und Pflichten wie Ihre vollzeitbeschäftigten Kollegen.

Beispiel:
Sie haben Anspruch auf Urlaub, Entgeltfortzahlung bei Krankheit, Urlaubs- und Weihnachtsgeld (→ Abschn. V). Ferner gilt der Gleichbehandlungsgrundsatz. Das heißt, Sie dürfen gegenüber Ihren vollzeitbeschäftigten Kollegen nicht ohne sachlichen Grund benachteiligt werden (→ Abschn. IV).

Auch wenn Sie **innerhalb eines Kalenderjahres nicht mehr als zwei Monate oder 50 Arbeitstage** arbeiten (z. B. als Saisonaushilfe im Biergarten oder Aushilfskraft), sind Sie geringfügig und damit teilzeitbeschäftigt. Die Höhe Ihres Einkommens spielt keine Rolle.

Bei einer sogenannten **kurzfristigen Beschäftigung** gehen Sie kein auf Dauer angelegtes Arbeitsverhältnis ein. Vielmehr decken Sie einen vorübergehenden Arbeitsanfall oder einen erhöhten Personalbedarf des Arbeitgebers ab. Arbeiten Sie dabei aber »weniger als normal«, stehen Ihnen arbeitsrechtlich ebenfalls die Rechte eines Teilzeitarbeitnehmers zu. Zudem gelten jedoch folgende **Besonderheiten:**

- Die **Kündigungsfrist** kann für Sie verkürzt werden, wenn Sie nicht länger als drei Monate bei Ihrem Arbeitgeber beschäftigt sind (§ 622 Abs. 5 Nr. 1 BGB).

- Für Ihren **Urlaubsanspruch** gilt: Arbeiten Sie weniger als sechs Monate, haben Sie Anspruch auf 1 / 12 des Jahresurlaubs je Monat, den Sie voll arbeiten (§ 5 Abs. 1 BUrlG).

Weitere **Informationen** erhalten Sie im Service-Center der **»Minijob-Zentrale«.** Sie ist außerdem die Anlaufstelle für die Abwicklung des Melde- und Beitragsverfahrens rund um die geringfügigen Beschäftigungen (www.minijob-zentrale.de).

III. Haben Sie Anspruch auf Teilzeitbeschäftigung?

1. Die gesetzlichen Vorgaben sind strikt

➔ Das sind die Kernpunkte des Gesetzes

Als Vollzeitbeschäftigter haben Sie einen **gesetzlichen Anspruch** gegen Ihren Arbeitgeber auf eine Reduzierung Ihrer Arbeitszeit, sofern keine betrieblichen Gründe entgegenstehen. Selbst als Teilzeitbeschäftigter können Sie eine weitere Verkürzung Ihrer Arbeitszeit verlangen. Am Ende entscheidet Ihr Arbeitgeber über Ihren Teilzeitwunsch, selbst wenn Sie die **folgenden Voraussetzungen** nach § 8 TzBfG erfüllen:

- Anspruchsberechtigt sind Sie als **Arbeitnehmer** – unabhängig davon, ob Sie außertariflich, geringfügig oder befristet beschäftigt sind, sofern die Befristung länger als sechs Monate dauert. Auch **leitende Angestellte** sind teilzeitberechtigt (§ 6 TzBfG).
- Ihr Arbeitgeber muss **regelmäßig mehr als 15 Arbeitnehmer beschäftigen.** Gezählt wird im gesamten Unternehmen nach Köpfen, also Vollzeit-, Teilzeit- oder geringfügig Beschäftigte gleichermaßen. Ausnahme: Auszubildende werden nicht mitgezählt.
- Ferner muss Ihr Arbeitsverhältnis länger als sechs Monate bestehen. Erst nach Ablauf dieser **Wartezeit** dürfen Sie einen Antrag auf Teilzeitarbeit stellen.
- Sie müssen Ihren Teilzeitwunsch mindestens **volle drei Monate** vor dem geplanten Beginn beim Arbeitgeber **anmelden** (z. B. wollen Sie Ihre Arbeitszeit zum 1. 10. verkürzen, müssen Sie Ihren Antrag spätestens am 30. 6. stellen). Versäumen Sie diese Antragsfrist, verschiebt sich der Beginn der verkürzten Arbeitszeit in der Regel um die fehlenden Tage.
- Außerdem muss **zwischen zwei Teilzeitverlangen** eine Frist von mindestens **zwei Jahren** liegen (§ 8 Abs. 6 TzBfG).

Beachten Sie: Daneben gibt es weiter **spezialgesetzlich** geregelte Ansprüche auf Verringerung der Arbeitszeit (z. B. § 15 BEEG für Eltern in Elternzeit, § 81 Abs. 5 SGB IX für schwerbehinderte Menschen) oder Regelungen in **Tarifverträgen.**

➔ Was gilt für »Rückkehrer«?

Wollen Sie aber umgekehrt von Ihrer Teilzeit- auf eine Vollzeitstelle zurückkehren oder Ihre Arbeitszeit wieder verlängern, so sind Sie allein auf das Wohlwollen Ihres Arbeitgebers angewiesen. Einen **Anspruch** auf eine solche **Vertragsänderung** haben Sie selbst im Falle finanzieller Notlagen **nicht** (z. B. im Falle einer Scheidung).

Tipp:
Sie sollten dennoch Ihren **Wunsch, mehr zu arbeiten,** unbedingt Ihrem Arbeitgeber anzeigen. Er muss Sie dann über frei werdende Arbeitsplätze in Ihrem Betrieb, die Ihrer Qualifikation entsprechen, unterrichten.

Außerdem sind Sie bei der Besetzung eines freien Arbeitsplatzes mit längerer Arbeitszeit in Ihrem Betrieb **bevorzugt zu berücksichtigen,** wenn sich keine besser geeigneten Konkurrenten bewerben (§ 9 TzBfG). Vorausgesetzt wird, dass die zu besetzende Stelle dieselben Anforderungen an die Eignung des Arbeitnehmers stellt wie die bisher ausgeübte Tätigkeit.

2. So beantragen Sie die Verringerung Ihrer Arbeitszeit

Beanspruchen Sie die Verringerung Ihrer vertraglich vereinbarten Arbeitszeit, sollten Sie sich darüber im Klaren sein: Mit einer Teilzeitvereinbarung **binden Sie sich dauerhaft.** Sie können **keine** nur **vorübergehende** Teilzeitbeschäftigung verlangen. **Ausnahme:** Sie vereinbaren eine individuelle Lösung mit Ihrem Arbeitgeber.

Beispiel:
Sie sind vorübergehend gesundheitlich nicht in der Lage, Vollzeit zu arbeiten. Sie vereinbaren bis zu Ihrer vollständigen Genesung eine Teilzeitbeschäftigung.

Aus Beweisgründen sollten Sie Ihrem Arbeitgeber Ihren Teilzeitwunsch immer **schriftlich mitteilen.** Teilen Sie in Ihrem Antrag ein **konkretes Datum** mit, zu dem Sie die Teilzeitbeschäftigung aufnehmen möchten. Formulierungen wie »zum nächstmöglichen Termin« genügen nicht. **Begründen** müssen Sie Ihren Antrag nicht. Aber häufig ist es ratsam, die Beweggründe mitzuteilen, um eine einvernehmliche Lösung zu finden.

Ihr Antrag **muss** Angaben zur **gewünschten Verringerung** Ihrer Arbeitszeit enthalten (z. B. beabsichtigen Sie von 25 auf 15 Wochenstunden zu reduzieren). Für den Umfang der angestrebten Arbeitszeitverkürzung gibt es grundsätzlich **keine Unter- bzw. Obergrenze. Aber:** Tarifverträge dürfen Höchstgrenzen festlegen.

Daneben **sollten** Sie in dem Antrag die **gewünschte Verteilung** Ihrer Arbeitszeit angeben, um Ihre Interessen ausreichend deutlich zu machen. Zwingend vorgeschrieben ist dies aber nicht. Ihre Wünsche müssen Sie allerdings spätestens im Erörterungsgespräch mit dem Arbeitgeber formulieren (→ Abschn. III 3). Sie können Ihren Teilzeitwunsch sogar davon **abhängig machen,** dass Ihr Arbeitgeber der gewünschten Verteilung zustimmt.

Tipp:
Zur Vorbereitung Ihres Teilzeitantrages sollten Sie sich über mögliche Teilzeitvarianten in Ihrem Betrieb informieren (z. B.: Gibt es vergleichbare Fälle, wo ein Arbeitsplatz geteilt wird?), um zu einer konstruktiven Lösung mit Ihrem Arbeitgeber zu finden. Besteht in Ihrem Betrieb ein Betriebsrat, empfiehlt es sich, ihn zur Vorbereitung Ihres Antrags hinzuzuziehen.

Beachten Sie: Bis zur Annahme oder Ablehnung Ihres Teilzeitantrages sind Sie an diesen **gebunden.** Das heißt, Sie können ihn bis dahin weder zurücknehmen noch ändern.

3. Ohne Zustimmung des Arbeitgebers geht nichts

→ Sie suchen eine einvernehmliche Lösung im Gespräch

Erfüllt Ihr Teilzeitantrag die gesetzlichen Vorgaben, folgt der sogenannte **»Erörterungstermin«.** Hier besprechen Sie Ihren Antrag mit Ihrem Arbeitgeber und versuchen, gemeinsam zu einer Lösung bei der Arbeitszeitgestaltung zu kommen. Allerdings gilt: Der **Arbeitgeber hat das letzte Wort** und verschiedene Entscheidungsmöglichkeiten.

→ Der Arbeitgeber entspricht Ihrem Teilzeitwunsch

In diesem Fall sollten Sie mit Ihrem Arbeitgeber spätestens einen Monat vor dem anvisierten Termin die Veränderung und die Verteilung Ihrer Arbeitszeit **schriftlich** vereinbaren.

Aber: Die konkrete Arbeitszeit festzulegen, ist letztlich Sache Ihres Arbeitgebers. Er darf wegen später auftretenden, überwiegenden betrieblichen Interessen die **Verteilung nachträglich einseitig ändern.** Dies muss er Ihnen einen Monat vorher ankündigen (§ 8 Abs. 5 Satz 4 TzBfG). Die vereinbarte **Arbeitszeitreduzierung** ist jedoch **tabu.** Sie unterliegt nicht diesem gesetzlichen Änderungsvorbehalt.

→ Der Arbeitgeber lehnt Ihren Teilzeitwunsch ab

Hier sind folgende Varianten zu unterscheiden:

- Lehnt Ihr Arbeitgeber die Verringerung der Arbeitszeit ab, bezieht sich die Ablehnung automatisch auch auf deren gewünschte Verteilung.
- Stimmt er nur der Reduzierung, nicht aber der vorgeschlagenen Verteilung zu, müssen Sie die gewünschte Verteilung im Klageweg erstreiten.
- Koppeln Sie die Herabsetzung der Arbeitszeit an eine bestimmte Verteilung (z. B. bestehen Sie darauf, mittwochs freizuhaben), kann der Arbeitgeber den Antrag nur als Ganzes annehmen oder ablehnen. Folge: Sein »Nein« zur gewünschten Verteilung bedingt das Aus für das ganze Teilzeitbegehren.

Die Ablehnung Ihres Teilzeitwunsches muss der Arbeitgeber Ihnen mindestens einen Monat vor Beginn der gewünschten Verkürzung **schriftlich mitteilen.** Er darf den Teilzeitwunsch allerdings nur aus **betrieblichen Gründen** ablehnen (§ 8 Abs. 4 TzBfG).

Beispiel:
Das konkrete Angebot eines Dienstleisters »Kundenbetreuung aus einer Hand« kann nicht gewährleistet werden, wenn Arbeitsplätze geteilt werden.

Ein **betrieblicher Grund liegt nicht vor,** wenn der Arbeitgeber die ausfallende Arbeitszeit durch die Einstellung einer Ersatzkraft ausgleichen kann. Aber: Er muss zur Erfüllung eines Teilzeitwunsches keine Vollzeitkraft einstellen, wenn keine qualifizierte Teilzeitkraft auf dem Arbeitsmarkt zu finden ist.

Der Arbeitgeber muss die betrieblichen Gründe im Streitfall **konkret nachweisen** und die Ablehnung sowohl hinsichtlich Verringerung als auch Verteilung **nachvollziehbar und plausibel begründen.**

→ Der Arbeitgeber kümmert sich nicht (richtig) um Ihr Anliegen

Versäumt es der **Arbeitgeber,** den Teilzeitwunsch **rechtzeitig und formgemäß abzulehnen** (z. B. reagiert er nur mündlich), tritt die von Ihnen beantragte

Arbeitszeitverkürzung und Arbeitszeitverteilung wie gewünscht in Kraft, wenn Ihr Antrag sämtliche Anforderungen erfüllt (§ 8 Abs. 5 Satz 2 und 3 TzBfG).

Reagiert Ihr Arbeitgeber überhaupt **nicht auf Ihren Antrag** oder **lehnt** er Ihrer Meinung nach **zu Unrecht** die gewünschte Arbeitszeitverkürzung oder -verteilung **ab,** dürfen Sie nicht eigenmächtig Ihre bisherige Arbeitszeit verändern. Sie riskieren damit eine Abmahnung (→ Kapitel D 5) oder eine fristlose Kündigung.

Tipp:
Zu Ihrer eigenen Sicherheit sollten Sie in diesen Fällen eine gerichtliche Klärung herbeiführen.

4. Wie Sie sich gegen die Ablehnung wehren können

Sie können in diesem Fall **Klage beim zuständigen Arbeitsgericht** erheben. Eine Klagefrist ist zwar gesetzlich nicht vorgeschrieben, doch könnten Sie Ihre Rechte durch zu langes Abwarten verwirken. Reichen Sie daher **innerhalb** von **drei Wochen** nach der Ablehnung Klage ein und lassen Sie sich von einem Fachanwalt für Arbeitsrecht oder den Rechtsberatungsstellen der Gewerkschaften beraten.

IV. Teilzeitarbeitnehmer sind besonders schutzwürdig

→ Gleichbehandlung ist oberstes Gebot

Wegen Ihrer Stellung als Teilzeitarbeitnehmer darf Sie Ihr Arbeitgeber **nicht benachteiligen** (§ 5 TzBfG). Sie haben grundsätzlich die gleichen Rechte wie Ihre vollzeitbeschäftigten Kollegen, beispielsweise erhalten auch Teilzeitarbeitnehmer Feiertagsvergütung, wenn infolge des Feiertages die Arbeit ausfällt.

Außerdem hat der Arbeitgeber die Arbeitnehmer in seinem Betrieb grundsätzlich **gleich zu behandeln** (§ 4 Abs. 1 TzBfG), das heißt, er muss alle arbeitsrechtlichen Schutzgesetze unabhängig vom Umfang der geleisteten Arbeitszeit beachten (z. B. Mutterschutz).

Unterschiede darf Ihr Arbeitgeber nur machen, wenn sie aufgrund der Besonderheit des Teilzeitarbeitsverhältnisses **sachlich gerechtfertigt** sind.

Beispiel:
Unterschiede bei der Vergütung darf Ihr Arbeitgeber nicht aufgrund kürzerer Arbeitszeit, wohl aber aufgrund unterschiedlicher Qualifikation machen. Allerdings darf bei Teilzeitbeschäftigten das Gehalt anteilig gekürzt werden.

Wegen des hohen Frauenanteils bei den Teilzeitbeschäftigten kommt dem **Verbot der Benachteiligung wegen des Geschlechts** besondere Bedeutung zu. Eine unterschiedliche Behandlung ist nur wegen beruflicher Anforderungen zulässig.

➔ Was gilt bei einem Verstoß gegen eine Schutzvorschrift?

Verstößt eine Regelung in Ihrem Arbeitsvertrag, einer Betriebsvereinbarung oder im Tarifvertrag gegen den Gleichbehandlungsgrundsatz oder das Benachteiligungsverbot, so ist sie **unwirksam.** Allerdings wird nur die zu beanstandende Klausel des Arbeitsvertrages unwirksam, nicht der gesamte Vertrag. **An ihre Stelle tritt eine rechtmäßige Regelung,** die wahrscheinlich in den Vertrag aufgenommen worden wäre, wenn Sie und Ihr Arbeitgeber die Rechtswidrigkeit der Regelung erkannt hätten.

Benachteiligt die Regelung Männer oder Frauen, können die Benachteiligten **Schadensersatz** verlangen.

Sollte allerdings eine Regelung in Ihrem Arbeitsvertrag zu Ihren Gunsten gegen den Gleichheitssatz verstoßen, so greift für Sie das **Günstigkeitsprinzip** ein (→ Kapitel D 1). **Folge:** Die für Sie günstigere Regelung bleibt bestehen (z. B. erhalten Sie als Teilzeitarbeitnehmer einen proportional höheren Urlaubsanspruch als Ihre vollzeitbeschäftigten Kollegen).

V. ABC des Teilzeitarbeitsrechts

» Abschluss des Arbeitsvertrags

Auch ein mündlich geschlossener Teilzeitarbeitsvertrag ist grundsätzlich wirksam. Hier gelten keine rechtlichen Besonderheiten (→ Kapitel D 1). Um **Beweisprobleme** erst gar nicht aufkommen zu lassen, sollten Sie jedoch auf einen **schriftlichen Vertragsschluss** bestehen. Achten Sie dabei darauf, dass teilzeitspezifische Probleme geregelt werden (z. B. Dauer und Lage Ihrer Arbeitszeit, Urlaub, Überstunden und Fragen der Vergütung).

Tipp:
Wechseln Sie von einem Vollzeit- auf ein Teilzeitarbeitsverhältnis, begründen Sie ein völlig neues Arbeitsverhältnis. Sichern Sie sich deshalb Ihre bereits erworbenen Rechte durch eine schriftliche Vereinbarung (z. B. Leistungen aus der betrieblichen Altersversorgung).

» Arbeitsverhinderung

Sie haben auch als Teilzeitarbeitnehmer Anspruch auf **bezahlte Freistellung** wegen **unverschuldeter** Arbeitsverhinderung (z. B. anlässlich Ihrer eigenen Hochzeit oder Trauerfällen in der Familie; § 616 BGB). Prüfen Sie den für Sie gültigen Tarifvertrag. Hier sind Freistellungsansprüche häufig abschließend geregelt.

Bei **planbaren** Arbeitsverhinderungen (z. B. Arztbesuche, Behördengänge) sind Teilzeitbeschäftigte eher in der Lage, diese in ihre Freizeit zu legen. **Folge:** Sie haben in diesen Fällen keinen Anspruch auf bezahlte Freistellung.

» Arbeitszeit

Für Teilzeitarbeitskräfte gilt das **Arbeitszeitgesetz** mit den Regelungen zur Dauer und Lage der Arbeitszeit, Pausen- und Schutzbestimmungen ebenfalls. Betriebliche Gleitzeitregelungen müssen so gestaltet sein, dass auch Teilzeitarbeitnehmer daran teilhaben können.

» Betriebliche Altersversorgung

Teilzeitbeschäftigte dürfen nicht von der betrieblichen Altersversorgung ausgenommen werden. Sie erhalten die Leistungen **anteilig.** Dies gilt selbst dann, wenn Sie weniger als die Hälfte Ihrer vollzeitbeschäftigten Kollegen arbeiten. **Ausnahme:** Als geringfügig Beschäftigter dürfen Sie ausgenommen werden.

Wurden Sie **zu Unrecht** aus der betrieblichen Altersversorgung **ausgeschlossen,** sind Sie rückwirkend gleichzustellen (z. B. durch eine Nachversicherung oder durch eine Abfindungsvereinbarung).

» Elternzeit

Teilzeit- oder geringfügig Beschäftigte haben ebenfalls Anspruch auf Elternzeit, um ihre Kinder zu betreuen. Während der Elternzeit dürfen Sie in Teilzeit bis zu 30 Wochenstunden arbeiten.

» Freistellung zur Pflege kranker Kinder

Nicht nur als sozialversicherter Teilzeitarbeitnehmer, sondern insbesondere als geringfügig Beschäftigter haben Sie gegen Ihren Arbeitgeber einen **Anspruch** auf unbezahlte Freistellung zur Pflege Ihres kranken Kindes. Pflichtversicherte Arbeitnehmer können während dieser Zeit Krankengeld beanspruchen (§ 45 SGB V).

» Krankheit

Sind Sie **arbeitsunfähig erkrankt,** haben Sie als Teilzeitarbeitnehmer ebenso wie Ihre vollzeitbeschäftigten Kollegen Anspruch auf Entgeltfortzahlung (§ 3 EFZG). Es gilt das **Lohnausfallprinzip:** Es wird das ersetzt, was Sie ohne Erkrankung verdient hätten. Sie bekommen folglich dann kein Entgelt, wenn Sie während des arbeitsfreien Zeitraumes erkranken.

Arbeiten Sie in mehreren Teilzeitarbeitsverhältnissen, bestehen Entgeltfortzahlungsansprüche gegenüber jedem Ihrer Arbeitgeber.

» Kündigung

Der Arbeitgeber muss dieselben Regeln beachten, die bei einer Kündigung eines Vollzeitarbeitnehmers gelten. Der Umfang der Arbeitszeit ändert daran nichts. Dies gilt insbesondere für die Kündigungsfristen und -gründe. Die Tatsache allein, dass Sie **teilzeitbeschäftigt** sind, **rechtfertigt keine Kündigung.** Gleiches gilt, wenn Sie sich weigern, von einem Vollzeit- in ein Teilzeitarbeitsverhältnis zu wechseln oder umgekehrt (§ 11 TzBfG).

Teilzeitkräfte genießen **Kündigungsschutz,** sofern die gesetzlichen Voraussetzungen erfüllt sind (→ Kapitel D 3). Das gilt auch für den besonderen Kündigungsschutz, beispielsweise für Schwangere oder Arbeitnehmer in Elternzeit.

» Überstunden

Sie erbringen Überstunden, wenn Sie über die einzel- oder tarifvertraglich vereinbarte Arbeitszeit hinaus arbeiten. Dazu verpflichtet sind Sie als Teilzeitkraft grundsätzlich nicht. **Ausnahmen:** Es wird im Arbeits-, Tarifvertrag oder in einer Betriebsvereinbarung **vereinbart** oder es liegen **betriebliche Gründe** vor (z. B. droht dem Betrieb ein schwerer Schaden, weil die Maschine, an der Sie arbeiten, erst repariert werden muss, und ein Terminauftrag kann deshalb nur durch Überstunden eingehalten werden). Auch in **anderen Notfällen** sind Sie verpflichtet, außer es ist Ihnen unzumutbar (z. B. müssen Sie Ihr Kind außerhalb Ihrer Regelarbeitszeit betreuen).

» Urlaub

Als Teilzeitarbeitnehmer haben Sie Anspruch auf bezahlten Urlaub – ebenso wie Ihre vollzeitbeschäftigten Kollegen. Dies gilt auch für geringfügig Beschäftigte. Der Urlaubsanspruch wird **im Vergleich** mit dem der Vollzeitbeschäftigten **anteilig berechnet.**

- **Ausgangsfall:** Ihr vollzeitbeschäftigter Kollege hat Anspruch auf 30 Tage Urlaub pro Jahr. Bei einer 5-Tage-Woche entspricht das einem Jahresurlaub von sechs Wochen.
- **Arbeiten Sie durchgängig an fünf Tagen pro Woche Teilzeit** (z. B. als Halbtagskraft oder sechs Stunden täglich), stehen Ihnen ebenfalls 30 Tage Urlaub (= sechs Wochen) jährlich zu. Es gilt die gleiche Berechnung wie bei Vollzeitkräften.
- **Arbeiten Sie an einzelnen Tagen pro Woche / Monat Vollzeit** (z. B. Montag bis Donnerstag ganztags) **oder regelmäßig verkürzt Teilzeit** (z. B. zwei Tage die Woche je fünf Stunden oder fünf Tage pro Woche mit geringerer als der betriebsüblichen täglichen Stundenzahl), muss Ihr Urlaubsanspruch wie folgt umgerechnet werden:

$$\frac{\text{Urlaubsanspruch des Vollzeitarbeitnehmers} \times \text{tatsächliche Arbeitstage des Teilzeitarbeitnehmers pro Woche oder Monat}}{\text{5 bzw. 6 Werktage in der Woche oder 26 Werktage im Monat}}$$

- **Sind Sie geringfügig beschäftigt** (z. B. arbeiten Sie als Lohnbuchhalterin zwei Mal wöchentlich drei Stunden in einer Steuerberatungskanzlei), steht Ihnen wenigstens der gesetzliche Mindesturlaub zu. Gerechnet wird wie folgt: Gesamtdauer des Urlaubs (24 Tage) durch die Zahl der Werktage (6 Tage) × maßgebliche Arbeitstage (2 Tage). Somit können Sie im Ergebnis acht Tage bezahlten Urlaub verlangen.

Enthält Ihr **Arbeitsvertrag keine Urlaubsregelung** oder **fehlen vergleichbare Kollegen** in Ihrer Firma, so steht Ihnen jedenfalls der **gesetzliche Mindesturlaub** von 24 Tagen anteilig zu.

Als Teilzeitarbeitnehmer sind Sie nicht nur **bei der Urlaubsdauer,** sondern auch bei den **sonstigen Urlaubsbedingungen gleich zu behandeln.**

Beispiel:
Ihnen steht demnach ein zusammenhängender Urlaub zu – auch wenn Sie nicht an allen Tagen einer Woche tätig sind (§ 7 Abs. 2 BUrlG).

Wenn Sie in **zwei Teilzeitarbeitsverhältnissen** beschäftigt sind, haben Sie **jeweils** Ihren **anteiligen** Urlaubsanspruch im Vergleich zu Vollzeitbeschäftigten. Ihre Arbeitgeber müssen Ihnen grundsätzlich zur gleichen Zeit Urlaub gewähren. Sie sollten deshalb Ihre Urlaubswünsche rechtzeitig anmelden. Sind Ihre Arbeitgeber hierzu nicht bereit, müssen Sie Ihren Urlaubsanspruch notfalls gerichtlich durchsetzen.

Tipp:
Treten Sie Ihren Urlaub keinesfalls eigenmächtig an, da Sie sonst mit einer Abmahnung oder sogar einer Kündigung rechnen müssen.

» Vergütung

Als Teilzeitarbeitnehmer steht Ihnen aufgrund des Gleichbehandlungsgrundsatzes die **gleiche Vergütung** zu wie Ihren vollzeitbeschäftigten Kollegen. Wegen der geringeren Arbeitszeit wird es aber häufig zu einer **anteiligen Zahlung** kommen. Haben Sie Zweifel an der Höhe einer Entgeltleistung oder Lohnnebenleistung, können Sie sich anhand der nachfolgenden **Übersicht** darüber informieren, ob eine Kürzung zulässig ist.

Es geht um	Das sollten Sie dazu beachten
Essensgeldzuschuss	Sie dürfen vom Essensgeldzuschuss nicht ausgenommen werden. Eine **proportionale Kürzung** ist jedoch zulässig (z. B. erhalten Sie den Zuschuss nur für Tage, an denen Sie tatsächlich arbeiten).
Familienzuschuss	Zuschüsse etwa für Hochzeiten, Geburten, Todesfälle müssen Ihnen **zumindest anteilig** gewährt werden.
Feiertage	Sie haben als Teilzeitbeschäftigter wie Ihre vollzeitbeschäftigten Kollegen Anspruch auf **Feiertagsvergütung,** sofern Ihre reguläre Arbeitszeit auf einen gesetzlichen Feiertag fällt (§ 2 EFZG). Arbeiten Sie an einem Feiertag, stehen Ihnen zudem die gesetzlichen oder tarifvertraglichen **Feiertagszuschläge** zu.
Gehaltserhöhung	Sie dürfen von allgemeinen Gehaltserhöhungen nicht ausgeschlossen werden: Ihr Gehalt muss **anteilig erhöht** werden.

Es geht um	Das sollten Sie dazu beachten
Gratifikationen	Gratifikationen wie Urlaubs- oder Weihnachtsgeld erhalten Sie **anteilig,** sofern diese an die Vollzeitkräfte in Ihrem Betrieb gezahlt werden.
Spät-/ Nachtarbeitszuschlag	Sie dürfen nicht von Zuschlägen für bestimmte Arbeitszeiten (z. B. Zuschlag von 20 % für jede Arbeitsstunde zwischen 19 Uhr und 6 Uhr) ausgenommen werden. Zuschläge, die während dieser Zeit anfallen, erhalten Sie in voller Höhe.
Stundenlohn	Als Teilzeitarbeitnehmer steht Ihnen **derselbe Stundenlohn** wie Ihren vollzeitbeschäftigten Kollegen mit gleicher Qualifikation oder gleichwertiger Tätigkeit zu (z. B. dürfen Sie nicht schlechter bezahlt werden, nur weil Sie nebenberuflich tätig sind und einen Hauptberuf ausüben). Die Vergütung wird **anteilig** im Verhältnis zur erbrachten Arbeitszeit oder Leistung bezahlt (§ 4 Abs. 1 Satz 2 TzBfG).
Tarifliche Jubiläumszulagen	Tarifliche Jubiläumszulagen als Belohnung für Betriebstreue dürfen **nicht gekürzt** werden, es sei denn, sie knüpfen auch an den **Umfang der Tätigkeit** während der Betriebszugehörigkeit an.
Überstunden-vergütung	Eine Überstundenvergütung erhalten Sie entsprechend Ihrer **vertraglichen Vereinbarung.** Die Grundvergütung für Arbeitsstunden, die Sie über die vertraglich vereinbarte Stundenzahl hinaus erbringen, entspricht der anteiligen Vergütung eines Vollzeitbeschäftigten.
Überstundenzuschlag	Ein Überstundenzuschlag steht Ihnen erst bei **Überschreiten** der **gesetzlichen bzw. betrieblichen** Arbeitszeit zu, nicht schon bei Überschreiten Ihrer individuellen Teilarbeitszeit. Das heißt: Zuschläge gibt es für Teilzeitarbeitnehmer erst, wenn sie auch Vollzeitkräfte bekommen.

Es geht um	Das sollten Sie dazu beachten
Urlaubsentgelt	Wie hoch Ihr **Urlaubsentgelt** (also die Bezahlung während Ihres Urlaubs) ist, bestimmt sich nach dem durchschnittlichen Einkommen der letzten 13 Wochen vor Urlaubsbeginn (§ 11 BUrlG), wenn Ihre Arbeitszeit gleichmäßig verkürzt ist. Überstunden werden dabei nicht berücksichtigt. Arbeiten Sie unregelmäßig als Teilzeitarbeitskraft, ist darauf abzustellen, was Sie üblicherweise verdienen, wenn Sie gearbeitet hätten.
Urlaubsgeld	Erhalten Ihre vollzeitbeschäftigten Kollegen **Urlaubsgeld,** so steht Ihnen diese Leistung auch als Teilzeitarbeitnehmer zu. Dies gilt auch dann, wenn in Ihrem Arbeitsvertrag hierzu nichts steht oder es sogar ausgeschlossen sein sollte. Sie erhalten das Urlaubsgeld **anteilig.** Gekürzt wird im Verhältnis Ihrer individuellen zur betrieblichen Arbeitszeit. Als Teilzeitarbeitnehmer haben Sie **während der Elternzeit** Anspruch auf das tarifliche Urlaubsgeld.
Wechselschichtzulage	Bei Wechselschichtzulagen ist zu differenzieren: Teilzeitbeschäftigte Arbeitnehmer, die ständig Schichtarbeiten leisten, erhalten die Zulagen **anteilig.** Die Kürzung ist **zulässig,** sofern es sich bei der Zulage um einen Vergütungsbestandteil handelt, der leistungsabhängig bezahlt wird. **Unzulässig** ist hingegen die Kürzung, wenn mit der Zulage besondere Erschwernisse wie Kälte, Nässe oder Schmutz abgegolten werden sollen.
Zuschlag / Zulage	Wird ein monatlicher Zuschlag zur Anerkennung der Unternehmenszugehörigkeit gewährt, darf dieser **anteilig gekürzt** werden.

Der Arbeitgeber kündigt: Typische Fehler bei Form und Frist

I. Profitieren Sie von formalen Fehlern

Eine Arbeitgeberkündigung beendet das Arbeitsverhältnis einseitig und in der Regel gegen Ihren Willen. Dabei sind Formalien und Fristen einzuhalten und gegebenenfalls bestimmte Gremien zu beteiligen (z. B. muss ein bestehender Betriebsrat angehört werden).

Werden diese **Formalien nicht beachtet,** hat das rechtliche Konsequenzen. Davon können Sie als Arbeitnehmer profitieren, wenn Sie innerhalb von drei Wochen nach Zugang Kündigungsschutzklage beim Arbeitsgericht erheben (→ Abschn. VI).

Gehen Sie deshalb die nachfolgenden Abschnitte Punkt für Punkt durch, um zu prüfen, ob die Kündigung möglicherweise unwirksam ist und wie Sie auf einen Form- oder Fristfehler am besten reagieren.

Wollen Sie selbst Ihr Arbeitsverhältnis beenden, müssen auch Sie als Arbeitnehmer die Formalien und Fristen einer Kündigung einhalten. Ein Fehler kann nämlich auch für Sie Folgen haben. Alles Wissenswerte zur **Arbeitnehmerkündigung** finden Sie unter www.bild-ihr-gutes-recht.de (R 17309).

II. Es kommt auf die Art der Kündigung an

Je nach Art der Kündigung haben Sie als betroffener Arbeitnehmer verschiedene Formalien zu prüfen. Lassen Sie sich im Zweifel von einem Fachanwalt für Arbeitsrecht oder den Rechtsberatungsstellen der Gewerkschaften beraten.

1. Der Normalfall – die ordentliche Kündigung

Bei der ordentlichen Kündigung ist neben den Formalien zwischen dem Zugang der Kündigungserklärung und dem Ende des Arbeitsverhältnisses die **Kündigungsfrist** einzuhalten. Außerdem unterliegt die ordentliche Kündigung den Beschränkungen des allgemeinen und des besonderen Kündigungsschutzes.

Beispiel:
Fehlt es an der Zustimmung der zuständigen Behörde (z. B. bei Kündigung einer Schwangeren) oder werden die einzubeziehenden Gremien (z. B. Betriebsrat) nicht richtig beteiligt, ist die Kündigung unwirksam. Sie kann aber gegebenenfalls wiederholt werden. Wollen Sie sich auf die Unwirksamkeit der Kündigung berufen, müssen Sie rechtzeitig Kündigungsschutzklage erheben (→ Abschn. VI).

2. Die Ausnahme – die außerordentliche Kündigung

Die **außerordentliche** Kündigung kann ausgesprochen werden, wenn ein **wichtiger Grund** vorliegt, der einer Vertragspartei die Einhaltung der ordentlichen Kündigungsfrist unzumutbar macht (z. B. nach Straftaten) oder wenn eine ordentliche Kündigung überhaupt ausgeschlossen ist (z. B. durch Arbeits-/Tarifvertrag). Die außerordentliche Kündigung kann nur innerhalb von **zwei Wochen ab Kenntnis** des Kündigungsgrundes ausgesprochen werden.

Beispiel:
Fehlt die Zustimmung der zuständigen Behörde (z. B. bei Kündigung eines Schwerbehinderten), ist die Kündigung unwirksam. Sie kann als außerordentliche Kündigung meistens nicht wiederholt werden, weil die 2-Wochen-Frist ab Kenntnis des Kündigungsgrundes nicht eingehalten werden kann. Trotzdem müssen Sie Kündigungsschutzklage erheben (→ Abschn. VI).

3. Die Kündigung eines befristeten Arbeitsvertrages

Grundsätzlich endet ein befristetes Arbeitsverhältnis mit Ablauf der vereinbarten Zeit oder mit Erreichen des Zwecks. Es kann – vor Ablauf der Frist – nur **ordentlich gekündigt** werden, wenn dies einzelvertraglich oder im anwendbaren Tarifvertrag vereinbart ist. Fehlt also eine entsprechende Vereinbarung, ist die ordentliche Kündigung unwirksam. Sie kann auch nicht wirksam wiederholt werden. Auch in diesem Fall ist Kündigungsschutzklage zu erheben.

Die **außerordentliche Kündigung** eines befristeten Arbeitsverhältnisses ist unter den Voraussetzungen des § 626 BGB jederzeit möglich.

4. Die Änderungskündigung

Bei der Änderungskündigung wird der Arbeitsvertrag insgesamt gekündigt und Ihnen gleichzeitig die Fortsetzung des Arbeitsverhältnisses zu geänderten Bedingungen angeboten.

Mehr zu den rechtlichen Voraussetzungen der Änderungskündigung finden Sie unter www.bild-ihr-gutes-recht.de (R 17288).

III. Welche Fehlerquellen stecken in den Formalien?

1. Nur der »Richtige« darf kündigen

➔ Kündigungsberechtigt sind nur die jeweiligen Vertragspartner

Das heißt, dass nur die Firma oder die Person kündigen darf, mit der Sie den Arbeitsvertrag geschlossen haben.

Ob der »Richtige« gekündigt hat, hängt weiter von der **Rechtsform** des Arbeitgebers ab (z. B. Personengesellschaft, Aktiengesellschaft, GmbH). Die Personen, die die Gesellschaft im Rechtsverkehr vertreten dürfen, sind auch zur Kündigung berechtigt, häufig auch mehrere Personen gemeinsam (sogenannte Gesamtvertretung).

Hat der »**Falsche**« gekündigt, kann die Kündigung das Arbeitsverhältnis nicht beenden – sie geht »ins Leere«. Allerdings kann der Berechtigte die Kündigung **nachträglich genehmigen.**

Wird die Kündigung vom Berechtigten **genehmigt,** beginnt die Klagefrist nach § 4 KSchG erst mit Zugang der Genehmigung.

> **Tipp:**
> Wenn Sie die fehlende Kündigungsberechtigung unmittelbar nach Erhalt der Kündigung beanstanden, ist eine Genehmigung nicht mehr möglich. Die Kündigung muss dann vom Berechtigten wiederholt werden.

➔ Die Kündigung durch bevollmächtigte Dritte

Der Inhaber, Geschäftsführer oder Vorstand kann Dritte auch formlos bevollmächtigen, die Kündigung auszusprechen. Häufig ist diese Berechtigung von einer **umfassenden Vollmacht** gedeckt (z. B. Prokura, Generalvollmacht, Handlungsvollmacht). Auch hier ist die Gesamtvertretung üblich.

Unterscheiden Sie folgende möglichen **Fehlerquellen:**

- Liegt **keine Vollmacht** vor, gelten die Regeln wie bei der Kündigung durch einen Nichtberechtigten.
- Wird – trotz bestehender Vollmacht – **keine Vollmachtsurkunde im Original** vorgelegt (z. B. nur eine Kopie oder ein Telefax), können Sie die Kündigung mit der Begründung, eine Vollmachtsurkunde sei nicht vorgelegt worden, **unverzüglich zurückweisen.** Hierfür haben Sie ca. eine Woche Zeit. Bei rechtzeitiger Zurückweisung ist die Kündigung unwirksam und muss wiederholt werden. Sie dürfen die Kündigung allerdings nicht zurückweisen, wenn Ihnen die Bevollmächtigung bekannt ist (z. B. kündigt der Personalabteilungsleiter).

2. Kündigung immer nur schriftlich

Schriftform ist für die Kündigung aller Arbeitsverhältnisse, für alle Kündigungsarten und für beide Vertragspartner **gesetzlich vorgeschrieben** (§ 626 BGB). Das heißt, dass die Kündigung hand- oder maschinenschriftlich abgefasst **und** mit der eigenhändigen Namensunterschrift des Kündigungsberechtigten versehen sein muss.

Beispiel:
Die elektronische Form ist ausdrücklich ausgeschlossen, das heißt, Kündigungen per Telegramm, Telefax, E-Mail oder SMS sind nichtig. Unzureichend sind Unterschriften mittels Schreibmaschine, Stempel, Faksimile oder eine eingescannte Unterschrift.

Wird die Schriftform **nicht eingehalten,** ist die Kündigung unwirksam.

3. Inhaltliche Tücken des Kündigungsschreibens

→ Der Begriff »Kündigung« muss nicht verwendet werden

Es muss aber **unmissverständlich** der Wille zum Ausdruck kommen, das Arbeitsverhältnis **einseitig** für die Zukunft beenden zu wollen. Der Arbeitgeber erklärt beispielsweise schriftlich, dass er eine zuvor von Ihnen mündlich ausgesprochene Kündigung akzeptiere. Hier fehlt es an einer Arbeitgeberkündigung.

Tipp:
Hier besteht für Sie bis zur Grenze der Verwirkung kein Handlungsbedarf. Im Zweifel sollten Sie dennoch besser innerhalb von drei Wochen Kündigungsschutzklage beim Arbeitsgericht erheben (→ Abschn. VI).

→ Ein Kündigungstermin muss nicht angegeben werden

Ein Beendigungsdatum muss das Kündigungsschreiben nicht enthalten. Die Kündigung zum »nächstzulässigen Termin« ist möglich. Lässt sich nicht erkennen, ob eine fristlose oder eine fristgemäße Kündigung gemeint ist, geht diese Unklarheit zulasten des Kündigenden. Im Zweifel wirkt die Kündigung als ordentliche.

→ Kündigungsgründe brauchen nicht angegeben zu werden

Grundsätzlich besteht kein Anspruch darauf, die Kündigungsgründe im Kündigungsschreiben zu erfahren. Hiervon gibt es **gesetzliche Ausnahmen:**

- Die Kündigung eines Auszubildenden nach der Probezeit muss schriftlich unter Angabe der Kündigungsgründe erfolgen.
- Nach § 9 Abs. 3 MuSchG muss die ausnahmsweise für zulässig erklärte Kündigung einer Schwangeren den zulässigen Kündigungsgrund angeben.

Wird in diesen Fällen der Kündigungsgrund nur mündlich mitgeteilt, ist die Kündigung unwirksam. Sie müssen Kündigungsschutzklage erheben (→ Abschn. VI).

Falls es zu einem Kündigungsschutzprozess nach § 4 KSchG kommt, muss der Arbeitgeber spätestens hier die Kündigungsgründe darlegen, damit das Gericht die soziale Rechtfertigung überprüfen kann.

4. Ohne Zugang keine Kündigung

→ Der Zeitpunkt des Kündigungszugangs ist entscheidend

Die Kündigung wird frühestens mit ihrem Zugang wirksam. Eine Kündigung kann das Arbeitsverhältnis also nicht rückwirkend beenden. Der Zeitpunkt des Zugangs der Kündigung ist **Anknüpfungspunkt für weitere Rechtsfolgen,** beispielsweise den Beginn der Kündigungsfrist oder der Klagefrist nach § 4 KSchG.

➔ Wer muss den Zugang der Kündigung im Prozess beweisen?

Die Beweislast für den Zeitpunkt des Zugangs der Kündigung trägt der **Absender.** Häufig wird ein Bote eingesetzt, der die Übergabe der Kündigung bzw. deren Einwurf in den Briefkasten später bezeugen kann. Als verhältnismäßig sicher gelten auch die Beförderung per Einschreiben mit Rückschein und per Einwurf-Einschreiben. Man kann eine Kündigung auch durch den **Gerichtsvollzieher** zustellen lassen.

➔ Welche Probleme treten beim Zugang der Kündigung auf?

Wird die Kündigung erst zu einer Tageszeit in den **Hausbriefkasten** eingeworfen, zu der üblicherweise eine Leerung nicht mehr erwartet werden kann, geht die Kündigung erst am **Folgetag** zu.

Auch während einer **Urlaubsabwesenheit,** während eines **Kur- oder Krankenhausaufenthalts** oder während der Verbüßung einer **Haftstrafe** geht die Kündigung mit Einwurf in den Hausbriefkasten zu. Das gilt auch, wenn der Arbeitgeber Ihren Aufenthaltsort kennt.

Tipp:
Verpassen Sie die 3-wöchige Klagefrist für die Kündigungsschutzklage infolge der Ortsabwesenheit, können Sie die nachträgliche Zulassung der Kündigungsschutzklage beantragen (➔ Abschn. VI).

Die **Kündigung per Einwurf-Einschreiben** geht zu, wenn sie in den Hausbriefkasten oder das Postfach des Empfängers eingelegt wird.

Die **Kündigung per Übergabe-Einschreiben** geht erst zu, wenn sie dem Empfänger oder einer nach der Verkehrsauffassung empfangsberechtigten Person ausgehändigt wird. Dazu zählen Familienangehörige, Lebensgefährten, Vermieter und Hausangestellte, nicht jedoch ein Nachbar.

Hat der Sender die »**eigenhändige Übergabe an den Adressaten**« gewählt, muss das Einschreiben dem Empfänger selbst oder einer Person mit besonderer Postvollmacht übergeben werden.

Verhindert der Empfänger bewusst, dass ihm die Kündigung zugeht (sogenannte **Zugangsvereitelung),** wird er so behandelt, als ob ihm die Kündigung zugegangen wäre.

Beispiel:
Der Empfänger verweigert die Annahme des Kündigungsschreibens grundlos. Die Kündigung gilt trotzdem als zugegangen, außer es lag ein triftiger Grund für die Verweigerung vor (z. B. hätte der Empfänger für den unterfrankierten Brief Nachporto zahlen müssen).

Ein in deutscher Sprache abgefasstes Kündigungsschreiben geht nach allgemeinen Grundsätzen zu, auch wenn der **Empfänger der deutschen Sprache nicht mächtig** oder **Analphabet** ist. Dem Empfänger wird keine angemessene Frist zur Übersetzung oder Kenntnisnahme gewährt.

IV. Die Kündigungsfrist ist einzuhalten

Während die **ordentliche** Kündigung frühestens mit dem Zugang der Kündigungserklärung wirksam wird, endet das Arbeitsverhältnis tatsächlich erst mit **Ablauf der Kündigungsfrist.** Welche Kündigungsfrist einzuhalten ist, ergibt sich aus dem Arbeitsvertrag, einem einschlägigen Tarifvertrag oder dem Gesetz.

Die **außerordentliche** Kündigung beendet das Arbeitsverhältnis sofort (fristlos) oder ausnahmsweise erst nach Ablauf einer Auslauffrist.

1. Wenn die gesetzlichen Kündigungsfristen gelten

Wird in Ihrem Arbeitsvertrag oder dem für Sie einschlägigen Tarifvertrag auf die **gesetzlichen Kündigungsfristen verwiesen,** sind damit die Kündigungsfristen des BGB gemeint. Diese gelten auch, wenn vertraglich nichts zur Frage der Kündigungsfrist vereinbart wurde und kein einschlägiger Tarifvertrag die Kündigungsfristen regelt. Beachten Sie dabei Folgendes:

Das Arbeitsverhältnis eines Arbeitnehmers kann **von beiden Seiten** mit einer Frist von **vier Wochen** zum 15. des Folgemonats oder zum Monatsende gekündigt werden (sogenannte Grundkündigungsfrist; § 622 Abs. 1 BGB).

Arbeitgeber müssen – abhängig von der Dauer der Betriebs- oder Unternehmenszugehörigkeit des Arbeitnehmers – verlängerte Kündigungsfristen einhalten (§ 622 BGB).

Gestaffelte gesetzliche Kündigungsfristen nach Unternehmenszugehörigkeitsdauer							
Unternehmenszugehörigkeitsdauer (Jahre)	2	5	8	10	12	15	20
Kündigungsfrist (Monate zum Monatsende)	1	2	3	4	5	6	7

Dabei gilt: Die Vorschrift § 622 Abs. 2 Satz 2 BGB, wonach bei der Berechnung der Beschäftigungsdauer Zeiten nicht berücksichtigt werden, die vor Vollendung des 25. Lebensjahres des Arbeitnehmers liegen, darf nicht mehr angewandt werden.

2. Wenn andere als die gesetzlichen Fristen vereinbart sind

→ Die gesetzliche Kündigungsfrist wird verkürzt

Die gesetzlichen Kündigungsfristen und -termine dürfen durch **Tarifvertrag** unterschritten werden und das gilt auch zwischen nicht tarifgebundenen Arbeitgebern und Arbeitnehmern, wenn die Anwendung der Tarifvorschriften zwischen ihnen vertraglich vereinbart ist (§ 622 Abs. 4 BGB).

Einzelvertraglich können kürzere als die gesetzlichen Kündigungsfristen nur in folgenden **Ausnahmefällen** vereinbart werden (§ 622 Abs. 5 BGB):

- In **Kleinunternehmen** mit bis zu 20 Arbeitnehmern kann die Grundkündigungsfrist (§ 622 Abs. 1 BGB), nicht aber die verlängerte Kündigungsfrist (§ 622 Abs. 2 BGB) auf vier Wochen verkürzt werden.
- Bei einer vorübergehenden Einstellung zur **Aushilfe** bis zu drei Monaten kann die Grundkündigungsfrist ebenfalls abgekürzt werden. In diesem Fall gibt es keine »Mindestkündigungsfrist«.
- Ist eine **Probezeit** vertraglich vereinbart, gilt für die ersten sechs Monate eine Kündigungsfrist von zwei Wochen (§ 622 Abs. 3 BGB).

→ Die gesetzliche Kündigungsfrist wird verlängert

Längere Kündigungsfristen und abweichende Kündigungstermine (z.B. zum Jahresende) können sowohl in **Arbeitsverträgen** (§ 622 Abs. 5 Satz 3 BGB) als auch in **Tarifverträgen** (§ 622 Abs. 4 BGB) vereinbart werden. Hierbei gelten folgende **Einschränkungen:**

- Längere Kündigungsfristen für den Arbeitnehmer sind **nur zulässig,** wenn für die Kündigung durch den Arbeitnehmer keine längere Frist vereinbart ist als für die Kündigung durch den Arbeitgeber (§ 622 Abs. 6 BGB).
- Ist das Arbeitsverhältnis **für längere Zeit als fünf Jahre** ohne Kündigungsmöglichkeit eingegangen, kann der Arbeitnehmer nach Ablauf von fünf Jahren mit einer Frist von sechs Monaten kündigen (§ 624 BGB).
- Gilt für beide Seiten eine Kündigungsfrist, **die wesentlich länger ist als die gesetzlichen Fristen,** ist zu prüfen, ob der Arbeitnehmer unangemessen in seiner beruflichen und wirtschaftlichen Bewegungsfreiheit eingeschränkt wird. Es kommt aber auf den **Einzelfall** an.

→ Können Sie sich auf eine für Sie günstigere Kündigungsfrist berufen?

Kündigt Ihnen Ihr **Arbeitgeber** unzulässigerweise mit zu kurzer Frist, können Sie sich auf die für Sie günstigere, **längere Kündigungsfrist** berufen. Allerdings dürfen im Geltungsbereich eines Tarifvertrages die gesetzlichen Kündigungsfristen unterschritten werden.

Beispiel:

- Sie haben vertraglich eine Kündigungsfrist von sechs Wochen zum Quartalsende vereinbart; die gesetzliche oder die tarifliche Kündigungsfrist für den Arbeitgeber beträgt aufgrund Ihrer langen Betriebszugehörigkeit sieben Monate zum Monatsende (§ 622 Abs. 2 BGB). Die gesetzliche bzw. die tarifliche Kündigungsfrist hat Vorrang vor der vertraglichen Vereinbarung.
- Sie haben vertraglich eine Kündigungsfrist von sechs Wochen zum Quartalsende vereinbart. Die gesetzliche Kündigungsfrist beträgt jedoch nur vier Wochen zum 15. bzw. zum Monatsende. Hier hat die vertragliche Regelung Vorrang.
- Die gesetzliche Kündigungsfrist während einer vereinbarten Probezeit beträgt zwei Wochen. Der auf das Arbeitsverhältnis anwendbare Tarifvertrag erlaubt die Kündigung während der Probezeit mit einer Frist von drei Tagen zum Ende eines Werktages. Trotz der günstigeren gesetzlichen Regelung gilt der Tarifvertrag (§ 622 Abs. 4 BGB).

3. So wird die Kündigungsfrist berechnet

Die Kündigungsfrist **beginnt** mit dem Zugang der Kündigungserklärung (→ Abschn. III 4). Sie **endet** mit Ablauf des letzten Tages der Frist. Sowohl Beginn als auch Ende der Kündigungsfrist können auf ein Wochenende oder einen Feiertag fallen. Vergleichen Sie dazu die nachfolgende Übersicht:

Bei einer Kündigungsfrist ...	**Spätester Tag, an dem die Kündigung zugegangen sein muss:**
von vier Wochen zum 15. des Folgemonats (§ 622 Abs. 1 BGB)	– in Monaten mit 31 Tagen der 18. des Vormonats – in Monaten mit 30 Tagen der 17. des Vormonats – im Februar der 15. (im Schaltjahr der 16.) des Vormonats
von vier Wochen zum Monatsende (§ 622 Abs. 1 BGB)	– in Monaten mit 31 Tagen der 3. – in Monaten mit 30 Tagen der 2. – zum 28. Februar der 31. Januar – zum 29. Februar der 1. Februar
bei verlängerter Kündigungsfrist (§ 622 Abs. 2 BGB)	jeweils der letzte Tag des Monats (28., 29., 30., 31.), welcher der 1- bis 7-monatigen Kündigungsfrist vorausgeht
von zwei Wochen während der Probezeit (§ 622 Abs. 3 BGB)	Jeweils der 15. Tag vor dem angestrebten letzten Tag des Arbeitsverhältnisses, dieser mitgerechnet. **Beispiel:** Die Kündigung geht an einem Mittwoch zu. Das Arbeitsverhältnis endet mittwochs zwei Wochen später. Dabei genügt es, wenn die Kündigung am letzten Tag der Probezeit zugeht. Das Arbeitsverhältnis endet dann zwei Wochen später, dauert also über die Probezeit hinaus.

V. Der Betriebsrat ist zu beteiligen

→ Der Betriebsrat muss vor jeder Kündigung angehört werden

In Betrieben, die einen Betriebsrat haben, darf der Arbeitgeber die Kündigung erst aussprechen, wenn das **Beteiligungsverfahren ordnungsgemäß abgeschlossen** ist. Auch in Eilfällen hat er keine Möglichkeit, den Betriebsrat erst nachträglich zu beteiligen.

Wird der Betriebsrat vor der Kündigung **nicht beteiligt,** ist die Kündigung unwirksam – selbst wenn der Arbeitgeber berechtigte Kündigungsgründe hat. Sie müssen allerdings Kündigungsschutzklage erheben (→ Abschn. VI). Die Kündigung kann normalerweise aber nach der Beteiligung des Betriebsrats wiederholt werden.

→ Der Betriebsrat muss umfassend informiert werden

Der Arbeitgeber hat den Betriebsrat zu unterrichten über die Person des Arbeitnehmers einschließlich der grundlegenden Sozialdaten wie Betriebszugehörigkeit, Familienstand und Unterhaltspflichten, die beabsichtigte Art der Kündigung, gegebenenfalls die anwendbare Kündigungsfrist und die genauen Kündigungsgründe.

Wird der Betriebsrat **nicht hinreichend oder falsch unterrichtet,** ist die Kündigung unwirksam. Sie müssen auch hier Kündigungsschutzklage erheben (→ Abschn. VI). Die Kündigung kann normalerweise aber nach Beteiligung des Betriebsrats wiederholt werden.

Schriftform ist für die Betriebsratsanhörung nicht gesetzlich vorgeschrieben, die mündliche Anhörung ist folglich zulässig.

→ Der Betriebsrat stimmt der Kündigung ausdrücklich zu

Der Arbeitgeber darf kündigen, sobald er von der Zustimmung des Betriebsrats in Kenntnis gesetzt wird.

→ Der Betriebsrat äußert sich nicht

Äußert sich der Betriebsrat zur Kündigung **nicht, gilt** seine **Zustimmung** bei einer beabsichtigten ordentlichen Kündigung nach einer Woche, bei einer beabsichtigten außerordentlichen Kündigung nach Ablauf von drei Tagen **als erteilt.** Der Arbeitgeber kann nach Ablauf dieser Frist kündigen.

Bei der **Berechnung dieser Frist** zählt der Tag der Anhörung durch den Arbeitgeber nicht mit. Bei Fristablauf an einem Samstag, Sonntag oder Feiertag endet die Frist mit Ablauf des nächsten Werktages.

Kündigt der Arbeitgeber vor Ablauf der Stellungnahmefrist, ist die Kündigung unwirksam. Sie muss – nach erneuter Anhörung des Betriebsrats – wiederholt werden.

→ Der Betriebsrat äußert Bedenken gegen die geplante Kündigung

Hat der Betriebsrat **Bedenken** gegen die Kündigung (z. B. hält er eine Abmahnung für die angemessenere Reaktion), muss er diese dem Arbeitgeber unter Angabe der Gründe bei einer **ordentlichen** Kündigung spätestens innerhalb von **einer Woche,** bei einer **außerordentlichen** Kündigung spätestens innerhalb von **drei Tagen schriftlich** mitteilen. Der Arbeitgeber darf dennoch kündigen, sobald der Betriebsrat **abschließend Stellung** genommen hat, spätestens jedoch nach Ablauf der Frist.

Äußert der Betriebsrat sich **nicht innerhalb der Fristen** oder **nicht schriftlich,** gilt die Zustimmung nach Ablauf der Frist als erteilt.

→ Der Betriebsrat widerspricht der Kündigung

Der Betriebsrat kann der Kündigung auch innerhalb einer Frist von einer Woche bei der ordentlichen Kündigung bzw. innerhalb von drei Tagen bei der außerordentlichen Kündigung **schriftlich widersprechen.**

Der Widerspruch kann die **Kündigung** aber **nicht verhindern.** Der Arbeitgeber kann die Kündigung aussprechen, sobald der Betriebsrat abschließend Stellung genommen hat, also auch schon vor Ablauf der Wochen- bzw. Dreitagefrist.

Ob der Betriebsrat der Kündigung widersprochen hat, sollten Sie mit der Kündigung erfahren. Denn eine **Abschrift des Widerspruchs** ist der Kündigung beizufügen, damit Sie Ihre Chancen im Kündigungsschutzprozess besser einschätzen können.

Liegt der Widerspruch des Betriebsrats der Kündigung nicht bei, führt das zwar nicht zur Unwirksamkeit der Kündigung. Der Arbeitgeber macht sich aber unter Umständen schadensersatzpflichtig.

VI. Wenn Sie sich gegen eine fehlerhafte Arbeitgeberkündigung wehren wollen

1. Im Zweifel sollten Sie rechtzeitig Klage erheben

Haben Sie **keine Anschlussbeschäftigung,** lohnt es sich immer, sich auf den Formfehler zu berufen. Das wird von den Arbeitsagenturen unter Umständen sogar von Ihnen verlangt.

Wird **nicht fristgemäß** gekündigt, können Sie verlangen, bis zum Ablauf der korrekten Kündigungsfrist beschäftigt und bezahlt zu werden.

Ist die Kündigung wegen **sonstiger Formfehler** unwirksam, wird das Arbeitsverhältnis überhaupt nicht beendet. Die Kündigung muss also **wiederholt** werden. Diese Kündigung wirkt dann erst ab dem Tag ihres Zugangs (→ Abschn. III 4) und muss selbstverständlich ebenfalls formell in Ordnung sein.

Formfehler des Arbeitgebers können »Joker« beim **Aushandeln einer Abfindung** wegen der Beendigung des Arbeitsverhältnisses sein. Der Arbeitgeber zahlt lieber eine erhöhte Abfindung anstatt noch einmal zu kündigen. Beachten Sie jedoch, dass der Anspruch auf Arbeitslosengeld ruht, wenn Sie eine Abfindung erhalten und das Arbeitsverhältnis vor Ablauf einer der ordentlichen Kündigungsfrist entsprechenden Frist beendet wird.

Bei einem **offensichtlichen Formverstoß** (z. B. wurde Ihnen nur mündlich gekündigt) müssen Sie damit rechnen, dass das Arbeitsamt beim Bezug von Arbeitslosengeld eine Sperrfrist wegen Arbeitsaufgabe verhängt, wenn Sie keinen wichtigen Grund für Ihr Verhalten haben und die Kündigung nicht angreifen.

2. Beachten Sie unbedingt die 3-wöchige Klagefrist!

Auch bei Formfehlern müssen Sie **innerhalb von drei Wochen** ab Zugang der Kündigung **Klage beim Arbeitsgericht** erheben, um die Rechtsunwirksamkeit der Kündigung feststellen zu lassen (§ 4 KSchG). Andernfalls wird die Kündigung trotz des Formmangels wirksam (§ 7 KSchG). Dies gilt unabhängig davon, ob Sie unter den Schutz des Kündigungsschutzgesetzes fallen oder nicht (§ 23 Abs. 1 Satz 2 KSchG; vgl. Kapitel D 4).

Ausnahmen: Wurde Ihnen **nur mündlich** gekündigt, genügt es, wenn Sie dem Arbeitgeber Ihre Arbeitskraft unter Hinweis auf die unwirksame Kündigung anbieten. Dann erhalten Sie Ihr Entgelt auch über den Ablauf der Kündigungsfrist hinaus.

Wenn eine **Behörde** der Kündigung **zustimmen** muss (z. B. bei schwerbehinderten Menschen), beginnt die Klagefrist erst mit der Bekanntgabe der Entscheidung der Behörde an den Arbeitnehmer (§ 4 Abs. 4 KSchG). Das gilt allerdings nur, wenn der Arbeitgeber den Sonderkündigungsschutz auch kennt.

3. Was gilt, wenn Sie die Klagefrist versäumt haben?

Waren Sie trotz aller zumutbarer Sorgfalt **verhindert,** die Klage innerhalb von drei Wochen nach Zugang der schriftlichen Kündigung zu erheben, müssen Sie innerhalb von zwei Wochen nach Behebung des Hindernisses beim Arbeitsgericht einen **Antrag auf nachträgliche Zulassung** der Klage stellen (§ 5 KSchG). Beachten Sie dazu:

- Sie sind auf einer **Urlaubsreise** und die Kündigung geht Ihnen zu Hause zu. Erhalten Sie erst nach Rückkehr und nach Ablauf der 3-wöchigen Frist davon Kenntnis, ist die Klage nachträglich zuzulassen. **Beachten Sie:** Ohne besonderen Grund brauchen Sie **keine Vorsorge** zu treffen, dass die **Post** Ihnen **nachgesandt** wird.

  Aber: Erreicht Sie die Kündigung im Ausland, weil Sie beispielsweise einen Nachsendeantrag gestellt haben oder der Arbeitgeber Ihre Urlaubsanschrift kennt, müssen Sie sich moderner Kommunikationsmittel bedienen, um die Klage rechtzeitig zu erheben. Bis zur Rückkehr aus dem Urlaub dürfen Sie in diesem Fall nicht warten. **Kehren** Sie noch **innerhalb der Klagefrist aus dem Urlaub zurück,** müssen Sie sich unverzüglich beraten lassen und Klage erheben. Eine Überlegungsfrist von je nach Fallgestaltung bis zu einer Woche wird Ihnen dabei eingeräumt.

- **Krankheit** allein rechtfertigt die nachträgliche Zulassung der Klage nicht. Anders, wenn Sie infolge der Krankheit außerstande waren, das Haus zu verlassen und deshalb weder selbst noch durch eine beauftragte Person Rechtsrat einholen bzw. Klage erheben konnten. Konkret hängt dies davon ab, wie Sie Ihre übrigen Angelegenheiten organisiert haben.

  Dieser Grundsatz gilt auch, wenn Sie im **Krankenhaus** liegen und deshalb die Klagefrist versäumt haben. Haben Sie jemanden damit beauftragt, Ihnen die Post zu bringen und gegebenenfalls auch Ihre Bankgeschäfte zu erledigen, ist es Ihnen auch zuzumuten, rechtzeitig Rechtsrat einzuholen und jemanden mit der Klageerhebung zu beauftragen.

- Sie können sich nicht darauf berufen, die **Klagefrist nicht gekannt** oder den **Erfolg der Klage falsch eingeschätzt** zu haben. Auch schwebende Vergleichsverhandlungen mit dem Arbeitgeber rechtfertigen die nachträgliche Klagezulassung nicht.

- **Versäumt** Ihr **Prozessbevollmächtigter** die **Klagefrist schuldhaft** (z. B. trägt er die Frist fehlerhaft in den Fristenkalender ein), wird Ihnen das zugerechnet. Eine nachträgliche Zulassung der Kündigungsschutzklage ist nicht möglich. Sie müssen Ihren Anwalt gegebenenfalls auf Schadensersatz in Anspruch nehmen.

- Auf **regelmäßige Postbeförderungszeiten** dürfen Sie sich – außer im Falle eines bekannten Poststreiks – verlassen (d.h., ein am Vortag rechtzeitig zur Post gegebener Standardbrief geht in der Regel am Folgetag zu). Geht Ihre Klageschrift trotz rechtzeitiger Absendung verspätet bei Gericht ein, hat Ihr Antrag auf nachträgliche Zulassung Erfolg.
- Einen **Sonderfall** regelt zudem § 5 Abs. 1 Satz 2 KSchG: Die Klage ist nachträglich zuzulassen, wenn Sie erst nach Ablauf der Klagefrist erfahren, dass Sie **schwanger** sind und auch vorher keine Veranlassung hatten, dies anzunehmen.

Endgültig ausgeschlossen ist die nachträgliche Zulassung der Klage nach Ablauf von sechs Monaten ab dem Ende der versäumten Frist (§ 5 Abs. 3 Satz 2 KSchG).

VII. Was tun, wenn der Arbeitgeber es sich anders überlegt?

Eine Kündigungserklärung ist als einseitige, gestaltende Willenserklärung mit ihrem Zugang bindend. Sie kann deshalb rechtlich betrachtet **nicht zurückgenommen** werden. Erklärt der Arbeitgeber vor oder nach Erhebung der Kündigungsschutzklage die »Rücknahme« der Kündigung, führt dies deshalb nicht automatisch zum Fortbestand des Arbeitsverhältnisses. Allerdings liegt darin regelmäßig ein **Angebot zur Fortsetzung des Arbeitsverhältnisses** zu den bisherigen Bedingungen.

Tipp:
Sie können das Angebot annehmen, indem Sie beispielsweise die Arbeit wieder aufnehmen. Der Arbeitgeber hat dann rückwirkend die vereinbarten Bezüge zu bezahlen, ohne dass geprüft wird, ob die Kündigung wirksam war oder nicht.

Wann und wie hilft Ihnen das Kündigungsschutzgesetz?

I. Was bedeutet der Kündigungsschutz für Sie?

Wenn Sie die gesetzlichen Voraussetzungen des Kündigungsschutzgesetzes erfüllen, können Sie gerichtlich überprüfen lassen, ob die Kündigung Ihres Arbeitsverhältnisses »sozial gerechtfertigt« ist (§§ 1, 23 KSchG). Das Arbeitsgericht stellt fest, ob ein **Kündigungsgrund** vorliegt, und entscheidet darüber, ob auch bei Vorliegen eines Kündigungsgrundes das **Interesse** Ihres Arbeitgebers an der Beendigung des Arbeitsverhältnisses oder Ihr Interesse an dessen Fortbestand **überwiegt.** Dabei wird auch geprüft, ob Ihr Arbeitgeber nicht weniger einschneidende Mittel als die Kündigung hätte wählen können.

Beispiel:
Sie können eine bestimmte Art von Tätigkeit krankheitsbedingt nicht mehr verrichten. Auch hier muss der Arbeitgeber zunächst versuchen, für Sie eine »leidensgerechte« Tätigkeit zu finden. Ist eine solche nur zu geänderten Bedingungen möglich, hat er eine **Änderungskündigung** auszusprechen.

Selbst wenn Sie die **Voraussetzungen des KSchG nicht erfüllen,** sind Sie nicht völlig schutzlos gestellt. Auch hier muss der Arbeitgeber die Formalien einhalten, und gegebenenfalls können Sie sich auch auf einen besonderen Kündigungsschutz berufen. Außerdem muss der Arbeitgeber auch im Kleinbetrieb ein Mindestmaß an **sozialer Rücksichtnahme** walten lassen.

Beispiel:
Auch im Kleinbetrieb ist deshalb unter Umständen eine Sozialauswahl bei betriebsbedingter Kündigung zu treffen.

II. Die Voraussetzungen des Kündigungsschutzgesetzes

Nur als **Arbeitnehmer** genießen Sie Kündigungsschutz nach dem KSchG. Dazu zählen auch geringfügig Beschäftigte, also beispielsweise 400-Euro-Kräfte. Auf das Kündigungsschutzgesetz können Sie sich hingegen nicht berufen, wenn Sie als Selbstständiger für das Unternehmen tätig sind – beispielsweise als Handelsvertreter, freier Mitarbeiter oder Heimarbeiter.

Zusammen mit Ihnen müssen in der Regel mehr als zehn Arbeitnehmer im Betrieb beschäftigt sein (§ 23 Abs. 1 KSchG). Dieser sogenannte »**Schwellenwert**« wird wie folgt bestimmt: Teilzeitbeschäftigte werden nach dem Umfang ihrer Arbeitsleistung anteilig berücksichtigt. Bei einer vereinbarten regelmäßigen wöchentlichen Arbeitszeit von nicht mehr als 20 Stunden gilt der Faktor 0,5, bis einschließlich 30 Stunden der Faktor 0,75. Als Gekündigter zählen Sie auch dann mit, wenn der Arbeitgeber den Arbeitsplatz nicht mehr besetzen will.

Tipp:
Haben Sie Ihr **Arbeitsverhältnis bereits vor dem 1. 1. 2004 begonnen,** genießen Sie weiterhin nach der bis zum 31. 12. 2003 geltenden Rechtslage allgemeinen Kündigungsschutz. Das heißt, am 31. 12. 2003 müssen mehr als fünf Arbeitnehmer im Betrieb beschäftigt gewesen sein, die auch im Zeitpunkt der Kündigung noch beschäftigt werden (§ 23 Abs. 1 Satz 2 und 3 KSchG). Ersatzeinstellungen für ausgeschiedene »Alt-Arbeitnehmer« zählen also nicht.

Ihr Arbeitsverhältnis im Unternehmen muss bei Zugang der Kündigung ununterbrochen **länger als sechs Monate bestanden** haben (§ 1 Abs. 1 KSchG). Ob Sie tatsächlich gearbeitet haben, ist unerheblich. Diese gesetzliche »Probezeit« kann auch nicht um Ausfallzeiten durch Krankheit oder Urlaub verlängert werden.

Kurze Unterbrechungen schaden nicht, wenn zwischen den Arbeitsverhältnissen ein enger, sachlicher Zusammenhang besteht (z. B. Beschäftigung auf demselben Arbeitsplatz nach nur zwei Wochen Unterbrechung). Das hängt unter anderem vom Anlass und der Dauer der Unterbrechung sowie von der Art der Weiterbeschäftigung ab.

Wenn Sie geltend machen wollen, dass die Kündigung sozial ungerechtfertigt oder aus anderen Gründen unwirksam ist, müssen Sie grundsätzlich innerhalb von **drei Wochen nach Zugang** der schriftlichen Kündigung Klage beim Arbeitsgericht erheben (§ 4 KSchG). **Ausnahmen:** Die Kündigung wurde nur mündlich ausgesprochen oder die Kündigung ist nicht unterschrieben (§ 126 BGB).

Haben Sie innerhalb der 3-Wochen-Frist Kündigungsschutzklage erhoben, können bzw. müssen Sie weitere, in der fristgerecht eingereichten Klage nicht benannte **Unwirksamkeitsgründe** bis zum Schluss der mündlichen

Verhandlung vor dem Arbeitsgericht geltend machen. Hierauf soll das Arbeitsgericht Sie hinweisen (§ 6 KSchG).

Erhalten Sie **mehrere Kündigungen** gleichzeitig oder hintereinander, müssen Sie jede einzelne Kündigung innerhalb von drei Wochen gerichtlich angreifen.

Haben Sie die Unwirksamkeit der Kündigung nicht rechtzeitig geltend gemacht, gilt die Kündigung als von Anfang an wirksam (§ 7 KSchG). Nur wenn Sie die **Klagefrist schuldlos versäumt** haben, können Sie unter bestimmten Voraussetzungen die nachträgliche Zulassung der Klage beantragen (→ Kapitel D 3). Ein Verschulden Ihres Rechtsanwalts wird Ihnen zugerechnet.

III. Die personenbedingte Kündigung

Sie sind aufgrund persönlicher Einschränkungen, Eigenschaften oder nicht vorwerfbarer Einstellungen nicht (mehr) in der Lage, Ihre vertraglich geschuldete Arbeitsleistung zu erbringen? In diesen Fällen kann das Arbeitsverhältnis aus Gründen in Ihrer Person gekündigt werden, wenn sich das auch künftig im Betrieb unzumutbar auswirkt (z. B. weil Ihr Einsatz nicht mehr planbar ist). Auf **Ihr Verschulden kommt** es dabei **nicht an.** Der Arbeitgeber muss aber prüfen, ob statt einer Kündigung nicht die zumutbare Weiterbeschäftigung auf einem anderen freien Arbeitsplatz – gegebenenfalls auch nach einer Umschulungs- oder Fortbildungsmaßnahme – möglich ist. **Typische Gründe** sind:

- fehlende Arbeitserlaubnis;
- Eignungsmängel oder fehlende Qualifikation;
- der Verlust der Fahrerlaubnis bei Kraftfahrern oder der Fluglizenz bei Piloten;
- der Arbeitnehmer begeht eine Straftat, die Zweifel an seiner Eignung begründen (z. B. Betrugsdelikt bei Bankangestellten), oder er verbüßt eine längere Freiheitsstrafe;
- erhebliche und dauerhafte Leistungsminderung durch Alter oder Krankheit;
- eine Gewissensentscheidung verbietet die Ausübung einer bestimmten Tätigkeit.

IV. Die krankheitsbedingte Kündigung

→ Krankheit als solche ist kein Kündigungsgrund

Sie muss sich vielmehr störend auf das Arbeitsverhältnis auswirken. Dann darf auch während einer Krankheitsphase gekündigt werden. Auch wenn Sie krankheitsbedingt nicht mehr voll leistungsfähig sind, gelten die Grundsätze zur personenbedingten Kündigung.

Eine Kündigung ist möglich, wenn der Arbeitgeber wegen der krankheitsbedingten Ausfälle oder Einschränkungen mit weiteren, nicht mehr zumutbaren betrieblichen Störungen rechnen muss und eine **Weiterbeschäftigungsmöglichkeit auf einem »leidensgerechten« Arbeitsplatz** im Unternehmen fehlt.

Darlegungs- und beweispflichtig für die fehlende Weiterbeschäftigungsmöglichkeit ist zwar grundsätzlich der Arbeitgeber. Als Arbeitnehmer müssen Sie jedoch Arbeitsplätze benennen, auf denen Sie beschäftigt werden können. Hierbei können Betriebsrat und Schwerbehindertenvertretung behilflich sein.

Sind Sie länger als sechs Wochen im Jahr arbeitsunfähig erkrankt, sieht das Gesetz vor, dass der Arbeitgeber ein sogenanntes **»betriebliches Eingliederungsmanagement«** (kurz: BEM) durchführt (§ 84 Abs. 2 SGB IX). Dies gilt sowohl für den Fall häufiger Kurzerkrankungen als auch bei länger andauernder Arbeitsunfähigkeit. Allerdings erfolgt das BEM nur, wenn Sie dem Verfahren zustimmen.

Das **Verfahren ist nicht formalisiert.** Es basiert auf persönlichen Gesprächen, in denen Beschäftigungsmöglichkeiten und Unterstützungsleistungen (z. B. Umgestaltung des Arbeitsplatzes, Qualifikationen) ausgelotet werden, um möglichst individuell eine Entlassung zu verhindern.

Die Durchführung des BEM ist keine formelle Wirksamkeitsvoraussetzung für eine Kündigung. **Kündigt** der Arbeitgeber also, **ohne** zuvor ein **BEM** versucht zu haben, ist die Kündigung **nicht** schon deshalb **unwirksam.** Den Arbeitgeber trifft dann allerdings eine **verschärfte Darlegungslast** in Bezug auf (fehlende) Weiterbeschäftigungsmöglichkeiten.

→ Sie sind auf Dauer leistungsunfähig

Wenn Sie krankheitsbedingt auf Dauer Ihre arbeitsvertraglichen Pflichten nicht (mehr) erbringen können, darf Ihr Arbeitgeber Ihnen grundsätzlich ordentlich kündigen.

> **Beispiel:**
> Ein Außendienstmitarbeiter darf infolge einer Augenerkrankung nicht mehr Auto fahren, oder ein Bauhelfer kann wegen eines Bandscheibenleidens keine schweren Lasten mehr tragen oder heben.

Gleiches gilt, wenn die **Wiederherstellung der Arbeitsfähigkeit völlig ungewiss** ist. Nach der Rechtsprechung ist dies dann der Fall, wenn – ausgehend vom Zeitpunkt des Zugangs der Kündigung – in den nächsten zwei Jahren mit der Wiederherstellung der Arbeitsfähigkeit nicht gerechnet werden kann.

Einer dauernden Leistungsunfähigkeit wird der Fall gleichgestellt, dass der Arbeitnehmer im Zeitpunkt der Kündigung ca. **1½ Jahre arbeitsunfähig war** und ein **Ende** der Arbeitsunfähigkeit **nicht abzusehen** ist. Auf weitere betriebliche Auswirkungen kommt es hier nicht an.

→ Sie sind lang andauernd erkrankt

Sind Sie im Zeitpunkt des Zugangs der Kündigung arbeitsunfähig erkrankt und werden es auch noch für eine bestimmte oder unbestimmte Zeit sein, kann Ihnen gekündigt werden, wenn dem Arbeitgeber (weitere) Überbrückungsmaßnahmen nicht zugemutet werden können. Im Rahmen der Interessenabwägung wird insbesondere abgestellt auf:

- die **Dauer der Ausfallzeit** bis zum Ausspruch der Kündigung und deren voraussichtliche weitere Dauer;
- die dem Arbeitgeber möglichen **Überbrückungsmaßnahmen** (z. B. Einstellung von Aushilfskräften, Umorganisation) und deren **Kosten.** Soweit der Entgeltanspruch des erkrankten Arbeitnehmers entfällt, ist dies zu berücksichtigen;
- die **Dauer der Betriebszugehörigkeit:** Je länger das Arbeitsverhältnis ohne wesentliche Störungen bestanden hat, desto längere Überbrückungsmaßnahmen muss der Arbeitgeber organisieren und finanzieren;
- die **Ursache der Erkrankung:** Hat die Krankheit ihren Ursprung in betrieblichen Umständen (z. B. Arbeitsunfall, Umgang mit allergenen Stoffen), steigt die Zumutbarkeitsgrenze für den Arbeitgeber. Sie müssen diesen Ursachenzusammenhang allerdings konkret und plausibel darlegen. Ein Indiz können die Fehlzeiten vergleichbarer Arbeitnehmer sein. Dann muss der Arbeitgeber gegebenenfalls beweisen, dass ein solcher Ursachenzusammenhang nicht besteht.

→ Sie erkranken häufig kurzzeitig

Eine Kündigung wegen »häufiger Kurzerkrankungen« ist möglich, wenn dem Arbeitgeber die betrieblichen Auswirkungen der künftig zu erwartenden, immer wiederkehrenden Fehlzeiten nicht mehr zugemutet werden können. Das **Bundesarbeitsgericht prüft in drei Stufen.**

→ Stufe 1: Negative Fehlzeitenprognose

Ausgehend vom Zeitpunkt der Kündigung muss auch **in Zukunft mit Fehlzeiten wegen Arbeitsunfähigkeit zu rechnen** sein. Der Arbeitgeber, dem die jeweiligen Diagnosen nicht bekannt sind, kann sich vor Gericht zunächst darauf beschränken, die Häufigkeit und Dauer der Fehlzeiten in der Vergangenheit aufzuzählen. Der Verlauf der letzten zwei bis drei Jahre erlaubt dann einen vorläufigen Schluss auf die künftigen Fehlzeiten. Sie können diese **Indizwirkung erschüttern,** indem Sie darlegen, dass sich die Fehlzeiten voraussichtlich nicht wiederholen werden.

Beispiel:
- Fehlzeiten, die auf ausgeheilten Erkrankungen beruhen (z. B. ein operierter Bandscheibenvorfall oder inzwischen medikamentös eingestellte Krankheiten);
- Fehlzeiten, die durch eine Weiterbeschäftigung auf einem leidensgerechten Arbeitsplatz nicht mehr auftreten würden.

Nach **Zugang der Kündigung** neu eintretende Umstände, welche die negative Prognose ändern, dürfen dabei allerdings nicht mehr berücksichtigt werden.

Beispiel:
- Die Durchführung einer bislang abgelehnten Operation oder Therapie.
- Eine geänderte Lebensführung.

Damit die Prognose überprüft werden kann, müssen Sie gegebenenfalls Ihre **Ärzte von der Schweigepflicht entbinden.** Sie haben sich auch der Untersuchung durch einen unabhängigen Gutachter zu unterziehen, wenn das Gericht dies für erforderlich hält.

→ Stufe 2: Erhebliche betriebliche Auswirkungen

Hier wird geprüft, ob die auf der ersten Stufe prognostizierten Fehlzeiten auch **künftig zu erheblichen wirtschaftlichen** oder sonstigen **betrieblichen Beeinträchtigungen** führen werden.

Beispiel:
Störungen im Produktionsablauf durch ständig einzuarbeitende Aushilfen, Vertragsstrafen durch nicht termingerechte Lieferung oder Entgeltfortzahlungskosten.

Diese Störungen muss der Arbeitgeber darlegen und gegebenenfalls beweisen. Da der **Nachweis** konkreter betrieblicher Auswirkungen in der Praxis schwierig ist und größere Betriebe Fehlzeiten in der Regel durch eine Personalreserve auffangen können, wird die krankheitsbedingte Kündigung meistens mit den wirtschaftlichen Belastungen durch die Entgeltfortzahlungskosten begründet. Die zu erwartende finanzielle Belastung ermittelt das Gericht aus den Entgeltfortzahlungskosten in der Vergangenheit. Die Entgeltfortzahlung bis zur Dauer von sechs Wochen im Jahr ist dem Arbeitgeber in jedem Fall zumutbar.

Fehlzeiten, die bei der negativen Prognose nicht zu berücksichtigen sind – also solche aufgrund ausgeheilter oder einmaliger Erkrankungen – werden dabei **herausgerechnet.** Dasselbe gilt für Fehlzeiten, für die keine Entgeltfortzahlung geleistet wurde.

→ Stufe 3: Interessenabwägung

Die Belastungen des Arbeitgebers durch künftige Fehlzeiten sind mit den Interessen des Arbeitnehmers am Erhalt des Arbeitsplatzes abzuwägen. Bei dieser Interessenabwägung fallen besonders ins Gewicht:

- der **Umfang** der über den Zeitraum von sechs Wochen hinausgehenden **Entgeltfortzahlungsverpflichtung;**
- die **Dauer der Betriebszugehörigkeit** – je länger das Arbeitsverhältnis ohne wesentliche Störungen bestanden hat, desto längere Überbrückungsmaßnahmen muss der Arbeitgeber organisieren und finanzieren;
- die **Ursache der Erkrankung.**

→ Sonderfall: Alkohol- oder Drogenprobleme

Alkohol- und Drogenmissbrauch während der Arbeitszeit kann ein verhaltensbedingter Kündigungsgrund sein. Hingegen wird Alkohol- und Drogenabhängigkeit – also bei Vorliegen einer **Suchterkrankung** – nach den Grundsätzen der krankheitsbedingten Kündigung behandelt.

Beispiel:
Bei einem therapiebereiten Arbeitnehmer ist vor der Kündigung das Ergebnis einer Entziehungskur abzuwarten. Hat die Entziehungskur keinen Erfolg bzw. wird der Arbeitnehmer rückfällig, kann dies für eine negative Prognose sprechen. Allerdings genügt bei weiter vorhandener Therapiebereitschaft ein Rückfall unter Umständen nicht. Die erst nachträglich erklärte Therapiebereitschaft ändert an der Prognose zum Zeitpunkt des Zugangs der Kündigung nichts.

V. Die verhaltensbedingte Kündigung

→ Grundsätze

Mit der verhaltensbedingten Kündigung reagiert der Arbeitgeber auf eine an sich vermeidbare Verletzung einer vertraglichen Haupt- oder Nebenpflicht. Bei der Interessenabwägung wird festgestellt, ob dem Arbeitgeber trotzdem das Festhalten am Vertrag zumutbar ist. Hier kommt es darauf an, wie stark die Pflichtverletzung das künftige Arbeitsverhältnis belastet. Von einer künftigen Beeinträchtigung ist regelmäßig auszugehen, wenn der Arbeitnehmer ein- oder sogar mehrmals **erfolglos abgemahnt** wurde.

Andererseits ist zu prüfen, ob eine – auch wiederholte »letzte« – **Abmahnung** nicht ausgereicht hätte, den Arbeitnehmer künftig zur Einhaltung seiner Pflichten anzuhalten (→ Kapitel D 5). Die künftige Beeinträchtigung kann auch durch die Beschäftigung auf einem anderen freien Arbeitsplatz entfallen.

Typische Gründe für verhaltensbedingte Kündigungen sind:

- **Alkohol- und Drogenkonsum.** Beachten Sie: Ist ein Arbeitnehmer jedoch alkoholkrank, kommt nur eine krankheitsbedingte Kündigung in Betracht;
- **Arbeitsverweigerung** oder **Arbeitsbummelei;**
- **außerdienstliches Verhalten,** das sich auf die Pflichten aus dem Arbeitsverhältnis negativ auswirkt (z. B. Beschädigung des Ansehens des Arbeitgebers bei einer öffentlichen Veranstaltung);
- **grobe Beleidigung** des Vorgesetzten oder Arbeitgebers;
- **Pflichtverletzungen bei Krankheit** (z. B. täuschen Sie Ihre Arbeitsunfähigkeit vor);
- **Pflichtverletzungen bei der Arbeitszeiterfassung** (z. B. Gleitzeitmanipulation);
- **Konkurrenz- oder Nebentätigkeit;**
- **Schlecht- und Minderleistung** (z. B. arbeiten Sie deutlich weniger als Ihre Kollegen oder machen überdurchschnittlich viele Fehler). Beachten Sie: Hier kann im Einzelfall auch eine personenbedingte Kündigung in Betracht kommen, wenn Sie nicht besser arbeiten können;
- **sexuelle Belästigung** am Arbeitsplatz;
- **Selbstbeurlaubung,** das heißt, Sie nehmen »eigenmächtig« Urlaub;
- **Straftaten** gegen das Eigentum oder das Vermögen des Arbeitgebers (z. B. Diebstahl, Unterschlagung) oder **Tätlichkeiten** gegenüber Arbeitskollegen oder Vorgesetzten.

➔ Sonderfall: die Verdachtskündigung

Ausnahmsweise kann schon der schwerwiegende Verdacht einer strafbaren Handlung oder einer sonstigen schweren Verfehlung die verhaltensbedingte Kündigung rechtfertigen. Sie kommt in Betracht, wenn gerade der Verdacht das für die Fortsetzung des Arbeitsverhältnisses notwendige Vertrauen in die Loyalität des Arbeitnehmers zerstört hat.

Da der Arbeitnehmer unschuldig in Verdacht geraten sein kann, stellt die Rechtsprechung **strenge Anforderungen:**

- Es müssen gegebenenfalls vom Arbeitgeber zu **beweisende objektive Tatsachen** für starke Verdachtsmomente vorliegen (z.B. nur der gekündigte Arbeitnehmer hatte Zugang zum Tresor).
- Diese Verdachtsmomente müssen geeignet sein, das für die Fortsetzung des Arbeitsverhältnisses erforderliche **Vertrauen zu zerstören** (z.B. aus dem Tresor sind geheime Firmenunterlagen verschwunden).
- Der Arbeitgeber muss alle ihm zumutbaren Anstrengungen zur **Aufklärung des Sachverhalts** unternommen haben. Eine ohne vorherige Anhörung des Arbeitnehmers ausgesprochene Verdachtskündigung ist unwirksam.
- Dem **Betriebsrat** gegenüber muss ausdrücklich der Verdacht als Kündigungsgrund genannt werden.
- Die den Verdacht stärkenden oder entkräftenden Tatsachen sind im Prozess bis zur letzten mündlichen Verhandlung in der Berufungsinstanz zu berücksichtigen, wenn sie – auch unerkannt – bereits vor Zugang der Kündigung vorlagen.
- Stellt sich später die **Unschuld** des Arbeitnehmers heraus, kommt ein Anspruch auf Wiedereinstellung in Betracht.

VI. Die betriebsbedingte Kündigung

Anlass zu einer betriebsbedingten Kündigung sind betriebsbezogene Vorgänge und Umstände, die von der Person des betroffenen Arbeitnehmers unabhängig sind. **Typische Gründe** für betriebsbedingte Kündigungen sind eine Betriebs(teil)stilllegung, Rationalisierung oder Outsourcing. Geprüft wird die soziale Rechtfertigung der betriebsbedingten Kündigung **in drei Schritten.**

→ Der bisherige Arbeitsplatz fällt weg

Und zwar durch eine vom Arbeitgeber im Vorfeld der Kündigung getroffene Entscheidung.

Beispiel:

- Rationalisierungsmaßnahmen wie zum Beispiel die Ersetzung der Arbeitskräfte durch Fertigungsroboter oder die Streichung einer Hierarchieebene durch Abschaffung der »Abteilungsleiter«;
- Betriebsstilllegung wegen Unrentabilität;
- Übertragung der Arbeitsaufgaben auf selbstständige Subunternehmer.

Da der **Unternehmer das wirtschaftliche Risiko trägt,** wird von den Arbeitsgerichten nicht geprüft, ob die Unternehmerentscheidung, die zum Wegfall der Beschäftigungsmöglichkeit führt, notwendig oder gar zweckmäßig ist. Auch Fehlentscheidungen müssen gegebenenfalls hingenommen werden.

Die Unternehmerentscheidung darf allerdings nicht gegen gesetzliche oder tarifvertragliche Verpflichtungen verstoßen. Sie darf insbesondere **nicht** offensichtlich unsachlich oder willkürlich, also **rechtsmissbräuchlich** sein.

Beispiel:
Ein Arbeitgeber kann seinen dem KSchG unterliegenden Betrieb nicht in separate, betriebliche Organisationseinheiten aufspalten (mit je weniger als zehn Arbeitnehmern), um dem Kündigungsschutz zu entgehen.

Überprüft wird von den Arbeitsgerichten, ob sich die Unternehmerentscheidung auch tatsächlich konkret auf den **Wegfall der Beschäftigungsmöglichkeit** des gekündigten Arbeitnehmers auswirkt. Das wiederum hat der Arbeitgeber darzulegen und zu beweisen.

Beispiel:
Ein Umsatzrückgang besagt ebenso wenig über die zu bewältigende Arbeitsmenge wie ein abstrakter Auftragsrückgang. Erst die Darlegung, dass infolge des rückläufigen Auftragsvolumens der Arbeitnehmer auf nicht absehbare Dauer nicht mehr am bisherigen Arbeitsplatz beschäftigt werden kann, erlaubt eine betriebsbedingte Kündigung. Als betroffener Arbeitnehmer müssen Sie die Darlegungen Ihres Arbeitgebers, soweit Ihnen das möglich ist, konkret bestreiten (z. B. wissen Sie, dass die Firma noch vor Ausspruch der Kündigung einen Großauftrag hereinbekommen hat).

➔ Es besteht keine Weiterbeschäftigungsmöglichkeit im Unternehmen

Dies bezieht sich auf einen **anderen freien Arbeitsplatz** sowie auf bis zum Ablauf der Kündigungsfrist frei werdende Arbeitsplätze. Sie müssen darlegen, wo und wie Sie sich, unter Umständen auch zu schlechteren Bedingungen, eine Weiterbeschäftigung vorstellen.

Der Arbeitgeber hat dann zu beweisen, dass eine solche Weiterbeschäftigungsmöglichkeit nicht besteht oder nicht zumutbar ist (z. B. weil die Einarbeitungszeit zu lange dauert). Zu den freien Arbeitsplätzen zählen auch die mit Leiharbeitnehmern besetzten Dauerarbeitsplätze, nicht dagegen diejenigen Tätigkeiten, die dauerhaft von Subunternehmern wahrgenommen werden. Ein Anspruch auf Beförderung besteht allerdings ebenso wenig wie ein Anspruch darauf, dass der Arbeitgeber durch Umorganisation einen freien Arbeitsplatz schafft.

➔ Die Regeln der Sozialauswahl werden beachtet

Ist die Weiterbeschäftigung auf einem freien Arbeitsplatz nicht möglich, hat der Arbeitgeber bei der Auswahl des zu kündigenden Arbeitnehmers in der Gruppe vergleichbarer Arbeitnehmer die Betriebszugehörigkeit, das Lebensalter, die Unterhaltsverpflichtungen und die Schwerbehinderung ausreichend zu berücksichtigen (sog. »**Sozialauswahl**«; § 1 Abs. 3 KSchG), und denjenigen zu kündigen, den es am wenigsten hart trifft. Dass dies nicht der Fall ist, haben Sie darzulegen und zu beweisen.

Tipp:
Verlangen Sie von Ihrem Arbeitgeber schon in der Klageschrift die Mitteilung der Gründe, die zu der getroffenen Sozialauswahl geführt haben (§ 1 Abs. 3 Satz 1 KSchG). Die Fehlerhaftigkeit der Sozialauswahl wird nämlich vermutet, wenn der Arbeitgeber keine oder nur eine unvollständige Auskunft über seine Auswahlkriterien erteilt.

Dem Arbeitgeber wird bei der Sozialauswahl ein **Wertungsspielraum** eingeräumt. **Keines der Kriterien hat absoluten Vorrang.** Eine Kündigung ist wirksam, selbst wenn ein nicht gekündigter vergleichbarer Arbeitnehmer geringfügig besser gestellt ist. Beachten Sie dazu folgende **Grundsätze:**

- Die soziale Auswahl bezieht sich auf alle **vergleichbaren**, das heißt austauschbaren Arbeitnehmer des gesamten Betriebes. Vergleichbar sind Sie nur mit denjenigen Arbeitnehmern, mit deren Aufgaben Sie kraft Weisungsrecht des Arbeitgebers beschäftigt werden können. Ist dagegen eine Änderung Ihres Arbeitsvertrages nötig, ist eine Vergleichbarkeit nicht gegeben. Eine wechselseitige Austauschbarkeit ist nicht erforderlich.

- Die zu berücksichtigenden Sozialdaten sind grundsätzlich auf die folgenden **vier Merkmale** beschränkt: **Dauer der Betriebszugehörigkeit, Lebensalter, Unterhaltspflichten** und **Schwerbehinderung** (§ 1 Abs. 3 Satz 1 KSchG). Weitere Gesichtspunkte können berücksichtigt werden, wenn sie einen Bezug zu den gesetzlich genannten Merkmalen haben (z. B. Unterhaltspflichten, Vermittelbarkeit auf dem Arbeitsmarkt).
- In die soziale Auswahl nicht einzubeziehen sind diejenigen Arbeitnehmer, die einen besonderen Kündigungsschutz in Anspruch nehmen können.
- Außerdem kann der Arbeitgeber diejenigen Arbeitnehmer ausnehmen, deren Weiterbeschäftigung im berechtigten betrieblichen Interesse liegt (§ 1 Abs. 3 Satz 2 KSchG), beispielsweise wegen ihrer Kenntnisse, Fähigkeiten und Leistungen, aber auch zur Sicherung einer ausgewogenen Personalstruktur.
- Ist in einem **Tarifvertrag** oder in einer **Betriebsvereinbarung** festgelegt, wie die sozialen Gesichtspunkte im Verhältnis zueinander zu bewerten sind, kann diese Bewertung vom Gericht nur auf grobe Fehlerhaftigkeit überprüft werden (§ 1 Abs. 4 KSchG).

  Dasselbe gilt, wenn bei einer Betriebsänderung (§ 111 BetrVG 1952) Arbeitgeber und Betriebsrat im **Interessenausgleich** die zu kündigenden Arbeitnehmer namentlich bezeichnet haben. Hier wird zusätzlich sogar vermutet, dass die Kündigung durch dringende betriebliche Erfordernisse bedingt ist. Sie müssen als Arbeitnehmer hier das Gegenteil beweisen (§ 1 Abs. 5 KSchG).

VII. Die Änderungskündigung

Die Änderungskündigung ist gegenüber der Beendigungskündigung die weniger einschneidende Maßnahme. Sie hat deshalb **Vorrang,** wenn die Interessen des Arbeitgebers durch die Änderung der Arbeitsbedingungen hinreichend gewahrt werden.

Mehr zu den rechtlichen Voraussetzungen der Änderungskündigung finden Sie unter www.bild-ihr-gutes-recht.de (R 17288).

VIII. Weiterbeschäftigung und Wiedereinstellung

Ist die **Kündigungsfrist noch nicht abgelaufen,** arbeiten Sie weiter bis zum Ablauf der Kündigungsfrist und erhalten dafür Ihre Vergütung. Der Arbeitgeber kann Ihren restlichen Urlaubsanspruch in die Kündigungsfrist legen. Dann muss er den Urlaub bei Beendigung des Arbeitsverhältnisses nicht abgelten (§ 7 Abs. 4 BUrlG). Auch eine Freistellung unter Anrechnung des Resturlaubsanspruchs ist möglich.

Sofern die **arbeitsgerichtliche Entscheidung noch aussteht,** gilt:

➔ In der ersten Instanz

Mit Ablauf der Kündigungsfrist scheiden Sie aus dem Betrieb aus. Wenn Sie eine Kündigungsschutzklage erheben, können Sie zugleich einen **Antrag auf Weiterbeschäftigung** zu den bisherigen Bedingungen stellen. Kommt das Arbeitsgericht zu dem Ergebnis, dass die Kündigung das Arbeitsverhältnis nicht beendet hat, wird der Arbeitgeber in aller Regel verurteilt, Sie weiter zu beschäftigen.

➔ In der zweiten Instanz

Mit einem **Weiterbeschäftigungstitel** ist Ihre Beschäftigung jedenfalls vorübergehend gesichert. Selbst wenn das Urteil in zweiter Instanz abgeändert wird, steht Ihnen für die Zeit der tatsächlichen Beschäftigung ein Entgeltanspruch zu.

Haben Sie **keine Weiterbeschäftigung verlangt,** gibt es nach einer Klageabweisung in zweiter Instanz kein Geld mehr, weil Sie nach Ablauf der Kündigungsfrist nicht gearbeitet haben. Gewinnen Sie dagegen den Kündigungsschutzprozess rechtskräftig, ist der Arbeitgeber normalerweise verpflichtet, den Lohn für die gesamte Zeit seit Ende der Kündigungsfrist nachzuzahlen.

Allerdings müssen Sie sich **den Verdienst anrechnen** lassen, den Sie in der Zwischenzeit anderweitig erzielt haben. Dazu zählen auch Arbeitslosengeld I und II sowie Sozialhilfe. Auch böswilliges Unterlassen anderweitigen Erwerbs führt zum Wegfall des Vergütungsanspruchs (§ 615 Satz 2 BGB).

Um das **Risiko des Annahmeverzugs** auszuschließen, bieten manche Arbeitgeber bei ungewissem Prozessausgang eine Weiterbeschäftigung bis zum rechtskräftigen Abschluss des Kündigungsschutzverfahrens an. Diese auflösend bedingte Weiterbeschäftigung muss – im Gegensatz zu der aufgrund eines Urteils erreichten »Prozessbeschäftigung« – schriftlich vereinbart werden (§§ 21, 14 Abs. 4 TzBfG). Ist sie nur mündlich vereinbart, kommt gemäß

§ 16 Abs. 2 TzBfG ein Arbeitsverhältnis auf unbestimmte Zeit zustande. Die Fortsetzung des Kündigungsschutzprozesses kann sich dadurch erledigen.

Tipp:
Ist Ihnen die Beschäftigung bis zum Abschluss des Kündigungsrechtsstreits zumutbar – in der Regel bei krankheits- oder betriebsbedingter Kündigung oder wenn Sie gerichtlich die Weiterbeschäftigung verlangt haben –, sollten Sie dieser Aufforderung nachkommen. Das gilt auch bei Ausspruch einer Änderungskündigung. Hier müssen Sie unter Umständen bis zur Entscheidung über deren Wirksamkeit sogar zu einem geringeren Gehalt weiterarbeiten. Werden Sie trotz einer betriebsbedingten Kündigung vorläufig weiter beschäftigt, kann das ein Argument gegen die fehlende Weiterbeschäftigungsmöglichkeit sein.

→ Sie wollen wieder eingestellt werden

Selbst wenn die Kündigung wirksam war, bejaht die Rechtsprechung einen Wiedereinstellungsanspruch in folgenden **Ausnahmefällen:**

- Erweist sich die Prognose bei einer **betriebsbedingten Kündigung** als falsch (z.B. geht ein neuer Auftrag ein), kann der Arbeitnehmer die Fortsetzung des Arbeitsverhältnisses verlangen. Dies gilt jedoch nicht, wenn sich – auch bei noch andauerndem Kündigungsschutzprozess – die Beschäftigungsmöglichkeit erst nach Ablauf der Kündigungsfrist ergibt.

  Kommt es während der Kündigungsfrist wider Erwarten doch noch zu einem **Betriebsübergang,** steht den wirksam wegen beabsichtigter Betriebsstilllegung gekündigten Arbeitnehmern ein Wiedereinstellungsanspruch gegen den Betriebserwerber zu. **Beachten Sie:** Ab Kenntnis vom Betriebsübergang haben Sie längstens einen Monat Zeit, gegenüber dem Betriebserwerber das Fortsetzungsverlangen geltend zu machen.
- Bei der **Verdachtskündigung** kommt ein Wiedereinstellungsanspruch in Betracht, wenn sich später die Unschuld des Arbeitnehmers herausstellt oder zumindest nachträglich Umstände bekannt werden, die den bestehenden Verdacht beseitigen. Die bloße Einstellung des Ermittlungsverfahrens genügt nicht.

IX. Wann gibt es eine Abfindung?

Schon vor Ausspruch einer Kündigung oder auch danach können Sie mit dem Arbeitgeber einen **Aufhebungsvertrag** abschließen und sich auf die Beendigung des Arbeitsverhältnisses gegen Zahlung einer Abfindung einigen. Häufig kommt es auch erst im Rahmen eines arbeitsgerichtlichen Verfahrens zum **Vergleich.** Was Sie dabei jeweils beachten müssen, lesen Sie bitte in den Kapiteln D6 und D7.

Was können Sie tun, wenn Sie abgemahnt werden?

I. Wann darf abgemahnt werden?

Mit einer Abmahnung zeigt Ihnen Ihr Arbeitgeber die »Gelbe Karte« dafür, dass er mit Ihrer Arbeitsleistung oder mit Ihrem Verhalten unzufrieden ist – sei es, dass Sie eine Arbeitsanweisung nicht befolgt haben, häufig zu spät zur Arbeit gekommen sind oder einen Vorgesetzten beleidigt haben. Sie sollten eine Abmahnung durchaus **ernst nehmen.** Denn eine berechtigte Abmahnung ist die Vorstufe zu einer (späteren) verhaltensbedingten Kündigung. Es gilt: Ohne vorherige Abmahnung grundsätzlich keine Kündigung (→ Abschn. V).

Verletzen Sie arbeitsvertragliche Pflichten, darf Ihr **Arbeitgeber** normalerweise nicht gleich kündigen. Vielmehr muss Ihnen zunächst die **Chance eingeräumt** werden, Ihr **Verhalten zu ändern.** Abgemahnt werden können alle vorsätzlich oder fahrlässig verschuldeten Pflichtverletzungen aus dem **Verhaltens- oder Leistungsbereich.**

Beispiel:

- Sie nutzen die betrieblichen Kommunikationseinrichtungen zu privaten Zwecken.
- Ihre Arbeitsleistung bleibt deutlich hinter der Ihrer Kollegen zurück.
- Sie üben eine Nebentätigkeit ohne die erforderliche Genehmigung aus.
- Sie melden nicht rechtzeitig, dass Sie (noch) arbeitsunfähig sind (→ Kapitel D 1).

II. Wie muss eine korrekte Abmahnung aussehen?

Es gibt **keine gesetzlichen Formvorschriften** für eine Abmahnung. Sie darf also auch mündlich ausgesprochen werden. Aus Beweisgründen ist eine schriftliche Abmahnung jedoch empfehlenswert.

Im Übrigen sind die Voraussetzungen an den Inhalt einer wirksamen Abmahnung aber hoch. Die Abmahnung muss **klar und unmissverständlich** sein! Eine Abmahnung liegt nur vor, wenn sie die **Rüge- und Warnfunktion** erfüllt.

Die Rüge: Sie müssen zweifelsfrei erkennen können, welches Fehlverhalten Ihnen vorgeworfen wird. Deshalb muss möglichst präzise umschrieben sein, was Sie falsch gemacht haben.

Beispiel:
»Sie erschienen am 9. 12. 2010 unentschuldigt eine halbe Stunde zu spät zur Arbeit und konnten Ihre Tätigkeit erst um 7:30 Uhr aufnehmen.«

Die Warnung: Für den Wiederholungsfall müssen konkrete Konsequenzen für den Bestand oder den Inhalt des Arbeitsverhältnisses angekündigt werden. Das heißt, die Möglichkeit einer fristlosen bzw. ordentlichen Kündigung oder einer Änderungskündigung sind zu benennen.

Beispiel:
Die allgemein gehaltene Androhung von »arbeitsrechtlichen Konsequenzen« reicht nicht aus. Es muss allerdings **nicht ausdrücklich** von einer Kündigung die Rede sein, eine Formulierung wie: »Beim nächsten Mal fliegen Sie raus!« genügt.

Auch wenn sich **nirgends die Bezeichnung »Abmahnung«** findet, kann eine solche vorliegen. Umgekehrt eignet sich nicht alles, was mit »Abmahnung« bezeichnet ist, zur Vorbereitung einer Kündigung. **Vorstufen,** wie Vorhaltungen oder Ermahnungen, Verwarnungen oder Verweise, sind **kündigungsrechtlich nicht relevant.**

➔ Der Weisungsbefugte muss die Abmahnung aussprechen

Abmahnungsbefugt ist jeder, der dem Arbeitnehmer gegenüber weisungsberechtigt ist (d. h. Arbeitgeber oder Vorgesetzter). Der Arbeitgeber kann die Berechtigung zur Abmahnung auch delegieren – etwa an die Personalabteilung oder an einen Rechtsanwalt.

➔ Die Abmahnung sollte zeitnah zum Vorfall ausgesprochen werden

Es gibt **keine gesetzliche Frist,** innerhalb derer eine Abmahnung ausgesprochen werden muss. **Allerdings verwirkt** der Arbeitgeber sein Recht zur Abmahnung, wenn er zu lange mit der Abmahnung wartet und der Arbeitnehmer aufgrund zusätzlicher Umstände davon ausgehen kann, dass die Sache erledigt ist. Dabei gibt es keine festen Zeitgrenzen für die Verwirkung. Maßgeblich sind hier immer die **Umstände des Einzelfalls** (z. B. Art und Schwere des Verstoßes).

→ Der Betroffene muss vorher nicht angehört werden

Der Arbeitgeber muss Sie vor Erteilung der Abmahnung nicht anhören. Allerdings regeln manche Tarifverträge, dass Sie anzuhören sind, bevor die **Abmahnung zur Personalakte** genommen wird. Unterbleibt hier die Anhörung, können Sie verlangen, dass die Abmahnung aus Ihrer Personalakte entfernt wird.

Aber: Der Arbeitgeber kann die Anhörung **nachholen** und dann die Abmahnung wieder zur Personalakte nehmen. Außerdem reicht auch eine Abmahnung zur Vorbereitung einer Kündigung aus, die wegen fehlender Anhörung aus der Personalakte entfernt werden muss.

Der Betriebsrat ist vor einer Abmahnung **nicht zu beteiligen.** Allerdings sind bei einer späteren Kündigung dem Betriebsrat im Rahmen der Anhörung auch die Abmahnungen mitzuteilen.

→ Der Zugang der Abmahnung muss nachweisbar dokumentiert sein

Die Abmahnung wird erst wirksam, wenn sie dem Arbeitnehmer zugeht (→Kapitel D 3). Als Beweis für den Zugang eignen sich insbesondere **die Empfangsbestätigung des Abgemahnten,** Zeugen, die die Übergabe der Abmahnung schriftlich protokollieren, oder ein Einschreiben mit Rückschein.

Tipp:
Bestätigen Sie nur den Empfang, auch wenn der Arbeitgeber häufig wünscht, dass Sie die Abmahnung **gegenzeichnen.** Dazu sind Sie aber **nicht verpflichtet!** Insbesondere sollten Sie nicht unterschreiben, dass Sie gegen den Inhalt der Abmahnung in tatsächlicher Hinsicht keine Einwendungen haben. Damit verschlechtern Sie in einem späteren Prozess Ihre Chance, die inhaltliche Richtigkeit der Abmahnung zu bestreiten.

III. Typische Arbeitgeberfehler

Geraten Sie nicht in Panik, wenn Sie abgemahnt werden! Prüfen Sie vielmehr, ob die Voraussetzungen für eine wirksame Abmahnung erfüllt sind. Als Folge der hohen rechtlichen Hürden können dem Arbeitgeber hier leicht Fehler unterlaufen, von denen Sie unter Umständen **profitieren** können. Vergessen Sie nicht: Sie haben die Möglichkeit, sich gegen eine Abmahnung zur Wehr zu setzen – sei sie unberechtigt oder auch berechtigt (→Abschn. IV).

→ Der Arbeitsvertragsverstoß kann nicht nachgewiesen werden

Eine Abmahnung ist unberechtigt, wenn entweder der Vorwurf Ihres Arbeitgebers **nicht stimmt,** weil Sie sich vertragsgemäß verhalten haben, oder der Vorwurf im Streitfall **nicht bewiesen** werden kann. Das gilt im Übrigen auch, wenn nur **einer von mehreren Vorwürfen** in einer »Sammelabmahnung« **nicht zutrifft.** Die Abmahnung ist dann insgesamt unwirksam.

→ Die Abmahnung enthält pauschale Vorhaltungen

Die Abmahnung ist unwirksam, wenn darin nicht mitgeteilt wird, welches Verhalten Sie konkret ändern sollen. Pauschale Vorwürfe wie: »Ihre Arbeitsleistung lässt zu wünschen übrig.« oder »Sie haben in letzter Zeit wiederholt den Betriebsfrieden gestört.« reichen nicht aus.

→ Das Abmahnschreiben droht keine Konsequenzen an

Wenn Ihnen für den wiederholten Verstoß keine Konsequenzen für den Bestand des Arbeitsverhältnisses angedroht werden, liegt keine kündigungsvorbereitende Abmahnung vor. Eine solche Ermahnung oder Verwarnung kann allerdings auch in die Personalakte aufgenommen werden.

→ Die Abmahnung stellt eine unverhältnismäßige Maßnahme dar

Die Abmahnung muss verhältnismäßig sein. Das heißt, sie muss eine **angemessene Reaktion auf das Fehlverhalten** darstellen. Der Arbeitgeber kann allerdings entscheiden, ob er auch ein geringes Fehlverhalten des Arbeitnehmers abmahnen will oder nicht. Auch eine Häufung von geringen Verstößen kann die Fortsetzung des Arbeitsverhältnisses unzumutbar machen. Ob das abgemahnte Fehlverhalten als Grundlage für eine Kündigung im Wiederholungsfall ausreicht, kann aber erst im Rechtsstreit über die Kündigung und nicht schon vorher abschließend beurteilt werden. Deshalb ist eine Abmahnung nur dann unverhältnismäßig, wenn der abgemahnte Vorwurf auch im Wiederholungsfall eine Kündigung nicht rechtfertigen würde.

IV. Wie wehren Sie sich gegen eine Abmahnung?

1. Wenn die Abmahnung unberechtigt ist

Sie können verlangen, dass Ihr Arbeitgeber eine sachlich unberechtigte Abmahnung **widerruft** und **aus der Personalakte entfernt.** Auf Rücknahme der Abmahnung aus der Personalakte und Widerruf **zu klagen,** ist allerdings

nur ratsam, wenn Sie sicher sind, dass der Arbeitgeber das gerügte Fehlverhalten **nicht nachweisen** kann.

In **allen anderen Fällen** kann der Arbeitgeber nämlich »nachbessern«. Das heißt, dass Sie wegen desselben Vorfalls nochmals abgemahnt werden dürfen und das Fehlverhalten dann »fehlerfrei« dokumentiert ist.

Statt einer Klage können Sie auch eine **schriftliche Gegendarstellung** verfassen oder sich bei den zuständigen **Stellen im Betrieb** beschweren (z.B. Geschäftsleitung, Personalchef, Vorgesetzter, Betriebsrat).

Tipp:
Beschwerde und Gegendarstellung haben **praktisch keine Relevanz,** weil sie den Arbeitgeber nicht zwingen, die Abmahnung aus der Welt zu schaffen, wenn er weiterhin der Auffassung ist, dass sie zu Recht erfolgte.

In den meisten Fällen ist es ohnehin ratsam, gegen die Abmahnung zunächst **nichts zu unternehmen.** Sie können die Richtigkeit der abgemahnten Vorwürfe auch noch in einem **späteren Kündigungsschutzprozess** bestreiten und überprüfen lassen. Der Arbeitgeber bleibt beweispflichtig für die abgemahnten Vorwürfe. Die inzwischen vergangene Zeit verbessert daher eher Ihre Prozesschancen.

2. Wenn die Abmahnung berechtigt ist

Eine berechtigte Abmahnung ist nach einer gewissen Zeit **aus der Personalakte zu entfernen,** wenn kein schutzwürdiges Interesse des Arbeitgebers mehr besteht. **Voraussetzung:** Die Abmahnung ist für die weitere Beurteilung des Arbeitnehmers überflüssig geworden und kann ihn in seiner beruflichen Entwicklungsmöglichkeit beeinträchtigen. Eine bestimmte **Frist** gibt es hierfür außer im Fall einer tariflichen Regelung nicht.

V. Kündigung nur im Wiederholungsfall

→ Ohne einschlägige Abmahnung keine verhaltensbedingte Kündigung

Ohne Abmahnung geht es grundsätzlich nicht. Nach der Rechtsprechung des Bundesarbeitsgerichts ist die Abmahnung keine Sanktion, sondern **Bestandteil** der für eine verhaltensbedingte Kündigung erforderlichen »**Negativprognose**« für ein künftiges Verhalten (→ Kapitel D 4).

Eine oder mehrere Abmahnungen sind deshalb grundsätzlich **Voraussetzung** für eine **verhaltensbedingte Kündigung.** Wenn der Arbeitnehmer trotz einer oder gar mehrerer Abmahnungen sein Verhalten nicht ändert, geht man davon aus, dass er sich auch in Zukunft nicht vertragsgerecht verhalten wird.

Zudem bereitet nur eine »**einschlägige**« **Abmahnung** die Kündigung vor. Das heißt, dass die abgemahnte und die der Kündigung zugrunde liegende **Pflichtverletzung gleichartig** sein müssen (z. B. unentschuldigtes Fehlen, verspäteter Arbeitsbeginn, Überziehen der Pausen).

Allerdings sind auch Abmahnungen wegen einer **andersartigen Pflichtverletzung** nicht bedeutungslos. Sie können nämlich in die Interessenabwägung mit einfließen, wenn es darum geht, ob dem Arbeitgeber die Fortsetzung des Arbeitsverhältnisses noch zumutbar ist.

→ Wann es doch ohne Abmahnung geht

Ausnahmsweise ist eine Kündigung auch **ohne vorherige Abmahnung** möglich,

- wenn eine **schwere Pflichtverletzung** vorliegt, deren Rechtswidrigkeit für den Arbeitnehmer ohne Weiteres erkennbar ist und bei der er davon ausgehen kann, dass der Arbeitgeber sie keinesfalls hinnehmen wird (z. B. Tätlichkeiten unter Arbeitskollegen, Manipulationen der Zeiterfassung, Skiurlaub während einer Krankschreibung).
- wenn **uneingeschränkt ordentlich gekündigt** werden kann, das heißt, der Arbeitnehmer weder **allgemeinen** Kündigungsschutz (→ Kapitel D 4) noch besonderen Kündigungsschutz genießt. Vor einer fristlosen Kündigung muss jedoch grundsätzlich abgemahnt werden.
- wenn von vornherein keine künftige Verhaltensänderung des Arbeitnehmers erwartet werden kann (z. B. ein Arbeitnehmer **weigert sich beharrlich, eine bestimmte Arbeit auszuführen,** zu der er jedoch vertraglich verpflichtet ist).

→ Die Abmahnung »verbraucht« grundsätzlich das Kündigungsrecht

Mahnt der Arbeitgeber ein abgeschlossenes Fehlverhalten ab, **verzichtet** er damit auf sein Kündigungsrecht wegen dieses konkreten Vorfalls, wenn er sich nicht wegen des abgemahnten Vorfalls »weitere Schritte« vorbehält. Mit der Androhung, bei künftigen gleichartigen Vertragsverletzungen sei der Bestand des Arbeitsverhältnisses gefährdet, bringt er gleichzeitig zum Ausdruck, wegen des gerügten Verhaltens werde jetzt noch keine Kündigung erfolgen.

Der Arbeitgeber kann deshalb eine **spätere Kündigung** nicht allein auf die bereits abgemahnten Vorfälle stützen, sondern hierauf nur unterstützend zurückgreifen, wenn weitere kündigungsrechtlich erhebliche Umstände eintreten oder ihm nachträglich bekannt werden.

Beispiel:
Eine Mitarbeiterin druckte unerlaubterweise private Einladungen am Firmendrucker aus. Noch am gleichen Tag wurde sie wegen dieses Vorfalls schriftlich abgemahnt. Der Arbeitgeber stellt später anhand der Personalakte fest, dass sie erst kürzlich abgemahnt worden war, weil sie Druckerpapier entwendet hatte. Beschließt er nun, die Mitarbeiterin loszuwerden, muss er auf einen weiteren »einschlägigen« Verstoß warten. Erfährt er allerdings nach Ausspruch der Abmahnung, dass die Frau nicht nur Einladungen, sondern auch Noten für den nächsten Chorauftritt kopiert hatte, kann er wegen dieses später bekannt gewordenen Umstands kündigen.

→ Zu viele Abmahnungen schwächen die Warnfunktion

Die Warnfunktion einer Abmahnung kann erheblich dadurch abgeschwächt werden, dass der Arbeitgeber bei ständig neuen Pflichtverletzungen des Arbeitnehmers **stets nur mit einer Kündigung droht,** ohne jemals arbeitsrechtliche Konsequenzen folgen zu lassen. Der Arbeitgeber muss dann die **letzte Abmahnung** vor Ausspruch einer Kündigung **besonders eindringlich gestalten.**

→ Zeitablauf schwächt die Wirkung einer Abmahnung

Je länger die Abmahnung zurückliegt, desto eher wird man davon ausgehen können, dass der Arbeitnehmer sich grundsätzlich vertragstreu verhält. Vor einer Kündigung ist deshalb gegebenenfalls erneut abzumahnen.

Unabhängig davon verliert die Abmahnung **durch Zeitablauf ihre Wirkung.** Hat sich der Arbeitnehmer über längere Zeit vertragstreu verhalten, muss vor einer verhaltensbedingten Kündigung erneut abgemahnt werden. Hier kommt es auf die Schwere des Vorwurfs und die inzwischen vergangene Zeit an.

Beispiel:
Sie hatten vor drei Jahren eine »Unpünktlichkeitsphase« und sind deshalb zweimal abgemahnt worden. Seitdem waren Sie stets pünktlich. Ein erneutes Zuspätkommen um wenige Minuten berechtigt jetzt nicht gleich zur Kündigung.

→ Sie müssen ausreichend Zeit haben, Ihr Verhalten zu ändern

Das heißt, zwischen Zugang der Abmahnung und Ausspruch der Kündigung muss genügend Zeit für eine Änderung des Verhaltens zur Verfügung stehen. Das ist insbesondere bei Dauerverstößen von Bedeutung.

Beispiel:
Ein Außendienstmitarbeiter wird abgemahnt, weil er unterdurchschnittliche Umsätze erzielt. Je nach Branche müssen ihm mehrere Wochen bzw. Monate eingeräumt werden, in denen er sein Engagement unter Beweis stellen kann.

Aufhebungsvertrag: Ihr Wegweiser zum einvernehmlichen Ende eines Arbeitsverhältnisses

I. Wann ist ein Aufhebungsvertrag sinnvoll?

Plant Ihr Arbeitgeber eine **ordentliche Kündigung,** können Sie versuchen, stattdessen durch den Abschluss eines Aufhebungsvertrages das Arbeitsverhältnis **einvernehmlich zu beenden.** Abhängig davon, welche Hürden der Arbeitgeber bei einer Kündigung nehmen müsste, haben Sie so die Chance, im Vorfeld eine **Abfindung** für den Verlust des Arbeitsplatzes auszuhandeln.

Befürchten Sie wegen einer schweren Verletzung des Arbeitsvertrags eine **außerordentliche** (z. B. fristlose) **Kündigung,** können Sie mit einem Aufhebungsvertrag immerhin ein unverdächtiges Beendigungsdatum erreichen. Allerdings müssen Sie sich hier gegebenenfalls auf eine Freistellung ohne Fortzahlung der Bezüge einlassen. Eine Abfindung springt für Sie möglicherweise trotzdem heraus, wenn der Arbeitgeber beispielsweise befürchtet, die Vertragsverletzung nicht nachweisen zu können.

Wenn Sie eine **neue Arbeitsstelle** antreten oder sich **selbstständig machen** wollen, kann mithilfe des Aufhebungsvertrages die an sich einzuhaltende Kündigungsfrist entfallen.

Um die Vor- und Nachteile eines Aufhebungsvertrags **abwägen** zu können, müssen Sie folgende Aspekte einbeziehen:

- An den Aufhebungsvertrag sind Sie grundsätzlich **gebunden.** Nur in wenigen Ausnahmefällen kann er rückgängig gemacht werden (→ Abschn. III). Überstürzen Sie deshalb nichts, **holen Sie rechtskundigen Rat ein,** bevor Sie unterschreiben.
- **Kündigungsschutzvorschriften** müssen **nicht beachtet** und **Kündigungsfristen nicht eingehalten** werden. Beides kann sich positiv auf die auszuhandelnde Abfindungshöhe auswirken.
- Wenn Sie auf **Arbeitslosengeld** angewiesen sind, müssen Sie wissen, dass bei einer Beendigung des Arbeitsverhältnisses durch einen Aufhebungsvertrag eine **Sperrzeit** verhängt werden kann und eine Abfindung möglicherweise zum Ruhen des Anspruchs auf Arbeitslosengeld führt (→ Abschn. IV).

Beachten Sie: Ihr Arbeitgeber muss Sie nicht von sich aus auf etwaige nachteilige Folgen eines Aufhebungsvertrags hinweisen. **Gesteigerte Aufklärungspflichten** können den Arbeitgeber dann treffen, wenn die Initiative zum Abschluss eines Aufhebungsvertrages von ihm ausgeht und in seinem Interesse zustande kommt. Erteilt der Arbeitgeber Ihnen Auskünfte, so müssen sie richtig und vollständig sein. Andernfalls steht Ihnen ein Schadensersatzanspruch zu.

Tipp:
Sie sollten sich nicht von Ihrem Arbeitgeber unter Druck setzen lassen. Bitten Sie sich eine **Bedenkzeit** aus, lassen Sie sich einen Vertragsentwurf geben und holen Sie Rechtsrat ein (z. B. bei einem Fachanwalt für Arbeitsrecht oder der Rechtsberatungsstelle Ihrer Gewerkschaft).

II. Prüfen Sie den Vertragsinhalt Punkt für Punkt

1. Welches sind die Kernpunkte des Aufhebungsvertrages?

→ Der »richtige« Beendigungszeitpunkt

Wenn Sie Arbeitslosengeld in Anspruch nehmen wollen, sollte zwischen dem Abschluss des Aufhebungsvertrages und der Beendigung des Arbeitsverhältnisses eine Frist liegen, die Ihrer individuellen ordentlichen Kündigungsfrist entspricht (→ Kapitel D 3). Wird das Arbeitsverhältnis **ohne Einhaltung dieser Frist** beendet und erhält der Arbeitnehmer eine Abfindung, **ruht der Anspruch auf Arbeitslosengeld** grundsätzlich bis zum Ablauf der ordentlichen Kündigungsfrist (→ Kapitel D 7).

Sie sollten auch aus folgenden Gründen auf den »richtigen« Beendigungszeitpunkt achten:

- Nach der Dauer Ihres Arbeitsverhältnisses richtet sich Ihr Anspruch auf **Arbeitsentgelt** und **Urlaub.**
- Für **Sonderzahlungen** wie beispielsweise Tantiemen, Gratifikationen und Urlaubsgeld gibt es Stichtage.
- Auch für die Berechnung der **Betriebsrente** ist normalerweise der Zeitpunkt der Beendigung des Arbeitsverhältnisses maßgeblich.
- Das **Sozialversicherungsrecht** unterscheidet zwischen der Beendigung des Beschäftigungsverhältnisses und des Arbeitsverhältnisses. Das ist

insbesondere bei der unwiderruflichen **Freistellung** und für den Beginn der **Sperrfrist beim Arbeitslosengeld** von Bedeutung.

Tipp:
Vermeiden Sie **»krumme« Beendigungsdaten.** Sie weisen auf einen wichtigen Beendigungsgrund hin und werden künftige Arbeitgeber, aber auch die Bundesanstalt für Arbeit stutzig machen, wenn es um die Verhängung einer Sperrzeit geht.

Beachten Sie: Die Regelung, wann das Arbeitsverhältnis beendet werden soll, muss auf alle Fälle **schriftlich** erfolgen (→ Abschn. III). Es ist jedoch sinnvoll, auch alle weiteren Modalitäten schriftlich festzuhalten.

→ Der Beendigungsgrund

Wenn Sie nach Beendigung des Arbeitsverhältnisses arbeitslos werden und Arbeitslosengeld in Anspruch nehmen wollen, droht Ihnen bei **»verschuldeter Arbeitslosigkeit«** die Verhängung einer **Sperrfrist.** Die Angabe des Beendigungsgrundes kann dies unter Umständen verhindern (→ Abschn. IV).

→ Die Abfindung

Handeln Sie die **Höhe der Abfindung frei aus** (→ Kapitel D 7). Hat Ihr Arbeitgeber ein großes Interesse an der Beendigung des Arbeitsverhältnisses, wird er in der Regel bereit sein, auch deutlich mehr als die »übliche« Abfindung in Höhe eines halben Monatsgehalts pro Beschäftigungsjahr zu bezahlen. **Maßgebliches Kriterium** ist, ob eine mögliche Kündigung der gerichtlichen Überprüfung standhielte.

Beachten Sie, dass eine Abfindung, die mehr als 0,5 Monatsgehälter pro Beschäftigungsjahr beträgt, in der Regel eine Sperrfrist beim Bezug von Arbeitslosengeld einschließlich der Kürzung der Bezugsdauer auslöst (→ Abschn. IV). Die Bundesagentur für Arbeit sieht in der Höhe wahrscheinlich ein Indiz für eine »selbst verschuldete Arbeitslosigkeit«.

→ Die Regelung sämtlicher Zahlungsansprüche

Insbesondere wenn Sie von der Verpflichtung zur Arbeitsleistung **freigestellt** sind, sollten Sie regeln, welches Entgelt Ihnen bis zur Beendigung des Arbeitsverhältnisses zusteht. Vergessen Sie dabei nicht die variablen Gehaltsbestandteile wie beispielsweise Provisionen oder Tantiemen, für die ein Durchschnittswert festgelegt werden kann. Sonderzuwendungen (z. B. Urlaubsgeld, Weihnachtsgratifikation) sind üblicherweise an Stichtage gebunden. Ein 13. Monatsgehalt, welches ausschließlich als Gegenleistung für geleistete Arbeit bezahlt wird, steht Ihnen anteilig pro Monat zu.

→ Der (Rest-)Urlaub

Üblicherweise wird ausdrücklich vereinbart, dass »Sie **unter Fortzahlung der Vergütung und unter Anrechnung noch offener Urlaubsansprüche**« von der Verpflichtung zur Arbeitsleistung freigestellt werden. **Aber:** Der Urlaubsanspruch wird dadurch nur erfüllt, wenn es sich um eine **unwiderrufliche** Freistellung handelt. In diesem Fall dürfen Sie die konkrete Lage des Urlaubs innerhalb des verbleibenden Zeitraums **selbst bestimmen.** Eine Urlaubsabgeltung kommt nur in Betracht, wenn Sie Ihren Urlaub in der Kündigungsfrist wegen einer vorübergehenden Krankheit nicht nehmen konnten.

Enthält der Aufhebungsvertrag zum Resturlaub **keine Regelung,** erfolgt im Zweifel keine Anrechnung. Der Urlaub ist dann bei Beendigung des Arbeitsverhältnisses abzugelten. Der Arbeitgeber kann hier allerdings ebenso wie bei der **widerruflichen Freistellung** den Urlaubszeitraum **einseitig festlegen.**

→ Die Modalitäten bei einer Freistellung

Um spätere Streitigkeiten zu vermeiden, sollten Sie die folgenden Punkte **ausdrücklich regeln:**

- Normalerweise erfolgt die Freistellung unter Fortzahlung der vertraglich vereinbarten Vergütung. Werden Sie **unbezahlt** freigestellt, haben Sie auch keinen Anspruch auf Entgeltfortzahlung – weder für Feiertage noch im Krankheitsfall.
- Üblich ist es, Arbeitnehmer unter **Anrechnung** des **Resturlaubsanspruchs** freizustellen.
- Einen auch zur privaten Nutzung überlassenen **Dienst-Pkw** dürfen Sie grundsätzlich bis zur Beendigung des Arbeitsverhältnisses weiterfahren.
- Bei **einseitiger Freistellung** durch den Arbeitgeber müssen Sie sich gemäß § 615 Abs. 2 BGB beispielsweise auf Ihr Gehalt anrechnen lassen, was Sie anderweitig verdient haben.

  Ob das auch bei der **einvernehmlichen Freistellung** im Aufhebungsvertrag gilt, ist eine Frage der Auslegung. Im Zweifel dürfen Sie bei einer unwiderruflichen Freistellung unter Anrechnung des Resturlaubs anderweitig Geld verdienen. Soll dieser Zwischenverdienst angerechnet werden, muss dies ausdrücklich vereinbart werden.
- Solange das Arbeitsverhältnis besteht, dürfen Sie Ihrem Arbeitgeber aber **keinen Wettbewerb** machen und für die Konkurrenz arbeiten. Sie

können dieses Verbot aber im Aufhebungsvertrag aufheben oder modifizieren.

- Mit der **unwiderruflichen Freistellung** von der Arbeitsleistung werden Sie beschäftigungslos, auch wenn das Arbeitsverhältnis rechtlich fortbesteht. Die **Sperrzeit** beim Bezug von Arbeitslosengeld wegen Arbeitsaufgabe (→ Abschn. IV) läuft deshalb ab dem Zeitpunkt der Freistellung.

→ Das (Zwischen-)Zeugnis

Bereits vor Beendigung des Arbeitsverhältnisses haben Sie **Anspruch auf ein Zwischenzeugnis.** Es ist sinnvoll, bei der Verhandlung über den Aufhebungsvertrag auch über den konkreten Inhalt des Zeugnisses, insbesondere die Leistungsbeurteilung, zu sprechen. Viele Arbeitgeber akzeptieren auch einen von Ihnen vorgelegten **Zeugnisentwurf.**

→ Die Ausgleichsklausel

Sogenannte Ausgleichsklauseln, Abgeltungsklauseln (wie z. B. »Weitere gegenseitige Ansprüche der Parteien bestehen nicht mehr«) oder Ausgleichsquittungen **erfassen grundsätzlich alle** bekannten und unbekannten **Ansprüche** im Zeitpunkt des Vertragsschlusses, damit Sie sich mit Ihrem Arbeitgeber später nicht weiter gerichtlich auseinandersetzen müssen. **Ausgenommen** davon sind:

- Der **Anspruch auf Erteilung eines Zeugnisses.** Ein fehlerhaftes Zeugnis können Sie dennoch berichtigen lassen.
- Der Anspruch auf Herausgabe Ihrer Arbeitspapiere.
- Schadensersatzansprüche wegen der Verletzung eines nachvertraglichen Wettbewerbsverbots. **Aber:** Durch eine Ausgleichsklausel können ein nachvertragliches Wettbewerbsverbot und die Pflicht zur Zahlung einer Karenzentschädigung aufgehoben werden. **Folge:** Sie dürfen dann zwar Wettbewerb machen, erhalten aber auch keine Karenzentschädigung. Ob das gewollt war, ist eine Frage der Auslegung.
- Sogenannte **unabdingbare Ansprüche** sind ebenfalls ausgeschlossen. Eine abschließende Übersicht über diese Ansprüche gibt es nicht. Für folgende Ansprüche ist dies jedoch anerkannt:

Beispiel:

- **Urlaubs- und Urlaubsabgeltungsansprüche,** soweit sie den gesetzlichen Mindesturlaub und den Zusatzurlaub für schwerbehinderte Menschen nach dem SGB IX betreffen. Zulässig sind jedoch sogenannte Tatsachenvergleiche, in denen geregelt wird, dass der Urlaubsanspruch tatsächlich gewährt wurde.
- **Ruhegeldanwartschaften,** sofern sie unverfallbar sind und nicht ausnahmsweise abgefunden werden können (§ 3 BetrAVG).
- **Ansprüche aus** einem **Tarifvertrag** oder einer **Betriebsvereinbarung** sind nur mit Zustimmung der Tarifvertragsparteien bzw. des Betriebsrats verzichtbar.

2. Was darüber hinaus noch geregelt werden sollte

→ Die Ansprüche aus der betrieblichen Altersversorgung

Eine unverfallbare Versorgungsanwartschaft nach § 1 b BetrAVG bleibt erhalten. Das gilt auch für eine betriebliche Altersversorgung durch Entgeltumwandlung (§ 1 b Abs. 5 BetrAVG). Tritt der Versorgungsfall ein, wird das vorzeitige Ausscheiden bei der Berechnung der Höhe der Betriebsrente proportional berücksichtigt (§ 2 BetrAVG). Eine unverfallbare Versorgungsanwartschaft kann bei der Beendigung des Arbeitsverhältnisses nur ausnahmsweise abgefunden werden (§ 3 BetrAVG).

→ Die Nutzung des Dienstwagens

Durften Sie den Pkw **nicht privat** nutzen, kann der Arbeitgeber die Herausgabe jederzeit verlangen. War Ihnen hingegen die **Privatnutzung** erlaubt, dürfen Sie den Dienstwagen bis zum Beendigungszeitpunkt weiter fahren. Das gilt auch für den Fall, dass Sie unter Fortzahlung der Vergütung freigestellt werden. Ein **Vorbehalt** zugunsten des Arbeitgebers in einem Formulararbeitsvertrag, wonach dieser den auch zur privaten Nutzung überlassenen Dienstwagen **jederzeit und aus jedem Anlass widerrufen darf,** ist **unwirksam.**

Haben Sie den Dienstwagen trotzdem vorzeitig zurückgegeben, können Sie eine **Entschädigung** in Höhe des entgangenen Nutzungswerts verlangen. Dieser richtet sich nach der Höhe des geldwerten Vorteils im Steuerrecht (derzeit: 1 % des Bruttolistenpreises). **Aufgepasst:** Enthält Ihr Aufhebungsvertrag eine Ausgleichsklausel, kann davon auch dieser Schadensersatzanspruch erfasst sein. Nehmen Sie im Zweifel die Nutzungsentschädigung davon ausdrücklich aus.

→ Der Verbleib von Handy, Laptop und PC

Arbeitsmittel – dazu zählen auch Mobiltelefon, Laptop oder PC – kann Ihr Arbeitgeber **jederzeit herausverlangen. Ausnahme:** Die private Nutzung wurde ausdrücklich vereinbart. Dann gilt dasselbe wie beim Dienstwagen. Haben Sie die Arbeitsmittel zurückgegeben und können Sie ohne diese Geräte Ihre Arbeit nicht mehr verrichten, muss Ihr Arbeitgeber Ihnen trotzdem Ihre Vergütung bezahlen.

→ Der Auszug aus der Dienst-/Werkwohnung

Bei einer **Werkdienstwohnung** ist die Nutzung Bestandteil des Arbeitsvertrags. Deshalb endet das Nutzungsrecht mit der Beendigung des Arbeitsverhältnisses. Wohnen Sie dort allerdings mit Ihrer Familie oder haben Sie die Wohnung überwiegend selbst mit Einrichtungsgegenständen ausgestattet, gelten die Vorschriften über Mietverhältnisse entsprechend (siehe nächster Absatz).

Für **Werkmietwohnungen** gilt das allgemeine Mietrecht, bei Beendigung des Arbeitsverhältnisses kann der Mietvertrag allerdings zu erleichterten Bedingungen gekündigt werden (§ 576 BGB).

→ Die Rückzahlungsverpflichtungen

Über Rückzahlungsansprüche des Arbeitgebers können Sie im Rahmen des Aufhebungsvertrages verhandeln, sie also ganz oder teilweise ausschließen.

- **Sonderzuwendungen** (z. B. Gratifikationen, Urlaubsgeld) müssen Sie nur zurückzahlen, wenn das im Arbeitsvertrag, einem einschlägigen Tarifvertrag oder in einer Betriebsvereinbarung vorgesehen ist, oder wenn Sie keinen Anspruch darauf hatten (→ Kapitel D 1).
- Hat der Arbeitgeber Ihnen eine **Ausbildung** finanziert, kann er die dafür aufgewendeten Kosten unter bestimmten Voraussetzungen von Ihnen zurückverlangen, wenn Sie vor Ablauf der vereinbarten Frist ausscheiden (→ Kapitel D 1).
- Auch **Umzugskosten** kann der Arbeitgeber von Ihnen zurückfordern, wenn darüber eine Vereinbarung besteht und seit Beginn des Arbeitsverhältnisses noch keine drei Jahre vergangen sind.
- Mit Ausscheiden aus dem Arbeitsverhältnis können sich die Modalitäten eines **Arbeitgeberdarlehens** ändern. Es ist zulässig, ab dem Ausscheiden den Zinssatz auf das marktübliche Niveau anzuheben oder – in sehr engen Grenzen – das Restdarlehen fällig zu stellen.

→ Das nachvertragliche Wettbewerbsverbot

An ein schriftlich vereinbartes nachvertragliches Wettbewerbsverbot sind beide Parteien gebunden. Vor Beendigung des Arbeitsverhältnisses kann der Arbeitgeber darauf durch schriftliche Erklärung **verzichten.** Er bleibt dann allerdings trotzdem verpflichtet, ein Jahr lang die **Karenzentschädigung** zu zahlen (§ 75 a HGB), obwohl Sie ihm nun Wettbewerb machen dürfen. Allerdings müssen Sie sich Ihren **Verdienst anrechnen** lassen, soweit dieser zusammen mit der Karenzentschädigung mehr als 110 % Ihres bisherigen Verdienstes beträgt.

Beachten Sie: Das Wettbewerbsverbot und der Anspruch auf die Karenzentschädigung können jedoch einvernehmlich auch durch eine Ausgleichsklausel im Aufhebungsvertrag aufgehoben werden (→ Abschn. II 1).

→ Die Klagerücknahme oder der Verzicht auf Rechtsmittel

Wenn Sie bereits **Kündigungsschutzklage erhoben** haben, erledigt sich diese durch den Abschluss eines Aufhebungsvertrags. Üblicherweise wird deshalb in den Aufhebungsvertrag eine Klausel aufgenommen, in der Sie sich verpflichten, die Kündigungsschutzklage beim Arbeitsgericht **zurückzunehmen.** Das ist für Sie nicht nachteilig, weil Ihnen hierdurch normalerweise keine zusätzlichen Kosten entstehen. Anders allerdings, wenn Sie erst im Berufungsverfahren die Klage bzw. die Berufung zurücknehmen!

Manchmal besteht ein Arbeitgeber auch darauf, dass Sie sich im Aufhebungsvertrag verpflichten, **keine Kündigungsschutzklage zu erheben.** Eine trotzdem eingereichte Klage wäre dann schon wegen des Klageverzichts unzulässig. Wegen des Aufhebungsvertrags hätte sie aber auch sonst keinen Erfolg.

→ Die Kostenregelung

Bei der Verhandlung über einen Aufhebungsvertrag **trägt jede Partei ihre Kosten selbst.** Das gilt im Übrigen auch für die Kosten vor dem Arbeitsgericht. Gegebenenfalls springt Ihre Rechtsschutzversicherung ein. Es ist aber nicht üblich, dass der Arbeitgeber etwa die Anwaltskosten des Arbeitnehmers übernimmt. Eher kann man über eine höhere Abfindung verhandeln.

III. Einen Aufhebungsvertrag rückgängig machen

→ Durch einvernehmliche Aufhebung

Ein einmal geschlossener Aufhebungsvertrag lässt sich wieder aufheben, wenn sich beide Parteien über die Fortsetzung des Arbeitsverhältnisses einig sind. Diese Vereinbarung ist formlos möglich. Aus **Beweisgründen** sollten Sie dies jedoch **schriftlich** festhalten. Achten Sie dabei insbesondere darauf, die Anrechnung der bisherigen Betriebszugehörigkeit ausdrücklich zu regeln!

→ Es besteht ein Rücktritts- oder Widerrufsrecht

Die **vertragliche Vereinbarung** eines Rücktritts- oder Widerrufsrechts ist in der Praxis unüblich, weil Sie normalerweise genügend Zeit zum Überlegen haben. Zahlt der Arbeitgeber die vereinbarte Abfindung nicht, steht Ihnen ein **gesetzliches Rücktrittsrecht** zu (§ 323 BGB).

Der am Arbeitsplatz (z. B. im Personalbüro) geschlossene Aufhebungsvertrag ist **kein Haustürgeschäft.** Ein Widerrufsrecht nach § 312 BGB haben Sie deshalb nicht.

Manche **Tarifverträge** räumen Ihnen als Arbeitnehmer das Recht ein, den Aufhebungsvertrag innerhalb einer bestimmten Frist zu widerrufen. Hierauf können Sie sich jedoch nur berufen, wenn der Tarifvertrag auch auf Ihr Arbeitsverhältnis Anwendung findet.

→ Die »Schriftform« wurde nicht eingehalten

Die Beendigung des Arbeitsverhältnisses durch Aufhebungsvertrag bedarf der **Schriftform** (§ 623 BGB). Das heißt, dass jeder Vertragspartner mindestens die für die Gegenseite bestimmte Vertragsurkunde **eigenhändig unterschreiben** muss. Daher sind auch die »**elektronische Form**« und die »**Textform**« **ausgeschlossen** (→ Kapitel A 6). Die Schriftform kann aber durch **notarielle Beurkundung** oder durch einen **gerichtlichen Vergleich** ersetzt werden. Ein Aufhebungsvertrag, der nicht der Schriftform genügt, ist **nichtig.**

→ Der Aufhebungsvertrag wird an eine Bedingung geknüpft

Wird der Aufhebungsvertrag unter einer **Bedingung** abgeschlossen, ist er unwirksam, wenn damit der Kündigungsschutz umgangen wird.

> **Beispiel:**
> Das Arbeitsverhältnis soll enden, wenn der Arbeitnehmer künftig mehr als 20 Arbeitstage wegen Arbeitsunfähigkeit fehlt.

→ Sie haben einen Anfechtungsgrund

Ausnahmsweise besteht die Möglichkeit, dass Sie den Aufhebungsvertrag binnen Jahresfrist anfechten (§§ 123, 124 BGB) – und zwar in folgenden Fällen:

- Sie wurden durch **arglistige Täuschung** des Arbeitgebers zum Vertragsschluss veranlasst. Das ist beispielsweise der Fall, wenn Ihnen erklärt wird, dass der Betrieb stillgelegt werden soll, tatsächlich aber schon ein Nachfolger gefunden ist, der den Betrieb fortführt.
- Sie wurden durch **widerrechtliche Drohung** zum Vertragsschluss gedrängt, indem der Arbeitgeber Sie beispielsweise vor die Alternative »Aufhebungsvertrag oder fristlose Kündigung« stellt. Dieses Verhalten ist unangemessen. Der Arbeitgeber verstößt damit gegen den Grundsatz von Treu und Glauben, wenn er selbst weiß, dass eine begründete Kündigung nicht ernsthaft in Betracht kommt.

Die Erfolgsaussichten einer Anfechtung sind in der Praxis jedoch gering: Wollen Sie einen Aufhebungsvertrag anfechten, müssen Sie den **Anfechtungsgrund beweisen.** Erfahrungsgemäß gelingt das nur selten, auch wenn das Gericht Ihre Aussage in die Beweiswürdigung mit einbeziehen muss.

Beachten Sie: Wussten Sie im Zeitpunkt des Vertragsschlusses nicht, dass Sie schwanger oder schwerbehindert sind, kommt eine **Anfechtung** des Aufhebungsvertrages **wegen Irrtums nicht** in Betracht. Das gilt auch, wenn Sie sich über die **Folgen des Aufhebungsvertrages** nicht im Klaren waren.

IV. Wann eine Sperrzeit droht

Haben Sie Ihren Arbeitsplatz freiwillig aufgegeben oder fahrlässig verloren, wertet die Bundesagentur für Arbeit dies als »versicherungswidrig«, sofern Sie keinen wichtigen Grund hatten (siehe unten). Als Folge ruht Ihr Anspruch auf Arbeitslosengeld für die Dauer einer **Sperrzeit,** in der Regel **zwölf Wochen.** Außerdem wird die Dauer des Anspruchs auf Arbeitslosengeld bei einer 12-wöchigen Sperrfrist um mindestens ein Viertel **gekürzt** (§§ 127, 128, 144 SGB III).

➔ Ihr Verhalten ist »versicherungswidrig«

Typischerweise wird eine **Sperrzeit** verhängt, wenn der Arbeitslose vorsätzlich oder grob fahrlässig die **Arbeitslosigkeit herbeigeführt** hat, sei es durch arbeitsvertragswidriges Verhalten (z. B. hat er trotz Abmahnung wiederholt unentschuldigt gefehlt, weshalb der Arbeitgeber kündigt) oder auch dadurch, dass er das »**Beschäftigungsverhältnis gelöst**« hat. Letzteres ist bei einem Aufhebungsvertrag regelmäßig der Fall.

Das **Bundessozialgericht** bejaht die Versicherungswidrigkeit auch dann, wenn der Arbeitnehmer nach Ausspruch einer Kündigung, aber noch vor

Ablauf der 3-wöchigen Klagefrist für die Kündigungsschutzklage, mit dem Arbeitgeber die Vereinbarung trifft, die Kündigung zu akzeptieren. Dagegen liegt **kein versicherungswidriges Verhalten** vor, wenn der Arbeitnehmer sich gegen eine rechtswidrige Kündigung **nicht zur Wehr setzt,** die Frist für die Kündigungsschutzklage also verstreichen lässt. Denn die Sperrzeit wegen Arbeitsaufgabe bestraft nur aktives Verhalten des Arbeitnehmers.

➔ Ein »wichtiger Grund« rettet vor der Sperrzeit

Keine Sperrzeit wird verhängt, wenn Sie für die Aufgabe des Beschäftigungsverhältnisses einen wichtigen Grund haben. Das Bundessozialgericht bejaht einen solchen Grund, wenn Sie als Arbeitnehmer einer unausweichlich bevorstehenden **betriebs- oder personenbedingten Kündigung** durch den Abschluss eines Aufhebungsvertrages **zuvorkommen,** um Nachteile für Ihr berufliches Fortkommen zu vermeiden. Gleiches gilt, wenn Sie sich in einer solchen Situation mit dem Arbeitgeber nach Ausspruch der Kündigung auf die Beendigung des Arbeitsverhältnisses einigen.

Eine **betriebsbedingte Kündigung,** die mit dem Hinweis verbunden ist, dass der Arbeitnehmer eine Abfindung erhält, wenn er keine Kündigungsschutzklage erhebt (§ 1 a KSchG), löst keine Sperrzeit aus, wenn der Arbeitnehmer die Kündigung akzeptiert (→Kapitel D 7).

➔ Die Praxis der Arbeitsverwaltung

Bei betriebsbedingten Kündigungen wird unter bestimmten Voraussetzungen regelmäßig ein »wichtiger Grund« anerkannt und keine Sperrzeit verhängt. Ein ungekürzter Anspruch auf Arbeitslosengeld besteht nach den Durchführungsanweisungen der Bundesagentur für Arbeit danach in der Regel dann, wenn

- eine Abfindung zwischen 0,25 und 0,5 Monatsverdiensten pro Beschäftigungsjahr gezahlt wird und
- der Arbeitgeber ohne Aufhebungsvertrag betriebsbedingt unter Einhaltung der Kündigungsfrist zum selben Zeitpunkt gekündigt hätte und
- der Arbeitnehmer nicht unkündbar war.

Tipp:
Wenn Sie sichergehen wollen, dass keine Sperrzeit verhängt wird, klären Sie diese Frage unter Vorlage eines Vertragsentwurfs mit dem für Sie zuständigen Sachbearbeiter der Arbeitsagentur.

Sind Sie mit einer Sperrzeit-Entscheidung der Arbeitsagentur nicht einverstanden, steht Ihnen (nach erfolglosem **Widerspruch**) der Weg zu den **Sozialgerichten** offen. Diese überprüfen den Arbeitslosengeldbescheid unabhängig. Sie sind also in ihrer Beurteilung weder an einen Vergleich noch an eine Entscheidung im Kündigungsschutzprozess vor dem Arbeitsgericht gebunden.

Arbeitsplatz gegen Geld: Das Ringen um die Abfindung

I. Wann kommt eine Abfindung infrage?

1. Abfindung für den Verlust Ihres Arbeitsplatzes

→ Eine Abfindung können Sie vereinbaren

Und zwar in einem

- **Aufhebungsvertrag:** Hierbei einigen Sie sich, schon **bevor eine Kündigung ausgesprochen wird**, auf die Beendigung des Arbeitsverhältnisses.
- **Abwicklungsvertrag:** Sie einigen sich **nach Ausspruch einer Kündigung** auf die Beendigung des Arbeitsverhältnisses.
- **Abfindungsvergleich:** In diesem Fall schließen die Beteiligten den »Abwicklungsvertrag« **im Rahmen eines Kündigungsschutzprozesses.** Der Abfindungsvergleich dient dazu, den Rechtsstreit beizulegen und ist zugleich Vollstreckungstitel. Vergleichen Sie sich dagegen außergerichtlich, können Sie daraus nicht vollstrecken und müssen zur Not erneut klagen.

Beachten Sie: Sie können eine Abfindungsvereinbarung nicht erzwingen.

→ Höchstgrenzen für vereinbarte Abfindungen gibt es nicht

Für die Höhe der vereinbarten Abfindung gibt es – zumindest theoretisch – keine Grenzen. Es hängt deshalb wesentlich von der **Interessenlage der Parteien** ab, zu welchen Konditionen das Arbeitsverhältnis beendet wird.

Wenn der **Arbeitgeber** ein großes Interesse an der Beendigung hat, wird er Ihnen auch bei der Abfindungshöhe entgegenkommen. Stehen Ihre Chancen gut, einen Kündigungsschutzprozess zu gewinnen, muss Ihr Arbeitgeber Sie nämlich nicht nur weiterbeschäftigen, sondern normalerweise auch den gesamten Verdienst seit Ablauf der Kündigungsfrist nachzahlen, soweit Sie keinen anderweitigen Verdienst erzielt haben.

Insbesondere beim **Abfindungsvergleich vor Gericht** ist die Vereinbarung eines halben Monatsgehalts pro Beschäftigungsjahr die Ausgangsbasis. Maßgeblich ist der individuelle Bruttomonatsverdienst in dem Monat, in dem Ihr Arbeitsverhältnis endet (→ Abschn. I 3). Je nach Prozessaussicht wird hiervon nach unten oder oben abgewichen.

Tipp:
Gute Chancen auf eine **höhere Abfindung** haben Sie, wenn die **Kündigung** aus **mehreren Gründen unwirksam** ist.

Aufgepasst beim Abfindungspoker: Bei der Frage, ob eine Sperrfrist beim Bezug von Arbeitslosengeld verhängt wird, werden die Sachbearbeiter bei den Arbeitsagenturen stutzig, wenn die Abfindung sich außerhalb der Bandbreite von 0,25 bis 0,5 Monatsgehältern pro Beschäftigungsjahr bewegt (→Kapitel D 6).

→ Wann bekommen Sie Ihr Geld?

Auch das ist **Verhandlungssache.** In der Regel wird die Abfindung mit der Beendigung des Arbeitsverhältnisses fällig. Das heißt, Sie erhalten das Geld mit Ablauf der Kündigungsfrist oder zu dem im Aufhebungsvertrag vereinbarten Zeitpunkt Ihres Ausscheidens. Abweichende Vereinbarungen sind möglich, in der Praxis aber eher selten (→Abschn. III).

→ Was gilt für den Erbfall?

Der Abfindungsanspruch für den Verlust des Arbeitsplatzes entsteht normalerweise erst mit dem Ablauf der Kündigungsfrist bzw. zum vereinbarten Beendigungsdatum. Endet das Arbeitsverhältnis, weil der Arbeitnehmer zu einem davor liegenden Zeitpunkt stirbt, entsteht der Anspruch nicht mehr und kann deshalb auch nicht vererbt werden.

Tipp:
Liegt die Beendigung des Arbeitsverhältnisses bei Vertrags- oder Vergleichsschluss in der Zukunft, sollten Sie deshalb auf jeden Fall ausdrücklich **vereinbaren,** dass die Abfindung **vererblich** ist.

2. Abfindung gegen Verzicht auf Kündigungsschutzklage

§ 1 a KSchG sieht einen **gesetzlichen Abfindungsanspruch** bei **betriebsbedingten Kündigungen** vor. Vorausgesetzt wird, dass der Arbeitgeber Ihnen im Kündigungsschreiben die Zahlung einer Abfindung zusagt, falls Sie keine Kündigungsschutzklage erheben (→Kapitel D 4). Die Höhe der Abfindung beträgt in diesem Fall 0,5 Monatsverdienste für jedes Beschäftigungsjahr.

Ob Sie von einem solchen Angebot Gebrauch machen sollten, hängt entscheidend davon ab, wie Sie Ihre **Chancen** in einem möglichen **Kündigungsschutzprozess** einschätzen: Liegen tatsächlich betriebsbedingte Gründe vor, sollten Sie auf das Angebot eingehen, weil Sie die Kündigungsschutzklage voraussichtlich verlieren werden. Eine Abfindung gibt es in diesem Fall nur, wenn ein **Sozialplan** eingreift. Sind die betriebsbedingten **Gründe nur vorgeschoben** und andere Kündigungsgründe nicht ersichtlich, haben Sie hingegen die Chance, im Kündigungsschutzprozess eine höhere Abfindung auszuhandeln.

Ihr Vorteil: Verzichten Sie in den Fällen des § 1 a KSchG – also bei einer berechtigten betriebsbedingten Kündigung – auf eine Klageerhebung, hat das **keine Sperrzeit** beim Arbeitslosengeld zur Folge.

Ihr Risiko: Der Abfindungsanspruch nach § 1 a KSchG entsteht erst **mit Ablauf der Kündigungsfrist** der zugrunde liegenden Kündigung und ist somit erst ab diesem Zeitpunkt **vererblich.** Stirbt der Arbeitnehmer vor Ablauf der Kündigungsfrist, können die Erben die Abfindung nicht beanspruchen. Eine **abweichende Vereinbarung** ist **nicht möglich** – anders als bei einem Vertrag oder Vergleich (→ Abschn. I 1).

Tipp:
Bei langen Kündigungsfristen oder bei hohen Abfindungsbeträgen ist deshalb von dieser Möglichkeit abzuraten.

3. Abfindung durch Urteil im Kündigungsschutzprozess

Ist eine Kündigung nach § 1 KSchG sozial ungerechtfertigt, besteht das Arbeitsverhältnis fort. Allerdings können beide Parteien unter bestimmten Voraussetzungen beantragen, dass das Arbeitsverhältnis trotzdem gegen Zahlung einer Abfindung aufgelöst wird. Im Einzelnen gilt:

→ Die Kündigung muss sozial ungerechtfertigt sein

Das **Arbeitsgericht muss feststellen,** dass die Kündigung sozial ungerechtfertigt ist. Das Arbeitsverhältnis kann nicht durch Urteil aufgelöst werden, wenn die Kündigung lediglich aus anderen Gründen als den im Kündigungsschutzgesetz genannten Gründen unwirksam ist (z. B. fehlerhafte Betriebsratsanhörung, Verstoß gegen den Sonderkündigungsschutz von Schwerbehinderten).

→ Die Auflösungsabfindung muss beantragt werden

Es gibt keine Auflösung »von Amts wegen«. Mindestens eine Partei muss die Auflösung des Arbeitsverhältnisses im Verlauf des Prozesses beantragen (§ 9 KSchG). Der späteste Zeitpunkt dafür ist die letzte mündliche Verhandlung in der Berufungsinstanz.

Als **Arbeitnehmer** können Sie die Auflösung beantragen, wenn Ihnen die Fortsetzung des Arbeitsverhältnisses nicht zuzumuten ist. **Nicht ausreichend zur Begründung** ist aber die Tatsache allein, dass Sie gegen die (im Ergebnis ungerechtfertigte) Kündigung Klage erheben mussten. Auch können Sie Ihren Antrag nicht damit begründen, dass Sie inzwischen eine **neue Stelle** gefunden haben.

Der **Arbeitgeber** kann die Auflösung des Arbeitsverhältnisses beantragen, wenn eine **weitere Zusammenarbeit unmöglich** erscheint (z. B. bedroht der Arbeitnehmer den Arbeitgeber oder beeinflusst er Zeugen im Prozess).

→ Die Höhe der Abfindung ist begrenzt

Für die durch Urteil festzusetzende Abfindung gibt es **gesetzliche Höchstgrenzen** (§ 10 KSchG):

- Grundsätzlich: 12 Monatsverdienste,
- 15 Monatsverdienste nach Vollendung des 50. Lebensjahres und einer Betriebszugehörigkeit von mindestens 15 Jahren,
- 18 Monatsverdienste nach Vollendung des 55. Lebensjahres und einer Betriebszugehörigkeit von mindestens 20 Jahren.

Ob sich aus der **Nichtberücksichtigung von Betriebszugehörigkeitszeiten** für jüngere Arbeitnehmer Kapital schlagen lässt, wird diskutiert. Darin könnte eine **unzulässige Altersdiskriminierung** liegen. Dies könnte ein Ansatz sein, die Begrenzung der Abfindung für jüngere Arbeitnehmer auszuhebeln. Lassen Sie sich hier von Ihrem Anwalt beraten.

Als **Monatsverdienst** gilt, was dem Arbeitnehmer bei der für ihn maßgebenden regelmäßigen Arbeitszeit in dem Monat, in dem das Arbeitsverhältnis endet, an Geld und Sachbezügen zusteht (§ 10 Abs. 3 KSchG). Variable Einkommensbestandteile (z. B. Tantieme, Provision) sowie Zuwendungen mit Entgeltcharakter (z. B. 13. Monatsgehalt) werden anteilig hinzugerechnet. Nicht berücksichtigungsfähig sind Spesen und sonstiger Aufwendungsersatz.

→ Das Gericht setzt die Abfindung im Urteil fest

Das Gericht setzt die **konkrete Abfindungssumme** im Urteil fest. Dabei berücksichtigt es die Betriebszugehörigkeit, das Lebensalter des Arbeitnehmers, dessen Unterhaltsverpflichtungen und die weiteren Umstände des Einzelfalls (z.B. wirtschaftliche Lage des Arbeitgebers, Folgen der Entlassung für den Arbeitnehmer, Maß der Sozialwidrigkeit der Kündigung).

Die per Urteil rechtskräftig zugesprochene Abfindung ist **vererblich.** Einen Auflösungsantrag, den der Arbeitnehmer selbst gestellt haben muss, können seine Erben weiterverfolgen.

4. Abfindung aufgrund eines Sozialplanes

Um wirtschaftliche Nachteile infolge einer Betriebsänderung i.S.d. § 111 BetrVG (z.B. Einschränkung, Stilllegung, Verlegung eines ganzen Betriebs oder von wesentlichen Betriebsteilen) auszugleichen, können Arbeitgeber und Betriebsrat in Betrieben mit mehr als 20 Arbeitnehmern einen **Sozialplan** vereinbaren. Solche Sozialpläne enthalten häufig **Abfindungsregelungen.** Liegen die entsprechenden Voraussetzungen vor, steht betroffenen Arbeitnehmern die Abfindung zu.

Beachten Sie: Abfindungen aufgrund eines Sozialplanes, die für den Verlust des Arbeitsplatzes gezahlt werden, dürfen nicht vom Verzicht auf eine Kündigungsschutzklage abhängig gemacht werden. **Zulässig** sind aber zusätzliche Leistungen für den Klageverzicht (sogenannte »Turboprämien«) im Rahmen einer **freiwilligen Betriebsvereinbarung.**

II. Abfindung und Arbeitslosengeld?

→ Der Anspruch auf Arbeitslosengeld kann ruhen

Sogenannte »**Entlassungsentschädigungen**« werden **nur** auf das Arbeitslosengeld **angerechnet,** wenn das Arbeitsverhältnis ohne Einhaltung der für den Arbeitgeber geltenden ordentlichen Kündigungsfrist beendet wird. Die Anrechnung erfolgt dadurch, dass der Anspruch auf Arbeitslosengeld **ruht** (§ 143 a SGB III).

Die **Ruhenszeit** nach § 143 a SGB III verkürzt nicht den Zeitraum, für den Sie Arbeitslosengeld beanspruchen können. Die Leistungen der Bundesagentur für Arbeit beginnen lediglich später (§ 128 SGB III). **Anders** ist es bei einer **Sperrzeit** wegen Arbeitsaufgabe nach § 144 SGB III (→ Kapitel D 6).

➔ Wie lange ruht der Anspruch auf Arbeitslosengeld?

Wenn das Arbeitsverhältnis ordentlich gekündigt werden kann, ruht der Anspruch auf Arbeitslosengeld maximal bis zu dem Zeitpunkt, zu dem das Arbeitsverhältnis geendet hätte, wenn die **maßgebliche Kündigungsfrist** eingehalten worden wäre.

Bei **befristeten Arbeitsverträgen** ruht der Anspruch bis zum Ablauf des befristeten Vertrages. Es sei denn, dieser ist – ausnahmsweise – bereits zu einem Zeitpunkt vor Ablauf ordentlich kündbar. Der Ruhenszeitraum beträgt **längstens ein Jahr.** Gerechnet wird vom Ende des Arbeitsverhältnisses an.

Der Ruhenszeitraum **endet außerdem,** wenn der anrechenbare Teil der Abfindung – abhängig von Alter und Betriebszugehörigkeit – verbraucht ist. **Angerechnet** werden je nach Alter und Betriebszugehörigkeit zwischen 25 % und 60 %.

Tipp:
Solange der Anspruch auf Arbeitslosengeld nach § 143 a SGB III ruht, besteht grundsätzlich **kein gesetzlicher Krankenversicherungsschutz!** Besteht also weder Versicherungsschutz nach § 19 Abs. 2 SGB V (das bedeutet hier: ein Monat nachwirkender Versicherungsschutz nach dem Ende der Pflichtmitgliedschaft) noch sind Sie familienversichert (§ 10 SGB V bzw. § 25 SGB XI), müssen Sie sich selbst krankenversichern (§ 9 SGB V).

➔ Es kann eine Sperrzeit folgen

Die Zahlung einer Abfindung alleine führt nicht zur Verhängung einer Sperrzeit beim Bezug von Arbeitslosengeld. Einzelheiten dazu können Sie in ➔Kapitel D 6 nachlesen.

III. Was gilt für Steuern und Sozialabgaben?

➔ Abfindungen gehören zu den begünstigt besteuerten Einkünften

Abfindungen für den Verlust des Arbeitsplatzes gehören an sich zu den **steuerpflichtigen Einkünften.** Abfindungen werden allerdings als außerordentliche Einkünfte begünstigt besteuert. Nach dem sogenannten »**Fünftelungs-Verfahren**« wird die Abfindung für die Bestimmung des Steuersatzes rechnerisch auf fünf Jahre verteilt.

Beispiel:
Ein Arbeitnehmer erhält eine Abfindung von € 25 000,–. Für die Steuerlast wird nach dem »Fünftelungs-Verfahren« angenommen, dass ihm im laufenden Jahr nur € 5 000,– zugeflossen sind. Die hierauf entfallende individuelle Steuerschuld wird dann verfünffacht und in dem Jahr fällig, in dem die Abfindung ausbezahlt wird.

Steuerschuldner sind grundsätzlich Sie als **Arbeitnehmer.** Wenn nichts anderes vereinbart ist, muss der Arbeitgeber also die auf die Abfindung entfallenden Steuern einbehalten und an das Finanzamt abführen. Nur wenn es **ausdrücklich vereinbart** wurde, hat der Arbeitgeber die auf die Abfindung fällige Einkommensteuer zusätzlich zu bezahlen.

Tipp:
Es kann sinnvoll sein, sich die Abfindung erst im Jahr nach dem Ausscheiden auszahlen zu lassen. Insbesondere wenn Sie im nächsten Jahr mit deutlich geringeren Einkünften als im Jahr des Ausscheidens rechnen (z. B. wegen Arbeitslosigkeit), können Sie so die Steuer auf die Abfindung vermindern.

→ Abfindungen unterliegen nicht der Sozialversicherungspflicht

Für Abfindungen, die für den Verlust des Arbeitsplatzes bezahlt werden, müssen Sie **keine Beiträge** zur Kranken-, Renten-, Arbeitslosen- und Pflegeversicherung abführen.

Der Wohnraum-Mietvertrag: Kurz, korrekt und sicher

I. So gestalten Sie den Mietvertrag

Dieses Kapitel ist aus der Sicht eines Vermieters geschrieben, der einen Vertrag aufsetzen will – Mieter haben in vielen Punkten eine entgegengesetzte Sicht. Doch am Ende wollen schließlich beide Seiten einen fairen und rechtmäßigen Vertrag.

→ Halten Sie den Vertrag so kurz wie möglich!

Wenn Sie Ihrem Mieter ein Mietvertragsformular vorlegen, das über 20 Seiten hinausgeht, machen Sie es ihm schwer, alles zu lesen und zu verstehen.

Dass manche Mietverträge derart aufgebläht sind, liegt vor allem daran, dass der benutzte Mustervertrag alle denkbaren Fälle abdecken wollte. Also: Streichen Sie alle Klauseln, die nicht benötigt werden.

→ Verwenden Sie nur rechtssichere Vertragsklauseln

In Mietverträgen tauchen immer wieder Klauseln auf, durch die die nach dem Gesetz bestehenden Verpflichtungen vom Vermieter auf den Mieter abgewälzt werden sollen.

Beispiel:
Obwohl nach § 535 Abs. 1 Satz 2 BGB der Vermieter für die Schönheitsreparaturen und auch die Kleinreparaturen zuständig ist, verpflichten die gängigen Vertragsklauseln den Mieter, die Arbeiten auszuführen.

Wenn Sie aber als Vermieter bei der Abänderung der Gesetzeslage zu forsch vorgehen, riskieren Sie, dass die Klauseln unwirksam sind.

Beispiel:
In Ihren Mietverträgen haben Sie die Kostenbegrenzung aus der »Kleinreparatur-Klausel« (meistens € 75,– für eine Reparatur, höchstens € 300,– im Jahr) herausgenommen. Damit ist diese Vereinbarung unwirksam. Das heißt: Sie können Ihren Mieter für keinerlei Kleinreparaturen mehr zur Kasse bitten.

➔ Nutzen Sie das »Rechtstipps«-Mietvertrags-Muster

Den »**Rechtstipps**«-**Wohnungsmietvertrag** finden Sie als interaktives Muster auf Ihrer Arbeitshilfen-CD. Der Vorteil: Sie können Ihren Vertrag ganz auf Ihre **individuelle Mietsituation** zuschneiden. Das heißt zum Beispiel: Wenn Sie eine von mehreren Alternativen gewählt haben, erscheint auch nur diese beim Ausdrucken des fertigen Mietvertrages. So wird Ihr Vertrag **kurz und übersichtlich.**

Bei der Auswahl und Formulierung der einzelnen Klauseln wurde die **Interessenlage** von Ihnen als Vermieter **hinreichend berücksichtigt.** Auch als Mieter werden Sie damit »gut leben« können. Das Muster gibt Ihnen **Rechtssicherheit.** Die Klauseln wurden mit der aktuellen Rechtsprechung abgeglichen und sind nach dem derzeitigen Stand der Dinge »bestandskräftig«.

Ein »**Wohnungsübergabeprotokoll**« als wichtige »Anlage 1« zum Mietvertrag hilft Ihnen bei der Bestandsaufnahme vor Mietbeginn. Und eine **Hausordnung** als »Anlage 2« können Sie auf die Besonderheiten Ihrer Hausgemeinschaft zuschneiden.

Tipp:
Fügen Sie als Vermieter Ihrem Mietvertrag immer eine Hausordnung bei. Ihre Mieter können sich dann oft untereinander einigen, ohne Sie behelligen zu müssen.

II. Die 14 wichtigsten Fragen zum Vertragsabschluss

1. Welche Personen müssen Sie eintragen?

Treten auf einer oder sogar auf beiden Seiten – Vermieter und Mieter – **mehrere Personen** auf, stellt sich die Frage, ob sie im Vertrag als »Partei« auftauchen müssen. Wie das gehandhabt wird, hat **Auswirkungen:** zum Beispiel auf spätere Mieterhöhungen, Kündigungen, Wechsel bei den Vertragsparteien oder sogar auf die Wirksamkeit von befristeten Mietverträgen.

➔ Wenn mehrere Eigentümer vorhanden sind

Oft ist es praktischer, **nur einen** von mehreren Eigentümern als Vermieter im Mietvertrag einzutragen. Wenn die Miteigentümer an verschiedenen Orten wohnen und zum Beispiel für bestimmte Erklärungen alle unterschreiben müssen, kann es zu Verzögerungen kommen (z. B. Mieterhöhungen oder

Kündigungen). Tritt aber nur **ein Miteigentümer als Vermieter** auf, müssen Sie Folgendes beachten:

- Die Miteigentümer, die nicht Vermieter sind, haben **keinen Einfluss** auf die Entwicklung des Mietverhältnisses. Zum Beispiel bei Mieterhöhungen oder Kündigungen können sie nicht mitreden. Hier helfen dann nur verbindliche Absprachen untereinander.
- Der Kündigungsschutz des Mieters ist gefährdet, wenn einer der **Miteigentümer,** der nicht Vermieter ist, die Räumung verlangt. Denn er ist nicht Vertragspartner des Mieters und damit nicht an den Mietvertrag gebunden.
- Beim **Verkauf des Mietobjekts** tritt der neue Eigentümer nicht nach § 566 BGB automatisch in den Mietvertrag mit ein, weil nicht alle verkaufenden Miteigentümer zugleich auch Vermieter sind. Das ist gefährlich für den Mieter: Er muss die Wohnung räumen, wenn der Erwerber das verlangt.

Tipp:
Klären Sie als Mieter vor Vertragsabschluss die Eigentumsverhältnisse. Erfahren Sie, dass von mehreren Eigentümern nur eine Person als Vermieter auftritt, sollten Sie sich von den übrigen schriftlich versichern lassen, dass diese mit der Vermietung an Sie einverstanden sind.

→ Mehrere Personen auf Mieterseite

Wollen mehrere volljährige Personen in die Wohnung einziehen und schließen alle den Mietvertrag, **haften alle** gegenüber dem Vermieter als sogenannte »Gesamtschuldner«.

Beispiel:
Die nicht miteinander verheirateten Mieter M1 und M2 haben seit einigen Monaten keine Miete mehr bezahlt, weil M1 in finanziellen Schwierigkeiten ist und M2 nicht die gesamte Miete übernehmen will. Der Vermieter braucht auf diese Probleme keine Rücksicht zu nehmen, sondern kann von M2 die Zahlung der gesamten Rückstände und der folgenden Mieten verlangen.

Außerdem werden **Wechsel auf Mieterseite erschwert:** Zieht jemand anders ein, muss der Vertrag geändert werden.

Beispiel:
Die Wohnung wird an ein nicht verheiratetes Paar vermietet. Beide werden im Mietvertrag als Mieter eingetragen. Als man sich nicht mehr versteht, zieht einer aus. Dieser bleibt aber trotzdem Mieter, da er das Mietverhältnis nicht einseitig auflösen kann. Allerdings kann er in diesem Fall von seinem Expartner verlangen, mit ihm die Kündigung auszusprechen, um das Mietverhältnis insgesamt zu beenden.

Vermieter werden deshalb meist Wert darauf legen, dass alle einziehenden Erwachsenen als Mieter unterschreiben.

Als **Mieter** sollten Sie vor Vertragsabschluss mit Ihren Mitbewohnern zumindest die Fragen der **Haftung** und die Konsequenzen einer möglichen **Trennung** erörtern. Berücksichtigen Sie dabei Folgendes:

→ Ehegatten

Überlässt der Vermieter es Ihnen, wer letztendlich als Mieter gelten soll, ist es für Sie und Ihren Ehepartner relativ unproblematisch, ob Sie beide als Mieter auftreten oder nur einer. Denn im Falle der Trennung oder Scheidung können die mietrechtlichen Folgen durch das Familiengericht geregelt werden. Dabei bestehen nach § 1568 a BGB folgende Möglichkeiten:

- Wenn sich die Ehegatten nicht darüber einig sind, wer von beiden ausziehen soll, und ein Zusammenleben in der gemeinsamen Wohnung nicht mehr möglich ist, kann das Familiengericht einem von beiden die Wohnung zuweisen. Dabei berücksichtigt das Gericht das Wohl der im Haushalt lebenden Kinder, und welcher Ehegatte nach seinen Lebensverhältnissen in stärkerem Maße auf die Wohnung angewiesen ist (§ 1568 a Abs. 1 BGB).
- Sind sich die Ehegatten **beide einig,** wer von ihnen ausziehen soll, können sie selbst bestimmen, wer das Mietverhältnis fortsetzen soll. Hierfür reicht nach dem Gesetz (§ 1568 a Abs. 3 BGB) eine entsprechende **Mitteilung** an den Vermieter.

→ Eingetragene Lebenspartner

Für behördlich eingetragene Lebenspartner sind die mietrechtlichen Konsequenzen ähnlich wie bei Eheleuten. Insbesondere kann das Familiengericht bei Trennung die Rechtsverhältnisse an der Wohnung und am Hausrat nach dem Lebenspartnerschaftsgesetz regeln (§ 17 LPartG).

Im Todesfall eines Partners hat der überlebende Lebenspartner die gleichen Rechte wie ein Ehegatte und tritt deshalb gemäß § 563 Abs. 1 Satz 2 BGB in das Mietverhältnis ein.

→ Nicht eheliche Partner

Erhält einer von beiden nicht den Mieterstatus, so ist er gegenüber dem als Mieter eingetragenen Partner insofern benachteiligt, als er von diesem jederzeit auf die Straße gesetzt werden könnte, wenn die Gemeinschaft scheitert. Sind beide Mieter, sind die Rechtsfolgen im Falle der Trennung komplizierter, denn hier gibt es keine Regelungsmöglichkeiten über das Familiengericht.

Beispiel:
Das junge, nicht verheiratete Paar hatte gemeinsam den Mietvertrag unterschrieben. Nach einem Jahr trennt man sich. Einer der beiden zieht aus. Der in der Wohnung verbliebene Mieter zahlt die Miete nicht vollständig und der Vermieter fordert den ausgezogenen Partner auf, die Mietrückstände zu begleichen. Das darf er, weil der ausgezogene Partner weiterhin Gesamtschuldner aus dem Mietvertrag bleibt und auch kein Recht hat, vom Vermieter zu verlangen, aus dem Mietverhältnis entlassen zu werden.

Nach Scheitern der Lebensgemeinschaft könnte der ausgezogene Mieter allenfalls von seinem Expartner die Mitwirkung bei der Kündigung des Mietverhältnisses verlangen, um weiteren Forderungen des Vermieters zu entgehen.

→ Wohngemeinschaft (WG)

Als Vermieter wollen Sie natürlich den Überblick behalten, wer in der Wohnung wohnt, und einen verantwortlichen Ansprechpartner haben (z. B. für Mieterhöhungen, Betriebskostenabrechnung, Schönheitsreparaturen). Außerdem liegt es in Ihrem Interesse, über die Wohnung verfügen zu können, wenn die Personen ausgezogen sind, an die Sie ursprünglich vermietet hatten.

Als **Mitglied einer WG** werden Sie daran interessiert sein, Mieterwechsel zügig und ohne großen Verwaltungsaufwand durchführen zu können.

Tipp:
Nützliche Tipps für die Vermietung an Wohngemeinschaften finden Sie unter www.bild-ihr-gutes-recht.de (R 07996).

2. Wie darf die Wohnung genutzt werden?

In den meisten Formularmietverträgen heißt es ausdrücklich, dass das Mietobjekt »**ausschließlich zu Wohnzwecken**« vermietet wird. Hierdurch machen Sie als Vermieter deutlich, dass der Mieter ohne Ihre Zustimmung zur beruflichen bzw. gewerblichen Nutzung der Wohnung nicht berechtigt ist. Dies betrifft allerdings nicht Tätigkeiten, die ein Mieter **üblicherweise** in einer Wohnung ausübt (z. B. künstlerische oder wissenschaftliche Tätigkeiten).

Tipp:
Haben Sie als Mieter vor, die Wohnung teilgewerblich zu nutzen, sollten Sie zunächst einmal klären, ob das, was Sie vorhaben, noch unter den »**vertragsgemäßen Gebrauch**« fällt. Wenn nicht, sollten Sie diese Sondernutzung gleich im Mietvertrag regeln.

Ist die Zustimmung erforderlich, können Sie als Vermieter hierfür einen angemessenen **Zuschlag zur Miete** verlangen. Die Höhe dieses Zuschlags können Sie zum Beispiel bestimmen, indem Sie die ortsübliche Gewerbemiete ansetzen – natürlich nur für die Fläche, die gewerblich genutzt wird.

Tipp:
Da es den **Gewerbemietzuschlag** nicht automatisch gibt, sollten Sie als Vermieter im Mietvertrag eine entsprechende **Vereinbarung treffen.** Vereinbaren Sie am besten auch, dass dieser Zuschlag anlässlich einer Mieterhöhung im selben prozentualen Verhältnis wie die allgemeine Mieterhöhung erhöht werden darf.

3. Was genau wird vermietet?

Da alle Rechte und Pflichten von Mieter und Vermieter sich auf die »Mietsache« beziehen, sollten Sie möglichst **detailliert beschreiben,** was alles dazu gehört. Dies betrifft, neben den reinen Wohnräumen, die außerhalb gelegenen Räume und Einrichtungen wie zum Beispiel Keller- und Bodenräume. Um Verwechslungen zu vermeiden, sollten Sie diese genau kennzeichnen (z. B. »Keller **Nr. ...**«).

➔ Welche Gemeinschaftseinrichtungen dürfen mitbenutzt werden?

In der Regel dürfen Gemeinschaftseinrichtungen (z. B. Waschküche, Trockenboden, Fahrradkeller) von den Mietern **auch ohne ausdrückliche Vereinbarung** mitbenutzt werden. Trotzdem sollte im Mietvertrag eine Klarstellung stehen.

➔ Wenn eine Garage / ein Stellplatz vermietet werden soll

Werden Garage bzw. Stellplatz mit vermietet, so ist das dann kein Problem, wenn Sie als Vermieter für Wohnung und Garage / Stellplatz ein **einheitliches Mietverhältnis** haben möchten. In diesem Fall kann die Garage nur zusammen mit der Wohnung gekündigt werden. Ebenso kann für die Garage / den Stellplatz die Miete nur anlässlich einer Erhöhung der Wohnraummiete erhöht werden.

Wollen Sie **kein einheitliches Mietverhältnis** von Wohnung und Garage / Stellplatz, müssen Sie dies **ausdrücklich klarstellen.** Hierzu reicht nicht allein, dass Sie für Wohnraum und Garage / Stellplatz getrennte Vertragsformulare verwenden. Selbst wenn eine Garage zeitlich später als die Wohnung angemietet wird, stellt dies, auch wenn keine ausdrückliche Einbeziehung in den bisherigen Mietvertrag erfolgt ist, in der Regel nur eine Ergänzung des Wohnraummietvertrages dar.

Tipp:
Schließen Sie als Vermieter einen **gesonderten** Garagenmietvertrag ab. Weisen Sie darin ausdrücklich auf die rechtliche Selbstständigkeit dieses Vertrages hin durch die Formulierung: »Der Garagenmietvertrag ist rechtlich und wirtschaftlich unabhängig von dem Mietvertrag über den Wohnraum.«

➔ Wenn ein Garten vermietet werden soll

In diesem Fall sollten Sie im Mietvertrag ausdrücklich die Einzelheiten der Gartennutzung und -gestaltung regeln und zumindest folgende Punkte berücksichtigen:

- Wer übernimmt die Gartenpflege?
- Wer trägt die Kosten für den Einsatz von Gartengeräten?
- In welchem Umfang darf der Mieter Bepflanzungen nach seinem Geschmack vornehmen und vorhandene Bepflanzungen entfernen?
- Wer darf die Früchte ernten?

- Wer muss die Verantwortung für vorhandene Gefahrenquellen übernehmen (z. B. Gartenteich oder Spielgeräte)?
- In welchem Zustand soll der Garten bei Mietende zurückgegeben werden?

→ Haus- und Wohnungseingangstürschlüssel

Als **Vermieter** sollten Sie Ihrem Mieter eine ausreichende Zahl von Schlüsseln zur Verfügung stellen. Geben Sie im Mietvertrag zur Kontrolle die genaue Anzahl der ausgegebenen Schlüssel an. Beziehen sich die Haus- und Wohnungstürschlüssel auf eine **Zentralschließanlage,** sollten Sie dies erwähnen.

Tipp:
Klären Sie als **Mieter** mit Ihrer Privathaftpflichtversicherung, ob das Risiko des Schlüsselverlustes in Ihrem Versicherungsvertrag mit abgedeckt ist. Ansonsten sollten Sie eine entsprechende »Schlüssel-Klausel« zusätzlich vereinbaren.

Zwar sind Sie als Vermieter nicht berechtigt, gegen den Willen des Mieters einen Wohnungsschlüssel zu behalten. Doch kann dies für **Notfälle** sinnvoll sein. Auf diese Weise können Sie bei längerer Abwesenheit des Mieters schnell in die Wohnung und größeren Schaden verhindern.

Tipp:
Vereinbaren Sie als **Vermieter** im Mietvertrag unter »Besondere Vereinbarungen«: »Der Mieter ist damit einverstanden, dass der Vermieter einen Wohnungsschlüssel einbehält. Der Vermieter darf von dem Schlüssel bei Abwesenheit des Mieters nur in Notfällen Gebrauch machen.«

4. Soll die Wohnfläche im Vertrag eingetragen werden?

Der Bundesgerichtshof hat entschieden, dass ein Mieter vom Vermieter Miete zurückverlangen kann, wenn die **Wohnung kleiner als vereinbart** ist. Stellt sich im Laufe des Mietverhältnisses heraus, dass die tatsächliche Wohnfläche mehr als 10 % unter der im Mietvertrag angegebenen Fläche liegt, liegt darin ein **Mietmangel.**

Dies gilt selbst dann, wenn im Mietvertrag die Wohnfläche nicht präzise beziffert wird, sondern der Eintrag wie üblich lautet: »Wohnfläche: ca. ... m^2«. Als

Mieter können Sie deshalb bei entsprechender Abweichung zu viel gezahlte Mieten bis zu drei Jahre rückwirkend einfordern.

Tipp:
Verzichten Sie als **Vermieter** auf einen Eintrag der Wohnfläche im Mietvertrag, wenn Sie die genaue Wohnfläche **nicht zweifelsfrei ermittelt haben.** Doch sollten Sie zumindest für die Zukunft (z.B. für die nächste Mieterhöhung, Heiz- oder Betriebskostenabrechnung) **die Wohnfläche korrekt vermessen.**

5. Welche Mietdauer ist sinnvoll?

→ Mietvertrag auf unbestimmte Dauer

Als **Mieter** können Sie bei diesem Vertrag jederzeit mit **dreimonatiger Frist** kündigen. Als **Vermieter** brauchen Sie, um kündigen zu können, normalerweise einen gesetzlichen Kündigungsgrund (z.B. Eigenbedarf). Anders als für den Mieter – da bleiben es immer 3 Monate – verlängert sich für den Vermieter die Kündigungsfrist: je nach Dauer des Mietverhältnisses bis auf maximal neun Monate.

Tipp:
Ein **befristeter Kündigungsausschluss** ist erlaubt: Vertragsklauseln wie zum Beispiel »Mieter und Vermieter verzichten für die Dauer von ... Jahren auf das Recht zur ordentlichen Kündigung« können vereinbart werden, und zwar sowohl per **Individualvereinbarung** wie auch als **Allgemeine Geschäftsbedingung** in einem Formularmietvertrag. Ein beidseitiger vertraglicher Kündigungsausschluss ist allerdings nur **für maximal vier Jahre zulässig.**

→ Qualifizierter Zeitmietvertrag (Befristung)

Seit dem 1. 9. 2001 kann ein befristeter Mietvertrag nur noch als **qualifizierter Zeitmietvertrag** abgeschlossen werden. Diese Art von befristetem Vertrag kann nur dann vereinbart werden, wenn der Vermieter nach Ablauf der vereinbarten Mietzeit das Mietobjekt anderweitig verwenden will. Das geht nur bei folgenden drei in § 575 Abs. 1 BGB genannten Vorhaben:

- Der Vermieter will die Räume als Wohnung für sich, seine Familienangehörigen oder Angehörige seines Haushalts nutzen,

- **oder** die Mieträume in zulässiger Weise beseitigen oder so wesentlich verändern oder instand setzen, dass die Maßnahmen durch die Fortsetzung des Mietverhältnisses erheblich erschwert würden (z. B. ein Umbau des Hauses),
- **oder** die Räume an einen zur Dienstleistung verpflichteten Mieter (als Werkwohnung) vermieten.

Die Absicht muss im Mietvertrag so **genau beschrieben** werden, dass der Mieter sich davon ein Bild machen kann (z. B.: »Nach Vertragsablauf will ich die Wohnung meinem ältesten Sohn überlassen.«) Ungenaue Formulierungen, wie zum Beispiel »Ich will die Wohnung einem Angehörigen überlassen«, reichen nicht aus. Mit vagen Formulierungen riskieren Sie als Vermieter, dass der Vertrag als auf unbestimmte Zeit abgeschlossen gilt (§ 575 Abs. 1 Satz 2 BGB).

Tipp:
Keine Chance zur Verlängerung: Haben Sie bis zum Mietende keine Ersatzwohnung gefunden, können Sie selbst aus Härtegründen **keine Verlängerung** des Mietverhältnisses und auch über das Gericht **keine Räumungsfrist** verlangen. Wollen Sie das Mietverhältnis aus besonderen Gründen vorzeitig beenden, muss Ihr Vermieter Sie nur entlassen, wenn Sie **Nachmieter** stellen können. Angesichts der Befristung werden Sie die aber nur schwer finden.

6. Welche Miete muss wann und wie gezahlt werden?

Im Mietvertrag sollte deutlich gemacht werden, **wie sich der Mietbetrag zusammensetzt.** Vor allem ist klarzustellen, ob die allgemeinen Betriebskosten und Heizkosten teilweise oder ganz in der Miete enthalten sind oder wie üblich neben der Miete umgelegt werden (→Kapitel D 2).

Die üblichen Mietverträge sehen (entsprechend § 556 b Abs. 1 BGB) vor, dass die Miete »**spätestens am dritten Werktag eines Monats**« zu entrichten ist. Für die **Rechtzeitigkeit** der Zahlung kommt es nach herrschender Meinung allein auf den Zeitpunkt der **Einzahlung** an.

Tipp:
Vereinbaren Sie als Vermieter im Mietvertrag folgende zulässige Klausel: »Für die Rechtzeitigkeit der Zahlung ist der Eingang beziehungsweise die Gutschrift maßgebend.«

Der Vermieter darf die Miete **per Lastschrift** einziehen. Dem Mieter muss allerdings das Recht belassen werden, die Erlaubnis dazu aus wichtigem Grund zu widerrufen.

7. Wie kann die Miete erhöht werden?

→ Sie wollen die Miete auf die ortsübliche Vergleichsmiete erhöhen

Das ist die häufigste Form der Mieterhöhung (→ Kapitel E 5). Sind Vergleichswohnungen schwer zu finden und ist auch kein Mietspiegel vorhanden, kann es unter Umständen für den Vermieter günstiger sein, eine »Indexmiete« zu vereinbaren (s. u.).

Tipp:
Wollen Sie einen **befristeten Kündigungsausschluss** oder einen **befristeten Mietvertrag** abschließen, sollten Sie im Mietvertrag vorsichtshalber folgende Formulierung einfügen: »Der Vermieter ist berechtigt, eine Mieterhöhung auch dann durchzuführen, wenn ein befristeter Kündigungsausschluss oder ein befristeter Mietvertrag abgeschlossen wird.«.

→ Sie vereinbaren eine Indexmiete

Die Parteien können auch vereinbaren, dass die Miete durch den vom Statistischen Bundesamt ermittelten Preisindex für die Lebenshaltung aller privaten Haushalte in Deutschland (sogenannter **Verbraucherpreisindex für Deutschland**) bestimmt wird (§ 557 b BGB).

Das heißt: Steigen die Preise (Inflation), steigt auch die Miete. Diese Form der Mieterhöhung bietet sich dann an, wenn eine Erhöhung auf die ortsübliche Vergleichsmiete schwer zu begründen ist (vgl. oben) oder wenn Sie bei Mietbeginn eine Miete vereinbaren, die schon über der ortsüblichen Miete liegt.

Im Mietvertrag können Sie vereinbaren, dass sich die Miete entweder im gleichen Verhältnis wie der Verbraucherpreisindex verändert oder nur dann, wenn die Veränderung des Verbraucherpreisindex einen bestimmten Prozentsatz (z. B. 5 %) überschreitet. Über den jeweiligen **Verbraucherpreisindex** können Sie sich beim **Statistischen Bundesamt Deutschland** (www.destatis.de) informieren (Servicetelefon: 0611 – 75 47 77).

Tipp:
Eine Indexmiete kann auch zu einer Mietreduzierung führen! Fällt der Index, kann der Mieter auch eine entsprechende Herabsetzung der Miete verlangen. Deshalb muss die Index-Klausel auch so formuliert werden, dass eine Veränderung der Miete nach oben und unten darunterfällt – sonst ist sie nicht rechtmäßig!

→ Sie vereinbaren eine Staffelmiete

Bei einer Staffelmiete (Erhöhung in festgelegten Abständen) sollten Sie darauf achten, dass die jeweils zu zahlende Monatsmiete ausdrücklich genannt wird oder zumindest der jeweilige Erhöhungsbetrag in Euro angegeben wird (§ 557 a BGB).

Falls Sie während der Mietzeit **Modernisierungen** vornehmen wollen, können Sie dafür während der Laufzeit der Staffelmietvereinbarung **keine Extra-Mieterhöhung** verlangen.

Tipp:
Aufgepasst bei befristetem Mietvertrag! Wird in einem befristeten Mietvertrag gleichzeitig eine Staffelmiete vereinbart, kann der Mieter den Vertrag spätestens **nach vier Jahren kündigen.** Denn sein Kündigungsrecht kann bei einer Staffelmietvereinbarung für höchstens vier Jahre ausgeschlossen werden (§ 557 a Abs. 3 BGB).
Dasselbe gilt auch, wenn Sie einen Mietvertrag auf unbestimmte Zeit abgeschlossen haben, gleichzeitig aber einen längeren **Kündigungsausschluss** vereinbart haben. Das bedeutet: Nach vier Jahren kann der Mieter auf jeden Fall kündigen.

8. Muss der Mieter eine Mietsicherheit leisten?

Eine Kaution steht Ihnen als Vermieter nur zu, wenn der Mietvertrag eine entsprechende Klausel enthält. Die gängigen Mietvertragsformulare sehen die Zahlung einer sogenannten **Barkaution** vor.

Bei Vereinbarung einer **Bankbürgschaft** sollten Sie auf Folgendes achten: Nach Mietende müssen Sie etwaige Zahlungsansprüche unverzüglich durchsetzen, damit keine Verjährung eintritt. Im Gegensatz zur Barkaution deckt die Mietbürgschaft **keine verjährten Ansprüche.**

9. Was gilt, wenn die Wohnung bei Mietbeginn Mängel hat?

Manche Mietverträge enthalten sogenannte »Übernahme- und Besichtigungsklauseln« (z. B.: »Dem Mieter ist der Zustand der Mieträume durch Besichtigung bekannt. Er bestätigt ausdrücklich bei Abschluss des Mietvertrages, dass die Mieträume keine Mängel aufweisen.«). Solche Klauseln sind regelmäßig unwirksam, also nicht gültig, obwohl sie im Vertrag stehen.

Tipp:
Erstellen Sie als Vermieter vor Vertragsabschluss unbedingt ein **Wohnungsübergabeprotokoll.** Legen Sie darin fest, bis wann und von wem die Mängel beseitigt werden sollen. Sind Ihnen als Vermieter **nicht behebbare** Mängel bekannt (z. B. Flug- oder Gaststättenlärm), sollten Sie dies unbedingt im Protokoll festhalten. Nur so entgehen Sie späteren Ansprüchen des Mieters auf Minderung der Miete.
Ein Muster für ein Wohnungsübergabeprotokoll finden Sie unter www.bild-ihr-gutes-recht.de (R 07997).

10. Wenn der Mieter bauliche Veränderungen vornehmen will

Bauliche Veränderungen, die noch als »vertragsgemäßer Gebrauch« der Mietwohnung angesehen werden, sind unproblematisch, da Sie diese ohne Erlaubnis des Vermieters vornehmen können.

Anders ist es, wenn Sie als Mieter größere Maßnahmen vorhaben, die beispielsweise mit **Eingriffen in die bauliche Substanz** verbunden sind (z. B. Wanddurchbruch, Installation eines Bades oder einer Duschanlage).

Tipp:
Denken Sie als Mieter immer daran, dass Sie bei Mietende normalerweise zur **Wiederherstellung des ursprünglichen Zustandes** verpflichtet sind. Deshalb kann es im Einzelfall auch bei erlaubten Maßnahmen sinnvoll sein, darüber mit dem Vermieter zu sprechen.
Wenn Sie zum Beispiel für Ihre Einbauküche neue Fliesen anbringen wollen, sollten Sie mit Ihrem Vermieter klären, ob er von den vorhandenen Fliesen einen ausreichenden Teil vorrätig hat oder ob er später Ihre Fliesen übernehmen würde.

Wenn der **Mieter modernisieren** will und sich der **Vermieter** mit größeren baulichen Veränderungen durch den Mieter **einverstanden erklärt,** sollten beide Parteien am besten eine **schriftliche Modernisierungs-Vereinbarung** treffen und darin die mit der geplanten Modernisierung verbundenen wichtigen Fragen schriftlich regeln.

Seit dem 1. 9. 2001 sind Sie als Mieter **berechtigt,** von Ihrem Vermieter unter bestimmten Voraussetzungen die Zustimmung zum **behindertengerechten Umbau** der Mietwohnung zu verlangen (sogenannte »**Barrierefreiheit**« gemäß (§ 554 a BGB)).

11. Wie sind Renovierung und Kleinreparaturen zu regeln?

➔ Renovierung beziehungsweise Schönheitsreparaturen

Nach dem Gesetz müssen Sie **als Vermieter** die Wohnung bei Bedarf renovieren (§ 535 Abs. 1 Satz 2 BGB). Wollen Sie dies anders regeln, müssen Sie das im Mietvertrag ausdrücklich vereinbaren (➔ Kapitel E 3).

➔ Welche Voraussetzungen muss eine Kleinreparatur-Klausel erfüllen?

Auch hier gilt das gesetzliche Leitbild des § 535 Abs. 1 Satz 2 BGB, wonach diese vom **Vermieter** auszuführen sind. Zwar lassen sich Reparaturen, soweit es sich um **Klein**reparaturen handelt, per Mietvertrag auf den Mieter abwälzen. Doch wurden in der Vergangenheit bei der Formulierung solcher Klauseln immer wieder Fehler gemacht:

- Der Mieter darf lediglich verpflichtet werden, die **Kosten** für Kleinreparaturen zu übernehmen, nicht jedoch, diese selbst in Auftrag zu geben;
- die Klausel darf sich nur auf die Reparatur von solchen Gegenständen beziehen, die dem **häufigen Zugriff** des Mieters ausgesetzt sind (z.B. Heiz- und Warmwassergeräte, Bad- und Duscheinrichtungen, Rollläden; nicht aber unter Verputz verlegte Leitungen);
- es muss ein **Höchstbetrag je Reparaturmaßnahme** (z.B. € 100,– plus MwSt.) genannt werden;
- es muss eine Höchstgrenze für die Summe der Reparaturen angegeben werden für den Fall, dass sich innerhalb eines bestimmten Zeitraumes (z.B. eines Jahres) mehrere Kleinreparaturen häufen (z.B. 7 % der Jahresnettokaltmiete als Höchstgrenze).

Liegen die Kosten für die Reparatur über der vereinbarten Höchstgrenze, handelt es sich nicht mehr um eine »Kleinreparatur«, für die der Mieter einzustehen hat. Selbst dann nicht, wenn der vereinbarte Höchstbetrag nur geringfügig überschritten wird.

Deshalb sind **Beteiligungsklauseln,** die den Mieter verpflichten sollen, sich an Reparaturen zu beteiligen, die die oben genannte Kostengrenze übersteigen, **unwirksam.**

12. Darf der Mieter Haustiere halten?

Vor allem wegen des möglichen Ärgers zwischen Nachbarn empfiehlt es sich, die Haltung von Haustieren im Mietvertrag zu regeln.

Tipp:
Gehen Sie als Vermieter auf Nummer sicher und sprechen Sie im Mietvertrag **kein generelles Verbot** der Tierhaltung aus: Das wäre nämlich unwirksam, weil für Kleintiere eine Erlaubnispflicht nicht wirksam vereinbart werden kann.

Machen Sie die Tierhaltung aber von Ihrer Erlaubnis abhängig. Unterscheiden Sie ausdrücklich zwischen der Haltung von **Haustieren** (wie z. B. Hunde und Katzen) und von **Kleintieren** (z. B. Kanarienvögel, Zierfische, Goldhamster).

13. Muss der Mieter die Räum- und Streupflicht übernehmen?

Hier gibt es einen verbreiteten Irrtum: Es gibt **kein Gewohnheitsrecht,** wonach »der **Parterremieter** zur Ausführung des Winterdienstes verpflichtet ist.« Daher muss die Übernahme dieser Verpflichtung durch den Mieter ausdrücklich und eindeutig vereinbart werden.

Tipp:
Es reicht aus, wenn Sie als Vermieter im Mietvertrag grundsätzlich die Übernahme des Winterdienstes durch den Mieter vereinbaren. Die Einzelheiten können Sie in einem gesonderten »Reinigungsplan« regeln.

14. Wann darf der Vermieter das Mietobjekt betreten?

Die Gerichte räumen Ihnen als Vermieter das Recht ein, das Mietobjekt zumindest **alle zwei Jahre** auch ohne konkreten Anlass oder vertragliche Vereinbarung zu betreten, um dessen Zustand prüfen zu können. Denn nur so können Sie Ihre Instandhaltungspflichten erfüllen.

Aber: Auch bei einer zulässigen Besichtigung müssen Sie Ihren Besuch vorher ankündigen und mit dem Mieter einen Termin vereinbaren. Außerhalb dieses Zweijahresturnus kommt ein Besichtigungsrecht nur in Betracht, wenn ein **gewichtiger Grund** (z. B. Ablesen der Wasseruhr, Besichtigung durch Kaufinteressenten) vorliegt.

Tipp:
Vereinbaren Sie als Vermieter in Ihrem Mietvertrag die »Spielregeln« für die notwendige Besichtigung, damit nicht jedes Mal Streit entsteht.

Heiz- und allgemeine Betriebskosten richtig ermitteln und abrechnen

I. Die Grundregeln für die Heizkostenabrechnung

➔ Normalerweise muss der Verbrauch gemessen werden

Nach § 4 Abs. 2 der für Heiz- und Warmwasserkosten geltenden **Heizkostenverordnung** (HeizkostenV) ist der Vermieter verpflichtet, in zentralbeheizten Mehrfamilienhäusern **Heizkostenverteiler** anzubringen. Das sind Geräte, die an den Heizkörpern die abgegebene Wärme messen.

Sind diese vorhanden, muss die Heizkostenabrechnung den konkreten Verbrauch der einzelnen Nutzer im Haus berücksichtigen. **Unzulässig** ist damit die Vereinbarung einer **Warmmiete** (Heizkosten in der Miete enthalten) oder einer **Heizkostenpauschale** (ohne Abrechnungspflicht).

Zur Messung des Heizungs- und Warmwasserverbrauchs werden **unterschiedliche Messgeräte** verwendet. Welcher Typ zum Einsatz kommt, hängt von der Auswahl durch den Vermieter und teilweise auch vom Heizungstyp ab. Die Geräte unterscheiden sich vor allem in der Funktionsweise, der Messgenauigkeit und den Kosten.

➔ Nur im Ausnahmefall ist keine Messung vorgeschrieben

Sind in Ihrem Haus keine Heizkostenverteiler installiert, sollten Sie zunächst anhand der nachfolgenden Übersicht prüfen, ob bei Ihnen einer der **Ausnahmefälle** (des § 11 HeizkostenV) vorliegt:

- Es handelt sich um ein sogenanntes **Passivhaus** oder **Niedrigenergiehaus,** das einen Heizwärmebedarf von weniger als 15 kWh/qm pro Jahr aufweist.
- **Der Einbau von Erfassungsgeräten ist technisch nicht möglich oder mit unverhältnismäßig hohen Kosten verbunden.** Die Anbringung muss wegen der **technischen Besonderheit** (z.B. der Heizungsanlage) unmöglich sein. Von **unverhältnismäßig hohen Kosten** kann man ausgehen, wenn die Kosten für die Installation der Messgeräte sowie des Mess- und Abrechnungsaufwandes die voraussichtliche Einsparung von Energiekosten übersteigen.
- **Der Wärmeverbrauch in einem vor dem 1. 7. 1981 bezugsfertig gewordenen Gebäude lässt sich nicht beeinflussen.** Dies gilt zum Beispiel für alte Plattenbauten mit Einrohrheizung ohne Ventile.

- **Es handelt sich um besondere Wohnverhältnisse.** Hier geht es um Mietverhältnisse, in denen typischerweise eine sogenannte »Warmmiete« vereinbart wird, das heißt keine extra Heiz- und Warmwasserkostenabrechnung erfolgt. Dies gilt insbesondere für **Alters- und Pflegeheime, Studenten- und Lehrlingsheime.**
- **Es werden energiesparende Technologien verwendet.** Diese Ausnahme betrifft Gebäude, die überwiegend mit modernen Spartechniken versorgt werden: Rückgewinnung aus Wärmepumpen- oder Solaranlagen, Kraft-Wärme-Kopplung, Verwertung von Abwärme.
- **Es handelt sich um ein Einfamilienhaus.** Dasselbe gilt auch, wenn **Wohnungen mit Einzelöfen** oder **separater Etagenheizung** (z. B. Gastherme) ausgestattet sind.
- **Es handelt sich um ein Zweifamilienhaus.** Erfassungsgeräte brauchen nur dann nicht installiert zu werden, wenn der Vermieter eine der beiden Wohnungen bewohnt **und** die Parteien vereinbart haben, dass die Heizkostenverordnung keine Anwendung finden soll.

→ Verstöße gegen die Heizkostenverordnung haben Folgen

Schreibt die HeizkostenV eine verbrauchsabhängige Abrechnung vor und ist diese wegen **fehlender Erfassungsgeräte** nicht möglich, sind Sie als Mieter berechtigt, die auf Sie entfallenden **Heiz- und Warmwasserkosten um 15 % zu kürzen** (§ 12 Abs. 1 HeizkostenV).

Haben Sie allerdings nach Vorlage der Heiz- und Warmwasserkostenabrechnung den Nachzahlungsbetrag in voller Höhe und ohne ausdrücklichen Vorbehalt überwiesen, entfällt Ihr Kürzungsrecht für die Vergangenheit.

Sie können auch zusätzlich die Anbringung von Heizkostenverteilern verlangen. Bevor Sie diesen Anspruch anmelden, sollten Sie zunächst die wirtschaftlichen Auswirkungen einer solchen Forderung prüfen. Denn unter Umständen haben Sie und auch die übrigen Mieter dadurch nur Nachteile.

Beispiel:
In einem Sechsfamilienhaus ohne Heizkostenverteiler wird die Heizung derart kostengünstig betrieben, dass auch bei einer verbrauchsabhängigen Abrechnung weitere Einsparungen an Heizenergie nicht zu erwarten sind. Gleichwohl verlangt eine Mietpartei die Anschaffung von Heizkostenverteilern. Der Vermieter kommt der Forderung nach und führt daraufhin zulässigerweise eine **Mieterhöhung** wegen Modernisierung durch. Hinzu kommen dann jährlich wiederkehrend die **Kosten** der **Ablesung** und der **Abrechnung** durch eine Wärmemessdienstfirma.

II. Wenn die Geräte abgelesen werden sollen

➔ Wenn der erste Ablesetermin »platzt«

Kann der Mieter den angegebenen Ablesetermin nicht wahrnehmen, sollte er dies der Messdienstfirma bzw. dem Vermieter rechtzeitig mitteilen und einen **Ersatztermin** vereinbaren.

Tipp:
Falls die Messdienstfirma die **Kosten für den zusätzlichen »Fahrt- und Zeitaufwand«** ersetzt verlangt, können Sie dies ablehnen, wenn Sie um einen neuen Termin gebeten haben oder vom ersten Termin nichts wussten (z.B. weil Sie verreist waren). Hier hilft dem Unternehmen auch keine entsprechende Kostenklausel im Kleingedruckten. Denn die ist unwirksam.

Erst wenn Sie einen zweiten Ablesetermin schuldhaft platzen lassen, könnten entsprechende Kosten auf Sie zukommen.

➔ Mieter aufgepasst: Kontrollieren Sie den Ableser

Damit Sie die vom Ableser erfassten Werte überprüfen können, sollten Sie rechtzeitig vor Beginn der Ablesung selbst ablesen. Beginnen Sie die Ablesung im ersten Zimmer links nach der Wohnungstür und setzen Sie diese dann im Uhrzeigersinn fort. In der Regel sind die Erfassungsgeräte auch in dieser Reihenfolge auf dem Ableseprotokoll aufgeführt.

Lesen Sie die **Skalenwerte in Augenhöhe** ab. Ausschlaggebend bei Verdunstergeräten ist hierbei die **Unterkante** des konkav gebogenen (d.h. zu den Seiten hin ansteigenden) Flüssigkeitsspiegels.

Machen Sie den Ableser dann zu Beginn der Ablesung darauf aufmerksam, dass Sie vergleichen wollen. Lehnt er ab, verweigern Sie in Ihrem eigenen Interesse die Unterschrift unter das Ableseprotokoll. Denn dann können Sie bei deutlichen Abweichungen zwischen Ihren und seinen Werten später nach Vorlage der Heizkostenabrechnung erfolgreich reklamieren.

Tipp:
Bitten Sie den Ableser, Ihnen gleich eine **Kopie des Ableseprotokolls** auszuhändigen. Damit können Sie dann später überprüfen, ob Verbrauchswerte in die Heizkostenabrechnung korrekt übertragen worden sind. Falls der Ableser zögert, können Sie ihn darauf aufmerksam machen, dass Sie Ihrem Vermieter hierdurch Verwaltungsaufwand ersparen. Denn er ist nach § 6 Abs. 1 Satz 2 HeizkostenV ohnehin verpflichtet, Ihnen die Ableseergebnisse **innerhalb eines Monats** mitzuteilen.

Falls die Messdienstfirma die **Kosten für den zusätzlichen »Fahrt- und Zeitaufwand«** ersetzt verlangt, können Sie dies ablehnen, wenn Sie um einen neuen Termin gebeten haben oder vom ersten Termin nichts wussten (z. B. weil Sie verreist waren).

→ Was gilt, wenn der Verbrauch geschätzt werden soll?

Nach § 9 a Abs. 1 HeizkostenV ist eine Schätzung **nur »wegen Geräteausfalls oder aus anderen zwingenden Gründen«** zulässig.

Beispiel:

- Bei einem elektronischen Heizkostenverteiler sind die Batterien ausgefallen. Oder bei einem Verdunstergerät wurde durch die Kinder des Mieters die Ampulle beschädigt.
- Auf der Fahrt nach Hause zum Ablesetermin wird der Mieter in einen Verkehrsunfall verwickelt. Als er viel später zu Hause eintrifft, ist der Ableser bereits weg.

Solange die Messdienstfirma nach einem geplatzten ersten Termin nicht einen zweiten Termin vereinbart hat, ist eine **Schätzung unzulässig.**

Tipp:

Stellen Sie als Mieter fest, dass in Ihrem Fall unzulässigerweise geschätzt wurde, können Sie die Ihnen berechneten **Kosten um 15 %** kürzen (→ Abschn. I). Erscheint Ihnen die Kostenbelastung allerdings im Vergleich zu bisherigen Abrechnungen überhöht (→ Abschn. III. 3), sollten Sie zunächst eine Korrektur der Abrechnung verlangen. Erklären Sie gleichzeitig, dass Sie die Nachzahlung aus diesem Grunde zurückbehalten bzw. ein Guthaben nur »unter Vorbehalt« annehmen.

Ist in einem Mietobjekt gleich in mehreren Räumen die Ablesung nicht möglich und betrifft dies **mehr als 25 %** der gesamten Wohn- oder Nutzfläche oder des umbauten Raums, ist eine **Schätzung** ebenfalls **unzulässig.** In diesem Fall sind die Kosten ausschließlich nach Wohn- bzw. Nutzfläche oder nach umbautem Raum zu verteilen (§ 9 a Abs. 2 HeizkostenV). Die Mieter können dann ihre so errechneten Kosten **um 15 % kürzen.**

Als **Schätzungsgrundlagen** kommen in Betracht (§ 9 a Abs. 1 Satz 1 HeizkostenV):

- Sie suchen sich ältere Abrechnungen heraus und nehmen für Ihre Schätzung den Verbrauch der betroffenen Räume in vergleichbaren Zeiträumen.

- Sie können aber auch den gemessenen Verbrauch vergleichbarer anderer Räume im jeweiligen Abrechnungszeitraum heranziehen.
- Oder Sie gehen vom Durchschnittsverbrauch des Gebäudes oder der Nutzergruppe aus.

Vorrang hat immer die »**Schätzung nach Vorjahr«.** Hier wird allerdings nicht einfach der Vorjahresverbrauch übernommen. Vielmehr sind die im Vorjahr gemessenen Verbrauchseinheiten ins Verhältnis zum Gesamtverbrauch der Liegenschaft zu setzen. Ist der vorherige Abrechnungszeitraum zum Beispiel wegen stark abweichender Witterungsbedingungen nicht vergleichbar, greift man auf frühere Perioden zurück.

Nur wenn eine Schätzung »nach Vorjahr« nicht möglich ist, kommt die Schätzung auf der **Grundlage des Verbrauchs vergleichbarer anderer** Räume **im aktuellen Abrechnungszeitraum** in Betracht.

III. Wie Sie die Heizkostenabrechnung prüfen

1. Bis wann muss abgerechnet werden?

Der Vermieter muss seinem Mieter die Heizkostenabrechnung »**spätestens bis zum Ablauf des zwölften Monats nach Ende des Abrechnungszeitraums**« vorlegen. Versäumt der Vermieter diese Frist, braucht der Mieter in der Regel nicht mehr nachzuzahlen. Denn es handelt sich hierbei um eine sogenannte »**Ausschlussfrist**« (→ Abschn. IV. 1).

2. Ist die Abrechnung nachvollziehbar?

Der Vermieter muss eine geordnete Zusammenstellung der Einnahmen und Ausgaben vorlegen. Auch ein juristisch und betriebswirtschaftlich nicht geschulter Mieter muss die Abrechnung nachvollziehen können. Folgende Angaben sind erforderlich:

- Zusammenstellung der Gesamtkosten
- Erläuterung der Verteilerschlüssel
- Berechnung des Mieteranteils an den Gesamtkosten
- Aufstellung der Vorauszahlungen
- Bei einem **Mieterwechsel** der **spezielle Nutzungszeitraum** des betroffenen Mieters

- Bei der Verwendung von **Heizöl** ist der **Anfangsbestand** (in Liter und Euro) anzugeben, der mit dem **Endbestand** der vorangegangenen Abrechnungsperiode identisch sein muss.
- Die in der Abrechnungsperiode **angelieferten Brennstoffmengen** (nach Litern und Euro)
- Bei Heizöl der **Restbestand.** Hierbei wird die Restmenge mit dem Preis, der für die **letzte Öllieferung** gezahlt wurde, multipliziert.
- Die **weiteren Heizungsbetriebskosten** (z.B. Betriebsstrom, Heizungswartung, → Abschn. III. 3) nach Art und Betrag
- Versorgt die Heizungsanlage die Wohnungen gleichzeitig mit Warmwasser (sogenannte »**verbundene Anlagen**«), ist der auf das Warmwasser entfallende **Brennstoffanteil extra zu berechnen.**

3. Wurden die Kosten richtig berechnet?

→ Liegen die Kosten im üblichen Rahmen?

Stellt sich heraus, dass sich die Kosten gegenüber dem Vorjahreszeitraum **deutlich verändert** haben, sollten Sie sich als Mieter die Kostenentwicklung etwas genauer anschauen.

Beispiel:
Aus Ihrer aktuellen Heizkostenabrechnung ergibt sich für Sie ein Gesamtverbrauch von € 660,– und ein Guthaben von € 75,–. In Ihrer Liegenschaft mit 400 m^2 beheizter Nutzfläche sind für Heizung (ohne Warmwasser) Gesamtkosten von € 2 640,– angefallen.

Daraus errechnen Sie einen Wert von € 0,55 pro Quadratmeter pro Monat. Wenn Sie diesen Wert mit den 80 m^2 Ihrer eigenen Wohnung multiplizieren, erhalten Sie einen Vergleichswert von € 44,– pro Monat und € 528,– für den gesamten Abrechnungszeitraum.

Im Vergleich dazu liegt der Ihnen angelastete Gesamtverbrauch von € 660,– somit **über** dem Durchschnitt. Aus der Vorjahresabrechnung errechnen Sie, dass Ihr Gesamtverbrauch damals **unter** dem Durchschnitt lag.

Ergibt sich bei einer derartigen Kontrolle, dass **hohe Verbrauchskosten** schuld an den überhöhten Heizkosten sind, sollten Sie vor Rückfrage beim Vermieter die eigene **Wohnsituation** und das eigene **Wohnverhalten hinterfragen.**

Beispiel:

- Haben Sie durch Dauerlüftung (insbesondere gekippte Fenster) einen höheren Energieverbrauch verursacht?
- Haben Sie bei Abwesenheit oder zur Nachtzeit die Rollläden abgesenkt, Fensterläden geschlossen oder die Vorhänge zugezogen?
- Beheizen Sie Ihre Wohnräume stärker als andere Mietparteien und höher als die üblichen 20 Grad Celsius?
- Haben Sie Ihre Heizkörperventile korrekt bedient (z. B. bei gesteuerten Anlagen bei Verlassen der Räume nicht völlig abgestellt)?
- War für eine gute Luftzirkulation über und vor den Heizkörpern gesorgt oder waren diese mit dicken Vorhängen zugehängt oder mit Möbeln zugestellt?

➔ Welche Kosten dürfen berechnet werden?

Die in einer Heizkostenabrechnung umlagefähigen Kosten sind in § 2 Nr. 4–6 BetrKV, § 7 Abs. 2 HeizkostenV und § 8 Abs. 2 HeizkostenV **abschließend aufgezählt.** Das heißt, nur die dort aufgeführten Kosten dürfen umgelegt werden.

Tipp:
Welche Kosten unter die Heizkosten fallen und welche nicht, sagt Ihnen das »Heizkosten-ABC«. Sie finden diese wertvollen Informationen unter www.bild-ihr-gutes-recht.de (R 10455).

➔ Wurden die Warmwasserkosten richtig ermittelt?

Handelt es sich um eine selbstständige zentrale Warmwasserversorgungsanlage, können gemäß § 8 Abs. 2 HeizkostenV berechnet werden die Kosten für:

- (Kalt-)Wasser
- Grundgebühren
- Zählermiete
- Verwendung von Zwischenzählern
- Betrieb einer hauseigenen Wasserversorgungs- u. Wasseraufbereitungsanlage einschließlich der Aufbereitungsstoffe
- Wassererwärmung

Tipp:
Doppelberechnung ist nicht erlaubt! Wurde das für Warmwasser verbrauchte Kaltwasser bereits bei den allgemeinen Betriebskosten abgerechnet, dürfen diese Kosten nicht noch einmal in der Warmwasserkostenabrechnung auftauchen (§ 8 Abs. 2 Satz 1 HeizkostenV).

Handelt es sich um eine **verbundene Warmwasserversorgungsanlage,** die neben dem Warmwasser für die Heizung auch warmes Wasser aus dem Hahn liefert, müssen die dabei entstehenden Kosten auf beide Abrechnungsbereiche (Heizung und Warmwasser) aufgeteilt werden.

Hierfür werden zunächst einmal die Warmwasserkosten ermittelt und dann von den Gesamtkosten abgezogen. Der Rest entfällt dann auf die Heizkosten.

Der **Brennstoffverbrauch** wird gemäß § 9 Abs. 2 HeizkostenV nach einer seit dem 1. 1. 2009 neu formulierten komplizierten **Formel** berechnet.

Falls noch nicht vorhanden, müssen **Wärmezähler** bis spätestens **31. 12. 2013** eingebaut werden (§ 9 Abs. 2 HeizkostenV).

→ Wurden die Kosten richtig verteilt?

→ Die Aufteilung in Grund- und Verbrauchskosten

Wurden die Betriebskosten für Heizung und Warmwasser ordnungsgemäß ermittelt, sind diese im nächsten Schritt aufzuteilen in

- einen verbrauchsunabhängigen Teil **(Grundkosten)** und
- einen verbrauchsabhängigen Teil **(Verbrauchskosten).**

Tipp:
Aufgepasst bei Balkonflächen und Dachwohnungen! Wird der Grundkostenanteil nach Quadratmetern Wohnfläche berechnet, sind die **Balkonflächen** aus der Berechnung **herauszunehmen.** Fehlberechnungen schleichen sich auch öfter bei **Wohnungen mit Dachschrägen** ein.

Grundkosten und Verbrauchskosten sind (soweit nichts anderes vereinbart ist) so aufzuteilen, dass der Verbrauchsanteil **zwischen 50 % und 70 %** liegt (§ 7 Abs. 1 HeizkostenV; § 8 Abs. 1 HeizkostenV). Der Grundkostenanteil liegt dann entsprechend zwischen 50 % und 30 %. Dabei werden die **Grundkosten** entsprechend der Vereinbarung im Mietvertrag entweder nach Boden- oder Nutzfläche (in Quadratmetern) oder nach umbautem Raum (in Kubikmetern) verteilt.

Beispiel:
Für Heizung und Warmwasser sind an Betriebskosten insgesamt € 2 760,– ermittelt worden. Im ersten Schritt wird der Warmwasseranteil herausgerechnet (siehe oben) und dafür ein Betrag von € 496,– errechnet. Entsprechend betragen die Heizkosten € 2 264,– (€ 2 760,– ./. € 496,–). Diese Kosten werden nach dem vereinbarten Umlageschlüssel (50 : 50) wie folgt aufgeteilt:

Heizung

50 % Grundkosten	=	€ 1 132,–
50 % Verbrauchskosten	=	€ 1 132,–

Warmwasser

50 % Grundkosten	=	€ 248,–
50 % Verbrauchskosten	=	€ 248,–

→ Muss der Aufteilungsmaßstab bei Ihnen geändert werden?

Für Abrechnungszeiträume, die mit dem **1. 1. 2009** begonnen haben, muss der Abrechnungsmaßstab auf »70 % (Verbrauchskosten) und 30 % (Grundkosten)« geändert werden, wenn folgende Voraussetzungen für Ihr Mietobjekt zutreffen:

- Es handelt sich um ein **älteres Gebäude,** das das Anforderungsniveau der **Wärmeschutzverordnung** vom 16. 8. 1994 nicht erfüllt,
- das durch eine **Öl- oder Gasheizung** mit Wärme versorgt wird
- und in dem die freiliegenden **Strangleitungen** der Wärmeverteilung überwiegend (mehr als die Hälfte) **gedämmt** sind.

→ Welcher Aufteilungsmaßstab gilt in Ihrem Fall?

Die Heizkostenverordnung gestattet dem Vermieter, den Aufteilungsmaßstab zunächst selbst zu bestimmen. Üblicherweise wird er **im Mietvertrag festgelegt.** Darin kann der verbrauchsabhängige Anteil gegenüber der gesetzlichen Vorgabe **auch höher** vereinbart werden (z. B. 100 %).

Ein **höherer Verbrauchsmaßstab** ist aber häufig **nicht zu empfehlen.** Denn dieser ist entgegen eines weitverbreiteten Irrtums nicht immer gerecht: In den Heizkosten sind viele **Fixkosten** (z. B. Wartungs- und Reinigungsarbeiten, Eichserviceverträge, Abrechnungskosten) enthalten, die mit dem Verbrauch nichts zu tun haben.

Ebenso können die normalerweise auf dem Weg zum Verbraucher anfallenden **Wärmeverluste** nicht nach Verbrauch aufgeteilt werden. Deshalb empfiehlt sich in den meisten Fällen ein **Verteilungsmaßstab von 50:50.**

Finden Sie im Mietvertrag **keine entsprechende Vereinbarung,** sollten Sie anhand der bisherigen Heizkostenabrechnungen prüfen, welcher Umlegungsmaßstab bisher galt. Stellen Sie daraufhin fest, dass in der vorliegenden Abrechnung der Aufteilungsmaßstab geändert wurde, sollten Sie prüfen, ob diese Änderung ausnahmsweise zulässig ist.

In folgenden Fällen lässt § 6 Abs. 4 HeizkostenV die **Änderung für künftige Abrechnungszeiträume** zu:

- Der Verbrauch wird erstmalig nach bestimmten Nutzergruppen (z. B. Wohnraum- und Gewerberaummieter) erfasst.
- Der Vermieter hat bauliche Maßnahmen durchgeführt, die nachhaltig Heizenergie einsparen.
- Es haben sich »andere sachgerechte Gründe« ergeben, die eine Änderung des Aufteilungsmaßstabes rechtfertigen (z. B. soll wegen einer verbesserten Wärmedämmung der verbrauchsbedingte Anteil von 50 % auf 70 % erhöht werden).

Der Vermieter muss die Mieter allerdings über die bevorstehende Veränderung **spätestens vor Beginn des Abrechnungszeitraums** informiert haben. Zu beachten ist hierbei auch, dass diese nachträgliche Änderung der Aufteilung nur in den oben beschriebenen Grenzen (Verbrauchsanteil zwischen 50 % und 70 %) zulässig ist. Hat der Vermieter dieses Verfahren nicht eingehalten, kann der Mieter die Korrektur der Abrechnung verlangen.

4. Sind Mieterwechsel korrekt berücksichtigt worden?

Sind Mieter während der Abrechnungsperiode aus- oder eingezogen, müssen die Heiz- und Warmwasserkosten zwischen Vor- und Nachmieter aufgeteilt werden. Zieht ein Mieter während des Abrechnungszeitraums aus, kann er keine sofortige Abrechnung der Heizkosten verlangen. Er muss sich bis zur Erstellung der Gesamtabrechnung nach Ablauf des Abrechnungszeitraumes gedulden.

In § 9 b HeizkostenV ist die Kostenaufteilung bei Nutzerwechsel zwar geregelt, jedoch lässt Abs. 4 dieser Vorschrift **abweichende vertragliche Vereinbarungen** ausdrücklich zu. Schauen Sie deshalb zunächst in Ihren Mietvertrag. Finden Sie dort zum Mieterwechsel nichts geregelt, findet die Kostenaufteilung entsprechend den nachfolgenden Punkten statt.

➔ Normalerweise muss eine Zwischenablesung stattfinden

Aufgrund der Ablesewerte errechnet man dann den verbrauchsbedingten Anteil der Heiz- und Warmwasserkosten zwischen Vor- und Nachmieter. Die **Kosten** für die Zwischenablesung muss der **Vermieter** tragen.

Ist eine Zwischenablesung nicht möglich oder lässt sie wegen des Zeitpunkts des Mieterwechsels aus technischen Gründen **keine hinreichend genaue Ermittlung der Verbrauchsanteile** zu, dürfen diese nach § 9 a Abs. 3 HeizkostenV auf andere Art und Weise ermittelt werden (z. B. mithilfe der unten dargestellten »**Gradtagszahlen**«).

➔ So wird der verbrauchsunabhängige Kostenanteil aufgeteilt

Hinsichtlich der **Heizung** hat der Vermieter die Wahl zwischen

- einer zeitanteiligen Aufteilung oder
- der Aufteilung nach der sogenannten »Gradtagszahlentabelle«.

Bei der **Gradtagszahlentabelle** handelt es sich um eine vom deutschen Wetterdienst erstellte langjährige Übersicht von Temperaturdaten, die eine Gewichtung der einzelnen Monate nach statistisch ermittelten Außentemperaturen darstellt.

In der ersten Spalte steht der Promille-Anteil eines Monats an den gesamten Heizkosten des Jahres (z. B. Januar = 170 ‰, entspricht 17 %), in der zweiten Spalte der Anteil eines einzelnen Tages (z. B. ein Januar-Tag = 5,48 ‰).

Promille-Anteile je		
Monat		**Tag**
Januar	170	5,48
Februar	150	5,36
März	130	4,19
April	80	2,66
Mai	40	1,29
Juni, Juli, August zus.	40	0,43
September	30	1,0
Oktober	80	2,58
November	120	4,0
Dezember	160	5,16

Im Unterschied zur Heizung ist der **Warmwasserverbrauch** in weitaus geringerem Maße von Witterungseinflüssen abhängig. Deshalb kommt dafür **nur eine zeitanteilige Aufteilung** in Betracht.

> **Beispiel:**
> Der Mieter zieht am 31. Januar aus. Der mietvertraglich vereinbarte Heizkostenabrechnungszeitraum läuft jeweils vom 1. Oktober bis 30. September. Von den Heizkosten hat er 530 ‰ (Oktober bis Januar addiert) zu tragen, von den Warmwasserkosten 4 / 12.

IV. Die Abrechnung der allgemeinen Betriebskosten

1. Die 12-Monats-Frist als Ausschlussfrist

Vermieter müssen ihren Mietern die Betriebskostenabrechnung »**spätestens bis zum Ablauf des zwölften Monats nach Ende des Abrechnungszeitraums mitteilen**« (§ 556 Abs. 3 Satz 2 BGB).

➔ Abrechnung auch per Fax oder E-Mail möglich

Für die Betriebskostenabrechnung reicht die sogenannte »**Textform**« (§ 126 b BGB). Das bedeutet:

- Die Abrechnung muss nicht handschriftlich unterzeichnet sein. Es gehen auch **Kopie, Fax** oder **E-Mail.**
- Die **Person des Erklärenden** (hier: Vermieter) muss genannt sein.
- Der **Abschluss der Erklärung muss gekennzeichnet sein.** Zum Beispiel dadurch, dass am Ende die Unterschrift des Absenders eingescannt wird oder der Name angegeben wird.

➔ Was bedeutet »Abrechnungszeitraum«?

Der Abrechnungszeitraum beträgt bei Wohnraum **ein Jahr.** Er **kann** mit dem Kalenderjahr identisch sein. So können für **unterschiedliche Betriebskostengruppen** unterschiedliche Abrechnungszeiträume festgelegt werden. **Wichtig:** Der Abrechnungszeitraum von zwölf Monaten darf dabei weder über- noch unterschritten werden.

➔ Wann beginnt die »Abrechnungsfrist« und wann läuft sie ab?

Mit Beendigung des Abrechnungszeitraums beginnt für den Vermieter sofort die Abrechnungsfrist zu laufen. Sie beträgt nach dem Gesetz ebenfalls **zwölf**

Monate zum Ablauf des Monats. Rechnet der Vermieter innerhalb dieser Frist nicht ab, kann der Mieter aus einer verspäteten Abrechnung nicht mehr zur Kasse gebeten werden. Denn es handelt sich hierbei um eine sogenannte **Ausschlussfrist.**

Fällt der **letzte Tag** der Frist auf einen **Sonntag,** einen am Wohnort des Mieters anerkannten **Feiertag** oder einen **Samstag,** reicht auch der Zugang der Abrechnung am folgenden Werktag.

Nicht fristgerecht ist die Betriebskostenabrechnung allerdings, wenn sie am letzten Tag der Jahresfrist – im Allgemeinen den 31.12. – nach 18 Uhr in den Briefkasten des Wohnungsmieters eingeworfen wird. **Ausnahme:** Der maßgebende Tag fällt auf einen Sonn- oder Feiertag.

Tipp:
Vermuten Sie als Mieter, dass Ihnen aus der letzten Abrechnungsperiode ein Guthaben zustehen könnte, sollten Sie Ihren Vermieter zur Abrechnung auffordern. Machen Sie das am besten schriftlich und setzen Sie ihm hierfür eine Frist. Für den Fall, dass er die Frist nicht einhält, können Sie den Einbehalt der weiteren Vorauszahlungen ankündigen.

➔ Wenn der Vermieter die Abrechnungsfrist nicht eingehalten hat

Der Mieter darf wegen einer verspäteten Abrechnung die **Nachzahlung verweigern.** Hat er irrtümlich die sich aus einer verspäteten Abrechnung ergebende Nachzahlung gezahlt, kann er innerhalb von drei Jahren nach Entdecken seines Irrtums den versehentlich gezahlten **Betrag zurückfordern.**

Hat der Vermieter im **bestehenden Mietverhältnis** nicht fristgerecht abgerechnet, kann der Mieter die im betreffenden Abrechnungszeitraum gezahlten **Vorauszahlungen nicht zurückverlangen.** Denn der Mieter hat ein ausreichendes Druckmittel, um den Vermieter zur Abrechnung zu bewegen, indem er seine weiteren Vorauszahlungen einbehält. Dagegen darf er nach **Beendigung des Mietverhältnisses** die **vollständige Rückzahlung** der geleisteten Abschlagszahlungen verlangen.

➔ Fristüberschreitung nur in Sonderfällen erlaubt

Die Abrechnungsfrist darf der Vermieter ausnahmsweise überschreiten, wenn er die Verspätung »**nicht zu vertreten hat**« (§ 556 Abs. 3 Satz 3 BGB).

Beispiel:

- Es gibt Unstimmigkeiten in den Abrechnungen der **Lieferanten.**
- Der Vermieter erhält den **Grundsteuerbescheid** erst nach Ablauf der Abrechnungsfrist.
- Der **Wohnungsverwalter** übersendet die Abrechnung verspätet. Hier muss der Vermieter allerdings nachweisen können, dass er die Abrechnung beim Verwalter abgemahnt hat.

Allerdings darf sich der Vermieter nach Wegfall des Abrechnungshindernisses (z. B. hat er den Grundsteuerbescheid verspätet erhalten) nicht allzu viel Zeit lassen. Im Regelfall muss er innerhalb von **drei Monaten** nach Wegfall des Abrechnungshindernisses reagieren.

Ebenso wird es dem Vermieter angelastet, wenn er seine Abrechnung zwar rechtzeitig abgeschickt hat, dann aber – als eine Reaktion des Mieters auf die Abrechnung nicht erfolgt – über mehrere Monate **nichts weiter unternimmt,** anstatt beim Mieter mal nachzufragen.

Behauptet der Mieter, die Abrechnung nicht oder nicht fristgemäß erhalten zu haben, ist es Sache des Vermieters, zu beweisen, dass sein Schreiben beim Mieter rechtzeitig zugegangen war.

2. Die Abrechnung nachvollziehbar gestalten

→ Gedanklich und rechnerisch klar verständlich

Die Einnahmen und Ausgaben müssen **zweckmäßig** und **übersichtlich** dargestellt werden, sodass auch ein juristisch und betriebswirtschaftlich **nicht geschulter Mieter** die Abrechnung gedanklich und rechnerisch nachvollziehen kann.

Die Abrechnung muss enthalten:

- eine Zusammenstellung der Gesamtkosten,
- die Angabe und Erläuterung der zugrunde gelegten Verteilerschlüssel,
- die Berechnung des Anteils des Mieters und
- die Aufstellung der vom Mieter geleisteten Vorauszahlungen.

Entspricht eine Abrechnung diesen Anforderungen nicht, ist sie **unwirksam.** Zahlungsansprüche gegenüber den Mietern bestehen dann nicht.

Soweit für einzelne Positionen der Abrechnung (z. B. »Hausreinigung« oder »Gartenpflege«) mehrere Rechnungen vorliegen, können diese zusammengefasst werden. Zwar wird eine Überprüfung der Abrechnung dem Mieter erleichtert, wenn Datum und Betrag der einzelnen Rechnungen angegeben werden. Jedoch ist eine solche **Spezifizierung im Normalfall nicht erforderlich.**

→ Aufpassen bei der Angabe der Gesamtkosten

Sind **einzelne Kosten nicht umlagefähig,** müssen diese gleichwohl in folgenden Fällen dargestellt und als Abzugsposten kenntlich gemacht werden:

- Das Mietobjekt besteht aus **Wohn- und Gewerbeeinheiten.** Für den Gewerbeteil nimmt der Vermieter für bestimmte Betriebskostenpositionen (z. B. Grundsteuer, Versicherungen und Wasser/Abwasser) einen **Vorwegabzug** vor. Dies muss er in der Aufstellung seiner Gesamtkosten kenntlich machen. Andernfalls ist die Abrechnung zumindest für die hiervon betroffenen Kostenteile unwirksam.
- Die Abrechnung enthält sogenannte **»gemischte Kosten«,** das heißt Kostenteile, die nicht als Betriebskosten umlegbar sind. Wenn der Vermieter deshalb zum Beispiel bei den Hausmeisterkosten die darin enthaltenen nicht umlagefähigen »Verwaltungskosten« herausnimmt oder bei den Kosten der »Fahrstuhlwartung« den darin enthaltenen Reparaturkostenanteil, muss er in jedem Fall in der Abrechnung darstellen, um welchen Anteil die Gesamtkosten bereinigt wurden.

→ Steuerliche Gesichtspunkte gleich mit berücksichtigen

Auch Mieter können Steuern sparen, wenn sie dem Finanzamt nachweisen können, dass sie sich finanziell beteiligt haben an den Kosten für »Hilfen in Haus und Garten sowie Handwerkerleistungen«, den sogenannten **»haushaltsnahen Hilfen«** (§ 35 a EStG). Denn in einigen Betriebskostenpositionen (z. B. Gebäudereinigung und Schornsteinreinigung) können derartige Aufwendungen enthalten sein.

Gegenüber seinem Finanzamt muss der Mieter nachweisen, inwieweit er an den steuerlich relevanten Kosten beteiligt war. Da sich der Staat **nicht** an den **Materialkosten** beteiligt, fallen **nur die Lohn-, Fahrt- und Maschinenkosten** steuerlich ins Gewicht. Diese müssen deshalb rechnerisch von den Materialkosten getrennt werden.

Hat der Vermieter die steuerlich berücksichtigungsfähigen Kosten in der Betriebskostenabrechnung noch nicht gesondert aufgeführt, kann der Mieter von ihm eine **gesonderte Bescheinigung** hierüber verlangen.

Tipp:
Bitten Sie Ihren Vermieter, die Kosten für »haushaltsnahe Hilfen« in der **Betriebskostenabrechnung** aufzuschlüsseln. Zum Beispiel, indem er die anteiligen steuerlich relevanten Kosten in einer **Extraspalte** aufführt.

Hierdurch erspart er sich zusätzlichen Verwaltungsaufwand für eine Extrabescheinigung. Geben Sie Ihrem Vermieter gleich noch den Tipp, dass er derartige Handwerkerrechnungen **nie bar** bezahlt! Denn damit entfiele die steuerliche Absetzbarkeit.

3. Welche Kosten dürfen umgelegt werden?

➔ Maßgeblich ist zum einen die Betriebskostenverordnung

Umlagefähig sind nur solche Kosten, die in der Betriebskostenverordnung (BetrKV) **ausdrücklich genannt** sind. Deshalb fallen zum Beispiel »Bank- und Kontogebühren«, »Erbbauzinsen« oder Kosten der »Fassadenreinigung« nicht darunter.

Nach dem Gesetz sind ursprünglich sämtliche Betriebskosten vom Vermieter zu tragen. Zwar darf er sie auf die Mieter umlegen, aber nur, wenn er dies korrekt vereinbart hat. Am besten ist es, wenn im Mietvertrag die umzulegenden Betriebskosten **einzeln aufgelistet** werden.

Tipp:
Welche Kosten unter die Betriebskosten fallen und welche nicht, sagt Ihnen das »Betriebskosten-ABC«. Sie finden diese wertvollen Informationen unter www.bild-ihr-gutes-recht.de (R 10454).

In manchen Mietverträgen sind die Kosten nicht einzeln aufgeführt. Vielmehr wird lediglich auf den gesetzlichen Betriebskostenkatalog verwiesen.

Beispiel:
»Neben der Miete sind die Betriebskosten gemäß § 2 BetrKV zu zahlen.«

Auch wenn derartige Kurzformulierungen nicht optimal sind, werden sie inzwischen als wirksam angesehen. Ist die Bezeichnung einzelner Betriebskosten im Mietvertrag aber **zu ungenau,** bleiben die Kosten, die der Vermieter damit eigentlich hatte umlegen wollen, in der Miete enthalten und dürfen somit **nicht umgelegt** werden.

Beispiel:

- »Neben der Miete trägt der Mieter anteilig die Nebenkosten.«
- Die Kosten für Grundsteuer, Abfall, Abwasser und Straßenreinigung können nicht unter dem Sammelbegriff »Grundbesitzabgaben« zusammengefasst werden.

➔ Wie Eigenleistungen des Vermieters zu behandeln sind

Wenn ein Vermieter selbst die Straße reinigt, die Gartenpflege selbst in die Hand nimmt oder Hauswarttätigkeiten durchführt, sind dies »Sach- und Arbeitsleistungen« im Sinne von § 1 Abs. 1 Satz 2 BetrKV.

Nach dieser Vorschrift dürfen sie »mit dem Betrag angesetzt werden, der für eine gleichwertige Leistung eines Dritten, insbesondere eines Unternehmers, angesetzt werden könnte; die Umsatzsteuer des Dritten darf nicht angesetzt werden«.

4. Wenn anders als vereinbart abgerechnet wurde

➔ Zahlung von nicht vereinbarten, aber umlagefähigen Kosten

Der Vermieter hat in der Vergangenheit grundsätzlich umlagefähige Kosten (z. B. Grundsteuer, Sach- und Haftpflichtversicherung) umgelegt, obwohl diese Positionen in der mietvertraglichen Umlagevereinbarung fehlen: Beanstandet der Mieter solche Abrechnungen nicht, sondern zahlt er die geforderte Nachzahlung oder nimmt er das Guthaben daraus an, kann das zu einer Vertragsänderung führen.

Man wird von einer »**stillschweigenden Vereinbarung**« ausgehen können, wenn der Mieter die Abrechnungen **mehrmals** unwidersprochen hingenommen hat. In der Frage, **welcher Zeitraum** für eine solche stillschweigende Vereinbarung verstrichen sein muss, ist die Rechtsprechung uneinheitlich (Zeiträume zwischen drei und sechs Jahren).

Ist zur Umlage mietvertraglich nicht vereinbarter Betriebskosten **keine** stillschweigende Änderungsvereinbarung zustande gekommen, muss der Mieter sich beeilen. Seine Überzahlungen kann er nur innerhalb von **12 Monaten nach Zugang** einer ansonsten ordnungsgemäßen Abrechnung verlangen.

➔ Zahlung von grundsätzlich nicht umlagefähigen Kosten

Hat der Mieter in der Vergangenheit Betriebskosten bezahlt, die im Betriebskostenkatalog des § 2 BetrKV nicht enthalten sind und deshalb auch nicht als umlagefähige Kosten vereinbart werden dürfen (z. B. »Instandhaltungsrücklage« oder »Rechtsschutzversicherung«), kann er diese **Überzahlungen zurückverlangen.** Dabei muss er allerdings die **3-jährige Verjährungsfrist** beachten.

5. Das Wirtschaftlichkeitsgebot beachten

Bei der Betriebskostenumlage muss der Vermieter den sogenannten »Grundsatz der Wirtschaftlichkeit« im Auge behalten (§ 556 Abs. 3 Satz 1 Halbsatz 2 BGB). Hierbei haben sich folgende **Fallgruppen** gebildet:

- **Nicht nachvollziehbare erhebliche Kostenerhöhungen:** Wenn zum Beispiel die Hausmeisterkosten um das Doppelte angestiegen sind, und dann noch der Vermieter als Auftragnehmer auftritt, ist die Kostenumlage nur gerechtfertigt, wenn er hierfür nachvollziehbare vernünftige Gründe angeben kann.
- **Unnötige Kosten:** Der Vermieter lässt die Hausreinigung häufiger als erforderlich durchführen. Das Amtsgericht Regensburg hat zum Beispiel in einem Apartmenthaus die Reinigung der Treppenhäuser und Flure einmal pro Woche und die Fensterreinigung zweimal im Jahr für ausreichend angesehen.
- **Preis-Leistungs-Verhältnis gestört:** ein Stundenlohn von € 25,– für Treppenhausreinigung und Hofreinigung.
- **Bauliche Mängel als Kostentreiber:** Wegen eines Rohrleitungsschadens steigt die Versicherungsprämie der Gebäudeversicherung um 37 %. Solche dem Schadensverlauf angepasste Erhöhungen sind nicht auf die Mieter umlegbar.

Zwar ist es **zunächst Sache des Mieters,** konkrete Anhaltspunkte dafür darzulegen, dass der Vermieter gegen das Wirtschaftlichkeitsgebot verstoßen hat. Im Streitfall muss aber der **Vermieter beweisen,** dass er mit der Betriebskostenbelastung des Mieters dem Grundsatz der Wirtschaftlichkeit genügt.

6. Die richtigen Verteilerschlüssel verwenden

➔ Wenn bestimmte Verteilerschlüssel vereinbart worden sind

Überprüfen Sie anhand Ihres Mietvertrages, ob und welche Verteilerschlüssel vereinbart worden sind. Vermietern von frei finanzierten Wohnungen steht es bei Vertragsabschluss frei, zwischen welchen der nachfolgend aufgeführten Verteilerschlüsseln sie wählen:

- Wohnfläche
- Personenzahl
- Verbrauch
- Wohneinheiten
- Miteigentumsanteile (bei vermieteter Eigentumswohnung)
- m^3 umbauter Raum
- Verhältnis der Leerraummiete

Wichtig: An die vereinbarten Verteilerschlüssel ist der Vermieter gebunden.

Vermieter von **Eigentumswohnungen** sollten darauf achten, dass sie bei Abschluss des Mietvertrages die Verteilerschlüssel des Vertrages der **Wohngeldabrechnung anpassen.** Sonst müssen sie umrechnen.

Beispiel:
Der Vermieter hat vergessen, im Mietvertrag für seine Eigentumswohnung ausdrücklich klarzustellen, dass die **Grundsteuer** nicht anteilig nach »Wohnfläche« umgelegt werden soll, sondern in voller Höhe nach dem im Grundsteuerbescheid erhobenen Betrag. In der Betriebskostenabrechnung darf er deshalb von seinem Mieter nur den Betrag verlangen, der sich auf die anteilige Wohnfläche bezieht. Das heißt, er muss den auf Ihre Wohnung entfallenden Grundsteuerbetrag durch die Gesamtfläche der Wohnanlage teilen und dann mit der Wohnfläche der Wohnung multiplizieren.

Für **verbrauchsabhängige Betriebskosten** (z. B. für Wasser, Abwasser und Müllabfuhr), für die bisher ein nicht verbrauchsabhängiger Maßstab vereinbart war, darf der Vermieter den Verteilerschlüssel **für die Zukunft einseitig ändern.** Voraussetzung hierfür ist, dass der Verbrauch **gemessen** werden kann (z. B. durch Wasseruhren) und der Vermieter diese Änderung seinen Mietern vor Beginn des neuen Abrechnungszeitraums **in Textform** mitteilt (§ 556 a Abs. 2 BGB).

➔ Es wurden keine Verteilerschlüssel vereinbart

In diesem Fall müssen die Betriebskosten »nach dem Anteil der **Wohnfläche**« umgelegt werden (§ 556 a Abs. 1 Satz 1 BGB).

Ausnahme: Sind für die **verbrauchsabhängigen** Betriebskosten (z. B. Wasser, Müllabfuhr) entsprechende Messeinrichtungen vorhanden, **muss** der Vermieter die Kosten »nach Verbrauch« abrechnen (§ 556 a Abs. 1 Satz 2 BGB).

Beispiel:
- Sind die Wohnungen mit **Wasseruhren** ausgestattet, muss der Vermieter die Zählerstände berücksichtigen. Er hat die **Wahl,** ob er die gesamten Wasserkosten nach dem abgelesenen Verbrauch umlegt oder einen Teil davon nach einem festen Umlagemaßstab, oder ob er bestimmte Nebenkosten nach einem festen Maßstab und den eigentlichen Verbrauch nach Zähleranzeige umlegt.
- In der Gemeinde wird für die **Müllabfuhr** ein **Erfassungssystem** verwendet (z. B. Scannersystem). Dadurch kann festgestellt werden, wie oft die der Mietpartei zugewiesene Mülltonne geleert worden ist.

→ Was gilt, wenn neben Wohn- auch Gewerberäume vorhanden sind?

Auch wenn bei solchen »Mischmietverhältnissen« für die Gewerberäume weitaus höhere Betriebskosten anfallen, muss nur unter bestimmten Umständen ein **Vorwegabzug** vorgenommen werden. Dafür werden die auf die Gewerberäume entfallenden Kosten extra berechnet und von den auf die Wohnräume entfallenden Gesamtkosten abgezogen. Das kommt vor, wenn die Kosten bei den Gewerbeflächen für alle oder einzelne Betriebskostenarten so sehr ins Gewicht fallen, dass die Wohnungsmieter dadurch »**auffallend mehr belastet**« werden.

Beispiel:
Das Landgericht Aachen hat die durch Gewerbeeinheiten verursachten Mehrkosten als nicht unerheblich angesehen, wenn diese **3 %** der Gesamtkosten übersteigen.

Die **Darlegungs- und Beweislast** dafür, dass ein Vorwegabzug erforderlich ist, trägt der **Mieter.** Deshalb muss er zunächst die Tatsachen vortragen und gegebenenfalls beweisen, dass diese einen Vorwegabzug ausnahmsweise geboten erscheinen lassen. Dafür kann der Mieter Auskunft vom Vermieter und Einsicht in die benötigten Belege verlangen.

Nimmt der Vermieter einen Vorwegabzug vor, muss er immer auch die Gesamtkosten angeben, damit die Abrechnung für den Mieter nachvollziehbar ist.

➔ Was gilt bei Leerstand?

Stehen Wohnungen im Hause leer, muss der Vermieter die auf diese Wohnungen entfallenden Betriebskosten grundsätzlich selbst tragen.

Beispiel:

- Ist im Mietvertrag der »**Flächenanteil**« als Verteilerschlüssel vereinbart, müssen auch die vom Leerstand betroffenen Wohnungen bei der Gesamtwohnfläche mit angegeben werden.
- Werden nach dem Mietvertrag die Betriebskosten »**nach Personenzahl**« verteilt, sind die sich durch den Leerstand ergebenden Nachteile für die verbleibenden Mieter dadurch auszugleichen, dass für die unvermieteten Wohnungen der Personenanteil nach der **durchschnittlichen Belegung** der vermieteten Wohnungen berechnet wird (AG Köln, Urteil vom 3. 4. 2001, 217 C 571/00).

➔ Was gilt bei abweichender Wohnfläche?

Ist die tatsächliche Wohnfläche größer oder kleiner als die vereinbarte, ist auf der Basis der **vereinbarten** Wohnfläche abzurechnen, wenn die Abweichung **unter 10 %** liegt.

7. Den Kostennachweis richtig führen

➔ Der Mieter darf die Unterlagen prüfen

Der Vermieter muss dem Mieter auf Anforderung sämtliche die Betriebskostenabrechnung betreffenden Rechnungen und sonstigen Belege im Original vorlegen. Befinden sich diese am Ort der Mietwohnung, so kann der Mieter sie dort einsehen. Befinden sich die Unterlagen andernorts, müssen sie vom Vermieter am Ort der Mietwohnung vorgelegt werden.

Es reicht, wenn der Vermieter dem Mieter einen Aktenordner vorlegt, aus dem sich der Mieter die ihn interessierenden Rechnungen heraussuchen kann. Anstatt sich schriftliche Aufzeichnungen zu machen, darf der Mieter die Belege **fotografieren**. Wenn der Mieter sich durch einen Beauftragten vertreten lassen bzw. eine Person seines Vertrauens mitnehmen möchte, hat der Vermieter das zu akzeptieren.

→ Kann der Mieter Belegkopien verlangen?

Im Gegensatz zu preisgebundenen Wohnungen hat der Mieter einer **frei finanzierten Wohnung keinen Anspruch auf Fotokopien.** Vielmehr soll dem Vermieter ermöglicht werden, Unklarheiten der Abrechnung im persönlichen Gespräch mit dem Mieter auszuräumen. Benötigt der Mieter dann doch noch Belege, um sie zum Beispiel von einem Anwalt überprüfen zu lassen, ist es ihm unbenommen, mit einer eigenen Kamera Fotos davon zu machen.

Ausnahmsweise kann der Mieter vom Vermieter Kopien verlangen, wenn ihm die Einsichtnahme der Belege in dessen Räumen nicht zugemutet werden kann.

Beispiel:
Der Vermieter wohnt an einem weiter entfernten Ort. Es ist ihm auch nicht möglich, dem Mieter die Unterlagen am Ort der Mietwohnung vorzulegen.

→ Welche Kosten der Vermieter für Kopien verlangen kann

Hat der Mieter ausnahmsweise einen Anspruch auf Belegkopien, kann der Vermieter hierfür einen **Vorschuss** verlangen. Bei der Bemessung der ihm entstehenden Kosten ist nur der **Kopieraufwand** zu berücksichtigen. Weiteren Verwaltungsaufwand kann er nicht ersetzt verlangen.

Die von den Gerichten pro Kopie zugebilligten Kosten liegen im Extremfall zwischen € 0,05 und € 0,50. Mit **€ 0,25** pro Kopie dürfte es in der Regel keine Probleme geben.

8. Berechtigte Forderungen fristgerecht begleichen

Erhalten Sie als Mieter eine korrekte Betriebskostenabrechnung, wird eine Nachzahlung daraus zu diesem Zeitpunkt **fällig.** Allerdings müssen Sie die Nachforderung aus der Abrechnung **nicht sofort** begleichen. Ihnen wird von den Gerichten eine gewisse **Prüfungs- und Überlegungsfrist** (je nach Gericht zwei Wochen bis zwei Monate) eingeräumt.

Die eingangs erwähnte »Fälligkeit« hat insofern praktische Bedeutung nur in Zusammenhang mit der **Verjährung.** So beginnt die 3-jährige Regelverjährungsfrist für Nachforderungen des Vermieters gemäß § 199 BGB mit dem Schluss des Jahres, in dem die Fälligkeit des Anspruchs eingetreten ist.

V. Mit fehlerhaften Abrechnungen korrekt umgehen

1. Wann der Vermieter nachbessern darf

→ Inhaltliche Fehler nur ausnahmsweise nachzubessern

Sind dem Vermieter bei der Betriebskostenabrechnung Fehler unterlaufen (z. B. Rechenfehler, falsche Verteilerschlüssel), darf der Vermieter eine korrigierte Abrechnung »nachschieben«, solange dies noch **vor Ablauf** der 12-monatigen **Ausschlussfrist** (→ Abschn. IV. 1)geschieht.

Ob die Mieter die sich aus der fehlerhaften Abrechnung ergebenden Nachzahlungen bereits geleistet haben oder ihnen entsprechende Guthaben ausgezahlt worden sind, spielt dabei keine Rolle (BGH, Urteil vom 12. 1. 2011, VIII ZR 296/09).

Beispiel:
Der Vermieter stellt fest, dass er in der Abrechnung über die Betriebskosten des Abrechnungszeitraums 2010 die Verteilerschlüssel teilweise fehlerhaft berechnet hatte. Deshalb schickt er allen Mietern eine entsprechend korrigierte Abrechnung zu. Da dies noch vor Ablauf des Jahres 2011 geschieht, hat er Anspruch auf die restlichen Nachzahlungen.

Tipp:
Rückwirkende Grundsteuererhöhung auch nach Fristablauf! Erhält der Vermieter eine rückwirkende Grundsteuernachforderung für bereits abgerechnete Zeiträume, darf er diese auf die Mieter umlegen, sofern er diese bei Abrechnung **innerhalb von drei Monaten** nach Erhalt des Heranziehungsbescheids an die Mieter weiterleitet (BGH, Urteil vom 5. 7. 2006, VIII ZR 220/05).

→ Korrektur einer formell unwirksamen Abrechnung

Hat der Vermieter eine formell unwirksame Abrechnung erstellt, indem er zum Beispiel die Gesamtkosten nicht nachvollziehbar ausgewiesen hat (→ Abschn. IV. 2), liegt wegen der Unwirksamkeit »keine Abrechnung« vor. Beseitigt der Vermieter nunmehr seine Abrechnungsmängel, liegt genau genommen keine »Korrektur« vor, sondern eine neue Abrechnung. Diese darf er in jedem Fall vor Ablauf der Abrechnungsfrist (→ Abschn. IV. 1) erstellen.

2. Wie der Mieter reagieren sollte

Wenn Sie als Mieter eine **Betriebskostenabrechnung akzeptieren** (z. B. nehmen Sie ein Guthaben vorbehaltlos an oder überweisen eine Nachzahlung), laufen Sie Gefahr, jedenfalls für den abgerechneten Zeitraum keine Fehlerkorrektur verlangen zu können (zu den Ausnahmen → Abschn. IV. 4).

→ Wenn die Abrechnung formelle Mängel enthält

Fehlen in der Betriebskostenabrechnung **die notwendigen Mindestangaben** (z. B. Zusammenstellung der Gesamtkosten, Verteilerschlüssel), ist die Abrechnung **nicht nachvollziehbar.** Hier brauchen Sie nicht zu zahlen. Rechnet Ihr Vermieter auf Verlangen danach korrekt ab, kann er eine Nachzahlung von Ihnen nur verlangen, wenn Sie die Abrechnung noch **vor Ablauf der Abrechnungsfrist** (→ Abschn. IV. 1) erhalten.

→ Wenn offensichtliche inhaltliche Fehler vorliegen

Enthält die Abrechnung alle wichtigen Angaben, sind diese aber rechnerisch falsch oder stimmen sie nicht mit den mietvertraglichen Vereinbarungen überein, **korrigieren** Sie die Abrechnung am besten gleich **selbst.** Voraussetzung dafür ist selbstverständlich, dass Ihnen sämtliche Daten zur Verfügung stehen.

Beispiel:
Aus der Betriebskostenabrechnung ergibt sich eine Nachzahlung von insgesamt € 150,–. Bei Durchsicht der Abrechnung stellt der Mieter fest, dass ihm unzulässigerweise »Grundsteuer« in Höhe von € 30,– berechnet wurde. Nach seinem Mietvertrag ist die Grundsteuer aber in der Miete enthalten, weil sie in der Aufstellung der umzulegenden Betriebskosten fehlt. Nach Abzug dieses Betrages überweist er den Restbetrag von € 120,–.

Teilen Sie Ihrem Vermieter am besten **schriftlich** mit, warum und in welcher Weise Sie die Abrechnung korrigiert haben. Einwendungen gegen die Abrechnung müssen Sie spätestens **innerhalb von 12 Monaten** nach Erhalt der Abrechnung erheben (§ 556 Abs. 3 Satz 5 BGB). Bis dahin müssen Sie zum Beispiel auch beanstanden, dass Ihnen Kosten angelastet worden sind, die Sie nach dem Mietvertrag gar nicht zahlen müssten (BGH, Urteil vom 10. 10. 2007, VIII ZR 279/06).

VI. Künftige Vorauszahlungen vernünftig anpassen

Ergibt sich aus der aktuellen ordnungsgemäßen Betriebskostenabrechnung, dass die bisherigen Vorauszahlungen nicht ausgereicht haben, können diese für die Zukunft auf eine **angemessene Höhe** angepasst werden (§ 560 Abs. 4 BGB). Die Höhe der künftigen Vorauszahlung wird anhand des Abrechnungsergebnisses über den letzten Abrechnungszeitraum ermittelt.

Beispiel:
Aus der letzten Betriebskostenabrechnung ergibt sich eine Nachzahlung für den Mieter in Höhe von € 336,–. Ein Zwölftel davon entsprechen € 28,–. Um diesen Betrag kann die bisherige monatliche Vorauszahlung erhöht werden.

Der Vermieter darf ohne konkrete Anhaltspunkte für eine künftige Kostensteigerung **keinen Sicherheitszuschlag** (z. B. in Höhe von 10 % auf die zuletzt abgerechneten Betriebskosten) vornehmen (BGH, Urteil vom 28. 9. 2011, VIII ZR 294/10).

Die entsprechende Anpassung kann der Vermieter gleich mit der Betriebskostenabrechnung vornehmen. Ergibt sich aus der Abrechnung ein Guthaben und reduziert der Vermieter die Vorauszahlungen nicht, darf auch der **Mieter** gegenüber dem Vermieter erklären, dass er seine Vorauszahlungen künftig entsprechend kürzt.

Tipp:
Wie Sie als Mieter das dem Vermieter am besten mitteilen, zeigt Ihnen das interaktive Muster auf Ihrer Arbeitshilfen-CD.

D

Streitthema Nr. 1: Die Schönheitsreparaturen

I. Wer ist für die Renovierung zuständig?

1. Was zählt zu den Schönheitsreparaturen?

Eine Auflistung der Schönheitsreparaturen, die Vermieter normalerweise durch entsprechende Vereinbarungen auf die Mieter abwälzen, finden Sie in § 28 Abs. 4 Zweite Berechnungsverordnung (II. BV). Zu den Schönheitsreparaturen zählt danach:

- das Tapezieren, Anstreichen oder Kalken von Wänden und Decken
- das Streichen der Fußböden
- das Streichen der Heizkörper einschließlich Heizrohre
- das Streichen von Innen- und Außentüren von innen
- das Streichen der Fensterrahmen von innen

Anstelle des nicht mehr zeitgemäßen »Streichens der Fußböden« tritt heute zum Beispiel die Verpflichtung, Teppichböden gründlich zu reinigen oder unversiegelte Holzböden von Zeit zu Zeit zu ölen.

Zu den Schönheitsreparaturen zählen allerdings nur Maßnahmen, die notwendig sind, um die durch ein ganz »**normales Abwohnen**« entstandenen Spuren »**in**« einer Wohnung wieder zu beseitigen. Wenn der Vermieter **mehr als das** möchte, ist er hierzu **nicht berechtigt.**

Beispiel:

- **Erstanstriche** wie beispielsweise bei neuen Heizkörpern oder Fenstern.
- Das **Abschleifen und Versiegeln von Holzfußböden oder Parkett.**
- **Schäden,** die durch den **bauseitigen Zustand des Hauses** entstanden sind.
- Notwendige Anstriche der **Außenfenster** oder des **Balkons.**

Schäden, die der **Mieter schuldhaft verursacht,** muss er auf eigene Kosten beseitigen, unabhängig davon, ob eine Schönheitsreparaturvereinbarung besteht.

Tipp:
Welche Maßnahmen unter die Schönheitsreparaturen fallen und welche nicht, sagt Ihnen das »Renovierungs-ABC«. Sie finden diese wertvollen Informationen unter www.bild-ihr-gutes-recht.de (R 9859).

2. Wenn nichts vereinbart wurde

In diesem Fall bleiben Sie **als Vermieter** für die Schönheitsreparaturen zuständig. So sieht es § 535 BGB vor.

Wenn der Mieter trotzdem renoviert hat, kann er seine Renovierungskosten im Nachhinein vom Vermieter zurückverlangen.

3. Wenn der Mietvertrag eine Renovierungsklausel enthält

➔ Nur mit einer klaren Vereinbarung muss der Mieter renovieren

Aus dem Mietvertrag muss sich zweifelsfrei ergeben, dass der Mieter die Schönheitsreparaturen tragen soll. Dazu muss der Begriff »**Schönheitsreparaturen**« fallen.

➔ Renovierungsklauseln als Stolperfallen für Vermieter

Mietvertrags-Klauseln sind üblicherweise Allgemeine Geschäftsbedingungen (AGB). Wirksam sind sie nur, wenn sie den Mieter nicht unangemessen benachteiligen. Verstößt eine Klausel gegen AGB-Recht, ist sie **unwirksam.** Dann muss nicht mehr der Mieter, sondern der Vermieter die Schönheitsreparaturen ausführen.

So hat der Bundesgerichtshof zum Beispiel vielen Vermietern einen Strich durch die Rechnung gemacht, die in ihren Formularmietverträgen sogenannte »**starre Fristen**« vereinbart hatten.

Diese sind unwirksam, weil Mieter dadurch unzumutbar benachteiligt werden. Eine Renovierung kann nicht unabhängig vom Zustand der Wohnung allein nach Ablauf bestimmter Fristen verlangt werden.

Der Bundesgerichtshof hat zugunsten der Mieter auch noch einen drauf gelegt: Wer renoviert hat, weil er irrtümlich von der Wirksamkeit seiner Renovierungsklausel ausging, kann seine Aufwendungen vom Vermieter zurückverlangen.

Und noch etwas Gutes für Mieter: Findet er in seinem Mietvertrag eine sogenannte »**Weiß-Streich-Klausel**«, nach der er verpflichtet ist, die Wohnung bei Mietende in weißer Farbe zu hinterlassen, braucht er gar nicht zu renovieren.

Denn ein Vermieter darf seinen Mietern keine starren Farbvorschriften machen. Er muss ihnen also immer einen gewissen Spielraum für die Farbwahl einräumen. Tut er das nicht, ist die Klausel unwirksam.

Erst recht muss ein Vermieter seinen Mietern für die Art der Renovierung und Farbwahl weitgehende Freiheiten einräumen, soweit es die Zeit **während** des Mietverhältnisses betrifft. Erst für das Mietende darf er die Gestaltungsspielräume durch eine entsprechende Klausel etwas einschränken.

→ Für Sonderwünsche taugt nur eine echte Individualvereinbarung

Nur ganz **ausnahmsweise** können vom Gesetz nicht vorgesehene Zusatzpflichten (z.B. Abziehen des Parketts) als »Schönheitsreparaturen« auf den Mieter abgewälzt werden. Allerdings geht das nur, wenn diese mit dem Mieter **individuell ausgehandelt** wurden.

In der Regel wird der betroffene **Vermieter,** jedoch kaum beweisen können, dass die Vereinbarung mit dem Mieter tatsächlich ausgehandelt und **ernsthaft zur Disposition gestellt** worden ist. Was bedeutet: Beim Vertragsabschluss muss das Thema ausdrücklich zur Sprache gekommen und die Entscheidung dem Mieter völlig freigestellt worden sein. Kann der Vermieter im Streitfall diesen Beweis nicht führen, ist die Vereinbarung unwirksam.

II. Wann muss renoviert werden?

1. Wenn keine Fristen vereinbart worden sind

Eine Renovierung ist immer dann fällig, wenn die **Räume unansehnlich** geworden sind. Das heißt, wenn zum Beispiel die Tapeten und Anstriche verschossen, verschmutzt oder rissig, Lackfarben vergilbt oder erheblich abgestoßen sind. Mangels Vereinbarung wurden in der Vergangenheit von der Rechtsprechung sogenannte »**Regelfristen**« entwickelt. Danach konnte bisher – wie in den älteren Mietvertragsvordrucken noch nachzulesen – eine Renovierung fällig werden:

- für Küche und Bad: alle drei Jahre
- für Wohnräume: alle fünf Jahre
- für Lackanstriche: alle sechs bis acht Jahre
- für Nebenräume: alle sieben Jahre

Der Bundesgerichtshof hat bereits angedeutet, dass diese Fristen wegen verbesserter Materialien in neueren Verträgen auf »fünf, acht und zehn Jahre« verlängert werden müssten.

Diese »**Regelfristen**« dienen lediglich der Orientierung: Sind sie abgelaufen, muss der Mieter nur dann zu Farbe und Pinsel greifen, wenn der konkrete Zustand der Mieträume es erfordert.

Vor allem **während des Mietverhältnisses** sind die Gerichte mit dem Mieter sehr viel großzügiger als bei Mietvertragsende. Allerdings muss **nicht** erst eine **Substanzgefährdung** vorliegen, damit der Mieter zur Renovierung verpflichtet ist.

2. Wenn ein Fristenplan existiert

Haben Sie einen Fristenplan in Ihrem Mietvertrag, muss er sich immer an den im vorigen Abschnitt genannten Fristen orientieren. Ist dies der Fall, gilt für die Renovierungspflicht des Mieters während der Mietzeit das Obengesagte.

→ Zu kurze Fristen sind immer unwirksam

Werden die Fristen im Verhältnis zu den im vorigen Abschnitt genannten üblichen Fristen zum Nachteil des Mieters **zu kurz** angesetzt (z. B. für Nassräume nur zwei Jahre), hat das für den Vermieter fatale Folgen: Nicht nur die Fristenregelung ist dann unwirksam, sondern die **gesamte Schönheitsreparaturvereinbarung.**

→ Auch »starre« Fristen machen die Renovierungspflicht zunichte

Ist die Renovierungsklausel so formuliert, dass der Mieter **auf jeden Fall** nach Ablauf der genannten Fristen renovieren muss – auch wenn die Wohnung rein optisch gesehen eigentlich noch gar **nicht renoviert** werden müsste –, dann ist die Klausel und damit auch die **gesamte** Schönheitsreparaturverpflichtung unwirksam.

Beispiel:
Sie haben folgende Klausel in Ihrem Vertrag: »Der Mieter führt auf seine Kosten die Schönheitsreparaturen in den Mieträumen, wenn erforderlich, mindestens aber in der nachstehenden Zeitfolge fachgerecht aus: ... «. Mit dieser Formulierung ist die Verpflichtung unwirksam, der Mieter muss gar nicht renovieren.

3. Wenn die Wohnung bei Mietbeginn unrenoviert war

Eine Wohnung gilt bereits dann nicht mehr als frisch renoviert, wenn sie das letzte Mal vor einem **Vierteljahr vor Einzug** des Mieters renoviert und zwischenzeitlich bewohnt wurde.

Es ist rechtlich **zulässig,** eine Wohnung unrenoviert zu vermieten. Ein Mieter, der eine Wohnung in Kenntnis ihres unrenovierten oder sogar renovierungsbedürftigen Zustands anmietet, weiß, worauf er sich einlässt. **Anfangsrenovierungspflichten** sind dann aber meist **unwirksam.**

Allerdings kann er durch eine Mietvertragsklausel verpflichtet werden, die **laufenden** Schönheitsreparaturen vorzunehmen. Soll der Mieter einer anfänglich nicht renovierten Wohnung die Renovierung laut einem Fristenplan durchführen, beginnen die Fristen erst **ab Mietbeginn.**

4. Muss der Mieter bei Mietende renovieren?

➔ Wenn der Mietvertrag keine Renovierungsklausel enthält

Ist im Mietvertrag über Schönheitsreparaturen nichts gesagt, muss der Mieter nicht renovieren. Er darf die Wohnung dann »besenrein« zurückgeben. Darunter fällt nur das Beseitigen von grobem Schmutz, indem er zum Beispiel auch die Spinnweben in seinem Kellerraum entfernt.

Dübellöcher, soweit sie im üblichen Rahmen anfallen, braucht der Mieter nicht zu verschließen.

Nur weil es sich um eine »**Raucherwohnung**« handelt, steht dem Vermieter kein Schadensersatzanspruch zu. Jedenfalls, wenn es sich um einen »normalen« Raucher handelt. Auch wenn der Mieter über viele Jahre in der Wohnung geraucht hat, sodass Wände und Decken nikotingelb verfärbt sind und entsprechend riechen, kann der Vermieter von ihm keinen Schadensersatz verlangen.

Anders sieht es bei »**Exzessivrauchern**« aus. Wurde so stark geraucht, dass sich die Ablagerungen nicht mehr durch normale Schönheitsreparaturen beseitigen lassen, haftet der Mieter auf Schadensersatz.

➔ Wenn der Mieter laut Mietvertrag die Schönheitsreparaturen trägt

Hat der Vermieter dem Mieter die »laufenden« Schönheitsreparaturen wirksam übertragen, muss der Mieter bei Mietende renovieren, wenn

- die üblichen oder vertraglichen **Renovierungsfristen** bei Mietende bereits **abgelaufen** sind **und**
- die **Renovierung** aufgrund des Zustandes der Mieträume **auch notwendig** ist.

Klauseln, die besagen, dass der Mieter **bei Auszug grundsätzlich** renovieren muss, sind **meist unwirksam.** Jedenfalls dann, wenn eine **Formularklausel** vom Mieter eine Abschlussrenovierung verlangt, ohne Rücksicht darauf, wann der Mieter das letzte Mal renoviert hat.

III. Wie muss renoviert werden?

1. Fachgerecht heißt nicht: Da muss ein Fachmann ran!

Renoviert der Mieter, muss er eine **fachmännische Arbeit in »mittlerer Art und Güte«** abliefern. »Fachmännisch« bedeutet aber nicht, dass auch ein Fachmann ranmuss. Vielmehr kann der Mieter die Schönheitsreparaturen auch in **Eigenarbeit** ausführen.

Aufgepasst, wenn Ihr Mietvertrag eine Fachhandwerkerklausel enthält! Sobald der Mieter per Formularklausel dazu verpflichtet und ihm dadurch das Recht genommen wird, selbst zu renovieren, ist die Klausel in dieser Hinsicht **unwirksam.** Der Mieter bleibt für die Renovierung verantwortlich. Er darf die Schönheitsreparaturen dann selbst ausführen – allerdings fachgerecht.

2. Vorsicht beim Griff in den Farbtopf

Für die Renovierung sind grundsätzlich **alle** Tapeten, Farben und Lacke erlaubt, die im Fachhandel erhältlich sind. Während des Mietverhältnisses ist der Mieter in der Gestaltung seiner Räume weitgehend frei. Allerdings gelten **folgende Beschränkungen:**

- Die **Substanz der Mieträume darf nicht beeinträchtigt werden.** Deswegen kann im Einzelfall eine Raufasertapete in einem Feuchtraum wie dem Bad unzulässig sein. Eine Styroporverkleidung wird wegen der besonderen Gefährlichkeit im Brandfall immer unzulässig sein.
- **Bei Mietende** müssen die Mieträume farblich den **herkömmlichen Geschmacksvorstellungen** angepasst werden.

IV. Der Mieter hat nicht (ordentlich) renoviert

1. Wie sich Vermieter ihre Ansprüche sichern

➔ Sie machen deutlich, dass sie die Wohnung so nicht akzeptieren

Nimmt der Vermieter die Wohnung bei Mietende **vorbehaltlos** ab, kann dies vom Mieter als **Verzicht auf die Renovierung** angesehen werden. Der Vermieter verliert so unter Umständen seine Schadensersatzansprüche.

Beispiel:

- Der Vermieter händigt dem Mieter am Ende der Wohnungsabnahme das Mietersparbuch aus, auf dem sich die **Mietkaution** befindet.
- Der Vermieter unterschreibt das **Abnahmeprotokoll** trotz erkennbarer Mängel und bescheinigt dem Mieter somit den ordnungsgemäßen Zustand der Wohnung.

Um späterem Streit vorzubeugen, streben viele Vermieter eine möglichst frühzeitige – am besten schon vor Mietende – **gemeinsame Wohnungsabnahme** an. Halten Sie das Ergebnis in einem **Wohnungsabnahmeprotokoll** fest.

Tipp:
Eine Checkliste für die Wohnungsabnahme und ein Muster für ein Wohnungsabnahmeprotokoll finden Sie unter www.bild-ihr-gutes-recht.de (R 07997).

➔ Ausreichende Beweise sind für die Sicherung der Vermieteransprüche wichtig

Im Streitfall muss der Vermieter beweisen, dass der Mieter die Mieträume **nicht** in vertragsgerechtem Zustand zurückgegeben hat. Außerdem muss er die Höhe für die noch erforderlichen Maßnahmen beziffern. Im **Normalfall** dürfte es ausreichen, wenn er beispielsweise von einem Malermeister einen detaillierten Besichtigungsbericht (am besten mit Fotos) vorlegen kann.

Hilfreich ist auch, wenn er einen Kostenvoranschlag machen lässt. In **komplizierteren Fällen** (z.B. weil der Mieter meint, wegen bauseitiger Mängel – das können etwa Feuchtigkeitsschäden sein – nicht renovieren zu müssen) braucht der Vermieter unter Umständen einen Sachverständigen.

➔ Der Vermieter muss dem Mieter genau mitteilen, was dieser noch zu tun hat

Dem Mieter ist schriftlich klipp und klarzumachen, welche Arbeiten noch erforderlich sind.

Beispiel:
Der Vermieter schreibt korrekt: »Die Raufasertapeten im Wohnzimmer sind an der türseitig gelegenen Wand nicht auf Stoß geklebt und der Anstrich nicht deckend ausgeführt. Deshalb sind eine Neutapezierung und ein Anstrich dieser Wand erforderlich«.

Wird die Aufforderung **zu allgemein formuliert,** macht der Vermieter damit seine möglichen **Schadensersatzansprüche zunichte.**

Hat sich der Mieter in einem gemeinsam erstellten **Wohnungsabnahmeprotokoll** verpflichtet, die darin einzeln bezeichneten Arbeiten auszuführen, reicht allerdings die allgemeine Aufforderung, die »erforderlichen Maßnahmen noch vorzunehmen«.

➔ Dem Mieter ist eine Frist zu setzen

Der Vermieter muss die Frist so bemessen, dass der Mieter in dieser Zeit die verlangten Schönheitsreparaturen durchführen kann. Zum Beispiel reicht nach Auffassung des Kammergerichts Berlin für die Renovierung einer kompletten Wohnung grundsätzlich eine Frist von **14 Tagen.**

Hat der Vermieter die Frist zu kurz bemessen, bleibt seine Aufforderung zwar **wirksam** – jedoch verlängert sich die gesetzte Frist um einen angemessenen Zeitraum.

➔ Der Vermieter darf wählen: Erfüllung oder Schadensersatz

Hat der Mieter bis zum Ablauf der ihm gesetzten Frist nicht oder nur ungenügend renoviert, hat der Vermieter die **Wahl:**

- Er kann verlangen, dass der Mieter die restlichen Schönheitsreparaturen ausführt **(Erfüllungsanspruch).**
- Er kann stattdessen die Renovierung selbst vornehmen lassen und die Kosten hierfür ersetzt verlangen **(Schadensersatzanspruch).**

Schadensersatz wird er vor allem dann wählen, wenn er dem Mieter eine korrekte Renovierung nicht mehr zutraut oder er weitere Zeitverzögerungen vermeiden will.

Der Vermieter muss seine Wahl dem Mieter gegenüber **klar zum Ausdruck bringen.** Hat er sich auf den Schadensersatz festgelegt, kann er später nicht mehr auf den Erfüllungsanspruch umschwenken (vgl. § 281 Abs. 4 BGB).

→ Was gilt, wenn der Mieter die Renovierung von vornherein ablehnt?

In diesem Fall kann sich der Vermieter die beschriebene Vorgehensweise sparen. Er braucht also den Mieter nicht erst unter Fristsetzung abzumahnen. Im Streitfall muss er allerdings beweisen können, dass der Mieter **klar zum Ausdruck gebracht** hat, er werde seinen Vertragspflichten nicht nachkommen.

Die Verweigerung des Mieters muss also sozusagen »sein letztes Wort« gewesen sein – Sinneswandel **ausgeschlossen!** Zieht der Mieter einfach aus, **ohne** renoviert zu haben, darf der Vermieter allein daraus noch nicht schließen, dass er die Renovierung ablehnt.

→ Wie geht es nach Fristablauf weiter?

Nach Fristablauf kann der Vermieter wieder **wählen:**

- Er weist dem Mieter die erforderlichen Renovierungskosten durch einen **Kostenvoranschlag** oder ein **Gutachten** nach. Die so ermittelten (»**fiktiven**«) Kosten muss der Mieter dann ersetzen, egal ob die Wohnung tatsächlich renoviert oder unrenoviert weitervermietet wird.
- Führt der Vermieter die Schönheitsreparaturen in **Eigenarbeit** aus, darf er seine Eigenleistungen (Material und Stundensatz) als Schaden ansetzen oder vom Mieter die »**fiktiven**« Kosten ersetzt verlangen.
- Beauftragt er **Fachleute** mit der Renovierung, kann er den Rechnungsbetrag vom Mieter ersetzt verlangen.
- Vereinbart der Vermieter mit dem **Nachmieter,** dass dieser die **Renovierung übernimmt** und von ihm die **Kosten erstattet** bekommt, kann er vom Vormieter entweder die beim Nachmieter entstandenen tatsächlichen oder die »fiktiven« Kosten verlangen!

2. Welche Kosten der Vermieter sonst noch verlangen kann

Konnte der Vermieter die Wohnung nicht fristgemäß an den Nachmieter übergeben, muss ihm der Ex-Mieter für die Zeit der Verzögerung den **Mietausfall** ersetzen.

Wenn der Nachmieter schon eingezogen ist und wegen der noch durchzuführenden Schönheitsreparaturen beeinträchtigt ist, kann er dessen als Mietminderung vorgenommene Mietabzüge vom Vormieter ersetzt verlangen.

Die **Beweissicherungskosten** kann der Vermieter ebenfalls als Schadensersatz geltend machen. Dasselbe gilt auch für die Kosten, die durch die Einschaltung eines **Gutachters** entstanden sind.

V. Der Mieter soll zahlen statt renovieren

1. Wenn der Mietvertrag eine Abgeltungsklausel enthält

In den meisten Formularmietverträgen finden sich sogenannte Abgeltungsklauseln, zum Beispiel:

»Sind bei Beendigung des Mietverhältnisses einzelne oder sämtliche Schönheitsreparaturen noch nicht fällig, so hat der Mieter die zu erwartenden Kosten anteilig aufgrund eines Kostenvoranschlags eines vom Vermieter auszuwählenden Malerfachbetriebes nach folgender Maßgabe zu zahlen:...«.

Haben Sie eine solche Klausel in Ihrem Mietvertrag, sollten Sie anhand folgender Kriterien prüfen, ob sie die folgenden **Mindestvoraussetzungen** erfüllt:

- Der vom Vermieter zum Nachweis der Renovierungskosten eingeholte **Kostenvoranschlag** darf nicht ausdrücklich für verbindlich erklärt worden sein. Denn der Mieter muss berechtigt bleiben, die veranschlagte Kostenhöhe infrage zu stellen.
- Dem Mieter darf nicht das Recht abgeschnitten werden, seine anteilige Zahlungsverpflichtung dadurch abzuwenden, dass er vor Mietende selbst Schönheitsreparaturen in **kostensparender Eigenarbeit** ausführt.
- Die für die Abgeltung maßgeblichen **Fristen** dürfen **nicht »starr«** sein (→ Abschn. II. 2).

Tipp:
Wegen der vielen Beschränkungen, die der Bundesgerichtshof für die Formulierung solcher Abgeltungsklauseln auferlegt hat, sollten Sie die Wirksamkeit der Klausel in Ihrem Vertrag von einem Mietrechtsspezialisten untersuchen lassen, bevor Sie sich mit Ihrem Vertragspartner auf einen Streit darüber einlassen.

2. Wenn der Vermieter nach Mietende umbauen will

→ Wann er Geld statt Renovierung verlangen kann

In solchen Fällen darf der Vermieter den Mieter auffordern, an sich fällige, jedoch wegen der geplanten Umbaumaßnahmen sinnlose **Schönheitsreparaturen zu unterlassen.** Gleichzeitig kann er vom Mieter dafür einen **Geldausgleich** verlangen. Dies **gilt allerdings nicht,** wenn

- der Vermieter die Umbaumaßnahmen bereits bei Mietbeginn geplant und deshalb extra einen **Zeitmietvertrag** abgeschlossen hatte;
- der Vermieter das **Mietobjekt abreißen** will. Dieser Punkt ist allerdings unter Juristen strittig.

Der Vermieter sollte den Mieter **so früh wie möglich** über die geplanten Umbaumaßnahmen **informieren.** Denn hat dieser noch kurz vor Mietende renoviert, bekommt der Vermieter kein Geld.

Führt der Mieter aber Schönheitsreparaturen durch, obwohl ihm der geplante Umbau angezeigt worden war, muss er trotzdem zahlen.

Ist **nicht das gesamte** Mietobjekt von den Umbauplänen betroffen, muss der Vermieter deutlich machen, in welchen Räumen der Mieter Schönheitsreparaturen durchzuführen hat und in welchen sie unnötig sind. Denn der Ausgleichsanspruch besteht nur hinsichtlich der umgebauten Räumlichkeiten.

→ Was der Mieter zahlen muss

Hätte der Mieter die Arbeiten durch Verwandte oder Bekannte ausführen lassen, gilt: Solange er die von ihm geschuldete Renovierung nicht ohnehin **abgelehnt** hat, braucht er – neben den Kosten für das notwendige Material – nur den Betrag zu zahlen, den er für deren Arbeitsleistung hätte aufwenden müssen.

Berechnungsgrundlage ist ein **angemessener Stundensatz** (z. B. € 7,– bis € 10,–) nebst **Materialkosten.** Der Vermieter kann von ihm nicht dasselbe verlangen, was eine Fachfirma für die ersparte Renovierung angesetzt hätte.

Kann der Mieter glaubhaft darlegen, dass er sämtliche Arbeiten von Freunden **kostenlos** und **fachgerecht** hätte durchführen lassen, braucht er sogar nur die ersparten **Materialkosten** zu zahlen.

VI. Wie schnell Renovierungsansprüche verjähren

➔ Schon ab der Rückgabe der Wohnung läuft die Uhr

Der **Vermieter** hat gemäß § 548 BGB nur **sechs Monate** Zeit – dann läuft die Verjährungsfrist ab.

Das ist besonders tückisch, denn so kann der Verjährungsbeginn sowohl vor als auch nach Mietende liegen. Gerade wenn der Mieter die Mieträume **vorzeitig** zurückgibt, heißt es für Vermieter also aufgepasst!

Mieter, die trotz unwirksamer Renovierungsklausel renoviert haben, haben Anspruch auf Ersatz ihrer Renovierungskosten. Mit der Geltendmachung ihres Anspruchs auf **Wertersatz** (§ 818 Abs. 2 BGB) müssen sie sich nach ihrem Auszug aber beeilen.

Denn der Anspruch verjährt innerhalb von **sechs Monaten** ab Mietende (§ 548 Abs. 2 BGB). Diese Verjährungsvorschrift erfasst nämlich auch Ersatzansprüche des Mieters wegen Schönheitsreparaturen, die er in Unkenntnis der Unwirksamkeit einer Renovierungsklausel durchgeführt hat (BGH, Urteil vom 4. 5. 2011, VIII ZR 195/10)

➔ Wie die Verjährung gehemmt werden kann

Der Vermieter kann den Ablauf der Verjährungsfrist »aufhalten«, indem er zum Beispiel ein **selbstständiges Beweisverfahren** bei Gericht beantragt. Entscheidet dann das Gericht über den Antrag, läuft die restliche Verjährungsfrist erst sechs Monate danach wieder an (§ 204 Abs. 2 BGB).

D

Was tun bei Wohnungsmängeln?

I. Liegt überhaupt ein »Wohnungsmangel« vor?

Unter einem »mietrechtlichen Mangel« versteht man die »für den Mieter **nachteilige Abweichung** des **tatsächlichen** Zustandes der Mietsache von dem **vertraglich geschuldeten** Zustand«.

Beispiel:
- Schallschutz unzureichend
- Wand- oder Deckenisolierung unzureichend
- Taubengitter fehlen
- Schimmelbefall
- Schadstoffaustritte (Formaldehyd, Asbest)
- Sperrung der Wohnung oder einzelner Wohnungsteile wegen Baufälligkeit
- Lärm durch Baumaßnahmen aus der Nachbarschaft
- Unangenehme Geruchsbelästigungen durch Gewerbebetriebe
- Unzureichende Heizleistung an kalten Tagen (Temperaturen von unter 20°C in den Mieträumen)
- Deutliches Unterschreiten der ganzjährig zu liefernden Warmwassertemperatur von mindestens 40°C

Da es hierbei darum geht, was »vertraglich geschuldet« ist, sollten Sie zunächst in Ihren **Mietvertrag** schauen. Finden Sie darin nichts, denken Sie daran, dass auch **mündliche Absprachen** verbindlich sein können. Für die Frage, ob ein Mangel vorliegt, können folgende Gesichtspunkte eine Rolle spielen:

→ Vereinbart wurde ein besonders guter oder schlechter Zustand

Beispiel:
- »Ruhig gelegene Wohnung« hieß es unter anderem in der Vermietungsanzeige. Nach dem Einzug muss der Mieter feststellen, dass ca. alle halbe Stunde von der nahe gelegenen Bahnstrecke Zuglärm auftritt. Das, was andere Mieter als ortsübliche Störung hinzunehmen haben, gilt in diesem Fall als Mangel.

- Vor Vertragsabschluss hat der Vermieter die Mieter auf die erheblich verzogenen Türen der Wohnung besonders hingewiesen und erklärt, er werde sie auf keinen Fall instand setzen. Damit waren die Mieter einverstanden. Dieser objektiv schlechte Zustand gilt in diesem Fall nicht als Mangel.

➔ Es wurde eine spezielle Eigenschaft des Mietobjekts zugesichert

Von einer »zugesicherten Eigenschaft« spricht man dann, wenn der Vermieter dafür einstehen, das heißt für sie garantieren will. Fehlt sie, liegt ein »Mietmangel« auch dann vor, wenn damit keine objektive Beeinträchtigung verbunden ist.

Beispiel:

- Im Mietvertrag steht: »Bis zum 30. September werden Thermopanefenster eingesetzt.« Werden die Fenster dann erst am 15. April des Folgejahres eingebaut, liegt vom 1. Oktober bis 14. April ein Mangel vor. Ob die alten Fenster noch völlig in Ordnung waren, spielt dabei keine Rolle.
- Die Mieter erklären vor Vertragsabschluss, dass sie die Wohnung nur anmieten wollen, wenn sie ihren Kaminofen im Wohnzimmer installieren dürfen. Der Vermieter sichert die besondere Tragfähigkeit der Decke zu. Später stellt sich heraus, dass die Decke für diese Sonderlast doch nicht tauglich ist.

➔ Die tatsächliche Wohnfläche ist kleiner als die vereinbarte

Der im Mietvertrag übliche Eintrag »**Wohnfläche: ca. ... m²**« gilt in der Regel nicht als zugesicherte Eigenschaft. Hier ist im Normalfall davon auszugehen, dass es den Parteien nicht entscheidend auf die genaue Wohnungsgröße ankam, sondern durchaus Toleranzen hingenommen werden sollten. Bei einer **Flächenabweichung von mehr als 10 %** wird aber diese Toleranzgrenze überschritten, sodass man auch bei einer solchen Vereinbarung von einem Mangel ausgehen muss.

Nicht immer lassen sich Messungenauigkeiten zu 100 % ausschließen. Deshalb sind Vermieter aus dem Schneider, wenn sie im Mietvertrag zum Wohnflächeneintrag deutlich machen, dass es sich hierbei nicht um eine »**verbindliche Beschaffenheitsvereinbarung**« handelt (BGH, Urteil vom 10. 11. 2010, VIII ZR 306/09).

Beispiel:
Im Mietvertrag heißt es: »Größe der Wohnung: ca. 54,78 m². Diese Angabe dient wegen möglicher Messfehler nicht zur Festlegung des Mietgegenstandes. Der räumliche Umfang der gemieteten Sache ergibt sich vielmehr aus der Angabe der vermieteten Räume.«

→ Wenn Sie keine ausdrückliche Vereinbarung getroffen haben

Dies dürfte der Normalfall sein. Hierbei kommt es darauf an, welcher Zustand als »**allgemein üblich**« oder »**erlaubt**« angesehen werden kann.

Beispiel:
- In den Wohnräumen erreichen Sie trotz voll aufgedrehter Heizkörperventile Raumtemperaturen von nur 17 – 18 °C.
- Im Treppenhaus ist der Anstrich unansehnlich. Putz löst sich von Decken und Wänden.

In beiden Beispielsfällen liegt ein Mangel vor.

II. Ein Mangel liegt vor – was als Erstes wichtig ist

1. Der Mieter muss den Mangel unverzüglich anzeigen

Nach dem Gesetz (§ 536 c Abs. 1 BGB) müssen Sie auftretende Mängel **unverzüglich** Ihrem Vermieter melden, damit dieser sie rechtzeitig beheben kann und weitere Schäden vermieden werden. Wie viel Zeit Sie für die Meldung haben, hängt vom konkreten Einzelfall ab.

Tipp:
Fassen Sie Ihre Mängelanzeige aus Beweisgründen immer **schriftlich** ab und versenden Sie sie per **Einschreiben / Rückschein.** Wenn Sie die Mängel **mündlich** melden, sollten Sie darauf achten, dass Sie dies unter **Zeugen** tun.

Unterlassen Sie die Anzeige oder zeigen Sie den Mangel zu spät an, gefährden Sie Ihr Mietminderungsrecht oder müssen unter Umständen Schadensersatz leisten.

Beispiel:
Der Mieter entdeckt im Holzrahmen des morsch gewordenen Wohnzimmerfensters an den Halterungen zum Mauerwerk auffällige Risse. Dem Vermieter sagt er davon nichts. Eines Tages fällt der gesamte Fensterflügel auf die Straße und verletzt einen Passanten. In diesem Fall haftet der Mieter für die Schäden des Passanten. Außerdem hat er kein Recht zur Mietminderung für die Zeit, in der er ohne Fensterflügel auskommen muss.

Die **Anzeigepflicht entfällt ausnahmsweise** in folgenden Fällen:

- Der Mieter hat den Mangel selbst verschuldet und muss ihn ohnehin selbst beseitigen lassen.
- Der Vermieter muss und kann den Mangel nicht beheben (z. B. bei Straßenbaumaßnahmen).
- Der Vermieter kennt den Mangel bereits. Oder er muss ihn zumindest kennen, weil er zum Beispiel von anderer Seite davon erfahren hat.

2. Klären Sie, welche Rechtsfolgen in Betracht kommen

Bevor Sie konkrete Schritte unternehmen, sollten Sie sich zunächst anhand der nachfolgenden Auflistung einen Überblick über die **verschiedenen Möglichkeiten** verschaffen, die der Mieter nach Auftreten eines Mangels hat.

- **Der Mieter kann vom Vermieter die Mängelbeseitigung verlangen.** Denn gemäß § 535 BGB muss der Vermieter die Wohnung im vertragsgemäßen Zustand zur Verfügung stellen und erhalten.
- **Der Mieter kann Kostenersatz für die Mängelbeseitigung verlangen.** Unter den in § 536 a Abs. 2 BGB bestimmten Voraussetzungen darf der Mieter den Mangel selbst beseitigen bzw. beseitigen lassen und die Kosten vom Vermieter ersetzt verlangen (→ Abschn. III. 3).
- **Der Mieter kann die Miete mindern.** Weil die Wohnung wegen des Mangels »nicht mehr die volle Miete wert ist«, wird die Miete gemäß § 536 BGB entsprechend herabgesetzt (→ Abschn. IV).
- **Der Mieter kann bis zur Mängelbeseitigung einen Teil der Miete zurückbehalten (§ 320 Abs. 1 Satz 1 BGB).** Dieses Recht, das allein als **Druckmittel** zur Mängelbeseitigung dient, hat der Mieter neben der Mietminderung (Abschn. III. 3).

Aufgepasst: Anders als bei der Mietminderung muss der Mieter **nach erfolgter Mängelbeseitigung** die zurückbehaltene Miete dem Vermieter **zurückzahlen!**

- **Der Mieter kann Schadensersatz verlangen.** Entsteht für den Mieter durch den Wohnungsmangel ein Schaden, kann er unter bestimmten Umständen gemäß § 536 a Abs. 1 BGB vom Vermieter hierfür Ersatz verlangen (→ Abschn. V).
- **Der Mieter kann fristlos kündigen.** Wenn die Wohnung wegen des Mangels **nicht** oder **nicht vollständig bewohnt werden kann,** hat der Mieter gemäß § 543 Abs. 2 Ziffer 1 BGB ein Sonderkündigungsrecht. Dasselbe gilt gemäß § 569 Abs. 1 BGB für den Fall, dass die Nutzung der Wohnung infolge des Mangels mit einer **erheblichen Gesundheitsgefährdung** verbunden ist (→ Abschn. VI). Seine **umzugsbedingten Aufwendungen** kann der Mieter in diesen Fällen vom Vermieter ersetzt verlangen.

3. Sichern Sie sich Ihre Rechte und sammeln Sie Beweise

Für den Fall, dass Sie später mit Ihrem Vermieter in Streit darüber geraten, ob und in welchem Ausmaß Mängel vorgelegen haben, sollten Sie vorsorgen. Folgende **Beweismöglichkeiten** bieten sich hauptsächlich an:

- **Fotos:** Fotografieren Sie am besten in Anwesenheit eines Dritten (Freunde, Bekannte, Nachbarn), damit Sie in einem Streitfall den Zeitpunkt dieser Bestandsaufnahme beweisen können.
- **Zeugen:** Diese sind insbesondere dann wichtig, wenn es sich um »unsichtbare Beeinträchtigungen« handelt. Zum Beispiel übt Ihr Nachbar regelmäßig über Mittag Trompete. Setzen Sie dazu ein kurzes **Zeugenprotokoll** auf, worin Sie den Zeitpunkt, die Dauer und das Ausmaß der Störung notieren, und lassen Sie das Protokoll dann von Ihrem Zeugen unterschreiben.
- **Mängeltagebuch:** Dieses sollten Sie immer dann führen, wenn es darum geht, das Ausmaß der Wohnbeeinträchtigung Ihrem Vermieter zu veranschaulichen. Beschreiben Sie ausführlich Art und Umfang Ihrer Beeinträchtigungen.
- **Bestandsaufnahme mit dem Vermieter:** Nehmen Sie gemeinsam mit Ihrem Vermieter die Mängel in Augenschein. Versuchen Sie, sich mit ihm darüber zu **einigen,** wann der Mangel beseitigt werden soll und wie Sie

Ihre Rechte bis dahin ausüben dürfen (z. B. Umfang der Mietminderung). Fertigen Sie darüber ein Protokoll an und lassen Sie dies von Ihrem Vermieter unterzeichnen.

- **Gerichtliche Beweissicherung:** Besonders dann, wenn die Ursache des Mangels (z. B. Wandfeuchtigkeit) unklar und zu befürchten ist, dass später (z. B. nach Mängelbeseitigung) Umfang oder Ursache des Mangels nicht mehr bewiesen werden können, sollten Sie das sogenannte »**selbstständige Beweisverfahren**« gemäß § 485 ZPO beantragen. Zum Beispiel hat ein auf diese Weise über das Gericht eingeholtes Sachverständigengutachten mehr Überzeugungskraft als ein Privatgutachten.

III. Wenn der Mangel beseitigt werden soll

1. Klären Sie zuerst, wer den Mangel beseitigen muss

→ Im Normalfall ist der Vermieter zuständig

Die Mängelbeseitigungspflicht des Vermieters ergibt sich aus § 535 BGB, wonach er »die Mietsache in einem zum vertragsgemäßen Gebrauch geeigneten Zustand zu überlassen und zu erhalten hat«. Die **Instandhaltungspflicht entfällt,** wenn die sogenannte »**Opfergrenze**« überschritten würde. Davon spricht man, wenn ein krasses Missverhältnis zwischen Reparaturaufwand und dem Nutzen der Reparatur für den Mieter besteht und die Mangelhaftigkeit nicht vom Vermieter verschuldet worden ist.

Beispiel:
Das Versorgungsunternehmen sperrt die Gaszufuhr zu einem Mietshaus, da die Gasleitungen in dem Haus altersbedingt undicht sind. Eine Mietpartei verlangt die Wiederherstellung der Gaszufuhr, um in der Küche den gerade erst angeschafften Gasherd weiterhin benutzen zu können. Der Vermieter hält die Wiederherstellung der Gasversorgung für unzumutbar, da diese mindestens € 11 000,– kosten würde. Stattdessen stellt er den Mietern einen gleichwertigen Elektroherd zur Verfügung. Das Amtsgericht Neukölln hat in diesem Fall die Opfergrenze als überschritten angesehen und die Forderung der Mieter abgewiesen.

→ Wenn der Mieter den Mangel selbst verursacht hat

In diesem Fall hat er ihn in der Regel auch selbst zu beseitigen.

Beispiel:
Der Mieter schlägt seine Wohnungstür zu, obwohl er den Türschlüssel von innen hat stecken lassen. Um wieder in die Wohnung zu gelangen, muss der Schließzylinder aufgebohrt werden. Die Reparaturkosten gehen zulasten des Mieters.

➔ Wenn Dritte den Mangel verursacht haben

Ist dem Vermieter die **Mängelbeseitigung nicht möglich,** ist er hierzu auch nicht verpflichtet. Wird beispielsweise die gegenüberliegende Kirche restauriert, kann der Vermieter gegen den davon ausgehenden Baulärm nichts unternehmen.

Werden Mängel allerdings **von anderen Mietern des Hauses verursacht,** muss der Vermieter im Rahmen seiner Fürsorgepflicht für Abhilfe sorgen.

➔ Wenn unklar ist, wer für die Mängelbeseitigung verantwortlich ist

Hauptfall: Feuchte Wände / Decken und Schimmel. Hier geht es regelmäßig um die Frage, ob die Feuchtigkeit auf Schäden am Haus bzw. Baumängel (z. B. Risse in der Außenfassade oder ungenügende Wärmedämmung) zurückzuführen ist oder sie vom Mieter durch ein falsches Heiz- und Lüftungsverhalten verursacht worden ist.

Tipp:
Praktische Tipps, wie Sie den Ursachen für aufgetretenen Schimmel auf den Grund gehen und wie Sie am besten weiter vorgehen, finden Sie unter www.bild-ihr-gutes-recht.de (R 03032).

2. Fordern Sie Ihren Vermieter zur Mängelbeseitigung auf

Sie haben Ihrem Vermieter bereits den Mangel angezeigt. Geschieht daraufhin nichts, sollten Sie ihn nunmehr ausdrücklich auffordern, den Mangel innerhalb angemessener Frist zu beseitigen – aus Beweisgründen am besten schriftlich.

Ist aufgrund bestimmter Umstände (z. B. Witterungsbedingungen) **nicht absehbar, bis wann** der Mangel beseitigt werden kann, sollten Sie klären, ob Ihr Vermieter überhaupt zur Mängelbeseitigung bereit ist. Fordern Sie ihn deshalb auf, Ihnen innerhalb einer bestimmten Frist (z. B. von zwei Wochen)

verbindlich mitzuteilen, dass er die Mängel beseitigen wird, sobald dies möglich sein wird.

3. Was tun, wenn Ihr Vermieter den Mangel nicht beseitigt?

→ Als Druckmittel: Sie behalten die Miete ein

Nach § 320 BGB dürfen Sie einen gewissen Teil der Miete einbehalten, um dadurch Ihrer Aufforderung zur Mängelbeseitigung Nachdruck zu verleihen. Die aus diesem Grunde einbehaltenen Beträge müssen Sie **wieder zurückzahlen,** sobald der Mangel beseitigt ist.

Sie sind **nicht berechtigt, pauschal den gesamten Mietbetrag** einzubehalten! Die Gerichte erlauben hierfür lediglich das **Drei- bis Fünffache der Minderungsquote** (Erklärung siehe unten). Deshalb müssen Sie zunächst die Höhe der in Ihrem Fall anzusetzenden Mietminderungsquote bestimmen (→ Abschn. IV. 2).

Teilen Sie Ihrem Vermieter schriftlich mit, dass Sie bis zur Mängelbeseitigung den ermittelten Betrag von den folgenden Mietzahlungen einbehalten. Mietvertragsklauseln, die dieses Recht einschränken (z. B. »Die Ausübung eines Zurückbehaltungsrechts ist nur zulässig, wenn diese mindestens einen Monat vor Fälligkeit schriftlich angekündigt worden ist«), sind wegen Verstoßes gegen AGB-Recht unwirksam.

→ Sie sorgen selbst für die Mängelbeseitigung

Es kann Fälle geben, in denen es für Sie **praktikabler** oder **notwendig** ist, die Mängelbeseitigung selbst in die Hand zu nehmen.

Auch wenn die Beseitigung eines Mangels relativ einfach und nicht kostenaufwendig sein sollte, dürfen Sie selbst erst dann die Mängelbeseitigung vornehmen und die Kosten dafür ersetzt verlangen, wenn Sie Ihren Vermieter in Verzug gesetzt haben (§ 536 a Abs. 2 Nr. 1 BGB). Das bedeutet, dass Sie ihn vergeblich zur Mängelbeseitigung aufgefordert haben.

Handelt es sich aber um eine sogenannte **Notreparatur** (z. B. fällt bei Wohnungsreparaturen am Wochenende die Heizung aus und Vermieter und Hausmeister sind nicht erreichbar), die zur Erhaltung oder Wiederherstellung der Mietsache erforderlich ist (§ 536 a Abs. 2 Nr. 2 BGB), dürfen Sie handeln, ohne den Vermieter in Verzug gesetzt zu haben.

Tipp:
Verlangen Sie im Hinblick auf die Ihnen entstehenden Kosten einen angemessenen **Vorschuss.** Ist Ihr Vermieter zur Zahlung nicht bereit, können Sie ihm hierfür eine Frist setzen und nach entsprechender Vorankündigung den Vorschuss mit der Miete verrechnen.
Wenn in Ihrem Mietvertrag hierfür eine einmonatige Ankündigungsfrist vorgesehen ist, müssen Sie diese einhalten.

Sie klagen auf Beseitigung des Mangels

Eine Klage ist in all den Fällen zu empfehlen, in denen der Vermieter sich weigert, der Forderung nachzukommen, und in denen der Mieter den Mangel nicht selbst beseitigen kann oder will.

Typische Fälle sind dabei kostenaufwendige Maßnahmen, die der Mieter nicht vorfinanzieren will (z. B. müssen wegen der morschen Fensterrahmen mehrere Fenster ersetzt werden). Oder wenn Streit über die Ursachen eines Mangels besteht (z. B. bei Feuchtigkeitsschäden). In solchen Fällen empfiehlt sich immer eine vorherige anwaltliche Beratung.

IV. Was Sie zur Mietminderung wissen müssen

»Mietminderung« im Sinne des § 536 BGB bedeutet, dass die Miete um den Betrag herabgesetzt wird, um den der Wohnwert bzw. die Benutzbarkeit der Wohnung durch den Mangel beeinträchtigt ist.

1. Wann nicht gemindert werden darf

→ Der Mieter hat den Mangel selbst verschuldet

Ihnen fällt zum Beispiel ein größerer Gegenstand in Ihr Waschbecken, das dadurch erheblich beschädigt wird. Hier sind Sie selbst für die Reparatur verantwortlich und auch nicht berechtigt, die Miete zu mindern.

→ Der Vermieter konnte den Mangel mangels Anzeige nicht beseitigen

Zeigen Sie einen Mangel nicht unverzüglich an, verlieren Sie Ihr Mietminderungsrecht zumindest für die Vergangenheit (§ 536 c Abs. 2 Nr. 1 BGB). Dasselbe gilt auch für den Fall, dass Sie Miete als Druckmittel einbehalten.

Die Verletzung der Anzeigepflicht schadet dagegen nicht, wenn der Vermieter keinen Einfluss auf die Mängelbeseitigung nehmen kann (z. B. bei Straßenbauarbeiten können Sie auch mindern, wenn Sie die Beeinträchtigung durch den Baulärm und -schmutz nicht angezeigt haben).

➔ Die Beeinträchtigung durch den Mangel ist »unerheblich«

Eine Mietminderung kommt nicht in Betracht, wenn die Auswirkungen des Mangels derart gering sind, dass sie kaum spürbar sind (§ 536 Abs. 1 Satz 3 BGB).

Beispiel:

- Die Abweichung der tatsächlichen Wohnfläche von der vertraglich vereinbarten beträgt nur ca. 6 %.
- Die von einer Nachbarwohnung ausgehenden, das übliche Maß nicht übersteigenden Geräusche durch Haushaltsgeräte, wie Staubsauger, Wasch- oder Spülmaschine.

➔ Der Mieter hat den Mangel bei Vertragsabschluss gekannt

Wer den angebotenen Mietvertrag in Kenntnis vorhandener Mängel unterschreibt, verliert sein Minderungsrecht. Das gilt auch für den Mieter, der einen Mangel **grob fahrlässig nicht erkannt** hat (§ 536 b Satz 1 BGB).

Beispiel:

Der Mieter mietet eine Wohnung an, ohne sie zuvor besichtigt zu haben. Die verrotteten Fensterrahmen hätten ihm ansonsten gleich auffallen müssen.

Eine Mietminderung trotz Kenntnis des Mangels bei Mietbeginn kann allerdings in Ausnahmefällen in Betracht kommen.

Beispiel:

- Die bei Mietbeginn vorliegende **Beeinträchtigung** hat sich im Laufe der Mietzeit **verschlimmert,** z.B. das Wohnzimmerfenster, das sich bei Mietbeginn schlecht schließen ließ, hat sich inzwischen so verzogen, dass es regelmäßig reinregnet.
- Der Vermieter hat bei Mietbeginn die **spätere Beseitigung des Mangels zugesichert.** Ab dem hierfür vereinbarten Termin kann der Mieter die Miete mindern.
- Der Mieter kann berechtigterweise davon ausgehen, dass ein bestimmter **Mangel nicht von Dauer** sein würde, z.B. auf dem Hausgrundstück lagernder Baumüll.

Das Mietminderungsrecht kann anlässlich einer Mieterhöhung auf die ortsübliche Vergleichsmiete wieder »aufleben«. **Strittig** ist, ob die Mietminderung dann nur auf den **Mieterhöhungsbetrag** beschränkt ist oder auf die **Miete.**

Beispiel:
Wegen der seit Mietbeginn morschen Fensterrahmen wäre eigentlich eine Mietminderung in Höhe von 10 % gerechtfertigt gewesen. Wenn der Vermieter die Miete unter Berufung auf die ortsübliche Vergleichsmiete von € 800,– auf € 960,– erhöht, würde die Mietminderung nach der erstgenannten Ansicht € 16,– betragen (10 % von € 160,–) und nach der anderen Ansicht € 96,– (10 % von € 960,–).

→ Wenn der Mieter trotz der Mängel die volle Miete zahlt

Das Mietminderungsrecht fällt nicht mehr »automatisch« nach sechs Monaten weg. Ein zu langes Abwarten des Mieters kann aber als »stillschweigender Verzicht« gewertet werden bzw. es kann die »Verwirkung« des Anspruchs in Betracht kommen.

2. So ermitteln Sie den Mietminderungsbetrag

Es gibt zwar sogenannte »Mietminderungs-Tabellen«. Darin sind für bestimmte Mängel (z. B. Baulärm) bestimmte Minderungsbeträge ausgewiesen. Gleichwohl können Sie aus solchen Tabellen unter dem entsprechenden Stichwort nicht einfach »Ihre« Minderungsquote in Prozent ablesen.

Solche Tabellen können Sie immer **nur als Bewertungshilfe** heranziehen. Denn die aufgeführten Entscheidungen beruhen auf **Einzelfällen,** die nicht pauschal auf andere übertragen werden können.

Tipp:
Eine Mietminderungs-Tabelle finden Sie unter www.bild-ihr-gutes-recht.de (R 16022).

Wie Sie im Folgenden sehen werden, ist die **Bestimmung der Minderungsquote im Einzelfall** nicht immer einfach und häufig verbindlich nur mithilfe von Sachverständigen zu klären. Ein solches Verfahren ist aber erfahrungsgemäß sehr kostenaufwendig. Deshalb soll Ihnen die folgende Anleitung vor allem dabei helfen, eine »seriöse« Minderungsquote auf preisgünstigere Weise zu ermitteln.

Tipp:
Streben Sie mit Ihrem Vermieter immer eine **Einigung über die Minderungsquote** an. Denn die ist, auch wenn sie sorgfältig ermittelt wurde, nur selten unangreifbar. Legen Sie die Tatsachen und Berechnungsschritte offen. Damit erhöhen Sie die Chance für eine Einigung.

→ Bestimmen Sie zunächst die Minderungsquote

Eine Mietminderung wird immer in einem prozentualen Anteil ausgedrückt. Deshalb geht es im ersten Schritt darum, die für Ihren Fall passende **Minderungsquote** herauszufinden. Dabei sollten Sie zunächst berücksichtigen

- den Grad der Beeinträchtigung
- die Dauer der Beeinträchtigung
- die Art des Mangels
- den Anteil der davon betroffenen Räume.

Am einfachsten ist der Fall, wenn das gesamte Mietobjekt (z. B. wegen eines Wohnungsbrandes) unbewohnbar ist. Hier würde die Mietminderungsquote 100 % betragen. In den meisten Fällen ist es jedoch komplizierter. Im Hinblick auf die Art des Mangels empfiehlt es sich, zunächst zu unterscheiden, inwieweit sich der Mangel auf Teile der Wohnung unterschiedlich auswirkt.

→ Der Mangel wirkt sich auf das gesamte Mietobjekt aus

Typische Fälle sind hier die sogenannten »Umweltmängel« (z. B. Lärm- oder Geruchsbelästigungen), die ihre Ursache meist außerhalb des Mietobjekts haben. Die Ermittlung der Minderungsquote ist hier schwierig, weil es meist keine feste Bezugsgröße (z. B. qm) für die Berechnung gibt.

Wollen Sie beispielsweise wegen des Lärms, der durch Bauarbeiten vor Ihrem Haus verursacht wird und der in jedem Raum Ihrer Wohnung wahrzunehmen ist, die Miete mindern, gehen Sie am besten wie folgt vor:

→ Suchen Sie nach vergleichbaren Fällen

Hierzu lohnt sich zunächst ein Blick in einschlägige Urteile. Dadurch bekommen Sie einen Eindruck davon, wie die Gerichte bestimmte Mängel bewerten. Überprüfen Sie deshalb anhand einer **Mietminderungs-Tabelle,** ob Sie dort zu Ihrem Fall entsprechende Urteile finden, die Ihnen mehr Sicherheit bei der Bewertung des Mangels geben.

→ Bewerten Sie die Beeinträchtigung durch den Mangel

Listen Sie zunächst alle Umstände auf, durch die Sie in Ihrer Wohnqualität beeinträchtigt werden.

»Baumaßnahmen vor dem Haus: erhebliche Lärmbelästigungen durch Presslufthämmer und Baggerarbeiten; optische Beeinträchtigung durch hohe Schuttberge direkt vor dem Haus; direkter Zugang zum Haus erschwert; erhebliche Verschmutzung des Treppenhauses.«

Protokollieren Sie die jeweilige **Dauer** der Beeinträchtigungen, z.B. in einem **Mängeltagebuch.** Vergleichen Sie diese Umstände mit denen, die in dem zu Ihrem Fall »passenden« Urteil beschrieben sind. Setzen Sie Ihre Minderungsquote entsprechend an.

→ Nicht alle Teile des Mietobjekts sind in gleicher Weise beeinträchtigt

Wenn nicht die gesamte Wohnung betroffen ist, sondern nur **einzelne Räume** (z.B. Wohnzimmer, Arbeitszimmer) beeinträchtigt sind, müssen Sie hauptsächlich diese berücksichtigen. Eine Möglichkeit besteht darin, vom **Wohnflächenanteil** auszugehen.

In der Praxis werden jedoch häufiger Bewertungen verwendet, die auf die sogenannte »**Hamburger Tabelle**« zurückgehen. Danach wird jedem Wohnraum ein bestimmter **Wohnwert** zugeteilt. Je nachdem, in welchem Maße die einzelnen Räume von dem Mangel beeinträchtigt sind, lässt sich dann der jeweilige Minderungsanteil ermitteln.

Beispiel:
Sie zahlen für Miete und Nebenkosten (Bruttomiete) insgesamt € 600,–. In der Zeit vom 15. Juli bis 31. August ist Ihr Schlafzimmer wegen eines größeren Wasserschadens nicht benutzbar (Minderungsquote hierfür deshalb 100 %). Eines der beiden Betten und den Kleiderschrank bringen Sie während dieser Zeit in Ihrem Wohnzimmer unter. Dieses ähnelt nunmehr eher einer Abstellkammer. Gäste können Sie deshalb dort nicht mehr empfangen (Benutzbarkeit des Wohnzimmers: 50 %). Weil Sie das zweite Bett in Ihrem Arbeitszimmer unterbringen müssen, ist auch dieser Raum beeinträchtigt (Minderungsquote hier 20 %).

Die Minderungsquote ermitteln Sie für dieses Berechnungsbeispiel anhand der **Hamburger Tabelle** wie folgt:

Raum	**Wohnwert**	**Mietanteil**	**Beeinträchtigung**	**Minderwert**
Wohnzimmer	28 %	€ 168,–	50 %	€ 84,–
Arbeitszimmer	20 %	€ 120,–	20 %	€ 24,–
Schlafzimmer	12 %	€ 72,–	100 %	€ 72,–
Küche	10 %	€ 60,–	–	–
Bad	10 %	€ 60,–	–	–
Abstellräume	7 %	€ 42,–	–	–
Gäste-WC	3 %	€ 18,–	–	–
Balkon	10 %	€ 60,–	–	–
gesamt	**100 %**	**€ 600,–**	–	**€ 180,–**

Gehen Sie in Ihrem Fall immer von Ihrer »**Bruttomiete**« aus (siehe unten). Nach der Tabelle haben Sie für den Beispielsfall den Minderungsbetrag von € 180,– ermittelt. Dieser macht im Verhältnis zur Bruttomiete (€ 600,–) eine Minderungsquote von 30 % aus.

Diese Quote müssen Sie nunmehr auf den **Zeitraum** der Beeinträchtigung beziehen. Daraus ergibt sich für den halben Juli eine Minderungsquote von 15 % und für den gesamten August eine von 30 %.

Bei Anwendung der Hamburger Tabelle ist es nicht allein damit getan, die Minderungsquoten der einzelnen Räume zusammenzurechnen. Nach Auffassung der Hamburger Richter ist **zusätzlich eine Gesamtbewertung der Wohnverhältnisse** erforderlich.

Dies geschieht praktisch durch eine gewisse Auf- oder Abrundung der Minderungsquote, wodurch berücksichtigt werden soll, inwieweit sich der Mangel auch auf den Wohnwert der nicht unmittelbar betroffenen übrigen Wohnräume auswirkt.

Im obigen Beispielsfall kann der Mangel in den betroffenen Räumen nicht durch eine verstärkte Nutzung anderer Räume kompensiert werden. Deshalb kann man der Minderungsquote von 30 % hier noch schätzungsweise 10 % **von dieser Quote** (also 3 %) hinzuschlagen.

→ Die Berechnung der Mietminderung nach der Bruttomiete

Früher wurde der konkrete Mietminderungsbetrag meist anhand der Nettomiete (Grundmiete ohne Betriebskosten) berechnet. Der Bundesgerichtshof hat jedoch inzwischen klargestellt:

Berechnungsgrundlage der Mietminderung nach § 536 BGB ist allein die **Bruttomiete** (Grundmiete einschließlich aller Betriebskosten). Dabei ist **unerheblich,** ob die Betriebskosten als **Pauschale** oder **Vorauszahlung** geschuldet werden.

Beispiel:
Der Mieter zahlt monatlich eine Grundmiete von € 500,– und eine Betriebskostenvorauszahlung von € 300,–. Wird die Mietminderung mit 10 % angesetzt, ergibt dies einen monatlichen Abzug von € 80,– (10 % von € 500,– plus 10 % von € 300,–). Der Vermieter erhält im Minderungszeitraum also nicht die vereinbarte Vorauszahlung in Höhe von € 300,–, sondern lediglich € 270,–.

Welche **Vorauszahlungsbeträge** darf er aber dann bei der folgenden Betriebskostenabrechnung berücksichtigen – die **geschuldeten** oder die **tatsächlich gezahlten?** Hier müssen Sie unterscheiden:

- Beruht die Mietminderung auf einer **Wohnflächendifferenz** (→ Abschn. I), sind nur die **tatsächlich gezahlten** Vorauszahlungen zu berücksichtigen. Dadurch wird vermieden, dass die Minderung zugunsten des Mieters bei einer Umlage der Betriebskosten nach Quadratmetern doppelt berücksichtigt wird.
- Beruht die Mietminderung dagegen auf **anderen Mängeln,** sind die **ursprünglich geschuldeten** Vorauszahlungsbeträge zu berücksichtigen. Der Mieter wird also bei der Abrechnung so behandelt, als hätte er die Vorauszahlungen ungemindert gezahlt.

Tipp:
Beachten Sie als Mieter, dass die zuletzt genannte Berechnungsweise umstritten ist. Ziehen Sie deshalb den (auf der Grundlage der Bruttomiete errechneten) Minderungsbetrag **von der Grundmiete** ab und machen Sie Ihren Vermieter darauf ausdrücklich (schriftlich) aufmerksam.

3. So führen Sie die Mietminderung praktisch durch

➔ Schildern Sie Ihrem Vermieter die Mängelsituation

Erläutern Sie Ihrem Vermieter die Umstände detailliert und machen Sie ihn auf die Gesetzeslage aufmerksam: Das Recht zur Mietminderung besteht gemäß § 536 BGB **unabhängig davon,** ob Ihr Vermieter den Mangel verschuldet hat oder für dessen Beseitigung verantwortlich ist.

➔ Streben Sie eine Vereinbarung mit Ihrem Vermieter an

Ist Ihr Vermieter bereit, den Mangel zu beseitigen, und sind Sie sich auch über die Höhe der Mietminderung einig, kann eine schriftliche Vereinbarung darüber möglichen Konflikten vorbeugen.

➔ Zahlen Sie die Miete zunächst »unter Vorbehalt«

Dieser Schritt empfiehlt sich unabhängig davon, ob es zu einer Vereinbarung mit Ihrem Vermieter gekommen ist. Wie Sie aus den vorherigen Abschnitten wissen, ist es häufig nicht so einfach, den Mietminderungsbetrag zweifelsfrei zu ermitteln.

Außerdem werden Sie in den meisten Fällen die Miete für den laufenden Monat bereits vorausbezahlt haben, sodass der Mietabzug ohnehin erst später erfolgen kann. Oder vielfach lässt sich der Umfang einer zulässigen Minderung erst im Nachhinein feststellen.

Aus diesen Gründen sollten Sie Ihrem Vermieter gleich nach Auftreten des Mangels mitteilen, dass Sie wegen des Mietminderungsrechts die Miete bis zur endgültigen Klärung »unter Vorbehalt« zahlen. Auf diese Weise vermeiden Sie, bei Ihrem Vermieter durch eine unter Umständen überhöhte Mietminderung ins Fettnäpfchen zu treten.

Steht die Mietminderungsquote fest (z. B. weil sie einfach zu ermitteln ist oder der Vermieter einverstanden ist), können Sie den entsprechenden Mietabzug für den laufenden Monat schon bei der nächsten Mietzahlung vornehmen.

Haben Sie die **Miete** vor Auftreten des Mangels **bereits voll gezahlt,** dürfen Sie den laufenden Minderungsbetrag normalerweise bei der nächsten Mietzahlung verrechnen.

➔ Sie möchten zusätzlich die Mängelbeseitigung beschleunigen

Sie können neben der Mietminderung **als Druckmittel zusätzlich Miete einbehalten** (➔ dazu Abschn. III. 3). Haben Sie noch keinen konkreten Mietminderungsbetrag festgelegt, weil Sie die Miete unter Vorbehalt zahlen, sollten Sie die Minderungsquote grob bestimmen, um anhand dessen den zulässigen Mieteinbehalt (das Drei- bis Fünffache des Minderungsbetrages) ermitteln zu können.

V. Wann gibt es Schadensersatz?

Durch einen Mangel kann Ihnen als Mieter über die reine Wertminderung der Wohnung hinaus ein Schaden entstehen. Dies ist vor allem bei baulichen Mängeln möglich (z. B. Gesundheitsschäden durch Wohngifte wie Formaldehyd, Schimmel an den Wänden oder Sachschäden durch Wassereinbrüche). § 536 a Abs. 1 BGB unterscheidet **drei Fälle:**

- **Der Wohnungsmangel war bereits bei Vertragsabschluss vorhanden** Beispielsweise gibt es kurz nach Ihrem Einzug in Ihre Dachgeschosswohnung einen heftigen Wassereinbruch. Dadurch werden Teile Ihres Mobiliars erheblich beschädigt. Es stellt sich heraus, dass bereits bei Vertragsabschluss Dachschäden vorhanden waren, die den Wassereinbruch ermöglicht haben. Die Schäden an der Wohnung und vor allem an Ihrem Eigentum muss Ihr Vermieter ersetzen. Hier haftet der Vermieter, auch wenn ihn kein Verschulden trifft, aufgrund der sogenannten »**Garantiehaftung**«. Denn mit Abschluss des Mietvertrages »garantiert« der Vermieter, dass die Wohnung frei von Mängeln ist.

  Ausgeschlossen ist die Garantiehaftung, wenn dies im Mietvertrag vereinbart wurde (z. B. »Für sichtbare und unsichtbare Mängel der Mietsache leistet der Vermieter keine Gewähr.«).

  Keinen Schadensersatz erhalten Sie als Mieter auch in den Fällen, in denen Sie bei Vertragsabschluss den Mangel gekannt haben oder hätten kennen müssen (§ 536 b BGB). Zum Beispiel, wenn Sie eine Wohnung anmieten und beziehen, ohne sie zuvor besichtigt zu haben.

- **Der Wohnungsmangel entsteht erst im Laufe des Mietverhältnisses** Beispielsweise wohnen Sie bereits mehrere Jahre in der Wohnung. Aufgrund eines Defekts an der Dachrinne dringt Wasser durch die Außenwände. Hierdurch verschimmelt die Rückwand Ihres Schlafzimmerschranks.

  In diesem Fall haftet der Vermieter nur bei **Verschulden,** das heißt, wenn er den Schaden vorsätzlich oder fahrlässig verursacht hat. War dem Vermieter in dem Beispielsfall der Zustand der Dachrinne bekannt und hat er gleichwohl nichts unternommen, wird man ihm deshalb einen Schuldvorwurf machen können. Hier ist **kein Haftungsausschluss im Kleingedruckten möglich!** In Formularmietverträgen findet man häufig noch Klauseln folgenden Wortlauts: »Führt ein Mangel des Mietobjekts zu Sach- oder Vermögensschäden, so haftet der Vermieter gegenüber dem Mieter für diese Schäden – auch aus unerlaubter Handlung – nur bei Vorsatz oder grober Fahrlässigkeit«.

Klauseln dieser Art, die nach der früheren Rechtsprechung als zulässig angesehen worden sind, hat der Bundesgerichtshof inzwischen für unwirksam erklärt.

- **Der Vermieter ist mit der Mängelbeseitigung im Verzug**
  Beispielsweise haben Sie Ihrem Vermieter mitgeteilt, dass der mitgemietete Kühlschrank in der Wohnung zwischenzeitliche Aussetzer beim Kühlen hat. Gleichzeitig haben Sie ihn aufgefordert, den Kühlschrank **innerhalb einer bestimmten Frist** reparieren oder austauschen zu lassen. Als nach Fristablauf noch immer nichts unternommen wurde, verlangen Sie Ersatz für die verdorbenen Lebensmittel.

  Eine Mahnung ist entbehrlich, wenn für die Leistung ein bestimmter Zeitpunkt vereinbart ist (vgl. § 286 Abs. 2 Nr. 1 BGB). Zum Beispiel muss nach Ihrem Mietvertrag die Heizung jeweils am 1. Oktober in Betrieb genommen werden. Geschieht das nicht, können Sie bei zu geringen Temperaturen in der Wohnung den Ersatz Ihrer Mehraufwendungen verlangen. Dazu gehören zum Beispiel auch die Kosten für die Anschaffung eines Elektroheizgerätes.

Führt ein Wohnungsmangel zu einer **Gesundheitsschädigung,** kann der Mieter auch **Schmerzensgeld** verlangen (§ 253 Abs. 2 BGB).

VI. Wann darf der Mieter fristlos kündigen?

Sind in einer Wohnung **erhebliche** Mängel vorhanden, kann der Mieter unter Umständen fristlos kündigen. Dies kommt unter zwei Gesichtspunkten in Betracht:

- § 543 Abs. 2 Nr. 1 BGB: Der Mieter kann die Wohnung wegen des Mangels **nicht vertragsgemäß nutzen** (→ Kapitel E 8).
- § 569 Abs. 1 BGB: Der Wohnungsmangel führt zu einer **erheblichen Gesundheitsgefährdung** (→ Kapitel E 8).

D

Die Mieterhöhung

I. Sie können sich frei einigen

Auch wenn im Gesetz das Verfahren für eine Mieterhöhung genau geregelt ist, steht es den Mietparteien grundsätzlich frei, sich **unabhängig von den gesetzlichen Vorschriften zu einigen** (§ 557 Abs. 1 BGB).

Beispiel:
Der Vermieter möchte die Miete für seine Mietwohnung um € 20,– erhöhen. Dabei verweist er lediglich auf den bisher über Jahre gezahlten günstigen Mietpreis und bittet seinen Mieter, die Mieterhöhung zu akzeptieren. Dieser kommt nach Beratung durch einen Mietexperten zu dem Ergebnis, dass auf dem gesetzlichen Weg eine weitaus höhere Mieterhöhung erzielt werden könnte. Deshalb stimmt er der Mieterhöhung zu, obwohl er hierzu nicht verpflichtet wäre.

Anlass für eine solche **Mietabänderungsvereinbarung** kann auch eine Modernisierungsmaßnahme sein oder der Wunsch des Mieters, andere Personen in den Mietvertrag aufzunehmen oder den Mietvertrag in weiteren Punkten zu ändern.

Stimmt der Mieter einem solchen Angebot nicht zu, bleibt dem Vermieter nichts anderes übrig, als den formellen Weg zu gehen, wie es im Einzelnen in dem **§ 558 BGB** beschrieben ist.

II. Erhöhung auf die »ortsübliche Vergleichsmiete«

1. Kann eine Mieterhöhung verlangt werden?

➔ Ist die Mieterhöhung überhaupt zulässig?

Die Möglichkeit, die Miete auf die ortsübliche Vergleichsmiete anzuheben, ist in bestimmten Fällen ausgeschlossen:

- Die Wohnung ist nach altem Recht **öffentlich gefördert** und somit **preisgebunden.** In diesem Fall steht dem Vermieter nur die sogenannte »Kostenmiete« zu, die nach besonderen gesetzlichen Vorschriften berechnet wird.

- Die Wohnung ist nur zu **vorübergehendem Gebrauch** vermietet (§ 549 Abs. 2 Nr. 1 BGB). Hier kann aber eine Mieterhöhung gegebenenfalls über eine Änderungskündigung erfolgen.
- Der Wohnraum ist vom Vermieter ganz oder überwiegend mit Einrichtungsgegenständen auszustatten **(möblierter Wohnraum)** und nicht einer Familie oder einer Lebenspartnerschaft zum dauernden Gebrauch überlassen worden. Außerdem muss der überlassene Wohnraum **Teil der vom Vermieter selbst bewohnten** Wohnung sein (§ 549 Abs. 2 Nr. 2 BGB).
- Der Wohnraum ist Teil eines **Studenten- oder Jugendwohnheims.**
- Es handelt sich um ein **Geschäftsraum**-Mietverhältnis.
- Vermieter und Mieter haben den Ausschluss einer Mieterhöhung **ausdrücklich vereinbart** (§ 557 Abs. 3 BGB).
- Es liegen **bestimmte Umstände** vor, aus denen heraus man annehmen kann, dass ein Ausschluss der Mieterhöhung gewollt war (§ 557 Abs. 3 BGB).
- Die Parteien haben eine andere Form von Mieterhöhung vereinbart, zum Beispiel eine **Staffel**- (§ 557 a BGB) oder **Indexmiete** (§ 557 b BGB).

→ Ist die gesetzliche Wartefrist bereits abgelaufen?

Das Gesetz sieht vor, dass der Mieter zumindest **ein Jahr** lang von Mieterhöhungen verschont bleiben soll. Vor Ablauf dieser **Sperrfrist** darf keine Mieterhöhung verlangt werden (§ 558 Abs. 1 Satz 2 BGB). Wurde **bisher keine Mieterhöhung** dieser Art vorgenommen, ist für die Berechnung der Sperrfrist der **Mietbeginn** ausschlaggebend.

Mieterhöhungen wegen Modernisierung (§ 559 BGB) und wegen Veränderung der Betriebskostenpauschale (§ 560 BGB) lösen **keine** Sperrfrist aus. Dasselbe gilt auch, wenn Sie sich anlässlich einer Modernisierung mit Ihrem Vertragspartner **einvernehmlich** auf eine Mieterhöhung **geeinigt** haben.

Schickt ein Vermieter seinen Mietern das Erhöhungsschreiben bereits vor Ablauf der Jahresfrist, ist die Mieterhöhung **unwirksam.** Dem Vermieter bleibt also nichts anderes übrig, als die Mieterhöhung seinen Mietern nach Ablauf der Sperrfrist nochmals zuzuschicken.

→ Hat der Vermieter die Formvorschriften beachtet?

Es genügt die sogenannte »**Textform**« des § 126 b BGB. Deshalb darf eine Mieterhöhung auch per Fax oder E-Mail übermittelt werden.

Tipp:
Wann ausnahmsweise die Schriftform (also Brief, E-Mail genügt nicht) erforderlich ist: Haben Sie einen **befristeten Mietvertrag mit einer Restlaufzeit von über einem Jahr,** muss nicht nur für den Mietvertragsabschluss die Schriftform beachtet werden (§ 550 BGB), sondern auch für **Vertragsänderungen** (z. B. Mieterhöhungen).

Wird während der Laufzeit des Vertrages die Miete nicht in Schrift-, sondern lediglich in Textform vereinbart, läuft der ursprünglich befristete Vertrag nunmehr auf unbestimmte Zeit weiter. Das heißt, er kann dann auch schon vor Ablauf der vereinbarten Befristung gekündigt werden.

➔ Sind die richtigen Absender und Adressaten genannt?

Der **jeweilige Vermieter** muss als **Absender** angegeben werden. Handelt es sich hierbei um eine **Personenmehrheit** (z. B. ein Ehepaar oder eine Erbengemeinschaft), müssen **alle** als Absender auftreten. Ist das Gebäude in vermietetem Zustand erworben worden, muss das Erhöhungsverlangen von den im Grundbuch eingetragenen Erwerbern stammen.

Selbstverständlich ist auch eine **Vertretung möglich.** Dabei kann ein Mitglied der Personenmehrheit andere Mitglieder mit vertreten. Oder es wird ein Dritter (z. B. ein Hausverwalter oder ein Rechtsanwalt) beauftragt.

Wird eine **juristische Person** (z. B. eine GmbH oder ein eingetragener Verein) vertreten, muss eine **vertretungsberechtigte Person** Absender sein. Gerade bei Wohnungsverwaltungsgesellschaften kommt es manchmal vor, dass **nicht vertretungsberechtigte Angestellte** (z. B. Sachbearbeiter oder Ehegatten der Geschäftsführer) die Erklärung abgeben. Dies ist **unwirksam.**

Der Vertreter ist verpflichtet, seine Vertretungsvollmacht durch **Vorlage einer Vollmacht** offenzulegen, sofern nicht bereits der Mietvertrag eine entsprechende Bevollmächtigungsklausel enthält. Eine Vollmacht ist auch dann entbehrlich, wenn dem Mieter die Bevollmächtigung aus der Vergangenheit bekannt ist.

Fehlt die erforderliche Vollmacht, wird die Mieterhöhung unwirksam, wenn der Mieter diesen Mangel unverzüglich beanstandet (§ 174 BGB). Er muss sich also sofort an den Absender wenden und mitteilen, dass er die Mieterhöhung wegen Fehlens der Vollmacht zurückweist.

Das Mieterhöhungsverlangen muss an **alle Mieter** gerichtet werden. Hat der Vermieter die Wohnung zum Beispiel einem **Ehepaar** überlassen und den Mietvertrag mit beiden Ehegatten abgeschlossen, muss er das Mieterhöhungsverlangen auch dann an beide Ehegatten richten, wenn einer von beiden die Wohnung verlassen hat und weiterhin als Vertragspartner anzusehen ist.

Enthält der Mietvertrag eine **Klausel,** wonach sich die Mieter wechselseitig zur Entgegennahme solcher Erklärungen bevollmächtigen, reicht es aus, wenn der Vermieter die Mieterhöhung an den in der Wohnung verbliebenen Mieter schickt. Gleichwohl muss er die Mieterhöhung ausdrücklich auch an den bereits ausgezogenen Mieter richten. Ansonsten riskiert er, dass die Mieterhöhung als unwirksam angesehen wird.

➔ Hat der Vermieter die »Zustimmung« verlangt?

Wichtig ist, dass der Vermieter vom Mieter die »**Zustimmung**« (vgl. § 558 BGB) zur Mieterhöhung **einfordert** (z. B.: »Ich bitte Sie, einer Mieterhöhung von bisher € ... auf € ... zuzustimmen.«).

Tut der Vermieter dies nicht, liegt **kein wirksames** Mieterhöhungsverlangen vor. Formulierungen, die lediglich den Eindruck erwecken, es bestünde eine Zahlungspflicht, haben rechtlich keine Bedeutung.

»Wegen der allgemeinen Preissteigerungen erhöht sich Ihre Miete von € ... auf € ...«

»Hiermit erhöhe ich die Miete für Ihre Wohnung von € ... auf € ...«

Diese Erklärungen sind unwirksam, weil das Gesetz ausdrücklich die Zustimmung des Mieters verlangt.

Zahlt der Mieter auf ein solches Schreiben hin, kann er die entsprechenden **Beträge zurückverlangen!** Denn in der bloßen Zahlung ist keine Zustimmung zu einer Mietabänderungsvereinbarung zu sehen.

Dabei ist es völlig unerheblich, ob der Mieter die erhöhte Miete einmal, zweimal oder schon über Jahre gezahlt hat.

2. Die richtige Begründung der Mieterhöhung

Das Mieterhöhungsverlangen des Vermieters ist nur dann wirksam, wenn er die von ihm behauptete »**ortsübliche Vergleichsmiete**« ordnungsgemäß begründet. § 558 a Abs. 2 BGB nennt als mögliche **Begründungsmittel** die Bezugnahme auf

- einen **Mietspiegel,**
- eine Auskunft aus einer **Mietdatenbank,**

- ein mit Gründen versehenes **Gutachten** eines öffentlich bestellten und vereidigten Sachverständigen,
- entsprechende Entgelte für mindestens drei **Vergleichswohnungen.**

Ist in der Gemeinde ein **qualifizierter Mietspiegel** (Erläuterung siehe unten) vorhanden, der auch Angaben zu der hier betreffenden Wohnung enthält, darf der Vermieter weiterhin auch jedes andere Begründungsmittel benutzen.

In diesem Fall muss er aber dem Mieter zusätzlich die Werte des qualifizierten Mietspiegels mitteilen (§ 558 a Abs. 3 BGB).

Beispiel:
Der Vermieter verlangt vom Mieter die Zustimmung zu einer Mieterhöhung auf € 5,–/m² und begründet dies mit der Angabe von drei Vergleichswohnungen. Im qualifizierten Mietspiegel ist für die Wohnung ein Wert von € 4,80 angegeben. Dies muss der Vermieter im Erhöhungsverlangen angeben. Er kann aber begründen, warum seiner Meinung nach dieser Wert überschritten werden kann.

→ Was bedeutet überhaupt »ortsübliche Vergleichsmiete«?

Die »ortsübliche Vergleichsmiete« (§ 558 Abs. 2 BGB) ist ein **repräsentativer Querschnitt der Mieten,** die

- in derselben oder vergleichbaren Gemeinde
- in vergleichbarer Art, Größe, Ausstattung, Beschaffenheit und Lage
- in den letzten vier Jahren vereinbart oder geändert worden sind.
- Die Miete darf nicht aufgrund einer Förderzusage oder kraft Gesetzes festgelegt worden sein.

Einfluss auf die Miethöhe haben dabei nur die im Gesetz genannten fünf **Wohnwertmerkmale:**

- **Art:** Damit ist die Struktur des Hauses und der Wohnung gemeint. Unterscheidungsmerkmale sind hier unter anderem: Altbau oder Neubau; Einfamilienhaus, Reihenhaus oder Mehrfamilienhaus; Appartement oder Mehrzimmerwohnung.
- **Größe:** Damit ist vor allem die Wohnfläche der Wohnung, aber auch die Zimmerzahl gemeint. Haben die Parteien im Mietvertrag die Größe der Wohnung mit aufgenommen und entspricht die vereinbarte nicht der tatsächlichen Wohnfläche, ist zu unterscheiden:

Ist die **vereinbarte Wohnfläche bis zu 10 % geringer** als die tatsächliche, ist für die Berechnung der neuen Miete die **vereinbarte** Wohnfläche maßgeblich. Lediglich für die Einordnung der Wohnung in eine bestimmte Größenkategorie wird die tatsächliche Wohnfläche zugrunde gelegt.

Ist die **vereinbarte Wohnfläche größer** als die tatsächliche, ist die tatsächliche Größe maßgeblich, wenn diese von der vereinbarten um mehr als 10 % abweicht. Hat der Mieter auf eine mit dem falschen Größenansatz berechnete Mieterhöhung entsprechende Überzahlungen geleistet, kann er diese vom Vermieter zurückverlangen.

- **Ausstattung:** Hierzu zählt alles, was vom Vermieter dem Mieter zur Verfügung gestellt wurde (z. B. Einbauschränke, Garderoben, Gärten, Terrassen, Waschküche, Kellerräume). Mietereinbauten sind hierbei nicht zu berücksichtigen.
- **Beschaffenheit:** Damit ist der Zuschnitt der Wohnung einschließlich der mitvermieteten Hausteile sowie Art und Gestaltung der Umgebung gemeint. Auch der Zustand der Wohnung ist hier ein Merkmal.

  Nicht behebbare Mängel sind bei der Mietpreisbildung zu berücksichtigen. Darunter fallen zum Beispiel Dauerbeeinträchtigungen durch Fluglärm oder eine Gaststätte.**Behebbare Mängel** werden jedoch nicht berücksichtigt, da der Mieter durch seine Gewährleistungsrechte (z. B. auf Mietminderung oder Zurückbehaltung der Miete) hinreichend geschützt ist.
- **Lage:** Wertbestimmend ist hier zunächst die **Ortslage.** Diese wird bestimmt durch die Baudichte, den baulichen Zustand des Ortsteils, Frei- und Grünflächen, landschaftlichen Charakter, Beeinträchtigungen durch Lärm, Staub, Geruch, Verkehrsanbindungen und die vorhandenen Infrastruktur-Einrichtungen. Darüber hinaus spielt auch die **Lage im Haus** eine Rolle. Diese wird bestimmt durch die Geschosslage und die Ausrichtung nach der Himmelsrichtung.

Tipp:
Checklisten zur Überprüfung der Mieterhöhung und Formulierungsbeispiele für eine korrekte Mieterhöhung finden Sie unter www.bild-ihr-gutes-recht.de (R 16023).

→ Der Vermieter bezieht sich auf einen Mietspiegel

Diese Begründungsart ist wohl die vergleichsweise sicherste, preiswerteste und häufigste. Gemäß § 558 c Abs. 1 BGB handelt es sich hierbei um eine

Übersicht über die ortsüblichen Vergleichsmieten. Diese Übersicht muss erstellt worden sein

- entweder von der Gemeinde
- oder von den Interessenvertretern der Vermieter und Mieter **gemeinsam**
- oder von den Interessenvertretern der Vermieter oder Mieter **allein** und vom jeweils anderen Verband anerkannt worden sein
- oder **von einem Dritten** und von beiden Verbänden **anerkannt** worden sein.

Alle Mietpreisübersichten oder Mietwerttabellen, die nicht diese Voraussetzung erfüllen, sind **keine Mietspiegel.**

Ob es in Ihrer Gemeinde einen gültigen Mietspiegel gibt, können Sie bei der Gemeinde oder den Interessenvertretern der Vermieter oder Mieter erfragen. Zum Teil sind die Mietspiegel auch im Internet veröffentlicht.

Der Vermieter muss den Mietspiegel dem Mieterhöhungsverlangen nur dann nicht beifügen, wenn der Mietspiegel **kostenlos öffentlich zugänglich** ist. Ist der Mietspiegel dagegen **nicht allgemein zugänglich,** riskiert der Vermieter die Unwirksamkeit seines Mieterhöhungsverlangens, wenn er den Mietspiegel nicht beifügt.

Seit dem 1. 9. 2001 gibt es neben dem bisherigen »einfachen Mietspiegel« (§ 558 c BGB) zusätzlich den »**qualifizierten Mietspiegel**« (§ 558 d BGB). Dieser muss folgende Voraussetzungen erfüllen:

- Er muss nach anerkannten wissenschaftlichen Grundsätzen erstellt worden sein und
- durch die Gemeinde oder
- von Interessenvertretern der Vermieter und Mieter anerkannt worden sein.

Von dem einfachen Mietspiegel unterscheidet er sich auch dadurch, dass er

- alle zwei Jahre aktualisiert wird und
- alle vier Jahre neu zu erstellen ist (§ 558 d Abs. 2 BGB) und
- in einem gegebenenfalls erforderlich werdenden Prozess vermutet wird, dass die Werte des qualifizierten Mietspiegels die ortsübliche Vergleichsmiete tatsächlich wiedergeben (§ 558 d Abs. 3 BGB). Praktisch sind deshalb Mieterhöhungen über die Werte eines qualifizierten Mietspiegels hinaus kaum durchsetzbar.

Stützt der Vermieter seine Mieterhöhung auf einen Mietspiegel, muss er **korrekt und für den Mieter nachvollziehbar** begründen, wie er die dort ausgewiesenen Mietpreise auf die Wohnung übertragen hat. Andernfalls kann der Mieter die Mieterhöhung als unwirksam ablehnen.

→ Der Vermieter bezieht sich auf eine Mietdatenbank

Hierbei handelt es sich um eine fortlaufend geführte Sammlung von Mieten, die dem Zweck dient, die ortsübliche Vergleichsmiete zu ermitteln. Eine solche Mietdatenbank gibt es derzeit lediglich in Hannover. Gegen eine Gebühr erhält der auskunftswillige Vermieter Vergleichswohnungen genannt, mit denen er seine Mieterhöhung begründen kann.

→ Der Vermieter bezieht sich auf ein Sachverständigengutachten

Die Mieterhöhung kann auch mit einem **mit Gründen versehenen Gutachten eines öffentlich bestellten und vereidigten Sachverständigen** begründet werden (§ 558 a Abs. 2 Nr. 3 BGB). Dieser Weg ist allerdings relativ teuer. Denn die Kosten für ein solches Gutachten liegen zwischen € 1 000,– und € 2 000,–.

Auch kann der **Vermieter** diese Kosten von seinen **Mietern nicht ersetzt verlangen.**

→ Der Vermieter bezieht sich auf Vergleichswohnungen

Der Vermieter ist auch berechtigt, sein Mieterhöhungsverlangen damit zu begründen, dass er **mindestens drei Vergleichswohnungen** benennt (§ 558 a Abs. 2 Nr. 4 BGB).

Diese Begründungsart ist **am wenigsten aussagekräftig,** denn drei »Vergleichswohnungen« lassen sich meist finden, vor allem aus dem **eigenen Wohnungsbestand** des Vermieters (was zulässig ist!). Diese Auswahl beweist aber meist noch nicht die »Ortsüblichkeit« der angestrebten Miethöhe. Auch schleichen sich bei der Auswahl und Angabe der Vergleichswohnungen leicht Fehler ein.

3. Muss die Mieterhöhung begrenzt werden?

Die sogenannte »Kappungsgrenze« (§ 558 Abs. 3 BGB) beträgt **20 %** und hat folgende Bedeutung: Innerhalb von drei Jahren darf die Miete für eine Wohnung nicht um mehr als 20 % erhöht werden, selbst wenn der Vermieter eine höhere ortsübliche Vergleichsmiete nachweisen kann.

Deshalb muss bei jeder Mieterhöhung noch eine entsprechende **Kontrollrechnung** durchgeführt werden:

→ Ermitteln Sie zunächst die Ausgangsmiete

Das ist die Miete, die drei Jahre vor Wirksamwerden der jetzigen Mieterhöhung gezahlt worden ist.

Beispiel:
Die aktuelle Mieterhöhung wird zum 1. 6. 2008 verlangt. Wenn das Mietverhältnis mehr als drei Jahre besteht, ist Ausgangsmiete für die Berechnung der Kappungsgrenze die am 1. 6. 2005 gezahlte Miete. Wenn das Mietverhältnis noch keine drei Jahre besteht, dann gilt die Miete bei Beginn des Mietverhältnisses.
»**Miete**« ist hierbei jeweils die von den Parteien **vereinbarte** Miete, egal, ob es sich um eine reine Nettomiete, um eine Teilinklusivmiete oder eine Inklusivmiete (in der sämtliche Betriebskosten enthalten sind) handelt.

Ermitteln Sie die konkrete Kappungsgrenze für Ihre Mieterhöhung

Auf die Ausgangsmiete schlagen Sie nun **20 %** auf. So erhalten Sie den Betrag, der durch die konkrete Mieterhöhung nicht überschritten werden darf. Liegt demnach die Kappungsgrenze **unter** der verlangten »ortsüblichen Vergleichsmiete«, kann nur der gekappte Betrag verlangt werden.

Beispiel:
Ausgangsmiete: € 4,–/m^2. Die ortsübliche Vergleichsmiete liegt nachweislich bei € 5,20/m^2. Die Kappungsgrenze liegt bei € 4,80/m^2 (€ 4,– + 20 %). Deshalb muss die darüber hinausgehende Mieterhöhung »gekappt« werden.

Liegt die Kappungsgrenze dagegen über der verlangten Miete, wirkt sie sich auf die Mieterhöhung nicht aus.

→ Prüfen Sie, ob Besonderheiten zu beachten sind

Gab es zwischen der oben beschriebenen Ausgangsmiete und der jetzigen Mieterhöhung bereits Mieterhöhungen wegen Modernisierung (§ 559 BGB), werden diese Erhöhungsbeträge der Kappungsgrenze zugeschlagen. Das bedeutet: Die mit der Modernisierung begründeten Erhöhungen werden bei der 20 %-Regelung nicht eingerechnet.

Beispiel:
Ausgangsmiete 2001: € 4,–/m². Mieterhöhung wegen Modernisierung gemäß § 559 BGB im Jahre 2002: € 1,–/m². Verlangt der Vermieter im Jahr 2004 eine Mieterhöhung auf die ortsübliche Vergleichsmiete, errechnet sich die Kappungsgrenze wie folgt: € 4,–/m² + 20 % = € 4,80/m² + € 1,–/m². Bei der Mieterhöhung auf die ortsübliche Vergleichsmiete darf deshalb der Betrag von € 5,80/m² nicht überschritten werden.

Dasselbe gilt für **Mieterhöhungen bei (Teil-)Inklusivmieten,** die vor dem 1. 9. 2001 vereinbart worden sind und bei denen im Mietvertrag die **Erhöhung wegen Betriebskostensteigerungen** vertraglich vereinbart worden ist.

Hat ein Vermieter innerhalb der letzten drei Jahre **Modernisierungen** durchgeführt, jedoch seine damalige Mieterhöhung auf die »ortsübliche Vergleichsmiete« (gemäß § 558 BGB und nicht gemäß § 559 BGB) gestützt, wird der **fiktive** – nach § 559 BGB umlagefähige – Modernisierungskostenanteil ebenfalls der Kappungsgrenze zugeschlagen.

Dasselbe gilt auch, wenn Sie als Vermieter anlässlich einer Modernisierung kein förmliches Mieterhöhungsverfahren durchgeführt haben, sondern die **Mieterhöhung einvernehmlich** gemäß § 557 BGB vereinbart haben.

Tipp:
Hat Ihr Vermieter bei seiner ansonsten ordnungsgemäß begründeten Mieterhöhung die Kappungsgrenze nicht berücksichtigt oder falsch berechnet, dürfen Sie die Mieterhöhung im Hinblick darauf nicht ablehnen. Sie müssen der Mieterhöhung bis zu dem Erhöhungsbetrag zustimmen, den Sie aus der korrekten Anwendung der Kappungsgrenze selbst errechnet haben.

4. Wie können Sie als Mieter auf die Mieterhöhung reagieren?

→ Wenn das Mieterhöhungsverlangen wirksam ist

→ Sie stimmen der Mieterhöhung uneingeschränkt zu

Hat Ihr Vermieter alle in den vorigen Abschnitten beschriebenen Gesichtspunkte beachtet und haben Sie an dem verlangten Erhöhungsbetrag nichts auszusetzen, müssen Sie der Mieterhöhung zustimmen.

Dies müssen Sie innerhalb der gesetzlichen **Zustimmungsfrist** tun, das heißt bis zum Ablauf des zweiten Kalendermonats nach dem Zugang der Mieterhöhung (→ Abschn. II. 5).

Eine **Form** für die Zustimmung ist grundsätzlich nicht vorgeschrieben. Deshalb können Sie auch auf andere Art und Weise zustimmen, zum Beispiel durch die **Zahlung** des Erhöhungsbetrages.

Da in der Rechtsprechung umstritten ist, ob eine einmalige Zahlung hierfür ausreicht oder ob mehrere vorbehaltlose Zahlungen der erhöhten Miete erforderlich sind, sollten Sie die Zustimmung **schriftlich** erteilen. Dies ist ohnehin in folgenden Fällen **ausnahmsweise erforderlich:**

- bei Mietverträgen, die für längere Zeit als ein Jahr befristet sind, oder
- wenn der Mietvertrag eine **Vereinbarung** enthält, wonach Vertragsabänderungen der Schriftform bedürfen.

Haben mit Ihnen **weitere Mieter** den Mietvertrag unterschrieben, müssen **alle** der Mieterhöhung zustimmen. Geschieht dies nicht, kann der Vermieter auf Zustimmung klagen. In diesem Fall trägt auch der Mieter, der zugestimmt hatte, das Kostenrisiko des Prozesses mit. Denn mangels wirksamer Zustimmung muss auch er mit verklagt werden.

→ Sie können auch eingeschränkt zustimmen

Sie müssen nicht immer in voller Höhe zustimmen. Sind Sie der Meinung, dass eine geringere Mieterhöhung als die verlangte angemessen ist, müssen Sie zumindest **teilweise zustimmen.** Hierdurch senken Sie Ihr Kostenrisiko für den Fall eines Mieterhöhungsprozesses.

Beispiel:
Der Mieter erhält eine formal korrekte Mieterhöhung auf € 5,–/m². Aufgrund eigener Erkundigungen hält er jedoch lediglich € 4,50/m² für gerechtfertigt. Außerdem beanstandet er, dass die **Kappungsgrenze** lediglich € 4,40/m² zulässt.

Da er nicht zustimmt, muss das Gericht – obwohl es seine Auffassung teilt – ihn zur »Zustimmung auf € 4,40/m²« verurteilen. Die auf ihn entfallenden anteiligen Prozesskosten hätte er sich sparen können, wenn er von vornherein teilweise zugestimmt hätte.

Sie können von Ihrem Sonderkündigungsrecht Gebrauch machen

Die Mieterhöhung gibt Ihnen als Mieter nach § 561 BGB ein **Sonderkündigungsrecht.** Danach können Sie das Mietverhältnis bis zum Ablauf des zweiten Monats nach Zugang des Mieterhöhungsschreibens zum Ablauf des übernächsten Monats kündigen.

Kündigen Sie schon im Monat des Zugangs oder im Folgemonat, verschiebt sich dadurch der Endtermin nicht.

Haben Sie gemäß § 561 BGB gekündigt, tritt die Mieterhöhung nicht in Kraft. In der Praxis hat dieses Sonderkündigungsrecht hauptsächlich Bedeutung in den Fällen, in denen ein befristeter Mietvertrag vorliegt oder nach altem Recht eine längere Kündigungsfrist als die gesetzliche Dreimonatsfrist einzuhalten ist.

→ Wenn das Mieterhöhungsverlangen unwirksam ist

→ Sie können die Mieterhöhung ablehnen oder nicht reagieren

Stellen Sie nach Überprüfung der verlangten Mieterhöhung fest, dass diese wegen formaler Mängel unwirksam ist, sind Sie nicht verpflichtet, der Mieterhöhung zuzustimmen.

Auch besteht **keine Verpflichtung,** ein unwirksames Erhöhungsverlangen zurückzuweisen. Deshalb sind Formulierungen im Mieterhöhungsschreiben, wie zum Beispiel: »Wenn ich von Ihnen bis zum ... nichts gehört habe, gehe ich davon aus, dass damit die Zustimmung als erteilt gilt«, ohne rechtliche Bedeutung.

Tipp:
Nicht jeder Fehler führt gleich zur Unwirksamkeit der Mieterhöhung! Holen Sie sich deshalb am besten Rechtsrat ein, wenn die Unwirksamkeitsfrage nicht einfach zu beantworten ist.

→ Dürfen Sie die Sonderkündigungsmöglichkeit nutzen?

Sie möchten gern kurzfristig kündigen, haben aber einen befristeten Mietvertrag oder nach Ihrem Mietvertrag eine längere Kündigungsfrist als die gesetzliche Dreimonatsfrist für eine Kündigung einzuhalten:

In solch einem Fall stellt sich die Frage, ob Sie das oben beschriebene Sonderkündigungsrecht auch bei einer **unwirksamen** Mieterhöhung in Anspruch nehmen können. Diese Frage ist strittig.

Tipp:
Einen Rechtsstreit über diese Frage können Sie vermeiden, wenn Sie statt gleich zu kündigen, Ihren Vermieter erst einmal auf die Unwirksamkeit seiner Mieterhöhung aufmerksam machen. Wenn er daraufhin den Fehler behebt und Ihnen ein **wirksames** Erhöhungsverlangen schickt, kommen Sie zweifelsfrei in den Genuss des Sonderkündigungsrechts.

→ Sollen Sie wegen der Mieterhöhung vor Gericht gehen?

Ob ein Mieterhöhungsprozess eingeleitet und gegebenenfalls durchgeführt wird, ist vor allem eine wirtschaftliche Frage. Das **Kostenrisiko** eines solchen Prozesses ist dann sehr hoch, wenn sich das Gericht entschließt, ein Sachverständigengutachten einzuholen.

Auch wenn die Gerichte immer mehr dazu übergehen, die Werte eines Mietspiegels als Beweismittel zu verwerten, so wird dennoch häufig ein Gutachten zusätzlich eingeholt werden müssen. Dies kann selbst dann geschehen, wenn keine der Parteien dies beantragt hat.

Erfahrungsgemäß liegen allein die Kosten für ein solches Gutachten zwischen ca. € 1 000,– und € 2 000,–. Hinzu kommen die übrigen Kosten des Verfahrens und der Anwälte.

Wenn der Mieter innerhalb der Zustimmungsfrist nicht zugestimmt hat, dann muss sich der **Vermieter entscheiden, ob er binnen der Klagefrist** von drei weiteren Monaten nach Ablauf der Zustimmungsfrist den Anspruch einklagt. Tut er dies nicht, bleibt sein Erhöhungsverlangen wirkungslos.

Tipp:
Ein solches Verfahren sollten Sie möglichst nicht ohne fachlichen Rat durch einen Anwalt (z. B. beim Mieterverein) führen. Denn im gerichtlichen Verfahren gibt es zahlreiche Formalien, die Sie beachten müssen und deren Nichtbeachtung mit Rechtsnachteilen für Sie verbunden ist.

5. Welche Fristen müssen Sie beachten?

Durch ein wirksames Mieterhöhungsverlangen werden verschiedene Fristen in Gang gesetzt, die zwingend eingehalten werden müssen. Diese betreffen einmal die vom Mieter zu beachtende Überlegungs- bzw. **Zustimmungsfrist.**

Stimmt der Mieter zu, schuldet er die erhöhte Miete mit Beginn des dritten Kalendermonats nach dem Zugang des Erhöhungsverlangens (§ 558 b Abs. 1 BGB). Erfolgt die Zustimmung nicht und will der Vermieter eine gerichtliche Klärung, muss er seine Zustimmungsklage innerhalb der **Klagefrist** von drei Monaten nach Ablauf der Zustimmungsfrist erheben (§ 558 b Abs. 2 Satz 2 BGB).

Übersicht: Fristenplan für Ihre Mieterhöhung			
Zugang der Mieterhöhung im Laufe des Monats	**Ablauf der Zustimmungsfrist**	**Ablauf der Klagefrist**	**Beginn der Mieterhöhung**
Januar	31. März	30. Juni	1. April
Februar	30. April	31. Juli	1. Mai
März	31. Mai	31. August	1. Juni
April	30. Juni	30. September	1. Juli
Mai	31. Juli	31. Oktober	1. August
Juni	31. August	30. November	1. September
Juli	30. September	31. Dezember	1. Oktober
August	31. Oktober	31. Januar	1. November
September	30. November	28. (29.) Februar	1. Dezember
Oktober	31. Dezember	31. März	1. Januar
November	31. Januar	30. April	1. Februar
Dezember	28. (29.) Februar	31. Mai	1. März

Wenn der letzte Tag der Frist ein **Samstag, Sonntag oder Feiertag** in Ihrem Bundesland ist, endet die Frist mit Ablauf des nächsten Werktages. Da die Klagefrist immer drei volle Monate beträgt, kann diese gegebenenfalls nicht am Ersten eines Monates beginnen, sondern erst ein bis zwei Tage später, sodass sie dann auch später endet.

III. Die Mieterhöhung wegen Modernisierung

1. Wann kann eine Mieterhöhung verlangt werden?

Wenn der Vermieter an seinem Mietobjekt bauliche Veränderungen vornimmt, kann er hierfür von seinen Mietern nicht in jedem Fall mehr Miete verlangen. Denn eine Mieterhöhung kommt nur nach einer »**echten**« **Modernisierung** infrage. § 559 Abs. 1 BGB nennt hier zunächst Maßnahmen zur **Verbesserung der Mietsache** oder zur **Einsparung von Energie oder Wasser.**

Daneben lässt diese Vorschrift eine Mieterhöhung auch bei **anderen baulichen Änderungen** durch den Vermieter zu. Voraussetzung ist aber, dass der Vermieter dazu **aufgrund gesetzlicher Gebote** oder **behördlicher Anordnungen** verpflichtet ist.

Darunter fallen beispielsweise der Einbau von Thermostatventilen oder Maßnahmen aufgrund der Energieeinsparverordnung wie Kellerdeckenisolierung oder der Einbau eines neuen Heizkessels.

Tipp:
Aufgepasst bei Erhaltungsmaßnahmen! Für die Durchführung notwendiger Reparaturen gibt es **keine Mieterhöhung,** selbst wenn die Maßnahmen aufwendig sind und die Mietsache nachher schöner aussieht (z. B. werden nach einem Wasserschaden im Bad die Fliesen erneuert und dabei wird auch gleich die altersbedingt verschlissene Badewanne erneuert).

2. Wann ist die Mieterhöhung unzulässig?

→ Bei speziellen Mietverhältnissen oder Vereinbarungen

Dies gilt zum Beispiel für **preisgebundene** oder **zu vorübergehendem Gebrauch** gemietete Wohnungen, oder wenn eine Mieterhöhung vertraglich ausgeschlossen ist. Hier gelten dieselben Ausschlussgründe wie für die Mieterhöhung auf die »**ortsübliche Vergleichsmiete**« (→ Abschn. II. 1).

→ Bei Staffelmieten

Dies gilt, wenn Sie vertraglich vorab für bestimmte Zeitpunkte konkrete Mieterhöhungsbeträge vereinbart haben.

➔ Bei Indexmieten

Dies gilt, wenn Sie vertraglich die Möglichkeit zur Mieterhöhung an die Entwicklung des Verbraucherpreisindex für Deutschland gekoppelt haben.

Ausnahme: Hat der Vermieter »andere« Baumaßnahmen zum Beispiel aufgrund behördlicher Anordnung durchzuführen, ist die Mieterhöhung nicht ausgeschlossen (§ 557 b Abs. 2 Satz 2 BGB).

3. Wie wird die Mieterhöhung berechnet?

Nach § 559 Abs. 1 BGB darf die »jährliche Miete« um 11 % der für die Wohnung aufgewendeten Kosten erhöht werden. Haben Sie beispielsweise Modernisierungskosten in Höhe von € 6 000,– ermittelt, ergeben 11 % davon einen Jahresbetrag von € 660,–. 1/12 davon führt zu einer monatlichen Mieterhöhung von € 55,–.

Wie Sie sehen werden, ist die Berechnung des Mieterhöhungsbetrages in der Praxis meist nicht so einfach. Orientieren Sie sich am besten an folgendem **Berechnungsschema:**

➔ Zunächst sind die umlegbaren Kosten zu ermitteln

Hierzu zählen die **reinen Baukosten,** wie zum Beispiel die Handwerker- und Baustoffkosten, die tatsächlich entstanden sind. **Rabatte, Skonti** usw. sind deshalb abzuziehen.

Hat der Vermieter die Arbeiten ganz oder teilweise in **Eigenleistung** erbracht, darf er hierfür **fiktive Kosten** in Höhe des Nettoentgelts für eine gleichwertige Unternehmerleistung ansetzen. Allerdings muss er die Arbeiten fachgerecht durchgeführt haben. Baunebenkosten können im Einzelfall angesetzt werden, wenn sie **erforderlich** waren.

Beispiel:

- Architektenhonorare, soweit die Einschaltung eines Architekten notwendig und wirtschaftlich vernünftig war
- Baugenehmigungsgebühren
- Kosten für Baustelleneinrichtung und Absperrung der Gehwege
- Kosten der Einrichtung von Baustrom- und Bauwasseranschlüssen
- Reinigungskosten als notwendige Folge der Baumaßnahme

Solche Kosten können also in die Mieterhöhung einfließen. Sofern der Vermieter seinem Mieter **Aufwendungsersatz** gezahlt hat, kann er auch diese Kosten umlegen. Hierbei handelt es sich um den Fall, dass der Mieter entgeltlich Arbeiten durchgeführt hat, die zu den **Bauarbeiten** in der Wohnung gehören (z. B. Reinigung der Möbel und Teppiche).

Musste der Mieter aber wegen der Arbeiten ins Hotel ziehen oder hatte er sonstige Auslagen (z. B. für die Beaufsichtigung der Wohnung), handelt es sich nicht um umlagefähige Baukosten.

➔ Die nicht umlagefähigen Kosten müssen außen vor gelassen werden

Hat der Vermieter für die Finanzierung einen **Kredit** aufgenommen, darf er die dadurch entstandenen Kosten nicht umlegen.

Hat der Mieter wegen der Beeinträchtigung der baulichen Maßnahmen (z. B. durch Schmutz, Lärm) zu Recht die Miete gemindert, darf auch der dadurch entstehende **Mietausfall nicht umgelegt** werden. Dies gilt auch für Mietausfälle, wenn andere Mieter im Haus deswegen die Miete gemindert haben.

➔ Die Kosten für Instandsetzungsmaßnahmen sind abzuziehen

Häufig werden gleichzeitig mit einer Modernisierung auch **fällige** Instandsetzungsmaßnahmen durchgeführt.

Beispiel:

- Die morschen, einfachverglasten Holzfenster werden nicht repariert, sondern durch Thermopanefenster mit Kunststoffrahmen ersetzt.
- Die bisher schadhafte Hausfassade wird nicht nur ausgebessert, sondern mit einer Wärmedämmschicht versehen.

Die Kosten für Erhaltungsmaßnahmen sind Vermietersache. Im Rahmen einer Mieterhöhung nach § 559 BGB müssen diese deshalb als »ersparte Instandsetzungskosten« nachvollziehbar aufgeschlüsselt und abgezogen werden. Dies gilt aber nur, wenn die Maßnahmen **zum Zeitpunkt der Modernisierung fällig** waren. Die Ersparnis auch zukünftig anfallender Maßnahmen fällt nicht darunter.

Der Vermieter muss in diesem Fall eine **Vergleichsrechnung** zwischen den Kosten einer bloßen Instandsetzung und den tatsächlich entstandenen Kosten vorlegen. Hierbei sind auch die **Baunebenkosten** mit zu berücksichtigen.

Beispiel:
Der Vermieter will die schadhafte Fassade nicht nur sanieren, sondern auch einen Wärmeputz anbringen lassen. Dann errechnen sich die umlagefähigen Modernisierungskosten aus der **Differenz** der am Ende tatsächlich aufgewandten Kosten und den Kosten, die für die bloße Sanierung erforderlich gewesen wären.

Wenn also für beide Arbeiten ein Gerüst aufgestellt werden musste, dann gehören die hierfür aufgewandten Kosten nicht zu den Modernisierungskosten (sog. »**Sowieso-Kosten**«). Das gilt auch für die Kosten der Baustelleneinrichtung, des Baustroms, eventuelle Genehmigungsgebühren oder Versicherungen.

Die ersparten Instandhaltungskosten lassen sich zum Beispiel durch **Kostenvoranschläge** oder **Sachverständigengutachten** nachweisen. Hierbei sind die gegenwärtigen Preise zugrunde zu legen.

→ Fremdmittel müssen berücksichtigt werden

Hat der Vermieter für die Modernisierung Fremdmittel erhalten, muss er diese bei der Berechnung der Mieterhöhung als Abzugskosten berücksichtigen. Von der **Art der Fremdmittel** hängt ab, wie diese im Einzelnen angerechnet werden (§ 559 a BGB):

- Kosten, die **vom Mieter oder für diesen von einem Dritten** übernommen oder die mit **Zuschüssen aus öffentlichen Haushalten** gedeckt werden, sind von den gesamten Modernisierungskosten abzuziehen (§ 559 a Abs. 1 BGB).

  Beispiel:
  - Der Mieter zahlt dem Vermieter einen Baukostenzuschuss, der nicht zurückgezahlt werden muss. Dafür verzichtet der Vermieter für 10 Jahre auf sein Recht zur Eigenbedarfskündigung und gegebenenfalls auch auf weitere Mieterhöhungen.
  - Der Arbeitgeber des Mieters zahlt für die Modernisierung einen Zuschuss und erhält dafür ein Belegungsrecht an der Wohnung für eine bestimmte Zeit.
  - Der Vermieter erhält für seine Modernisierungsmaßnahmen öffentliche Zuschüsse aus einem Landesmodernisierungsprogramm.

- Hat der Vermieter für die Modernisierung **Zinsvergünstigungen aus öffentlichen Haushalten** bekommen, ist zunächst die **jährliche Zinsersparnis** zu errechnen (§ 559 a Abs. 2 BGB). Hierfür vergleicht man den Zinssatz für erstrangige Hypotheken auf dem freien Markt zum Zeitpunkt der Beendigung der Modernisierungsmaßnahme mit dem tatsächlich bezahlten Zinssatz. Dann überträgt man die so ermittelte Zinsverbilligung auf den maßgeblichen Darlehensbetrag.

Beispiel:

- Für die Modernisierung sind insgesamt € 60 000,– angefallen. Als Fördermaßnahme hat der Vermieter ein Darlehen in Höhe von € 30 000,– zu einem (vergünstigten) Zinssatz von 5 % erhalten. Zum maßgeblichen Zeitpunkt betrug der übliche Zinssatz für erstrangig abgesicherte Darlehen 9 %. Der Kürzungsbetrag errechnet sich wie folgt:
- 9 % abzüglich 5 % = 4 %. 4 % von € 30 000,– = € 1 200,– jährlich. Diesen Betrag muss der Vermieter von dem Jahresmieterhöhungsbetrag von € 6 600,– (11 % von € 60 000,–) abziehen. Daraus ergibt sich eine monatliche Mieterhöhung von € 450,– ((6600 ./. 1200) : 12).

4. Wie müssen die Modernisierungskosten verteilt werden?

Stehen die **Modernisierungskosten** fest, ist deren Weitergabe im Wege der Mieterhöhung am einfachsten, wenn sie sich ausschließlich auf eine bestimmte Wohnung beziehen (z. B. wurde nur in einer Wohnung das Bad gefliest).

Sind dagegen **mehrere Wohnungen** von der Modernisierung betroffen (z. B. wurde die Außenfassade eines Mehrfamilienhauses wärmegedämmt), müssen die Kosten »angemessen auf die einzelnen Wohnungen aufgeteilt werden« (§ 559 Abs. 2 BGB). Dabei sind jeweils die Kosten zu ermitteln, die konkret für jede einzelne Wohnung aufgewendet wurden.

5. Was bei der Mieterhöhungserklärung zu beachten ist

Fehler in der Mieterhöhungserklärung machen diese unwirksam. Eine nachträgliche Heilung oder Nachbesserung ist nicht möglich. Der Vermieter muss beim Abfassen des Mieterhöhungsschreibens unbedingt die folgenden Punkte beachten:

→ Ist der richtige Zeitpunkt eingehalten worden?

Eine Mieterhöhung kann erst verlangt werden, wenn die Baumaßnahmen von den Handwerkern **vertragsgerecht erbracht** worden sind. Auf eine förmliche Abnahme der Arbeiten kommt es hierbei nicht an.

Ebenso schadet es nicht, wenn noch **Nebenarbeiten** ausstehen, zum Beispiel Außenanlagen wiederhergestellt werden, Bauschuttcontainer abgefahren oder noch Mängel beseitigt werden müssen.

Die genaue Höhe der **Kosten muss bekannt sein.** Erforderlich ist deshalb, dass dem Vermieter **alle Rechnungen** der Auftragnehmer vorliegen. **Ausnahme:** Er hatte zuvor bereits Fest- oder Pauschalpreise vereinbart.

→ Sind die Baumaßnahmen hinreichend erläutert?

Der Vermieter ist verpflichtet, dem Mieter in der Mieterhöhungserklärung plausibel zu machen, dass es sich um eine »**Modernisierungsmaßnahme**« im Sinne des Gesetzes handelt. Das heißt, dass hierdurch zum Beispiel die Wohnverhältnisse verbessert oder Heizenergie eingespart werden.

Musste er andere Maßnahmen aufgrund gesetzlicher Gebote oder behördlicher Anordnungen vornehmen (→ Abschn. III. 1), dann ist anzugeben, aufgrund welcher Umstände diese erfolgt sind und warum er diese nicht zu vertreten hatte.

Für bauliche Maßnahmen zur **Einsparung von Heizenergie** ist mindestens die Angabe der alten und neuen Wärmedurchgangswerte erforderlich. Die Vorlage einer **Wärmebedarfsberechnung** ist nicht erforderlich.

→ Ist der konkrete Erhöhungsbetrag berechnet und erläutert?

§ 559 b Abs. 1 BGB verlangt, dass der verlangte Erhöhungsbetrag aufgrund der entstandenen Kosten **nachvollziehbar** berechnet und erläutert wird. Hierdurch soll der Mieter hinreichend prüfen können, ob er die geforderte Mieterhöhung zahlen muss.

Deshalb sind zunächst die Kosten anzugeben, die auf die einzelnen Modernisierungsmaßnahmen (z. B. Einbau von Thermopanefenstern, Wärmedämmung der Außenfassade) und die dazugehörigen Gewerke (z. B. Maurerarbeiten, Tischlerarbeiten) entfallen.

Dabei ist auch der Abzug von fälligen **Instandsetzungsarbeiten** und **Fremdmitteln** (→ Abschn. III. 3) unbedingt mit zu berücksichtigen.

Hat der Vermieter mit dem Werkunternehmer für ein Einzelgewerk (z. B. Einbau einer Gasetagenheizung) einen **Pauschalpreis vereinbart,** kann die Angabe des Pauschalpreises ausreichend sein.

Tipp:
Ersparen Sie sich am besten einen Streit hierüber, indem Sie Ihren Vermieter um Einsichtnahme in die Rechnungsbelege bitten. Denn die muss Ihnen der Vermieter auf Anfrage vorlegen.

→ **Sind in dem Erhöhungsschreiben alle Absender und Adressaten genannt?**

Wird die Mieterhöhungserklärung zum Beispiel nicht an alle Mieter gerichtet, ist sie unwirksam. Zwar muss der Vermieter die Erklärung nicht unterschreiben. Denn hierfür reicht die **Textform** des § 126 b BGB aus. Deshalb darf er die Erklärung zum Beispiel auch per Kopie, Fax oder E-Mail schicken. Doch muss er gleichwohl darauf achten, dass als Absender alle Personen auf Vermieterseite genannt sind und die Erklärung an alle Mieter gerichtet ist.

6. Ab wann muss die erhöhte Miete gezahlt werden?

Hat der Mieter eine korrekte Mieterhöhungserklärung erhalten, schuldet er die erhöhte Miete mit **Beginn des dritten Monats** nach dem Zugang der Erklärung (§ 559 b Abs. 2 Satz 1 BGB).

Beispiel:
Sie erhalten das Mieterhöhungsschreiben am 20.3. Den Erhöhungsbetrag müssen Sie mit der Junimiete entrichten.

Der Mieterhöhungsbetrag bildet mit der bisherigen Miete die »neue Miete«. Es handelt sich also nicht um einen »Zuschlag«. Deshalb fällt der modernisierungsbedingte Mietanteil auch nicht weg, wenn die Modernisierungskosten hierdurch nach ca. neun Jahren getilgt sind.

Die »neue Miete« kann dann erst wieder erhöht werden, wenn die ortsübliche Vergleichsmiete für vergleichbare modernisierte Wohnungen höher ist.

Wurde die Modernisierungsmaßnahme und / oder die Mieterhöhung **nicht ordnungsgemäß angekündigt** und handelte es sich um **keine Bagatellmaßnahme,** kann sich dadurch der Zahlungstermin um weitere sechs Monate verschieben (§ 559 b Abs. 2 Satz 2 BGB).

Von einer Bagatellmaßnahme spricht man, wenn sie nur mit einer unerheblichen Einwirkung auf die Mieträume verbunden ist **und** nur zu einer **unerheblichen Mieterhöhung** führt (§ 554 Abs. 3 Satz 3 BGB).

Beispiel:
Die Wohnung wird an das Kabelnetz angeschlossen. Die daraus resultierende Mieterhöhung liegt unter € 10,–.

IV. Welche Art von Mieterhöhung soll es sein?

Nach Modernisierungsmaßnahmen im Sinne des § 554 BGB muss ein Vermieter seine Mieterhöhung nicht zwingend als »Modernisierungs-Mieterhöhung« abwickeln. Er darf stattdessen die Miete **auch** nach § 558 BGB auf die **ortsübliche Vergleichsmiete** anheben (→ Abschn. II).

Er kann auch beide Erhöhungsmöglichkeiten **kombinieren.** So kann er zum Beispiel die Miete **zunächst** unter Berücksichtigung der Modernisierungskosten und **anschließend** auf die ortsübliche Vergleichsmiete für modernisierten Wohnraum anheben. Oder umgekehrt.

Auch ist es ihm unbenommen, sich über eine Mieterhöhung mit seinem Mieter anlässlich einer Modernisierung **formlos** zu einigen (§ 557 Abs. 1 BGB).

D

Wie Sie bei der Kündigung von Wohnraum alles richtig machen

I. Darf überhaupt gekündigt werden?

1. Ihr Mietvertrag läuft auf unbestimmte Zeit

➔ Wenn Sie einen Kündigungsausschluss vereinbart haben

Haben Sie mit Ihrem Mieter / Vermieter vereinbart, dass das Kündigungsrecht für einen bestimmten Zeitraum ausgeschlossen sein soll, können Sie bis zu dessen Ablauf nicht ordentlich kündigen.
Ein solcher Kündigungsausschluss ist allerdings nur wirksam, wenn er für beide Seiten gilt und auf **maximal vier Jahre** begrenzt ist.

➔ Vermieter brauchen fast immer eine stichhaltige Begründung

Während **Mieter** bei einem Mietverhältnis »auf unbestimmte Zeit« jederzeit (Ausnahme: vereinbarter Kündigungsausschluss) und ohne besondere Begründung kündigen können, ist dies für **Vermieter** in der Regel anders.
Nach § 573 BGB müssen Vermieter, um ordentlich kündigen zu können, ein »**berechtigtes Interesse**« an der Beendigung des Mietverhältnisses vorweisen können.

Beispiel:
Der Vermieter benötigt die Mietwohnung entweder für sich oder für zu seinem Haushalt gehörende Personen oder Familienangehörige.

Nur in Ausnahmefällen braucht der Vermieter **keinen Kündigungsgrund** vorzuweisen, und zwar in folgenden Fällen:

- Sie bewohnen ein **Zweifamilienhaus** und möchten die darin liegende andere Wohnung (sog. »Einliegerwohnung«) kündigen (vgl. § 573 a Abs. 1 BGB).
- Nach dem **Tod des Mieters** kündigen Sie das Mietverhältnis **gegenüber den Erben** (§ 564 BGB).
- Sie haben **möblierten Wohnraum** innerhalb der von Ihnen **selbst bewohnten Wohnung** vermietet (§ 549 Abs. 2 Nr. 2 BGB).

- Sie haben den Wohnraum »nur zum vorübergehenden Gebrauch« vermietet (§ 549 Abs. 2 Nr. 2 BGB; z. B. Vermietung für die Zeit einer Kur).
- Es handelt sich um **unmöblierten Wohnraum**, der Teil der von Ihnen **selbst bewohnten Wohnung** ist (§ 573 a Abs. 2 BGB).

→ Was nach einem Haus- oder Wohnungskauf gilt

Hat der Vermieter ein **Mietshaus** erworben und möchte er einer Mietpartei (z. B. »wegen Eigenbedarf«) kündigen, muss er damit warten, bis er als Eigentümer **im Grundbuch eingetragen** ist. **Konkret:** Auch wenn es wie üblich mit der Grundbucheintragung länger dauert, nützt es nichts, die Kündigung schon vorher auszusprechen.

Nach Erwerb einer **vermieteten Eigentumswohnung** muss der Käufer eine mehrjährige Wartefrist einhalten, wenn diese Wohnung vor dem Verkauf in Wohnungseigentum **umgewandelt** worden ist (→ Kapitel E 7).

→ Teilkündigungen sind nur ausnahmsweise erlaubt

Haben Sie auf **Mieterseite** den Mietvertrag mit mehreren Personen unterschrieben (z. B. als Ehepaar), können Sie den Mietvertrag nicht für sich allein kündigen. Wenn nicht alle kündigen, ist die Kündigung unwirksam.

Entsprechend können auch **Vermieter** nicht nur einzelnen Personen einer Mietergemeinschaft kündigen. Kündigen sie nicht gegenüber allen Mietern, ist die Kündigung unwirksam.

Wollen Sie als **Mieter nicht mehr benötigte** Abstellräume, einen Garten oder die Garage kündigen, ist dies nur möglich, wenn es sich dabei um ein von Ihrem Wohnraummietvertrag **getrenntes** Mietverhältnis handelt.

Beispiel:
Im Laufe des Mietverhältnisses haben Sie von Ihrem Vermieter zusätzlich eine Garage angemietet. Dafür haben Sie einen Extra-Mietvertrag abgeschlossen und zudem noch vereinbart, dass es sich hierbei noch um ein »eigenständiges« Mietverhältnis handelt.

Auch ein **Vermieter** ist zu einer Teilkündigung nicht berechtigt. Allerdings gibt es für ihn von diesem Grundsatz folgende **Ausnahmen:**

- Es handelt sich um ein Mietverhältnis im Sinne des § 549 Abs. 2 BGB (z. B. Wohnraum, den er nur zum »vorübergehenden Gebrauch« vermietet hat, oder **möblierten Wohnraum** in der von ihm selbst bewohnten Wohnung).

- Nach § 573 b BGB darf er Räume, die nicht zum Wohnen bestimmt sind (z. B. Abstellräume, Speicher, Keller), oder **Grundstücksteile** (z. B. Garten, Stellplatz, Garage) isoliert kündigen. Damit beendet er aber nur das Mietverhältnis über diesen Teil, der übrige Teil des Mietverhältnisses wird dagegen aufrechterhalten.

Allerdings geht das nur, wenn der Vermieter beabsichtigt, auf diese Weise Wohnraum zu schaffen, um diesen dann zu vermieten. Oder auch, wenn er neuen Wohnraum schaffen und diesen und die vorhandenen Wohnungen mit Nebenräumen und Grundstücksteilen ausstatten will.

Beispiel:

- Der Vermieter hat eine Wohnung mit Stellplatz vermietet. Auf den vermieteten Stellplätzen will er ein neues Mietshaus bauen. Davon ist auch der Stellplatz des Mieters betroffen, dem er hiermit kündigt.
- Dem Mieter wird sein mitgemieteter Trockenraum im Dachgeschoss gekündigt, weil sein Vermieter das ganze Dachgeschoss zu einer Mietwohnung umbauen will. Als Ausgleich hierfür möchte der Vermieter ihm einen Kellerraum vermieten. Da aber alle Kellerräume vermietet sind, kündigt er einem anderen Mieter seinen Kellerraum. Diesen teilt er dann unter beiden Mietern auf.

Die **Kündigungsfrist** beträgt in einem solchen Fall **drei Monate.** Die hiervon betroffenen Mieter können für die weggefallenen Räume oder Grundstücksteile eine angemessene Herabsenkung der Miete verlangen (§ 573 b Abs. 4 BGB).

2. Ihr Mietvertrag ist befristet

→ Qualifizierter Zeitmietvertrag nach neuem Recht

Haben Sie Ihren befristeten Mietvertrag **nach dem 1. 9. 2001** abgeschlossen, kann es sich nur um einen sogenannten »qualifizierten« Zeitmietvertrag handeln.

Denn seit der Mietrechtsreform können Wohnraummietverträge nur dann befristet werden, wenn der Vermieter darin angibt, dass er nach Fristablauf sein Mietobjekt in bestimmter Weise verwenden will (z. B. für den Eigenbedarf).

Dieser Vertrag endet normalerweise erst mit Ablauf der vereinbarten Frist und kann nicht durch eine ordentliche Kündigung vorab beendet werden (§ 542 Abs. 2 BGB).

→ Zeitmietvertrag mit Verlängerungsklausel nach altem Recht

Haben Sie Ihren Zeitmietvertrag **vor dem 1. 9. 2001** abgeschlossen, handelt es sich aller Wahrscheinlichkeit nach um einen sogenannten »einfachen« Zeitmietvertrag, an den Sie auch heute noch gebunden sind.

Steht in Ihrem Mietvertrag: »Das Mietverhältnis verlängert sich jeweils um ... Monate / Jahr(e), wenn eine der Parteien nicht bis spätestens ... (z. B. drei) Monate vor Ablauf der Mietzeit kündigt.«, ist es ein **Zeitmietvertrag mit Verlängerungsklausel.**

Haben Sie eine solche Klausel vereinbart, gilt diese auch noch heute. Als Mieter können Sie Ihr Mietverhältnis deshalb jeweils nur zum vertraglich vereinbarten Ablauftermin kündigen, selbst wenn die Kündigungsfristen für Mieter neuerer Mietverträge kürzer sind (→ Abschn. III. 2).

Der **Vermieter** kann dagegen nur kündigen, wenn er ein »berechtigtes Interesse« vorweisen kann (→ Abschn. II. 4).

→ Zeitmietvertrag ohne Verlängerungsklausel nach altem Recht

Heißt es in Ihrem Mietvertrag: »Der Mietvertrag wird auf die Dauer von ... Jahren geschlossen und läuft am ... ab.«, handelt es sich um einen Zeitmietvertrag ohne Verlängerungsklausel.

In diesem Fall endet das Mietverhältnis zum vereinbarten Termin, ohne dass Sie kündigen müssen. Grundsätzlich dürfen Sie vorher auch nicht ordentlich kündigen.

Tipp:

Wenn der Mieter die Vertragsverlängerung verlangt: Der Mieter kann von seinem Vermieter bei diesem Vertragstypus die Verlängerung des Vertrages auf unbestimmte Zeit verlangen. Dies muss allerdings spätestens **zwei Monate vor Ablauf** des Mietvertrages **schriftlich** geschehen.

Die Verlängerung des Mietverhältnisses kann der Vermieter dadurch verhindern, indem er noch vor dem vereinbarten Endtermin der Verlängerung des Mietvertrages **widerspricht.** Ein Widerspruch macht aber nur Sinn, wenn der Vermieter ein »berechtigtes Interesse« vorweisen kann oder ausnahmsweise keinen Kündigungsgrund braucht (→ Abschn. I. 1).

→ Wann Sie eine vorzeitige Vertragsbeendigung erreichen können

Auch bei einem befristeten Mietvertrag bzw. vereinbarten Kündigungsausschluss können Sie in folgenden Fällen das Mietverhältnis vorzeitig beenden:

- Sie kündigen das Mietverhältnis **fristlos** (z.B. weil Ihr Mieter/Vermieter Sie schwerwiegend beleidigt hat; → Kapitel E 8).
- Sie können sich auf ein **Sonderkündigungsrecht** berufen (z.B. nach einer Mieterhöhung; → nachfolgenden Abschnitt).
- Sie einigen sich mit Ihrem Vertragspartner über die vorzeitige Beendigung und schließen einen **Mietaufhebungsvertrag.**

3. Sonderkündigungsrechte

Da viele Mieter sich inzwischen aufgrund der neuen Gesetzeslage auf eine 3-monatige Kündigungsfrist berufen können, kommen diese Sonderkündigungsrechte vornehmlich für diejenigen zum Tragen, die durch ihren Altmietvertrag noch an längere Kündigungsfristen gebunden sind oder einen befristeten Mietvertrag oder einen Kündigungsausschluss vereinbart haben.

Hier ein kurzer **Überblick** über die wichtigsten Sonderkündigungsrechte von Mieter und Vermieter:

→ Sonderkündigungsrechte des Mieters

- Wenn der Vermieter **Modernisierungsmaßnahmen ankündigt:** Erhält der Mieter die Ankündigung, kann er bis Ende des Folgemonats zum Ablauf des nächsten Monats kündigen.
- Bei **Mieterhöhung bis zur ortsüblichen Vergleichsmiete:** Erhält der Mieter die Mieterhöhung, kann er bis Ende des zweiten Folgemonats für den Ablauf des übernächsten Monats kündigen.
- Bei **Mieterhöhung wegen Modernisierung:** Kündigung wie oben möglich.
- Wenn eine **Staffelmiete** in einem **befristeten Mietvertrag** vereinbart wurde: Kündigung mit dreimonatiger Frist frühestens zum Ablauf des vierten Mietjahres, danach jederzeit mit Dreimonatsfrist.
- Wenn der Vermieter die **Erlaubnis zur Untervermietung verweigert:** Kündigung mit Dreimonatsfrist innerhalb eines zumutbaren Zeitraums nach Kenntnis von der Ablehnung.
- Bei **Tod des Mieters:** Kündigung nach Kenntnis vom Tod mit Dreimonatsfrist.

→ Sonderkündigungsrechte des Vermieters

- Wenn eine **Einliegerwohnung vermietet** ist: Kündigung jederzeit auch ohne »berechtigtes Interesse« möglich; allerdings verlängert sich die im konkreten Fall geltende Kündigungsfrist um drei Monate.
- Bei **Tod des Mieters:** Kündigung innerhalb eines Monats nach Kenntnis vom Tod und davon, dass kein anderer in das Mietverhältnis eintritt, mit dreimonatiger Frist.
- Im Fall der **Zwangsversteigerung:** Kündigung sofort nach Zuschlag mit Dreimonatsfrist zulässig, allerdings nur, wenn »berechtigtes Interesse« vorliegt.

II. So machen Sie formal alles richtig

1. Kündigen Sie immer schriftlich

Die Kündigung von **Wohnraum** muss immer **schriftlich** erfolgen (§ 568 Abs. 1 BGB). Eine Kündigung per **Telefax** (oder per **Telegramm** oder **E-Mail**) genügt deshalb nicht den Anforderungen an die gesetzliche Schriftform und ist deshalb **unwirksam.**

2. Alle Absender und Adressaten sind anzugeben

→ Wenn der Vermieter kündigt

Wenn nicht nur eine Person als Vermieter im Mietvertrag steht, sondern eventuell noch sein Ehegatte oder Miterben, mit denen er das vermietete Anwesen gemeinsam geerbt hat, darf er in seiner Kündigungserklärung niemanden vergessen.

Als erster Grundsatz gilt dabei: Alle Vermieter, die den Mietvertrag unterschrieben haben, müssen auch die Kündigung unterschreiben. Fehlt die Unterschrift eines Mitvermieters, ist die Kündigung **unwirksam.** Die Folge: Es muss dann nochmals gekündigt werden. Dabei beginnt die Kündigungsfrist wieder neu zu laufen.

Wird einer Mietergemeinschaft gekündigt, muss die Kündigung an alle Mieter gerichtet werden, die im Mietvertrag aufgeführt sind.

Tipp:
Hat auf Mieterseite eine Person, die im Kopf des Mietvertrages aufgeführt ist, den Mietvertrag nicht unterschrieben, ist zweifelhaft, ob sie damit auch Vertragspartner geworden ist.

Dasselbe gilt auch für den umgekehrten Fall, dass eine nicht im Kopf des Mietvertrages aufgeführte Person den Mietvertrag unterschrieben hat. Handelt es sich hierbei um Ehegatten, wird teilweise die Auffassung vertreten, dass beide Eheleute Vertragspartner sind. In einem solchen Fall sollte die Kündigung vorsichtshalber an beide Personen adressiert werden.

Ist einer der Mieter während der Vertragslaufzeit endgültig aus der Wohnung ausgezogen (z. B. im Fall der Trennung oder Scheidung), bedeutet das noch lange nicht, dass er damit auch aus dem Mietvertrag ausgeschieden ist!

Ist die neue Anschrift des ausgezogenen Mieters bekannt, müssen deshalb **zwei** Kündigungsschreiben verschickt werden. Ist dessen neue Anschrift dagegen nicht bekannt, darf die Kündigung für den ausgezogenen Mieter ebenfalls an die Adresse der Mietwohnung versandt werden.

Dasselbe gilt, wenn im Mietvertrag vereinbart ist, dass sich Mieter gegenseitig zum Empfang von Kündigungen bevollmächtigen.

Tipp:
Aufgepasst bei Altmietverträgen aus DDR-Zeiten! Wohnt in der Mietwohnung ein Ehepaar, von dem bloß ein Ehepartner den Mietvertrag unterschrieben hatte, muss nach jetziger Rechtslage trotzdem gegenüber **beiden Ehegatten** gekündigt werden.

→ Wenn Sie als Mieter kündigen

Achten Sie darauf, dass alle Personen auf Mieterseite die Kündigung unterschreiben. Dies gilt insbesondere auch, wenn einer Ihrer Mitmieter bereits ausgezogen ist.

Tipp:
Sind Sie unsicher, wer auf Ihrer Seite als Mieter gilt, sollten Sie vorsichtshalber alle Beteiligten als Absender angeben und unterschreiben lassen.

3. Aufgepasst, wenn Sie sich vertreten lassen

Ihre Kündigung müssen Sie nicht unbedingt selbst aussprechen. Sie können auch einen Vertreter damit beauftragen, beispielsweise einen Rechtsanwalt.

Besonders **vorteilhaft** ist eine Vertretung, wenn auf Kündigerseite mehrere Personen (z.B. ein Ehepaar oder eine Erbengemeinschaft) stehen. Das erleichtert die Abwicklung. Dies kann auch in der Form geschehen, dass einer von Ihnen in eigenem Namen **und** stellvertretend für die anderen die Kündigung ausspricht.

➔ Achten Sie auf die genaue Formulierung der Vollmacht

Ihr Vertragspartner muss erkennen können, dass der Vertreter im Namen aller Personen auf Vermieter-/Mieterseite handelt. Sprechen Sie zum Beispiel als Vermieter und gleichzeitig als Stellvertreter Ihrer Mitvermieter eine Kündigung aus, müssen Sie dies im Kündigungsschreiben eindeutig herausstellen.

➔ Originalvollmacht nicht vergessen!

Der Vertreter muss dem Kündigungsschreiben eine **original unterschriebene** Vollmacht der Vertretenden beifügen. Es reicht nicht, wenn der Vertreter der Kündigung bloß die Kopie der Vollmacht beifügt, weil er zum Beispiel das Original behalten will.

Hat die Originalvollmacht dem Kündigungsschreiben **nicht beigelegen**, kann der Empfänger die Kündigung unter Berufung auf die fehlende Vollmacht als unwirksam zurückweisen.

Die Kündigung wird aber nur unwirksam, wenn er dies **unverzüglich** tut. »Unverzüglich« bedeutet hierbei »ohne schuldhaftes Verzögern«!

Ausnahmsweise braucht eine Vollmacht nicht beigefügt zu werden, wenn der Empfänger von der Vertretungsbefugnis weiß bzw. sie bereits anerkannt hatte.

Beispiel:
Der Anwalt des Vermieters ist als dessen Vertreter im Mietvertrag aufgeführt und hat diesen bisher in mehreren Prozessen gegen den Mieter vertreten.

D

4. Wer seine Kündigung mit Gründen versehen muss

→ Der Mieter kündigt

Bei einer ordentlichen Kündigung brauchen Sie als Mieter keine Kündigungsgründe anzugeben. Dasselbe gilt auch, wenn Sie ein **Sonderkündigungsrecht** wahrnehmen.

Es reicht hier aus, dass die Voraussetzungen für eine Sonderkündigung vorliegen (z. B. haben Sie eine Mieterhöhung wegen Modernisierung erhalten).

Tipp:
Im Unterschied zur ordentlichen Kündigung sollten Sie Ihre Sonderkündigung immer begründen, auch wenn Sie dazu gesetzlich nicht verpflichtet sind. Denn nicht jeder Vermieter kennt die Sonderkündigungsmöglichkeiten. Auf diese Weise ersparen Sie sich unnötige Rückfragen.

Bei einer außerordentlichen fristlosen Kündigung aus wichtigem Grund (z. B. wegen Gesundheitsgefährdung durch Schimmelpilze; → Kapitel E 8) müssen Sie die Gründe für Ihre Kündigung angeben (§ 569 Abs. 4 BGB).

→ Der Vermieter kündigt

Der Vermieter von **Wohnraum** muss seine Kündigung **immer** exakt begründen (§ 573 Abs. 3 BGB). Auf welche Gründe er sich dabei berufen kann, ist in § 573 Abs. 2 BGB beschrieben. Dabei werden als sogenannte »**berechtigte Interessen**« des Vermieters anerkannt:

- Der Mieter hat seine vertraglichen Pflichten schuldhaft nicht unerheblich verletzt.
- Der Vermieter benötigt die Mieträume für sich, seine Familienangehörigen oder Angehörige seines Haushalts.
- Der Vermieter ist durch die Fortsetzung des Mietverhältnisses an einer angemessenen wirtschaftlichen Verwertung des Grundstücks gehindert und würde dadurch erhebliche Nachteile erleiden.

Deshalb sollte ein Vermieter in seiner ordentlichen Kündigung **alle Gründe angeben.** Kommt es nämlich zu einem Rechtsstreit, berücksichtigt das Gericht nur die im Kündigungsschreiben angegebenen Gründe.

Dabei reicht es **nicht** aus, wenn der Vermieter in seinem Kündigungsschreiben lediglich den Gesetzeswortlaut wiederholt (z. B. »Ich kündige hiermit wegen Eigenbedarf.«). Eine so spärlich begründete Kündigung ist unwirksam.

Kündigt der Vermieter in dem von ihm selbst bewohnten Zweifamilienhaus dem Mieter seiner »Einliegerwohnung« (§ 573 a Abs. 1 BGB), muss er seinem Mieter **deutlich erklären**, dass er von seinem Sonderkündigungsrecht nach § 573 a BGB Gebrauch macht.

Beispiel:
Er sollte schreiben: »... gemäß § 573 a BGB kann der Vermieter ein Mietverhältnis über Wohnraum auch ohne Vorliegen eines berechtigten Interesses kündigen, wenn das Mietobjekt sich in einem Gebäude mit nicht mehr als zwei Wohnungen befindet und der Vermieter eine der beiden Wohnungen selbst bewohnt.

Diese Voraussetzungen liegen hier vor. Nur auf sie und nicht auf berechtigte Interessen im Sinne des § 573 Abs. 1 BGB wird die oben ausgesprochene Kündigung gestützt.«

Wenn der **Mieter stirbt,** ist das Mietverhältnis gemäß § 564 BGB gegenüber den Erben des Mieters mit 3-monatiger Frist kündbar. Eine Begründung hierfür ist **nicht erforderlich.**

Will der Vermieter **fristlos kündigen** (→ Kapitel E 8), muss er sein Kündigungsschreiben mit einer **Begründung** versehen (§ 569 Abs. 4 BGB).

5. Die Belehrung über das Widerspruchsrecht des Mieters

Erhält der Mieter eine ordentliche Kündigung, steht ihm ein **Widerspruchsrecht** (§ 574 BGB) zu. Danach kann er die Fortsetzung des Mietverhältnisses verlangen, wenn die Kündigung für ihn eine besondere Härte darstellt (z. B. kann er aus Alters- und Gesundheitsgründen nicht umziehen).

Hat der Vermieter in seiner Kündigung über das Widerspruchsrecht belehrt, muss der Mieter seinen Widerspruch **spätestens zwei Monate** vor Mietende einlegen. Versäumt er diese Frist, darf der Vermieter die Fortsetzung des Mietverhältnisses ablehnen, auch wenn tatsächlich Härtegründe vorliegen.

Ist die Widerspruchsbelehrung allerdings unterblieben, kann der Mieter sich immer noch im ersten Termin eines Räumungsprozesses auf seine Härtegründe berufen.

III. Fristen unbedingt einhalten!

1. Wenn der Vermieter kündigt

→ Gesetzliche Kündigungsfristen

Für den Vermieter beträgt die gesetzliche Kündigungsfrist zunächst **drei Monate** (§ 573 c Abs. 1 Satz 1 BGB). Allerdings **verlängert** sich diese je nach **Wohnzeit** des Mieters:

- nach fünf Jahren beträgt sie sechs Monate;
- nach acht und mehr Jahren beträgt sie neun Monate.

Die für die Kündigungsfrist maßgebliche Mietdauer berechnen Sie, indem Sie den Zeitraum ermitteln, der zwischen dem Zeitpunkt der vereinbarten **Überlassung** der Wohnung und dem **Zugang** des Kündigungsschreibens beim Mieter liegt.

Tipp:
Bei Mietverträgen, die **vor dem 1. 9. 2001** abgeschlossen worden sind, war häufig die wohnzeitabhängige Verlängerung der Kündigungsfrist entsprechend der alten Gesetzeslage vereinbart. Danach betrug die Frist nach **10-jähriger** Wohnzeit **12** Monate. Finden Sie in Ihrem Mietvertrag noch eine solche Vereinbarung, ist jedenfalls der **Vermieter** daran gebunden.

→ Spezialfall: Sonderkündigungsrecht

Beruft sich der Vermieter in seiner Kündigung nicht auf ein »berechtigtes Interesse«, sondern nimmt er zum Beispiel sein Sonderkündigungsrecht bei **Einliegerwohnungen** wahr, **verlängert** sich die für ihn geltende Kündigungsfrist **um drei Monate** (§ 573 a Abs. 1 Satz 2 BGB).

Beispiel:
Mitte Juni entscheidet sich der Vermieter, dem Mieter seiner Einliegerwohnung zu kündigen. Da dieser darin bereits sechs Jahre wohnt, beträgt die gesetzliche Kündigungsfrist sechs Monate. Diese verlängert sich – weil er sich auf sein Sonderkündigungsrecht beruft – um weitere drei Monate. Wenn der Mieter die Kündigung bis zum dritten Werktag des Juli bekommt, endet das Mietverhältnis somit am 31. März des Folgejahres.

In anderen Fällen kann der Vermieter bei Vorliegen eines Sonderkündigungsrechts (→ Abschn. I. 3) eine längere Kündigungsfrist auch auf **drei Monate** verkürzen:

- anlässlich des Todes des Mieters oder
- nachdem er das Mietobjekt im Wege der Zwangsversteigerung erworben hat.

→ Außerordentliche fristlose Kündigung

Im Gegensatz zu den oben genannten Kündigungsarten beendet eine **fristlose** Kündigung (z. B. wegen Zahlungsverzuges; → Kapitel E 8) das Mietverhältnis **sofort.** Das heißt: Es endet, wenn das Kündigungsschreiben dem Mieter zugeht.

Es ist allerdings auch möglich, dass der Vermieter die Schwierigkeiten seines Mieters, sofort eine andere Bleibe zu finden, berücksichtigt und im Kündigungsschreiben erklärt, dass das Mietverhältnis erst zu einem späteren Zeitpunkt enden soll.

→ Vereinbarte Kündigungsfristen

Haben Sie in Ihrem Mietvertrag eine längere als die gesetzliche Kündigungsfrist vereinbart, ist der Vermieter daran gebunden.

2. Wenn Sie als Mieter kündigen

→ Gesetzliche Kündigungsfristen

Abgesehen davon, dass Sie als Mieter jederzeit ohne irgendeine Begründung ordentlich kündigen dürfen, genießen Sie das Privileg, dass Sie sich auf eine **3-monatige** Kündigungsfrist berufen können (§ 573 c Abs. 1 Satz 1 BGB).

Im Gegensatz zur Vermieterkündigung verlängert sich Ihre Kündigungsfrist nach längerer Wohnzeit nicht. **Ausnahme:** Sie haben **vor dem 1. 9. 2001** wirksam etwas anderes vereinbart (siehe nächsten Punkt).

Haben Sie **möblierte** Wohnräume innerhalb der Wohnung Ihres Vermieters gemietet, können Sie spätestens am 15. eines Monats zum Ablauf dieses Monats kündigen (§ 573 c Abs. 3 BGB).

→ Vereinbarte Kündigungsfristen

§ 573 c Abs. 4 BGB verbietet die Vereinbarung einer für den Mieter nachteiligen längeren Frist als der gesetzlichen Dreimonatsfrist.

Tipp:
Haben Sie Ihren Mietvertrag **vor dem 1. 9. 2001** abgeschlossen, kann es sein, dass Sie darin noch die **wohnzeitabhängige Verlängerung** der Kündigungsfrist nach der alten Rechtslage finden.

Zum Beispiel: »Nach fünf, acht und zehn Jahren seit der Überlassung des Wohnraums verlängert sich die Kündigungsfrist um jeweils drei Monate.« Solche Mietvertragsklauseln gelten nur dann weiterhin, wenn sie zwischen Vermieter und Mieter im konkreten Fall **individuell vereinbart**, also **ausgehandelt** worden sind.

Haben Sie in Ihrem Mietvertrag eine **kürzere** als die gesetzliche Kündigungsfrist vereinbart, ist diese Vereinbarung für Sie als Mieter wirksam. Ihr Vermieter kann sich dagegen nicht auf diese Vereinbarung berufen, falls er kündigt.

Tipp:
Mietverträge, die in den neuen Bundesländern **vor dem 3. 10. 1990** abgeschlossen wurden, enthalten teilweise noch die Kündigungsregelungen des damals geltenden § 120 Abs. 2 ZGB mit einer **2-wöchigen** Kündigungsfrist. Wenn das auf Sie zutrifft, können Sie sich auch heute noch auf diese Frist berufen.

3. Was Sie zum Kündigungstag wissen sollten

Ihren Wohnraummietvertrag können Sie – sofern die 3-Monats-Frist gilt – am **dritten Werktag** des Kalendermonats für den Ablauf des übernächsten Monats kündigen (§ 573 a Abs. 1 Satz 1 BGB).

Das heißt, nur wenn Sie diesen Termin (3. Werktag) einhalten, zählt der entsprechende Monat bei der Berechnung der Kündigungsfrist mit.

Beispiel:
Der Vermieter erhält die Kündigung seines Mieters am dritten Werktag des Juni. Das Mietverhältnis endet deshalb am 31. August.

Liegt innerhalb der ersten drei Tage des Monats ein **Sonn- oder Feiertag**, zählt dieser bei der Fristberechnung nicht mit. Der Kündigungstag verschiebt sich dadurch entsprechend. Fällt ein **Samstag** in diese Karenzzeit, gilt dieser als Werktag, auch wenn er auf den **letzten** Tag der Karenzzeit fällt.

Verpassen Sie diesen Termin auch nur um einen Tag, verschiebt sich das Mietende um einen ganzen Monat. Besonders misslich wirkt sich die Fristüberschreitung aus, wenn Sie noch einen befristeten **Altmietvertrag mit**

Verlängerungsklausel haben. Hier kann es Ihnen passieren, dass sich das Mietende um einen weitaus längeren Zeitraum verschiebt.

4. Wie Sie den fristgemäßen Zugang sicherstellen

Ihre Kündigung wird erst wirksam, wenn sie Ihrem Vertragspartner zugeht. Und diesen Zugang müssen Sie beweisen. Sie können die Kündigung per Einschreiben, per Boten oder per Gerichtsvollzieher zustellen. Letzteres empfiehlt sich insbesondere, wenn Ihr Vertragspartner behauptet, Ihr Kündigungsschreiben nie erhalten zu haben.

D

Die Kündigung wegen Eigenbedarf

I. Eigenbedarfskündigung – so einfach geht das nicht

Lässt sich der Mieter nichts zuschulden kommen, kann er nur gekündigt werden, wenn sein Vermieter hierfür wichtige Gründe vorweisen kann. Das Gesetz spricht hier von »berechtigten Interessen«.

Der in der Praxis am häufigsten vorkommende Grund ist der sogenannte »Eigenbedarf« im Sinne des § 573 Abs. 2 Nr. 2 BGB: Der Vermieter **benötigt** die Räume als Wohnung **für sich,** seine **Familienangehörigen** oder **Angehörige seines Haushalts.**

Vermieter im mitbewohnten Zweifamilienhaus haben es leichter: Wer in dem von ihm selbst bewohnten Zweifamilienhaus die andere Wohnung (sogenannte »**Einliegerwohnung**«) vermietet hat und dem Mieter kündigen will, hat ein **Sonderkündigungsrecht** (→ Kapitel E 6).

1. Wenn Ihr Mietvertrag die Kündigung verbietet

Ein auf bestimmte Zeit abgeschlossener Mietvertrag (sogenannter »**Zeitmietvertrag**«) ist für die Dauer der Befristung **nicht kündbar** – auch nicht wegen Eigenbedarf (→ Kapitel E 1).

Steht in Ihrem Mietvertrag, dass beide Parteien für eine bestimmte Zeit auf das Recht zur Kündigung verzichten (sogenannter »**Kündigungsausschluss**«: maximal vier Jahre sind erlaubt), ist ebenfalls eine Eigenbedarfskündigung ausgeschlossen.

2. In welchen Fällen das Gesetz die Kündigung verbietet

→ Wenn die Wohnung nicht zum Wohnen gebraucht wird

Nach dem Wortlaut des § 573 Abs. 2 Nr. 2 BGB liegt Eigenbedarf nicht vor, wenn der Vermieter die gekündigte Wohnung nicht vornehmlich »**als Wohnung**« benötigt. Soll die gekündigte Wohnung also überwiegend oder vollständig gewerblich oder zu freiberuflichen Zwecken genutzt werden, kommt deshalb eine Eigenbedarfskündigung nicht in Betracht.

→ Wenn der Vermieter »auf Vorrat« kündigt

§ 573 Abs. 2 Nr. 2 BGB verlangt für den Eigenbedarf, dass der Vermieter die Mietwohnung »**benötigt**«. Davon kann aber nur die Rede sein, wenn dies zum **Zeitpunkt der Kündigung** oder **in absehbarer Zeit** der Fall ist. Eine feste zeitliche Grenze gibt es allerdings nicht.

Hat der Vermieter dagegen noch keine konkrete Verwendungsabsicht, darf er auch noch nicht kündigen.

Begründet der Vermieter seine Kündigung damit, dass er eine größere Wohnung benötige, weil er eine Familie gründen und Kinder haben wolle, liegt nach allgemeiner Ansicht aber noch keine »Vorratskündigung« vor.

Ebenso wird man es ihm nicht vorwerfen können, wenn er vor dem Bezug der Wohnung noch Sanierungs-, Umbau- oder Renovierungsarbeiten durchführt. Dabei spielt es keine Rolle, wenn der normalerweise hierfür erforderliche Zeitraum überschritten wird.

→ Wenn der Eigenbedarf bei Mietbeginn absehbar war

In solch einem Fall ist eine später auf Eigenbedarf gestützte Kündigung in aller Regel rechtsmissbräuchlich. Kann der Vermieter vor Mietbeginn absehen, dass er die Mieträume in Zukunft benötigt, muss er die Mietinteressenten vor Vertragsabschluss auf die mögliche Kündigungsabsicht hinweisen.

Die Gerichte verlangen hierzu vom Vermieter, dass er bei Vertragsabschluss eine entsprechende »**Bedarfsvorschau**« für die folgenden **fünf Jahre** trifft.

Beispiel:
Zum Zeitpunkt des Mietvertragsabschlusses leben im Haushalt des Vermieters auch sein 18-jähriger Sohn und seine 17-jährige Tochter. In diesem Fall muss der Vermieter den Mieter vor Vertragsabschluss darauf hinweisen, dass »die Wohnung aller Voraussicht nach von einem seiner Kinder innerhalb der nächsten fünf Jahre benötigt wird«.

Schließen Sie in solch einem Fall am besten einen Zeitmietvertrag ab.

→ Wenn die Wohnung in Wohnungseigentum umgewandelt wird

Wird Ihre Wohnung nach Abschluss des Mietvertrages in Wohnungseigentum umgewandelt, verbietet § 577 a BGB für einen gewissen Zeitraum (sogenannte »**Sperrfrist**«) die auf »berechtigte Interessen« gestützte Kündigung.

Die Kündigungssperrfrist für den Vermieter beträgt im Normalfall drei Jahre (§ 577 a Abs. 1 BGB). Die Frist beginnt mit dem **ersten Verkauf** der umgewandelten Wohnung. Das heißt mit dem Tag, an dem der erste Käufer als Eigentümer im Grundbuch eingetragen wird.

Tipp:
Nach der Umwandlung seiner Mietwohnung erhält der Mieter kraft Gesetzes ein Vorkaufsrecht (§ 577 Abs. 1 BGB). Der Verkäufer oder der Käufer müssen den Mieter über den Inhalt dieses Kaufvertrages unterrichten und ihn auch über sein Vorkaufsrecht belehren (§ 577 Abs. 2 BGB).

Das gilt aber nur **für den ersten** Verkauf der Wohnung nach der Umwandlung. Wechselt die Wohnung später nochmals den Besitzer, gilt das Vorkaufsrecht nicht mehr.

In Gebieten, wo eine ausreichende Versorgung der Bevölkerung mit Mietwohnungen zu angemessenen Bedingungen gefährdet ist, kann die Frist durch Rechtsverordnung bis zu zehn Jahre verlängert werden (§ 577 a Abs. 2 BGB).

3. Für wen kann Eigenbedarf angemeldet werden?

➔ Für den Vermieter selbst

Am einfachsten ist der Fall, wenn der Vermieter die zu kündigenden Wohnräume für sich selbst benötigt (sogenannte »**Eigennutzung**«).

Sind auf Vermieterseite **mehrere Personen** (z. B. Eheleute oder Mitglieder einer Erbengemeinschaft), genügt es, wenn nur eine davon die Wohnung benötigt.

➔ Für Familienangehörige

Der Vermieter kann Eigenbedarf nicht nur für sich selbst, sondern auch für Familienangehörige geltend machen – egal, ob diese bisher in der Wohnung des Vermieters oder anderswo wohnten.

Familienangehörige sind alle Personen, zu denen der Vermieter einen besonderen **sozialen Kontakt** hat, aus dem sich eine **sittliche Verantwortung** für den Wohnbedürftigen ergibt.

Tipp:
Gehen Sie von folgender **Faustregel** aus: Je weiter der Verwandtschaftsgrad entfernt ist, desto enger muss der soziale Kontakt zur Bedarfsperson sein.

Nahe Verwandte sind **immer »eigenbedarfstauglich«:**

- Verwandte in gerader Linie, also **Eltern, Kinder, Großeltern** und **Enkel**
- **Geschwister**
- **Nichten** und **Neffen**
- Auch die **Schwiegereltern** zählen zu den engsten Angehörigen.
- Auch das **Stiefkind** wird teilweise zu den nahen Angehörigen gezählt, für die Eigenbedarf grundsätzlich geltend gemacht werden kann. Teilweise wird verlangt, dass der Vermieter eine enge persönliche Beziehung zu seinem Stiefkind nachweisen kann.

Bei **entfernten Verwandten** verlangen die Gerichte vom Vermieter den Nachweis, dass tatsächlich ein **enges Verhältnis** besteht und sich für ihn darüber hinaus eine **moralische Verpflichtung** zur Unterstützung dieser Personen ergibt:

- **Cousin/-e** sowie **Großcousin/-e**
- **Neffe / Nichte**
- **Onkel / Tante / Schwager / Schwägerin**

→ Für Angehörige des Vermieterhaushalts

Hierzu zählen alle Personen, die derzeit mit dem Vermieter **auf Dauer** unter einem Dach leben. Darunter fallen sowohl die bei ihm wohnenden **Familienangehörigen** als auch eingetragene Lebenspartner (§ 1 LPartG) und deren Kinder, Partner einer nicht ehelichen Lebensgemeinschaft, Hausangestellte, Pflegepersonen und Betreuer.

→ Für Pflegepersonal

Will der Vermieter eine **Hausgehilfin** oder **Pflegerin** in seinen Haushalt aufnehmen und benötigt er wegen dieses zusätzlichen Raumbedarfs die zu kündigende Wohnung, fällt dies unter »Eigennutzung« (→ Abschnitt I. 3).

Möchte er die Pflegekraft **mit eigenem Wohnraum** versorgen, liegt kein Eigenbedarf im Sinne des § 573 Abs. 2 Nr. 2 BGB vor. Hier wird man aber zu seinen Gunsten ein »berechtigtes Interesse« im Sinne des Abs. 1 dieser Vorschrift bejahen können.

Vorausgesetzt, die Beschäftigung solcher Hilfspersonen ist nötig (z. B. Pflegefall) und ihre Unterbringung im Haus oder in der Nähe der Vermieterwohnung aus persönlichen, wirtschaftlichen oder sonstigen Gründen geboten.

4. Der Eigenbedarf muss plausibel begründet werden

Das Gesetz verlangt für den Eigenbedarf, dass die gekündigte Wohnung zu Wohnzwecken tatsächlich »**benötigt**« wird. Dazu muss der Vermieter **vernünftige** und **nachvollziehbare Gründe** vorbringen können.

Beispiel:

- Der Vermieter, ein krankhafter Schnarcher, benötigt einen der vermieteten Räume einer Zweizimmerwohnung im Erdgeschoss des von ihm selbst bewohnten Hauses als Schlafzimmer für seine Ehefrau.
- Der Vermieter möchte in die gekündigte Wohnung ziehen, um die Fahrtzeit zu seiner Arbeitsstätte zu verkürzen.
- Der im Dachgeschoss wohnende Vermieter kündigt die Erdgeschosswohnung, weil er aus gesundheitlichen Gründen nicht mehr so viel Treppen steigen kann.

Eine umfangreiche Übersicht darüber, welche Gründe von den Gerichten als Eigenbedarf angesehen wurden, finden Sie unter www.bild-ihr-gutes-recht.de (R 10158).

Der Vermieter muss hierfür keine Not- oder Zwangslage oder einen Wohnraummangel behaupten. Welchen Wohnbedarf der Vermieter als **angemessen** ansieht, hängt ab von seiner **individuellen** Wohnbedarfsplanung.

Deshalb kann ein Vermieter selbst mit **ausgefallenen Nutzungswünschen** vor Gericht Gehör finden. Vorausgesetzt, es gelingt ihm, seine Vorstellungen von angemessenem Wohnraum plausibel zu machen.

5. Wenn mehrere Wohnungen infrage kommen

Hat der Vermieter **mehrere Wohnungen** zur Auswahl, darf er frei darüber entscheiden, welche Wohnung er hierfür auswählt. Auch wenn der Vermieter einem Mieter kündigt, den dies härter als andere Mieter trifft, macht das die Kündigung nicht unwirksam. Denn eine »**Sozialauswahl**« bei der Eigenbedarfskündigung **gibt es nicht.**

Allerdings riskiert der Vermieter unter Umständen, dass der gekündigte Mieter aus Härtegründen Widerspruch einlegt (§ 574 BGB). Dadurch könnte die Vertragsbeendigung verzögert oder gar auf lange Sicht vereitelt werden.

6. Kündigungsschreiben

Die Eigenbedarfskündigung muss **schriftlich** erfolgen, an sämtliche Mieter der Wohnung gerichtet und von sämtlichen Vermietern unterschrieben werden (→Kapitel E 6). Der Kündigungsgrund »Eigenbedarf« muss nachvollziehbar beschrieben werden.

→ Angaben zum Bedarf

Der Mieter muss dem Kündigungsschreiben entnehmen können, warum der Vermieter die Wohnung benötigt. Er soll hierdurch abschätzen können, wie seine Chancen stehen, sich gegen die Kündigung zu wehren. **Pauschale Angaben** reichen nicht aus und machen die **Kündigung unwirksam.**

Beispiel:

- »Ich stütze die Kündigung auf Eigenbedarf. Die Gründe dafür sind in meinen derzeitigen Lebensverhältnissen und Lebensvorstellungen zu sehen.«
- »Ich benötige die Wohnung wegen Eigenbedarf für eine Pflegeperson.«

Solche Formulierungen reichen nicht aus. Selbst wenn dem Mieter die Kündigungsgründe bereits bekannt sind, dürfen sie im Kündigungsschreiben nicht fehlen. Im Streitfall können sie vor Gericht auch nicht einfach nachgeschoben werden.

→ Angaben zur Person

In dem Kündigungsschreiben muss der Vermieter angeben, für wen er die Wohnung benötigt. Will er sie einem **Familienangehörigen** überlassen, muss er den Grad der Verwandtschaft (z.B. Sohn, Nichte) mitteilen und auch die konkreten Wohnverhältnisse dieser Bedarfsperson offenlegen.

Wird gekündigt, weil der Vermieter eine **Pflegeperson** benötigt, muss diese zum Zeitpunkt des Kündigungsausspruchs noch nicht feststehen.

II. Eigenbedarf vorzutäuschen, zahlt sich nicht aus

1. Schadensersatz und Betrugsanzeige drohen

Wer Eigenbedarf nur vortäuscht, begeht eine **vorsätzliche Pflichtverletzung.**

Erschleicht sich der Vermieter auf diese Weise den Auszug seiner Mieter, ist er diesen gegenüber zum **Schadensersatz** verpflichtet.

Dasselbe gilt auch, wenn der Vermieter bei Ausspruch der Kündigung seinen behaupteten Eigenbedarf tatsächlich ausüben wollte, dieser dann aber nach Ausspruch der Kündigung und vor Auszug des Mieters wieder wegfiel (→ Abschn. III).

Schadensersatzpflichtig macht sich der Vermieter auch dann, wenn er die gekündigten Räume des Mieters nach dessen Auszug in anderer Weise nutzen will, als er im Kündigungsschreiben behauptet.

Beispiel:
Der Vermieter kündigt die Erdgeschosswohnung in seinem Haus, »weil er aufgrund einer drastischen und bleibenden Verschlechterung seines Gesundheitszustandes seine derzeit im Dachgeschoss liegende Wohnung nur mit großer Mühe erreichen könne und er überdies in der gekündigten Wohnung eine dringend benötigte Pflegeperson unterbringen müsse«.

Nach Auszug der Mieter bleibt er in der Dachgeschosswohnung und hält sich nur ab und zu in einem abgeteilten Zimmer der Erdgeschosswohnung auf. Die in die Erdgeschosswohnung eingezogenen Mieter leisten keine Pflegedienste. Und ihre Handreichungen gegenüber dem Vermieter gehen über übliche Gefälligkeiten nicht hinaus.

Ebenso muss ein Vermieter Schadensersatz leisten, wenn er bei Ausspruch der Kündigung **noch nicht sicher** ist, ob sich sein behaupteter Eigenbedarf tatsächlich verwirklichen lässt. Dazu reicht schon, wenn seine Fehleinschätzung auf Fahrlässigkeit beruht.

Beispiel:
Der Vermieter möchte in der gekündigten Wohnung mit seiner Ehefrau zusammenziehen, die als Lehrerin an einem anderen Ort arbeitet und wohnt.

Zwar hat die Ehefrau die Versetzung zum Ort der Mietwohnung beantragt. Jedoch hat es der Vermieter versäumt, sich vor Ausspruch der Kündigung zu vergewissern, dass dieser Versetzung keine vorhersehbaren Hindernisse entgegenstehen.

Unabhängig von dem Schadensersatz, den der Vermieter bei vorgetäuschtem Eigenbedarf riskiert, droht ihm auch eine **Anzeige wegen Betrugs.** Denn ein vorsätzlich vorgetäuschter Eigenbedarf ist als Betrug gemäß § 263 StGB strafbar.

2. Wer die Beweislast trägt

Im Fall einer unberechtigten Eigenbedarfskündigung trägt der **Mieter** die Beweislast dafür, dass der Vermieter gar nicht vorhatte, den behaupteten Eigenbedarf tatsächlich wahrzunehmen.

Hierzu reicht es allerdings aus, dass der Mieter beweist, dass die vom Vermieter zur Begründung des Eigenbedarfs angegebenen Tatsachen nicht zutreffen. Es ist dann Sache des Vermieters, plausibel darzulegen, dass er ursprünglich tatsächlich vorhatte, die Mieterwohnung zu beziehen und weshalb er das dann doch nicht tat.

3. Welche Kosten der Mieter ersetzt verlangen kann

Der Vermieter muss dem Mieter alle durch die unberechtigte Kündigung entstandenen Kosten ersetzen. Dazu zählen zum Beispiel die Kosten für:

- **Wohnungssuche,** wie zum Beispiel Urlaub für Besichtigungen, Telefonate und Fahrzeugbenutzung sowie Ummeldung der Telefonanschlüsse
- **Inserate** und **Makler**
- **Umzug,** Möbelwagen und Hilfskräfte
- erforderliche **neue Einrichtungsgegenstände** (z. B. Garderobe, Badeinbauschrank), neue Gardinen und Zubehör
- notwendige **doppelte Mietzahlungen** (für alte und neue Wohnung)
- die **Renovierung** der neuen Wohnung, soweit die alte Wohnung noch nicht renovierungsbedürftig war
- die **Mietdifferenz** für maximal drei bis vier Jahre, sofern die neue Wohnung den gleichen Nutzungswert wie die gekündigte hat
- den **Wertverlust** durch Zurücklassen von Einbauten ohne Entschädigung
- die Beauftragung eines **Detektivs,** um die Täuschung nachweisen zu können
- den vorangegangenen **Räumungsrechtsstreit.**

III. Wenn eine Alternativwohnung frei wird

Wird nach Ausspruch der Kündigung eine andere Wohnung des Vermieters frei, die für ihn gleichermaßen wie die gekündigte geeignet ist, muss er diese Wohnung nutzen. **Ausnahme:** Er kann beachtliche Gründe vorweisen, dass er an der bereits gekündigten Wohnung festhalten möchte.

→ Die frei gewordene Wohnung muss vergleichbar sein

Der Vermieter muss nur dann auf eine leer stehende Wohnung zurückgreifen, wenn sie vergleichbar ist. Das heißt, wenn er den von ihm bestimmten Wohnbedarf hier ohne wesentliche Abstriche befriedigen kann und die Wohnung nach Größe, Lage und Zuschnitt genauso gut geeignet ist wie die gekündigte.

Kommt die Wohnung jedoch als Alternativwohnung in Betracht, muss er dem gekündigten Mieter unverzüglich anbieten, das Mietverhältnis fortzusetzen. Unterlässt er das, macht er sich schadensersatzpflichtig.

→ Wann eine frei gewordene Wohnung angeboten werden muss

Will oder kann der Vermieter die frei stehende Alternativwohnung nicht selber beziehen bzw. nutzen, muss er im Normalfall diese Wohnung dem gekündigten Mieter anbieten. Auch hier droht ihm Schadensersatz, wenn er dies unterlässt.

Durch diese Verpflichtung soll dem Mieter ermöglicht werden, eine Wohnung in seiner vertrauten häuslichen Umgebung zu beziehen. Deshalb muss der Vermieter eine frei gewordene Wohnung nur dann anbieten, wenn sie **im selben Haus** oder in **derselben Wohnungsanlage** liegt.

»Anbieten« bedeutet, dass der Vermieter den Mieter über die Größe und Ausstattung der Alternativwohnung sowie über die Mietkonditionen (Miete, Nebenkosten) informiert.

Die Anbietpflicht besteht nicht mehr, wenn die **Kündigungsfrist abgelaufen** ist.

IV. Wenn der Eigenbedarf wieder wegfällt

In diesem Fall ist der Vermieter verpflichtet, den gekündigten Mieter hierüber sofort zu informieren und ihm **anzubieten,** den Mietvertrag mit ihm **fortzusetzen.** Andernfalls macht er sich **schadensersatzpflichtig** (→ Abschn. II. 3).

Dies gilt sogar dann, wenn der Mieter – noch während die Kündigungsfrist läuft – eine andere Wohnung mietet und **seinerseits** das Mietverhältnis kündigt.

Dasselbe gilt, wenn der Mieter innerhalb der Kündigungsfrist zwar noch nicht ausgezogen ist, aber schon eine Eigentumswohnung gekauft hat, um dort einzuziehen.

Fristlos kündigen oder gekündigt – so gehen Sie auf Nummer sicher

I. Wann kann der Vermieter fristlos kündigen?

Auslöser für eine fristlose Kündigung ist in der Regel ein vertragswidriges Verhalten eines Vertragspartners. Bei Mietverträgen sind es meist die **Vermieter,** die das Mietverhältnis auf diese Weise kurzfristig beenden möchten.

Das liegt auch in der Natur der Sache: Denn ein Vermieter hat ja – anders als ein Mieter – nicht das Problem, kurzfristig eine andere Wohnung finden zu müssen. Deshalb liegt der Schwerpunkt der folgenden Ausführungen auf der Kündigung durch den Vermieter.

Der Gesetzgeber hat für diese Art der Kündigung schon wegen ihrer weitreichenden Folgen (schnelles Vertragsende und unter Umständen Schadensersatzansprüche) einige Hürden aufgebaut. Wer kündigt, muss unbedingt die dafür geltenden **Formvorschriften** (→Kapitel E 6) einhalten und die Kündigung **sorgfältig begründen** (§ 569 Abs. 4 BGB).

Abgesehen von der Kündigung wegen Zahlungsverzuges ist in den meisten Fällen auch eine **vorherige Abmahnung** erforderlich.

1. ... wenn der Mieter die Miete nicht gezahlt hat

Ist der Mieter für zwei aufeinanderfolgende Termine mit der Mietzahlung im Verzug, darf der Vermieter das Mietverhältnis fristlos kündigen (§ 543 Abs. 2 Nr. 3 a, 1. Alt. BGB).

→ Was gehört zur »Miete«?

Darunter fällt die vertraglich vereinbarte Miete einschließlich der Nebenkosten. Das ist entweder die monatliche Nettomiete zuzüglich der Betriebskostenvorauszahlungen bzw. -pauschalen oder die Bruttomiete.

Das Kündigungsrecht bezieht sich nur auf diese **regelmäßig wiederkehrenden Zahlungen.** Deshalb kann der Mieter nicht fristlos gekündigt werden, wenn er zum Beispiel die Nachzahlung aus einer Betriebskostenabrechnung oder die Kaution nicht gezahlt hat.

→ Wann ist der Mieter mit seinen Zahlungen »im Verzug«?

Verzug liegt immer dann vor, wenn der Mieter den vereinbarten oder gesetzlichen Zahlungstermin hat verstreichen lassen. In den meisten Verträgen steht, dass die Miete »**bis zum dritten Werktag** eines Monats gezahlt werden muss«.

So bestimmt es auch § 556 b Abs. 1 BGB. Der Mieter befindet sich deshalb nach Ablauf des dritten Werktages mit der Mietzahlung automatisch »im Verzug«.

Fällt in diese Karenzzeit – die ersten drei Tage – ein **Samstag,** gilt dieser **nicht** als **Werktag** (die Banken erledigen an diesem Tag nämlich keine Bankgeschäfte). In diesem Fall verschiebt sich der Fristablauf um einen Tag.

Für die **Rechtzeitigkeit** der Zahlung kommt es darauf an, wann der Mieter die Überweisung bzw. die Einzahlung vornimmt. **Ausnahme:** Die Parteien haben – wie allgemein üblich – im Mietvertrag vereinbart, dass das Geld zum Fälligkeitstermin auf dem Konto des Vermieters eingegangen sein muss.

Krankheit oder **Arbeitslosigkeit** entschuldigen den säumigen Mieter nicht. Auch die **fehlerhafte Bearbeitung von Überweisungsaufträgen** durch seine Bank geht zulasten des Mieters.

Hat der Mieter nicht gezahlt, ist er in folgenden Fällen trotzdem nicht im Verzug:

- Wegen eines Mangels der Mietsache hat der Mieter die Miete berechtigterweise zurückbehalten oder gemindert (→ Kapitel E 4).
- Der Mieter hat mit eigenen Ansprüchen gegenüber der Miete aufgerechnet (z. B. steht dem Mieter aus der letzten Betriebskostenabrechnung ein Guthaben zu).
- Der Mieter hat die Miete bei der Hinterlegungsstelle des Amtsgerichts hinterlegt (z. B. weil nach einem Eigentümerwechsel sowohl der alte als auch der neue Vermieter die Miete verlangen).
- Der Vermieter hat von der ihm vertraglich eingeräumten Einzugsermächtigung keinen Gebrauch gemacht.

→ Was muss der Vermieter bei der Begründung beachten?

Bei **klarer und einfacher Sachlage** reicht es aus, wenn der Vermieter den Zahlungsverzug als Kündigungsgrund nennt und den Gesamtbetrag der rückständigen Miete beziffert.

Dies betrifft zum Beispiel die Fälle, in denen sich die Höhe der Miete nicht verändert hat, der Rückstand in den beiden letzten Monaten entstanden ist und der Mieter die Miete allein zahlt, das heißt keine Zahlungen Dritter (z. B. des Sozialamtes) vorliegen.

An die **Begründungspflicht** des Vermieters können **höhere Ansprüche** gestellt werden, wenn sich der Rückstand zum Beispiel erst aus einer **Vielzahl unterschiedlicher Positionen** ergibt (→ Abschn. I. 2).

→ Was gilt, wenn der Mieter die Rückstände ausgleicht?

Der Mieter kann die Folgen der fristlosen Kündigung (Beendigung des Mietverhältnisses) dadurch rückgängig machen, dass er den **gesamten Mietrückstand** begleicht.

Dies kann auch im Wege der Aufrechnung mit eigenen Ansprüchen geschehen. Geschieht dies **vor Zugang der Kündigung,** ist die Kündigung ausgeschlossen (§ 543 Abs. 2 Satz 2 BGB).

Rechnet der Mieter **nach Zugang der Kündigung** mit fälligen Gegenforderungen auf, wird die fristlose Kündigung unwirksam, wenn der Mieter die Aufrechnung **unverzüglich** (z. B. innerhalb einer Woche nach Erhalt der Kündigung) erklärt (§ 543 Abs. 2 Satz 3 BGB).

Die Kündigung wird auch dann noch unwirksam, wenn der Mieter bis spätestens **zwei Monate** nach Zustellung der **Räumungsklage** sämtliche Rückstände begleicht (§ 569 Abs. 3 Nr. 2 BGB) bzw. mit eigenen Forderungen aufrechnet. Diesen Zweimonatszeitraum bezeichnet man als sogenannte »**Schonfrist**«.

Fällt das Fristende auf einen **Sonntag,** einen staatlich anerkannten allgemeinen **Feiertag** oder einen **Samstag,** verschiebt sich das Fristende auf den nächsten Werktag.

Für die **Rechtzeitigkeit der Zahlung** kommt es nicht darauf an, dass der Betrag dem Konto des Vermieters gutgeschrieben wird, sondern dass der Mieter innerhalb der Schonfrist den Überweisungsauftrag erteilt oder den Betrag auf das Konto des Vermieters eingezahlt hat.

Der Stempel auf dem Überweisungsträger ist allerdings kein ausreichender Beweis. Es zählt allein die Abbuchung vom Konto des Mieters laut Kontoauszug.

Ist der Mieter wirtschaftlich nicht in der Lage, die Rückstände innerhalb der Schonfrist auszugleichen, kann er die Räumung der Wohnung dadurch abwenden, dass eine **öffentliche Stelle** (z. B. das Sozialamt) sich zur Zahlung der Mietrückstände verpflichtet.

Die entsprechende Verpflichtungserklärung der öffentlichen Stelle muss **dem Vermieter** spätestens zwei Monate nach Zustellung der Räumungsklage vorliegen. **Nicht ausreichend** ist es, wenn die Verpflichtungserklärung gegenüber dem Gericht oder gegenüber dem Mieter selbst abgegeben wird!

Tipp:
Der für den Mieter rettende »Joker« Schonfrist sticht nur einmal innerhalb von zwei Jahren (§ 569 Abs. 3 Satz 2 Nr. 2 BGB)! Für die Berechnung dieser Zweijahresfrist kommt es auf den jeweiligen Zugang der Kündigungserklärungen an.

2. ... wenn der Mieter nur teilweise gezahlt hat

Auch der Mieter, der zwar Zahlungen geleistet hat, dies aber nicht vollständig, riskiert ab einem bestimmten Punkt die fristlose Kündigung. § 543 Abs. 2 Nr. 3 BGB unterscheidet hier **zwei Fälle:**

➔ Der Mietrückstand beträgt mehr als eine Monatsmiete

Nach § 543 Abs. 2 Satz 1 Nr. 3 a, 2. Alt. BGB kann der Vermieter fristlos kündigen, wenn der Mieter sich für **zwei aufeinanderfolgende Zahlungstermine** mit einem »nicht unerheblichen Teil« der Miete im Verzug befindet.

Das heißt, dass ein Mietrückstand in Höhe von **mehr als einer Monatsmiete** (z.B. Miete plus 1 Cent) in diesem Zeitraum erreicht sein muss.

➔ Der Rückstand beträgt zwei volle Monatsmieten

§ 543 Abs. 2 Satz 1 Nr. 3b BGB räumt dem Vermieter das Recht zur fristlosen Kündigung ebenfalls ein, wenn der Mieter für einen Zeitraum von mehr als zwei Zahlungsterminen mit **zwei vollen Monatsmieten** in Verzug geraten ist.

Diese Kündigungsalternative soll die Fälle erfassen, in denen der Mieter die fristlose Kündigung dadurch vermeiden will, dass er zum Beispiel jede zweite Miete zahlt und so einen Verzug von zwei aufeinanderfolgenden Terminen verhindert.

Von dieser Kündigungsmöglichkeit werden insbesondere auch die Fälle erfasst, in denen der Mieter über einen längeren Zeitraum eine **unberechtigte Mietminderung** vorgenommen hat, weil er zum Beispiel wegen eines kleinen Wasserflecks an der Küchenwand die Miete um 25 % gemindert hat.

Tipp:
Der Vermieter muss den **Zahlungsrückstand genau aufschlüsseln!** Dies gilt insbesondere, wenn der Mietrückstand über einen längeren Zeitraum aufgelaufen ist.

Soll sich der Rückstand aus einem **Kontoauszug** ergeben, muss in der Kündigungserklärung auf den Kontoauszug hingewiesen und dieser der Kündigung beigefügt werden.

Aus dem Kontoauszug muss sich der zugrunde liegende Miet-Rückstand im Einzelnen ergeben.

Der Mieter muss erkennen können, dass es sich bei den einzelnen Positionen tatsächlich um **kündigungsrelevante Rückstände** handelt (also Mietzahlungen) und es sich nicht um Nebenkostennachforderungen, Schadensersatzansprüche oder Ähnliches handelt, die ebenfalls in ein Mietkonto eingestellt werden.

Falls der Mieter vor oder nach Kündigungszugang **sämtliche Rückstände begleicht,** gilt das oben in Abschnitt I. 1 Gesagte.

3. ... wenn die Miete mehrmals verspätet gezahlt wurde

Obwohl der Vermieter in diesem Fall jeweils die volle Miete erhält, riskiert der Mieter wegen der Verspätung die fristlose Kündigung nach § 543 BGB unter folgenden Voraussetzungen:

➔ Die unpünktlichen Zahlungen erfolgten mehrfach

Ob eine Zahlung unpünktlich ist, richtet sich auch hier danach, welchen Zahlungstermin die Parteien vertraglich vereinbart haben (➔ Abschn. I. 1). Eine einmalige verspätete Mietzahlung reicht für eine Kündigung nicht aus. Erforderlich ist, dass der Mieter **über einen längeren Zeitraum** die Miete unpünktlich zahlt.

Es gibt **keine festen Regeln** dazu, wie oft bzw. über welchen Zeitraum hinweg der Mieter die Miete unpünktlich gezahlt und um wie viele Tage oder Wochen er den Zahlungstermin überschritten haben muss. Je nach den **Umständen des Einzelfalles** können teilweise schon drei oder vier Zahlungsüberschreitungen ausreichend sein.

Beispiel:
Die Kündigung kann mit der unpünktlichen Zahlung von vier Mietzinsraten begründet werden, wenn der Mieter schon früher die Miete unpünktlich gezahlt hatte.

→ Die Fortsetzung des Mietverhältnisses ist unzumutbar

Der Umstand unpünktlicher Mietzahlungen **allein** reicht für eine Kündigung nicht aus. Vielmehr müssen hierdurch die Interessen des Vermieters so schwerwiegend beeinträchtigt sein, dass ihm die **Fortsetzung des Mietverhältnisses unzumutbar** ist.

Um dies feststellen zu können, müssen die **Interessen beider Seiten** sorgfältig gegeneinander abgewogen werden.

Beispiel:
Zugunsten des **Vermieters** wird berücksichtigt, dass seine wirtschaftlichen Verhältnisse nicht rosig sind und er aufgrund laufender Zahlungsverpflichtungen auf den pünktlichen Eingang der Mieten angewiesen ist.

Zugunsten des **Mieters** wird berücksichtigt, dass die unpünktliche Mietzahlung durch das Sozialamt erfolgt oder der Mieter teilweise auch vor den Fälligkeitsterminen gezahlt hatte.

Auch wenn der Vermieter die unpünktliche Zahlungsweise jahrelang hingenommen hat, darf er aus diesem Grund kündigen. In einem solchen Fall muss er darlegen, warum ihm die Vertragsfortsetzung **nun unzumutbar** geworden ist.

→ Der Vermieter hat den Mieter erfolglos abgemahnt

Ist das Zahlungsverhalten des Mieters für den Vermieter unzumutbar geworden, muss er seinen Mieter zunächst **abmahnen** (§ 543 Abs. 3 BGB). Damit muss er ihm deutlich machen, dass er die unpünktlichen Mietzahlungen nicht mehr hinnehmen will und im Fall der Wiederholung das Mietverhältnis »**fristlos kündigen**« wird (sog. »**qualifizierte Abmahnung**«).

Hat der Vermieter eine Abmahnung mit Kündigungsandrohung ausgesprochen und zahlt der Mieter die Miete wiederum verspätet, kann der Vermieter fristlos kündigen. Hierfür reicht unter Umständen schon eine **einmalige** Verspätung.

Denn indem der Mieter nicht auf die Abmahnung reagiert und sein vertragswidriges Verhalten auch danach fortsetzt, macht er deutlich, dass er nicht bereit ist, seine zögerliche Zahlungsweise ernsthaft und auf Dauer abzustellen.

Hat der Vermieter wirksam gekündigt, bleibt die Kündigung wirksam, auch wenn der Mieter die Mieten in der Folgezeit pünktlich zahlt.

4. ... wenn der Mieter die Mietsache erheblich gefährdet

Der Vermieter kann das Mietverhältnis fristlos kündigen, wenn der Mieter die Mietsache »infolge mangelnder Sorgfalt erheblich gefährdet« und hierdurch die Rechte des Vermieters in erheblichem Maße verletzt (§ 543 Abs. 2 Nr. 2 BGB).

Jeden Mieter trifft eine doppelte Sorgfaltspflicht:

- Am Mietobjekt auftretende Mängel muss er unverzüglich **anzeigen.** Dasselbe gilt für den Fall, dass die Mietsache zum Beispiel durch Sturm, Hochwasser, Frost, Regen oder durch ähnliche Umstände gefährdet wird.
- Er muss die Mietsache pfleglich behandeln und Schäden von ihr abwenden, wenn der Vermieter nicht rechtzeitig tätig werden kann (sogenannte **Obhutspflicht).**

Verletzt der Mieter eine dieser Pflichten, reicht für eine Kündigung bereits die **erhebliche Gefährdung** der Mietsache aus. Eine Schädigung muss noch nicht eingetreten sein.

Ob ein Kündigungsrecht besteht, muss man jeweils unter Abwägung der beiderseitigen Interessen im Einzelfall feststellen. Ein Kündigungsrecht ist von den Gerichten zum Beispiel in folgenden Fällen bejaht worden:

- Der Mieter verursacht wiederholt Wasserschäden.
- Die Wohnung ist derart überbelegt, dass damit Beeinträchtigungen der Bausubstanz einhergehen. Wichtig: Allein ein Verstoß gegen die Mindestwohnfläche je Person rechtfertigt noch nicht die fristlose Kündigung.
- Der Mieter begibt sich ins Krankenhaus, ohne die Wasserleitungen vor dem Einfrieren zu schützen.

Der Vermieter kann erst dann fristlos kündigen, wenn er den Mieter **zuvor abgemahnt** hat und der Mieter die Pflichtverletzung gleichwohl fortsetzt.

5. ... wenn der Mieter die Mietsache unbefugt einem Dritten überlässt

Will der Mieter seine Wohnung ganz oder teilweise einem Dritten überlassen, muss er hierzu die **Zustimmung** seines Vermieters **einholen.**

Ohne die Zustimmung riskiert er die fristlose Kündigung. Denn die **unerlaubte Untervermietung** berechtigt den Vermieter dazu (§ 543 2 Nr. 2, 2. Alt. BGB).

Die Kündigung ist allerdings nur berechtigt, wenn die unerlaubte Untervermietung die Rechte des Vermieters **erheblich verletzt.**

Dabei sind die Interessen von Mieter und Vermieter gegeneinander abzuwägen. Zugunsten des Vermieters sind die Gründe zu berücksichtigen, die ihm die Aufnahme des Dritten als unzumutbar erscheinen lassen.

Beispiel:
Die Wohnung ist für die Aufnahme einer weiteren Person zu klein.

Aufseiten des Mieters kommt es darauf an, welche Gründe bei ihm für die Aufnahme eines Dritten vorliegen.

Beispiel:
Der Mieter kann eigentlich von seinem Vermieter die Erlaubnis zur Untervermietung verlangen, weil er aus finanziellen Gründen darauf angewiesen ist, einen Teil seiner Wohnung unterzuvermieten. Allerdings hat er es versäumt, vorab die Erlaubnis des Vermieters einzuholen.

Darin liegt keine erhebliche Verletzung der Rechte des Vermieters. Eine Kündigung ist in diesem Fall nicht gerechtfertigt.

Etwas anderes kann gelten, wenn der Mieter den Willen des Vermieters bewusst missachtet oder die Aufnahme eines Dritten absichtlich verschleiert hat.

Beispiel:
Der Mieter gibt vor, die Person sei nur für kurze Zeit zu Besuch. Später stellt sich heraus, dass diese doch dauerhaft in der Wohnung wohnt.

Will der Vermieter fristlos kündigen, muss er zuvor seinen Mieter **abmahnen** (§ 543 Abs. 3 Satz 1 BGB). Zur Beendigung der unerlaubten Beherbergung muss er eine **angemessene** Frist setzen.

Bei einer unerlaubten Untervermietung muss diese Abhilfefrist – das ist die Zeitspanne, in der der Mieter die Sache beenden soll – der Kündigungsfrist entsprechen, die für das Untermietverhältnis vereinbart ist.

Dem Mieter muss also erst einmal Gelegenheit gegeben werden, das Mietverhältnis mit seinem Untermieter durch eine ordentliche Kündigung zu beenden.

6. ... wenn der Mieter den Hausfrieden stört

Auch die Störung des Hausfriedens kann den Vermieter zur fristlosen Kündigung des Mietverhältnisses berechtigen (§ 569 Abs. 2 BGB). Voraussetzung ist, dass der Mieter den Hausfrieden **nachhaltig stört** und dass es für den Vermieter dadurch **unzumutbar wird,** das Mietverhältnis fortzusetzen.

Beispiel:

- Der Mieter hält in seiner Wohnung trotz Abmahnung weiterhin einen **Kampfhund.**
- Trotz Abmahnung setzt der Mieter seine **Verstöße gegen die Hausordnung** fort.
- Durch den **Katzengestank** aus der Wohnung des Mieters werden die übrigen Mieter des Hauses erheblich belästigt.

Aus dem Begriff »Hausfrieden« folgt, dass durch das störende Verhalten des Mieters die anderen **Hausbewohner** beeinträchtigt werden müssen. Dass sich lediglich die Bewohner der Nachbarhäuser gestört fühlen, reicht nicht aus.

Wohnt der störende Mieter nicht allein und sind weitere Personen **Mieter,** muss der Vermieter auch den übrigen Mietern kündigen. Denn eine Teilkündigung ist nicht möglich und wäre unwirksam.

Zieht der störende Mieter allerdings aus, fehlt es an der Unzumutbarkeit für die Kündigung. Deshalb muss der Vermieter in solch einem Fall die übrigen Mieter in der Wohnung lassen.

Voraussetzung für die Kündigung ist, dass der Vermieter den störenden Mieter **zuvor abgemahnt** hat (§ 543 Abs. 3 BGB). Setzt der Mieter sein vertragswidriges Verhalten fort, darf der Vermieter mit dem Ausspruch seiner Kündigung nicht zu lange warten.

Durch längeres Warten riskiert er, dass ihm die Fortsetzung des Mietverhältnisses aus Sicht eines Gerichts doch wieder zuzumuten wäre.

7. Sonstige schwerwiegende Vertragsverletzungen

Eine fristlose Kündigung ist möglich, wenn die Pflichtverletzung des Mieters für den Vermieter die Fortsetzung des Mietverhältnisses unzumutbar macht (§ 543 Abs. 1 BGB). Darunter fällt beispielsweise die schon behandelte **unpünktliche Mietzahlung** des Mieters (→ Abschn. I. 3).

Weitere Fälle, in denen Gerichte eine fristlose Kündigung zuließen, hatten mit Beleidigung, Diebstahl oder Täuschung zu tun, wie diese Beispiele verdeutlichen:

Beispiel:
- Der Mieter erstattet gegen seinen Vermieter Strafanzeige wegen Betruges, obwohl Anhaltspunkte für ein vorsätzliches Verhalten des Vermieters fehlen.
- Der Mieter beleidigt den Vermieter mehrfach, indem er ihm z.B. grundlos betrügerische Manipulationen vorwirft.
- Der Mieter zapft unerlaubterweise eine Stromverteilerdose im Keller an.
- Der Mieter äußert ungefragt gegenüber Kaufinteressenten der Wohnung seine Vermutungen zum Zustand des Gebäudes und der Wohnung und macht das Kaufobjekt in unsachlicher Weise schlecht.
- Der Mieter gibt in seiner Selbstauskunft vor Vertragsschluss wahrheitswidrig an, dass gegen ihn in den letzten fünf Jahren keine Vollstreckungsmaßnahmen oder Räumungsklagen eingeleitet oder durchgeführt worden seien.

Bei einer Kündigung aus wichtigem Grund nach § 543 Abs. 1 BGB müssen die Interessen des Vermieters an der vorzeitigen Beendigung des Vertrages und des Mieters am Fortbestand des Mietverhältnisses umfassend gegeneinander abgewogen werden.

Insofern ist im Einzelfall auch zugunsten des Mieters zu berücksichtigen, wenn er durch ein Verhalten des Vermieters provoziert worden ist.

II. Wann kann der Mieter fristlos kündigen?

Der Mieter ist in folgenden Fällen zur fristlosen Kündigung berechtigt:

- Die **Mietsache kann nicht vertragsgemäß genutzt werden** (§ 543 Abs. 2 Satz 1 Nr. 1 BGB). Zum Beispiel wird die Wohnung nicht zum vereinbarten Termin übergeben. Oder wegen erheblicher Mängel ist die Wohnung nicht bewohnbar.
- Der **Wohnungszustand ist gesundheitsgefährdend** (§§ 543 Abs. 1 Satz 1, 569 Abs. 1 BGB). Zum Beispiel wird in der Wohnung eine hohe PCP- und Lindan-Konzentration festgestellt.
- Der **Vermieter hat schwerwiegende Vertragsverletzungen begangen** (§ 543 Abs. 1 BGB). Zum Beispiel dringt der Vermieter grundlos und ohne Vorankündigung mit einem Nachschlüssel oder einem eigenen Schlüssel in die Wohnung des Mieters ein.

Tipp:
Mehr zu den Kündigungsmöglichkeiten des Mieters erfahren Sie unter www.bild-ihr-gutes-recht.de (R 06062).

Autokauf – was Verkäufer und Käufer wissen sollten

I. Gebrauchtwagen kaufen und verkaufen

1. Ein paar Grundregeln für Privatverkäufer

➔ Nicht alle verkaufsfördernden Maßnahmen sind erlaubt

Als privater Verkäufer dürfen Sie Ihr **Auto vor dem Verkauf waschen, polieren, putzen und auch sonst aufmöbeln.** Sie dürfen den Wagen aber nicht »frisieren«. Die **Faustregel** lautet: Was der Optik dient, ist erlaubt, was der Täuschung dient, ist verboten!

➔ So können Sie einen realistischen Verkaufspreis ermitteln

Wenn Sie sich wegen des erzielbaren Preises nicht sicher sind, verschaffen Sie sich am besten durch **den Prüfbericht eines anerkannten Sachverständigen** (z. B. über die DEKRA) einen Überblick darüber, was Ihr Fahrzeug wert ist.

Eine weitere Möglichkeit, den Preis zu ermitteln, haben Sie zum Beispiel über Eurotax Schwacke unter www.schwacke.de oder mit dem **ADAC Special Gebrauchtwagen.** Mit den Basisdaten können Sie hier die Werte ermitteln, die ein Händler als Einkaufs- und Verkaufspreis zugrunde legt. Der Mittelwert zwischen beiden Preisen ist in vielen Fällen ein guter Anhaltspunkt.

➔ Vorsichtsmaßnahmen bei den Verkaufsverhandlungen

Will der Interessent eine **Probefahrt** mit Ihrem Fahrzeug machen, prüfen Sie nach, ob er den **Führerschein** hat. Lassen Sie sich das Dokument zeigen und lassen Sie ihn nicht ans Steuer, falls er vorgibt, die Fahrerlaubnis nicht dabeizuhaben. Lassen Sie auch **niemanden die Probefahrt allein** machen. Wird das Fahrzeug bei dieser Gelegenheit gestohlen, bekommen Sie den Schaden von Ihrer Kaskoversicherung unter Umständen nicht ersetzt.

➔ Nicht ohne schriftlichen Kaufvertrag

Auch wenn ein Autokaufvertrag nicht schriftlich abgeschlossen werden muss, sollten doch die wichtigsten Daten schriftlich festgehalten und durch die Unterschriften der Vertragspartner bestätigt werden. Verwenden Sie am besten unser Kaufvertragsmuster.

Service:
Ein Kaufvertragsmuster mit Checklisten zum Gebrauchtwagenkauf finden Sie unter www.bild-ihr-gutes-recht.de (R 11992).

Achtung: Wenn Sie Selbstständiger oder Freiberufler sind: Dieser Personenkreis haftet genauso streng wie ein Profihändler, der Firmen- oder Geschäftswagen verkauft. Sind Sie also Rechtsanwalt, Architekt, Arzt oder ein selbstständiger Handwerker wie Metzger, Maler oder Bäcker, sollten Sie ein anderes Kaufvertragsmuster verwenden. Hier gibt es ein vom ADAC entwickeltes Formular. Das brauchen Sie aber auch nur dann, wenn Ihr »**Geschäftswagen**« tatsächlich **hauptsächlich geschäftlich genutzt** wird.

Füllen Sie beide **Kaufvertragsformulare** – eins für Ihren Vertragspartner und eins für Sie – möglichst **vollständig** aus. Vergleichen Sie die angegebenen Daten mit dem Personalausweis oder dem Pass des Käufers, auch wenn das Ihr Vertragspartner für übertriebenes Misstrauen hält.

Möchten Sie lieber einen **anderen vorformulierten** Vertrag verwenden, vergessen Sie auf keinen Fall, Ihre **Haftung für Mängel auszuschließen.** Verwenden Sie am besten eine Formulierung wie »das Fahrzeug wird unter Ausschluss der Sachmängelhaftung verkauft«. Eine Formulierung wie »gekauft wie besehen« schließt die Haftung nur für sichtbare Mängel aus.

Ergänzen Sie außerdem: »Der Ausschluss gilt nicht für Schadensersatzansprüche, die auf einer grob fahrlässigen oder vorsätzlichen Verletzung von Pflichten des Verkäufers beruhen, sowie bei Körperschäden«. Sonst ist der gesamte Haftungsausschluss unwirksam, und Sie haften für jeden Mangel.

→ Veräußerungsanzeige nicht vergessen

Schicken Sie **umgehend** jeweils eine **Veräußerungsanzeige an die Zulassungsstelle und die Versicherung.** Heben Sie **Kopien der Verkaufsmeldung** auf. Wenn Sie diesen wichtigen Schritt versäumen, bleiben Sie weiterhin Kfz-steuerpflichtig und gegenüber der Versicherung verantwortlich für die Prämienzahlung. Sie haften auch für weitere Kosten, falls der Käufer den Wagen nicht von sich aus umschreiben lässt.

Ist der **Käufer ein Ausländer** und wird das Fahrzeug außer Landes gebracht, kann es später schwierig werden, den Verkaufs- und den Übergabenachweis von Auto und Papieren zu führen. Nicht einmal die Absendung der Veräußerungsanzeige sichert Sie vollständig ab. Meldet der Käufer den Wagen nicht um und ist er unter der angegebenen Adresse nicht erreichbar, dann haften Sie trotzdem bis zu einem Jahr für die Kfz-Steuer und die Versicherungsprämie.

Wenn Sie Zweifel an der **Verlässlichkeit des Käufers** haben, fahren Sie mit ihm vor der Übergabe zur Zulassungsstelle und melden Sie den Wagen gleich um. Oder: Sie **legen das Kfz vor der Übergabe an den Käufer still.** Dann benötigt er bei der Abholung des Wagens eine rote Nummer und ein Zollkennzeichen. Hat der Käufer das nicht, dann sollten Sie ihm den Wagen auch nicht übergeben.

→ Fahrzeugübergabe nur gegen »Cash«

Was die Kaufpreiszahlung anbetrifft, empfehlen wir Ihnen dringend Barzahlung. Spätestens bei der Fahrzeugübergabe sollte der Käufer den vollen Preis zahlen. Übergeben Sie das Fahrzeug ohne Bezahlung, gehen Sie leer aus, wenn der vermeintliche Käufer auf Nimmerwiedersehen verschwindet. Händigen Sie dem Käufer den Fahrzeugbrief deshalb erst dann aus, wenn der Kaufpreis voll bezahlt ist.

Wichtig: Sobald Sie dem Käufer den Wagen und den Brief aushändigen, verschaffen Sie ihm das Eigentum am Fahrzeug. Zu diesem Zeitpunkt geht auch die Versicherung auf den Käufer über.

2. Ein paar Grundregeln für Käufer

→ Prüfen Sie das Fahrzeug auf »Herz und Nieren«

Führen Sie nach Möglichkeit ein **ausführliches Gespräch** über das Fahrzeug. Dabei hilft Ihnen eine **Checkliste** für die technische Prüfung beim Gebrauchtwagenkauf.

Bestehen Sie außerdem darauf, dass Sie und gegebenenfalls eine Person Ihres Vertrauens das Fahrzeug **Probe fahren** dürfen. Vergessen Sie deshalb nicht Ihren Führerschein mitzunehmen. Allerdings sollten Sie sich nicht darauf verlassen, dass das Fahrzeug kaskoversichert ist. Sie müssen sich deshalb darauf einstellen, selbst für einfache Fahrlässigkeit zu haften.

Hat der Verkäufer einen **Prüfbericht,** lassen Sie sich diesen aushändigen. Daraus ersehen Sie, welche Beanstandungen der Prüfer bei seiner letzten Untersuchung erhoben hat. Achten Sie auch unbedingt darauf, wann das Fahrzeug wieder zum **TÜV** muss.

Nachträgliche Veränderungen am Wagen werden nicht erfasst und können den Wert des Fahrzeugs deutlich beeinträchtigen. Denken Sie daran, dass wichtige Kriterien für den Wert des Gebrauchtwagens trotz regelmäßiger Hauptuntersuchung überhaupt nicht berücksichtigt werden – wie

- der Zustand des Motors oder des Getriebes,

- die Kilometerleistung und
- das Baujahr.

➔ Unbedingt die Papiere genau anschauen

Überprüfen Sie die Eintragungen in den Fahrzeugpapieren. Bei Abweichungen zwischen den Angaben in den Papieren und der Fahrgestellnummer sollten Sie um sofortige Aufklärung bitten. Kann der Verkäufer die Differenzen nicht eindeutig ausräumen, verzichten Sie besser auf den Kauf.

Tipp:
Wenn nicht der Fahrzeugeigentümer direkt mit Ihnen verhandelt: In diesem Fall lassen Sie sich vorsichtshalber eine **schriftliche Verkaufsvollmacht** und gegebenenfalls die Ausweispapiere des Bevollmächtigten zeigen. Notieren Sie außerdem seine Anschrift.

➔ Alles Wichtige muss rein in den Kaufvertrag

Um Täuschungen über wichtige Eigenschaften des Fahrzeugs auszuschließen, sollten Sie die entsprechenden Erklärungen im Kaufvertrag festhalten. Bieten Sie dem Verkäufer an, unser Vertragsmuster zu nehmen www.bild-ihr-gutes-recht.de (R 11992). Beide Verträge enthalten die wichtigsten Punkte, auf die es beim Gebrauchtwagenkauf ankommt. Außerdem sollte eine mitverkaufte **Zusatzausstattung oder Zubehör** im Vertrag vollständig aufgeführt und genau beschrieben werden. Verwenden Sie hierzu gegebenenfalls ein Ergänzungsblatt, das von beiden Parteien unterschrieben wird.

Beachten Sie: Beim Privatverkauf darf der Vertragspartner einseitig benachteiligt werden (z. B. durch vollständigen Haftungsausschluss). Hauptsache er hat die Möglichkiet, das von Ihnen vorgeschlagene Vertragsmuster abzulehnen.

➔ Was Sie bei der Ummeldung beachten müssen

Die auf das Fahrzeug abgeschlossenen **Versicherungen** gehen mit dem Kauf auf Sie über, soweit das Fahrzeug noch angemeldet ist. Sie haben allerdings das Recht, diese Versicherungen zu kündigen. Wollen Sie die Versicherung wechseln, müssen Sie sich für die Ummeldung die erforderlichen Unterlagen besorgen. Für die Ummeldung brauchen Sie

- den Fahrzeugbrief,
- den Fahrzeugschein (bzw. Stilllegungsbescheinigung),
- die Bescheinigung über die Abgasuntersuchung,

- die Versicherungsbestätigung (Doppelkarte) und
- Ihren Personalausweis oder Reisepass mit Meldebestätigung.

Wenn Sie keine Zeit haben, das Fahrzeug selbst umzumelden, müssen Sie dem **Beauftragten eine schriftliche Vollmacht** mitgeben. Außerdem braucht er seinen eigenen **Personalausweis** oder **Reisepass.**

Bei der Ummeldung werden Sie neu gestaltete Dokumente erhalten – nämlich die Zulassungsbescheinigung Teil I (ehemals Kfz-Schein) und die Zulassungsbescheinigung Teil II (ehemals Kfz-Brief).

Tipp:
Wollen Sie für spätere Verkäufe die **Vorgeschichte Ihres Fahrzeugs dokumentieren,** sollten Sie vor dem Umtausch der Fahrzeugpapiere den alten Kfz-Brief kopieren oder sich das entwertete Exemplar von der Zulassungsstelle aushändigen lassen.

Bei den neuen Kfz-Papieren empfiehlt es sich, die Zulassungsbescheinigung II vor der jeweils dritten Haltereintragung ebenfalls zu kopieren, da schon beim dritten Halterwechsel eine neue Bescheinigung ausgestellt wird.

→ Ein Kfz-Händler als Vertragspartner

Auch hier sollten Sie eine Probe- bzw. Testfahrt machen. Nehmen Sie deshalb unbedingt Ihren Führerschein mit. Wenn es hier zu einem Unfall kommen sollte, gilt dasselbe wie beim Neuwagenkauf (→ Abschn. III). Das heißt, nur wenn Sie **vorsätzlich oder grob fahrlässig das Fahrzeug beschädigt** haben, kann man von Ihnen Schadensersatz verlangen.

Diese Grundsätze gelten selbst dann, wenn das Fahrzeug nicht auf den Händler, sondern auf einen Privatmann zugelassen ist und keine rote Nummer trägt, außer der Händler macht Sie ausdrücklich darauf aufmerksam, dass kein entsprechender Versicherungsschutz besteht.

Tipp:
Wenn Sie den Kauf vor der Übergabe rückgängig machen wollen: Ein Zurück gibt es nur bei reinen **Internetkäufen.** Hier gelten die gesetzlichen Regelungen für Fernabsatzgeschäfte (→ Kapitel A 6). Ansonsten gibt es nur noch bei direkten Abzahlungskäufen die Möglichkeit, innerhalb einer bestimmten Frist vom Vertrag loszukommen.

In allen anderen Fällen wird man von Ihnen nach den allgemein üblichen und zulässigen Gebrauchtwagen-Verkaufsbedingungen eine 10 %-Schadenspauschale verlangen.

Wichtig: Wenn der Händler im »Kundenauftrag« verkauft, vermittelt er nur den Verkauf. Ihr Vertragspartner ist der private Fahrzeugeigentümer. Sie stehen damit rechtlich schlechter da, was die Haftung anbetrifft, als wenn der Händler selbst Ihr Vertragspartner geworden wäre. Anders sieht es nur dann aus, wenn der Händler dem Alteigentümer einen bestimmten Mindestverkaufspreis garantiert hat und ihm beim Kauf eines Neuwagens den entsprechenden Teil des Kaufpreises für das neue Fahrzeug gestundet hat. Dann ist ein Haftungsausschluss, wie er bei Privatverkäufen möglich ist, unzulässig.

→ Ein Selbstständiger als Vertragspartner

Alle Unternehmer (Freiberufler, Handwerker, Einzelhändler etc.), selbst wenn sie absolut nichts mit der Autobranche zu tun haben, werden beim Verkauf ihres Geschäftsfahrzeuges an einen Privatmann rechtlich wie berufsmäßige Autoverkäufer behandelt. Es gilt **dieselbe Mängelhaftung wie bei professionellen Gebrauchtwagenhändlern** (→ Abschn. II), außer das »Geschäftsfahrzeug« wird überwiegend privat genutzt.

Tipp:
Als Käufer tun Sie gut daran, **Ihren Vertragspartner nicht darüber aufzuklären,** dass er seine Haftung für das Fahrzeug nicht ganz ausschließen, aber auf ein Jahr verkürzen kann – gesetzt den Fall, er verkauft es nicht als rein privat genutztes Fahrzeug. Dann ist der Haftungsausschluss auf jeden Fall unzulässig. Der Verkäufer haftet dann zwei Jahre lang für Mängel.

II. Wenn der »Gebrauchte« Mängel hat

1. Wann kann man von einem Mangel sprechen?

→ Verschleiß und Mangel sind zweierlei

Unabhängig von Privat- oder Händlerkauf liegen beachtliche Mängel immer dann vor, wenn der tatsächliche Zustand des Fahrzeugs von dem abweicht, **was die Vertragsparteien ausdrücklich oder stillschweigend vereinbart haben.**

So ist ein Unfallwagen immer mangelhaft, weil Sie, wenn auch vielleicht »unbewusst«, selbst beim Gebrauchtwagen ein unfallfreies Modell wünschen. Das gilt insbesondere, wenn dadurch das Fahren beeinträchtigt wird, aber auch wenn der Zustand des Fahrzeugs nicht den **Anpreisungen des Verkäufers, des Herstellers oder der Werbung** entspricht.

Beispiel:
Stellt sich der Verbrauch eines sogenannten »Dreiliterautos« als erheblich über dem angepriesenen Wert heraus, ist das Auto mangelhaft. Ein Verkäufer kann sich vor einer Haftung hier nur dadurch schützen, indem er beim Verkauf die Angabe berichtigt.

Ansonsten müssen Sie als Käufer eines Gebrauchtwagens davon ausgehen, dass **Abnutzungs- und Verschleißerscheinungen,** die nicht über das hinausgehen, was bei Alter und Laufleistung des Autos normalerweise vorkommt, **keinen Mangel** darstellen.

So ist zum Beispiel ein typisches Verschleißteil der Zahnriemen. Anders sieht es aus, wenn zum Beispiel am Motor oder Getriebe Schäden auftreten, die normalerweise nach Alter und Fahrleistung nicht zu erwarten sind.

Sollte sich der Mangel schon **in den ersten sechs Monaten** nach der Fahrzeugübergabe zeigen, besteht auch für Gebrauchtwagen eine sogenannte **Beweislastumkehr.** Das heißt, der Verkäufer muss beweisen, dass das Fahrzeug fehlerfrei übergeben worden ist.

➔ Für welche Kfz-Mängel haftet der Verkäufer im Einzelnen?

Im Folgenden finden Sie eine Übersicht über die wichtigsten Mangelfälle bei Gebrauchtwagen, wie sie von der Rechtsprechung gesehen werden.

- **Alter / Baujahr / Erstzulassung / Standzeit**

  Stimmen Angaben über Baujahr und Zeit der Erstzulassung nicht, handelt es sich eindeutig um einen Sachmangel. Eine lange Standzeit ist dagegen nur dann ein Mangel, wenn sich diese auf den Zustand des Fahrzeugs negativ ausgewirkt hat (z.B. weil es die ganze Zeit im Freien gestanden hat).

- **Austauschmotor, generalüberholter Motor**

  Ein noch im Fahrzeug vorhandener Erstmotor darf nicht als Austauschmotor bezeichnet werden, auch wenn er noch so gründlich überholt worden ist. Außerdem darf ein Austauschmotor nicht schwächer sein als der Originalmotor.

- **Benzin und Ölverbrauch**

  Beim Benzinverbrauch sind Abweichungen bis zu 10 % von den Normalwerten hinzunehmen. Was darüber hinausgeht, stellt beim Kauf vom Händler einen Mangel dar. Beim Privatverkäufer nur ausnahmsweise.

- **Einwandfreier technischer Zustand**

  Ein Verkäufer, der diese Erklärung abgibt, erklärt damit, das Fahrzeug sei betriebsbereit und betriebssicher. Stellt sich dies als nicht zutreffend heraus, liegt ein Sachmangel vor.

- **Kilometerangabe Laufleistung**

  Kilometerangaben auf dem Verkaufsschild oder im Bestellschein sind auf alle Fälle Zusagen, die die Sachmängelhaftung auslösen können. Bei einem Privatverkauf muss man allerdings berücksichtigen, dass der Verkäufer nicht immer korrekt unterscheidet zwischen Kilometerstand als Tachostand und Gesamtlaufleistung. Am besten verwendet man den Begriff »Gesamtfahrleistung, soweit bekannt«. Der Verkäufer haftet dann, wenn es nicht stimmt.

- **Lack**

  Die fehlende Originallackierung ist kein Mangel, solange diese technisch einwandfrei durchgeführt worden ist.

- **Rostfreiheit**

  Die Zusage »frei von Durchrostung« begründet einen Sachmangel, wenn sich Durchrostungsstellen finden.

  Bei einem Oldtimer bedeutet der Begriff »restauriert« die Zusage, dass das Fahrzeug vollständig vom Rost befreit und vor baldigem erneutem Rostbefall geschützt ist.

- **TÜV abgenommen**

  Bei einem Gebrauchtwagenhändler bedeutet die Zusage »TÜV abgenommen«, dass das Fahrzeug sich in einem verkehrssicheren, vorschriftsmäßigen Zustand befindet. Bei einem Privatverkäufer bedeutet dies dagegen nur die formelle TÜV-Abnahme.

- **Unfallfreiheit / bestimmter Unfallschaden**

  Der Gebrauchtwagenhändler muss jedes Fahrzeug vor dem Verkauf auf Unfallspuren untersuchen. Gibt er an, das Fahrzeug sei unfallfrei, muss er dafür geradestehen. Nur harmlose Lack- oder Bagatellschäden müssen nicht angegeben werden im Gegensatz zu Schäden am Getriebe, Motor, Chassis oder an der Lenkung und den Achsen etc. Hier besteht sogar seitens des Verkäufers ohne ausdrückliches Nachfragen eine Offenbarungspflicht.

  Selbst wenn der Händler von dem Unfall nichts weiß, weil ihn der Vorbesitzer verschwiegen hat, haftet er für die mangelnde Unfallfreiheit.

- **Vorbesitzer**

  Auch wenn sich die Anzahl der Vorbesitzer aus dem Kfz-Brief ergibt, liegt ein Sachmangel vor, wenn der Verkäufer hier falsche Angaben macht. Auch über die Art der Nutzung durch den Vorbesitzer werden unter Umständen Angaben gemacht, die einen Sachmangel begründen, wenn die Angaben nicht stimmen.

  In einigen besonderen Fällen trifft den Verkäufer sogar eine Offenbarungspflicht über den vorherigen Gebrauch. Das ist zum Beispiel bei Fahrschulwagen so. Dasselbe gilt für Taxis – zumindest nach einem 30-monatigen Einsatz. Bei Miet- und Leihwagen besteht dagegen keine Offenbarungspflicht.

2. Wie sieht die Mängelhaftung beim Kauf von privat aus?

Verständlicherweise **schließt der private Verkäufer seine Haftung für Sachmängel am verkauften Fahrzeug vertraglich vollkommen aus.** Das ist auch sein gutes Recht. Gute Karten haben Käufer allerdings, wenn der vorformulierte Kaufvertrag die Haftung pauschal mit der Formulierung »unter Ausschluss der Sachmängelhaftung« ausschließt. Das ist zu allgemein und deshalb unzulässig.

Ein Ausschluss gilt aber nicht, wenn der Verkäufer **vorsätzlich bestimmte Fahrzeugeigenschaften verschwiegen** hat, für die er **offenbarungspflichtig** gewesen wäre (§ 276 Abs. 3 BGB). Er haftet auch, wenn er **eine Garantie für bestimmte Eigenschaften übernommen** hat (§ 442 Abs. 1 BGB). Hier kommt es nicht einmal darauf an, ob dem Verkäufer ein Verschulden angelastet werden kann.

3. Mängelhaftung beim Kauf vom Händler oder Unternehmer

→ Haftung kann nicht vollkommen ausgeschlossen werden

Die Haftung für Mängel darf nicht ausgeschlossen, aber auf nur **ein Jahr begrenzt** werden. Findet sich dennoch ein Haftungsausschluss im Kaufvertrag, ist dieser unwirksam. **Ausnahme:** Wenn ein Freiberufler oder Selbstständiger sein Fahrzeug verkauft, das er praktisch nur privat genutzt hat und nur aus steuerlichen Gründen im Betriebsvermögen geführt hatte, darf er genauso wie ein Privatverkäufer die Haftung ausschließen. Besteht eine grundsätzliche Haftung, steht Ihnen beim Gebrauchtwagenkauf im ersten halben Jahr nach der Übergabe der Vorteil der sogenannten **Beweislastumkehr** zu. Das heißt, der Verkäufer muss in den ersten sechs Monaten beweisen, dass das Fahrzeug bei der Übergabe in Ordnung war.

Tipp:
Wenn der Händler einen Privatverkauf vermittelt: Bei diesem sogenannten **Agenturgeschäft** werden Sie als Käufer genauso behandelt, als wenn Sie direkt vom privaten Verkäufer gekauft hätten. Das heißt, in der Regel ist hier die Sachmängelhaftung vollständig ausgeschlossen.

Anders sieht es nur dann aus, wenn der Händler für das Gebrauchtfahrzeug, das er im »Kundenauftrag« weiterveräußert, dem Alteigentümer einen bestimmten Mindestverkaufspreis garantiert und ihm bei Kauf eines Neuwagens den entsprechenden Teil des Kaufpreises für das Neufahrzeug gestundet hätte. Dann wäre ein Haftungsausschluss unzulässig.

→ Ein Nachbesserungsversuch muss hingenommen werden

Macht der Käufer einen relevanten Mangel geltend, **hat der Verkäufer eine zweite Chance** zur ordnungsgemäßen Vertragserfüllung. Hüten Sie sich also vor einer übereilten Selbstreparatur, ohne dem Händler eine angemessene Frist zur Nachbesserung eingeräumt zu haben. Andernfalls bleiben Sie auf den Kosten sitzen, selbst wenn der Verkäufer Kosten durch Ihre eigene Arbeit gespart hat.

Tipp:
Es reicht zwar aus, wenn Sie den Verkäufer zur »umgehenden Beseitigung« auffordern. Besser ist aber, eine konkrete Fristsetzung (z. B. »binnen fünf Tagen«)

Als Käufer können Sie dem Verkäufer nicht vorschreiben, wie er die Nachbesserung vornehmen muss. Er kann die Nacherfüllung verweigern, wenn sie mit unverhältnismäßigen Kosten verbunden wäre (§ 439 Abs. 3 Satz 1 BGB).

Auf alle Fälle muss **der Mangel ordnungsgemäß und fachgerecht beseitigt werden.** Das ist natürlich für einen nicht professionellen Autoverkäufer (wie einen Rechtsanwalt oder Bäcker) nicht ganz einfach. Diesem Personenkreis wird man zugestehen müssen, notfalls die Nachbesserung wegen unverhältnismäßiger Kosten verweigern zu dürfen. Dann stehen dem Käufer die nachfolgend geschilderten Rechte zu.

Wichtig: Auch hier nicht die Aufforderung zur Nachbesserung vergessen, selbst wenn klar ist, dass der Bäcker etc. vom Autoreparieren nichts versteht.

Tipp:
Wenn Sie den Schaden mitverursacht haben: Haben Sie den Schaden vergrößert, indem Sie zum Beispiel trotz Aufleuchtens der Warnlampe weitergefahren sind, müssen Sie einen **Teil der Reparaturkosten selbst tragen.**

Tritt der **Mangel erneut** auf, müssen Sie sich **nur noch einen zweiten Nachbesserungsversuch** zumuten lassen (§ 440 Satz 2 BGB).

Tipp:
Wenn der Gebrauchte ein Unfallwagen ist: Hier hat der Verkäufer **kein Nachbesserungsrecht.** Nachbesserung ist nur möglich bei einem wirklich unfallfreien Fahrzeug. In diesem Fall steht Ihnen das Recht zu, vom Vertrag gleich zurückzutreten und Ihr Geld zurückzuverlangen. Sie können aber auch den Kaufpreis mindern und das fehlerhafte Auto zu einem niedrigeren Preis behalten.

4. Wenn sich der Mangel nicht beseitigen lässt

→ Rücktritt oder Minderung – Sie haben die Wahl

Bieten Sie dem Verkäufer die **Fahrzeugrückgabe gegen Erstattung des Kaufpreises** an. Sie müssen sich allerdings den **Nutzungsvorteil auf den Kaufpreis anrechnen** lassen. Bei der Berechnung vergleicht man die tatsächliche und voraussichtliche Gesamtnutzungsdauer.

Beispiel:
Angenommen, der Wagen hatte einen Wert von € 5 000,– und wäre noch fünf Jahre genutzt worden. Dann verliert er pro Jahr € 1 000,– an Wert, sodass die Nutzungsdauer von zwei Monaten einen Nutzungswert von € 166,66 ergibt.

Wenn Sie das Fahrzeug behalten wollen, muss nur **der Kaufpreis herabgesetzt** werden. Hier wird wie folgt gerechnet: Es wird die Differenz gebildet zwischen dem Wert, den das Fahrzeug zum Zeitpunkt des Vertragsschlusses in mangelfreiem Zustand gehabt hätte, und dem tatsächlichen Wert mit dem Mangel (§ 441 Abs. 3 Satz 1 BGB).

Beispiel:
Das Fahrzeug wurde mit einer angeblichen Laufleistung von 100 000 km zum marktgerechten Preis von € 10 000,– verkauft. Die wahre Laufleistung betrug aber 140 000 km. Das Fahrzeug wäre daher nur € 7 000,– wert gewesen. Die Minderung beträgt hier € 3 000,–.

Hätte der Käufer dagegen nur € 9 500,– bezahlt, muss wie folgt gerechnet werden: 7000 × 9500 : 10000 = 6650. Hier betrüge die Minderung € 2 850,–.

→ Wenn Ihnen durch den Fahrzeugmangel ein Schaden entstanden ist

Ist Ihnen durch das mangelhafte Fahrzeug zusätzlicher Schaden entstanden, steht Ihnen **unter folgenden Voraussetzungen** neben dem Rücktritts- oder Minderungsrecht auch ein **Schadensersatzanspruch** zu, unabhängig davon, ob es sich um einen Privatverkäufer oder einen Profihändler handelt:

- **Den Verkäufer muss an dem Mangel ein Verschulden** treffen. Er muss den Mangel gekannt haben.
- Oder er hat – was meistens der Fall sein wird – seine üblichen **Sorgfaltspflichten verletzt** und kannte deshalb den Mangel nicht.

Wichtig: Dieses **Verschulden wird dem Verkäufer von Gesetzes wegen automatisch unterstellt** (§ 280 BGB) – allerdings **nur im ersten halben Jahr nach der Fahrzeugübergabe.** Diese gesetzliche Unterstellung kann allerdings vom Verkäufer widerlegt werden. Er muss nur beweisen, dass der beanstandete Mangel nicht schon bei der Übergabe vorhanden war. Hier wird er sich auf Sachverständigengutachten berufen müssen. Dasselbe gilt, wenn sich erst später herausstellt, dass das Fahrzeug tatsächlich von Anfang an einen Mangel hatte.

Welche Schadensposten zu ersetzen sind: Zunächst können Sie den **Kaufpreis gegen Rückgabe des Fahrzeugs** fordern (§ 281 Abs. 4 BGB). Es werden aber auch **weitere Schäden** ersetzt.

Beispiel:
Abschleppkosten, Reparaturkosten, Wertminderung, Nutzungsausfall, Gutachterkosten, der entgangene Gewinn (wenn der Kaufpreis ausnahmsweise unter dem Verkehrswert des Fahrzeugs liegt, wird bei der Schadensberechnung auf den tatsächlichen Verkehrswert abgestellt), der Kaufpreisanteil, der für den in Zahlung gegebenen Altwagen angesetzt wurde, und die Kosten für den Vertrag (z. B. für Inspektion, Telefonate, Porto, Inserate, Überführungskosten, Zulassungskosten, Kosten der Fahrzeugfinanzierung).

Darüber hinaus müssen alle Körper- und Sachschäden, Nutzungsausfall, Übernachtungskosten wegen einer Panne, Mietwagen- oder sonstige Reisekosten ersetzt werden.

Alternative: Sie behalten das Fahrzeug und verlangen die Kostenübernahme für die Schadensbeseitigung. Die anderen, darüber hinausgehenden Schadensposten stehen Ihnen selbstverständlich auch zu.

5. Wann verjähren Sachmängelansprüche?

Grundsätzlich haben Sie auch bei einem Gebrauchtwagen **zwei Jahre** lang ab der Ablieferung Zeit, Ihre Ansprüche geltend zu machen (§§ 438 Abs. 1 Satz 3, 438 Abs. 2 BGB). Diese **Frist darf aber auf ein Jahr verkürzt** werden (§ 475 Abs. 2 BGB). Die Verkürzung muss ausdrücklich vereinbart worden sein.

Sollte sich der Mangel erst **nach Ablauf des Jahres** herausstellen, haben Sie aber **grundsätzlich keine Ansprüche mehr** aus Sachmängelhaftung gegen den Verkäufer. **Ausnahme:** Der Verkäufer hat Sie **arglistig getäuscht.** Dann beträgt die Verjährungsfrist drei Jahre nach § 438 Abs. 3 BGB i.V.m. § 195 Abs. 3 BGB. Hier beginnt die Frist erst ab dem Zeitpunkt, an dem Sie als Käufer Kenntnis von dem Mangel und der Täuschung erlangen (§ 199 Abs. 1 BGB). Endgültig aus ist es aber auch hier nach 10 Jahren (§§ 199 Abs. 3, 199 Abs. 4 BGB).

6. Wie Sie gerichtliche Auseinandersetzungen vermeiden

Selbst wenn Sie sich mit dem Verkäufer nicht gleich einigen können, brauchen Sie nicht gleich vor Gericht zu gehen - gesetzt den Fall, Ihr Vertragspartner ist Mitglied des **Zentralverbandes des Kfz-Handels.** Meistens haben die Händler ein entsprechendes Zeichen in ihren Geschäftsräumen hängen. Dieser **Verband bietet außergerichtliche Schlichtungsverfahren** an.

7. Was ist von einer Garantieversicherung zu halten?

Wird Ihnen vom Händler eine sogenannte **Gebrauchtwagengarantie** angeboten, tritt diese immer ein. Das gilt auch dann, wenn der Käufer nicht mehr beweisen kann, dass der Mangel schon von Anfang an vorhanden war. Außerdem gestatten die Garantieerklärungen in der Regel, dass die Nachbesserung nicht nur vom Verkäufer, sondern auch entsprechend den Garantiebestimmungen von jeder Vertragswerkstatt durchgeführt werden kann.

Aufpassen müssen Sie, wenn Sie eine **selbstständige Garantieversicherung,** die unabhängig vom gekauften Fahrzeug angeboten wird, abgeschlossen haben. Diese Versicherung hat ihre Tücke darin, dass im Schadensfall der Garantiegeber häufig die Zahlung verweigert mit der Behauptung, Sie hätten Ihre Wartungs-, Anzeige- oder sonstigen Garantiebedingungen nicht ordentlich eingehalten. **Allerdings sind derartige Klauseln in der Regel unzulässig.** Im Ergebnis muss deshalb die Versicherung zahlen.

Aber bei Durchrostungsgarantie mit Bindung an das Werkstattnetz sieht es anders aus. Hier handelt es sich um eine Gegenleistung zur Garantie, die verlangt werden darf.

III. Der Neuwagenkauf

→ Wenn die Probefahrt schiefgeht

Die Probefahrt wird in aller Regel mit einem bereitgestellten **Vorführwagen** durchgeführt. Beschädigen Sie dabei das Fahrzeug, haften Sie nicht. Auch wenn die Haftung nicht ausdrücklich ausgeschlossen ist, beinhaltet die Vereinbarung einer Probefahrt regelmäßig einen **stillschweigenden Haftungsausschluss.** Haften müssen Sie nur, wenn Sie **vorsätzlich** oder **grob fahrlässig** den Schaden verursacht haben.

Tipp:
Wenn die Kaskoversicherung des Händlers eine Selbstbeteiligung vorsieht: In diesem Fall müssen Sie damit rechnen, wegen der Selbstbeteiligung vom Händler in Anspruch genommen zu werden. Achten Sie darauf, dass Schadensersatzansprüche in sechs Monaten verjähren.

→ Handeln ist erlaubt

Seit **Abschaffung des Rabattgesetzes** ist es eine Frage Ihres Verhandlungsgeschicks, was Sie aushandeln. Beachten Sie außerdem, dass der Rabatt bei einer Hausfinanzierung Ihres Händlers erheblich geringer ausfällt als bei einer Finanzierung zum Beispiel über Ihre Hausbank, die dafür erheblich höhere Zinsen verlangt. Hier hilft nur eine rechnerische Gegenüberstellung.

→ Was gehört alles rein in den Vertrag?

Wenn Sie einen fabrikneuen Wagen – gewissermaßen von der Stange – kaufen, ergibt sich die Ausstattung aus dem Prospekt. Wenn Sie dagegen **Sonderwünsche** haben, die bei der Fertigung berücksichtigt werden sollen, sollten Sie darauf achten, dass diese **aus Beweisgründen ausdrücklich im Vertrag festgehalten** werden. Das gilt auch, wenn der Händler zusagt, dass mündliche Absprachen ausreichend sind.

Achtung: Es ist denkbar, dass zwischen Bestellung und Auslieferung **beim Zubehör** abgespeckt wird, um somit **eine indirekte Preiserhöhung** zu bewirken.

Tipp:
Damit Sie nicht Opfer einer solchen indirekten Preiserhöhung werden, sollten Sie nach Möglichkeit folgende Formulierung in das Vertragsformular aufnehmen lassen: »**Die Ausstattung erfolgt laut Prospektangaben zum Zeitpunkt der Bestellung**«.

Überführungskosten sind normalerweise im Preis inbegriffen. Wollen Sie diese sparen, indem Sie das **Fahrzeug beim Hersteller selbst abholen,** fragen Sie am besten danach. Lassen Sie die Selbstabholung im Bestellformular vermerken.

→ Ab wann liegt ein bindender Kaufvertrag vor?

Der Vertrag zwischen Ihnen und dem Autohändler kommt nicht etwa schon mit Ihrer **Unterschrift unter das Bestellformular** zustande. Selbst dann nicht, wenn Sie ein Formular unterschreiben, das mit »Bestellung verbindlich« betitelt ist. Damit haben Sie sich nur gebunden und machen sich bei Rücktritt gegebenenfalls schadensersatzpflichtig.

An die Bestellung sind Sie **vier Wochen gebunden,** bei Nutzfahrzeugen bis zu sechs Wochen. Bei Fahrzeugen, die beim Verkäufer vorhanden sind, sind es bis zu zehn Tage bzw. zwei Wochen bei Nutzfahrzeugen. Innerhalb dieser Frist muss der Verkäufer die **Bestellung annehmen,** um den Vertrag zu besiegeln. Macht er dies nicht, dürfen Sie dann die Bestellung wieder rückgängig machen.

Im Normalfall werden Neuwagenbestellungen jedoch rechtzeitig bestätigt. Hier kann es aber passieren, dass die Bestätigung inhaltlich von der ursprünglichen Bestellung abweicht. In dem Fall liegt praktisch ein neues Angebot vor, das Sie nun annehmen oder ablehnen können.

→ Wie lange darf die Lieferzeit dauern?

Sie sollten sich **nicht auf allgemeine Lieferfloskeln einlassen.** Sie müssen sich allerdings darauf einstellen, dass Händler in der Regel nur unverbindliche, das heißt vage Termine wie »Ende Oktober« zusagen. Folge: Hier können Sie nicht sofort, sondern erst, wenn weitere sechs Wochen überschritten sind, den Verkäufer auffordern zu liefern. Erst mit dem Zugang der Aufforderung kommt der Verkäufer in Verzug.

Schadensersatz bekommen Sie dann, wenn den Verkäufer ein **Verschulden** trifft. Bei leichter Fahrlässigkeit des Verkäufers beträgt der Schadensersatzanspruch aber höchstens 25 % des Kaufpreises.

Tipp:
Sind Sie auf eine termingerechte Lieferung angewiesen, was Sie am besten durch eine möglichst konkrete Terminvereinbarung festhalten, sollten Sie darüber hinaus mit dem Verkäufer eine **Ersatzwagenvereinbarung** ohne Berechnung treffen. Sonst steht Ihnen ein Mietwagen auf Kosten des Händlers nur dann zu, wenn der Händler den Lieferverzug verschuldet hat.

→ Wann wird bezahlt?

Ist das neue Auto da, müssen Sie es binnen 14 Tagen nach der Bereitstellungsanzeige abholen, wie es die für den Neuwagenhandel gebräuchlichen Verkaufsbedingungen vorsehen. Der Kaufpreis ist nun fällig.

→ Was gilt bei Inzahlungnahme Ihres Gebrauchtwagens?

Ihr »Alter« ersetzt einen Teil des Kaufpreises. Es bleibt also bei einem Gesamtvertrag über den Kauf eines neuen Fahrzeugs. Dazu wird der Händler zunächst Ihr altes Fahrzeug untersuchen und für die Inzahlungnahme eine **entsprechende Preisvereinbarung** mit Ihnen treffen. Er darf später nicht wegen normaler Verschleißerscheinungen, wie zum Beispiel Korrosionen, vom Vertrag zurücktreten. Deshalb findet sich in der Vereinbarung unter Umständen eine Formulierung, die eine Kilometerbegrenzung vorsieht und einen der vorgenommenen Bewertung entsprechenden Zustand.

Hat dagegen Ihr Fahrzeug einen echten Sachmangel, wie zum Beispiel einen verschwiegenen Unfall, kann der Händler den Wagen zurückgeben. Das heißt, die erloschene Teilkaufpreiszahlung würde dann wieder aufleben, sodass Sie nachlegen müssen.

→ Wie lange können Sie bei einem finanzierten Kauf zurücktreten?

Wenn Sie über Ihre Hausbank finanzieren, sind Sie für Ihren Autohändler ein Barzahler. Vielfach ist es aber für Autokäufer wegen besonders günstiger Konditionen interessanter, über die Herstellerbank des Händlers zu finanzieren. In diesem Fall sind der Kaufvertrag und der Finanzierungsvertrag eine wirtschaftliche Einheit. Es gilt hier ein besonderer Verbraucherkreditschutz für den gesamten Vertrag. Deshalb können Sie den **Kreditvertrag,** wenn Sie es sich anders überlegt haben, **binnen einer Woche widerrufen.** Damit wird der Autokauf auch erst dann wirksam, wenn der Kreditvertrag nicht widerrufen worden ist.

Kommt der Käufer später mit der Zahlung einer Kreditrate in **Verzug,** kann der Verkäufer vom Vertrag zurücktreten. Er muss den Käufer aber vorher zur Zahlung ausdrücklich auffordern (§ 448 Abs. 2 BGB). Im Fall des Rücktritts bzw. der Rückabwicklung des Vertrages muss der Käufer dem Verkäufer auch die inzwischen eingetretene **Wertminderung** erstatten (→ Abschn. IV. 2).

IV. Wenn sich beim Neuwagen später Mängel zeigen

1. Wann liegt ein Mangel vor?

Das ist immer dann der Fall, wenn der Wagen zum Beispiel technisch nicht einem Neuwagen entspricht oder nicht voll funktionsfähig ist. Und es dürfen keine vereinbarten Eigenschaften fehlen. Das heißt, ein Mangel liegt auch dann vor, wenn das Fahrzeug nach den Werbe- oder Prospektaussagen des Verkäufers oder Herstellers Eigenschaften haben soll, die das Fahrzeug tatsächlich nicht hat (§ 434 Abs. 1 Satz 3 BGB).

Selbst geringfügige Abweichungen brauchen Sie nicht hinzunehmen, wenn der Verkäufer sie beseitigen kann (§§ 441 Abs. 1 Satz 2, 323 Abs. 5 Satz 2 BGB). Inakzeptabel sind für Sie alle Mängel, die die für eine industrielle Massenfertigung unvermeidbaren Toleranzen überschreiten. Dazu zählen:

- **Mangelnde Neuwageneigenschaft**

  Von einem Neuwagen kann man nur dann sprechen, wenn er vor der Übergabe an den Käufer **noch nicht benutzt** worden ist. Ausgenommen davon sind die Überführungsfahrt und die Fahrten, die der Käufer selbst vor der Abnahme zur Funktionsprüfung vornimmt. Sogenannte Vorführwagen sind also keine Neuwagen. Bei einer **Tageszulassung** sieht es dagegen anders aus. Der Kunde erwirbt hier einen Neuwagen.

Hinsichtlich der Standzeit kommt es darauf an, ob das neue Modell **unverändert** weiter gebaut wird, durch die längere Standzeit keine Mängel aufweist und zwischen der Herstellung des Fahrzeugs und dem Abschluss des Kaufvertrags **nicht mehr als 12 Monate** liegen.

- **Farbe**

  Hier gibt es kein vertun. Die Farbe muss stimmen. Abweichungen von der Bestellung (z.B. schwarz statt dunkelblau) brauchen Sie nicht zu akzeptieren.

- **Überhöhter Spritverbrauch / andere Kraftstoffsorte**

  Wenn die Überschreitung mehr als 10 % ausmacht, liegt ein Mangel vor. Auch wenn ein anderer Kraftstoff gebraucht wird, als im Prospekt angegeben, liegt ein eindeutiger Mangel vor.

- **Höchstgeschwindigkeit / Beschleunigung / Motorleistung**

  Fährt ein Wagen nicht so schnell wie versprochen, liegt ebenfalls ein Mangel vor, auch wenn die Abweichung keine 5 % ausmacht.

- **Karosseriemängel**

  Lackdifferenzen, Blechbeulen oder Rost sind auf jeden Fall bei einem Neuwagen ein Mangel. Dasselbe gilt für Undichtigkeit mit Wassereintritt.

- **Konstruktionsmängel**

  Aber auch Konstruktionsmängel wie ein falsch platzierter Getränkebecherhalter, der sich oberhalb empfindlicher Bedienteile einer Klimaanlage befindet, begründen einen Mangel. In einem Fall bestand die Gefahr, dass Flüssigkeit überschwappt.

- **Getriebeschäden**

  Deutlich spürbare Schaltstöße bei Automatikfahrzeugen dürfen ebenfalls nicht sein. Dasselbe gilt für außergewöhnliche Schwergängigkeit des Getriebes bei Mittelklassewagen.

2. Welche Rechte stehen Ihnen bei einem Fahrzeugmangel zu?

→ Zwei Jahre lang haftet der Verkäufer

Der Verkäufer haftet für jeden Mangel, selbst wenn ihn daran keinerlei Verschulden trifft. Hat er den Mangel verschuldet, muss er dem Käufer außerdem Schadensersatz leisten. Die **Sachmängelhaftung** darf nicht durch Geschäftsbedingungen, also in Vertragsformularen, ausgeschlossen werden (§ 475 BGB). Und: Die **Mängelansprüche verjähren erst nach zwei Jahren** (§ 438 BGB).

Tritt der Fehler **innerhalb der ersten sechs Monate** nach dem Kauf auf, geht das Gesetz sogar davon aus, dass der Mangel von Anfang an da war. Der Verkäufer muss Ihnen also das Gegenteil beweisen, wenn er von seiner Haftung loskommen möchte **(sog. Beweislastumkehr).**

Nach einem halben Jahr dreht sich der Spieß um: Nun müssen Sie als Käufer außerdem nachweisen, dass der Mangel schon bei der Fahrzeugübergabe vorhanden war (§ 476 BGB). Das heißt, jetzt wird unter Umständen ein **Streit** darüber entstehen, ob der Mangel auf normalem **Verschleiß** beruht oder eben ein **echter Sachmangel** ist. Wenn zum Beispiel die Bremsbeläge nach 20 000 km abgefahren sind, wird Verschleiß vorliegen. Eine Sachmängelhaftung liegt dagegen eindeutig vor, wenn eine Bremsscheibe bricht.

Tipp:
Wenn das Fahrzeug ein EU-Import ist: In diesem Fall müssen Sie darauf achten, an wen Sie sich mit Ihrer Mängelrüge wenden. Denn der reine Vermittler ist nicht die richtige Adresse. Klären Sie dies am besten gleich beim Kauf ab.

➔ Zunächst darf Nachbesserung versucht werden

Haben Sie das Fahrzeug schon abgenommen und entdecken erst danach einen Mangel, haben Sie Anspruch auf **Nacherfüllung.** Der Verkäufer kann dies nur verweigern, wenn die Nacherfüllung mit unverhältnismäßig hohen Kosten verbunden ist. Dabei sind insbesondere der Wert des Wagens in mangelfreiem Zustand und die Bedeutung des Mangels zu berücksichtigen. Außerdem kommt es darauf an, ob die Nacherfüllung anderweitig ohne erhebliche Nachteile für Sie möglich ist. Nacherfüllung kann durchaus bedeuten, dass nicht repariert wird, sondern ein Ersatzfahrzeug zur Verfügung gestellt wird.

Tipp:
Bei gravierenden Mängeln, wie zum Beispiel Getriebedefekt oder größere Lack- und Rostschäden, sollten Sie auf alle Fälle auf Lieferung eines neuen Fahrzeugs bestehen und sich nicht mit der Reparatur begnügen, aber nur, wenn der Händler zunächst Gelegenheit zur Nachbesserung erhalten hat (s. u.).

Der Verkäufer muss außerdem Transport, Arbeits- und Materialkosten tragen, selbst wenn der Käufer nach dem Kauf seinen Wohnsitz gewechselt hat. Auch alle weiter gehenden Schäden, die ihm aufgrund des Mangels entstehen, sind zu ersetzen.

Mehr als **zwei erfolglose Versuche,** den Mangel zu beseitigen, brauchen Sie aber nicht hinzunehmen (§ 440 BGB). Hüten Sie sich aber davor, den Mangel gleich anderweitig beheben zu lassen. Wer dem Verkäufer zuvor keine Frist zur Nacherfüllung gesetzt hat, läuft Gefahr, auf den Kosten der Reparatur sitzen zu bleiben.

Sie haben aber nicht nur einen Anspruch darauf, dass Fehler und Schäden am Fahrzeug beseitigt werden, auch der Ersatz von Schäden, die durch den Mangel entstanden sind (sogenannte **Mangelfolgeschäden**), steht Ihnen zu.

Beispiel:
Abschleppkosten, Nutzungsausfall für das Fahrzeug oder Mietwagen, Telefonate, Portokosten, Gutachten, Vermessungs- oder sonstige Testkosten, Fahrt- oder Übernachtungskosten, Verdienstausfall, Kosten für Verletzungen durch Unfälle aufgrund des Mangels wie Arzt- und Krankenhauskosten, Überführungskosten, Kosten für An- und Abmeldung, Rechtsanwaltskosten etc.

→ Wie geht es weiter, wenn der Mangel nicht beseitigt werden kann?

Ist die **Mängelbeseitigung fehlgeschlagen oder unzumutbar,** dürfen Sie den **Kaufpreis mindern oder ganz vom Kaufvertrag zurücktreten:**

Wenn Sie den **Kaufpreis mindern** wollen, muss geschätzt werden, wie groß die Differenz zwischen der Herstellung des Neuwagens und dem Zustand mit dem Mangel ist (§ 441 Abs. 3 BGB).

Wollen Sie vom **Kauf zurücktreten,** geben Sie das Fahrzeug dem Händler zurück und bekommen Ihr Geld wieder – allerdings nicht in voller Höhe des Kaufpreises. Der Verkäufer wird Ihnen eine Gegenrechnung aufmachen, die die **Nutzungsvorteile** berücksichtigt. Gerechnet wird dann nach folgender **Formel:**

$$\text{Gebrauchsvorteil} = \frac{\text{Bruttokaufpreis} \times \text{gefahrene Kilometer}}{\text{erwartete Gesamtlaufleistung}}$$

Es kommt auf die zu erwartende Gesamtlaufleistung an. Hier hat sich in den letzten Jahren in der Rechtsprechung ein Laufleistungsbereich zwischen 200 000 km und 250 000 km herauskristallisiert – Letzteres zum Beispiel bei Dieselfahrzeugen.

Ihr **in Zahlung gegebenes Fahrzeug müssen Sie,** soweit es noch nicht weiterveräußert worden ist, zurücknehmen. Umgekehrt können Sie aber dem Autohändler die vergeblich aufgewendeten Vertragskosten in Rechnung stellen.

Beispiel:
Überführungskosten, Kosten für Kfz-Brief, die An- und Abmeldekosten, die außergerichtlichen Anwaltskosten, soweit Sie einen Anwalt einschalten mussten, und die Gutachterkosten für die Mängelfeststellung.

Weitere Aufwendungen, die Sie gehabt haben, müssen Ihnen ebenfalls ersetzt werden. Das sind zum Beispiel **Inspektions- und Reparaturkosten.** Steuer- und Versicherungsprämien können Sie dagegen nicht zurückverlangen.

Eingebautes Zubehör, wie zum Beispiel ein Radio oder eine Anhängerkupplung, dürfen Sie entfernen. Das geht allerdings nicht immer. Dann haben Sie das Recht, Schadensersatz für nutzlose Zusatzausstattung zu verlangen (z. B. für Leichtmetallfelgen, Tempomat, Autotelefon und Navigationssystem).

V. Was ist aus der guten alten Garantie geworden?

Es gibt sie nach wie vor, auch wenn die gesetzliche Sachmängelhaftung jetzt ohnehin zwei Jahre beträgt. Die Dauer hängt vom Hersteller ab.

So bieten deutsche Hersteller im Allgemeinen zwei Jahre Haltbarkeitsgarantie an, japanische drei Jahre (allerdings regelmäßig auf 100 000 km beschränkt) und französische Fabrikate werden unabhängig von der Kilometerleistung häufig mit einer zweijährigen Garantie verkauft, die dem Käufer versichert, dass das Fahrzeug zumindest in dieser Zeit frei von Fehlern und Fabrikationsmängeln ist.

Praktisch bedeutet dies, dass die Sachmängelhaftung auch für Mängel übernommen wird, die nicht nur im Zeitpunkt der Fahrzeugübergabe vorhanden waren, sondern auch im Laufe der Garantiezeit auftreten.

Ausnahme: Aus der Garantieerklärung ergibt sich etwas anderes. Schauen Sie sich deshalb bei auftretenden Mängeln die Garantieerklärung genau an, wenn Ihr Händler sich weigert, für den Mangel einzustehen.

Beispiel:
Ausschlussgründe für eine Garantieerklärung können sein: Nichtvornahme vorgeschriebener Wartungsdienste, unfachmännisch durchgeführte Reparaturen, Einbau nicht zugelassener Teile, Zerstörung der Hohlraumversiegelung.

Wenn Sie sich auf die Garantie berufen wollen, genügt die **unverzügliche Mängelanzeige** an den Verkäufer oder einen Vertragshändler unter Vorlage der Garantieurkunde und der Nachweis über die Ausführung der vom Hersteller vorgeschriebenen Wartungsmaßnahmen.

Wichtig: Der Garantieanspruch steht zwar parallel neben dem Anspruch aus Sachmängelhaftung, beschränkt sich allerdings auf die Beseitigung des Mangels. Weiter gehende Ansprüche wie Kaufpreisminderung oder Rückabwicklung des Vertrages stehen Ihnen nicht zu.

Tipp:
Wer über die gesetzliche Sachmängelhaftung bzw. Herstellergarantie hinaus zum Beispiel gegen Durchrostung abgesichert sein will, hat die Möglichkeit einer sogenannten **Anschlussgarantie.** Die kostet allerdings extra. Sie wird entweder direkt beim Neuwagenkauf mit abgeschlossen oder spätestens bis zum Auslaufen der Neuwagengarantie.

Die unangenehme Seite am Autofahren – der Werkstattbesuch

I. Wenn ein Werkstattbesuch unerlässlich ist

→ Erst schauen, ob es noch Garantie gibt

Sie sollten immer als Erstes schauen, ob bei Ihnen nicht ein »**Garantiefall**« vorliegt oder der **Verkäufer für den Mangel haftet.** Das hängt wiederum davon ab, ob Sie einen **Gebrauchtwagen** oder einen Neuwagen haben (→Kapitel E 1). Selbst wenn Ihr Wagen schon etwas älter ist, versuchen Sie am besten zuerst, den Händler zur **Reparatur auf Kulanzebene** zu überreden. Als guter Kunde ist man schließlich »wer«.

→ Lassen Sie sich von Ihrer Werkstatt richtig beraten

Bevor Sie irgendwelche Arbeiten in Auftrag geben, sollten Sie darauf achten, ein paar Dinge vorab zu klären. Das gilt auch, wenn die Werkstatt haftet, weil sie vielleicht gegen ihre **Aufklärungs- und Beratungspflichten** verstoßen hat (s. u.).

Verwenden Sie am besten die **nachfolgende Checkliste:**

- Wenn eine **Instandsetzung wirtschaftlich nicht sinnvoll ist,** muss die Werkstatt Sie darüber informieren und Ihnen gegebenenfalls einen Austausch anbieten. Das kommt bei Karosserieteilen zum Beispiel oft vor.
- **Übersteigen die Reparaturkosten den Zeitwert** des Fahrzeugs oder stehen Sie in einem **krassen Missverhältnis** dazu, müssen Sie darüber unaufgefordert informiert werden.
- Die Werkstatt ist sogar verpflichtet, Sie vor **wirtschaftlich unsinnigen Maßnahmen** zu bewahren, auch wenn Sie diese wünschen. Wenn zum Beispiel ein Cabrio-Fahrer Arbeiten an den Halterungen des Stoffverdecks durchführen lassen will und sich dadurch später kein Hardtop mehr aufsetzen lässt, muss sie den Kunden warnen.
- Wenn Sie eine Werkstatt damit beauftragen, **Veränderungen** an Ihrem Fahrzeug vorzunehmen, muss man Sie darauf hinweisen, wenn Sie hierfür eine **besondere Erlaubnis vom TÜV** oder einem anderen Überwachungsverein brauchen.
- Ihre Werkstatt muss Sie ebenfalls darauf hinweisen, wenn Sie durch eine Veränderung (z. B. Tieferlegung) Ihren **Versicherungsschutz verlieren.**

- Ihre Werkstatt muss Sie darüber informieren, wenn sie keine neuen, sondern **gebrauchte Ersatzteile** für die Reparatur verwendet. Dies spielt insbesondere bei einer »zeitwertgerechten Reparatur« eine Rolle. Aber auch hier dürfen **keine Altteile vom Schrottplatz oder von ausländischen Produktpiraten** ohne Ihre Zustimmung verwendet werden.

Außerdem müssen Sie darüber aufgeklärt werden, wenn mit dem Reparaturauftrag besondere Umstände zusammenhängen, die weitere Kosten zur Folge haben oder unter Umständen zu Schäden führen können. Andernfalls macht sich die Werkstatt **schadensersatzpflichtig,** wenn es durch die Falsch- oder Schlechtberatung später zu Folgeschäden kommt (→ Abschn. II. 4).

Beispiel:

- Eine Werkstatt, der ein Kfz zur Inspektion übergeben worden ist, muss Sie auf einen festgestellten Ölmangel aufmerksam machen und über die Ursachen und möglichen Schadensfolgen aufklären.
- Soll die Werkstatt ein Getriebe komplett ausbauen und zerlegen, um festzustellen, warum die Schaltung so schwer geht, muss sie darauf hinweisen, dass das Getriebe dabei irreparabel beschädigt werden kann.
- Die Werkstatt muss Sie darauf hinweisen, dass die Radmuttern gerade nach der Montage von Alufelgen nachzuziehen sind.

→ Besser immer einen Kostenvoranschlag einholen

Selbst wenn Sie es eilig haben, sollten Sie sich nach den **Kosten der beabsichtigten Reparatur genau erkundigen** und sich **nicht mit grob geschätzten Angaben zufriedengeben.** Sonst kann es teurer werden als erwartet.

Einen Streit können Sie hier von vornherein vermeiden, wenn Sie sich einen **schriftlichen Kostenvoranschlag** erstellen lassen. Verzichten Sie dann auf die Reparatur, müssen Sie den Kostenvoranschlag nur bezahlen, wenn Sie das mit **der Werkstatt ausdrücklich und unmissverständlich vorher vereinbart** haben (§ 632 BGB). Erforderlich ist eine mit Ihnen **individuell getroffene Vereinbarung.** Eine **Regelung in den Allgemeinen Geschäftsbedingungen der Werkstatt genügt nicht.**

Erteilen Sie aufgrund des Kostenvoranschlags einen Auftrag an die Werkstatt, sehen die üblichen Allgemeinen Geschäftsbedingungen des Kfz-Handwerks vor, dass etwaige **Kosten für den Kostenvoranschlag mit der Auftragsrechnung verrechnet** werden.

Falsch ist jedoch die landläufige Meinung, dass ein Kostenvoranschlag immer verbindlich ist, also nicht überschritten werden darf. Denn gemäß § 650 BGB handelt es sich bei einem Kostenvoranschlag um eine **unverbindliche Berechnung der voraussichtlichen Kosten durch einen Fachmann.** Allerdings muss die Werkstatt **Sie sofort darüber informieren,** wenn klar ist, dass **wesentlich höhere Kosten entstehen** als im Kostenvoranschlag bzw. Auftragsschein vorgesehen.

Garantiert dagegen Ihre Werkstatt die Preise im Kostenvoranschlag oder werden die Allgemeinen Kfz-Reparaturbedingungen zugrunde gelegt, **wird unterschieden zwischen:**

- **unverbindlichen Preisangaben im Auftragsschein** und
- **verbindlichen Preisangaben in einem schriftlichen Kostenvoranschlag.** Hier ist die Werkstatt drei Wochen lang gebunden. Außerdem darf der Preis nicht überschritten werden – jedenfalls nicht wesentlich (→ Abschn. II. 2).

→ Erteilen Sie Ihren Auftrag schriftlich und detailliert

Halten Sie den **Umfang der Reparatur und die voraussichtlichen Kosten möglichst genau fest.** Später können Sie dann anhand des Auftragsscheins genau nachvollziehen, ob die **Reparatur dem erteilten Auftrag entsprochen** hat. Lassen Sie sich eine Kopie des Auftragsscheins geben und vereinbaren Sie, dass der Reparaturbetrieb **nur nach vorheriger Absprache vom Auftrag abweichen** darf.

Sollten Sie trotzdem einen **mündlichen Vertrag** schließen, besprechen Sie auch hier **alle Einzelheiten** des Reparaturumfangs.

→ Wenn der Reparaturbedarf erst festgestellt werden muss

Können Sie den Auftrag nicht in allen Einzelheiten bestimmen, wie es bei Inspektionen vorkommt, oder kann die Schadensursache nicht weiter eingegrenzt werden, legen Sie am besten **eine Höchstgrenze für die zu erwartenden Reparaturkosten fest** – und zwar **schriftlich auf dem Auftragsformular.** Dasselbe gilt für verbindliche Rahmenbedingungen wie Stundenlöhne und Ersatzteilpreise.

Erteilen Sie **auf keinen Fall einen Pauschalauftrag** wie »Bringen Sie den Wagen in Ordnung« oder »Machen Sie den Wagen TÜV-fertig«.

Tipp:
Wollen Sie Ihr Fahrzeug in erster Linie TÜV-fit machen, sollten Sie das Fahrzeug zunächst dem TÜV vorstellen und anschließend mit der Mängelliste in die Werkstatt bringen. Die weitere Gebühr ist mit ca. € 10,– meistens leichter zu ertragen als unnötige Reparaturkosten.

Selbst wenn **keine Höchstgrenze** festgelegt war, sind Sie **nicht vollkommen rechtlos.** Nach der Rechtsprechung hat die Werkstatt trotz des pauschalen Auftrags **vor der Ausführung größerer Arbeiten den Kunden zu informieren.** Das gilt zumindest, soweit er »Verbraucher« (im Sinne des § 13 BGB) ist. Hierfür kommt es darauf an, ob Sie das Fahrzeug privat oder rein geschäftlich nutzen. In letzterem Fall sind Sie kein Verbraucher. Bei gemischter Nutzung hängt Ihre Verbrauchereigenschaft davon ab, ob die private Nutzung überwiegt, was zum Beispiel bei Freiberuflern meistens gegeben ist.

➔ Lektüre der Kfz-Reparaturbedingungen schadet nicht

Die meisten Reparaturwerkstätten verwenden die **Kfz-Reparaturbedingungen des Zentralverbandes des Kfz-Handwerks.** Daneben oder stattdessen können aber auch eigene Allgemeine Geschäftsbedingungen verwendet werden. In allen Fällen handelt es sich um vorformulierte Klauseln. Diese werden nur dann **Vertragsbestandteil,** wenn Sie überhaupt richtig davon Kenntnis nehmen konnten. Hierzu **reicht ein bloßer Aushang der Kfz-Bedingungen** bzw. der Allgemeinen Geschäftsbedingungen **in den Betriebsräumen** nicht aus.

In den meisten Werkstattbetrieben werden Ihnen die AGB korrekt zugänglich gemacht – in der Regel auf der Rückseite des Auftragsformulars. Das bedeutet, dass Sie sie – rechtlich gesehen – zur Kenntnis genommen haben, auch wenn Sie den Text nicht gelesen haben. Haben Sie **besondere Wünsche** wie zum Beispiel einen besonderen Fertigstellungstermin, empfiehlt es sich, die AGB anzuschauen und gegebenenfalls eine abweichende Vereinbarung mit der Werkstatt zu treffen. Dann sollten Sie dies a**uf dem Auftragsformular handschriftlich am besten auf der Seite mit den AGB vermerken** und abzeichnen lassen.

II. Nach der Reparatur

1. Wenn Sie Ihr Fahrzeug wieder in Empfang nehmen

Jetzt müssen Sie Ihr »O.K«. zur gelungenen Reparatur geben § 640 BGB. Das heißt, Sie müssen die einwandfreie Reparaturleistung der Werkstatt als vertragsgemäß bzw. als mangelfrei anerkennen. Stellt sich im Rahmen einer Probefahrt heraus, dass die Reparatur leider doch nicht gelungen ist, weil zum Beispiel das hakelnde Getriebe immer noch schwergängig ist, dürfen Sie die **Abnahme verweigern.** Bestehen Sie darauf, dass die Werkstatt die Reparatur ordnungsgemäß durchführt.

Oder **Sie nehmen die Reparaturleistung unter Vorbehalt ab,** weil Sie das Fahrzeug an diesem Tag unbedingt noch brauchen. Dann sollten Sie sich **ausdrücklich und schriftlich vorbehalten,** später Ihre **Gewährleistungsrechte** geltend zu machen. Andernfalls droht Ihnen ein Rechtsverlust, wenn Sie den Mangel nicht beanstanden.

Erfahrungsgemäß machen die wenigsten Menschen eine **Probefahrt.** In der Regel nehmen sie die Reparaturleistungen »stillschweigend« ab, indem sie die Rechnung begleichen und ihren Pkw wieder nutzen. In der ersten **Fahrt nach Hause** liegt allerdings noch keine **»stillschweigende Abnahme«.** Oft stellt sich erst am nächsten Tag, wenn Sie Ihr Fahrzeug »ganz normal« im Alltag nutzen, heraus, dass der Fehler immer noch auftritt. Dann sollten Sie der Werkstatt die Mängel **so schnell wie möglich** mitteilen. Lassen Sie sich, insbesondere wenn Sie den Mangel nicht sofort beheben lassen wollen, Ihre Mängelanzeige bestätigen.

Tipp:
Wenn Ihre Werkstatt Sie auffordert, Ihr Fahrzeug abzuholen, sollten Sie das auch tun: Sonst geraten Sie in **Verzug** und der **Werkstattinhaber haftet nur noch für Vorsatz und grobe Fahrlässigkeit.** Das heißt, beschädigt ein Werkstattmitarbeiter während dieser Zeit fahrlässig Ihr Fahrzeug, haftet der Werkstattinhaber nicht. Außerdem kann er Ihnen ein **»angemessenes Standgeld«** in Rechnung stellen. Dies dürfen bis zu € 7,50 am Tag sein!

Wenn Sie die **allgemeinen Kfz-Reparaturbedingungen vereinbaren,** haben Sie ein bisschen **mehr Zeit,** nämlich **eine Woche.** Bei **kleineren Reparaturen,** die innerhalb eines Arbeitstages ausgeführt werden, **verkürzt sich die Frist auf zwei Arbeitstage.**

2. Wenn es ans Bezahlen geht

➔ Wer sein Fahrzeug wiederhaben will, muss zahlen

Hat die Reparatur nichts gebracht, müssen Sie nicht zahlen. Allerdings können Sie auch nicht die Herausgabe des Wagens verlangen.

→ Nur Bares ist Wahres

Aus nachvollziehbaren Gründen ziehen Reparaturwerkstätten die **Barzahlung** vor. In der Regel können Sie aber auch mit **Bankkarte oder Kreditkarte** zahlen. Per **Überweisung** dürfen Sie nur dann bezahlen, wenn der Werkstattinhaber Ihnen dies zugesteht.

→ Stimmt die Rechnung?

Wenn die allgemein üblichen Kfz-Reparaturbedingungen Ihrem Auftrag zugrunde gelegt worden sind, müssen Preise und Preisfaktoren für jede technisch in sich abgeschlossene Arbeitsleistung sowie für verwendete Ersatzteile und Materialien jeweils gesondert ausgewiesen werden. Überprüfen Sie also die Rechnung Punkt für Punkt ganz genau, ob sie **mit dem Auftrag übereinstimmt.**

Auch sonst sollten Sie die Rechnung daraufhin überprüfen, dass **nichts doppelt abgerechnet** wurde, dass also Reparaturmaterial, wie Putzwolle und Abschmierfette, sowie Betriebsmittel, wie Bohrer und Schleifscheiben, entweder als Gemeinkosten oder einzeln ausgewiesen sind. Gleiches gilt für die Entsorgungskosten. Insbesondere beim Ölwechsel sollten Sie darauf achten, dass Werkstätten Ihr Altöl kostenlos zurücknehmen müssen, wenn Sie dort auch das frische Motoröl gekauft haben.

→ Um wie viel darf der Kostenvoranschlag überschritten werden?

Hat die Werkstatt Ihnen einen **Festpreis garantiert** oder haben Sie einen **verbindlichen Kostenvoranschlag** entsprechend den allgemein üblichen Kfz-Reparaturbedingungen zugrunde gelegt, darf die Werkstatt den Preis nachträglich nicht erhöhen. Meistens ist der Kostenvoranschlag aber doch nur eine mehr oder weniger unverbindliche Kostenberechnung. In diesem Fall müssen Sie informiert werden, wenn der **Kostenvoranschlag wesentlich (um ca. 15 %) überschritten** wird. In dieser Situation haben Sie das Recht, den Auftrag zu kündigen, und müssen nur die bis zur Kündigung durchgeführten Arbeiten bezahlen (§§ 650, 645 BGB).

Wenn Sie **nicht rechtzeitig über die Kostenerhöhung informiert** wurden, haben Sie unter Umständen einen **Anspruch auf Schadensersatz.** Grundsätzlich müssen Sie dann nur die Arbeiten bezahlen, die bis zu dem Zeitpunkt durchgeführt wurden, zu dem Sie hätten kündigen können. Für alles, was danach gemacht wurde, müssen Sie **keine Lohnkosten zahlen.** Materialkosten brauchen Sie nur zu tragen, wenn die durchgeführten Arbeiten für Sie nützlich waren (z. B. abgefahrene Bremsbeläge, die auf jeden Fall hätten gemacht werden müssen, um Ihr Fahrzeug wieder betriebssicher zu machen).

➔ Müssen »unnötige Arbeiten« bezahlt werden?

Bis die Werkstatt den Fehler findet, führt sie manchmal einige Arbeiten durch, die sich im Nachhinein als »unnötig« herausstellen, da durch sie der Mangel nicht behoben werden konnte. Trotzdem müssen Sie diese Arbeiten bezahlen, wenn Sie nach den anerkannten Regeln des Handwerks und der Technik notwendig waren, um den Schaden überhaupt finden zu können. Dabei hat die Werkstatt immer wirtschaftlich vorzugehen und darf nicht einfach die teuerste Möglichkeit wählen.

➔ Wenn ungefragt zusätzliche Reparaturen durchgeführt wurden?

Wurde vorher ein bestimmter Preis vereinbart, müssen Sie auch nicht mehr zahlen als vereinbart. Wurden dagegen bei der Auftragsvergabe keine Kosten kalkuliert, können Sie von der Werkstatt verlangen, **etwaige eingebaute Teile wieder auszubauen** und die alten wieder einzubauen.

Lassen sich die **Arbeiten nicht wieder rückgängig machen,** zum Beispiel weil **Karosserieschäden ausgebessert** wurden, müssen Sie zahlen, wenn die Arbeiten in Ihrem Interesse lagen. War dies nicht der Fall, kann es trotzdem passieren, dass Sie sich an den Materialkosten beteiligen müssen. Schließlich ist Ihr Fahrzeug mit einer frisch lackierten Stoßstange mehr wert.

Hat die Werkstatt dagegen schwerwiegende Sicherheitsmängel behoben, wie zum Beispiel abgenutzte Bremsbeläge ausgetauscht, müssen Sie die zusätzlichen Arbeiten zahlen. **Ausnahme:** Die Reparaturkosten stehen in keinem angemessenen Verhältnis mehr zum Fahrzeugwert.

➔ Was passiert, wenn Sie nicht zahlen?

In diesem Fall braucht die Werkstatt Ihnen den Wagen nicht zurückzugeben. Der Werkstattinhaber hat ein sogenanntes **Unternehmerpfandrecht** nach § 647 BGB. In der Praxis gibt Ihnen daher der Werkstattinhaber das reparierte Fahrzeug normalerweise erst zurück, wenn Sie die Reparaturkosten vollständig bezahlt haben.

Tipp:
Zahlen Sie hier nur »unter Vorbehalt« – und vermerken Sie dies auf der Rechnung. Am besten lassen Sie sich diesen **Vermerk auch noch durch den Werkstattinhaber bestätigen.** Anschließend können Sie dann die Situation klären oder Ihre Gewährleistungsrechte geltend machen.

3. Wie kommen Sie im Streitfall zu Ihrem Recht?

Es handelt sich bei der Autoreparatur rechtlich um einen **Werkvertrag,** wie er allen Handwerkeraufträgen zugrunde liegt (→ Kapitel A 4). Im Folgenden erfahren Sie die wesentlichen Besonderheiten, die für das Kfz-Handwerk gelten.

→ Zuerst Nachbesserung verlangen

Ist die Reparatur nicht so ausgefallen, wie Sie sie in Auftrag gegeben haben, müssen Sie zunächst Nachbesserung oder, wie der Gesetzgeber sagt, Nacherfüllung nach § 635 BGB verlangen. Das heißt, Sie können von der Werkstatt verlangen, den Fehler zu beheben – selbstverständlich kostenlos. Sie müssen genau darstellen, welchen Mangel Sie behoben haben wollen und sollten die **Mangelerscheinung möglichst konkret angeben** (z. B. »Fahrzeug zieht immer noch nach rechts, weil möglicherweise die Spur bei der Inspektion nicht vermessen worden ist«).

Klappt die Reparatur dann wieder nicht, bleibt der **Werkstattinhaber zur weiteren Nachbesserung verpflichtet.** Der Werkstattinhaber muss darüber hinaus alle Kosten tragen, die durch die Nachbesserungsversuche anfallen, insbesondere **Transport-, Arbeits- und Materialkosten.**

Dasselbe gilt für anfallende Reisekosten sowie Aufwendungen für sämtliche Vorbereitungs- und Nebenarbeiten. Dazu gehören zum Beispiel auch die **Kosten für Gutachter und Rechtsanwälte,** die bei der Suche nach dem Mangel angefallen sind. **Aber:** Das gilt wirklich nur für den Fall, dass der **Nacherfüllungsanspruch tatsächlich besteht.** Stellt sich später heraus, dass der **Mangel einen anderen Grund** hatte, müssen Sie **für alles selbst aufkommen.**

Tipp:
Wenn Ihr Fahrzeug nach einer Reparatur mehr als 50 km von der Werkstatt entfernt liegen geblieben ist, dürfen Sie es auch woanders reparieren lassen, wenn dem Auftrag die AGB des Kfz-Handwerks zugrunde liegen. Vergessen Sie aber nicht, Ihre Werkstatt umgehend zu benachrichtigen und Zustimmung zu verlangen. Der Fremdwerkstatt muss wiederum mitgeteilt werden, dass es sich um eine Mängelbeseitigung handelt, was dann auch in den Auftragsschein gehört. Verweigert der ursprüngliche Reparaturbetrieb seine Zustimmung, verweigert er praktisch die Nachbesserung (siehe nächsten Punkt).

➔ Bei verweigerter Nachbesserung dürfen Sie die Werkstatt wechseln

Weigert sich der Werkstattinhaber nachzubessern, weil er zum Beispiel der Ansicht ist, dass alles in Ordnung sei, sollten Sie ihm **für die Nachbesserung noch eine angemessene Frist** setzen. Sie müssen der Werkstatt so viel Zeit lassen, wie sie auch sonst für die Reparatur braucht, wenn sie erstmalig in Auftrag gegeben wird.

Auf die Fristsetzung können Sie verzichten, wenn

- die **Nachbesserung endgültig fehlgeschlagen bzw. unzumutbar** ist (§ 637 Abs. 2 Satz 2 BGB). Fehlgeschlagen oder unzumutbar ist sie, wenn **zwei Nachbesserungsversuche** nichts gebracht haben und / oder
- die Werkstatt die **Nachbesserung ernsthaft und endgültig verweigert** (§ 323 Abs. 2 Nr. 1 BGB).

Dann können Sie den Mangel selbst beseitigen bzw. in einer anderen Werkstatt beheben lassen – immer gesetzt den Fall, der Werkstattinhaber ist zur Nachbesserung verpflichtet. Für die Kosten muss die erste Werkstatt aufkommen.

➔ Wer will, kann den Rechnungsbetrag auch mindern

Ist die Reparatur fehlgeschlagen und kommt auch keine Nachbesserung infrage, können Sie den **Rechnungsbetrag herabsetzen.** Hierzu müssen Sie dem Werkstattinhaber gegenüber angeben, wie viel weniger Sie bezahlen wollen und warum. Dazu ist es erforderlich, den Mangel konkret zu bezeichnen. Die Höhe der Minderung kann in den meisten Fällen leider nur geschätzt werden. Hier ist **im Streitfall die Schiedsstelle die richtige Adresse** (➔ Abschn. II. 6).

➔ Wenn Sie Schadensersatz der Reparatur vorziehen

Nach ergebnisloser oder verweigerter Nachbesserung können Sie das Fahrzeug auch so lassen, wie es ist, und von der Werkstatt den **Wertunterschied zwischen der mangelhaften und der mangelfreien Reparatur verlangen.** Der Schadensersatzbetrag, der Ihnen zusteht, entspricht praktisch dem, was Sie für eine endgültige Reparatur in einer anderen Werkstatt bezahlen müssen.

Sie können aber auch die bisherige Reparatur ablehnen, indem Sie zum Beispiel ein gebrauchtes Ersatzteil, das Ihnen statt des vereinbarten neuen Ersatzteils eingebaut worden ist, wieder ausbauen lassen. Dies geht allerdings nur, wenn die Pflichtverletzung des Werkstattinhabers erheblich war.

→ Wenn der Mangel nicht folgenlos geblieben ist

Haben Sie zum Beispiel noch **Gutachterkosten, Anwaltskosten oder Nutzungsausfall** als separaten Schadensposten, steht Ihnen dieser Anspruch ebenfalls zu.

Wenn es durch eine mangelhafte Reparatur zu einem Unfall gekommen ist, haftet die Werkstatt ebenfalls auf Schadensersatz. Gab es einen Personenschaden dabei, besteht ein Anspruch auf **Schmerzensgeld.** Hierfür kommt es nicht auf ein Verschulden seitens der Werkstatt an.

→ Sonstige Schadensersatzansprüche unabhängig von der Reparatur

Solange der Werkstattinhaber Ihr Fahrzeug in seiner Obhut hat, muss er damit pfleglich umgehen und es vor Schaden bewahren. Beschädigt zum Beispiel ein Mitarbeiter der Werkstatt Ihren Wagen fahrlässig oder vorsätzlich, muss dieser Schaden selbstverständlich kostenlos behoben werden. Aber auch wenn die Werkstatt Ihren Wagen nicht ausreichend vor Beschädigung oder Diebstahl durch fremde Personen schützt, macht sie sich schadensersatzpflichtig.

Wenn Sie das **Fahrzeug inzwischen verkauft** haben, stehen dem neuen Fahrzeugeigentümer dieselben Rechte gegen Ihre Werkstatt zu wie Ihnen.

4. Was gilt, wenn Ihr Fahrzeug nicht rechtzeitig fertig wird?

In der Regel vereinbaren Sie **bei der Erteilung des Reparaturauftrages einen Termin zur Fertigstellung.** Wird dieser Termin überschritten, dürfen Sie Schadensersatz verlangen, wenn die Werkstatt daran schuld ist. Ohne konkrete Terminvereinbarung steht Ihnen Schadensersatz zu, wenn Sie für die Reparatur eine angemessene Frist abgewartet und die Fertigstellung angemahnt haben. Für verspätete Ersatzteillieferung haftet die Werkstatt aber meist nicht.

Ob Ihnen allerdings tatsächlich ein Schaden entstanden ist, hängt davon ab, was Sie wegen der Verspätung an Kosten hatten. Das können zum Beispiel Mietwagenkosten oder Taxikosten sein. Mietwagenkosten werden allerdings nicht immer in voller Höhe ersetzt. Denn hier gelten im Prinzip dieselben Grundsätze wie beim Unfallschaden (→ Kapitel E 3).

Theoretisch können Sie auch vom Vertrag zurücktreten. Das ist aber in vielen Fällen nicht gerade sinnvoll, wenn zum Beispiel der Motor bereits ausgebaut ist. Dann stehen Ihnen aber auf jeden Fall die bis zum Rücktritt entstandenen Kosten für die Verspätung zu.

Wenn die allgemein **üblichen Kfz-Reparaturbedingungen dem Auftrag zugrunde liegen,** muss die Werkstatt den schriftlich zugesagten Fertigstellungstermin einhalten. Überschreitet die Werkstatt den Termin, weil sich der Arbeitsumfang geändert bzw. erweitert hat, besteht die Verpflichtung, Ihnen die Gründe der Verzögerung und auch gleich einen neuen Fertigstellungstermin zu nennen.

Kann die **Werkstatt den Termin aus eigenem Verschulden nicht einhalten** und verzögert sich die Reparatur um mehr als 24 Stunden, muss sie Ihnen entweder ein Ersatzfahrzeug kostenlos zur Verfügung stellen oder 80 % der Kosten eines von Ihnen genutzten gleichwertigen Mietwagens zahlen. Überschreitet die Werkstatt den Termin wegen vorsätzlichen oder grob fahrlässigen Verschuldens, weil sie einfach zu viele Aufträge angenommen hat, steht Ihnen weiterer Schadensersatz zu.

Bei **höherer Gewalt,** also ohne eigenes Verschulden der Werkstatt, weil zum Beispiel aufgrund eines Streiks oder Ausbleiben von Fachkräften der Termin nicht eingehalten werden kann, haben Sie dagegen **keinen Anspruch auf Schadensersatz.** Das heißt, Sie bekommen kein Ersatzfahrzeug und die Kosten für einen Mietwagen werden auch nicht übernommen. **Aber:** Anderes gilt unter Umständen, wenn die Verzögerung darauf beruht, dass die Vertragswerkstatt ein Originalersatzteil nicht beschaffen kann. Kfz-Hersteller sind nämlich verpflichtet, Ersatzteile bereitzuhalten.

5. Wie lange können Sie Ihre Rechte geltend machen?

Von Gesetzes wegen haftet der Werkstattinhaber grundsätzlich **zwei Jahre** lang (§ 634 a Abs. 1 Nr. 1 BGB). Die Zweijahresfrist beginnt mit der Abnahme oder mit der sogenannten Fertigstellungsbescheinigung (§ 641 a Abs. 1 BGB), wenn ein Gutachter das Fahrzeug für abnahmereif erklärt hat. Für alle Teile, die nach einer mangelhaften Reparatur zur Beseitigung des Mangels eingebaut werden, beginnt sogar eine neue Zweijahresfrist zu laufen.

Wenn die Werkstatt Ihnen einen **Mangel arglistig verschwiegen** hat, haftet sie sogar **drei Jahre** lang (§ 634 BGB). Die Frist beginnt dann erst zu laufen, wenn Sie vom Mangel Kenntnis erlangt haben bzw. haben müssten.

In den meisten Fällen sind allerdings die Reparaturbedingungen des Kfz-Handwerks bei der Auftragserteilung vereinbart worden, sodass **die Werkstatt nur ein Jahr lang ab Abnahme haftet.** Außerdem haftet sie für die Teile, die zur Mängelbeseitigung eingebaut wurden, nur bis zum Ablauf der ursprünglichen Frist. Es beginnt keine neue Frist zu laufen.

6. Wie Sie Streitigkeiten ohne Gericht beenden können

Wenn Ihre Werkstatt Mitglied der Kfz-Innung ist, versuchen Sie zunächst Ihr Glück bei einer Schiedsstelle für das Kfz-Handwerk. Dieses Verfahren ist **kostenfrei.** Wenn es fehlschlägt, können Sie immer noch den Rechtsweg beschreiten.

Die Adresse der für Sie zuständigen Stelle erfahren Sie bei dem

Zentralverband Deutsches Kraftfahrzeuggewerbe e.V.
Franz-Lohe-Str. 21
53129 Bonn
Tel.: 0228/9127–0
Fax: 0228/9127–150
www.kfzgewerbe.de

Abwicklung von Sach- und Personenschäden beim Verkehrsunfall

I. Die Haftung beim Verkehrsunfall

1. Wenn allein den Verursacher ein Verschulden trifft

Haben Sie einen Verkehrsunfall verschuldet, weil Sie zum Beispiel beim Rangieren ein anderes ordnungsgemäß geparktes Fahrzeug übersehen haben, ist der Fall eindeutig. Sie haften für den Schaden des anderen in vollem Umfang.

2. Wenn den Verursacher kein Verschulden trifft

Beim Verkehrsunfall gibt es neben der verschuldensabhängigen Haftung auch eine verschuldensunabhängige Haftung – die Haftung aus **Betriebsgefahr** nach § 7 Abs. 1 StVG. Diese Haftung wird auch **Gefährdungshaftung** genannt. Sie spielt dann eine Rolle, wenn »beim Betrieb eines Kraftfahrzeugs ein Mensch getötet, verletzt oder eine Sache beschädigt wird«. **Grund:** Motorisiertes Fahren bringt automatisch gewisse Risiken mit sich.

Beispiel:
Es kommt zum Unfall, weil die Bremsen Ihres Fahrzeuges plötzlich versagen.

Ausnahmen von der Haftung wegen Betriebsgefahr werden gemacht bei

- **höherer Gewalt.** Gemeint sind damit Naturkatastrophen, Erdbeben, unvorhersehbar starker Orkan, Lawine etc.
- einem eklatanten Verkehrsverstoß des Unfallgegners. Hier tritt die Betriebsgefahr in den Hintergrund.

Beispiel:
Sie sind auf einer vorfahrtsberechtigten Straße flott, aber noch im Rahmen des Erlaubten, mit Ihrem Auto unterwegs, als plötzlich ein anderes Fahrzeug aus einer Seitenstraße herausfährt, ohne die Vorfahrt zu beachten. Hier tritt die Betriebsgefahr in den Hintergrund, auch wenn ein etwas geringeres Tempo den Unfall verhindert hätte.

Achtung: Bei **Unfällen mit schwächeren Verkehrsteilnehmern,** wie zum Beispiel Fahrradfahrern, Kindern, Fußgängern, Behinderten und älteren Menschen, gelten noch ein paar Besonderheiten. Waren diese Personen an einem Unfall beteiligt, haften Sie als Autofahrer immer. Diese Haftung entfällt nur, wenn höhere Gewalt im Spiel war. Allerdings kommt es auch hier jeweils auf das Mitverschulden des »schwächeren« Verkehrsteilnehmers an. Fährt zum Beispiel ein erwachsener Fahrradfahrer aus Unachtsamkeit auf Ihr an einer Ampel stehendes Fahrzeug auf und verletzt sich dabei, haften Sie selbstverständlich nicht für seinen Schaden, er aber für Ihren. Wenn **Kinder** am Unfall beteiligt waren, haften diese bei Unfällen erst ab ihrem 10. Lebensjahr.

Beispiel:
Ein Fahrrad fahrendes 8-jähriges Kind nimmt Ihnen die Vorfahrt und kollidiert mit Ihrem Fahrzeug. Hier bleiben Sie nicht nur auf dem eigenen Schaden sitzen, sondern haften auch für den Schaden, den das Kind erleidet.

Ausgenommen von diesem besonderen Haftungsprivileg bleiben vorsätzlich herbeigeführte Schäden wie zum Beispiel Steinwürfe von Autobahnbrücken und Schäden, die ein Kind im ruhenden Verkehr verursacht, wenn es zum Beispiel mit seinem Fahrrad gegen Ihr ordnungsgemäß geparktes Auto fährt. Denn geschützt werden sollen nur Kinder, die im Verkehr überfordert sind. In diesen Fällen haftet das Kind entsprechend seiner Einsichtsfähigkeit (vgl. Kapitel B1).

3. Wenn mehrere Beteiligte ein Verschulden trifft

Wenn es mehr als einen Schuldigen gibt, sei es wegen Mitverschuldens des anderen oder aus Betriebsgefahr, wird **gequotelt.** Das heißt, es werden Schuldanteile festgelegt. Das gilt sowohl gegenüber »unschuldigen« Dritten wie untereinander. Sie bekommen deshalb als Geschädigter, wenn Sie den Unfall mitverursacht haben, **nur einen prozentualen Anteil** Ihres Schadens ersetzt.

Umgekehrt trägt Ihre Versicherung den Schaden Ihres Unfallgegners, soweit Ihnen ein bestimmter prozentualer Mitverschuldensanteil vorgeworfen werden kann.

Die Schadensaufteilung entfällt nur, wenn für einen der Beteiligten der Unfall ein **unabwendbares Ereignis** war (§ 17 Abs. 3 StVG). Gemeint sind die Fälle, in denen selbst ein Idealfahrer den Unfall mitverursacht hätte.

Beispiel:
Sie kommen auf einer nicht erkennbaren Ölspur ins Schleudern und veranlassen dadurch einen anderen Fahrer zum Bremsen. Dessen Hintermann hat den Sicherheitsabstand nicht beachtet und fährt auf den Bremser auf. Hier haftet allein der Auffahrer für den Schaden des Vordermannes.

4. Die Höhe der einzelnen Haftungsanteile

➔ Wenn nur der Unfallgegner vorsätzlich oder grob fahrlässig einen Verkehrsverstoß begangen hat

Hier können Sie als Geschädigter immer **den vollen Schadensersatz vom Unfallverursacher** verlangen. Er haftet zu 100 %, weil die Betriebsgefahr hier völlig unbedeutend ist.

Beispiel:
Eine Autofahrerin überfährt eine Rotlichtampel und stößt mit einem anderen Pkw im Kreuzungsbereich zusammen. Hier liegt ein so grober Verstoß gegen die StVO vor, dass es keine Rolle spielt, wenn das andere Fahrzeug möglicherweise ein bisschen schneller gefahren ist als erlaubt. Der Verursacher haftet allein.

➔ Anteilige Haftung wegen Mitverschuldens

Wenn entweder nicht bewiesen ist, wer von beiden oder mehreren Beteiligten die Alleinschuld am Unfall trägt, oder feststeht, dass nicht nur ein Beteiligter etwas falsch gemacht hat, müssen sich alle Mitverursacher ein Mitverschulden anrechnen lassen.

Sie müssen sich als Mitverursacher einen entsprechenden **Abzug beim Schadensersatz** gefallen lassen. Das heißt, Sie haften in Höhe Ihres Mitverschuldensanteils (§ 254 BGB) und bekommen nur in Höhe eines bestimmten Prozentsatzes Ihren Schaden ersetzt.

Auf dem Restschaden bleiben Sie sitzen bzw. haften dem Unfallgegner gegenüber für seinen Schaden in Höhe Ihres Mitverschuldensanteils. Man spricht hier von der sogenannten **Schadensquotelung.**

Beispiel:
Sie fahren auf einer Vorfahrtstraße, als plötzlich ein wartepflichtiges Fahrzeug aus einer Seitenstraße kommt und mit Ihnen im Kreuzungsbereich zusammenstößt. Sie selbst sind mit deutlich überhöhter Geschwindigkeit gefahren, sodass Sie nicht mehr rechtzeitig bremsen konnten.

Folge: Ihnen wird ein Mitverschuldensanteil auferlegt, der bei ca. 25 % liegt. Das heißt, es werden nur 75 % Ihres Schadens von der gegnerischen Versicherung übernommen. Der Unfallgegner hat umgekehrt Anspruch auf 25 % Schadensersatz gegen Sie bzw. Ihre Versicherung.

→ Anteilige Haftung aus Betriebsgefahr

Aber auch wenn Sie nicht gegen die StVO verstoßen haben, haften Sie unter Umständen, weil von Ihnen eine »nicht unerhebliche Betriebsgefahr« ausgeht.

So laufen Sie stets Gefahr, wegen Überschreitens der Autobahnrichtgeschwindigkeit von 130 km/h generell eine anteilige Haftung auferlegt zu bekommen, wenn Sie nicht gerade beweisen können, dass es auch bei Einhaltung der Richtgeschwindigkeit zu einem Unfall mit vergleichbar schweren Schäden gekommen wäre.

Beispiel:
Sie fahren erlaubterweise mit Tempo 200 auf der Überholspur und stoßen mit einem erheblich langsamer fahrenden Pkw zusammen, der vor Ihnen auf Ihre Fahrspur wechselt.

Wie hoch dieser Anteil dann im Einzelnen ist, hängt von der Überschreitung der Richtgeschwindigkeit ab. So hatte zum Beispiel das Oberlandesgericht Hamm bei einer Überschreitung von 20 km/h entschieden, dass der ansonsten »schuldlose« Autofahrer auf 25 % seines Schadens sitzen bleibt.

→ Anteilige Haftung bei unmöglichem Verschuldensnachweis

Kann weder Ihnen noch Ihrem Unfallgegner ein Verschulden am Unfall nachgewiesen werden, beschränken sich die Schadensersatzansprüche jeweils auf 25 % des jeweiligen Schadens. Begründung: Die konkreten Ansprüche können nicht nachgewiesen werden, also gibt es nur den Haftungsanteil **nach der Betriebsgefahr** (s. o.).

➔ Wenn dem Unfallverursacher höhere Gewalt zugutekommt

Hier geht der Geschädigte leer aus. Sie können als Betroffener höchstens über Ihre (Teil-)Kaskoversicherung den Schaden ersetzt bekommen.

5. An wen wendet sich der Geschädigte bei mehreren Schadensverursachern?

Wenn **Dritte oder noch mehr Autofahrer an dem Unfall beteiligt** waren, kann auch diese eine Mithaftung treffen. Es besteht gegen den jeweiligen Beteiligten ein Schadensersatzanspruch, je nach Mitverschuldensanteil.

Beispiel:
Ein vorausfahrendes Fahrzeug reduziert schon 600 m vor einer Autobahnausfahrt seine Geschwindigkeit von 100 km/h auf 50 km/h. Dadurch sind Sie gezwungen zu bremsen. Ein weiteres Fahrzeug fährt wegen eines zu geringen Sicherheitsabstandes auf Sie auf. Hier haften der Erste und der Dritte anteilig für Ihren gesamten Schaden.

Beide Verursacher haften Ihnen gegenüber als sogenannte **Gesamtschuldner.** Sie können sich deshalb mit Ihrem Gesamtschaden an einen der beiden bzw. dessen Versicherung halten. Wie diese dann hinterher den Schaden abwickeln, betrifft Sie nicht mehr. Halten Sie sich hier besser an den auffahrenden bzw. den eindeutigen Verursacher. Über ihn kommen Sie schneller an Ihr Geld.

II. Wie werden die Schäden im Einzelnen ersetzt?

1. Informieren Sie sich über Ihre Ansprüche und Ihre Pflichten

Bei einem Verkehrsunfall sollen Sie so gestellt werden, als ob der Unfall nie passiert wäre. Aber am **Unfall selbst dürfen Sie nicht verdienen.** Bekommen Sie beispielsweise infolge des Autounfalls eine Rente von der Berufsgenossenschaft, zahlt die Autohaftpflichtversicherung an Sie nur den Unterschiedsbetrag zu Ihrem bisherigen Einkommen. Beachten Sie außerdem, dass Sie stets eine sogenannte **Schadensminderungspflicht** trifft.

Orientieren Sie sich am besten anhand der nachfolgenden **alphabetischen Aufstellung** der einzelnen Schadensposten. Auch **zahlreiche Begriffe, mit denen Sie bei der Schadensabwicklung konfrontiert werden,** werden hier erklärt.

2. ABC der Schadensabwicklung beim Verkehrsunfall

» Abschleppkosten

Ist Ihr Fahrzeug nicht mehr fahrbereit, werden in der Regel die **Abschleppkosten bis zur nächsten Werkstatt** ersetzt, die den Schaden sachgerecht beheben kann. Bei einem Totalschaden, soweit man ihn als solchen sofort erkennt, werden **die Abschleppkosten bis zur nächsten Verwertungsstelle (Schrottplatz)** ersetzt. Selbstverständlich dürfen Sie auch das Fahrzeug bis zur **Werkstatt Ihres Vertrauens** abschleppen lassen. Ersetzt werden die Kosten in diesem Fall anstandslos, wenn sich der Unfall in der Nähe Ihres Wohnortes ereignet hat.

Bei einer **größeren Entfernung** zwischen Ihrem Wohn- und dem Unfallort übernimmt die Versicherung die Kosten je nach Einzelfall. So ist zum Beispiel bei kleineren Reparaturen sicherlich die nächstgelegene Werkstatt das richtige Ziel. Wegen Ihrer Schadensminderungspflicht sollten Sie bei Abschleppkosten immer **Rücksprache mit der gegnerischen Versicherung** halten.

» An- und Abmeldekosten

Muss **nach einem Totalschaden** ein Ersatzfahrzeug beschafft werden, ersetzt der Versicherer auch An- und Abmeldekosten einschließlich der Kosten für das amtliche Kennzeichen. Sie können dann entweder den tatsächlich gezahlten Betrag gegen Vorlage der **Kostenbelege** oder einen **Pauschalbetrag** von € 50,– einschließlich der Kosten für das neue amtliche Kennzeichen verlangen. Zum Teil werden auch schon € 75,– erstattet.

» Bagatellschäden

Bei Bagatellschäden bis zu € 250,– haben Sie das Recht, den Schaden des anderen selbst zu zahlen, ohne ihn überhaupt Ihrer Versicherung melden zu müssen. Liegt der Schaden höher, laufen Sie Gefahr, **durch eine direkte Schadensübernahme höhere Kosten** tragen zu müssen, als es wirtschaftlich sinnvoll ist. Denn angesichts der hohen Werkstattkosten sind Sie selbst bei einem scheinbar harmlosen Auffahrunfall mit einigen Tausend Euro dabei.

Tipp:
Warten Sie am besten die **Schlussnachricht** ab, in der Ihre Versicherung Ihnen mitteilt, in welcher Höhe Ihr Unfallgegner entschädigt worden ist. Wenden Sie sich dann an Ihre Versicherung und lassen Sie sich ausrechnen, ob Sie besserfahren, wenn Sie den Betrag erstatten oder die andernfalls erfolgende Prämienerhöhung akzeptieren. Hierfür haben Sie sechs Monate Zeit nach Erhalt der Schlussnachricht. Die **Rückstufung des Vertrages** selbst erfolgt immer **erst mit der ersten Prämienfälligkeit im nächsten Kalenderjahr.**

» Beerdigungskosten

Bei Unfällen mit tödlichem Ausgang muss die gegnerische Versicherung an die Erben auch die Kosten für eine **standesgemäße Beerdigung** bezahlen. Zu diesen Kosten zählen angemessene Ausgaben für Todesanzeigen, Kosten des Beerdigungsinstitutes, Grabkosten (aber nicht für ein Mehrpersonengrab), Bewirtungs- und Unterbringungskosten von Trauergästen, der Verdienstausfall anlässlich der Beerdigung, die Kosten für den Erbschein sowie die Kosten für Trauerkleidung und Trauermahlzeiten.

» Entsorgungskosten

Haben Sie einen Totalschaden erlitten und können das Fahrzeug nicht mehr zum Schrottwert verkaufen, kommen wegen der Altautoverordnung unter Umständen Entsorgungskosten in Höhe von ca. € 100,– bis € 400,–auf Sie zu. Diesen Betrag können Sie mit entsprechendem **Entsorgungsnachweis** geltend machen.

» Finanzierungskosten

Haben Sie nicht genug Geld für die fällige Reparatur, Miet- oder Anwaltsrechnungen, muss der Versicherer Ihnen gegebenenfalls Finanzierungskosten ersetzen. Bevor Sie jedoch einen Kredit aufnehmen oder zum Beispiel Kapitalanlagen flüssigmachen, sollten Sie wegen Ihrer Schadensminderungspflicht beim Versicherer einen **Vorschuss** verlangen.

Wenn die Schuldfrage nicht geklärt ist und der Vorschuss deshalb ausbleibt, bleibt Ihnen unter Umständen nichts anderes übrig, als für größere Reparaturen einen Kredit aufzunehmen. Die anfallenden Zinsen und sonstigen Kosten bekommen Sie grundsätzlich ersetzt. **Aber:** Die Kreditkosten werden nur für die **günstigste Kreditart** ersetzt.

Bedenken Sie auf alle Fälle, dass die Finanzierung auch unter dem Gesichtspunkt der Schadensminderungspflicht von Ihnen erwartet wird. Denn abwarten, das Fahrzeug nicht reparieren lassen und hinterher Nutzungsausfall für eine lange Zeit verlangen, geht nicht.

Tipp:
Wenn die Haftung Ihres Unfallgegners klar ist, treten Sie am besten Ihre Ansprüche an die Werkstatt ab. Diese wird dann eine Kostenübernahmeerklärung beim Versicherer anfordern. So brauchen Sie weder eigenes Geld vorzustrecken noch einen Kredit aufzunehmen.

» Haushaltsführungsschaden

Wenn Sie Ihren Haushalt nicht mehr führen können, stehen Ihnen die Kosten für eine **Haushaltshilfe** zu. Dieser **Schadensposten wird häufig übersehen,** weil Familienmitglieder kostenlos einspringen. Trotzdem haben Sie auch dann einen Ersatzanspruch. Diesen können Sie mit ca. € 8,– die Stunde ansetzen.

» Heilungskosten

Die Heilungskosten, also die unmittelbaren **Behandlungskosten** und die sogenannten **vermehrten Bedürfnisse** wie zum Beispiel orthopädische Hilfsmittel, Diäten oder Pflegepersonal, werden nur ersetzt, soweit sie nicht von einer Krankenkasse oder einer anderen Stelle übernommen werden.

Beispiel:
Arztkosten, Krankenhauskosten, Apotheker- bzw. Medikamentenkosten, Kuren, Kosten für künstliche Glieder oder Prothesen, soweit angemessen, Kosten für kosmetische Operationen, wenn unfallbedingte Entstellungen beseitigt werden müssen, und Fahrtkosten zur ärztlichen Behandlung in Höhe von € 0,20/km, aber auch Rezeptgebühren.

Selbst die **Kosten für ein Fitnessstudio** sind erstattungsfähig, wenn die dort in Anspruch genommenen Leistungen im Zusammenhang mit den bei einem Verkehrsunfall erlittenen Verletzungen medizinisch notwendig waren. Hierzu brauchen Sie natürlich ein **ärztliches Attest.**

Bei Kassenpatienten müssen die Mehrkosten übernommen werden, wenn eine privatärztliche Behandlung durch einen Spezialisten erforderlich ist. Sogar die Kosten für eine **ärztlich verordnete Akupunkturbehandlung** zur Linderung von Schmerzen nach einer HWS-Verletzung hat die Versicherung des Schädigers zu ersetzen.

Neben den reinen Heilbehandlungskosten stehen Ihnen außerdem die Kosten für **Telefon, Mietfernseher, kleine Trinkgelder** oder **Geschenke an das Pflegepersonal** zu. Aber – keine Übertreibungen!

Fahrt- und Übernachtungskosten für Krankenbesuche nächster Angehöriger sind ebenfalls zu ersetzen. Dasselbe gilt für **Besuche nicht ehelicher Lebenspartner.** Selbst **Babysitterkosten** sind ersatzfähig, wenn zum Beispiel eine junge Mutter ihren verletzten Partner besucht. Ersetzt werden muss außerdem der Verpflegungsaufwand sowie der Verdienstausfall des Besuchers.

Ersparte Aufwendungen wie zum Beispiel Verpflegungskosten während einer stationären Behandlung werden beim Geschädigten mit ca. € 3,– bis € 10,– abgezogen. Eine Erstattung des Selbstbehalts von gesetzlich Krankenversicherten erfolgt nur, wenn die von den Gerichten festgesetzte Eigenersparnis unterhalb dieser Grenze liegt.

Wer **durch Dauerschäden vermehrte Bedürfnisse** hat, sollte wissen, was ihm hier zusteht. Dazu zählen alle **ständigen Nachteile,** die **durch den Unfall verursacht** worden sind.

Beispiel:
Mehraufwendungen für medizinische Hilfsmittel, Anschaffungs-, Betriebs- und Sonderkosten für einen Pkw, der behindertengerechte Umbau einer Wohnung oder eines Hauses, medizinisch erforderliche Kuren abzüglich der ersparten Verpflegungskosten, wenn sie nicht den Urlaub ersetzen, Kosten für ständige ärztliche Kontrolle, Kosten für die Pflege durch eine Haushaltshilfe oder Krankenschwester, unfallbedingte Pflegekosten, besondere Stärkungsmittel, Massagen oder Gymnastik, Diät und sogar Kosten für Privatunterricht.

In den meisten Fällen erhalten Sie hierfür von der gegnerischen Versicherung eine **Geldrente** (§ 13 StVG; § 843 BGB).

Wichtig: Wenn Sie wegen des **Unfalls Leistungen aus einer privaten Unfallversicherung** erhalten, werden diese nicht auf Ihren Schadensersatzanspruch angerechnet. Anders sieht es dagegen aus, wenn Sie Leistungen aus gesetzlichen Versicherungen erhalten.

» Insassen

Fahrzeuginsassen haben gegenüber der Haftpflichtversicherung des Fahrzeugs, in dem sie mitgefahren sind, **Schadens- und Schmerzensgeldansprüche** wie jeder andere Unfallgeschädigte auch. Die **Insassenunfallversicherung** hat sich damit **weitgehend erübrigt, außer** Sie wollen als Halter sicherstellen, dass Insassen einen darüber hinausgehenden bestimmten prozentualen Anteil erhalten.

Tipp:
Eine Insassenunfallversicherung ist nach der Neuregelung empfehlenswert, wenn Sie regelmäßig Arbeitskollegen oder fremde Schulkinder in Ihrem Fahrzeug mitnehmen, also Fahrgemeinschaften bilden.

Trifft den Beifahrer allerdings ein **Mitverschulden** an seinem Schaden, weil er zum Beispiel zu einem **offensichtlich** betrunkenen Fahrer ins Auto gestiegen ist, wird sein **Schadensersatzanspruch gekürzt.**

» Kleidung und Kofferrauminhalt

Schäden, die Sie an Ihrer **Kleidung** oder an Ihrem **Kofferrauminhalt** erleiden, muss die gegnerische Versicherung erstatten. Dasselbe gilt **für abhandengekommene Gegenstände** wie Geldbörsen oder Schmuck, weil zum Beispiel ein »Helfer« lange Finger gemacht hat. **Aber:** Hierbei kürzen die Versicherungen gerne nach dem Motto **»neu für alt«** (→ Reparaturkosten). Geht Ihre Brille bei dem Unfall zu Bruch, brauchen Sie sich diesen Abzug nicht gefallen zu lassen. Ebenfalls kein Abzug »neu für alt« darf bei Beschädigung der Sicherheitsbekleidung zum Beispiel eines Motorradfahrers gemacht werden.

» Kostenpauschale

Ohne Nachweis können Sie als Geschädigter **für Telefonate, Fahrten zur Werkstatt, Polizei etc.** eine Pauschale von etwa € 25,– geltend machen. Bei erschwerten Umständen darf es auch mal etwas mehr sein.

» Mehrwertsteuer

Mehrwertsteuer gibt es **nicht,** wenn der Schaden nicht beseitigt, sondern nur auf Grundlage eines Schätzgutachtens beglichen wird. Wer **vorsteuerabzugsberechtigt** ist, bekommt die Mehrwertsteuer ohnehin nicht ersetzt.

Bei einem Totalschaden muss die Mehrwertsteuer gezahlt werden, wenn auf Basis des Wiederbeschaffungswertes abgerechnet wird und **tatsächlich ein Ersatzfahrzeug angeschafft** worden ist. Die Mehrwertsteuer muss allerdings auch auf der Rechnung ausgewiesen sein. Das gilt auch für den Fall, dass ein kostspieligeres Ersatzfahrzeug angeschafft worden ist.

» Mietwagenkosten

Für die Dauer der Reparatur oder bis zur Lieferung eines Ersatzfahrzeuges im Totalschadensfall können Sie einen Mietwagen nehmen. Die Mietwagenrechnung inklusive der Kosten für eine Vollkaskoversicherung wird von der gegnerischen Versicherung unter bestimmten Voraussetzungen ersetzt:

- Grundsätzlich dürfen Sie ein **Fahrzeug des gleichen Typs** mieten, auch wenn Sie einen Porsche 911 Carrera IV fahren. Beachten Sie aber, dass Ihnen hierfür eine Eigenersparnis in Höhe von 3 % bis 10 % angerechnet wird. Schließlich schont man ja den eigenen Geldbeutel allein schon wegen der geringeren Abnutzung, wenn man vorübergehend mit dem eigenen Fahrzeug nicht fährt. Einen Abzug ersparter Eigenkosten können Sie vermeiden, wenn Sie sich einen Mietwagen der **nächstniedrigeren Klasse** nehmen. Die meisten Versicherer verzichten dann auf eine Kürzung.
- Die Mietwagenkosten müssen in einem vertretbaren Verhältnis zum normalen Fahrbedarf stehen. Wegen Ihrer Schadensminderungspflicht müssen Sie deshalb stets prüfen, ob nicht bei **geringem Fahrbedarf** (unter 15 km bis 30 km pro Tag) ein Taxi oder andere öffentliche Verkehrsmittel kostengünstiger sind. Einen Abzug wegen geringen Fahrbedarfs müssen Sie sich aber nicht gefallen lassen, wenn Sie Ihr Auto aus beruflichen Gründen brauchen oder Sie den geringen Fahrbedarf nicht voraussehen konnten.
- Die Mietwagenkosten werden normalerweise für die Dauer der Reparatur gezahlt. Diese muss sich aber auf einen **notwendigen Zeitraum** beschränken. Warten Sie auf keinen Fall erst ein Sachverständigengutachten ab. Erkundigen Sie sich besser sofort nach der Reparaturwürdigkeit des Fahrzeugs und erteilen Sie so schnell wie möglich den Auftrag. Notfalls müssen Sie sich eine andere Fachwerkstatt nehmen, wenn die zunächst gewählte die Reparaturarbeiten nicht kurzfristig durchführen kann.

  Zeichnet sich eine **längere Anmietungsdauer** (mehr als 10 bis 12 Tage) ab, oder ist von höheren Mietwagenkosten auszugehen, sind Sie verpflichtet, nach kostengünstigeren Angeboten zu schauen.

  Bei einem **Totalschaden** werden bis zu drei Wochen als zulässige Dauer angesehen. Bei einem bestellten Neufahrzeug mit Bestelldauer von bis zu einem Monat ist für diesen Zeitraum noch zu zahlen.

  War Ihr Fahrzeug noch neuwertig und dauert die Wiederbeschaffung mehr als drei Monate, müssen Sie sich unter Umständen als Zwischenlösung ein anderes Fahrzeug, ein sogenanntes **Interimsfahrzeug,** beschaffen. Sprechen Sie in solchen Fällen am besten mit der gegnerischen Versicherung und suchen Sie eine einvernehmliche Lösung. Ein Interimsfahrzeug wird zum Beispiel auch dann verlangt, wenn Sie andernfalls eine größere **Urlaubsreise** mit einem Mietfahrzeug antreten müssten. Ausnahme: Der Unfall hat sich erst einen Tag vor Ihrem Urlaub ereignet. Dann haben Sie Anspruch auf ein gleichwertiges Mietfahrzeug.

- Sie brauchen **keine Marktanalyse** zu betreiben, um den günstigsten Tarif ausfindig zu machen. Sind allerdings **höhere Kosten zu erwarten** (ca. € 2 500,– und mehr), empfiehlt es sich, ein paar vergleichende Telefongespräche zu führen.

  Bei Unfallersatztarifen, die Autoverleiher anbieten, sollten Sie noch einmal nachhaken, ob der Normaltarif nicht günstiger ist. Verleiher neigen dazu, die Situation auszunutzen. Aber: Der Mietwagenunternehmer muss Sie auf seine verschiedenen Tarife aufmerksam machen. Andernfalls macht er sich Ihnen gegenüber schadensersatzpflichtig, wenn die gegnerische Versicherung die Kosten nicht vollständig übernimmt.

  Wer ein **Ersatzfahrzeug im Verwandten- oder Freundeskreis** mietet, kann dafür nicht den Unfallersatztarif für die Gewerblichen berechnen lassen. Hier gibt es deutlich weniger.

  Bei einem **Missverhältnis zwischen Reparatur und Mietwagenkosten** wird auch gerne gekürzt. Stehen Sie aber vor einer vollständig vorbereiteten und unaufschiebbaren Urlaubsreise oder kommt es während der Reise zu einem Unfall, darf trotz krassen Missverhältnisses nicht gekürzt werden.

Wenn Sie Ihren Schaden über Ihre Vollkaskoversicherung abrechnen, werden **Mietwagenkosten grundsätzlich nicht übernommen.** Bedenken Sie dies auch, wenn Ihr Versicherungsvertreter das Gegenteil behaupten sollte. In diesem Fall haben Sie nicht einmal einen Schadensersatzanspruch wegen der falschen Auskunft.

» Nutzungsausfallentschädigung

Solange Sie aufgrund des Unfalls auf Ihr Fahrzeug verzichten müssen (z. B. für die Reparaturdauer oder Lieferzeit des Neufahrzeugs), können Sie nach einem unverschuldeten Verkehrsunfall für diese Zeit anstatt der Mietwagenkosten pro Tag eine Nutzungsausfallentschädigung verlangen. Als Grundlage für die Berechnung des Nutzungsausfalls sind die **Tabellen von Sanden-Danner** anerkannt. Die Tabellen enthalten Tagessätze für Pkw, Geländewagen, Transporter, Krafträder, Wohnmobile und sogar Fahrräder. Sie werden jährlich neu berechnet und ergänzt. Der **Tagessatz für den Nutzungsausfall** bewegt sich zurzeit bei Pkw je nach Fahrzeugtyp zwischen € 27,– und € 99,–.

Aber: Die volle Nutzungsausfallentschädigung gibt es nur bis zu einem **Fahrzeugalter von fünf Jahren.** Bei älteren Fahrzeugen erfolgt in der Praxis die Einstufung in die nächstniedrigere Gruppe der Tabelle. Ist Ihr **Fahrzeug erheblich älter** (z. B. 10 Jahre und mehr) und weist **erhebliche Mängel** auf, richtet sich der Nutzungsausfall nach den sogenannten Vorhaltekosten.

Bei gewerblich genutzten Fahrzeugen müssen Sie den Nutzungsausfall konkret nachweisen. Bei teilweise gewerblich genutzten Fahrzeugen gibt es eine pauschale Berechnung nur bezüglich des privaten Nutzungsanteils. Können Sie allerdings keine Gewinneinbußen geltend machen, weil der Nutzungsausfall durch ein anderes Fahrzeug ausgeglichen werden kann, stehen Ihnen ebenfalls die **Vorhaltekosten** (s. o.) zu.

Tipp:
Wenn Sie den **Nutzungsausfallwert oder die Vorhaltekosten für Ihr Fahrzeug genau wissen** wollen, rufen Sie beim **Service-Telefon von Eurotax-Schwacke,** montags bis freitags zwischen 8 und 17 Uhr an. Die Telefonnummer lautet: 0190/1882266 (€ 1,85/min). Die Internetadresse lautet: www.schwacke.de. Als **ADAC-Mitglied** bekommen Sie den Wert rund um die Uhr unter der ADAC-Unfallservicenummer 0180/5101112 (€ 0,12/min).

Achtung: Wenn Sie **im Internet** von Rechtsanwälten Angebote finden, unter denen Sie Ihren individuellen Nutzungsausfallwert abrufen können, werden Ihnen unter Umständen **erhebliche Rechtsanwaltsgebühren** in Rechnung gestellt. Prüfen Sie stets zuerst bei solchen Angeboten, ob Sie sich nicht wider Willen auf einen Rechtsanwaltsberatungsvertrag einlassen.

Alles in allem hat der Nutzungsausfall den **Vorteil,** dass Sie **Ihre Kosten nicht nachweisen** müssen. So geht man zum Beispiel beim Totalschaden ohne konkreten Nachweis von einer Wiederbeschaffungszeit von 14 Tagen aus.

Außerdem gibt es noch **ein paar weitere Besonderheiten:**

- Nutzungsausfall gibt es auch dann, wenn Sie kein Ersatzfahrzeug anschaffen.
- Sie müssen tatsächlich in der Lage gewesen sein, das **Fahrzeug zu nutzen.** Wer etwa durch eine Reise oder den Unfall selbst verhindert ist, bekommt nichts. **Ausnahme:** Eine andere Person benutzt das Fahrzeug ebenfalls regelmäßig, hat es aber durch den Unfall zum fraglichen Zeitpunkt nicht zur Verfügung. Können Sie einen Zweitwagen benutzen, bekommen Sie keinen Nutzungsausfall, wenn Ihnen zugemutet werden kann, darauf auszuweichen.

- Nutzungsausfall wird **nur ausnahmsweise für einen langen Zeitraum** gewährt, wenn besondere Umstände hinzukommen. Hier sollten Sie sich aber bei der gegnerischen Versicherung erkundigen, ob nicht ein vorübergehendes Ersatzfahrzeug sinnvoller ist.

» Personenschäden

Wenn Sie bei einem Verkehrsunfall verletzt werden, sollten Sie auf jeden Fall einen in Verkehrssachen versierten Anwalt beauftragen. Denn **die wesentlichen Ansprüche wie Verdienstausfall und Unterhaltsschaden** zu berechnen, ist für einen Laien viel zu kompliziert.

» Rechtsanwaltskosten

Grundsätzlich dürfen Sie nach einem unverschuldeten Verkehrsunfall bei der Schadensregulierung einen Rechtsanwalt einschalten. Das gilt selbst dann, wenn Sie die Ansprüche **gegen Ihre eigene Kaskoversicherung** durchsetzen wollen.

Aber: In **einfach gelagerten Schadensfällen,** in denen die Haftung dem Grunde und der Höhe nach klar ist, werden Ihnen diese Kosten nicht erstattet, außer Sie sind in geschäftlichen Dingen ungeübt oder kommen aus gesundheitlichen bzw. zeitlichen Gründen nicht dazu.

» Reparaturkosten

Nach einem Verkehrsunfall steht Ihnen das zu, was zur Schadensbeseitigung an Ihrem Fahrzeug nötig ist (§ 249 Satz 2 BGB). Es wird also alles ersetzt, was eine **anerkannte Fachwerkstatt** für die Instandsetzung verlangt.

Dazu zählt im Normalfall auch die **Mehrwertsteuer,** wenn Sie nicht vorsteuerabzugsberechtigt sind. Sie müssen sich nicht auf die durchschnittlichen Stundensätze von Fachwerkstätten verweisen lassen, wenn zum Beispiel die für Sie örtlich zuständige markengebundene Fachwerkstatt höhere Lohnkosten hat.

Tipp:
Bei einem Reparaturschaden von etwa € 750,– an aufwärts sollten Sie die gegnerische Versicherung auffordern, den Schaden begutachten zu lassen. Die Kosten werden vom Versicherer getragen. Bei kleineren Schäden genügt die Vorlage eines Kostenvoranschlags. Ab einem Schadensbetrag von € 2 500,– müssen Sie sogar einen Sachverständigen einschalten.

Ein häufiges Streitthema ist gerade bei älteren Fahrzeugen die »Aufwertung«. Hier kommt es immer wieder vor, dass ein Fahrzeug durch die Reparatur eine echte Wertverbesserung erhält. Diese wollen die Versicherer nicht erstatten. Sie machen einen **Abzug »neu für alt«** – und zwar prozentual im Verhältnis zur Lebensdauer.

Ausnahme: Sie können zum Beispiel durch Rechnung nachweisen, dass die Motorhaube Ihres Fahrzeugs gerade erst frisch lackiert worden ist. Oder: Es ist überhaupt keine messbare Werterhöhung eingetreten. Das ist bei allen Teilen so, an denen kein Verschleiß eintreten kann.

Wichtig: Sie können Ihr Fahrzeug auch **selbst** oder **gar nicht** reparieren. Dann stehen Ihnen die **fiktiven Reparaturkosten** auf Grundlage eines Schätzungsgutachtens zu, auch in Höhe der (fiktiven) Rechnung einer markengebundenen Fachwerkstatt.

Wenn Sie sich für die **fiktive Reparaturkostenabrechnung** entscheiden, gibt es bestimmte Einschränkungen. So können Sie zum Beispiel **keine Nutzungsausfallentschädigung und keinen Mietwagenkostenersatz** verlangen, wenn Sie dem Versicherer die Ausfallzeit Ihres Fahrzeugs nicht nachweisen können. Außerdem gibt **es die Mehrwertsteuer** nur, wenn und soweit sie tatsächlich zur Wiederherstellung ihres Fahrzeugs angefallen ist.

Aber: Lassen Sie sich auf keinen Fall von der gegnerischen Versicherung einen **Abschlag von 20 % für ersparte Reparaturaufwendungen** abziehen. Dies kommt in der Kfz-Versicherungsbranche vor, ist aber **unzulässig.**

Tipp:
Im Sachverständigengutachten werden die Reparaturkosten nur geschätzt. Fallen sie tatsächlich höher aus, beispielsweise wegen verdeckter Mängel, muss auch der höhere Betrag grundsätzlich bezahlt werden.

» Rückstufungsschaden

Wenn Sie aufgrund des Unfalls Ihre **Kaskoversicherung** in Anspruch nehmen, weil die gegnerische **Versicherung nicht oder nur zögerlich zahlt,** werden Sie für mehrere Jahre höhere Versicherungsprämien zahlen müssen. Diesen Rückstufungsschaden muss Ihnen die gegnerische Versicherung ebenfalls ersetzen.

Tipp:
Greifen Sie immer erst dann auf Ihre **Vollkaskoversicherung** zurück, wenn die gegnerische Versicherung die **Schadensregulierung unzumutbar** verzögert. Trifft Sie ein Mitverschulden an dem Unfall, dürfen Sie sofort Ihre Kaskoversicherung in Anspruch nehmen und anschließend den dadurch entstehenden Prämienschaden – unter Berücksichtigung Ihrer Mithaftung gegenüber der gegnerischen Versicherung – geltend machen.

» Sachverständigenkosten

Die Sachverständigenkosten werden normalerweise von der gegnerischen Versicherung erstattet, und zwar im Rahmen **der üblichen Sachverständigenvergütung.**

Tipp:
Wenn der Sachschaden nur geringfügig war: Hier reicht ein Kostenvoranschlag einer Fachwerkstatt aus. Die Kosten für einen Sachverständigen werden dann nicht ersetzt. Die **Grenze für einen geringfügigen Sachschaden liegt bei ca. € 700,–.**

Ist aber zum Beispiel nicht nur der Schadensumfang, sondern auch der **Haftungsgrund streitig,** haben Sie einen Anspruch darauf, dass ein Sachverständiger sogar beim Bagatellschaden Beweismittel sichert. Außerdem muss die Geringfügigkeit des Fahrzeugschadens offensichtlich sein. Mit der Beurteilung ist ein Laie leicht überfordert. Das darf nicht zulasten des Geschädigten gehen.

Sie sind nicht verpflichtet, den Sachverständigen des Versicherers oder einen vom Versicherer benannten Sachverständigen zu beauftragen. Es besteht **freie Gutachterwahl.** Nehmen Sie deshalb am besten einen öffentlich bestellten und vereidigten Sachverständigen von der Industrie- und Handelskammer. Lassen Sie sich nach Möglichkeit nicht auf einen für die gegnerische Versicherung ständig tätigen, möglicherweise dort sogar angestellten Sachverständigen ein.

Preise brauchen Sie nicht zu vergleichen. Nehmen Sie trotzdem nicht den »Erstbesten« aus den Gelben Seiten. Orientieren Sie sich an den Preisen der DEKRA- oder TÜV-Gutachter.

Tipp:
Wenn Sie am Unfall ein Mitverschulden trifft: Dann kann es für Sie günstiger sein, sich auf einen verbindlichen Kostenvoranschlag einer Fachwerkstatt zu beschränken und die Unfallschäden fotografisch festzuhalten. Die Kosten hierfür werden zwar von den meisten Haftpflichtversicherern nicht ersetzt, fließen aber in die Rechnung ein, wenn die Reparatur durchgeführt wird.

Wird die Reparatur nicht durchgeführt, werden Ihnen selbstverständlich die Voranschlagskosten, je nach Mitverschulden Ihres Unfallgegners, erstattet.

» Schmerzensgeld

Sie haben nach einem unverschuldeten Verkehrsunfall Anspruch auf Ersatz Ihres »**immateriellen Schadens**« in Form eines Schmerzensgeldes. Diesen Anspruch haben Sie unabhängig davon, ob Ihrem Unfallgegner ein Verschulden nachgewiesen werden kann, also auch dann, wenn er nur wegen der Betriebsgefahr seines Fahrzeugs haftet.

Die **Höhe des Schmerzensgeldes** richtet sich in erster Linie nach der Schwere der erlittenen Verletzungen, der Dauer des Krankenhausaufenthaltes, der unfallbedingten Beeinträchtigung, der Erwerbstätigkeit und dem Grad einer eventuellen Invalidität.

Das Schmerzensgeld wird meist als **einmalige Geldleistung** gezahlt. In besonderen Fällen gibt es aber auch eine Schmerzensgeldrente, wie zum Beispiel bei schwerwiegenden Dauerschäden mit ständigen Schmerzen.

Wichtig: Grundsätzlich steht nur Ihnen persönlich ein Schmerzensgeld zu. Der **Schmerzensgeldanspruch ist aber vererblich,** selbst wenn der Anspruchsinhaber zu Lebzeiten kein Schmerzensgeld gefordert hat. Das ist wichtig in den Fällen, in denen ein Unfallopfer zwischen Unfall und Tod das Bewusstsein nicht mehr wiedererlangt. Die Gerichte haben auch schon Familienangehörigen und nahen Verwandten bei Trauer und Schmerz über den Tod des Angehörigen Schmerzensgeld zuerkannt. So etwas kann zum Beispiel vorkommen bei massiven psychischen Beeinträchtigungen wie anhaltende Depressionen nach dem Unfalltod des eigenen Kindes.

Tipp:
Wenn Sie ein Mitverschulden am Unfall trifft: Dann wird **das Schmerzensgeld nicht quotenmäßig wie beim Schadensersatz gekürzt.** Es wird von vornherein geringer veranschlagt.

Ein von Anfang an **niedrigeres Schmerzensgeld** gibt es, wenn Sie eine **gesundheitliche Vorschädigung** hatten.

> **Tipp:**
> **Geringfügige Verletzungen,** wie zum Beispiel Schürfwunden oder das berühmte Schleudertrauma, sind nicht vom Schmerzensgeld ausgeschlossen. Trotzdem wird es wohl dabei bleiben, dass in vielen dieser Bagatellfälle kein Schmerzensgeld gezahlt wird.

» Sozialversicherungsbeiträge

Wenn Sie eine längere Zeit unfallbedingt keine Sozialversicherungsbeiträge einzahlen konnten, müssen Sie später mit einer Minderung der Sozialleistungen, wie zum Beispiel Rente, rechnen. Dieser Schaden muss ebenfalls von der gegnerischen Versicherung ausgeglichen werden. Dies geschieht in der Praxis durch ein Schuldanerkenntnis der Gegenseite.

» Standkosten

Werden Ihnen von einer Werkstatt für den Zeitraum, den Sie benötigen, um ein Gutachten einzuholen, Standkosten in Rechnung gestellt, übernimmt diese für ca. eine Woche die gegnerische Versicherung.

» Totalschaden

→ Was versteht man unter einem Totalschaden?

Ein »**echter**« **Totalschaden** liegt immer dann vor, wenn

- eine Reparatur technisch nicht mehr möglich ist, also **das Fahrzeug schrottreif** ist. Dann gibt es **den Wiederbeschaffungswert abzüglich des Restwertes,** der sich aus dem in diesen Fällen obligatorischen **Sachverständigengutachten** ergibt. Der Restwert ist dabei meist der »Schrottwert« (s. u.).
- eine Reparatur wirtschaftlich nicht mehr vertretbar ist, weil die **Reparaturkosten die Wiederbeschaffungskosten um mehr als 30 %** übersteigen würden (wirtschaftlicher Totalschaden). Hierbei kommt es nicht auf das Gutachten an, sondern auf den tatsächlichen Reparaturaufwand. Wenn dieser nicht mehr als 130 % des Wiederbeschaffungswertes ausmacht, muss die Versicherung zahlen. Aber: Als Geschädigter müssen Sie hier das Fahrzeug noch mindestens sechs Monate lang behalten.

Übrigens gibt es auch für Oldtimer einen Wiederbeschaffungswert. Das ist der Kaufpreis, der auf dem Spezialmarkt für solche Fahrzeuge bezahlt wird.

Von einem »**unechten Totalschaden**« spricht man bei »unzumutbarer« Reparatur. Das kommt bei **Neuwagen** vor, wenn es Ihnen nicht zugemutet werden kann, fortan mit einem reparierten Unfallwagen herumzufahren.

➔ Wie wird ein »unechter« Totalschaden abgewickelt?

War Ihr **Fahrzeug nicht älter als einen Monat und ist nicht mehr als 1 000 km** gefahren, zahlt Ihnen der Versicherer bei einer erheblichen Beschädigung eine **Neuwertentschädigung** abzüglich des erzielten Restwertes (s. u.) für das alte Fahrzeug. Der Sachschaden muss dabei mindestens ca. 14 % des Neupreises ausmachen.

Außerdem müssen Sie wirklich ein **neues Fahrzeug erwerben.** Zwar sind Sie nicht gezwungen, beim Neuerwerb dieselben Zubehörteile zu erwerben wie beim beschädigten Fahrzeug. Sie haben dann aber Anspruch auf Kostenersatz für andere Extras.

Zwischenzeitlich eingetretene **Preiserhöhungen** für ein Ersatzfahrzeug gehen nicht zulasten des Geschädigten. Erzielbare **Rabatte** müssten Sie sich als Geschädigter dagegen anrechnen lassen.

➔ Wie wird der Restwert beim Totalschaden berücksichtigt?

Beim echten und beim unechten Totalschaden wird der sogenannte Restwert des beschädigten Fahrzeugs auf die Entschädigung angerechnet. Denn selbst ein völlig zerstörtes Auto hat in der Regel noch einen **»Schrottwert«.** Wie hoch dieser jeweils ist, ergibt sich in Totalschadensfällen aus den üblichen **Sachverständigengutachten.** Wenn es Ihnen jedoch nicht gelingt, Ihr Schrottfahrzeug zum geschätzten Restwert zu verkaufen, fordern Sie den Sachverständigen oder die gegnerische Versicherung auf, Ihnen einen Käufer zum geschätzten Restwert zu nennen. Denn ein **falsches Restwertgutachten** geht immer zulasten der Versicherung. Dann können Sie zu dem Wert verkaufen, den der Markt hergibt.

Wenn Ihnen die Versicherung ein **konkretes Restwertangebot** macht, sind Sie wegen Ihrer Schadensminderungspflicht verpflichtet, davon Gebrauch zu machen. Das gilt insbesondere, wenn die Versicherung das beschädigte Fahrzeug zu einem höheren als vom Gutachter geschätzten Restwert aufkaufen will.

Der **Restwert** darf aber **nicht abgezogen** werden, wenn die **Reparaturkosten den geschätzten Wiederbeschaffungswert nicht überschreiten und das Fahrzeug tatsächlich repariert** worden ist.

» Umbaukosten

Haben Sie ein neues Fahrzeug anschaffen müssen und Zubehörteile wie zum Beispiel Radio, Anhängerkupplung usw. vom alten ins neue Fahrzeug umbauen lassen, werden diese Kosten gegen Nachweis von der gegnerischen Versicherung ersetzt.

» Unterhaltsschaden

Beim **Tod des Unfallopfers** ist denjenigen, die **Unterhaltsansprüche gegen den Getöteten** hatten, Schadensersatz zu leisten. Berechtigt sind grundsätzlich Ehegatten, eheliche und nicht eheliche Kinder und die Eltern des Verstorbenen. Der Schaden wird aber nicht wie im Familienunterhaltsrecht, sondern anhand von speziellen Tabellen ermittelt. Dies geht normalerweise nicht ohne fachlichen Rat.

Die Geldrente gibt es aber nur bis zum ursprünglich voraussichtlichen Ausscheiden des Getöteten aus dem Erwerbsleben.

» Verdienstausfall

Wird Ihr Verdienstausfall durch den Unfall nicht mehr durch Leistungen des Arbeitgebers, der Krankenkasse, Berufsgenossenschaft, der Rentenversicherung oder andere Stellen gedeckt, muss die gegnerische Versicherung dafür aufkommen.

Beispiel:
Urlaubsgeld, Gratifikationen, Überstundenentgelt, Treueprämien, steuerfreie Spesen, Auslösungen und Trennungsentschädigungen, soweit sie nicht tatsächlich für höhere Aufwendungen verwendet wurden. Sogar entgangene Trinkgelder sind zu ersetzen, und z. B. der Eigenanteil beim privaten Hausbau.

Leistungen aus privaten Lebens- und Unfallversicherungen werden nicht zugunsten der gegnerischen Versicherung berücksichtigt.

Sind Ihre Verletzungen so schwer, dass Sie Ihren **Beruf gar nicht mehr ausüben** können, trägt der Versicherer die Kosten einer sinnvollen **Umschulung** durch einen Sozialversicherungsträger. Sie sind dann aber verpflichtet, weiterhin einer zumutbaren Erwerbstätigkeit nachzugehen. Einen späteren eventuellen Mehrverdienst müssen Sie dann nicht als Vorteil ausgleichen. Wer aber unfallbedingt später weniger verdient als vorher, kann die **Einkommensdifferenz** selbstverständlich entsprechend der Haftungsquote verlangen.

Einen Erwerbsschaden können Sie ebenfalls geltend machen, wenn Sie wegen des Verkehrsunfalls **arbeitslos** geworden sind. Ist Ihnen gekündigt worden und in einem nachfolgenden Kündigungsschutzverfahren eine Abfindung zugesprochen worden, müssen Sie sich diese nicht auf Ihren Schadensersatzanspruch anrechnen lassen.

Hat sich Ihre Berufsausbildung zum Beispiel durch **ein verschobenes Examen** verzögert, wird bei der Schadensermittlung ein hypothetischer Verlauf des Berufslebens unterstellt. Dasselbe gilt für denjenigen, der **vor dem Unfall arbeitslos** war.

Als **Selbstständiger** können Sie nach einem unverschuldeten Verkehrsunfall den entgangenen Gewinn geltend machen. Der Verdienstausfall lässt sich hier jedoch nur schwer ermitteln. In der Praxis wird daher meist **ein Wirtschaftsgutachten** in Auftrag gegeben.

Ist es durch den Unfall zu **einer dauerhaften Minderung der Erwerbsfähigkeit** gekommen, muss Ihnen die gegnerische Versicherung eine Verdienstausfallrente zahlen. Sie wird so lange gezahlt, wie Sie voraussichtlich gearbeitet hätten.

In Extremfällen kann es sogar einmal passieren, dass ein **Vermögensschaden durch Spekulationsverluste** zu ersetzen ist. Wird zum Beispiel ein Unfallbeteiligter so schwer verletzt, dass er seinen Wertpapierbestand nicht pflegen kann, ist der Wertverlust als Schadensersatz zu ersetzen. Hierzu muss er allerdings den Nachweis erbringen, dass ihm tatsächlich durch die unfallbedingten Umstände ein Spekulationsverlust entstanden ist.

» Wertminderung

Trotz ordnungsgemäß durchgeführter Reparatur haben Sie nach einem Unfall nur noch einen **Unfallwagen.** Das führt automatisch zu einem **Minderwert** auf dem Markt. Schließlich müssen Sie den Unfall bei einem Verkauf angeben, was den Verkaufswert senkt. Diesen Verlust können Sie als eigenen Schadensposten geltend machen. Dazu muss der Schaden nach Versicherungsgebaren aber die Bagatellgrenze von € 500,– bis € 800,– deutlich überschritten haben und darf sich nicht durch ein Neuteil (z. B. durch einen Kotflügel) ersetzen lassen.

Außerdem gibt es den sogenannten **merkantilen Minderwert nur,** wenn

- das Fahrzeug nicht älter als fünf Jahre ist,
- die Fahrleistung nicht über 100 000 km liegt und
- das Fahrzeug davor unfallfrei geblieben war.

Ausnahmsweise soll auch bei **Fahrzeugen, die älter als fünf Jahre sind und eine größere Laufleistung als 100 000 km** haben, eine Wertminderung möglich sein. In einem derartigen Fall können Sie mit ca.10 % bis 15 % der Reparaturkosten rechnen.

→ Wie wird die Höhe der Wertminderung in der Praxis ermittelt?

Hier gibt es **verschiedene Methoden.** Die bekannteste und von der Rechtsprechung anerkannte Methode ist die Ruhkopf / Sahm-Methode. Diese Methode ist allerdings seit 1962 nicht mehr angepasst worden und wird zusehends von den Instanzgerichten als überholt abgelehnt. Die DEKRA München zieht deshalb die Methode **Halbgewachs / Berger vor.**

Streiten Sie sich über diesen Punkt mit Ihrer Versicherung, berufen Sie sich am besten auf die Berechnung nach Halbgewachs / Berger. Wie diese funktioniert, können Sie der nachfolgenden **Übersicht** entnehmen.

Wenn Sie nach dieser Methode die entstandene Wertminderung ermitteln wollen, brauchen Sie zunächst den **Kilometerstand** Ihres Wagens. Ferner müssen Sie aus der Reparaturrechnung für Ihren Unfall die minderwerterheblichen Reparaturkosten herausrechnen. Diese betragen im Zweifel 2/3 des Rechnungsbetrages. Dann können Sie die Wertminderung wie folgt ermitteln:

Laufleistung	**Minderwert in Prozent der minderwerterheblichen Reparaturkosten**
bis 20 000 km	30 %
bis 50 000 km	20 %
bis 75 000 km	15 %
bis 100 000 km	10 %

» Wiederbeschaffungswert

Das ist der Betrag, den Sie aufwenden müssen, um einen annähernd gleichwertigen Wagen auf dem freien Markt zu beschaffen. Das ist also **nicht der Zeitwert,** es wird vielmehr der Zeitwert plus ca. 15 % genommen. Maßgeblich ist der Zeitpunkt der Schädigung.

In der Praxis helfen sich die Sachverständigen mit **Tabellen** weiter (z. B. Schwacke-Bericht). Die Tabellen werden ständig aktualisiert, gehen aber von durchschnittlichen Werten aus. Es kann also im Einzelfall davon abgewichen werden, wenn zum Beispiel das Fahrzeug eine sehr geringe Kilometerleistung hatte. Im Wiederbeschaffungswert inbegriffen ist bei nicht vorsteuerabzugsberechtigten Geschädigten auch die Mehrwertsteuer.

» Zeitungsinserat

Wenn Sie zum Beispiel für ein Zeitungsinserat Geld ausgeben müssen, um einen **Unfallzeugen ausfindig zu machen,** dürfen Sie diese Kosten ebenfalls von der gegnerischen Versicherung ersetzt verlangen.

III. Wie setzen Sie Ihre Ansprüche praktisch durch?

1. Wenn Sie den Unfall ganz oder teilweise verursacht haben

Auch wenn Ihnen der Schreck vom Unfall noch in den Gliedern sitzt, sollten Sie den Unfall umgehend, spätestens **aber innerhalb einer Woche,** Ihrer Kfz-Versicherung melden. Wenn Sie dies nicht machen, begehen Sie eine **Obliegenheitsverletzung** gegenüber der eigenen Versicherung. Das führt unter Umständen dazu, dass die Versicherung zwar an den Geschädigten zahlt, sich aber einen Teil des Geldes bei Ihnen zurückholt.

Das gilt auch für diejenigen, die möglicherweise oder sicher **den Unfall mitverschuldet** haben und deshalb auch ihre eventuell bestehende Vollkasko in Anspruch nehmen werden. Setzen Sie sich spätestens **innerhalb einer Woche** nach dem Unfall telefonisch oder schriftlich mit der örtlichen Niederlassung Ihrer Versicherung in Verbindung.

Noch einfacher haben Sie es, wenn Sie den Unfall noch vor Ort melden. Wählen Sie die **kostenlose Servicenummer 0800 / 6683663 (= Notfon D).** Dort werden Ihre Daten aufgenommen und an den zuständigen Versicherer weitergeleitet. Sie erhalten eine Kopie der Meldung nach Hause. Der Versicherer schickt Ihnen dann die nötigen Unterlagen wie Kfz-Schadensanzeige, Platzanfertigung einer Unfallskizze usw. mit.

Häufig kann sogar eine direkte Telefonverbindung mit dem Versicherer hergestellt werden, sodass Sie den Sachverhalt dort direkt abklären können. Machen Sie sich am besten einen Notizzettel mit der Notfon-D-Nummer und legen Sie diesen für den Fall der Fälle zu Ihren sonstigen Unterlagen ins Handschuhfach. Aufkleber mit dieser Nummer für Ihr Handy oder das Auto können Sie kostenlos im Internet unter www.gdv.de oder aber www.notfon-d.de bestellen.

Viele Versicherungsgesellschaften betreiben eine **Hotline,** über die Sie den Unfall gleich melden können. Soweit Sie von Ihrer Versicherung kein scheckkartengroßes Kärtchen hierfür bekommen haben, schreiben Sie sich diese Nummer auf und legen Sie sie zu Ihren Autounterlagen ins Handschuhfach.

E

2. Wenn Sie die geschädigte Person sind

→ Warten Sie nicht, bis sich Ihr Unfallgegner meldet

- Setzen Sie sich telefonisch zum Beispiel unter **0800/6683663** (= Notfon D) oder schriftlich mit der örtlichen Niederlassung der Versicherung des Unfallgegners in Verbindung.
- Bringen Sie den Wagen zur nächstgelegenen Vertrags- oder Fachwerkstatt bzw. lassen Sie ihn abschleppen. Fordern Sie dann die Versicherung auf, den Unfallschaden umgehend zu begutachten, wenn es sich nicht um einen Schaden unter € 2 000,– handelt.
- Damit Sie die Reparaturkosten nicht vorschießen müssen, vereinbaren Sie mit der Werkstatt, bei der gegnerischen Versicherung eine Reparaturkostenübernahmeerklärung einzuholen. Liegt diese der Werkstatt vor, so rechnet sie direkt mit der Versicherung ab.
- Wurde bei dem Unfall eine Person erheblich verletzt oder sogar getötet, sollten Sie oder Ihre Angehörigen einen **Rechtsanwalt** beauftragen. Die Kosten hierfür übernimmt die gegnerische Haftpflichtversicherung.
- Wenn Ihnen der Haftpflichtversicherer des Schädigers nicht bekannt ist, rufen Sie bei der **kostenlosen Nummer unter 0800/6683663** oder beim **Zentralruf der Autoversicherer** unter der Telefonnummer **0180/25026** an.

  Oder Sie machen das Ganze schriftlich per **Fax** unter der Nummer **040/33669–401** oder per E-Mail unter der Adresse anfrage@zentralruf.de. Sie müssen außer Ihrer Anschrift das Kennzeichen des gegnerischen Fahrzeugs und das Unfalldatum angeben.
- Wenn der Schädiger im Ausland versichert ist, melden Sie den Schaden unter folgender Adresse:

  Deutsches Büro »Grüne Karte«
  Postfach 101402
  20009 Hamburg
  Fax: 040/33440400
  www.gruene-karte.de

  Für die Unfallmeldung brauchen Sie hier den Namen und die Anschrift des Schädigers, das amtliche Kennzeichen seines Wagens und die Anschrift seiner Autoversicherung, den Unfalltag und den Unfallort. Lassen Sie sich von ihm ein Doppel bzw. eine Fotokopie der grünen bzw. rosaroten Karte vorlegen und legen Sie diese samt einer Unfallskizze bei. Das Deutsche Büro »Grüne Karte« beauftragt dann ein Versicherungsunternehmen, das den Schaden nach deutschem Recht reguliert.

Die Ansprüche gegen den Unfallgegner bzw. dessen Versicherungsgesellschaft verjähren drei Jahre nach dem Unfall. Gemäß § 15 StVG verlieren Sie aber Ihre Rechte aus der Gefährdungshaftung, wenn die Anzeige gegenüber dem Halter bzw. dessen Versicherung nicht innerhalb von zwei Monaten erfolgt. Deshalb sollten Sie als geschädigte Person nichts anbrennen lassen und den Unfall zeitig melden.

→ Beziffern Sie den Schaden so genau wie möglich

Soweit Ihre Reparaturwerkstatt nicht unmittelbar mit der gegnerischen Versicherung abrechnet, können Sie als Unfallgeschädigter den Schaden oder zumindest die noch nicht abgewickelten Schadensersatzansprüche selbst geltend machen, oder Sie übergeben die Sache einem im Verkehrsschadensrecht versierten **Rechtsanwalt.**

Haben Sie den Unfall verursacht oder trifft Sie eine Teilschuld, können Sie mit Ihrer **Kaskoversicherung** – soweit vorhanden – abrechnen. Den vereinbarten Selbstbehalt wird die Versicherung schon von sich aus abziehen. Beachten Sie außerdem, dass Sie hier nicht alle Schäden ersetzt bekommen (→ Abschn. III).

→ Wie Sie auf Angebote der Versicherung reagieren sollten

In eindeutigen Fällen wird meistens anstandslos reguliert, allenfalls an einzelnen Schadensposten herumgekürzt. In diesen Fällen erhalten Sie häufig von der gegnerischen Versicherung eine Teilzahlung, die als »**Klaglosstellung**« bezeichnet wird. Sie schaden sich nicht, wenn Sie diese **Leistung unter Vorbehalt** annehmen. Teilen Sie der Versicherung mit, dass Sie diesen Betrag als Teilleistung betrachten. Schicken Sie dagegen das Geld zurück und verklagen die Versicherung auf den Gesamtbetrag, laufen Sie Gefahr, wegen der angebotenen Teilleistung auf den **Prozesskosten** teilweise sitzen zu bleiben.

Kommt es zu einer **Einigung über die Entschädigung,** bieten die Kassen mit Haftpflichtversicherung auch häufig einen **Abfindungsvergleich** an, den sie auch auf Vordrucken mit der Überschrift »Abfindungserklärung« oder »Vergleich« bezeichnen. Diesen Abfindungsvergleich müssen Sie grundsätzlich nicht unterschreiben – insbesondere dann nicht, wenn Sie zum Beispiel einen Verletzungsschaden erlitten haben, der noch nicht völlig ausgeheilt ist. Einen Abfindungsvergleich sollten Sie nur abschließen, wenn Sie eine schnelle Regulierung wollen, weil Ihnen die wegen eines zu befürchtenden langwierigen Prozesses lieber ist.

Haben Sie aber **noch Restrisiken,** zum Beispiel wegen einer noch ausstehenden Operation, vereinbaren Sie am besten deswegen einen möglichst **präzise formulierten Vorbehalt.** Da Sie in solchen Fällen auf gar keinen

Fall auf einen Anwalt verzichten sollten, wird dieser Sie dabei unterstützen. Achten Sie aber darauf, dass **die Gebühren des von Ihnen eingeschalteten Anwalts** auch mit in den Vergleich einbezogen werden.

→ Wenn es zu keiner außergerichtlichen Einigung kommt

Können Sie sich mit der gegnerischen Versicherung nicht einigen, bleibt Ihnen nichts anderes übrig, als zu **prozessieren.** Spätestens jetzt sollten Sie sich durch einen versierten Anwalt vertreten lassen.

Wenn Sie rechtsschutzversichert sind, hilft Ihnen Ihre Versicherung bei der Auswahl eines Anwalts. Sie übernimmt sogar die Kosten für einen zweiten, auswärtigen sogenannten Korrespondenzanwalt, wenn zwischen Ihrem Wohnort und dem zuständigen Gerichtsort mindestens 100 km liegen.

Tipp:
Wenn der Unfallgegner Klage erhebt: Dann werden Sie als Halter oder Fahrer verklagt. Ihre Versicherung wird dann Sie bzw. den Fahrer von den geltend gemachten Ansprüchen freistellen. Deshalb müssen Sie, wenn Ihnen eine Klage zugestellt wird, **umgehend Ihre Haftpflichtversicherung benachrichtigen.** Haben Sie selbst schon einen Anwalt beauftragt, muss auch dieser über die Klage des Gegners informiert werden.

→ Lassen Sie Ihre Ansprüche nicht verjähren

Alle Ihre Ansprüche an die gegnerische Versicherung (z. B. Erstattung der Reparaturkostenrechnung, Nutzungsausfall, Schmerzensgeld) verjähren nach drei Jahren. Die regelmäßige Verjährungsfrist von drei Jahren beginnt aber erst am Schluss des Jahres zu laufen, in dem der Anspruch gegen die gegnerische Versicherung entstanden ist.

Nach § 203 BGB wird **die Verjährung** gehemmt (das heißt, die Frist läuft so lange nicht ab), wenn zwischen Ihnen und der gegnerischen **Versicherung Verhandlungen über den Anspruch** laufen, und zwar so lange, bis ein Vertragspartner die Verhandlungen für gescheitert erklärt. Dann läuft die dreijährige Verjährung weiter. Sie fängt nicht wieder von Neuem an.

Die **Verjährung tritt dann jedoch frühestens drei Monate nach dem Ende der Hemmung** ein. Dies soll verhindern, dass Sie als Geschädigter durch Verhandlungen kurz vor Ablauf der Verjährungsfrist mit der Durchsetzung Ihrer Ansprüche in zeitliche Schwierigkeiten geraten. Gehemmt wird die Verjährung auch, wenn Sie Ihre **Ansprüche gerichtlich geltend machen,** zum Beispiel durch eine Klage gegen die gegnerische Versicherung.

Zu einem **Neubeginn der Verjährung** kommt es, wenn die gegnerische Versicherung Ihnen gegenüber den Anspruch **durch Abschlagszahlung, Zinszahlung, Sicherheitsleistung** oder in anderer Weise anerkennt oder wenn eine gerichtliche oder behördliche Vollstreckungshandlung vorgenommen oder beantragt wird.

Verwarnung oder Bußgeldbescheid – wann und wie können Sie sich erfolgreich wehren?

I. »Geringfügige« Verkehrsordnungswidrigkeiten

1. Eine Verwarnung droht

Ob Sie die zulässige Parkzeit überschreiten oder in einer 30er-Zone mit 40 km/h fahren usw. – in all diesen Fällen darf Ihnen die Polizei oder die städtische Verwaltungsbehörde eine Verwarnung erteilen. Es herrscht zwar das sogenannte **Opportunitätsprinzip.** Das heißt, je nach Einzelfall kann von der Verwarnung auch abgesehen werden. Deshalb ist es allemal besser, zum Beispiel noch am Tatort anwesende Politessen freundlich um Verständnis für den Verkehrsverstoß zu bitten als mit üblen Beschimpfungen über sie herzufallen. Manchmal wird dann sogar ein schon erteilter **Strafzettel zurückgenommen.**

Meistens geht das Ganze aber nicht so günstig aus. In der Regel finden Sie nach der Tat eine schriftliche Verwarnung in Ihrem Briefkasten. Daraus erfahren Sie genau, was man Ihnen zur Last legt und was der Spaß kosten soll. Der Bußgeldkatalog sieht je nach Tatbestand **zwischen € 5,– und € 35,–** vor.

Dann haben Sie eine Woche Bedenkzeit. Sie läuft ab dem Zeitpunkt der Zustellung. Zahlen Sie innerhalb dieser Woche, erklären Sie Ihr Einverständnis mit der Verwarnung. Der Fall ist damit für Sie erledigt. Wenn Sie die **Zahlungsfrist versäumt** haben, werden Sie genauso behandelt, wie jemand, der mit der Verwarnung nicht einverstanden ist bzw. nicht bezahlt. Es kommt zum teureren Bußgeldverfahren.

Tipp:
Es reicht, wenn Sie am letzten Tag vor Ablauf der Zahlungsfrist zahlen. Als Beweis zählt das Datum der Kontoabbuchung. Wenn es trotzdem knapp für Sie geworden ist, sollten Sie zum Beispiel telefonisch Ihre Zahlung rechtzeitig ankündigen oder Gründe nennen, warum Sie erst in ein bis zwei Wochen zahlen können.

2. Wie stehen Ihre Chancen, wenn Sie nicht zahlen wollen?

→ Prüfen Sie, ob die Verwarnung rechtmäßig war

Informieren Sie sich zunächst anhand der nachfolgenden **Checkliste,** ob Sie sich erfolgreich gegen die Verwarnung wehren können.

- **Haben Sie die Ihnen vorgeworfene Verkehrsordnungswidrigkeit überhaupt begangen?**

  Wenn Ihnen beispielsweise ein Parkschein heruntergefallen sein sollte, haben Sie nichts Unrechtes getan. Heben Sie den Parkschein als Nachweis gut auf und schicken Sie diesen zum Beispiel per Fax an die zuständige Bußgeldbehörde.

  Es ist aber auch möglich, dass die Feststellungen in der Verwarnung offensichtlich falsch sind. So kann es zum Beispiel vorkommen, dass das angeführte amtliche Kennzeichen nicht mit Ihrem übereinstimmt oder der genannte Fahrzeugtyp unzutreffend ist. Eine derartige Verwechslung darf nicht zu Ihren Lasten gehen. Liegt dagegen nur ein Schreibfehler beim Namen vor, bleibt der Bescheid trotz des Fehlers wirksam. Sind Sie gar nicht selbst gefahren, kann man Sie grundsätzlich nicht zur Kasse bitten. Hier können Sie den wahren Übeltäter nennen bzw. zahlen lassen. Das brauchen Sie natürlich nicht. Sie können sich stattdessen dumm stellen und nichts zur Sache sagen. Das wiederum kann in Extremfällen die allseits gefürchtete Fahrtenbuchauflage zur Folge haben. Denn wer will schon über einen längeren Zeitraum minutiöse Aufzeichnungen darüber machen, wer, wann und wohin mit dem Fahrzeug gefahren ist?

- **War das missachtete Verkehrszeichen möglicherweise ungültig?**

  Wenn ein Verkehrszeichen unwirksam ist, weil zum Beispiel eine Geschwindigkeitsbegrenzung unzulässigerweise für einen bestimmten Bereich auf der Autobahn festgelegt worden ist, nützt Ihnen das wenig. Solange es da steht, wo es steht, müssen Sie es beachten, wenn es nicht gerade vollkommen unsinnig ist. Anders sieht es dagegen aus, wenn ein Verkehrsschild nicht erkennbar ist, weil es zum Beispiel mit Schnee bedeckt, zugewachsen oder verwittert ist. Dasselbe gilt für nicht erkennbare, weil abgenutzte Parkverbotsflächen.

  Mobile Verkehrsschilder können versehentlich verkehrt herum stehen. Hier wird von Ihnen verlangt, sich zu vergewissern, ob das Schild eventuell auch für Sie gilt, wenn es ein Parkverbotsschild ist. Bei Schildern für den fließenden Verkehr ist die Rechtsprechung verständnisvoller.

Schließlich sollen Sie sich auf das Fahren konzentrieren und keine Schilder rückwärts über die Schulter lesen.

- **Waren Sie oder andere in einer Notlage?**

  Wegen einer Ordnungswidrigkeit können Sie nur dann belangt werden, wenn Sie rechtswidrig gehandelt haben. Das ist in einer echten Notsituation ausgeschlossen. Müssen Sie zum Beispiel Ihr schwerkrankes Kind sofort zum Arzt bringen und parken mangels anderer Möglichkeit verbotswidrig unmittelbar auf dem Bürgersteig, dürfen Sie das ausnahmsweise.

  Dasselbe gilt für einen Taxifahrer, der die zulässige Höchstgeschwindigkeit überschreitet, um zum Beispiel eine hochschwangere Frau ins Krankenhaus zu befördern, bei der die Wehen eingesetzt haben. Sie sollten die Notsituation aber auch beweisen können. Lassen Sie sich gegebenenfalls vom Arzt eine Bestätigung geben.

  Wenig Wirkung hat es dagegen, wenn Sie zwar menschlich verständliche, aber ansonsten kaum haltbare Rechtfertigungsgründe vortragen. Trotzdem lohnt es sich auch hier, sich zu wehren. Es schadet nicht, wenn Sie mit Ihrer Argumentation auf »Gnade vor Recht« setzen.

- **Bezweifeln Sie die Rechtmäßigkeit aus anderen Gründen?**

  Wenn Ihnen die Rechtslage im konkreten Fall nicht klar ist, informieren Sie sich am besten anhand unseres **Verkehrsrechts-ABCs** (→ www.bild-ihr-gutes-recht.de (R 06053)). Hier finden Sie alphabetisch geordnet zahlreiche Hinweise zur Rechtslage in den unterschiedlichsten verkehrsrechtlichen Fällen.

  Achten Sie außerdem darauf, dass die örtlich zuständige Behörde den Bescheid erlassen hat, denn dieser muss stets von der Behörde, die für den »Tatort« zuständig ist, stammen. Andernfalls ist der Bescheid unwirksam.

→ Kann die Verkehrsordnungswidrigkeit nachgewiesen werden?

Bei **Kennzeichenanzeigen,** wenn der Halter nur aufgrund der Autonummer ausfindig gemacht wird, ist nicht ohne Weiteres nachweisbar, dass Sie der Übeltäter waren. Das gilt insbesondere, wenn regelmäßig andere Personen wie zum Beispiel Familienangehörige das Fahrzeug mitbenutzen. In diesem Fall können Sie Ihre Täterschaft leugnen.

Das nutzt Ihnen allerdings bei **Parkverstößen** wenig. Hier greift die Halterhaftung. Das heißt, Ihnen werden »pauschale Kosten« für das Verwaltungsverfahren auferlegt, wenn der tatsächlich Verantwortliche nicht mit »zumutbaren Mitteln« ermittelt werden kann.

Selbst bei **fotoüberwachten Verkehrskontrollen** kann es vorkommen, dass man Sie oder den Fahrer nicht erkennt. Hier liegt es nahe, sich herausreden zu wollen, nicht gefahren zu sein beziehungsweise nicht zu wissen, wer gefahren sei.

Bei harmloseren Verstößen besteht die Wahrscheinlichkeit, dass ein Verfahren eingestellt wird. Wenn diese Ausrede aber allzu häufig oder in besonders schweren Fällen wie zum Beispiel bei einer überfahrenen Rotlichtampel zum Einsatz kommt, müssen Sie mit einer **Fahrtenbuchauflage** rechnen.

Sie müssen allerdings auch damit rechnen, dass zum Beispiel bei **verheirateten Fahrzeughaltern** die Bußgeldbehörde Einblick in die Unterlagen des Einwohnermeldeamtes nimmt, um festzustellen, ob möglicherweise der Ehepartner auf dem Foto zu erkennen ist. Diese Vorgehensweise ist zulässig, wird aber nicht überall praktiziert.

Beliebt ist es auch, mit dem Foto in der Nachbarschaft des Halters herumzufragen, ob möglicherweise ein Familienangehöriger auf dem Foto zu erkennen ist. Diese Vorgehensweise ist ebenfalls zulässig.

Tipp:
Als Privatperson bekommen Sie normalerweise keine Akteneinsicht wie zum Beispiel ein Rechtsanwalt. In einfach gelagerten Fällen wie Geschwindigkeitsübertretungen können Sie in den Diensträumen der Polizei Einsicht nehmen.

Schauen Sie sich also das Foto nach Möglichkeit vor Ort an. Lässt das Foto einen nahen Familienangehörigen eindeutig erkennen, sollten Sie sich in Ihr Schicksal fügen und zahlen bzw. das Bußgeld vom Übeltäter zahlen lassen.

3. So gehen Sie gegen die Verwarnung vor

Warum auch immer Sie sich gegen die Verwarnung wehren möchten, Sie haben **zwei Möglichkeiten:**

- Sie erklären auf dem Anhörungsbogen, warum Sie die Verwarnung nicht akzeptieren (→Abschn. I. 2). Manchmal reicht auch ein Anruf beim zuständigen Sachbearbeiter. Dessen Durchwahl kann dem Verwarnungsgeldbescheid entnommen werden. Bei offensichtlichen Irrtümern wie zum Beispiel der Kfz-Nummern-Verwechslung wird das Verfahren sofort am Behördencomputer beendet.

- Sie bezahlen einfach nicht und geben auch sonst keine Erklärung ab. Nun entscheidet die Verwaltungsbehörde. Entweder sie stellt das Verfahren ein oder sie erlässt einen Bußgeldbescheid (→ Abschn. II), wobei Letzteres wahrscheinlicher ist. Zur Einstellung kommt es in der Regel nur dann, wenn die Beweissituation für die Behörde zum Beispiel wegen eines unbrauchbaren Fotos sehr schlecht ist. Bei einem Park- oder Halteverstoß müssen Sie jetzt mit einem Kostenbescheid wegen Halterhaftung nach § 25 a StVG rechnen.

II. »Nicht geringfügige« Verkehrsverstöße

1. Stellen Sie sich auf ein Bußgeldverfahren ein

Immer wenn Ihnen eine Verkehrsordnungswidrigkeit vorgeworfen wird, die nach dem Bußgeldkatalog mit € 40,– und mehr geahndet wird, ist ein Bußgeldbescheid fällig. Mit einem Bußgeldbescheid müssen Sie aber auch rechnen, wenn Sie eine an sich harmlose Verkehrsordnungswidrigkeit (bis zu € 35,– laut Bußgeldkatalog) begangen haben, aber nicht gezahlt haben. **Folge:** Zu dem Buß- bzw. Verwarnungsgeld kommen noch zusätzliche Gebühren in Höhe von € 20,– und die Auslagen für die förmliche Zustellung auf Sie zu.

2. Wie läuft das Verfahren ab?

→ Zunächst kommt nur ein Anhörungsbogen

Durch den Anhörungsbogen wird Ihnen erstmals offiziell mitgeteilt, dass gegen Sie ein **Ermittlungsverfahren** wegen einer Verkehrsordnungswidrigkeit eingeleitet worden ist. Es nützt Ihnen in der Regel nichts, wenn Sie behaupten, den Bogen nicht bekommen zu haben. Mit dem Zusenden des Anhörungsbogens wird die Verjährung unterbrochen. Das gilt aber nur gegenüber der Person, gegen die namentlich ermittelt wird (→ Abschn. I. 2).

In diesem Stadium des Verfahrens sollten Sie sich gut überlegen, ob es sinnvoll ist, gegen den Vorwurf anzugehen. Hierzu müssen Sie dieselben Punkte wie beim Verwarnungsgeld prüfen (→ Abschn. I. 2).

Tipp:
Schauen Sie sich am besten die **Ermittlungsakten** an. Das gilt insbesondere, wenn Radarfotos gemacht worden sind. Akteneinsicht können Sie sich normalerweise nur über einen Rechtsanwalt verschaffen. Das kostet Geld und ist bei relativ harmlosen Bußgeldsachen unter Umständen unverhältnismäßig teuer.

Sie haben aber auch die Möglichkeit, die Akten und insbesondere das Beweisfoto bei der zuständigen Verwaltungsbehörde oder Polizeibehörde vor Ort einzusehen. Notieren Sie sich bei dieser Gelegenheit am besten auch die Daten der einzelnen Ermittlungsschritte. Das kann, wenn es um die Verjährung geht, von großer Bedeutung sein.

Kommen Sie jetzt zum Ergebnis, dass Ihre Erfolgsaussichten gleich null sind, weil das Radarfoto Sie in Ihrer ganzen Schönheit zeigt, sollten Sie sich in Ihr Schicksal fügen und den Bußgeldbescheid abwarten. Den Anhörungsbogen auszufüllen, ist unnötige Arbeit. Angaben zur Person müssen Sie zwar machen, aber wenn Sie keine machen, passiert nichts. Angaben zur Sache brauchen Sie auf keinen Fall zu machen. Dazu sind Sie ohnehin nicht verpflichtet. Lassen Sie es am besten sein, denn alles, was Sie hier erklären, kann später zum Beispiel in einer eventuellen Gerichtsverhandlung berücksichtigt werden.

Sind Sie sich sicher, dass Sie erfolgreich gegen einen Bußgeldbescheid vorgehen können, teilen Sie die Gründe am besten schon auf dem Anhörungsbogen mit. Vielleicht gelingt Ihnen so schon die Einstellung des Verfahrens.

Tipp:
Hüten Sie sich vor bewusst falschen Angaben! Bevor Sie zum Beispiel auf die Idee kommen, zur Umverteilung von Punkten und Fahrverbot wahrheitswidrig ein williges Familienmitglied als Fahrer zu benennen, bedenken Sie, dass Sie hiermit eine erneute Ordnungswidrigkeit begehen (§ 111 OWiG).

Die zuständige Bußgeldbehörde prüft jetzt, ob Ihre Einwände überzeugend sind. Anderenfalls ermittelt sie weiter, um zu einer sachgerechten Entscheidung zu kommen. Das Verfahren wird entweder eingestellt, oder es wird ein Bußgeldbescheid erlassen. In den meisten Fällen kommt es jedoch zum Bußgeldbescheid, weil die Behörde zu diesem Zeitpunkt den Fall nicht groß prüft. Den Bescheid gibt es selbstverständlich auch, wenn Sie sich gar nicht zu dem Vorwurf geäußert haben.

Am ehesten wird das **Verfahren eingestellt,** wenn klar erkennbar ist, dass die **Beweislage aufseiten der Behörde ungünstig** ist. Das kann zum Beispiel bei schlechter Fotoqualität der Fall sein. Aber nicht immer geben sich die Beamten so schnell geschlagen. So kann es zum Beispiel vorkommen, dass Polizeibeamte vor einer Firma warten und schauen, wer in den Firmenwagen beziehungsweise das Tatfahrzeug einsteigt.

Tipp:
Wenn Sie einen Dienstwagen fahren: Hier müssen Sie damit rechnen, dass in Ihrer Firma die Polizei auftaucht, um zu ermitteln, wer das Fahrzeug benutzt. Allerdings dürfen die befragten Personen gegenüber der Polizei schweigen, als Zeugen vor Gericht dagegen nicht. Das dürfen nur Zeugen, die mit Ihnen verwandt oder verschwägert sind. Bedenken Sie außerdem, dass die theoretisch mögliche Fahrtenbuchauflage Ihre Firma trifft.

→ Der Bußgeldbescheid lässt nicht lange auf sich warten

Hat die Verwaltungsbehörde den Sachverhalt aufgeklärt und Sie per Anhörungsbogen als Betroffenen angehört, kommt es, wenn sich Ihre Unschuld nicht eindeutig erwiesen hat, zum Erlass eines Bußgeldbescheides. Diesen erhalten Sie per **Postzustellungsurkunde.** Sind Sie nicht anzutreffen, wird das Schriftstück bei der Post niedergelegt. Das Verfahren dient dem **Zugangsnachweis.** Der Bußgeldbescheid gilt als zugestellt.

Aus dem Bußgeldbescheid geht Folgendes hervor:

- Die Angaben zur beschuldigten Person (Betroffener),
- welche Tat Ihnen konkret zur Last gelegt wird,
- gegen welche Gesetzesvorschrift Sie verstoßen haben,
- welche Beweismittel existieren und
- welche Geldbuße und welche Nebenfolgen (z.B. Fahrverbot) verhängt werden sollen.

Außerdem werden Sie über die zulässigen Rechtsbehelfe und Fristen belehrt.

3. Wie Sie gegen den Bußgeldbescheid vorgehen

→ Fristen unbedingt einhalten!

Wenn Sie sich gegen einen Bußgeldbescheid wehren wollen, müssen Sie innerhalb von **zwei Wochen** nach der Zustellung schriftlich per Post oder direkt bei der erlassenden Bußgeldbehörde Einspruch einlegen (§ 67 OWiG).

Dies geht auch telefonisch oder per Fax. Anderenfalls wird der Bußgeldbescheid rechtskräftig. Dann kann die festgesetzte Geldbuße im Wege der Zwangsvollstreckung beigetrieben werden, wenn Sie nun nicht binnen weiterer zwei Wochen bezahlen.

Es schadet aber nicht, wenn Sie die Geldbuße bezahlen und anschließend noch Einspruch gegen den Bußgeldbescheid einlegen. Das ist zum Beispiel denkbar, wenn Sie erst nach Rücksprache mit einer im Verkehrsrecht erfahrenen Person erkannt haben, dass Ihre Chancen besser stehen als zunächst gedacht. Wichtig ist nur, dass Sie die Frist einhalten. Denn im Bezahlen liegt kein Einspruchsverzicht. Den Einspruch können Sie selbst einlegen oder hierfür einen Anwalt einschalten. Letzteres empfiehlt sich und verursacht keine unnötigen Kosten, wenn Sie über eine Rechtsschutzversicherung verfügen. Bei Parkverstößen wird allerdings kein Versicherungsschutz gewährt.

Zur Begründung brauchen Sie in diesem Stadium des Verfahrens nichts vorzutragen. Die Behörde leitet das Verfahren ohne weitere Prüfung an die zuständige Staatsanwaltschaft weiter.

Ob Sie den Einspruch fristgerecht eingelegt haben, hängt vom **Eingangsdatum bei der Behörde** ab. **Achtung:** Sie läuft auch dann, wenn der Bescheid beim Postamt niedergelegt worden ist und Sie benachrichtigt worden sind. Fällt das Ende der Zweiwochenfrist auf einen Samstag, Sonn- oder Feiertag, können Sie noch bis zum Ablauf des ersten darauffolgenden Werktages Einspruch einlegen (§ 193 BGB). Haben Sie die Einspruchsfrist versäumt, bleibt Ihnen die Möglichkeit, »Wiedereinsetzung in den vorigen Stand« zu beantragen (→ Abschn. II. 5).

→ Prüfen Sie die Erfolgsaussichten Ihres Einspruchs

Wenn Sie aus rechtlichen oder tatsächlichen Gründen gegen den Bußgeldbescheid vorgehen wollen, gehen Sie genauso vor, wie Sie es in den Empfehlungen zum Verwarnungsbescheid nachlesen können (→ Abschn. I. 2). Wenn Sie jetzt immer noch glauben, erfolgreich gegen den Bußgeldbescheid vorgehen zu können, oder glauben, man könne Ihnen den Vorwurf nicht nachweisen, lohnt es sich, einen Einspruch zu riskieren. Bedenken Sie aber, dass in einem Bußgeldverfahren in ein Strafverfahren übergegangen werden kann, wenn es zur Gerichtsverhandlung kommt.

Geht es Ihnen vor allem um die Höhe des Bußgeldes, sollten Sie wissen, dass es sich bei den Beträgen des Bußgeldkataloges um sogenannte Regelsätze handelt, von denen abgewichen werden kann. Die **Regelsätze** gehen von einer gewöhnlichen Tatausführung aus. Das heißt, dass es zum Beispiel bei einer Geschwindigkeitsüberschreitung keine erschwerenden Umstände gegeben hat und auch die Verkehrssicherheit nicht besonders beeinträchtigt gewesen sein darf.

Ein Mitverschulden eines anderen Fahrers oder eine langjährige unbeanstandete Fahrpraxis führen unter Umständen zu einer **Herabsetzung des Bußgeldes.** Angesichts des Kostenrisikos, das ein Bußgeldverfahren vor dem Amtsgericht mit sich bringt, lohnt es sich im Normalfall kaum, darauf zu hoffen. Selbst **wirtschaftlich schlechte Verhältnisse** werden bei Verkehrsordnungswidrigkeiten nur ausnahmsweise berücksichtigt. Am ehesten haben Sie hier als Student, Auszubildender, Arbeitsloser oder Sozialhilfeempfänger eine Chance.

Beispiel:
Ein Auszubildender mit einer monatlichen Lehrlingsvergütung in Höhe von € 125,–, der ein Kostgeld an seine Eltern abgeben muss, hat gute Chancen, eine Geldbuße in Höhe von € 150,– auf die Hälfte herabgesetzt zu bekommen.

Wichtig: Sollte die Geldbuße tatsächlich herabgesetzt werden, bleibt es trotzdem bei den ursprünglichen Flensburger Punkten und gegebenenfalls bei dem Fahrverbot.

Geht es Ihnen weniger ums Geld als um das Fahrverbot (→ Abschnitt III. 1), besteht theoretisch die Möglichkeit, dieses mit dem Einspruch aus der Welt zu schaffen. Das ist zum Beispiel möglich, wenn Ihnen nur besonders leichte Fahrlässigkeit oder bei einem Unfall ein Mitverschulden des Unfallgegners zugutekommt. Aber auch wenn das Fahrverbot eine **unverhältnismäßige Härte** für Sie mit sich bringen würde, kann im Einzelfall davon abgesehen werden.

Tipp:
Wenn Ihnen nur der Termin für das Fahrverbot nicht passt, können Sie binnen vier Monaten nach Rechtskraft des Fahrverbotes einen Ihnen genehmen Termin aussuchen. Dann brauchen Sie nur noch den Führerschein bei der zuständigen Behörde abzugeben. Rechtskräftig wird der Bescheid, wenn Sie keinen Einspruch einlegen, zwei Wochen nach der Zustellung. Voraussetzung für diese Vorgehensweise ist allerdings, dass innerhalb der letzten drei Jahre vor der Ordnungswidrigkeit und bis zur Bußgeldentscheidung kein anderes Fahrverbot verhängt wurde.

Tipp:
Wenn Ihnen dieser Zeitraum immer noch nicht passt, haben Sie die Möglichkeit, zunächst Einspruch einzulegen, um das **Inkrafttreten des Fahrverbotes hinauszuschieben.** Die Behörde wird Ihr Verfahren dann zwar an die Staatsanwaltschaft weiterleiten. Doch Sie können vor einer Entscheidung durch das Gericht immer noch den Einspruch zurücknehmen. Dann wird der Bußgeldbescheid rechtskräftig, sodass Sie ab diesem Zeitpunkt die oben genannte Viermonatsregel in Anspruch nehmen können. Im Ergebnis haben Sie so einen noch größeren Spielraum für den Antritt Ihres Fahrverbotes gewonnen.

Haben Sie allerdings schon ein Fahrverbot in den letzten zwei Jahren »kassiert«, können Sie durch den Einspruch zwar noch das Inkrafttreten manipulieren. Die Viermonatsregel steht Ihnen hier aber nicht zu.

Wenn Sie einen milden Richter finden und noch Einsicht in das »Unrecht Ihrer Tat« zeigen, gelingt es Ihnen möglicherweise, bei punktbewehrten Regelgeldbußen (ab € 40,–) eine Herabsetzung auf € 35,– zu erreichen. Dadurch werden Punkte verhindert. Bei schwerwiegenden Verkehrsordnungswidrigkeiten wird Ihnen das allerdings kaum gelingen. Dasselbe gilt, wenn Sie kein »unbeschriebenes Blatt« mehr sind.

4. Wenn Sie Einspruch eingelegt haben

→ Die Rechtmäßigkeit des Bußgeldbescheides wird noch mal überprüft

Jetzt geht es darum, ob der Bußgeldbescheid aufrechterhalten oder zurückgenommen werden muss. Bei schlechter Beweislage aufseiten der Bußgeldbehörde wird das Verfahren in der Regel nun eingestellt.

Die Kosten für notwendige Auslagen, wie zum Beispiel die Einschaltung eines Anwaltes, werden Ihnen dann sogar von der Staatskasse erstattet. Das geht aber nur, wenn die Geldbuße mehr als € 10,– beträgt und das »Verteidigungsvorbringen« nicht verspätet erfolgt ist (§ 109 a OWiG).

Hebt die Bußgeldbehörde den Bescheid nicht auf, was häufiger vorkommt als umgekehrt, werden die **Akten an die Staatsanwaltschaft** übersandt. Hier wird noch einmal geprüft, ob der Sachverhalt genügend aufgeklärt ist. Anschließend wird die Akte dem zuständigen Amtsgericht vorgelegt. Die Zuständigkeit richtet sich nach dem »Tatort«.

Jetzt kommt es normalerweise zur **Gerichtsverhandlung.** Wenn Sie kein Gerichtsverfahren wollen, können Sie auch noch zu diesem Zeitpunkt den

Einspruch zurückziehen. Das geht selbstverständlich auch noch im Verlauf des späteren Verfahrens. Die bis dahin entstandenen Kosten müssen Sie allerdings tragen.

→ Wann Sie auf die mündliche Hauptverhandlung verzichten können

Als Betroffener sind Sie grundsätzlich verpflichtet, in der Hauptverhandlung zu erscheinen. Das gilt selbst dann, wenn Sie durch einen Rechtsanwalt vertreten sind. Der Rechtsanwalt kann jedoch unter bestimmten Voraussetzungen erreichen, dass Sie nicht persönlich erscheinen müssen.

So darf die Anwesenheit des Betroffenen in der Hauptverhandlung nicht zur Aufklärung wesentlicher Gesichtspunkte des Sachverhalts erforderlich sein. Bei Geschwindigkeits- oder Rotlichtverstößen kann die Anwesenheit des Betroffenen erforderlich sein, um beurteilen zu können, ob der Betroffene und die Person auf dem Beweisfoto ein und dieselbe Person sind.

Braucht der Betroffene nicht zu kommen, muss er sich durch einen schriftlich bevollmächtigten Verteidiger vertreten lassen.

Die Hauptverhandlung kann aber auch in Abwesenheit des Betroffenen stattfinden, ohne dass sich dieser durch einen Verteidiger vertreten lässt. Sofern der Betroffene allerdings nicht in der Hauptverhandlung erscheint, obwohl er von der entsprechenden Verpflichtung nicht entbunden wurde, wird das Gericht den Einspruch gegen den Bußgeldbescheid ohne Verhandlung zur Sache durch sein Urteil verwerfen.

Ausnahmsweise darf das Gericht schriftlich und ohne Verhandlung durch Beschluss entscheiden (§ 72 OWiG). Voraussetzung ist, dass Sie als Betroffener diesem Verfahren nicht widersprechen. Darauf werden Sie rechtzeitig hingewiesen. **Vorteil hier:** Das Gericht kann keine höhere Buße aussprechen als im Bescheid festgesetzt, was Ihnen bei einer Hauptverhandlung passieren könnte.

→ Wann Sie zur mündlichen Hauptverhandlung gehen sollten

Das empfiehlt sich, wenn die **Sachverhaltsaufklärung** zum Beispiel durch Zeugen im Vordergrund steht. Auch gerade dann, wenn es Ihnen um das Fahrverbot geht, ist der **persönliche Eindruck** sicherlich ganz wichtig!

Das Gericht lädt außerdem zu diesem Termin alle für die Aufklärung des Sachverhaltes erforderlichen **Zeugen.** Und wenn ein Sachverständiger vonnöten ist, wird auch ein solcher eingeschaltet. Das gilt insbesondere für Messverfahren oder schwierige Fragen in der Unfallrekonstruktion.

Sind Sie während der Verhandlung anwesend, wird Ihnen zunächst der Inhalt des Bußgeldbescheides vorgehalten. Das Gericht fragt dann, ob Sie sich äußern wollen. Man klärt Sie darüber auf, dass Sie das Recht haben, keinerlei Angaben zur Sache und zu Ihren wirtschaftlichen Verhältnissen zu machen. Welcher Weg der bessere ist, sollte mit dem Anwalt abgesprochen werden, sofern Sie einen haben.

Theoretisch ist es nicht ausgeschlossen, dass Sie sich mehr reinreiten als nützen, wenn Sie aussagen. Die Personalien sind jedoch immer anzugeben. Wenn Sie bereit sind, zu dem vorgeworfenen Sachverhalt Stellung zu nehmen, hört das Gericht Ihre Darstellung an. Anschließend werden etwa vorhandene Zeugen – und gegebenenfalls geladene Sachverständige – gehört. Unter Umständen verliest das Gericht auch schriftliche Protokolle, Erklärungen und Urkunden. Das formelle Verfahren orientiert sich weitgehend an einem Strafverfahren – nur dass Sie nicht als **Angeklagter** bezeichnet werden, sondern als **Betroffener.**

Tipp:
Selbst wenn Sie sich von einem Rechtsanwalt vertreten lassen, sollten Sie **das »letzte Wort« unbedingt nutzen.** Hier können Sie noch einmal alles vortragen, was Ihrer Entlastung dient. Das fängt an mit den besonderen Umständen, die in Ihrem konkreten Fall vorliegen, und geht bis zu Ihren etwaigen schwierigen wirtschaftlichen Verhältnissen, in denen Sie leben.

→ Das Verfahren endet mit einer Entscheidung

Das Gericht hat **drei Möglichkeiten,** das Verfahren zu beenden. Es entscheidet durch Freispruch, Urteil oder Einstellung.

Ist das Gericht der Auffassung, dass Ihnen die Verkehrsordnungswidrigkeit nicht nachgewiesen werden kann, verkündet es einen **Freispruch.** Die zunächst ausgewiesene Geldbuße entfällt, die gesamten Verfahrenskosten einschließlich Ihrer »notwendigen Auslagen«, also auch die Kosten für Ihren Rechtsanwalt, trägt die Staatskasse.

Ist das Gericht dagegen der Meinung, dass Sie die Verkehrsordnungswidrigkeit wie vorgeworfen begangen haben, kommt es zur **Verurteilung.** Das Gericht bestimmt nun die zu verhängende Geldbuße neu. Stellt sich in der Hauptverhandlung heraus, dass der Verkehrsverstoß schwerwiegender war als zunächst angenommen, oder liegen andere zusätzliche belastende Umstände vor, müssen Sie sogar mit einer Verschärfung der Strafe rechnen. Das kommt insbesondere dann vor, wenn das Gericht das Fahrverbot aufhebt. Es kann aber auch zu Ihren Gunsten eine geringere Strafe herauskommen.

In manchen Fällen kommt es weder zu einem Freispruch noch zur Verurteilung, sondern zur **Einstellung des Verfahrens.** Das ist zum Beispiel der Fall, wenn

- der Verkehrsverstoß wenig Bedeutung hat,
- eine Gefährdung oder Behinderung ausgeschlossen war oder
- eine Vorschrift erst kurze Zeit vorher in Kraft getreten ist und der Verkehrsteilnehmer sie noch nicht kannte.

Tipp:
Gibt das Gericht im Lauf der Verhandlung zu erkennen, dass es zur Einstellung bereit ist, sollten Sie nicht auf Freispruch bestehen. Hier gilt die Devise: »Lieber einen Spatz in der Hand als eine Taube auf dem Dach.« Achten Sie also auf die Zwischentöne vor Gericht.

5. Wie Sie gegen die Gerichtsentscheidung vorgehen können

→ Die Rechtsbeschwerde ist das richtige Rechtsmittel

Anders als im Strafverfahren gibt es im Bußgeldverfahren **keine Berufung.** Zulässig ist allein die sogenannte Rechtsbeschwerde und die auch nur dann, wenn

- eine Geldbuße von mehr als € 250,– verhängt wurde,
- eine Nebenfolge (z. B. Fahrverbot) angeordnet wurde oder
- ein schriftlicher Beschluss trotz gleichzeitigem Widerspruch des Betroffenen ergangen ist – von einigen unwesentlichen Fällen abgesehen.

Ansonsten ist die Rechtsbeschwerde nur möglich, wenn sie auf einen entsprechenden Antrag hin ausdrücklich zugelassen wird. Das passiert selten. Mit der Rechtsbeschwerde können nur Verfahrensfehler oder Gesetzesverstöße geprüft werden.

→ Wenn Sie die Rechtsmittelfrist versäumt haben

Haben Sie zum Beispiel die Einspruchsfrist gegen den Bußgeldbescheid oder die Frist für die Rechtsbeschwerde versäumt, haben Sie die Möglichkeit, die »**Wiedereinsetzung in den vorigen Stand**« zu beantragen (§ 42 OWiG und § 46 OWiG). Die Voraussetzungen hierfür sind:

- unverschuldete Versäumnis (z. B. nicht vorhersehbare Erkrankung, Urlaubsabwesenheit),

- dass Sie Tatsachen glaubhaft machen, die eine rechtzeitige Rechtsmitteleinlegung verhinderten. Dies ist zum Beispiel durch eine eidesstattliche Erklärung eines Zeugen, ein Flugticket oder ein ärztliches Attest möglich. Und
- ein entsprechender Antrag. Dieser muss Angaben über die versäumte Frist und über die Gründe enthalten, weswegen Sie das Rechtsmittel nicht rechtzeitig einlegen konnten. Außerdem muss der Zeitpunkt angegeben werden, zu dem das Hindernis weggefallen ist.

Der Antrag muss innerhalb einer Woche nach Wegfall des Hindernisses gestellt werden. Zuständig für die Entscheidung über den Antrag ist, wenn es um die Versäumung der Einspruchsfrist gegen den Bußgeldbescheid geht, die Bußgeldbehörde. Ansonsten ist das Amtsgericht zuständig, bei dem die Frist wahrzunehmen gewesen wäre. Mit dem Antrag auf Wiedereinsetzung müssen Sie gleichzeitig das versäumte Rechtsmittel nachholen, also zum Beispiel den Einspruch gegen den Bußgeldbescheid.

6. Wann verjähren Verkehrsordnungswidrigkeiten?

Verstöße, die nach dem Bußgeldkatalog geahndet werden, verjähren grundsätzlich nach drei Monaten (§ 26 Abs. 3 StVG). Nach Erlass des Bußgeldbescheides gilt eine verlängerte Verjährungsfrist von sechs Monaten. Eine wichtige **Ausnahme** gilt für **Alkohol- und Drogenfahrten** ab 0,5 ‰. Hier tritt die Verjährungsfrist erst nach einem Jahr ein (§ 24 Abs. 4 Satz 3 StVG und § 31 Abs. 2 Nr. 3 OWiG).

Die Verjährungsfrist beginnt mit dem Tag der Begehung der Tat. Es gibt allerdings zahlreiche Handlungen, die die **Verjährung unterbrechen,** insbesondere:

- die erste Vernehmung des Betroffenen,
- die Versendung des Anhörungsbogens,
- die Beauftragung eines Sachverständigen und
- die Unterzeichnung des Bußgeldbescheides.

Es nützt Ihnen nichts, wenn Sie behaupten, der Anhörungsbogen sei bei Ihnen nicht angekommen. Hier wird unterstellt, dass bei den Behörden alles seinen ordentlichen Gang geht. Eine förmliche Zustellung wird nicht verlangt.

Nach jeder Unterbrechungshandlung beginnt die Verjährung wieder von Neuem. Das heißt, es wird erneut eine Frist von drei beziehungsweise sechs

Monaten in Gang gesetzt. **Wichtig:** Für die neue Unterbrechungsfrist gilt schon der Tag der Unterbrechung.

Aber: Der Erlass eines Bußgeldbescheides unterbricht die Verjährung nur, wenn er innerhalb von zwei Wochen zugestellt wird. Dasselbe gilt für die Versendung des Anhörungsbogens. Und: Hier tritt nur dann eine Verjährungsunterbrechung ein, wenn aus dem Anhörungsbogen unmissverständlich hervorgeht, gegen wen sich die Ermittlungen richten.

Gute Chancen haben Sie deshalb, wenn sich in den Akten zwar aufgrund einer Kennzeichenanzeige ein Täterfoto befindet, die Person des Täters aber nicht bekannt ist. Das gilt auch dann, wenn sich der Kreis der Täter auf wenige Personen beschränkt. Es müssen konkret die Personalien desjenigen, gegen den ermittelt wird, aus den Akten hervorgehen.

Die Verjährung wird aber auch dann unterbrochen, wenn im Anhörungsbogen zwar nicht ausdrücklich die betreffende Person genannt wird, es aber heißt: »Ihnen wird zur Last gelegt ...« Hauptsache, es ist klar erkennbar für den Beschuldigten, dass sich die Ermittlungen gegen ihn richten. Nicht klar erkennbar ist dies zum Beispiel, wenn es im Anhörungsbogen heißt: »Dieses Schreiben ergeht an Sie als Halter bzw. als Fahrer des Fahrzeugs ...« Die Verjährung wird deshalb hier nicht durch den Anhörungsbogen unterbrochen.

Allerdings sollten Sie mit einkalkulieren, dass sich die zuständige Behörde Einsicht in die Unterlagen des Einwohnermeldeamtes verschafft und somit zumindest den Ehepartner als Übeltäter leicht ermitteln kann.

Wenn Sie überprüfen wollen, ob Sie eine Chance auf Verjährung haben oder die Verjährung unterbrochen worden ist, verschaffen Sie sich am besten Akteneinsicht. Diese erhalten Sie allerdings nur über einen beauftragten Rechtsanwalt, soweit Sie nicht selbst bei der Bußgeldbehörde Einsicht nehmen können.

Tipp:
Vergessen Sie nicht, Kosten und Nutzen des Ganzen zu vergleichen - insbesondere wenn Sie einen Anwalt einschalten. In der Praxis können Sie davon ausgehen, dass die Bußgeldbehörden so schnell nichts anbrennen bzw. verjähren lassen. Ausnahmen bestätigen die Regel.

III. Fahrverbot, »Punkte«, Fahrtenbuch

1. Das Fahrverbot – oft schlimmer als die Geldbuße selbst

➔ Wann wird ein Fahrverbot verhängt?

Ein Fahrverbot – nicht zu verwechseln mit der Entziehung der Fahrerlaubnis, sprich Führerscheinentzug! – gibt es zum Bußgeld dazu, wenn Sie einen besonders groben Verstoß begangen haben. Wenn ein Fall nach dem Bußgeldkatalog vorliegt, der mit einem Regelfahrverbot zusätzlich bestraft wird, und keine Anhaltspunkte bestehen, davon abzuweichen, ordnet die Bußgeldbehörde automatisch das vorgesehene Fahrverbot an.

Kommt es zu einer Gerichtsentscheidung, in der das Fahrverbot aufrechterhalten bleibt, muss sich das Gericht auf alle Fälle in den Urteilsgründen damit auseinandersetzen. Es muss begründen, warum es so und nicht anders entschieden hat. Wird von einem Fahrverbot abgesehen, muss der Regelsatz der Geldbuße grundsätzlich erhöht werden.

➔ Was bedeutet das Fahrverbot für den Fahrer?

Das Fahrverbot, das für ein bis zwei Monate ausgesprochen werden kann, gilt für Kraftfahrzeuge jeder Art, also auch für ein Mofa. Wer nach Eintritt der Rechtskraft des Fahrverbots Kraftfahrzeuge fährt, macht sich deshalb strafbar. Allerdings haben Sie die Möglichkeit, den Antritt des Fahrverbots in gewissen Grenzen selbst zu bestimmen (➔ Abschn. II. 3).

Beachten Sie unbedingt, dass das Fahrverbot beginnt, sobald die Entscheidung rechtskräftig ist. Die Frist für das Fahrverbot beginnt aber erst zu laufen, wenn Sie den Führerschein in die amtliche Verwahrung gegeben haben. Nach Ablauf des Fahrverbotes erhalten Sie den Führerschein dann ohne große Formalitäten zurück, indem Sie ihn zum Beispiel einfach abholen.

Ein Fahrverbot riskieren Sie übrigens auch, wenn Sie schon einmal wegen einer Geschwindigkeitsüberschreitung von mindestens 26 km/h erwischt worden sind und innerhalb eines Jahres seit Rechtskraft dieser Entscheidung erneut eine Geschwindigkeitsüberschreitung von mindestens 26 km/h begehen.

Tipp:
Ein Fahrverbot lässt sich unter Umständen reduzieren, indem Sie an einer Schulung für »im Verkehr auffällig gewordene Fahrzeugführer« teilnehmen.

Wer über einen weiteren **ausländischen Führerschein** verfügt, darf damit trotzdem nicht Auto fahren. Fahrverbot bleibt Fahrverbot!

2. Punkte in Flensburg nicht zu viel werden lassen

→ Wann werden Sie im Flensburger Verkehrszentralregister registriert?

Für alle rechtskräftigen Bußgeldbescheide oder – nach Einspruch – für Entscheidungen des Amtsrichters in Sachen Verkehrsordnungswidrigkeiten, bei denen das Bußgeld ohne die Verfahrenskosten mindestens € 40,– beträgt, gibt es eine Eintragung in das Verkehrszentralregister in Flensburg.

Werden durch dieselbe Handlung mehrere Verkehrsordnungswidrigkeiten gleichzeitig begangen (sog. Tateinheit), gibt es hierfür nur einmal Punkte – und zwar für die Tat mit der höchsten Punktzahl.

Beispiel:
Überschreitet ein Autofahrer die vorgeschriebene Geschwindigkeit um mehr als 35 km/h innerorts und überfährt dabei eine Rotlichtampel, sodass es zu einem Unfall kommt, wird er nur wegen des Rotlichtverstoßes mit Sachbeschädigung in Flensburg eingetragen.

→ Wann haben Flensburger Punkte ernsthafte Folgen?

Entnehmen Sie der nachfolgenden **Übersicht,** mit welchem Punktestand in Flensburg Sie mit Konsequenzen rechnen müssen:

- Bei **8 Punkten** erfolgt eine Verwarnung mit Information über den Punktestand durch die örtliche Straßenverkehrsbehörde.
- Bei Teilnahme an einem freiwilligen Aufbauseminar (s. u.) mit einem Punktestand **bis zu 8 Punkten** Erlass von 4 Punkten, bei einem **Punktestand von 9 bis 13 Punkten** Erlass von zwei Punkten.
- Bei **14 Punkten** obligatorisches Aufbauseminar, wenn nicht in den letzten fünf Jahren Teilnahme an einem freiwilligen Aufbauseminar erfolgt war; bei zusätzlicher freiwilliger Teilnahme an einer verkehrspsychologischen Beratung gibt es weitere 2 Punkte Erlass.
- Bei **18 Punkten** Entzug der Fahrerlaubnis. Neuerteilung frühestens nach sechs Monaten und in der Regel nach dem sogenannten **Idiotentest,** kurz MPU genannt.

Die Teilnahmebescheinigung muss der Zulassungsbehörde innerhalb von drei Monaten nach Seminarende vorgelegt werden. Zumindest die freiwillige

Teilnahme bei Erreichung von acht Punkten mit der Aussicht auf eine Halbierung der eingetragenen Punktzahl sollten betroffene Autofahrer ernsthaft in Betracht ziehen. Die Kursgebühren liegen bei ca. € 800,–. In diesen sauren Apfel sollten Sie beißen.

➔ Wann schwinden die Punkte?

Die Eintragungen im Verkehrszentralregister werden nach Ablauf einer bestimmten Zeit wieder gelöscht. Die **Tilgungsfristen** betragen zurzeit

- **zwei Jahre** bei einer Bußgeldentscheidung – unabhängig von der Höhe des Bußgeldes, aber erst ab € 40,– Geldbuße,
- **fünf Jahre** bei einer Verurteilung in Verkehrsstrafsachen zu Geld- oder Freiheitsstrafen bis zu drei Monaten,
- **zehn Jahre,** wenn die vom Gericht festgesetzte Freiheitsstrafe mehr als drei Monate beträgt, und
- **15 Jahre** bei einer Freiheitsstrafe ab einem Jahr beziehungsweise Freiheitsstrafe ohne Bewährung.

Bei Verkehrsordnungswidrigkeiten beginnt die Löschungsfrist mit dem Tag, an dem der Bußgeldbescheid rechtskräftig geworden ist. Die Tilgung kann aber auch gehemmt werden. Zwar werden Punkte von Bußgeldbescheiden normalerweise nach Ablauf von zwei Jahren gelöscht.

Wird aber in diesem Zeitraum erneut eine Verkehrsordnungswidrigkeit im Verkehrszentralregister eingetragen, erfolgt die Löschung aller eingetragenen Bußgeldbescheide erst zusammen mit der letzten Löschung. Frühestens nach Ablauf von zwei Jahren nach der letzten rechtskräftig gewordenen Entscheidung.

Die Möglichkeit, durch Einspruch oder Klage gegen einen Bußgeldbescheid die **Eintragung weiterer Punkte hinauszuzögern,** besteht nicht mehr. Seit 1. 2. 2005 blockieren weitere Verkehrsverstöße von dem Tag an, an dem sie begangen wurden, die Tilgung schon vorhandener Punkte.

Aber: Kein Bußgeldbescheid (außer einem wegen der Überschreitung der 0,5-Promille-Grenze) bleibt länger als fünf Jahre eingetragen – gleichgültig ob noch andere Eintragungen vorhanden sind oder nicht.

➔ Wie erfahren Sie Ihren Punktestand?

Wenn Sie sich nicht sicher sind, wie Ihr derzeitiger Punktestand aussieht, können Sie sich bei der »Verkehrssünderkartei« erkundigen. Die Auskunft wird **kostenlos auf Antrag** erteilt. Dem Antrag ist eine behördliche Identitätsbescheinigung (amtliche Beglaubigung der Unterschrift), die Sie bei Ihrer

Gemeinde, bei der Polizei oder ähnlichen siegelführenden Stellen erhalten, beizufügen. Damit ist sichergestellt, dass nur Sie, das heißt der Betroffene, die Auskunft erhält. Im Antrag müssen Sie außerdem alle Vornamen und Ihr Geburtsdatum angeben.

Sie finden die erforderlichen Formulare aber auch im Internet unter www.kba.de.

3. Wann droht die Fahrtenbuchauflage?

Mit einem Fahrtenbuch müssen Sie rechnen,

- wenn mit Ihrem Fahrzeug ein **erheblicher Verkehrsverstoß** begangen wurde und
- die **Feststellung des Übeltäters innerhalb der Verjährungsfrist nicht möglich** war.

Ein Verkehrsverstoß ist regelmäßig dann erheblich, wenn er in das Flensburger Verkehrszentralregister einzutragen ist, das heißt, ab einer Geldbuße von € 40,– und mehr. Das wäre zum Beispiel bei einem Rotlichtverstoß der Fall.

Eine Fahrtenbuchauflage droht aber auch dann, wenn Sie eine größere Zahl von leichteren Verstößen auf dem Kerbholz haben (z. B. mehr als 30 Parkverstöße in zwei Jahren).

Auf alle Fälle müssen die Ermittlungsmöglichkeiten erschöpft sein! Deshalb soll der Halter innerhalb von zwei Wochen über den Verstoß befragt werden. Kommt nichts hierbei heraus, können die Ermittlungen zwar fortgeführt werden, eine Fahrtenbuchauflage darf aber nicht mehr erteilt werden.

Aber: Bei bloßer Nichtbeantwortung der Frage im Anhörungsbogen, ob er selbst gefahren sei, darf man dem Halter nicht unterstellen, er hätte die Mithilfe verweigert. Schließlich haben Sie ein Aussageverweigerungsrecht. Eine Fahrtenbuchauflage ist deshalb hier noch nicht zu erwarten. Gefährlich wird es dann, wenn Sie bei weiterem Nachhaken der Ermittlungsbeamten beharrlich die Mithilfe verweigern.

Berufen Sie sich in derartigen Fällen besser nicht darauf, nicht zu wissen, wer gefahren ist, um die Fahrtenbuchauflage zu verhindern. Es nützt nämlich wenig, nachträglich – das heißt auch nach Ablauf der Verjährung – jemanden zu benennen, gegen den bisher noch nicht ermittelt worden ist. Es geht darum, dass Sie mithelfen, den wahren Täter unverzüglich, also innerhalb von zwei Wochen nach dem Verkehrsverstoß, ausfindig zu machen. Was danach läuft, zählt nicht.

Aus Gründen der Vereinfachung sind deshalb die Bußgeldbehörden dazu übergegangen, zumindest bei Parkverstößen nicht weiter nachzuforschen, sondern gleich einen Kostenbescheid wegen Halterhaftung zu verschicken. Dies ist zwar nicht rechtens, aber üblich. Und wo kein Kläger ist, ist auch kein Richter.

Teilweise kann man auch die Empfehlung lesen, als Fahrer eine Person anzugeben, die im Ausland lebt. Damit soll der Verpflichtung genüge getan sein, an der Aufklärung der Verkehrsordnungswidrigkeit mitgewirkt zu haben.

IV. Auszug aus dem Bußgeldkatalog

Die hier aufgeführten Beträge sind **Regelsätze,** die von fahrlässiger Begehung und gewöhnlichen Tatumständen ausgehen. Wichtig: Die Regelsätze erhöhen sich bei einer **Gefährdung** oder **Sachbeschädigung.** Werden durch eine Handlung **mehrere Tatbestände** verwirklicht, ist nur ein Regelsatz, bei **unterschiedlichen Regelsätzen** der höchste, anzuwenden.

Abstand	Euro	Punkte	Fahrverbot / Monat
Der Abstand von einem vorausfahrenden Fahrzeug betrug in Meter (bei einer Geschwindigkeit von mehr als 80 km/h) weniger als:			
5/10 des halben Tachowertes	75,–	1	
4/10 des halben Tachowertes	100,–	2	
3/10 des halben Tachowertes	160,–	3	1
2/10 des halben Tachowertes	240,–	4	2
1/10 des halben Tachowertes	320,–	4	3
Der Abstand von einem vorausfahrenden Fahrzeug betrug in Meter (bei einer Geschwindigkeit von mehr als 130 km/h) weniger als:			
5/10 des halben Tachowertes	100,–	2	
4/10 des halben Tachowertes	180,–	3	
3/10 des halben Tachowertes	240,–	4	1
2/10 des halben Tachowertes	320,–	4	2
1/10 des halben Tachowertes	400,–	4	3

E4: Verwarnung oder Bußgeldbescheid – wann und wie können Sie sich erfolgreich wehren?

Autobahn	**Euro**	**Punkte**	**Fahrverbot/ Monat**
Beim Einfahren Vorfahrt durchgehender Fahrbahn nicht beachtet	75,–	3	
Auf Autobahnen oder Kraftfahrstraßen gewendet, rückwärts oder entgegen der Fahrtrichtung gefahren			
– in einer Ein- oder Ausfahrt	75,–	4	
– auf Nebenfahrbahn oder Seitenstreifen	130,–	4	
– auf durchgehender Fahrbahn	200,–	4	1
– Seitenstreifen zum Zwecke des schnelleren Vorwärtskommens benutzt	75,–	2	
Auf Autobahnen oder Kraftfahrstraßen Fahrzeug			
– gehalten	30,–	2	
– geparkt	70,–	2	

Alkohol	**Euro**	**Punkte**	**Fahrverbot/ Monat**
Zuwiderhandlung gegen § 24 a StVG			
Kraftfahrzeug geführt mit einer Blutalkoholkonzentration von 0,5 ‰ oder mehr oder einer Alkoholmenge im Körper, die zu einer solchen Blutalkoholkonzentration geführt hat	500,–	4	1
– bei Wiederholung	1 000,–	4	3
– bei mehrfacher Wiederholung	1 500,–	4	3
Kraftfahrzeug geführt unter Drogeneinfluss	500,–	4	1
– bei Wiederholung	1 000,–	4	3
– bei mehrfacher Wiederholung	1 500,–	4	3
Verstoß gegen die Nullpromillegrenze für Fahranfänger	250,–	2	

Fristenüberschreitung	**Euro**	**Punkte**	**Fahrverbot / Monat**
Den Termin für die Hauptuntersuchung			
– um mehr als 2 bis zu 4 Monate überschritten	25,–		
– um mehr als 4 bis zu 8 Monate überschritten	40,–	1	
– um mehr als 8 Monate überschritten	75,–	2	
Den Termin für die Abgasuntersuchung			
– um mehr als 2 bis zu 8 Monate überschritten	5,–		
– um mehr als 8 Monate überschritten	40,–	1	

Fußgänger und Radfahrer	**Euro**	**Punkte**	**Fahrverbot / Monat**
Bei stockendem Verkehr auf einen Fußgängerüberweg gefahren	5,–		
Unzulässig auf Geh- und Radwegen geparkt	15,–		
– mit Behinderung	25,–		
In einem Fußgängerbereich einen Fußgänger gefährdet			
– bei dort zugelassenem Fahrzeugverkehr	40,–	1	
– bei dort nicht zugelassenem Fahrzeugverkehr	50,–	1	
Beim Abbiegen keine Rücksicht auf einen Fußgänger genommen und ihn dadurch gefährdet	70,–	2	

Geschwindigkeit

Überschreitung km/h	Euro		Punkte		Fahrverbot/Monat	
	innerorts	außerorts	innerorts	außerorts	innerorts	außerorts
bis 10	15,–	10,–				
11–15	25,–	20,–				
16–20	35,–	30,–				
21–25	80,–	70,–	1	1		
26–30	100,–	80,–	3	3		
31–40	160,–	120,–	3	3	1	
41–50	200,–	160,–	4	3	1	1
51–60	280,–	240,–	4	4	2	1
61–70	480,–	440,–	4	4	3	2
über 70	680,–	600,–	4	4	3	3

Gurtanlegepflicht

	Euro	Punkte	Fahrverbot/Monat
– Verstoß gegen die Gurtanlegepflicht	30,–		
– Mitnahme von Kind ohne angelegten Gurt	40,–	1	
– Mitnahme von mehreren Kindern ohne angelegten Gurt	50,–	1	
– nicht ausreichende Sicherung eines Kindes, z. B. nur Gurt, kein Kindersitz	30,–		
– nicht ausreichende Sicherung mehrerer Kinder, z. B. nur Gurt, kein Kindersitz	35,–		

Halten und Parken

Definition Parken: Verlassen des Fahrzeugs; Halten für mehr als drei Minuten

	Euro	Punkte	bei Behinderung
Halten auf Fußgängerüberwegen, bis zu 5 m davor	10,–		15,–
auf Bahnübergängen	10,–		15,–
vor und in Feuerwehrzufahrten	10,–		15,–
an Taxiständen	10,–		15,–
bis zu 10 m vor Lichtzeichen	10,–		15,–
im Halteverbot	10,–		15,–
in »zweiter Reihe«	15,–		20,–
Parken auf Geh- und Radwegen	15,–		25,–
an engen und unübersichtlichen Stellen	15,–		25,–
auf Fußgängerüberwegen sowie bis zu 5 m davor	15,–		25,–
vor und in Feuerwehrzufahrten	35,–		
und dadurch Rettungsfahrzeuge im Einsatz behindert	50,–	1	
bis zu 10 m vor Lichtzeichen	15,–		25,–
unberechtigt auf Schwerbehinderten-Parkplatz	35,–		
in »zweiter Reihe«	20,–		25,–
Parken an Parkuhr / mit Parkscheibe / -schein			
An einer abgelaufenen Parkuhr, ohne vorgeschriebene Parkscheibe, ohne Parkschein oder unter Überschreitung der Höchstparkdauer geparkt			
– bis 30 Minuten	5,–		
– bis zu 1 Stunde	10,–		
– bis zu 2 Stunden	15,–		
– bis zu 3 Stunden	20,–		
– länger als 3 Stunden	25,–		
Auf einer Autobahn oder Kraftfahrstraße gehalten	30,–		

Überholen	**Euro**	**Punkte**	**Fahrverbot / Monat**
– unter Nichtbeachten von Verkehrszeichen	70,–	1	
Zum Überholen ausgeschert und dadurch nachfolgenden Verkehr gefährdet	80,–	2	
Innerhalb geschlossener Ortschaften rechts überholt	30,–		
– mit Sachbeschädigung	35,–		
Außerhalb geschl. Ortschaften rechts überholt	100,–	3	
Überholt, obwohl nicht übersehen werden konnte, dass während des ganzen Überholvorganges jede Behinderung des Gegenverkehrs ausgeschlossen war, oder bei unklarer Verkehrslage	100,–	3	
– und dabei Verkehrszeichen (Zeichen 276, 277) nicht beachtet oder Fahrstreifenbegrenzung überquert oder überfahren oder der durch Pfeile vorgeschriebenen Fahrtrichtung nicht gefolgt	150,–	4	
– mit Gefährdung oder	250,–	4	1
– Sachbeschädigung	300,–	4	1

Vorfahrt / Wechsellichtzeichen	Euro	Punkte	Fahrverbot / Monat
Vorfahrt nicht beachtet und dadurch einen Vorfahrtberechtigten gefährdet	100,–	3	
Beim Einfahren in eine Autobahn oder Kraftfahrstraße Vorfahrt auf der durchgehenden Fahrbahn nicht beachtet	75,–	3	
Stoppschild nicht beachtet und dadurch einen anderen gefährdet	100,–	3	
Ampel bei Rot überfahren	90,–	3	
– mit Gefährdung oder	200,–	4	1
– Sachbeschädigung	240,–	4	1
– Ampel bei schon länger als 1 Sekunde leuchtendem »Rot« überfahren	200,–	4	1
– bei schon länger als 1 Sekunde andauernder Rotphase, verbunden mit Gefährdung oder	320,–	4	1
– Sachbeschädigung	360,–	4	1

Damit kein Euro verloren geht: Ist Ihr Rentenkonto lückenlos?

I. Prüfen Sie Ihre Renteninformation!

Haben Sie sich mal Ihre letzte Renteninformation der Deutschen Rentenversicherung genauer angeschaut? Beschleicht Sie nicht auch das Gefühl, dass die dort angegebenen Rentenhöhen nicht richtig sind? Das kann durchaus sein. Denn: Die Deutsche Rentenversicherung kann in ihren Auskünften immer nur die Beitrags-Zeiten berücksichtigen, von denen sie auch weiß. Helfen Sie deshalb – **im eigenen Interesse** – der Deutschen Rentenversicherung, Ihr Rentenkonto auf Vollständigkeit zu prüfen. Und lassen Sie sich damit keine Zeit. Denn Aufbewahrungsfristen verstreichen, Firmen gehen in Konkurs oder Ihnen kommt bei Ihrem nächsten Umzug der Aktenordner mit Ihren Rentenunterlagen abhanden. Denken Sie nicht nur an Ihre spätere Altersrente, sondern auch an den – unwahrscheinlichen – Fall, dass Sie morgen versterben und Ihre trauernden Angehörigen für die Hinterbliebenenrente Ihre Rentenlücken klären müssen.

II. Meine Daten, bitte!

Damit Sie sich einen Überblick über Ihre bei der Deutschen Rentenversicherung (früher: BfA, LVA, Knappschaft, Bahn-Versicherungsanstalt oder Seekasse) gespeicherten Daten verschaffen können, sollten Sie sich zunächst einen aktuellen **Versicherungsverlauf** besorgen. Der Versicherungsverlauf ist Ihr persönlicher »Kontoauszug«, aus dem Sie die für Ihre spätere Rente wichtigen Zeiten ersehen können. Schreiben Sie einfach einen Brief an Ihren Rentenversicherungsträger (Anschrift siehe Renteninformation).

Musterbrief

Rentenversicherungsnummer: 53 000000 X 123

Sehr geehrte Damen und Herren,

ich bitte um Übersendung meines Versicherungsverlaufs mit Lückendarstellung und Antrag zur Kontenklärung.

Mit freundlichen Grüßen

Ihr Versicherungsverlauf ist Ihr »Rentenlebenslauf«, aus dem Sie Ihr persönliches Versicherungsleben ablesen können. Prüfen Sie zunächst Zeile für Zeile, ob der Verlauf ohne Lücken ist. Hilfreich ist ein kostenloser Beratungstermin bei der Rentenversicherung:

III. Die Rentenversicherungsnummer

Die Rentenversicherungsnummer ist Ihr persönliches »Aktenzeichen«, unter dem Sie Ihr Leben lang bei der Deutschen Rentenversicherung geführt werden. So lassen sich z.B. aus der Rentenversicherungsnummer 53 140272 S 008 folgende Daten ablesen:

53	140272	S	00	8
Bereichsnummer des Rentenversicherungsträgers, der die Nummer vergeben hat	Ihr Geburtsdatum	Anfangsbuchstabe Ihres Geburtsnamens	00 bis 49 Mann; 50 bis 99 Frau	maschinelle Prüfziffer

IV. Typische Lücken im Versicherungsverlauf

Wundern Sie sich nicht, wenn in Ihrem Versicherungsverlauf das aktuelle und das vergangene Kalenderjahr noch nicht eingetragen sind. Das ist normal. Die Speicherung des abgelaufenen Kalenderjahrs erfolgt bis Mai des laufenden Kalenderjahrs. In den meisten Fällen ist die Speicherung im Rentenkonto erfolgt, wenn Sie von Ihrem Arbeitgeber den »Ausdruck der elektronischen Lohnsteuerbescheinigung« und die »Meldung zur Sozialversicherung« erhalten haben.

Lücken im Versicherungsverlauf entstehen aus vielen Gründen:

- Haben Sie den Arbeitgeber gewechselt, ist Ihre Firma aufgekauft worden oder hat Ihr Arbeitgeber die Lohnbuchhaltung verändert?
- Haben Sie die Krankenkasse gewechselt?
- Haben Sie Lohnersatzleistungen wie Krankengeld, Arbeitslosengeld oder Arbeitslosengeld II (früher: Arbeitslosenhilfe) bezogen?

Gut, wenn Sie die entsprechenden **Nachweise** aufgehoben haben. Wenn nicht, können Sie bei Ihrer damaligen Krankenkasse, den verschiedenen Sozialleistungsträgern (z.B. Arbeitsamt bzw. Bundesagentur für Arbeit) oder

Ihrem Arbeitgeber entsprechende Kopien erhalten – wenn die Aufbewahrungsfristen nicht schon verstrichen sind.

1. Eine typische Lücke: das Jahr 1972

Sollte in Ihrem Versicherungsverlauf ausgerechnet das Kalenderjahr 1972 fehlen, so hat das einen Grund. Im Jahr 1972 wurde die Versicherungskarte aus Pappe durch das Sozialversicherungsnachweisheft (Papierblock mit Durchschreibeblättern) und die Rentenversicherungsnummer abgelöst. Beim Sprung in die neue Ära der Datenverarbeitung ist so manche Erfassung des Kalenderjahrs 1972 schiefgelaufen.

2. Schulzeiten

Nach unterschiedlichen Rechtsänderungen in der Vergangenheit werden **Schul- und Studienzeiten nun erst ab dem 17. Geburtstag** im Versicherungsverlauf gespeichert und nur bei der Ermittlung, ob Wartezeiten erfüllt wurden, berücksichtigt. Schul- und Studienzeiten, die zwischen dem 16. und 17. Lebensjahr liegen, fallen genauso unter den Tisch wie die Zeiten über der Höchstdauer von acht Jahren.

Nachweis: Ihre Schul- und Studienzeit weisen Sie mit den Zeugnissen oder einer entsprechenden Bescheinigung nach. Aus den Nachweisen muss auch der entsprechende Zeitraum hervorgehen. So reicht z. B. **nur** eine Diplom-Urkunde als Nachweis einer Studienzeit **nicht** aus.

3. Berufsausbildung

Wenn Sie einen Blick auf Ihren Versicherungsverlauf werfen, werden Sie wahrscheinlich auch Ihre Lehrzeit ziemlich am Anfang finden. Dies alleine reicht aber für eine spätere Rente in der richtigen Höhe nicht aus. **Ihre Lehrzeit muss zusätzlich die Kennzeichnung »Pflichtbeiträge für Berufsausbildung« tragen** (ggf. entsprechende Nachweise vorlegen). Ist sie lediglich als »Pflichtbeiträge« gekennzeichnet, verschenken Sie viel Rente.

Nachweis: Lehrvertrag und Gesellenbrief / Kaufmannsgehilfenbrief u. Ä. Die Handwerkskammer bzw. die Industrie- und Handelskammer kann Ihnen auch heute noch einen Nachweis für Ihre Lehrzeit ausstellen, wenn Sie wenigstens zur Prüfung angetreten sind, auf den erfolgreichen Abschluss kommt es nicht an.

4. Versicherungskarten

Sagen Sie heute auch noch, dass Sie »für die Rente geklebt« haben? Dieser Ausdruck geht auf die bis zum Jahr 1972 für Arbeitnehmer gültigen Versicherungskarten zurück. Auf diesen wurden früher die Beitragsmarken geklebt und später die Entgelte meist handschriftlich eingetragen. Wenn Sie noch Pappkarten besitzen, so müssen Sie diese **im Original** Ihrem Rentenversicherungsträger übergeben, damit die Beiträge in Ihr Rentenkonto eingetragen werden können. Anders als früher erhalten Sie heute keine Aufrechnungsbescheinigung (= Abschrift der Versicherungskarte auf DIN-A5-Papier), sondern eine bestätigte Fotokopie als Nachweis für Ihre Unterlagen.

5. SVN-Heft

Die Versicherungskarten wurden 1972 nach verschiedenen Experimenten durch das Sozialversicherungsnachweisheft (SVN-Heft) im Format DIN A6 quer abgelöst. Besitzen Sie noch ein Blanko-Heft, können Sie es nun wegwerfen.

6. Grundwehrdienst / Zivildienst

Die Zeiten des Grundwehrdiensts, einer Wehrübung über drei Tage bzw. des Zivildiensts sollten automatisch gemeldet worden sein.

Nachweis: Bei vielen schlummert die Wehrdienstzeitbescheinigung (rosa Vordruck) im Wehrausweis. Schauen Sie mal hinten in dem Falz des Ausweises nach, wo Sie auch Ihre »Hundemarke« finden. Ansonsten forscht die Deutsche Rentenversicherung für Sie bei der Bundeswehr nach.

7. Arbeitslosigkeit

Auch Zeiten der Arbeitslosigkeit zählen – je nach damaliger Rechtslage – als Pflichtbeitragszeit oder nur als Anrechnungszeit (früher: Ausfallzeit) für Ihre spätere Rente.

Nachweis: Sie müssen die **Leistungsnachweise** vorlegen, die Sie nach Ende des Leistungsbezugs bzw. eines Kalenderjahrs erhalten haben. Der Bewilligungsbescheid reicht nicht.

8. Kinder

In erster Linie werden bei Müttern Kindererziehungszeiten (KEZ) und Kinderberücksichtigungszeiten (Kibüz) im Versicherungsverlauf gespeichert. Das geschieht nicht automatisch, obwohl die Deutsche Rentenversicherung von den Einwohnermeldeämtern von der Geburt eines Kindes informiert wird. Sie müssen einen Antrag (Vordruck V 800 und ggf. auch V 805) stellen.

Tipp:
Sind Sie die **Mutter** und sind Sie vom Vater Ihrer Kinder **geschieden,** kreuzen Sie einfach auf dem Vordruck an, dass der Aufenthaltsort des anderen Elternteils unbekannt ist. So ersparen Sie sich Begegnungen mit dem Ex-Gatten. Die Unterschrift des Ex-Gatten ist reine Formsache. Hierdurch sollen doppelte Anrechnungen von KEZ und Kibüz bei Mutter und Vater vermieden werden – diese Prüfung erfolgt heute per Computer.

9. Zeiten in der ehemaligen DDR

Das Leben der Bürgerinnen und Bürger der ehemaligen DDR passte in ein einziges kleines Büchlein: den Sozialversicherungsausweis (nicht verwechseln mit dem heutigen Sozialversicherungsausweis). Ihm konnte man Schul- und Berufsausbildung, Auszeichnungen, Arbeitsverhältnisse, Zeiten der Arbeitsunfähigkeit und Arztbesuche entnehmen. Legen Sie ihn bei Ihrem Besuch in der Beratungsstelle **im Original** vor – aber nehmen Sie ihn auch wieder mit! Geht der Sozialversicherungsausweis im Original auf den Fluren der Deutschen Rentenversicherung verloren, wird es unangenehm. Besser ist, die Deutsche Rentenversicherung arbeitet mit einer **selbst erstellten Fotokopie** als mit Ihrem Original.

In vielen Sozialversicherungsausweisen fehlen Einträge für das Jahr, in dem die DDR-Bürger in den Westen geflohen sind. Doch keine Angst: Die Deutsche Rentenversicherung hat die Lohnunterlagen der ehemaligen DDR-Betriebe archiviert und kann so häufig, aber nicht immer, fehlende Unterlagen auffinden.

Sollten Sie **in der DDR zu Unrecht in Haft** gesessen haben, legen Sie auf jeden Fall Ihre **Rehabilitierung** vor, wodurch Rentenlücken geschlossen werden können.

10. Ehrenamtliche Pflege

Wenn Sie im Familien- oder Freundeskreis ab 1. 4. 1995 ehrenamtlich jemanden gepflegt haben, sind Sie unter bestimmten Voraussetzungen versicherungspflichtig in der gesetzlichen Rentenversicherung. Sie erhalten von der Pflegekasse entsprechende Jahresbescheinigungen, die Sie auch nachträglich beantragen können.

11. Geringfügige Beschäftigung (Mini-Job)

Seit dem 1. 4. 1999 werden geringfügige Beschäftigungsverhältnisse (Mini-Job) auch im Versicherungsverlauf eingetragen. Für Zeiten davor gab es zwar auch entsprechende Bescheinigungen, die jedoch nur Kontrollfunktion in Bezug auf Mehrfachbeschäftigungen hatten.

12. Zeiten im Ausland

Beschäftigungszeiten im Ausland werden in der Deutschen Rentenversicherung grundsätzlich nicht angerechnet. Hiervon gibt es aber zwei Ausnahmen. Bei Beschäftigungszeiten, die Sie in einem

- Mitgliedsstaat der **Europäischen Union** zurückgelegt haben oder in einem
- Staat, mit dem Deutschland ein **Sozialversicherungsabkommen** (z. B. USA, Türkei etc.) abgeschlossen hat, zurückgelegt haben,

werden diese nach den näheren Regelungen zur Erfüllung von Wartezeiten (= Mindestversicherungszeiten) oder bestimmten versicherungsrechtlichen Voraussetzungen mitgezählt.

V. Der Formularkrieg: Lassen Sie sich beraten!

Die Formulare der Deutschen Rentenversicherung sind kompliziert. Wesentlich komfortabler ist es, die kostenlose (!) Hilfe der Auskunfts- und Beratungsstellen (Service-Zentren) der Deutschen Rentenversicherung in Anspruch zu nehmen. Im Gegensatz zum Finanzamt haben Sie hier nämlich einen gesetzlich verbrieften Anspruch nicht nur auf Aufklärung (§ 13 SGB I) und Auskunft (§ 15 SGB I), sondern auch auf **Beratung** (§ 14 SGB I). Am besten, Sie vereinbaren einen persönlichen Beratungstermin unter www.deutsche-rentenversicherung.de in der Rubrik »Beratung /Online-Terminvergabe«.

Wenn Sie zum Beratungsgespräch die nachfolgend aufgeführten **Unterlagen** mitbringen, ist Ihr Antrag auf Kontenklärung schnell erledigt.

VI. Checkliste für ein Beratungsgespräch

Wichtig: Alle Unterlagen unbedingt im **Original** mitbringen!

- gültiger Personalausweis oder Reisepass
- ggf. Vollmacht und Personalausweis des Ehegatten (falls Sie Ihr Ehegatte nicht begleiten kann und Sie dessen Sachen ebenfalls klären möchten)
- eigene Geburtsurkunde
- Schulzeugnisse ab dem 16. Geburtstag
- Lehrvertrag und Gesellenbrief / Kaufmannsgehilfenbrief o. Ä.
- Geburtsurkunden der Kinder
- Schwerbehindertenausweis
- Sozialversicherungsausweis der DDR
- Nachweise für evtl. schon bekannte Lücken

Tipp:
Benötigen Sie für die Deutsche Rentenversicherung Geburts- / Heirats- / Sterbeurkunden, sonstige Bescheinigungen oder Fotokopien? Mit dem Hinweis, dass Sie die Unterlagen für die gesetzliche Rentenversicherung benötigen, sind alle Urkunden und Bescheinigungen kostenlos!

VII. Der Feststellungsbescheid

Nach erfolgter Kontenklärung erhalten Sie einen »**Feststellungsbescheid**«. Wenn Sie oder der Rentenversicherungsträger offensichtliche Mängel feststellen, dann ist eine Korrektur Ihres Versicherungsverlaufs jederzeit (auch nach Rentenbeginn) möglich. Das gilt auch bei Rechtsänderung. Da über die

Art und Weise der Anrechnung von rentenrechtlichen Zeiten erst zum Rentenantrag nach dem dann gültigen Rentenrecht entschieden wird, brauchen Sie dem Feststellungsbescheid keine Beachtung zu schenken.

VIII. Offizielle Informationsbriefe

Die Deutsche Rentenversicherung kennt drei verschiedene Arten von offiziellen Auskünften.

1. Wartezeitauskunft

Die »Wartezeitauskunft« gibt Auskunft über die bereits erfüllten Wartezeiten (= Mindestversicherungszeiten). Über die Höhe der Renten schweigt sie sich aus. Sie wird meist verschickt, wenn die allgemeine Wartezeit von fünf Jahren noch nicht erfüllt ist.

2. Renteninformation

Die »Renteninformation« wird alljährlich unaufgefordert verschickt. Sie ist nur dann zur Planung der Altersversorgung geeignet, wenn das Versicherungskonto tatsächlich lückenlos ist. Sie gibt Informationen über den aktuellen Stand der vollen Erwerbsminderungsrente (brutto), den Stand der Regelaltersrente mit 65 + x Monaten und der voraussichtlichen Altersrente mit Erreichen der Regelaltersgrenze (65 Jahre + x Monate). Von diesen Brutto-Beträgen müssen Sie dann noch Kranken- und Pflegeversicherungseigenanteil abziehen. Sofern Sie freiwillig oder privat kranken- und pflegeversichert sind, müssen Sie den Beitragszuschuss durch die gesetzliche Rentenversicherung noch addieren.

Tipp:
Prinzipiell bestehen Sie besser auf einer Rentenauskunft.

3. Rentenauskunft

Die »Rentenauskunft« beinhaltet neben den Informationen aus der Wartezeitauskunft und der Renteninformation auch Hinweise zur Höhe der Witwen-,

Witwer- und Waisenrente. Hieraus können Sie außerdem ablesen, ob Sie die komplizierten Vertrauensschutzregelungen für einen frühzeitigen Rentenbeginn erfüllen oder nicht.

Tipp:
Schreiben Sie auf Seite 1 Ihres Antrags auf Kontenklärung (V 100) oben handschriftlich »und Rentenauskunft«. So bekommen Sie die umfassende Information, die Sie wirklich weiterbringt.

IX. Beratungsmöglichkeiten

Professionelle Rentenberater kosten Geld – dieses können Sie sich im Normalfall sparen. Rentenberater (und auch Fachanwälte für Sozialrecht) brauchen Sie aber in jedem Fall im Widerspruchs- oder Klageverfahren wegen eines abgelehnten Rentenantrags.

In vielen (meist ländlichen) Regionen gibt es noch **Versicherungsämter bei der Stadt- oder Gemeindeverwaltung,** die der Deutschen Rentenversicherung zuarbeiten. Sie liegen meist näher als die nächste Beratungsstelle. Die Mitarbeiter dort sind aber nicht bei der Deutschen Rentenversicherung, sondern bei der Kommune angestellt. Für die Deutsche Rentenversicherung sind auch ehrenamtliche **Versichertenälteste** (neuerdings auch »Versichertenberater« genannt) tätig. Sie können sich bei diesen quasi an deren Wohnzimmertisch in Rentenfragen beraten lassen. Sie sind zeitlich flexibler als die Mitarbeiter in den Beratungsstellen oder Versicherungsämtern.

Die verschiedenen Altersrenten

I. So funktioniert die Rentenberechnung

Bevor wir uns mit den verschiedenen Arten der Rente beschäftigen, kurz einige Hinweise zur Rentenberechnung. Damit ist es Ihnen z. B. möglich, schnell überschlägig abzuschätzen, welche Rentenanwartschaft Sie mit Ihrem derzeitigen Bruttoverdienst erzielen.

1. Wovon die Rentenhöhe abhängt

Die Rentenhöhe hängt im Wesentlichen vom Verdienst während des gesamten Erwerbslebens ab. Je höher Ihr Verdienst war, umso höher fällt Ihre Rente aus. Wenn Sie lange Schul- oder Hochschulzeiten vorweisen und spät ins Erwerbsleben eingetreten sind, ist die Rente meist niedriger, als wenn Sie mit 14 Jahren eine Lehre begonnen und danach immer versicherungspflichtig gearbeitet haben. Denn seit 2009 werden keine Schul- oder Hochschulzeiten mehr rentensteigernd berücksichtigt.

Die Rentenhöhe ist im Wesentlichen von vier Faktoren abhängig:

➔ Persönliche Entgeltpunkte (EP)

Für die in der gesetzlichen Rentenversicherung zurückgelegten Zeiten werden Entgeltpunkte ermittelt, indem man den individuellen Verdienst des einzelnen Versicherten durch den durchschnittlichen Bruttoverdienst aller Versicherten teilt. Dabei erhält man für ein Jahr mit einem durchschnittlichen Verdienst, für den Rentenbeiträge gezahlt wurden, genau einen Entgeltpunkt. Hat man für die Hälfte des Durchschnittsverdiensts Beiträge gezahlt, wird ein halber Entgeltpunkt gutgeschrieben. Für das Jahr 2012 beträgt der Durchschnittsverdienst in den alten / neuen Bundesländern (vorläufig geschätzt) € 32 446,–/ € 27 605,–. Wenn Sie diesen Bruttoarbeitsverdienst erzielen, erhalten Sie genau einen Entgeltpunkt gutgeschrieben. Wer 2012 Beiträge von einem Verdienst in Höhe der Beitragsbemessungsgrenze (€ 67 200,–/ € 57 600,– alte / neue Bundesländer) einzahlt, bekommt 2,0711 / 2,0866 Entgeltpunkte gutgeschrieben.

➔ Zugangsfaktor (ZF)

Mit dem Zugangsfaktor wird der vorzeitige oder hinausgeschobene Rentenbezug berücksichtigt. Der Zugangsfaktor beträgt bei normalem Rentenbeginn (= Regelaltersrente von 65 Jahren + × Monaten wegen Anhebung der Altersgrenzen, siehe IV.) 1,0. Wird eine Altersrente nach Vollendung des Regelrentenalters nicht in Anspruch genommen, steigt der ZF über 1,0. Der kürzere Rentenbezug wird somit durch einen Zuschlag ausgeglichen. Der ZF ist niedriger als 1,0, wenn eine Altersrente vorzeitig in Anspruch genommen wird, wenn also z. B. ein Arbeitnehmer statt mit dem Beginn der Regelaltersrente von 65 Jahren + × Monaten bereits mit 63 Jahren Rente bezieht.

➔ Art der Rente (RaF)

Der Rentenartfaktor berücksichtigt die unterschiedlichen Sicherungsziele der einzelnen Rentenarten. Maßstab ist die Altersrente, die das Arbeitseinkommen ersetzt. Andere Renten haben demgegenüber zum Teil nur eine »Zuschuss«funktion, z. B. im Fall vorzeitiger Erwerbsunfähigkeit. Für die Altersrente und die Rente wegen voller Erwerbsminderung beträgt der RaF 1,0, für die Rente wegen teilweiser Erwerbsminderung 0,5 und für die Witwen-/Witwerrente 0,55. Damit beträgt diese Rente 55 % der Altersrente.

➔ Aktueller Rentenwert (aRW)

Der aRW ist der Betrag, der einer monatlichen Rente aus Beiträgen eines Durchschnittsverdieners für ein Jahr entspricht. Weil dieser Wert den jährlichen Durchschnittsarbeitsverdiensten angepasst wird, bewirkt er die sog. **Dynamisierung** der Rente, d. h. Anpassung der Rente an die allgemeine Lohnentwicklung. Der Rentenwert liegt seit dem 1. 7. 2011 bei € 27,47/ € 24,37 in den alten/neuen Bundesländern.

2. Niveausicherungsklausel, Rentengarantie, Riester-Faktor und Nachhaltigkeitsfaktor

Grundsätzlich gilt, dass die Renten an die Entwicklung der Löhne gekoppelt sind. Deshalb fielen z. B. die gewohnten Rentenerhöhungen in den drei Jahren 2004, 2005 und 2006 aus. Im Juli 2006 musste sogar eigens das »**Gesetz zur Weitergeltung des aktuellen Rentenwerts**« dafür sorgen, dass die Renten nicht gekürzt wurden. Der aktuelle Rentenwert orientiert sich nämlich am durchschnittlichen Bruttoverdienst aller Versicherten in der Deutschen Rentenversicherung, und der ist im Jahr 2006 erstmals in der Geschichte der Bundesrepublik Deutschland gesunken.

→ Niveausicherungsklausel und Rentengarantie

Die Rente hätte also trotz der gesetzlichen **Niveausicherungsklausel** sinken müssen. Aus politischen Gründen wurde die Senkung jedoch verhindert. Die ausgefallene Rentenkürzung sollte ab Juli 2010 mittels eines Nachholfaktors erfolgen. Angesichts der im Zuge der Finanzkrise gesunkenen Durchschnittsverdienste wurde jedoch im Mai 2009 erneut eine Sicherungsklausel, die sog. **Rentengarantie,** in das Regelwerk eingefügt, um die für 2010 erneut aufgrund gesunkener Durchschnittsverdienste drohende Rentenkürzung zu verhindern. Zum Ausgleich der Einnahmeausfälle werden ab dem Jahr 2011 die Renten nur noch halb so stark steigen wie rechnerisch möglich – bis die fehlenden Beiträge wieder hereingeholt wurden. Im Ergebnis werden damit Rentensteigerungen in den kommenden Jahren etwas geringer ausfallen als nach der Rentenformel zu erwarten.

→ Riester-Faktor

Daneben hat der Gesetzgeber zuvor bereits zwei andere Faktoren in die Rentenanpassungsformel eingeführt, die zu einer Senkung des aktuellen Rentenwerts führen. Dämpfend auf den Anstieg der Rente wirken seit Juli 2001 der Riester-Faktor und seit Juli 2005 der Nachhaltigkeitsfaktor.

Zur Erklärung: Seit Juli 2001 wird die Entwicklung der Rentenzahlungen nach einer Anpassungsformel errechnet, in der die Lohnentwicklung, die Beiträge zur gesetzlichen Rentenversicherung und zusätzlich die **Beiträge zur privaten Altersvorsorge** (Riester-Rente) berücksichtigt werden. Der **Riester-Faktor** berücksichtigt die Aufwendungen der Riester-Sparer für ihre private Altersvorsorge. Er soll dafür sorgen, dass die Beitragszahler nicht noch stärker durch die steigenden Ausgaben für die Rente belastet werden.

→ Nachhaltigkeitsfaktor

Im Juli 2005 wurde außerdem der **Nachhaltigkeitsfaktor** in die Rentenanpassungsformel eingefügt. Er beruht auf dem **Verhältnis von Rentnern zu Beitragszahlern.** Nimmt die Anzahl der Rentner zu und die der Beitragszahler ab, wirkt sich das dämpfend auf die jährliche Rentenanpassung aus. Nimmt durch einen Wirtschaftsaufschwung die Anzahl der Beitragszahler zu, ohne dass die Anzahl der Rentner zunimmt, erhöht dieser Faktor umgekehrt den Rentenwert.

3. Anrechnungs- und Ersatzzeiten schließen Lücken im Versicherungsverlauf

Für den Versicherten ist aber nicht nur die **Höhe** seiner künftigen Rente von Bedeutung, sondern auch die **Wartezeit,** d. h. die Zeit, die er mindestens zurückgelegt haben muss, bevor er eine Rente beziehen kann. In der Regel beträgt diese Mindestversicherungszeit 5 Jahre. Wer 35 Jahre lang versichert war, kann unter bestimmten Voraussetzungen früher in Rente (ausführlich dazu unter III.).

Weil kaum ein Versicherter sein ganzes Leben nur versicherungspflichtig tätig ist, manchmal sogar trotz guten Willens überhaupt keine Beiträge zahlen kann, hat der Gesetzgeber bestimmte Ausnahmen von der Beitragszahlung vorgesehen. Eine besondere Bedeutung haben in diesem Zusammenhang Anrechnungszeiten und Ersatzzeiten.

➔ Anrechnungszeiten

Anrechnungszeiten sind Zeiten, in denen ein Versicherter aus schutzwürdigen Gründen keine Beiträge eingezahlt hat (sog. **beitragsfreie Zeiten),** die aber dennoch für die Wartezeit von 35 Jahren und die Rentenberechnung berücksichtigt werden. Dazu zählen z. B. Zeiten der Mutterschaft und der Arbeitslosigkeit. Von den Anrechnungszeiten sind die »**anrechenbaren Zeiten**« zu unterscheiden. Das sind rentenrechtliche Zeiten, die auf die verschiedenen für den Rentenanspruch erforderliche Wartezeiten anzurechnen sind.

➔ Ersatzzeiten

Ersatzzeiten konnten vor 1992 als sog. **beitragsfreie Zeiten** erworben werden; sie zählen bei den Wartezeiten und bei der Rentenberechnung mit. Ersatzzeittatbestände sind z. B. Zeiten des Wehrdienstes, des Kriegsdienstes oder der Kriegsgefangenschaft, der Vertreibung, Flucht und Unrechtshaft in der DDR.

4. So wird die Rente berechnet

Die Formel für die Rentenberechnung lautet:

Monatsrente = Persönliche Entgeltpunkte (EP) × Zugangsfaktor (ZF) × Rentenartfaktor (RaF) × aktueller Rentenwert (aRW)

F

Beispiel:
Persönliche Entgeltpunkte 45,6700 (diese ergeben sich aus der Addition der Entgeltpunkte sämtlicher rentenrechtlicher Zeiten, also Jahre, in denen Beiträge gezahlt bzw. – z. B. für Kindererziehung – angerechnet wurden)

Zugangsfaktor 1,0 (kein Rentenabschlag)

Rentenartfaktor 1,0 (z. B. Regelaltersrente)

Aktueller Rentenwert € 27,47 (alte Bundesländer)

Monatsrente = 45,6700 × 1 × 1 × € 27,47 = € 1 254,55

Wenn Sie statt der Regelaltersrente eine Rente wegen **teilweiser Erwerbsminderung** erhalten, beträgt der Rentenartfaktor **0,5.** Die Erwerbsminderungsrente beläuft sich dann nur auf € 627,28 monatlich (45,6700 × 1,0 × 0,5 × € 27,47).

II. Ihr Anspruch auf Altersrente

Sie haben einen Anspruch auf Altersrente, wenn Sie die folgenden Voraussetzungen erfüllen:

- Sie müssen das entsprechende Lebensjahr vollendet und
- die Wartezeit (= Versicherungszeit) erfüllt und
- die jeweiligen versicherungsrechtlichen Voraussetzungen erfüllt und
- den Antrag gestellt haben und
- die Hinzuverdienstgrenze einhalten.

Geregelt ist das Recht der gesetzlichen Rentenversicherung im Sozialgesetzbuch Sechstes Buch (SGB VI).

1. Ihr Lebensalter

Stellen Sie sich vor, Sie feiern am 14. Februar im Kreis Ihrer Lieben Ihren 59. Geburtstag. In welchem Lebensjahr befinden Sie sich dann? Richtig, im 60. Lebensjahr! Ihr 60. Lebensjahr **vollenden** Sie aber erst wieder in einem Jahr, und zwar am Tag vor Ihrer großen Geburtstagsparty zum 60. Geburtstag, also am 13. Februar. Denn am 60. Geburtstag befinden Sie sich ja schon im 61. Lebensjahr.

Diese juristischen Spitzfindigkeiten wirken sich auf die Frage aus, wann Ihre Altersrente beginnt. Alle Voraussetzungen für Ihre Altersrente müssen nämlich zum **Beginn des Monats** erfüllt sein. Hierzu gehört auch das **vollendete Lebensalter.**

Beispiel:

Sie wollen mit 65 Jahren in Rente gehen. Wann beginnt Ihre Rente?

Sind Sie am 14. Mai geboren, beginnt Ihre Altersrente am 1. Juni.

Sind Sie am 1. November geboren, beginnt Ihre Altersrente am 1. November. Ihr 65. Lebensjahr vollenden Sie ja am 31. Oktober.

2. Nachweis Ihres Lebensalters

Ihr Lebensalter weisen Sie mit Ihrer Geburtsurkunde nach. Sofern Sie **in Deutschland geboren** sind und die deutsche Staatsangehörigkeit besitzen, reicht auch die Vorlage Ihres **gültigen Personalausweises.**

III. Die Wartezeiten

Wartezeit ist ein alter, oft missverstandener Begriff; er bedeutet nichts anderes als **Mindestversicherungszeit.** Für die unterschiedlichen Rentenarten gibt es entsprechend unterschiedliche Wartezeiten, auf die nicht immer alle rentenrechtlichen Zeiten angerechnet werden.

	5 Jahre (= allgemeine Wartezeit)	**15 Jahre**	**35 Jahre**	**45 Jahre**
Beitragszeiten	X	X	X	X (ohne ALG II)
Anrechnungszeiten			X	
Berücksichtigungszeiten			X	X
Ersatzzeiten	X	X	X	
Versorgungsausgleich	X	X	X	
Rentensplitting unter Ehegatten	X	X	X	

1. Allgemeine Wartezeit, Wartezeit von 15 Jahren

Auf die allgemeine Wartezeit von fünf Jahren und auf die Wartezeit von 15 Jahren werden Beitrags- und Ersatzzeiten, Zeiten aus einem Versorgungsausgleich oder Rentensplitting unter Ehegatten angerechnet. Die Erfüllung der allgemeinen Wartezeit ist Voraussetzung für die Regelaltersrente. Die Erfüllung der Wartezeit von 15 Jahren ist Voraussetzung für die Altersrente für Frauen und die Altersrente wegen Arbeitslosigkeit oder Altersteilzeitarbeit.

→ Beitragszeiten

Beitragszeiten sind Pflichtbeitragszeiten wie

- Pflichtbeiträge aus einem Arbeitsverhältnis (inkl. »aufgestockter Beiträge« aus einem Mini-Job) oder als versicherungspflichtiger Selbstständiger,
- Kindererziehungszeiten (KEZ),
- nicht erwerbsmäßige Pflege ab dem 1. 4. 1995,
- Grundwehrdienst / Zivildienst / Bundesfreiwilligendienst,
- Bezug von Krankengeld, Verletztengeld, Versorgungskrankengeld, Übergangsgeld oder Arbeitslosengeld I,
- Arbeitslosengeld II,
- Vorruhestandsgeld oder
- Zeiten mit freiwilligen Beiträgen.

→ Kindererziehungszeiten

Für jedes Kind, das Sie vor 1991 geboren und erzogen haben, bekommen Sie in dessen erstem Lebensjahr ein Jahr Kindererziehungszeit (KEZ) auf die Wartezeit angerechnet; für Kinder, die Sie nach 1992 geboren haben, sogar drei Jahre.

Beispiel:
Renate K. hat am 10. 7. 1963 ihren Sohn Lucas und am 3. 3. 1967 ihre Tochter Simone geboren. Die KEZ laufen somit vom 1. 8. 1963 bis zum 31. 7. 1964 (= 12 Monate) und vom 1. 4. 1967 bis 31. 3. 1968 (= 12 Monate).

Marlies E. hat am 5. 5. 1955 die Zwillinge Max und Moritz geboren. Die KEZ laufen somit vom 1. 6. 1955 bis 31. 5. 1957 (= 24 Monate).

➔ Mini-Job

Auf die Wartezeiten werden auch Zeiten der geringfügigen nicht versicherungspflichtigen Beschäftigung ab dem 1. 4. 1999 angerechnet. Hierbei zählen allerdings nur Monate, in denen Sie schriftlich gegenüber Ihrem Arbeitgeber auf die Versicherungsfreiheit verzichtet (= **aufgestockt**) haben, wie Pflichtbeitragszeiten. Haben Sie hiervon keinen Gebrauch gemacht, so wirkt sich Ihre geringfügige Beschäftigung nur minimal aus. Die Umrechnung eines Jahres mit geringfügiger nicht versicherungspflichtiger Beschäftigung ist etwas kompliziert (siehe Rentenauskunft). So ergibt ein Jahr mit einem Mini-Job vier Kalendermonate, zwei Jahre aber nur sieben Kalendermonate (und nicht etwa acht Kalendermonate).

➔ Versorgungsausgleich

Wenn Sie nach dem 30. 6. 1977 geschieden worden sind, ist in den meisten Fällen auch ein Versorgungsausgleich durchgeführt worden. Die Ihnen übertragenen Geldbeträge werden zusätzlich in Wartezeitmonate umgerechnet. Haben Sie im Versorgungsausgleich Entgeltpunkte abgeben müssen, haben Sie zwar Rente, **aber keine Wartezeitmonate** verloren.

➔ Rentensplitting unter Ehegatten

Sollten Sie sich bei Ihrer Scheidung für ein Rentensplitting unter Ehegatten entschieden haben, erhalten Sie vergleichbar dem Versorgungsausgleich Wartezeitmonate hinzu. Die Möglichkeit des Rentensplittings unter Ehegatten ist noch recht neu und kommt noch nicht so oft in der Praxis vor.

2. Wartezeit von 35 Jahren

Auf die Wartezeit von 35 Jahren werden alle rentenrechtlichen Zeiten angerechnet. Neben den Zeiten, die bereits auf die allgemeine Wartezeit angerechnet werden (im vorigen Abschnitt erläutert), werden zusätzliche Anrechnungszeiten und Berücksichtigungszeiten berücksichtigt. Die erfüllte Wartezeit von 35 Jahren ist Voraussetzung für die Altersrente für schwerbehinderte Menschen und die Altersrente für langjährig Versicherte.

➔ Anrechnungszeiten

Mit der Rentenreform von 1992 wurde der Begriff »Ausfallzeiten« in »Anrechnungszeiten« umbenannt. Im Gegensatz zur alten Rechtslage werden aber Anrechnungszeiten nun meist nicht mehr bewertet. Das bedeutet: **Anrechnungszeiten helfen zwar die Wartezeit von 35 Jahren zu erfüllen,** eine

Rente bekommt man ab einem Rentenbeginn 1. 1. 2009 für diese Zeiten meist aber nicht mehr (Ausnahme: Krankheit, Schwangerschaft / Mutterschaft).

Folgende Anrechnungszeiten werden nur dann angerechnet, wenn sie eine versicherte Beschäftigung / Tätigkeit **unterbrechen** (Lücke zwischen Ende der Pflichtversicherung und Beginn der Anrechnungszeit kleiner als ein Kalendermonat):

- Zeiten der Arbeitsunfähigkeit/Teilnahme an Leistungen zur Teilhabe oder medizinischen Rehabilitation,
- Zeiten der Schwangerschaft (sechs Wochen vor der Geburt) und Mutterschaft (acht Wochen bzw. zwölf Wochen bei Mehrlingsgeburten nach der Geburt),
- Zeiten der Ausbildungssuche ab dem 17. Lebensjahr mit Meldung bei der Agentur für Arbeit,
- Zeiten der Arbeitslosigkeit **mit** Leistungsbezug von der Agentur für Arbeit,
- Zeiten der Arbeitslosigkeit mit Meldung bei der Agentur für Arbeit **ohne** Leistungsbezug wegen des zu berücksichtigenden Vermögens.

Tipp:
Stellen Sie immer den schriftlichen Antrag auf ALG II, auch wenn Sie wissen, dass Sie wegen fehlender Bedürftigkeit keinen Anspruch haben werden. Der Grund für die Nichtzahlung von ALG II muss für die spätere Rente die fehlende Bedürftigkeit und nicht der fehlende Antrag sein!

Für folgende Anrechnungszeiten muss eine versicherte Beschäftigung **nicht unterbrochen** sein:

- Krankheitszeiten zwischen dem 17. und 25. Lebensjahr,
- Besuch einer Schule, Fachschule oder Hochschule oder Teilnahme an einer berufsvorbereitenden Bildungsmaßnahme ab dem 17. Geburtstag insgesamt **für maximal acht Jahre,**
- Bezug einer Rente mit Zurechnungszeit (also Rente wegen Erwerbsminderung, Berufs- oder Erwerbsunfähigkeit).

Anrechnungszeiten werden nur berücksichtigt, wenn sie mindestens einen **vollen Kalendermonat** umfassen.

→ Berücksichtigungszeiten

Für Berücksichtigungszeiten gab und gibt es nicht direkt eine Rente. Sie hilft vielmehr die Wartezeit von 35 Jahren zu erfüllen und im Rahmen der Rentenberechnung die Bewertung von Zeiträumen mit Teilzeitentgelt zu verbessern.

→ Kinderberücksichtigungszeiten

Kinderberücksichtigungszeiten (Kibüz) umfassen – unabhängig vom Zeitpunkt der Geburt des Kindes – dessen **ersten zehn Lebensjahre.** Für die Anrechnung von Kibüz müssen die Voraussetzungen für die Anrechnung von Kindererziehungszeiten (KEZ) vorliegen. Das bedeutet, dass KEZ und Kibüz bei der Person angerechnet werden, die die Kinder **überwiegend erzogen** hat. Das ist meist die Mutter. Erziehen Sie gleichzeitig mehrere Kinder, dann zählen Kinderberücksichtigungszeiten (anders als die Kindererziehungszeiten) nicht doppelt bei der Wartezeit.

Sollen KEZ und Kibüz **beim Vater** angerechnet werden, so müssen die Eltern während der laufenden Erziehung eine »Gemeinsame Erklärung« gegenüber der Deutschen Rentenversicherung abgeben. Diese Erklärung wirkt nur für die Zukunft (und maximal für zwei Monate rückwirkend). Sie können also heute nicht kurz vor Rentenbeginn hingehen und die KEZ und Kibüz so auf Ihren beiden Rentenkonten »verteilen«, dass eine höhere Rente bzw. ein Rentenanspruch zustande kommt. Diese Gestaltungsmöglichkeit gibt es nicht mehr.

→ Berücksichtigungszeiten wegen Pflege

Bis zur Einführung der Rentenversicherungspflicht bei ehrenamtlicher Pflege am 1. 4. 1995 gab es in der Zeit vom 1. 1. 1992 bis 31. 3. 1995 als Vorläufer Berücksichtigungszeiten wegen Pflege. Pflegezeiten vor 1992 werden in der Rentenversicherung überhaupt nicht berücksichtigt.

→ Berücksichtigungszeiten wegen Pflege des eigenen Kindes

Haben Sie nach 1991 Ihr eigenes Kind gepflegt (pflegebedürftig i. S. d. Pflegeversicherung), so erhalten Sie bis zu dessen 18. Geburtstag Berücksichtigungszeiten wegen Pflege. Voraussetzung ist aber, dass Sie insgesamt 25 Jahre mit rentenrechtlichen Zeiten haben.

Tipp:
Berücksichtigungszeiten wegen Pflege können bei der Mutter oder dem Vater angerechnet werden.

3. Wartezeit von 45 Jahren

Die Erfüllung der Wartezeit von 45 Jahren ist für die Geburtsjahrgänge 1947 und jünger Voraussetzung für eine abschlagsfreie Altersrente mit 65 Jahren.

Auf die besondere Wartezeit von 45 Jahren werden **nur**

- Pflichtbeitragszeiten (aber ohne Zeiten mit Arbeitslosengeld I oder II) und
- Berücksichtigungszeiten angerechnet.

Die Wartezeit von 45 Jahren ist auch nicht mit Zeiten aus dem Versorgungsausgleich oder Rentensplitting unter Ehegatten erfüllbar.

IV. Die Anhebung der Regelaltersgrenze

Die Regelaltersrente ist die einfachste Art der Altersrente, die es gibt. Wie der Name schon sagt, soll diese Rentenart in der Regel (= im Normalfall) bezogen werden. Alle anderen Rentenarten sind Ausnahmen, die aber tatsächlich häufiger vorkommen. Der Gesetzgeber hat die stufenweise Anhebung der Regelaltersgrenze von 65 auf 67 Jahre beschlossen. Erstmals ist der Geburtsjahrgang 1947 mit Rentenzugang im Jahr 2012 hiervon betroffen:

Anhebung der Regelaltersgrenze

Geburtsjahr	Anhebung um ... Monate	auf Alter	
		Jahr	Monate
1947	1	65	1
1948	2	65	2
1949	3	65	3
1950	4	65	4
1951	5	65	5
1952	6	65	6
1953	7	65	7
1954	8	65	8
1955	9	65	9
1956	10	65	10
1957	11	65	11

Geburtsjahr	Anhebung um ... Monate	auf Alter	
		Jahr	Monate
1958	12	66	0
1959	14	66	2
1960	16	66	4
1961	18	66	6
1962	20	66	8
1963	22	66	10
1964 und jünger	24	67	0

Sind Sie vor 1947 geboren, bleibt es für Sie bei der Altersgrenze von 65 Jahren.

Vertrauensschutz: Sind Sie vor dem 1. 1. 1955 geboren **und** haben Sie vor dem 1. 1. 2007 einen Vertrag über Altersteilzeit unterschrieben? Auch dann gilt für Sie weiterhin die Regelaltersgrenze von 65 Jahren.

V. Die Rentenarten im Einzelnen

Wie gerade im Abschnitt IV. ausgeführt, ist die Regelaltersrente sozusagen die »normale« Altersrente; bis zum 31. 12. 2011 konnte man diese Rente (nach Erfüllung der Mindestwartezeit von fünf Jahren) in Anspruch nehmen. Daneben gibt es noch eine Reihe anderer Altersrenten, die von der Erfüllung bestimmter Voraussetzungen abhängig sind und meist einen Rentenbeginn vor dem Erreichen des Regelrentenalters ermöglichen. Zum Ausgleich für den **vorzeitigen Rentenbeginn** wird die Rente um einen Abschlag gekürzt. Dieser **Rentenabschlag** beträgt pro Monat der vorzeitigen Inanspruchnahme **0,3 % der Monatsrente** und gilt **lebenslang!**

Die Renten wegen Alters werden geleistet als

- Regelaltersrente,
- Altersrente für besonders langjährig Versicherte,
- Altersrente für langjährig Versicherte,
- Altersrente für schwerbehinderte Menschen.

Sofern Sie **vor 1952** geboren sind, könnten für Sie zusätzlich noch infrage kommen:

- Altersrente für Frauen und
- Altersrente wegen Arbeitslosigkeit oder nach Altersteilzeit.

Im Idealfall erfüllen Sie gleichzeitig die Voraussetzungen für verschiedene Rentenarten. Sie können sich dann für die Rentenart entscheiden, bei der Sie mit möglichst wenig Abschlägen die höchste Rente erhalten.

1. Regelaltersrente

Sie haben Anspruch auf Regelaltersrente, wenn Sie

- die Regelaltersgrenze erreicht und
- die allgemeine Wartezeit von fünf Jahren erfüllt haben.

Eine **vorzeitige Inanspruchnahme** unter Hinnahme von Abschlägen ist **nicht möglich.** Bei der Regelaltersrente brauchen Sie – im Gegensatz zu allen anderen Altersrenten – **keine Hinzuverdienstgrenzen** zu beachten.

Auf **freiwilliger** Basis können Sie **über Ihre Regelaltersgrenze hinaus arbeiten** und den Beginn Ihrer Regelaltersrente verschieben. Für den späteren Beginn Ihrer Rente werden Sie mit einem kleinen Rentenzuschlag von 0,5 % pro Monat belohnt. Wenn Sie eine versicherungspflichtige Beschäftigung aufnehmen – z. B. eine Angestelltentätigkeit (aber keinen Mini-Job) –, dann zahlen Sie Beiträge für die gesetzliche Kranken-, Pflege- und Rentenversicherung, nicht aber für die gesetzliche Arbeitslosenversicherung. Die gezahlten Beiträge für die Rentenversicherung erhöhen Ihren Rentenanspruch zusätzlich.

2. Altersrente für besonders langjährig Versicherte

Die Altersrente für besonders langjährig Versicherte können Sie erhalten, wenn Sie

- das 65. Lebensjahr vollendet **und**
- die besondere Wartezeit von 45 Jahren erfüllt haben.

Für die Altersrente gilt das alte Rentenrecht mit dem Regelrentenalter 65 Jahre weiter. Es reicht aber nicht aus, dass Sie bereits **vor** dem 65. Lebensjahr auf 45 Jahre mit Pflichtbeiträgen (ohne Arbeitslosengeld I oder II) zurückblicken können; Sie müssen beide Voraussetzungen mit dem **65. Geburtstag** erfüllen. Ein **vorzeitiger Bezug** dieser Altersrente – auch mit Abschlägen – ist **nicht möglich.**

Tipp:
Werden Sie kurz vor der Erfüllung der besonderen Wartezeit von 45 Jahren arbeitslos, kann Sie ein Mini-Job mit **Aufstockung** vor dem Rentenabschlag bewahren. Hierzu **verzichten Sie** Ihrem Arbeitgeber gegenüber **schriftlich auf die Versicherungsfreiheit** in Ihrer geringfügigen Beschäftigung. Das Entgelt wird Ihnen zwar u. U. auf das Arbeitslosengeld I bzw. ALG II ganz oder teilweise angerechnet. Wenn Sie dadurch aber mit 65 Jahren abschlagsfrei in Altersrente gehen können, dann dürfte sich das finanziell ganz sicher lohnen. Wie viele Monate Ihnen evtl. noch zur Erfüllung der 45 Jahre fehlen, können Sie Ihrer aktuellen **Rentenauskunft** (nicht Renteninformation) entnehmen.

3. Altersrente für langjährig Versicherte

Sie haben Anspruch auf die Altersrente für langjährig Versicherte, wenn Sie

- abhängig von Ihrem Geburtsdatum das maßgebliche Lebensjahr vollendet und
- die Wartezeit von 35 Jahren erfüllt haben.

Die **vorzeitige Inanspruchnahme** dieser Rente ist – abhängig vom Geburtstag – zwischen dem 62. und 63. Lebensjahr möglich.

→ Geburtsjahrgänge bis 1948

Sind Sie bis zum 31. 12. 1948 geboren, so können Sie die Altersrente für langjährig Versicherte ab dem 63. Geburtstag beantragen. Hierbei wird Ihnen für jeden Monat, den Sie vor dem 65. Geburtstag in Rente gehen, **lebenslang** 0,3 % abgezogen.

→ Geburtsjahrgänge 1949 und jünger: Anhebung der Altersgrenze

Die Altersgrenze für die Altersrente für langjährig Versicherte wird für Sie wie folgt von 65 auf 67 Jahre angehoben:

F

F2: Die verschiedenen Altersrenten

Geburtsmonat und -jahr	Anhebung um ... Monate	auf Alter		Vorzeitige Inanspruchnahme möglich ab ... Jahre	Abschlag
		Jahr	Monate		
Jan. 1949	1	65	1	63	7,5 %
Feb. 1949	2	65	2	63	7,8 %
Mrz.– Dez. 1949	3	65	3	63	8,1 %
1950	4	65	4	63	8,4 %
1951	5	65	5	63	8,7 %
1952	6	65	6	63	9,0 %
1953	7	65	7	63	9,3 %
1954	8	65	8	63	9,6 %
1955	9	65	9	63	9,9 %
1956	10	65	10	63	10,2 %
1957	11	65	11	63	10,5 %
1958	12	66	0	63	10,8 %
1959	14	66	2	63	11,4 %
1960	16	66	4	63	12,0 %
1961	18	66	6	63	12,6 %
1962	20	66	8	63	13,2 %
1963	22	66	10	63	13,8 %
1964	24	67	0	63	14,4 %

Sind Sie vor 1949 geboren, bleibt es für Sie bei der Altersgrenze von 65 Jahren.

Vertrauensschutz: Sind Sie vor dem 1. 1. 1955 geboren **und** haben Sie vor dem 1. 1. 2007 einen Vertrag über Altersteilzeit unterschrieben? Auch dann gilt für Sie weiterhin die Regelaltersgrenze von 65 Jahren.

→ Altersrente für langjährig Versicherte bereits ab 62 Jahren

Ein kleiner Kreis von Versicherten hat darüber hinaus die Möglichkeit, die Altersrente für langjährig Versicherte bereits ab dem 62. Geburtstag in Anspruch zu nehmen. Der höchstmögliche Rentenabschlag beträgt 10,8 %; für diese Versicherten bleibt es damit auch beim Regelrentenalter von 65 Jahren. Sie gehören dazu, wenn Sie diese **Vertrauensschutzregel** erfüllen:

Sind Sie nach dem 31. 12. 1947 **und** vor dem 1. 1. 1955 geboren und haben Sie vor dem 1. 1. 2007 einen Vertrag über Altersteilzeit unterschrieben? Dann können Sie die Altersrente für langjährig Versicherte bereits mit 62 Jahren beanspruchen. Sie müssen dann aber folgende Abschläge in Kauf nehmen:

Geburtsmonat	Geburtsjahr	Frühestmöglich ab ... Jahre	Monate	Abschlag
Jan. bis Feb.	1948	62	11	7,5 %
Mrz. bis Apr.	1948	62	10	7,8 %
Mai bis Jun.	1948	62	9	8,1 %
Jul. bis Aug.	1948	62	8	8,4 %
Sep. bis Okt.	1948	62	7	8,7 %
Nov. bis Dez.	1948	62	6	9,0 %
Jan. bis Feb.	1949	62	5	9,3 %
Mrz. bis Apr.	1949	62	4	9,6 %
Mai bis Jun.	1949	62	3	9,9 %
Jul. bis Aug.	1949	62	2	10,2 %
Sep. bis Okt.	1949	62	1	10,5 %
Nov. bis Dez.	1949	62	0	10,8 %
	1950 bis 1963	62	0	10,8 %

4. Altersrente in besonderen Fällen

Zusätzlich gibt es noch Altersrenten in folgenden Fällen:

- Altersrente für schwerbehinderte Menschen,
- Altersrente für Frauen, die bis 1951 geboren wurden,
- Altersrente wegen Arbeitslosigkeit oder nach Altersteilzeit bis Jahrgang 1951.

In diesen Fällen ist eine vorzeitige Altersrente, teilweise sogar ohne Rentenabschlag, möglich. Hier empfiehlt sich die Kontaktaufnahme mit einer der Beratungsstellen der Deutschen Rentenversicherung (Bund).

Renten wegen Erwerbsminderung

Nur noch wenige Jahre bis zur wohlverdienten Altersrente – doch was ist, wenn Sie es bis dorthin aus **gesundheitlichen Gründen** nicht schaffen? Wenn Sie Herz-, Kreislauf-, Rücken- oder psychische Erkrankungen einfach nicht mehr bis zum 60., 65. oder gar 67. Lebensjahr arbeiten lassen? Jeder Vierte schafft es nämlich nicht, bis zum regulären Renteneintritt zu arbeiten.

I. Persönliche Voraussetzungen

Seitdem der Gesetzgeber im Jahr 2001 das Rentenrecht reformiert, also für die Rentner verschlechtert hat, gibt es in der gesetzlichen Rente nur noch **»Renten wegen Erwerbsminderung«.** Das Gesetz unterscheidet dabei zwischen teilweiser und voller Erwerbsminderung. Berufsunfähigkeitsrenten (BU-Renten) gibt es nur noch auf dem privaten Sektor. Sie sind, wie die Erwerbsunfähigkeitsrenten (EU-Renten), für den Bereich der gesetzlichen Rentenversicherung abgeschafft. Erwerbsfähigkeit ist, je nach verbliebener Leistungsfähigkeit, wie folgt gegliedert:

Stundenzahl	**Erwerbsfähigkeit**
weniger als acht Stunden	erwerbsfähig
weniger als sechs, aber mehr als drei Stunden oder wenn vor dem 2. 1. 1961 geboren und berufsunfähig	teilweise erwerbsgemindert
weniger als drei Stunden	voll erwerbsgemindert

1. Teilweise Erwerbsminderung

Teilweise erwerbsgemindert sind Sie, wenn Sie wegen

- einer Erkrankung oder einer Behinderung
- auf unbestimmte Zeit

außerstande sind,

- unter den üblichen Bedingungen des **allgemeinen** Arbeitsmarkts
- mindestens **sechs Stunden** täglich

erwerbstätig zu sein.

Wenn Sie nur noch zwischen acht und sechs Stunden täglich arbeiten können, gelten Sie nicht als erwerbsgemindert.

Nach aktuellem Recht spielt es keine Rolle mehr, welchen Beruf Sie mal gelernt haben bzw. aktuell ausüben. Es geht nur noch darum, ob Sie **irgendeine** Arbeit auf dem **allgemeinen** Arbeitsmarkt ausüben können oder nicht. Hierzu gehören alle denkbaren (und undenkbaren) einfachsten Tätigkeiten.

2. Volle Erwerbsminderung

Voll erwerbsgemindert sind Sie, wenn Sie wegen

- einer Erkrankung oder einer Behinderung
- auf unbestimmte Zeit

außerstande sind,

- unter den üblichen Bedingungen des **allgemeinen** Arbeitsmarkts
- mindestens **drei Stunden** täglich

erwerbstätig zu sein.

Im Gegensatz zur alten Rechtslage spielt es keine Rolle, ob Sie weiterhin selbstständig tätig sind, z. B. als Handwerksmeister. Die Rente könnte bei Überschreiten der Hinzuverdienstgrenze allerdings ruhen.

3. Rente wegen teilweiser Erwerbsminderung bei Berufsunfähigkeit

Wenn Sie

- vor dem 2. 1. 1961 geboren sind und
- berufsunfähig

sind, sind Sie **teilweise** erwerbsgemindert.

Wenn Sie also nach altem Recht berufsunfähig wären, erhalten Sie eine Rente wegen teilweiser Erwerbsminderung (und nicht etwa eine Rente wegen Berufsunfähigkeit).

Sie sind berufsunfähig, wenn Sie

- wegen Krankheit oder Behinderung
- im Vergleich zu anderen Menschen Ihres Berufs
- **weniger als sechs Stunden** täglich

arbeiten können.

Hier spielt also Ihre berufliche Ausbildung und Ihre aktuelle Berufstätigkeit wieder eine Rolle. Diese Prüfung ist einfach, wenn Sie einen Abschluss in einem anerkannten Ausbildungsberuf vorweisen können, in diesem immer gearbeitet haben und dann erkranken (z. B. Bäcker mit Mehlallergie). Die Prüfung wird kompliziert – und ist dann meist ein Fall für das Sozialgericht –, wenn Sie in Ihrem Berufsleben keine oder mehrere Ausbildungen gemacht haben.

4. Auf Dauer oder auf Zeit?

Die bei Ihnen vorliegende Erwerbsminderung wird meist auf Zeit angenommen, da die Gutachter die Hoffnung haben, dass sich Ihr Gesundheitszustand in Zukunft bessern könnte (z. B. bei einer Krebserkrankung). In den seltensten Fällen wird direkt eine Erwerbsminderung auf Dauer angenommen.

Zeitrenten beginnen mit dem siebten Kalendermonat nach Eintritt der Erwerbsminderung. Sie müssen selbst an die rechtzeitige Beantragung der Folgerente denken (etwa drei bis vier Monate vor Ende der Zeitrente)!

II. Rentenrechtliche Voraussetzungen

Neben der Erwerbsminderung müssen Sie für den Rentenbezug zusätzlich noch die versicherungsrechtlichen Voraussetzungen unmittelbar **vor** Eintritt der Erwerbsminderung erfüllen.

1. Erfüllung der allgemeinen Wartezeit

Auf die allgemeine Wartezeit (= Mindestversicherungszeit) von fünf Jahren (= 60 Kalendermonaten) werden folgende rentenrechtliche Zeiten angerechnet:

- **Beitragszeiten**
  Beschäftigungszeiten aus einem Arbeitsverhältnis (auch aufgestockte Beiträge aus einem Mini-Job), Bezug von Lohnersatzleistungen (Kranken-, Verletzten-, Versorgungskranken-, Übergangs- oder Arbeitslosengeld I, ALG II), Kindererziehungszeiten im ersten (Geburt bis 1991) bzw. bis zum dritten (Geburt ab 1992) Lebensjahr des Kindes, ehrenamtliche Pflege ab dem 1. 4. 1995, Grundwehr- oder Zivildienstzeit oder freiwillige Beiträge.

- **Ersatzzeiten**
  Stehen im Zusammenhang mit dem II. Weltkrieg und können längstens bis zum 31. 12. 1991 angerechnet werden. Hierzu gehören auch Vertreibung oder Flucht aus der ehemaligen DDR.
- **Zeiten aus dem Versorgungsausgleich**
  Die im Scheidungsverfahren hinzugewonnenen Geldbeträge werden in Wartezeitmonate umgerechnet.
- **Anrechnungszeiten (früher: Ausfallzeiten)**
  z. B. wegen Schulbesuch und **Berücksichtigungszeiten** wegen Kindererziehung oder Pflege bis 31. 3. 1995 zählen hier nicht mit.

2. Die Regel »36 in 60«

Wenn Sie die allgemeine Wartezeit erfüllt haben, müssen Sie noch in den letzten fünf Jahren **vor** Eintritt der Erwerbsminderung mindestens 36 Monate mit Pflichtbeiträgen nachweisen (also ausdrücklich keine freiwilligen Beiträge oder geringfügiger Mini-Job ohne Aufstockung).

Diese Voraussetzung ist bei Ihnen offensichtlich erfüllt, wenn Sie aus der jährlichen Renteninformation die Höhe der Rente wegen Erwerbsminderung ersehen können. Wer seit Jahren laufend in einem Arbeitsverhältnis steht, braucht sich hierüber keine Gedanken zu machen.

Keinen versicherungsrechtlichen Anspruch auf die Rente wegen Erwerbsminderung haben häufig Hausfrauen, nicht versicherungspflichtige Selbstständige und Beamte.

Tipp:
Wenn Ihr Anspruch auf Arbeitslosengeld I ausläuft, sollten Sie unbedingt den Antrag auf ALG II (»Hartz IV«) stellen, auch wenn Sie voraussichtlich nicht bedürftig sind. Wird Ihr Antrag wegen fehlender Bedürftigkeit abgelehnt, wird Ihnen trotzdem eine Anrechnungszeit im Rentenkonto gutgeschrieben. Sie halten hierdurch Kontakt zur Rentenversicherung und verlieren den versicherungsrechtlichen Anspruch auf eine Rente wegen Erwerbsminderung nicht (Stichwort: Verlängerung des 5-Jahres-Zeitraums). Stellen Sie den Antrag auf ALG II nicht, ist der Grund für die Nicht-Zahlung von ALG II der fehlende Antrag (und nicht etwa die fehlende Bedürftigkeit). Sie riskieren dann, den Anspruch auf eine Rente wegen Erwerbsminderung zu verlieren.

III. Das Antragsverfahren

1. Vorher alle anderen Töpfe ausschöpfen

Sicherlich können Sie sich denken, dass es nicht so leicht werden wird, die **Gutachter** der Deutschen Rentenversicherung davon zu überzeugen, dass Sie ernsthaft krank sind und Anspruch auf die Rente wegen Erwerbsminderung haben. Manchmal aber wollen Sie die Rente wegen Erwerbsminderung auch gar nicht haben – zumindest nicht zum jetzigen Zeitpunkt.

Der Weg aus einem laufenden Arbeitsverhältnis in eine Rente wegen Erwerbsminderung ist vergleichbar mit einer Treppe:

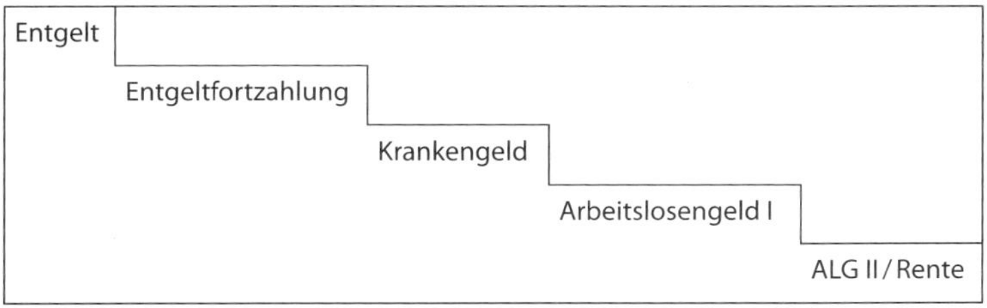

2. Krankengeld und Arbeitslosengeld

Wenn Sie krank werden, haben Sie zunächst Anspruch auf Entgeltfortzahlung durch Ihren Arbeitgeber (mindestens sechs Wochen). Im Anschluss daran haben Sie längstens 78 Wochen Anspruch auf Krankengeld. Haben Sie das Krankengeld voll ausgeschöpft, werden Sie »**ausgesteuert**«. Hieran schließt sich dann noch ein Anspruch auf Arbeitslosengeld I an (auch wenn Sie nicht gekündigt wurden). Die Dauer des Arbeitslosengelds hängt von Ihrer Vorversicherungszeit ab. Danach bleibt Ihnen nur die Rente (wenn Sie darauf keinen Anspruch haben: Arbeitslosengeld II).

Im Normalfall sind Krankengeld oder Arbeitslosengeld **höher** als die Ihnen zustehende Rente wegen Erwerbsminderung. Schön, wenn die Krankenkasse oder die Agentur für Arbeit Sie in Ruhe lassen würden und Sie Ihre Leistungsansprüche voll ausnutzen könnten. Leider müssen Sie aber damit rechnen, dass Ihre Krankenkasse oder die Agentur für Arbeit Sie zu einem Antrag zur Teilhabe (sprich: Rehabilitation) zwingt.

Tipp:
Ist Ihr Krankengeld / Arbeitslosengeld höher als die zu erwartende Rente wegen voller Erwerbsminderung? Wurden Sie zur Stellung eines Antrags auf Teilhabe oder Reha innerhalb von zehn Wochen aufgefordert? Dann nutzen Sie die Fristen, die Ihnen gesetzt werden. Um die Frist zu wahren, reicht notfalls ein Fax. Den fehlerfreien Empfang sollten Sie sich aber durch ein sofortiges Rückfax bestätigen lassen. Reichen Sie dann das gefaxte Dokument im Original nach. Anschließend wird ein Termin für die formelle Antragstellung vereinbart.

Kommt es zu einer Bewilligung der Rente wegen Erwerbsminderung und einer Nachzahlung der Rente, so machen Krankenkasse bzw. Agentur für Arbeit ihren **Erstattungsanspruch** gegenüber der Deutschen Rentenversicherung geltend. Sie hätten ja nicht zahlen müssen, wenn die Rente rechtzeitig beantragt und sofort bewilligt worden wäre. Aber keine Angst: Auf dem Unterschiedsbetrag zwischen dem höheren Kranken- oder Arbeitslosengeld und Ihrer niedrigeren Rente bleiben die Sozialleistungsträger sitzen.

Sie selbst brauchen kein Geld zurückzuzahlen. Krankenkasse und Agentur für Arbeit rechnen direkt mit der Deutschen Rentenversicherung ab. Über die Verrechnung der Nachzahlung und einer etwaigen Restnachzahlung erhalten Sie einen Bescheid von der Deutschen Rentenversicherung.

3. Checkliste

Folgende Unterlagen sollten Sie zur formellen Antragstellung **im Original** mitbringen:

- gültiger Personalausweis,
- Chipkarte Ihrer Krankenkasse,
- Bankverbindung (Achtung: Die Deutsche Rentenversicherung verlangt die Bankverbindung mit IBAN und BIC-Nummer – steht auf der Rückseite der ec-Karte / Maestro-Karte oder auf den Kontoauszügen, ggf. Bank fragen),
- persönliche Steueridentifikationsnummer (nicht die Steuernummer),
- Geburtsurkunde eines Kindes (für die Beitragsberechnung zur Pflegeversicherung der Rentner),
- letzte Rentenauskunft bzw. Renteninformation,
- ggf. aktuelle Bescheide der Krankenkasse bzw. Agentur für Arbeit,

- ausgefüllter Vordruck R 210,
- Unterlagen über Berufsausbildung,
- ggf. **Bescheid** über Schwerbehinderung (nicht Ausweis),
- medizinische Unterlagen,
- Anschrift Ihres Arbeitgebers,
- letzte Lohnabrechnung.

Achtung: Erwerbsminderung (= Rentenversicherung) und Schwerbehinderung (= Versorgungsamt) sind zwei Paar Schuhe. Beispiel: Gehörlose Menschen haben zwar einen Schwerbehindertenausweis von 100 %, doch ist damit nichts über ihre Erwerbsfähigkeit ausgesagt. Somit führt also ein Schwerbehindertenausweis **nicht automatisch** zu einer Rente wegen Erwerbsminderung.

4. Reha vor Rente

Im Verwaltungsverfahren bei der Deutschen Rentenversicherung wird geprüft, ob die drohende Erwerbsminderung nicht durch eine **Maßnahme zur Teilhabe (Rehabilitation)** abgewendet werden kann. Falls Ihnen eine Reha angeboten wird, sollten Sie diese auf jeden Fall nutzen. Nach Abschluss der Reha wird dann geprüft, ob hierdurch der Eintritt der Erwerbsminderung tatsächlich verhindert werden konnte.

IV. Höhe und Dauer der Rente wegen Erwerbsminderung

→ Die Höhe der Erwerbsminderungsrente

Schon aus der alljährlichen Renteninformation konnten Sie die Höhe Ihrer möglichen Rente wegen Erwerbsminderung ersehen. Hierbei handelt es sich aber um die Brutto-Rente. Wenn Sie in der gesetzlichen Kranken- und Pflegeversicherung pflichtversichert sind, müssen Sie hiervon noch Ihren Anteil tragen (8,2 % Krankenversicherung und 0,975 % Pflegeversicherung). Sofern Sie privat oder freiwillig versichert sind, erhalten Sie einen Zuschuss zur Kranken- und Pflegeversicherung (in Höhe der Hälfte des sonst von Ihnen und der Deutschen Rentenversicherung zu zahlenden Pflichtbeitrags).

Die Rente wegen Erwerbsminderung ist ein Spiegelbild Ihrer bisherigen Beitragsleistung. Um die fehlenden Beiträge bis zu Ihrem 60. Geburtstag auszugleichen, ist in der Rente wegen Erwerbsminderung bereits eine

Zurechnungszeit enthalten. Der Wert der Zurechnungszeit entspricht Ihrer bisherigen Beitragsleistung.

→ Hinzuverdienstgrenzen

Auch wenn es wie ein Widerspruch in sich klingt: Als Erwerbsminderungsrentner dürfen Sie hinzuverdienen. Hierbei sind € 400,– (Mini-Job) immer ungefährlich für Ihren Rentenanspruch. Sie dürfen sogar zweimal im Jahr bis zum Doppelten der Hinzuverdienstgrenze hinzuverdienen, ohne dass Ihr Rentenanspruch gefährdet ist.

Verdienen Sie mehr als € 400,– im Monat, müssen Sie mit einer Kürzung Ihrer Rente rechnen. Die für Sie persönlich geltenden Hinzuverdienstgrenzen können Sie Ihrem Rentenbescheid entnehmen.

Da Sie die Deutsche Rentenversicherung sowieso über die Erwerbstätigkeit bzw. Selbstständigkeit informieren müssen, klären Sie im Beratungsgespräch, wie viel Sie tatsächlich ausbezahlt bekommen dürfen, ohne dass die Rente gekürzt wird.

→ Dauer der Erwerbsminderungsrente

Die Rente wegen Erwerbsminderung wird maximal so lange gezahlt, bis Sie Ihre Regelaltersgrenze (65 Jahre + x Monate) erreicht haben. Lassen Sie ab 60 Jahren im Beratungsgespräch mit der Deutschen Rentenversicherung prüfen, ob eine vorzeitige Umwandlung Ihrer Rente wegen Erwerbsminderung in eine Altersrente (z. B. für schwerbehinderte Menschen) finanziell sinnvoll ist.

V. Anhebung der Altersgrenzen

Auch bei den Renten wegen Erwerbsminderung gelten ab 2012 ähnlich wie bei der Anhebung der Regelaltersrente auf 67 Jahre neue Altersgrenzen. Für die Erwerbsminderungsrente wurde das Rentenalter für einen abschlagsfreien Bezug angehoben. Bis Ende 2011 erhielt der Bezieher einer Erwerbsminderungsrente die volle Rente, wenn er bei Rentenbeginn das **63. Lebensjahr** erreicht hatte. Für jeden Monat, den er früher in Rente ging, wurden 0,3 % der Rente gekürzt, maximal jedoch 10,8 %.

Ab dem 1. 1. 2012 **steigt das Rentenalter** für eine ungekürzte Erwerbsminderungsrente **schrittweise von 63 auf 65 Jahre.** Die Anhebung erfolgt zunächst in Einmonatsschritten, ab 2019 dann in Zweimonatsschritten.

Ab dem Jahr 2024 erhalten nur diejenigen Rentner, die beim Erstbezug einer Erwerbsminderungsrente bereits 65 Jahre alt sind, eine ungekürzte Auszahlung. Alle anderen müssen für jeden Monat, in dem der Erstbezug der Rente vorher erfolgt, einen Abschlag in Höhe von 0,3 % der Rente hinnehmen. Doch auch hier beträgt der maximale Abzug 10,8 %.

F

Tipps zur gesetzlichen Krankenversicherung

I. Gesetzliche Krankenversicherung: Bescheid wissen zahlt sich aus

Seit Jahren steigen die Ausgaben der **gesetzlichen Krankenversicherung (GKV).** Für 2011 wurde einmal mehr ein hohes Defizit erwartet. Das war Anlass für eine erneute »Gesundheitsreform«, die mit dem **Gesetz zur nachhaltigen und sozial ausgewogenen Finanzierung der gesetzlichen Krankenversicherung** (**GKV-Finanzierungsgesetz,** kurz: **GKV-FinG**) zum 1. 1. 2011 die bisherigen Vorschriften zur Krankenversicherung ändert bzw. ergänzt. Der Erfolg ließ nicht auf sich warten: Das Jahr 2011 haben die Krankenkassen mit einem Finanzpolster von fast 20 Mrd. Euro abgeschlossen.

Ungeachtet aller Veränderungen der letzten Jahre gilt aber auch heute noch: **Die gesetzliche Krankenversicherung ist besser als ihr Ruf.** Denn im Leistungsumfang sind beispielsweise Aufwendungen für Kuren, Schutzimpfungen, Haushaltshilfen im Krankheitsfall, Krankengeld für die Eltern bei Betreuung ihrer kranken Kinder und Leistungen zur Rehabilitation eingeschlossen – Extras, die Privatversicherte überhaupt nicht oder nur gegen Prämienaufschlag erhalten.

Andererseits ist der Leistungskatalog der privaten Krankenversicherung vor allem im Krankenhaus, bei Brillen und Kontaktlinsen, beim Zahnersatz und bei Auslandsreisen umfangreicher. Deshalb sollten Kassenangehörige rechtzeitig dafür sorgen, Lücken im Schutz der GKV und Sonderwünsche durch **private Zusatzversicherungen** abzudecken. Solche Zusatzpolicen dürfen die Kassen inzwischen auch selbst vermitteln.

Tipp:
Günstig kalkulierte Tarife für besondere Wünsche wie z. B. stationäre Krankenhausbehandlung im 2-Bett-Zimmer mit freier Arztwahl, ambulante Arztbehandlung als Privatpatient, Zahntarife mit umfassender Leistung auch für von Kassen abgelehnte »Luxusversorgung« einschließlich Implantaten oder speziell kalkulierte Angebote der Privatversicherer für Kassenmitglieder über 60 Jahre ermöglichen inzwischen auch Kassenmitgliedern einen umfassenden Krankenschutz, der im Ergebnis dem von Privatpatienten kaum nachsteht.

Die wichtigsten Vorschriften zur gesetzlichen Krankenversicherung finden sich im **Sozialgesetzbuch Fünftes Buch,** kurz »**SGB V**«.

II. Nicht jeder muss zuzahlen

Für viele Leistungen müssen Kassenmitglieder eine **Eigenbeteiligung** (»**Zuzahlung**«) entrichten. Und für **ausgewählte Medikamente** zahlt die Krankenkasse nur bis zu bestimmten Höchstbeträgen (»**Festbeträge**«). Die einzelnen Zuzahlungen können sich übers Jahr gerechnet zu ansehnlichen Beträgen summieren. Doch nicht jeder muss zuzahlen. Außerdem wird die Belastung der Versicherten durch eine besondere **Belastungsgrenze** beschränkt.

1. Kinder und Jugendliche sind von Zuzahlungen befreit

Grundsätzlich sind nur Kinder und Jugendliche unter 18 Jahren von Zuzahlungen befreit. Die Befreiung gilt allerdings nicht für Zuzahlungen bei Fahrtkosten.

Auch die Bezieher bestimmter Sozialleistungen wie z. B. Sozialhilfe, Ausbildungsförderung (BAföG) und Arbeitslosengeld II sowie Heimbewohner müssen Zuzahlungen leisten. Eine sog. **Sozialklausel** hilft in Einzelfällen ausnahmsweise noch beim Zahnersatz.

2. Zuzahlungen nur bis zur Belastungsgrenze

Grundsätzlich brauchen Versicherte und ihre mitversicherten Familienangehörigen während eines Kalenderjahres Zuzahlungen nur bis zur Belastungsgrenze zu leisten (§ 62 SGB V). Damit wird verhindert, dass Versicherte ohne Rücksicht auf ihre finanzielle Lage zuzahlen müssen. Wenn ein Versicherter die Belastungsgrenze bereits innerhalb eines Kalenderjahres erreicht, muss ihm die Krankenkasse eine Bescheinigung darüber ausstellen, dass er für den Rest des Kalenderjahres von den Zuzahlungen befreit ist.

➔ Es gibt zwei Belastungsgrenzen

Die Belastungsgrenze beträgt **2 % der jährlichen Bruttoeinnahmen** zum Lebensunterhalt. Für **chronisch Kranke,** die wegen einer Krankheit in Dauerbehandlung sind, beträgt sie **1 % der jährlichen Bruttoeinnahmen.** Die 1 %-Grenze gilt jedes Jahr neu; eine Befreiung auf Dauer ist nicht möglich!

Außerdem muss es sich bei der chronischen Erkrankung um eine **schwerwiegende Krankheit** handeln. Zusätzlich muss die **Fortdauer der Behandlung** nach Ablauf eines jeden Kalenderjahres gegenüber der Krankenkasse durch **ärztliche Bescheinigung** nachgewiesen werden.

Nach der sog. **Chronikerregelung** des **Gemeinsamen Bundesausschusses (G-BA),** dem Ärzte und Krankenkassen angehören, gilt als schwerwiegend chronisch krank, wer sich in **ärztlicher Dauerbehandlung** befindet (nachgewiesen durch einen Arztbesuch wegen derselben Krankheit pro Quartal) und außerdem eines der folgenden Kriterien erfüllt:

- Es liegt eine Pflegebedürftigkeit der **Pflegestufe II oder III** nach dem zweiten Kapitel SGB XI vor.
- Es liegt ein **Grad der Behinderung** (GdB) von mindestens **60 %** nach § 30 BVG oder eine **Minderung der Erwerbsfähigkeit** (MdE) von mindestens **60 %** nach § 56 Abs. 2 SGB VII vor.
- Es ist eine **kontinuierliche medizinische Versorgung** (ärztliche oder psychotherapeutische Behandlung, Arzneimitteltherapie, Versorgung mit Heil- und Hilfsmitteln) erforderlich, ohne die nach ärztlicher Einschätzung eine lebensbedrohliche Verschlimmerung der Erkrankung, eine Verminderung der Lebenserwartung oder eine dauerhafte Beeinträchtigung der Lebensqualität durch die aufgrund der Krankheit verursachte Gesundheitsstörung zu erwarten ist.

Tipp:
Die Belastungsgrenze wird jährlich neu ermittelt. Deshalb sollten Sie sich für jede Zuzahlung eine Quittung geben lassen und die Belege sorgfältig sammeln. Überprüfen Sie von Zeit zu Zeit, ob die Belastungsgrenze erreicht ist. Noch einfacher geht es, wenn Sie sich bei Ihrer Apotheke registrieren lassen. Dann werden alle Einkäufe automatisch gespeichert; nach jedem Einkauf werden automatisch die im Kalenderjahr bereits aufgewandten Zuzahlungen in einem Betrag ausgewiesen. Am Ende des Jahres erhalten Sie auf Wunsch eine komplette Aufstellung, die z. B. auch zur Vorlage beim Finanzamt geeignet ist. Wird die Belastungsgrenze im Laufe eines Kalenderjahres erreicht, bekommen Sie von Ihrer Kasse einen Befreiungsnachweis und brauchen nichts mehr zuzuzahlen.

Bei der **Ermittlung der Belastungsgrenzen** werden

- die Zuzahlungen und
- die Bruttoeinnahmen zum Lebensunterhalt

des Versicherten und seiner mit ihm **im gemeinsamen Haushalt** lebenden **Angehörigen** jeweils zusammengerechnet.

➔ Maßgeblich sind die Einnahmen zum Lebensunterhalt

Welche Einnahmen bei der Ermittlung der Belastungsgrenze berücksichtigt werden, haben die Verbände der Krankenkassen in einem umfangreichen Rundschreiben »Einnahmen zum Lebensunterhalt« vom 22./23. 1. 2008 ausführlich erörtert. Danach gehören »zu den Einnahmen zum Lebensunterhalt ... alle Einnahmen, die zur Bestreitung des Lebensunterhalts bestimmt sind, und zwar ohne Rücksicht auf ihre steuerliche Behandlung, soweit sie gegenwärtig zur Verfügung stehen ...«. Neben Arbeitseinkommen, Einkünften aus Geschäftsbetrieb, Kapital- und Mieterträgen sowie dem **Zahlbetrag der Rente** (d. h. Rente vor Abzug von Kranken- und Pflegeversicherungsbeiträgen) gehören auch Hilfen zum Lebensunterhalt nach dem SGB XII dazu. Bei **Selbstständigen,** die keine Bilanz erstellen, gilt der Gewinn, also der Überschuss der Betriebseinnahmen über die Betriebsausgaben, als maßgebliches Einkommen. Das **Kindergeld** bleibt unberücksichtigt.

Bei Versicherten, die eine **Grundsicherungsrente** oder Hilfe nach SGB XII (»**Sozialhilfe**«) bekommen, oder bei Versicherten, bei denen die **Kosten der Unterbringung in einem Heim** oder einer ähnlichen Einrichtung von einem Träger der Sozialhilfe oder der Kriegsopferfürsorge übernommen werden, gelten als Bruttoeinnahmen zum Lebensunterhalt der **Regelsatz des Haushaltsvorstandes** (seit dem 1. 1. 2012 € 374,–). Dieser Wert ist für die gesamte Bedarfsgemeinschaft maßgebend, soweit keine anderen Einnahmen erzielt werden. Auch Empfänger von Arbeitslosengeld II oder Sozialhilfe müssen also Zuzahlungen bis zu 2 % des Regelsatzes selbst tragen.

Die **Bruttoeinnahmen** sind um bestimmte Beträge für Familienangehörige zu vermindern. **Familienangehörige** sind der Ehepartner, der gleichgeschlechtliche Lebenspartner (nicht aber der Verlobte oder der nicht eheliche Lebensgefährte!) und die mit im Haushalt lebenden mitversicherten Kinder. Im Hinblick auf die **Belastungsgrenze** können deshalb **mehrere Familienangehörige in einem Haushalt** von Vorteil sein, wenn z. B. Ehepartner und Kinder keine eigenen Einkünfte erzielen.

Von den jährlichen Bruttoeinnahmen ist für den **Ehepartner / gleichgeschlechtlichen Lebenspartner** des Versicherten ein Betrag in Höhe von 15 % der jährlichen Bezugsgröße abzuziehen (2012: € 31 500,–). Für jedes mitversicherte **Kind** des Versicherten und des Lebenspartners sind die Bruttoeinnahmen um den **Kinderfreibetrag** zu vermindern. 2012 beträgt dieser

€ 4 368,–, dazu kommt noch der **Erziehungsfreibetrag** in Höhe von € 2 640,–. Insgesamt sind also € 7 008,– zu berücksichtigen.

Beispiel:

Verheiratetes Kassenmitglied mit einem Kind. Jährliche Bruttoeinnahmen zum Lebensunterhalt:

– Arbeitsentgelt des Mitgliedes	€ 30 000,–
– Arbeitsentgelt der Ehefrau (Teilzeitbeschäftigte)	€ 8 500,–
– Mieteinnahmen	€ 4 000,–
zusammen	€ 42 500,–
Ermittlung der Belastungsgrenze für 2012:	
Jährliche Bruttoeinnahmen zum Lebensunterhalt	€ 42 500,–
abzgl. 15 % aus jährlicher Bezugsgröße für Ehefrau / Lebenspartner	€ 4 725,–
abzgl. Kinderfreibetrag / Erziehungsfreibetrag	€ 7 008,–
Bruttoeinnahmen des Familienhaushaltes	€ 30 767,–

Im Kalenderjahr 2012 fallen € 840,– für Zuzahlungen zu Medikamenten, Praxisgebühren und Zuzahlungen im Krankenhaus an. Die Belastungsgrenze von 2 % beträgt im Kalenderjahr (2 % von € 30 767,– =) € 615,34. Weil die angefallenen Zuzahlungen die Belastungsgrenze überschreiten, erstattet die Krankenkasse auf Antrag € 224,66. Würde bei einem Familienmitglied eine schwerwiegende chronische Erkrankung vorliegen, würde sich die Belastungsgrenze auf nur 1 % = € 307,67 belaufen, und zwar für jeden zuzahlungspflichtigen Familienangehörigen, auch den gesunden.

3. Sonderfall Zahnersatz

Für Zahnersatz werden seit dem 1. 1. 2005 **Festzuschüsse** gewährt. Allerdings sind Härtefallregelungen vorgesehen.

Einkommensgrenzen (Härtefallgrenzen) für die **vollständige Befreiung** von Zuzahlungen zum Zahnersatz

- Alleinstehende: Die Einkommensgrenze beträgt 40 % der monatlichen Bezugsgröße;
- erster Angehöriger (z.B. Ehegatte): Die Einkommensgrenze erhöht sich zusätzlich um 15 % der monatlichen Bezugsgröße;
- jeder weitere Angehörige (z.B. Kinder): weitere Erhöhung der Einkommensgrenze um jeweils 10 % der monatlichen Bezugsgröße.

Je mehr Angehörige im gemeinsamen Haushalt leben, desto höher ist also der Freibetrag.

Beispiel:
Für ein Ehepaar mit zwei Kindern liegt die Einkommensgrenze bei 40 % + 15 % + 10 % + 10 % = 75 % der Bezugsgröße. Bei einer Bezugsgröße von monatlich € 2 625,– im Jahr 2012 beträgt die Härtefallgrenze somit monatlich € 1 968,75.

Bezieher von **Sozialhilfe** (Leistungen nach SGB XII), **Arbeitslosengeld II, Ausbildungsförderung** und **Kriegsopferfürsorge** sowie **Heimbewohnern** (wenn für die Heimkosten ein Träger der Sozialhilfe oder Kriegsopferfürsorge aufkommt) werden unabhängig vom tatsächlichen Einkommen von Zahnersatz-Zuzahlungen befreit.

Beim Zahnersatz gibt es außerdem eine **gleitende Härtefallregelung.** Diese Regelung begünstigt vor allem jene Versicherte, die mit ihrem Einkommen nur knapp über der für die Sozialklausel gültigen Einkommensgrenze liegen.

4. Wann müssen Sie zuzahlen?

Der folgende Überblick zeigt Ihnen, unter welchen Voraussetzungen Sie Zuzahlungen ganz oder teilweise vermeiden können.

F4: Tipps zur gesetzlichen Krankenversicherung

Zuzahlungsregelungen auf einen Blick

Kassenleistung	Zuzahlungen	Ausnahmen
Ärztliche Behandlung	Praxisgebühr von € 10,– pro Quartal beim Arzt oder Zahnarzt	– Überweisungen – Kontrollbesuche – Vorsorge- und Früherkennungsuntersuchungen – 18. Lebensjahr noch nicht vollendet
Arznei- und Verbandsmittel	10 % des Preises, jedoch mindestens € 5,– und maximal € 10,– pro Arzneimittel. In jedem Fall sind nicht mehr als die Kosten des Mittels zu zahlen.	18. Lebensjahr noch nicht vollendet
Häusliche Krankenpflege	10 % der Kosten des Mittels zuzüglich € 10,– je Verordnung	18. Lebensjahr noch nicht vollendet
Heilmittel	10 % der Kosten des Mittels zuzüglich € 10,– je Verordnung	18. Lebensjahr noch nicht vollendet
Hilfsmittel	10 % für jedes Hilfsmittel (z. B. Hörgerät), jedoch mindestens € 5,– und maximal € 10,–. In jedem Fall sind nicht mehr als die Kosten eines Mittels zu zahlen.	– Hilfsmittel, die zum Verbrauch bestimmt sind (z. B. Windeln bei Inkontinenz): Zuzahlung von 10 % je Verbrauchseinheit, aber maximal € 10,– pro Monat – 18. Lebensjahr noch nicht vollendet
Haushaltshilfe	10 % der kalendertäglichen Kosten, jedoch höchstens € 10,– und mindestens € 5,–	18. Lebensjahr noch nicht vollendet
Soziotherapie	10 % der kalendertäglichen Kosten, jedoch höchstens € 10,– und mindestens € 5,–	18. Lebensjahr noch nicht vollendet

Zuzahlungsregelungen auf einen Blick		
Kassenleistung	**Zuzahlungen**	**Ausnahmen**
Stationäre Vorsorge und Rehabilitation	€ 10,– pro Tag	– bei Anschlussheilbehandlungen: Begrenzung auf 28 Tage im Kalenderjahr – 18. Lebensjahr noch nicht vollendet
Mütter- bzw. Väterkuren	€ 10,– pro Tag	18. Lebensjahr noch nicht vollendet
Krankenhausbehandlung	€ 10,– pro Tag	– begrenzt auf 28 Tage im Kalenderjahr – 18. Lebensjahr noch nicht vollendet
Fahrtkosten: werden bei Fahrten zur ambulanten Behandlung nur noch in besonderen Ausnahmefällen übernommen, vorherige Genehmigung der Krankenkasse erforderlich	10 % des Fahrpreises, mindestens € 5,– und höchstens € 10,–; zu zahlen sind nicht mehr als die Kosten des Fahrpreises	keine (auch nicht für Kinder und Jugendliche)

Beim Krankenhausaufenthalt zählen sowohl Aufnahme- als auch Entlassungstag bei der Zuzahlungsregelung jeweils wie ein voller Tag Krankenhausaufenthalt. Das hat das Bundessozialgericht entschieden.

Tipp:
Die Liste der zuzahlungsfreien Medikamente wird immer länger, z. B. aufgrund von Preissenkungen, der Einführung von Festbeträgen (die Krankenkasse zahlt Medikamente nur bis zu bestimmten Höchstbeträgen, dafür entfallen bei diesen Medikamenten die Zuzahlungen) sowie Rabattverträgen zwischen Krankenkassen und Pharmaherstellern. Prüfen Sie deshalb bei zuzahlungspflichtigen Medikamenten insbesondere mit Standard-Wirkstoffen, ob der Wechsel zu einer zuzahlungsfreien Alternative möglich ist. Rat erhalten Sie nicht nur von Arzt und Apotheker, sondern auch von Ihrer Krankenkasse.

Daneben gewinnt das Internet als Informations- und Bezugsquelle immer stärker an Bedeutung. Denn dort sind Original- und wirkstoffgleiche Ersatzmedikamente (»Generika«) mitunter deutlich billiger. Vor allem bei hohem regelmäßigem Bedarf an bestimmten Medikamenten lohnen sich Internetrecherche und -bestellung, z. B. über www.apomio.de. **Achtung:** Bei Bestellungen über das Web müssen Sie oft – vor allem bei kleineren Bestellmengen – mit zusätzlichen Versandkosten rechnen, die die Ersparnis schmälern. Wer Beratung benötigt und ein Medikament rasch zu einem bestimmten Termin braucht, ist allerdings mit einer herkömmlichen Apotheke besser bedient.

Tipp:
Zuzahlungen können Sie als außergewöhnliche Belastungen in Ihrer Steuererklärung angeben. Zwar mindert sich der abzugsfähige Betrag noch um eine zumutbare Belastung, die von Einkommenshöhe, Familienstand und Anzahl der Kinder abhängt. Doch Massagen, Kontaktlinsen, Privatbehandlung beim Spezialisten, Kuraufwendungen und Fahrtkosten führen dazu, dass die Grenze der zumutbaren Belastung mitunter schnell erreicht ist (ärztliche Verordnung bzw. Rezept nicht vergessen!). Größere Arztrechnungen für z. B. Brille und Zahnersatz sollten Sie nach Möglichkeit in **ein** Kalenderjahr platzieren. Das hilft, die Hürde der zumutbaren Belastung zu überwinden.

III. Ein besonderer Vorteil der Gesetzlichen: Familienangehörige sind kostenlos mitversichert

Die Familienangehörigen sind in der gesetzlichen Krankenversicherung ohne zusätzliche Beitragszahlung mitversichert (»**Familienversicherung**«). Vorausgesetzt, das **monatliche Gesamteinkommen** des Angehörigen übersteigt nicht eine bestimmte **Einkommensgrenze.**

Zu den mitversicherten **Angehörigen** zählen Ehegatte, Kinder und Pflegekinder sowie – unter bestimmten Voraussetzungen – Stiefkinder und Enkel. Wesentliche Voraussetzung bei den **Kindern** ist, dass für diese Anspruch auf Kindergeld besteht. Die Familienversicherung endet in der Regel mit der Vollendung des 18. Lebensjahres, bei Kindern in **Schul- oder Berufsausbildung** mit der Vollendung des **25. Lebensjahres.** Eine weitere Verlängerung ist aufgrund von Wehr- oder Bundesfreiwilligendienst möglich. **Studenten,** die das 25. Lebensjahr vollendet haben, können der gesetzlichen Krankenversicherung als Pflichtmitglied (d. h. gegen Beitragszahlung) bis zum

14. Fachsemester, höchstens jedoch bis zur Vollendung des 30. Lebensjahres angehören. Für **Kinder mit Behinderung** gelten Sondervorschriften.

Wenn Sie den Anspruch auf Familienversicherung verlieren

Den Anspruch auf die kostenlose Mitversicherung können Sie verlieren, wenn Sie z.B. zu hohe Nebeneinkünfte (Kapitalerträge, Mieteinnahmen) erzielen, vom Ehepartner geschieden werden oder ins Ausland ziehen. In diesem Fall müssen Sie rechtzeitig für anschließenden Versicherungsschutz sorgen. Wenn Sie sich **freiwillig in der gesetzlichen Krankenversicherung** weiterversichern wollen, ist dazu **innerhalb von drei Monaten** nach Beendigung der Familienversicherung ein **Antrag** bei Ihrer Krankenkasse erforderlich; außerdem muss die Vorversicherungszeit erfüllt sein (siehe IV.).

Alternativ ist der Abschluss einer **privaten Krankenversicherung** möglich, sofern die Gesundheitsprüfung zur Zufriedenheit des Krankenversicherers ausfällt.

Wenn Sie die dreimonatige Antragsfrist versäumen, wegen Vorerkrankungen keine private Krankenversicherung abschließen können und auch keine versicherungspflichtige Beschäftigung aufnehmen, sind Sie zunächst ohne Versicherungsschutz. Dann greift jedoch seit 2007 § 5 Abs. 1 Nr. 13 SGB V (Versicherungspflicht der sog. **Bisher-nicht-Versicherten**). Danach unterliegt jeder der (gesetzlichen) Pflichtversicherung, der sonst keinen Versicherungsschutz hat. Die Kasse, bei der Sie zuletzt versichert waren, muss Sie deshalb wieder aufnehmen. Ausgenommen sind lediglich hauptberuflich Selbstständige, Höherverdienende sowie Beamte und vergleichbare Personen.

1. Besondere Einkommensgrenzen durch die sog. Mini-Jobs

Wer **geringfügig beschäftigt** ist, kann bis zu **€ 400,–** monatlich steuer- und sozialversicherungsfrei verdienen. Für eine solche Beschäftigung sind vom Arbeitnehmer keine Beiträge zur gesetzlichen Krankenversicherung zu zahlen. Gleichzeitig ist dies auch für geringfügig Beschäftigte die **Einkommensgrenze,** bis zu der die kostenlose Familienversicherung noch möglich ist. Ob die Grenze eingehalten wird, richtet sich bei den Mini-Jobs nach dem **Bruttoverdienst;** steuerliche Frei- und Pauschbeträge, z.B. der Arbeitnehmer-Pauschbetrag, bleiben unberücksichtigt.

Die 400-Euro-Grenze gilt aber nur für geringfügige Beschäftigungen. Wenn Sie andere **Einkünfte,** z. B. aus **Kapitalvermögen** oder aus **Vermietung und Verpachtung,** erzielen, dürfen Sie in diesen Fällen höchstens ein Siebtel der monatlichen Bezugsgröße verdienen (§ 10 Abs. 1 Nr. 5 SGB V i. V. m. § 18 SGB IV). Das sind z. B. im Jahr **2012 monatlich € 375,–,** und zwar bezogen auf das **Gesamteinkommen** aus allen anderen Einkünften als der geringfügigen Beschäftigung.

Wenn Sie **geringfügig beschäftigt** sind, die Einkommensgrenze von € 400,– aber nicht ausschöpfen, können Sie zusätzlich **andere Einkünfte** bis zur Höchstgrenze von insgesamt € 375,– (2012) beziehen, ohne die Einkommensgrenze für die Familienversicherung zu überschreiten.

Beispiel:
Herr Müller ist für monatlich € 150,– geringfügig beschäftigt. Außerdem hat er Zinseinnahmen. Er darf monatlich Kapitaleinkünfte in Höhe von € 225,– erzielen, ohne die Einkommensgrenze zu verletzen.

2. Gesamteinkommen: So rechnet die Krankenkasse

Das regelmäßige **Gesamteinkommen** spielt als Grundlage des **Anspruchs auf Familienversicherung** eine große Rolle. Wer nebenher noch Zinsen oder Mieten kassiert und dadurch die Einkommensgrenze überschreitet, verliert den Anspruch auf die kostenlose Mitversicherung und muss sich auf eigene Kosten freiwillig weiterversichern – ein nicht zu unterschätzender Mehraufwand von rund € 150,– monatlich. Als Alternative bietet sich nur noch der Abschluss einer privaten Krankenversicherung an, doch die ist in aller Regel auch nicht billiger.

→ Maßgeblich ist die Summe der Einkünfte

Maßstab für die Ermittlung des Gesamteinkommens ist die Summe der Einkünfte im Sinne des EStG. Bei jeder Einkunftsart sind also von den Einnahmen die angefallenen Werbungskosten bzw. Betriebsausgaben abzuziehen. Arbeitnehmer dürfen ihren Bruttoverdienst um Werbungskosten, zumindest aber um den **Arbeitnehmer-Pauschbetrag** in Höhe von € 1 000,– jährlich mindern. Bei bestimmten Teilzeitbeschäftigten, z. B. geringfügig kurzfristig Beschäftigten, deren Arbeitslohn **pauschal versteuert** wird, darf der Bruttolohn aber **nicht** um den Arbeitnehmer-Pauschbetrag gekürzt werden. Bei schwankenden Einnahmen kann die Kasse das Einkommen für die Zukunft schätzen.

Achtung: Bei Härtefallbeurteilungen (siehe II.) wird nicht auf das Gesamteinkommen, sondern auf die Einnahmen zum Lebensunterhalt abgestellt; hier werden keine Werbungskosten abgezogen.

➔ Selbstständige Tätigkeit

Bei Einkünften aus selbstständiger Tätigkeit wird der nach den Vorschriften des EStG ermittelte Gewinn zugrunde gelegt. Das SGB V spricht auch bei Selbstständigen zwar von »Arbeitseinkommen«, doch wird dieser Begriff als mit dem »Gewinn« identisch angesehen. Bei Steuerpflichtigen, die keine Bilanz erstellen, ist Gewinn der Überschuss der Betriebseinnahmen über die Betriebsausgaben. Zwischen dem Einkommensteuerrecht und dem Sozialversicherungsrecht bestehen insoweit **keine** Unterschiede. Wer eine selbstständige Tätigkeit im Umfang von mehr als 18 Wochenstunden ausübt **(»hauptberuflich Selbstständige«),** muss sich immer selbst versichern. Selbst wenn die Tätigkeit nur Verluste erbringt, ist in diesem Fall eine kostenlose Mitversicherung beim Ehegatten ausgeschlossen.

➔ Negative Einkünfte

Negative Einkünfte vermindern die Summe der Einkünfte nach dem EStG. Bei vermieteten Immobilien dürfen neben der AfA auch die Schuldzinsen von den Einnahmen abgezogen werden (BSG, Urteil vom 23. 9. 1999, B 12 KR 12/98 R). Gehört eine Immobilie zwei Beteiligten jeweils zur Hälfte, werden die Einnahmen entsprechend geteilt. Negative Einkünfte bei den verschiedenen Einkunftsarten dürfen gegeneinander aufgerechnet werden.

➔ Kapitalvermögen: Sparer-Pauschbetrag darf abgezogen werden

Angehörige, die Kapitaleinkünfte haben, dürfen im Jahr 2012 Kapitalerträge bis zu 12 × € 375,– + € 801,– (Sparer-Pauschbetrag), insgesamt also € 5 301,– erzielen, **ohne die Familienversicherung zu gefährden.**

➔ Rentenzahlungen

Renten rechnen die Krankenkassen immer mit ihrem **vollen Zahlbetrag** zum Einkommen (§ 10 Abs. 1 Nr. 5 SGB V). So können schon verhältnismäßig kleine Renten zum Verlust der kostenlosen Mitversicherung führen, wenn bereits anderweitige Einkünfte erzielt werden. Wer Beiträge nachzahlt, um eine Rentenanwartschaft zu begründen oder seine Rente aufzustocken, riskiert ebenfalls die kostenlose Mitversicherung. Deshalb sollten Sie immer erst ausrechnen (lassen), ob sich eine Nachzahlung auch wirklich lohnt!

Wer Mitglied in der gesetzlichen Krankenversicherung der Rentner (»KVdR«) ist, der erhält seine gesetzliche Rente automatisch um die Beiträge zur gesetzlichen Kranken- und Pflegeversicherung gekürzt ausgezahlt. Die Familienversicherung gewährt zwar kostenlose Mitversicherung, an der Beitragspflicht der Rente ändert das aber nichts.

Tipp:
Der auf **Entgeltpunkte für Kindererziehungszeiten** entfallende Teil aus der Rentenzahlung wirkt sich nicht auf das Gesamteinkommen aus; dieses Mehr an Rente bleibt im Rahmen der Einkommensermittlung bei Familienversicherten unberücksichtigt. Lassen Sie die Nichtberücksichtigung aber vorsichtshalber von der Kasse nachprüfen.

3. Die Einhaltung der Einkommensgrenze wird überprüft

Die Krankenkassen verschicken regelmäßig **Fragebögen** zu den Einkünften der mitversicherten Angehörigen. Um nicht wegen einiger Euro zusätzlicher Einnahmen den kostenlosen Versicherungsschutz zu gefährden, sollten daher Familienversicherte die Höhe ihrer Einkünfte stets im Auge behalten.

Fragt die Kasse nach den Einkommensverhältnissen, sind Sie **zur Auskunft verpflichtet.** Bei begründetem Verdacht, dass Sie Einnahmen verschweigen, kann sich die Kasse direkt an das Finanzamt wenden. § 45 d Abs. 3 Satz 1 EStG bestimmt ausdrücklich, dass das Bundeszentralamt für Steuern den Sozialleistungsträgern die ihm von Banken und Sparkassen aufgrund von Freistellungsaufträgen übermittelten Daten mitteilen darf, »soweit dies zur Überprüfung des bei der Sozialleistung zu berücksichtigenden Einkommens oder Vermögens erforderlich ist ...«. Bei **geringfügig Beschäftigten** sind die Krankenkassen aufgrund der **Meldepflichten der Arbeitgeber** umfassend über die einzelnen Beschäftigungsverhältnisse informiert. Außerdem dürfen die Kassen aufgrund des § 28 h Abs. 6 SGB IV direkte Auskünfte beim Finanzamt einholen.

Tipp:
Haben Familienversicherte neben ihrem (vollen) Mini-Job zusätzliche Einkünfte, die die kostenlose Mitversicherung gefährden, kann es überlegenswert sein, auf die Steuerfreiheit des Mini-Jobs zu verzichten, d.h. auf Lohnsteuerkarte zu arbeiten und den Lohnsteuerabzug zunächst hinzunehmen. Gleichzeitig senkt nämlich der Arbeitnehmer-Pauschbetrag von € 1 000,– im Jahr das steuerpflichtige Einkommen und rettet so u. U. doch noch die Familienversicherung. Die tatsächlich zu zahlende Lohnsteuer hängt vom Jahreseinkommen ab und kann oft zurückgefordert werden (z.B. bei Schülern und Studenten sowie ganz allgemein bei niedrigen Einkünften bis rund € 8 000,– im Jahr bei Ledigen).

4. Berufstätige Ehepaare: Wo sind die Kinder mitversichert?

Grundsätzlich gilt bei verheirateten Eltern: Ist **nur ein Elternteil berufstätig,** werden die Kinder entsprechend diesem Elternteil versichert. Ist z.B. der Ernährer der Familie Kassenmitglied, sind die Kinder kostenlos familienversichert; ist er privat versichert, muss auch für die Kinder eine private Krankenversicherung abgeschlossen werden.

Sind **beide Elternteile berufstätig** und Mitglied verschiedener Krankenkassen, können sie wählen, bei welcher Krankenkasse die Kinder mitversichert sein sollen: Anders verhält es sich, wenn beide Eltern berufstätig und der eine Teil gesetzlich, der andere jedoch privat krankenversichert ist. Dann werden die Kinder dem jeweils besser verdienenden Elternteil zugeordnet. Dessen Krankenversicherung (gesetzlich / privat) entscheidet über die Möglichkeit einer Familienversicherung.

Bei **nicht ehelichen Lebensgemeinschaften** kommt es dagegen nur auf das Einkommen und die Krankenversicherung des Elternteils an, dem ein Kind zugeordnet ist.

IV. Freiwillig versichert: Oft teurer als gedacht

Arbeitnehmer mit einem **Einkommen über der Beitragsbemessungsgrenze (BBG),** aber auch Selbstständige und Angehörige eines Kassenmitglieds, die früher familienversichert waren, können sich für eine freiwillige Mitgliedschaft in der gesetzlichen Krankenversicherung entscheiden. Für eine solche

freiwillige Mitgliedschaft müssen aber bestimmte **Voraussetzungen** erfüllt sein: Wer aus der Versicherungspflicht ausscheidet (z. B. weil das Einkommen oberhalb der BBG liegt oder weil die Berufstätigkeit endet) oder wer die Bedingungen für eine kostenlose Mitversicherung nicht (mehr) erfüllt, der kann nur freiwilliges Mitglied der Krankenkasse werden, wenn er

- **in den letzten fünf Jahren** vor dem Ausscheiden aus der Versicherungspflicht mindestens **24 Monate** oder
- **unmittelbar** vor dem Ausscheiden ununterbrochen mindestens **12 Monate**

in der gesetzlichen Krankenversicherung freiwillig versichert oder pflichtversichert oder familienversichert gewesen ist (sog. **Vorversicherung**). An dieser Hürde scheitern viele Interessenten! Das sind häufig privat Krankenversicherte, die wegen zu hoher Prämien die freiwillige Mitgliedschaft in einer gesetzlichen Krankenkasse als günstige Alternative anstreben.

1. Was kostet eine freiwillige Mitgliedschaft?

Bei der Überlegung, ob eine freiwillige Versicherung einer privaten Krankenversicherung vorzuziehen ist, wird oft die Rechnung ohne den Wirt gemacht: Die freiwillige Mitgliedschaft ist nämlich längst nicht so preiswert, wie viele meinen.

Nach § 240 SGB V wird für freiwillige Mitglieder die Beitragsbemessung in der Satzung der jeweiligen Krankenkasse geregelt. Dabei schreibt das Gesetz vor, dass die Beitragsbelastung »die **gesamte wirtschaftliche Leistungsfähigkeit** des freiwilligen Mitglieds berücksichtigt«. Dazu zählen bei **Arbeitnehmern** das Bruttogehalt ohne Abzüge (und ohne Berücksichtigung zusätzlicher Einnahmen z. B. aus Vermietung), bei Selbstständigen die **Betriebseinnahmen** ohne Abzüge, ggf. aber auch noch andere Einkunftsquellen wie z. B. Kapital- und Mieteinnahmen.

Der Spitzenverband Bund hat **einheitliche Grundsätze zur** Beitragsbemessung freiwilliger Mitglieder der gesetzlichen Krankenversicherung und weiterer Mitgliedergruppen sowie zur Zahlung und Fälligkeit der von Mitgliedern selbst zu entrichtenden Beiträge **erlassen;** sie werden als »**Beitragsverfahrensgrundsätze Selbstzahler**« bezeichnet. Grundsätzlich gilt danach Folgendes:

- Für **freiwillig versicherte Arbeitnehmer** ist die Beitragskalkulation einfach: Arbeitnehmerbeitrag = Betrag der Beitragsbemessungsgrenze (BBG) × **bundeseinheitlicher allgemeiner Beitragssatz** der GKV ./. Arbeitgeberzuschuss. Das sind im Jahr 2012 bei einer BBG von € 3 825,– und einem Beitragssatz von 14,6 % € 279,23 (Arbeitnehmeranteil 7,3 %). Dazu kommt noch der vom Versicherten allein zu tragende Sonderbeitrag von 0,9 % der Einnahmen bzw. – im vorliegenden Fall – der BBG, das sind € 34,42. Der Gesamtbeitrag beläuft sich demnach auf 8,2 % = € 313,65.
- **Freiwillig versicherte Selbstständige** zahlen dagegen den sog. **ermäßigten Beitragssatz** (wenn sie auf den Anspruch auf Krankengeld verzichten), auch hier bezogen auf die BBG. Das bedeutet bei einer BBG für 2012 von € 3 825,– und dem bundesweit geltenden, ermäßigten Beitragssatz von 14,9 % monatlich € 569,93 einschließlich Sonderbeitrag von 0,9 % (mit Anspruch auf Krankengeld beträgt der Beitragssatz 15,5 %). Dieser Beitrag ist deshalb so hoch, weil der Selbstständige **keinen** Arbeitgeberzuschuss erhält. Zwar besteht die Möglichkeit, sich bei **nachgewiesenem** niedrigerem Gesamteinkommen günstiger einstufen zu lassen. Doch hat der Gesetzgeber Manipulationen des Einkommens vorgebaut und schreibt eine **Mindestbemessungsgrenze** von 1/40 der Bezugsgröße pro Tag vor. Das entspricht beispielsweise 2012 einer Grenze von € 1 968,75 im Monat. Bei einem Beitragssatz von 14,9 % einschließlich 0,9 % Sonderbeitrag beläuft sich der Mindestbeitrag monatlich also auf € 293,34.
- Aufgrund besonderer Lebensumstände, z.B. anlässlich einer Scheidung oder weil eine kostenlose Familienversicherung nicht mehr möglich ist, wollen manchmal auch **andere Versicherte** freiwillig einer Kasse angehören. Hier bestimmt das Gesetz eine **Mindestbeitragsbemessungsgrenze** von 1/90 der Bezugsgröße pro Tag, das entspricht z.B. 2012 einem Monatswert von € 875,–. Bei einem Beitragssatz von 15,5 % folgt daraus ein Monatsbeitrag von € 135,63, der voll aus eigener Tasche bezahlt werden muss.

Die freiwillige Mitgliedschaft in der Gesetzlichen ist also kein Sonderangebot, zumal die Ausklammerung bestimmter Leistungen etwa bei Zahnersatz und Brillen sowie Zuzahlungen die Gesamtrechnung weiter verteuern. Nur **Studenten** genießen einen preiswerten Sonderstatus. Hier beträgt beispielsweise seit dem Sommersemester 2011 der gesetzlich für alle Kassen einheitlich festgeschriebene Monatsbeitrag € 64,77 (zuzüglich € 13,13 für die Pflegeversicherung).

Tipp:
Scharfe Rechner berücksichtigen auch noch die Pflegeversicherung: Weil das Prinzip »Pflege- folgt Krankenversicherung« gilt, müssen sich freiwillig Versicherte in einer gesetzlichen Pflegekasse versichern. Der Beitrag beträgt seit dem 1. 7. 2008 1,95 % vom Bruttoeinkommen (bei Arbeitnehmern und ihren Angehörigen zahlt davon der Arbeitgeber die Hälfte; Ausnahme Sachsen: Dort beträgt der Arbeitnehmeranteil 1,475 %). Wer gut verdient und noch nicht das Rentenalter erreicht hat, bekommt diesen Schutz in der privaten Pflegeversicherung aber u.U. erheblich billiger.

Teurer als gedacht kann es auch werden, **wenn ein Ehepartner privat krankenversichert und der andere Mitglied einer gesetzlichen Krankenkasse ist.** Der Große Senat des BSG hat mit Urteil vom 24. 6. 1985 (Az. GS 1/84) entschieden, dass die Krankenkassen in solchen Fällen das Erwerbseinkommen des Ehegatten zu berücksichtigen haben.

Beispiel:
Herr Müller verdient € 4 000,– monatlich und ist **privat, Frau Müller** als Angestellte **gesetzlich** versichert. Wenn Frau Müller ihren Job aufgibt, erzielt sie als »Nur-Hausfrau« zwar keinen eigenen Verdienst und könnte sich daher theoretisch zum niedrigstmöglichen Beitrag für Freiwillige versichern (2012: € 135,63 monatlich). Hier bestimmen allerdings nun die »Beitragsverfahrensgrundsätze Selbstzahler« der Krankenkassen, dass auch das Einkommen von Herrn Müller bei der Beitragsermittlung für Frau Müller berücksichtigt werden muss.

Dabei ist von den Einnahmen des Ehegatten oder Lebenspartners für jedes **gemeinsame unterhaltsberechtigte Kind,**

- für das eine **Familienversicherung** besteht, monatlich ein Betrag in Höhe von **einem Fünftel** der monatlichen Bezugsgröße (2012: € 525,–) abzusetzen,
- für das eine **Familienversicherung** nur deshalb **nicht** besteht, weil ein Elternteil mit seinem Gesamteinkommen die Beitragsbemessungsgrenze überschreitet, monatlich ein Betrag in Höhe von **einem Drittel** der monatlichen Bezugsgröße (2012: € 875,–) abzusetzen.

Gerechnet wird dementsprechend wie folgt:

	Einkommen Ehefrau
+	Einkommen Ehemann
./.	Freibetrag für jedes Kind
	Zwischensumme
:	2
=	**maßgebliches Einkommen für die Beitragsberechnung**

Das so ermittelte Einkommen ist jedoch auf die Hälfte der Beitragsbemessungsgrenze begrenzt. Daraus ergibt sich z. B. für das Jahr 2012 bei einem bundeseinheitlichen Beitragssatz von 15,5 % einschließlich 0,9 % Sonderbeitrag für die freiwillige Versicherung von Frau Müller ein Monatsbeitrag von € 296,44.

2. So hoch ist der Arbeitgeberzuschuss

Arbeitnehmer mit einem **Einkommen über der Beitragsbemessungsgrenze** können entweder als freiwilliges Mitglied der gesetzlichen Krankenversicherung angehören oder sich privat versichern. In beiden Fällen erhalten sie einen **Beitragszuschuss** von ihrem Arbeitgeber (§ 257 SGB V).

Der **Arbeitgeberzuschuss** beträgt in beiden Fällen die **Hälfte des Beitrags** (maximal bis zur Beitragsbemessungsgrenze), den ein **versicherungspflichtiger Arbeitnehmer** mit einem Bruttoverdienst in gleicher Höhe zu zahlen hätte, wobei der Beitragsberechnung der allgemeine Beitragssatz zugrunde liegt. Der Sonderbeitrag von 0,9 % bleibt also bei der Berechnung des Zuschusses unberücksichtigt.

Beispiel:
Für 2012 beläuft sich der allgemeine Beitragssatz auf 14,6 %. Hinzu kommt seit dem 1. 7. 2005 der gesetzliche Sonderbeitrag in Höhe von 0,9 %, den aber Arbeitnehmer alleine zu tragen haben. Die Gesamtbelastung beträgt also 15,5 % des Bruttoverdienstes. Der zuschussfähige Höchstbetrag liegt für 2012 bei (14,6 % von € 3 825,– =) € 558,45. Der Arbeitgeberzuschuss (= Hälfte des Höchstbeitrags) beträgt dementsprechend € 279,23.

In beiden Fällen (freiwillig oder privat versichert) beträgt der Zuschuss jedoch höchstens die Hälfte des Betrages, den der Arbeitnehmer tatsächlich für seine Krankenversicherung zu zahlen hat.

F

Tipp:
Erkundigen Sie sich zum Jahresanfang nach dem jeweils neuen maßgeblichen Beitragssatz und prüfen Sie, ob bei Ihrer Gehaltsabrechnung ggf. ein höherer Arbeitgeberzuschuss berücksichtigt wurde.

Achtung: Für Zeiten der Arbeitsunterbrechung ohne Anspruch auf Arbeitsentgelt besteht kein Anspruch auf einen Beitragszuschuss. Das bedeutet, dass der Zuschussanspruch in der Regel ab der siebten Woche einer Arbeitsunfähigkeit wegfällt, weil der Entgeltfortzahlungsanspruch laut Arbeits- oder Tarifvertrag regelmäßig nach sechs Wochen endet.

V. Krankenversichert im Ruhestand: Bei freiwillig versicherten Rentnern verteuern Nebeneinkünfte den Beitrag erheblich

Häufig klagen privat versicherte Rentner über ihre teure Krankenversicherung. Doch auch die gesetzliche Krankenversicherung ist im Alter nicht so preiswert, wie sich das viele Rentner wünschen.

In der »Krankenversicherung der Rentner« (**»KVdR«,** ihr gehören die sog. **pflichtversicherten Rentner** an) brauchen die Rentner für **sonstige Einkünfte** wie z.B. Einkünfte aus Kapitalvermögen, Einkünfte aus Vermietung und Verpachtung sowie Zahlungen aus Riester- und Rürup-Renten **keinen Kassenbeitrag** zu entrichten und zahlen auf ihre gesetzliche Rente nur den halben Beitragssatz. Demgegenüber müssen **freiwillig versicherte Rentner** für Einkünfte neben ihrer Rente bis zur Beitragsbemessungsgrenze den **vollen Beitragssatz** entrichten. Das gilt sogar für Leistungen aus privaten Versicherungen wie z.B. einer privaten Unfallrente (BSG, Urteil vom 6. 9. 2001, B 12 KR 14/00). Diese Regelung führt bei Rentnern, die neben ihrer gesetzlichen Rente zusätzliche Einkünfte erzielen, zu einem erheblich höheren Monatsbeitrag.

Gesetzliche Krankenversicherung: Freiwillig versicherte Rentner zahlen meist mehr	
Pflichtversicherte Rentner (»KVdR-Rentner«)	**Freiwillig versicherte Rentner**
Beitragsbemessung nur auf Grundlage der Rente, anderer Versorgungsbezüge und etwaiger Arbeitseinkommen (**nicht** dagegen der Kapitalerträge, Mieteinnahmen und anderer Einnahmen).	Bei der Beitragsbemessung werden **alle** Einnahmen berücksichtigt, insbesondere Rente, Versorgungsbezüge, Arbeitseinkommen, aber auch Kapitalerträge, Einkünfte aus privaten Veräußerungsgeschäften und Mieteinnahmen.
Es gilt der bundeseinheitliche allgemeine Beitragssatz der GKV.	Es gilt der bundeseinheitliche allgemeine Beitragssatz der GKV.
Auf Versorgungsbezüge zahlt der Rentner den **vollen** allgemeinen Beitragssatz (Neuregelung seit dem 1. 1. 2004).	Auf Versorgungsbezüge zahlt der Rentner den vollen allgemeinen Beitragssatz.
Der Krankenversicherungsbeitrag aus der gesetzlichen Rente wird je zur Hälfte vom Versicherten und dem Rentenversicherungsträger getragen.	Der freiwillig versicherte Rentner zahlt den Krankenversicherungsbeitrag allein, erhält jedoch einen Zuschuss des Rentenversicherungsträgers in Höhe der Hälfte des allgemeinen Beitragssatzes bezogen auf die gesetzliche Rente. Er bekommt jedoch keine Zuschüsse für sonstige Versorgungsbezüge oder andere Einnahmen.

In den Genuss der **günstigen KVdR-Beiträge** kommt nur ein ausgewählter Personenkreis: Neurentner können nur dann Mitglied in der KVdR werden, wenn sie **9 / 10 der zweiten Hälfte ihres Berufslebens** in der gesetzlichen Krankenversicherung versichert, d. h.

- **pflichtversichert,**
- als Familienangehöriger eines Mitglieds der Krankenkasse **familienversichert** oder
- **freiwillig versichert** waren.

»Berufsleben« ist der Zeitraum zwischen der erstmaligen Aufnahme einer Erwerbstätigkeit und der Stellung des Rentenantrages.

Ein **kleiner Vorteil** bietet sich aber den Rentnern, denen die KVdR verschlossen bleibt: Bei freiwillig versicherten Rentnerehepaaren besteht für den Ehegatten, der nur eine kleine Rente bis maximal € 375,– monatlich (Grenze gilt für 2012) bezieht, Anspruch auf **Familienversicherung.** In der KVdR ist dagegen jede Rente, auch wenn sie noch so niedrig ist, beitragspflichtig.

Tipp:
Da Renten mit ihrem Zahlbetrag beim Gesamteinkommen berücksichtigt werden, können schon verhältnismäßig kleine Renten zum Verlust des Anspruchs auf Familienversicherung führen. Hier sorgt das Rentenreformgesetz 1999 für eine Erleichterung: Danach gilt der Teil der Rente, der auf **Kindererziehungszeiten** beruht, nicht mehr als Einkommen. Das ist von großer Bedeutung bei freiwillig versicherten Rentnerehepaaren: Wer sich als Rentner nur deshalb freiwillig versichern muss, weil er die Einkommensgrenze für die kostenlose Mitversicherung (Einzelheiten siehe III.) knapp überschreitet, sollte unbedingt die Einkommensberechnung von seiner Krankenkasse prüfen lassen.

VI. Chipkarte oder Privatrechnung: Vorsicht, wenn Sie die Kostenerstattung wählen!

Alle Kassenmitglieder können anstelle der Behandlung gegen Vorlage der Versichertenkarte eine Behandlung gegen (private) Arztrechnung, die später von der Krankenkasse erstattet wird, wählen. Die jeweilige Kassensatzung kann aber die Wahl auf den Bereich der **ambulanten Behandlung** beschränken. Also: ärztliche Behandlung, Arzneimittel usw. gegen Kostenerstattung, Krankenhausbehandlung auf Chipkarte.

1. Kostenerstattung: Das sollten Sie beachten

Bei der Wahl der Kostenerstattung hat schon manch Versicherter die Rechnung ohne den Wirt gemacht und ist auf hohen Eigenanteilen sitzen geblieben. Deshalb sollten Sie sich mit den Bestimmungen vertraut machen.

→ So wählen Sie die Kostenerstattung

Die Versicherten sind verpflichtet, ihre **Krankenkasse** von der Wahl der Kostenerstattung **vor** Leistungsinanspruchnahme zu informieren. Der Leistungserbringer (z. B. Arzt) hat den Versicherten vor Inanspruchnahme der

Leistung darüber aufzuklären, dass Kosten, die nicht von der Krankenkasse übernommen werden, **vom Patienten selbst zu tragen sind.** Der Versicherte ist verpflichtet, die erfolgte Beratung gegenüber dem Leistungserbringer schriftlich zu bestätigen.

Der Versicherte kann die Wahl auf den Bereich der ärztlichen Versorgung (»ambulante Versorgung«), der zahnärztlichen Versorgung oder den stationären Bereich **beschränken** (§ 13 Abs. 2 Satz 5 SGB V).

Das **Verfahren** der Kostenerstattung ist einfach: Der Arzt behandelt Sie und schickt Ihnen anschließend die (Privat-)Rechnung, die Sie bei Ihrer Krankenkasse vorlegen. Nach kurzer Prüfung erhalten Sie von Ihrer Kasse das Geld und überweisen es dem Arzt.

➔ Einschränkungen bei der Kostenerstattung

Bei der Kostenerstattung sind **mehrere Einschränkungen** zu beachten:

- Eine Kostenerstattung ist nur bei Rechnungen von **Vertrags(zahn)ärzten** möglich, d.h. Ärzten, die zur Abrechnung mit den Krankenkassen zugelassen sind.
- Bei **Leistungen,** die nicht im **Katalog der Krankenkassen** enthalten sind, müssen Sie damit rechnen, dass die Krankenkasse die Kostenerstattung teilweise oder sogar ganz verweigert. Allerdings gibt es hier eine **wichtige Ausnahme:** Stimmt die Krankenkasse vor der Behandlung zu, dürfen **auch nicht zugelassene Ärzte und andere Leistungserbringer** in Anspruch genommen werden. Eine Zustimmung kann erteilt werden, wenn medizinische oder soziale Gründe eine Inanspruchnahme dieser Leistungserbringer rechtfertigen und eine zumindest gleichwertige Versorgung gewährleistet ist.
- Die Krankenkassen erstatten höchstens den **Betrag,** den sie bei **Behandlung gegen Vorlage der Chipkarte** hätten zahlen müssen. Die Privatrechnungen weisen aber regelmäßig höhere Honorare auf. Denn es erfolgt häufig eine Abrechnung nach der für privat Krankenversicherte maßgeblichen Gebührenordnung für Ärzte (»GOÄ«) bzw. Zahnärzte (»GOZ«). Deshalb müssen Sie bei Privatrechnungen regelmäßig aus eigener Tasche draufzahlen.
- Wählen Sie die Kostenerstattung, erhalten Sie nicht bei allen Kassen eine 100 %ige Erstattung. Die Satzung der Krankenkasse kann nämlich vom Erstattungsbetrag **Abschläge für Verwaltungskosten** und eine **fehlende Wirtschaftlichkeitsprüfung** vorsehen. Üblich sind etwa 7,5 % bis 10 % der Rechnung, beschränkt auf einen Höchstbetrag von z.B. € 50,–. Die

Krankenkasse ist berechtigt, die zur Erstattung eingereichten Rechnungen auf die Notwendigkeit und Wirtschaftlichkeit der Behandlungs- und Verordnungsweise hin zu überprüfen. Nach Auffassung des BSG kann eine Kasse die Kostenerstattung über den gesetzlich vorgesehenen Abschlag hinaus reduzieren, wenn sich bereits aus der Rechnung ergibt, dass die Therapie unwirtschaftlich war (so das BSG im Falle einer Behandlung anlässlich chronischer Erschöpfung, bei der bereits die Diagnose zweifelhaft war; Urteil vom 25. 9. 2000, Az. B 1 KR 24/99).

- Gesetzlich vorgesehene **Zuzahlungen** werden ebenfalls vom zu erstattenden Rechnungsbetrag abgezogen.

Tipps zur Kostenerstattung

- **Krankenkasse kontaktieren!**
  Bevor Sie sich gegen Rechnung (»privat«)ärztlich behandeln lassen, sollten Sie unbedingt mit Ihrer Krankenkasse die Einzelheiten einer Kostenerstattung klären. **Achtung:** An die Wahl der Kostenerstattung sind Sie drei Monate gebunden! Ein Wechsel zwischen Chip-Karte und Rechnungsstellung ist in dieser Zeit nicht möglich.
- **Bessere Behandlung**
  Eine Kostenerstattung ist z. B. dann überlegenswert, wenn sie Ihnen Aussicht auf eine bessere Behandlung bietet und Sie eine private Zusatzversicherung abgeschlossen haben.
- **Vorleistung der Krankenkasse beachten**
  Beachten Sie, dass einige private Zusatzversicherungen ihre Leistung von einer Vorleistung der Krankenkasse abhängig machen: Erstattet die Kasse nichts, gibt es auch von der Zusatzversicherung kein Geld. Bei teuren Behandlungen sollten Sie deshalb unbedingt mit der Kasse **und** mit Ihrem Privatversicherer **vorab** die Kostenübernahme klären.
- **Kassensatzung lesen**
  Lassen Sie sich die Satzung Ihrer Krankenkasse zuschicken. Weil jede Kasse Einzelheiten der Kostenerstattung selbst regeln kann, empfiehlt es sich, die einschlägigen Bestimmungen in der Satzung **vor** Ihrer Entscheidung zur Kostenerstattung genau zu studieren. Achtung: Erfahrungsgemäß sind nicht alle Abschläge in der Satzung geregelt, z. B. bei privat verordneten Medikamenten, Heil- und Hilfsmitteln. Deshalb für den konkreten Fall bei der Kasse rückfragen!

- **Verwaltungskostenabschlag begrenzen**

  Sammeln Sie die Rechnungen und reichen Sie diese gemeinsam zur Erstattung ein, um ggf. den Verwaltungskostenabschlag zu reduzieren.

2. Behandlung im Ausland: Übernahme der Behandlungskosten durch die Krankenkassen

In der GKV gilt das Sachleistungsprinzip. Aber gerade im Ausland kommt man mit der Chip-Karte häufig nicht weiter, auch wenn diese zugleich als **Europäische Krankenversicherungskarte** (**EHIC,** ist meist die Rückseite der deutschen Chip-Karte) ausgestaltet ist. Zwar ist die gesetzliche Krankenversicherung dem Grundsatz nach auf Deutschland beschränkt (sog. Territorialitätsprinzip). Hiervon gibt es aber zahlreiche Ausnahmen.

➔ Erkrankung bei Beschäftigung im Ausland (weltweit)

Bei einer sog. Ausstrahlung deutscher Beschäftigung in das Ausland (Beispiel: deutsche Monteure arbeiten in Saudi-Arabien) erhalten die Mitglieder deutscher Krankenkassen bei einer Erkrankung die ihnen zustehenden Leistungen durch den Arbeitgeber. Dieser hat Anspruch auf Kostenersatz gegen die Krankenkasse. Die Kosten sind in der Höhe zu erstatten, in der sie der Krankenkasse im Ausland entstanden wären (§ 17 SGB V). Das gilt auch für die familienversicherten Angehörigen, soweit sie das Mitglied in der Zeit der Beschäftigung begleiten oder besuchen. **Aber:** Zwischen- und überstaatliche Vorschriften gehen vor (dazu gleich mehr).

➔ Erkrankung in Ländern des Europäischen Wirtschaftsraumes

- Die seit dem 1. 5. 2010 geltenden Vorschriften über die soziale Sicherheit in Ländern der EU sehen vor, dass bei einer **Beschäftigung im Ausland** in den ersten 4 Jahren das deutsche Versicherungsrecht weiter gilt. Allerdings gilt dies nicht für die weiteren Mitglieder des Europäischen Wirtschaftsraumes (Island, Liechtenstein und Norwegen). Hier besteht das vor dem 1. 5. 2010 geltende Recht weiter; der Versicherungsschutz ist zunächst auf die ersten 24 Monate beschränkt, kann aber auf Antrag des Arbeitgebers verlängert werden.
- **Touristen** haben ebenfalls bei einer Erkrankung innerhalb des Europäischen Wirtschaftsraumes sowie in der Schweiz Anspruch auf die Leistungen der deutschen Krankenversicherung.

- Ein Land des Europäischen Wirtschaftsraumes kann auch aufgesucht werden, um sich in **medizinische Behandlung** zu begeben. In diesem Fall können Versicherte anstelle der Sachleistung die Kostenerstattung wählen (§ 13 Abs. 4 und 5 SGB V), d. h., die entstehenden Kosten werden vor Ort bezahlt und später von der Krankenkasse erstattet. Der Anspruch auf Erstattung besteht allerdings höchstens in Höhe der Vergütung, die die Krankenkasse bei Erbringung als **Sachleistung im Inland** zu tragen hätte. Auch können Abschläge für Verwaltungskosten und fehlende Wirtschaftlichkeitsprüfungen vorgenommen werden. **Krankenhausleistungen** dürfen aber nur nach vorheriger Zustimmung durch die Krankenkasse in Anspruch genommen werden. Die Krankenkasse darf die Zustimmung nur versagen, wenn die gleiche oder eine für den Versicherten ebenso wirksame, dem allgemein anerkannten Stand der medizinischen Erkenntnis entsprechende Behandlung einer Krankheit rechtzeitig bei einem (Vertrags-)Arzt im Inland erlangt werden kann.

Tipp:
Ist eine dem allgemein anerkannten Stand der medizinischen Erkenntnis entsprechende Behandlung nur in einem anderen Mitgliedstaat der EG oder einem anderen Vertragsstaat des Europäischen Wirtschaftsraumes möglich, kann die Krankenkasse die erforderlichen Kosten auch ganz übernehmen.

→ Behandlung in einem Land mit Sozialversicherungsabkommen

Erkrankt jemand in einem Land, das nicht dem Europäischen Wirtschaftsraum (einschließlich Schweiz) angehört, mit dem aber ein sog. Sozialversicherungsabkommen besteht, so benötigt er dort einen besonderen Anspruchsnachweis seiner Krankenkasse (Auslandskrankenschein). Je nach dem dort geltenden Recht ist der Anspruchsnachweis direkt dem Behandler oder zunächst einer Behörde (Krankenkasse) vorzulegen. Das gilt für Bosnien-Herzegowina, Jugoslawien (Rest-Jugoslawien), Türkei und Tunesien.

→ Erkrankung in einem Land ohne Sozialversicherungsabkommen

Hier ist zu unterscheiden, ob es um die Behandlung einer Krankheit geht, die im Inland nicht möglich wäre, oder ob dies nicht der Fall ist. Im ersteren Falle kann die Kasse die Kosten der erforderlichen Behandlung ganz oder teilweise übernehmen (§ 18 Abs. 1 SGB V). Außerdem kann sie weitere Kosten für den Versicherten und für eine erforderliche Begleitperson ganz oder teilweise übernehmen (§ 18 Abs. 2 SGB V).

Tipp:
Wenn es um die Behandlung einer Krankheit geht, die im Inland nicht möglich wäre, ist unbedingt eine Kontaktaufnahme mit Ihrer Krankenkasse vor Antritt der Reise erforderlich.

Ist bei einem **vorübergehenden Aufenthalt** in einem solchen Land (z. B. anlässlich von **Urlaub**) eine Behandlung unverzüglich erforderlich, die auch im Inland möglich wäre, muss die Krankenkasse die Kosten nur übernehmen, wenn der Versicherte sich hierfür **nicht privat versichern** kann (§ 18 Abs. 3 SGB V). Gründe dafür können **Vorerkrankungen** oder **das Lebensalter** sein. Die Versicherten müssen – durch Ablehnungsschreiben – nachweisen, dass eine Versicherung nicht möglich ist. Die **Kostenübernahme der Krankenkasse** muss also **vor Reiseantritt** sichergestellt werden.

Außerdem darf die Kasse in solchen Fällen **Kosten** nur bis zu der Höhe übernehmen, in der sie **im Inland** entstanden wären, längstens für 6 Wochen im Kalenderjahr. Eine Kostenübernahme ist in solchen Fällen nicht möglich, wenn sich Versicherte zur Behandlung extra ins Ausland begeben.

VII. Zusatzbeiträge und der Wechsel der Krankenkasse

Alle Mitglieder der gesetzlichen Krankenversicherung haben **das Recht auf freie Kassenwahl.** Bis zum 31. 12. 2008 konnte hier im Einzelfall sehr viel Geld gespart werden. Schließlich bestimmte jede Krankenkasse ihren Beitragssatz selbst; die Unterschiede zwischen den einzelnen Kassen waren teilweise erheblich. Seit dem 1. 1. 2009 gilt ein bundeseinheitlicher Beitragssatz für alle gesetzlichen Krankenkassen. Die Höhe des Beitragssatzes ist also kein Anreiz mehr für einen Kassenwechsel.

1. Gründe für einen Wechsel

Gründe für einen Wechsel zu einer anderen Krankenkasse gibt es aber immer noch. Das können z. B. sein:

- **Erhebung von Zusatzbeiträgen** (siehe VII.2),
- **günstigeres Leistungsspektrum** (siehe VII.4),
- **besserer Service** der anderen Krankenkasse oder
- **günstigere Wahltarife** (siehe VIII.).

Mit Einführung des Gesundheitsfonds 2009 ist ein neuer Wechselgrund aufgetaucht: der Zusatzbeitrag. Wenn einer Krankenkasse für die Deckung ihres Finanzbedarfs die Einnahmen – das sind die Zuweisungen aus dem Gesundheitsfonds – nicht reichen, kann sie von ihren Mitgliedern einen Zusatzbeitrag zum »normalen« Kassenbeitrag einschließlich 0,9 % Sonderbeitrag verlangen.

Umgekehrt haben Krankenkassen mit der Einführung des Gesundheitsfonds aber auch die Möglichkeit bekommen, ihren Mitgliedern eine **Prämie** zu spendieren, wenn die Einnahmen die Ausgaben übersteigen, d.h., Kassen können am Ende eines Jahres einen bestimmten Betrag als Beitragsrückzahlung gutschreiben. Zum Jahresanfang 2012 waren das neben der bundesweit geöffneten hkk acht Betriebskrankenkassen; die Prämie betrug zwischen € 30,– und € 100,–.

2. Der Zusatzbeitrag

Der Zusatzbeitrag einer Krankenkasse wird – grob beschrieben – wie folgt berechnet:

((Voraussichtliche Ausgaben der Kasse ./. voraussichtliche Einnahmen) : voraussichtliche Anzahl der Mitglieder) : 12 Monate = erforderlicher Zusatzbeitrag pro Monat.

Seit dem 1. 1. 2011 wird der Zusatzbeitrag nur noch **einkommensunabhängig** erhoben. Eine betragliche Obergrenze gibt es nicht mehr (§ 242 SGB V). Nach der Festschreibung des Beitragssatzes für den Arbeitgeberanteil auf 7,3 % müssen Arbeitnehmer künftig Ausgabensteigerungen der GKV alleine tragen – und das geschieht dann voraussichtlich in Form von steigenden Zusatzbeiträgen. Für 2012 ist die Finanzlage in der gesetzlichen Krankenversicherung aber so gut, dass selbst die acht Krankenkassen, die zu Beginn des Jahres 2012 noch Zusatzbeiträge zwischen € 6,50 und € 15,– verlangten, diese im Laufe des Jahres abschaffen wollen.

➔ Sozialausgleich begrenzt Belastung

Für den Fall, dass ein Kassenmitglied durch Zusatzbeiträge **zu stark belastet wird,** sieht § 242 b SGB V einen **Sozialausgleich** vor.

Dieser erfolgt, wenn der **durchschnittliche Zusatzbeitrag aller Krankenkassen** den Betrag von 2 % der beitragspflichtigen Einnahmen des Mitglieds übersteigt (»**Belastungsgrenze für den Sozialausgleich**«). Die Festlegung des bundesweit geltenden durchschnittlichen Zusatzbeitrags erfolgt durch eine

Schätzung des beim Bundesversicherungsamt gebildeten Schätzerkreises (§ 220 Abs. 2 SGB V).

Der Sozialausgleich wird durch **Verminderung** des »normalen« Beitrages durch die Stelle vorgenommen, die den Beitrag des Kassenmitglieds berechnet und an die Krankenkasse abführt. Für **Arbeitnehmer** ist der Arbeitgeber zuständig, für **Rentner** der Rentenversicherungsträger (z. B. die Deutsche Rentenversicherung, DRV).

Der verringerte Mitgliedsbeitrag wird (z. B.) vom Arbeitgeber ermittelt, indem

- die Belastungsgrenze von 2 %
- mit den Einnahmen des Mitglieds multipliziert und
- anschließend der durchschnittliche Zusatzbeitrag davon abgezogen wird.

Wenn die Krankenkasse einen vom durchschnittlichen Zusatzbeitrag abweichenden Zusatzbeitrag verlangt, kann sich die tatsächliche Belastung des Versicherten erhöhen oder verringern.

Beispiel:
Der Bruttoverdienst von **Arbeitnehmer A** beträgt € 900,–. 2 % seiner Einnahmen ergeben bei A eine Belastungsgrenze von € 18,–. Die Kasse verlangt einen Zusatzbeitrag von € 30,–. Der durchschnittliche Zusatzbeitrag wurde mit € 20,– ermittelt. Der Versicherte erhält ausgehend von € 20,– als Sozialausgleich eine Erstattung von € 2,–, muss also € 28,– aus eigener Tasche bezahlen und damit deutlich mehr als die genannten 2 %. Einziger Ausweg: zu einer Kasse mit niedrigerem oder ohne Zusatzbeitrag wechseln.

Der Bruttoverdienst von **Arbeitnehmer B** beträgt € 1 500,–. 2 % der Einnahmen ergeben eine Belastungsgrenze von € 30,–. Die Kasse verlangt einen Zusatzbeitrag von € 30,–. Der durchschnittliche Zusatzbeitrag beträgt € 40,–. Der Versicherte erhält ausgehend von € 40,– als Sozialausgleich eine Erstattung von € 10,–, muss also nur € 20,– aus eigener Tasche bezahlen und damit weniger als 2 %. Übrigens: Einen Ausgleich würde es laut Gesetz in beiden Fällen auch geben, wenn die Kasse überhaupt keinen Zusatzbeitrag verlangt.

3. Achten Sie auf Unterschiede im Leistungsspektrum

Der Leistungsumfang der einzelnen Kassen ist zu rund 90 % gesetzlich vorgeschrieben. Doch können die Kassen in bestimmten Fällen ihr Leistungsspektrum erweitern. Unterschiede gibt es z. B. bei folgenden Leistungen:

- Übernahme der Kosten für **alternative Heilmethoden** bzw. **Naturheilverfahren,** das heißt anerkannte natürliche Heilmittel und Behandlungsmethoden, wie z.B. Akupunktur, Osteopathie, Spezialmassagen, Homöopathie und Phytotherapie. Einzelne Kassen leisten auch bei einer Behandlung durch einen Arzt **ohne** Kassenzulassung oder durch Heilpraktiker.
- Kassen dürfen inzwischen auch die Kosten für **rezeptfreie, aber apothekenpflichtige Arzneimittel** übernehmen. Allerdings ist dies eher die Ausnahme.
- Einige Kassen übernehmen auch neue **innovative Behandlungsmethoden,** sofern dies durch den Gemeinsamen Bundesausschuss der Ärzte und Krankenkassen noch nicht ausgeschlossen wurde. Neben einigen Betriebskrankenkassen gehört von den »großen« Ersatzkassen die Techniker dazu.
- Übernahme der Kosten für **Krankheitsverhütung,** wie z. B. ärztlich verordnete Schutzimpfungen (Impfungen wegen privaten Auslandsaufenthaltes sind aber regelmäßig ausgenommen) oder Gesundheits-Check-up.
- Besonders große Unterschiede bestehen bei der Gewährung von **Haushaltshilfe** und der **häuslichen Krankenpflege** (z.B. Grundpflege und hauswirtschaftliche Versorgung neben der Behandlungspflege bis zu sechs Wochen oder sogar ohne Zeitlimit). Einige Kassen gewähren diese Leistungen auch kranken Alleinstehenden.
- Übernahme der Kosten von **Kuren.** Mutter-Kind-Kuren sind seit 1. 4. 2007 Pflichtleistungen der Krankenkassen (vorher handelte es sich um sog. Ermessensleistungen). Für Versicherte besonders reizvoll sind **Zuschüsse zum »Kururlaub«,** d. h. ambulanter Bade- und Rehabilitationskur, oder Kuren im Ausland.
- Unterschiede gibt es ferner bei **Rehabilitationsleistungen** – für Betroffene (z. B. bei Rücken-, Rheuma- oder Krebsleiden) ebenfalls ein wichtiger Gesichtspunkt. Auch Rehabilitationsleistungen sind seit 1. 4. 2007 Pflichtleistungen.

- Kostenübernahme bei einer **Psychotherapie** (teilweise unbegrenzt) und bei einer **Hospizbehandlung.**
- Im Einzelfall können Angebote attraktiver **privater Zusatzversicherungen** z. B. für 2-Bett-Zimmer und freie Arztwahl bei stationärer Behandlung, Zahnersatz, Kostenübernahme für Brillen, zusätzlicher Krankentagegeldanspruch oder spezielle Tarife für die Altersgruppe 60+ von Interesse sein.
- Immer mehr Versicherte sind daran interessiert, den **Eigenanteil am Zahnersatz** möglichst gering zu halten. Diese Möglichkeit bieten Kassen, die mit Importeuren z. B. aus Osteuropa oder China Verträge abgeschlossen haben, die einen preiswerteren oder sogar kostenlosen Zahnersatz für Kassenmitglieder ermöglichen. Regelmäßig gilt dieses Angebot aber nur für Standard-Versorgungen; andererseits wird von den Kassen die Einhaltung aller Qualitätsanforderungen sichergestellt einschließlich einer mehrjährigen Garantie (nach deutschem Recht sind zwei Jahre vorgeschrieben).

Tipp:
Vergleichen Sie die privaten Zusatzversicherungen, die von den Krankenkassen vermittelt werden, immer mit den entsprechenden Direkt-Angeboten der privaten Krankenversicherer. Wenn nicht Beitragshöhe, Leistungsumfang oder Vertragsbedingungen dagegensprechen, ist es ratsamer, privaten Zusatzschutz direkt bei den Privaten abzuschließen. Denn bei einem Kassenwechsel müssen Sie die von der Kasse vermittelten Zusatzpolicen kündigen und bei der neuen Kasse neu abschließen. Das wird teuer wegen des zwischenzeitlich gestiegenen Eintrittsalters und ist u. U. unmöglich bei zwischenzeitlicher Gesundheitsverschlechterung.

Von Bedeutung sind aber auch **Service** und **Erreichbarkeit.** Das gilt vor allem für ältere Versicherte, weil mit zunehmendem Alter vermehrt ärztliche Behandlungen erforderlich werden. Ist die neue Krankenkasse weit weg, erfordert jedes Anliegen einen Briefwechsel oder teure Telefonate. Eine Geschäftsstelle vor Ort erleichtert dagegen den Kontakt.

Immer mehr Kassen bieten **Ärzte-Hotlines** an, die rund um die Uhr medizinische Auskünfte zu Behandlungsmöglichkeiten erteilen. Zum Service gehört nicht zuletzt die Art und Weise, wie bei Erstattungswünschen, Anträgen usw. mit dem Versicherten umgegangen wird. Naturgemäß ist dies aber erst im Leistungsfall feststellbar. Neu im Leistungsangebot sind auch die Unterstützung bei der **Vereinbarung von Facharzt-Terminen** und beim **Einholen einer Zweitmeinung** z. B. vor Operationen.

Tipp:
Wenn Sie keine bestimmten medizinischen Ansprüche haben oder keinen Wert auf eine Geschäftsstelle in der Nachbarschaft legen, brauchen Sie bei der Kassenwahl nur auf den Monatsbeitrag einschließlich etwaiger Zusatzbeiträge / Prämien zu achten. Andernfalls sollten Sie sich nach Zusatzleistungen genau erkundigen und vor dem Wechsel unbedingt die Satzung aushändigen lassen, in der freiwillige Leistungen aufgeführt sind. Achten Sie auch darauf, ob Sie bei zusätzlichen Leistungen einen Eigenanteil entrichten müssen.

Eine zunehmende Bedeutung haben **Modellvorhaben,** in deren Rahmen Kassen neue Therapien oder Behandlungsmethoden ausprobieren, und Wahltarife. Mehr dazu unter VIII.

Zusätzliche Informationen im Internet

Unter www.billigekrankenkassen.de finden Sie einen umfassenden Vergleich, der auch Zusatzleistungen der einzelnen Krankenkassen berücksichtigt. Infos zum Krankenkassenvergleich einschließlich eines Rechners, mit dem Sie Ihre Ersparnis bei einem Kassenwechsel ausrechnen können, finden Sie unter www.krankenkassen-direkt.de.

4. So wechseln Sie die Krankenkasse

Alle Kassenmitglieder – Pflichtversicherte, Familienversicherte und freiwillig Versicherte – können **jederzeit** die Mitgliedschaft **mit einer Frist von zwei Monaten zum Monatsende kündigen.**

→ Krankenkassenwechsel: Ein einfaches Verfahren

Wenn Sie eine günstigere Krankenkasse gefunden haben, sollten Sie sich zunächst telefonisch vergewissern, dass aktuell keine Änderung der Verhältnisse (z. B. Erhöhung des Zusatzbeitrags, Wegfall bestimmter freiwilliger Leistungen, auf die es Ihnen gerade ankommt) geplant ist. Anschließend kündigen Sie schriftlich. Die bisherige Krankenkasse ist verpflichtet, Ihnen **innerhalb von zwei Wochen** nach Eingang der Kündigung eine **Kündigungsbestätigung** auszustellen.

Jetzt beantragen Sie bei der neuen Kasse die Mitgliedschaft und fügen dem Aufnahmeantrag die Kündigungsbestätigung gleich bei – damit vermeiden Sie von vornherein Komplikationen beim Wechsel. Die neue Kasse stellt Ihnen dann eine **Mitgliedsbescheinigung** aus und schickt Ihnen die Chip-Karte.

Damit die Kündigung wirksam wird, müssen Sie nun innerhalb der Kündigungsfrist Ihrem **Arbeitgeber** die **Mitgliedsbescheinigung** der neuen Kasse vorlegen. So erfährt Ihr Arbeitgeber von der Zuständigkeit der neuen Krankenkasse, meldet Sie bei der bisherigen Kasse ab und bei der neuen an. Erst damit ist der Wechsel perfekt (Arbeitslose legen die Mitgliedsbescheinigung der neuen Kasse der Arbeitsagentur, Rentner dem Rentenversicherungsträger vor).

Beispiel:
Im Januar entschließen Sie sich zu einem Kassenwechsel. Eine Kündigung ist frühestens zum Ende des übernächsten Monats, also zum 31. März möglich. Der neuen Kasse können Sie dann ab dem 1. April angehören. Das Kündigungsschreiben muss dazu Ihrer alten Kasse spätestens bis zum 31. Januar zugegangen sein. Damit die Kündigung wirksam wird, müssen Sie bis zum 31. 3. Ihrem Arbeitgeber/Rentenversicherungsträger die Mitgliedsbescheinigung der neuen Kasse vorlegen.

Wer die Krankenkasse wechselt, ist an seine Entscheidung für eine längere Zeit gebunden: Die **Bindungsfrist** bis zu einem erneuten Kassenwechsel beträgt **18 Monate.**

Der Bindungsfrist unterliegen auch Arbeitnehmer, die ihren **Arbeitgeber wechseln.** Dagegen gilt die Bindungsfrist nicht für **freiwillige Mitglieder,** die die Voraussetzungen einer Familienversicherung (siehe III.) erfüllen oder die kündigen möchten, um eine **private Krankenversicherung** abzuschließen.

→ Bei Einführung oder Erhöhung von Zusatzbeiträgen oder bei Verminderung von Prämien gilt ein Sonderkündigungsrecht

Wenn die Krankenkasse

- einen **Zusatzbeitrag** neu einführt oder
- diesen **Zusatzbeitrag erhöht** oder diesen **vermindert,**
- eine **Prämie vermindert** oder **streicht,**

haben die Mitglieder dieser Krankenkasse ein **Sonderkündigungsrecht.** **Achtung:** Bei der Sonderkündigung gilt die **Bindungsfrist** von 18 Monaten **nicht.** Achten Sie aber auf die in diesem Fall geltende **Kündigungsfrist:** Die

Mitgliedschaft kann nur bis zur erstmaligen Fälligkeit der Beitragserhebung, der Beitragserhöhung oder der Verminderung der Prämie gekündigt werden.

Die Krankenkasse muss ihre Mitglieder auf das Sonderkündigungsrecht **spätestens einen Monat vor erstmaliger Fälligkeit hinweisen.** Kommt sie ihrer Hinweispflicht gegenüber einem Mitglied **verspätet** nach, verschiebt sich für dieses Mitglied die Erhebung oder die Erhöhung des Zusatzbeitrags und die Frist für die Ausübung des Sonderkündigungsrechts um den entsprechenden Zeitraum. Wird das Sonderkündigungsrecht ausgeübt, endet die Mitgliedschaft – wie bei anderen Kündigungen auch – zum Ende des übernächsten auf die Kündigung folgenden Monats.

Beispiel:
Eine Krankenkasse weist ihre Mitglieder rechtzeitig darauf hin, dass sie zum 1. 3. des Jahres einen Sonderbeitrag erheben will. Wer jetzt kündigen möchte, muss sein Sonderkündigungsrecht bis zum 1. 3. ausgeübt haben. Das heißt, bis zu diesem Termin muss der Kasse das Kündigungsschreiben vorliegen. Wer bis zu diesem Zeitpunkt gekündigt hat, beendet seine Mitgliedschaft bei der alten Kasse am 30. 4. und kann ab dem 1. 5. einer preiswerteren Kasse angehören.

Wenn zwei **Kassen fusionieren,** kann es zur Forderung eines Zusatzbeitrages für die Mitglieder der bislang preiswerteren Kasse kommen. Zum bisherigen Recht (Regelung bis 31. 12. 2010) hat das Bundessozialgericht entschieden, dass auch hier das Sonderkündigungsrecht gilt (BSG, Urteile vom 26. 12. 2004). Zweifellos ist diese Rechtsprechung auch auf die neue Rechtslage anwendbar.

VIII. Wahltarife: Spezielle Angebote bei Leistung und Beitrag

Von besonderer Bedeutung sind die Wahltarife, geregelt in § 53 SGB V. Zunächst sind hier die Wahltarife zu unterscheiden, die

- die gesetzlichen Krankenkassen einführen müssen **(Pflichttarife)** und
- die die gesetzlichen Krankenkassen satzungsgemäß einführen können **(Satzungs-Wahltarife).**

Im Einzelnen gibt es **Pflichttarife** für die Teilnahme an besonderen Versorgungsformen und den Krankengeldanspruch (seit dem 1. 1. 2009) sowie **Satzungs-Wahltarife** für Selbstbehalt, Nichtinanspruchnahme von Leistungen

(»Beitragsrückerstattung«), variable Kostenerstattung, Kostenübernahme für Arzneimittel der besonderen Therapierichtungen und eingeschränkten Leistungsumfang (gilt seit dem 1. 1. 2009).

Achtung: Für Wahltarife gilt eine **Mindestbindungsfrist** von **einem Jahr.** Hiervon sind die Tarife für Versicherte, die an besonderen Versorgungsformen (z. B. bestimmte Programme bei chronischen Krankheiten) teilnehmen, und für Arzneimittel der besonderen Therapierichtungen ausgenommen. Gilt die Mindestbindungsfrist, kann die Mitgliedschaft zur betreffenden Krankenkasse frühestens zum Ablauf dieser Frist gekündigt werden. Die Satzung muss allerdings für solche Wahltarife ein Sonderkündigungsrecht in besonderen Härtefällen vorsehen.

Unter finanziellen Gesichtspunkten sind für Versicherte besonders die Möglichkeiten von **Beitragsrabatten** mittels Beitragsrückerstattung und Selbstbehalt interessant:

→ Wahltarif Beitragsrückerstattung

Beitragsrückerstattung ist die am einfachsten nachvollziehbare Tarifform. Sie wird aber nicht von allen Kassen angeboten und ist bei vielen Anbietern auf freiwillige Mitglieder beschränkt. Wenn Sie während eines Kalenderjahres **keine Leistungen** der Kasse in Anspruch nehmen, erhalten Sie einen Teil Ihrer gezahlten Beiträge zurückerstattet. Basis für die Rückerstattung ist der monatliche Beitrag, den Sie zahlen, manchmal mit, manchmal ohne Arbeitgeberanteil.

Je nach Ausgestaltung erhalten Sie einen **Monatsbeitrag** – das ist zugleich die höchstmögliche Erstattung in einem Kalenderjahr – zurück. Oder die Erstattung erfolgt gestaffelt nach der Anzahl der leistungsfreien Jahre.

Vorsorgeuntersuchungen und **Leistungen für Kinder unter 18 Jahren** sind von der Anrechnung ausgenommen. Das heißt, dass diese Leistungen nicht auf die Rückerstattung angerechnet werden.

Tipp:
Es gibt Kassen, die die Prämie nur auf Basis des Arbeitnehmeranteils berechnen. Dann gibt es höchstens € 300,– zurück. Doch der Rückerstattungstarif lohnt sich vor allem dann, wenn auch der Arbeitgeberanteil erstattet wird. Abgesehen davon ist er nur für Gesunde interessant. Notfalls sollten Sie kleinere Behandlungen selbst tragen, um die Erstattung zu »retten«. Müssen Sie doch Leistungen in größerem Umfang in Anspruch nehmen, geht lediglich der Rückzahlungsanspruch verloren.

→ Wahltarif Selbstbehalt

Einen Selbstbehalt bieten praktisch alle Kassen in mehr oder weniger fantasievollen Variationen an. Die Tarife funktionieren grundsätzlich wie folgt: Als Versicherter tragen Sie über das Kalenderjahr einen vereinbarten **Selbstbehalt,** ähnlich wie bei der Kfz-Kaskoversicherung. Dafür erhalten Sie einen **Bonus** gutgeschrieben. Wird eine Leistung in Anspruch genommen, wird der Bonus gekürzt. **Achtung:** In aller Regel ist der Selbstbehalt größer als der gutgeschriebene Bonus. Das hat zur Folge, dass Sie einen Teilbetrag selbst tragen müssen, wenn Sie doch Leistungen in größerem Umfang in Anspruch nehmen. Das finanzielle Risiko ist aber überschaubar und begrenzt.

Wenn Sie Leistungen in Anspruch nehmen, entfällt maximal der gesamte Bonus. Bei Ihnen verbleibt dann nur noch die Differenz zwischen maximalem Selbstbehalt und Bonus.

Beispiel:
Angeboten wird der Tarif »Selbstbehalt Prämie 240«. Wenn Sie ein Jahr lang keine oder nur wenige Leistungen in Anspruch nehmen, können Sie eine Prämie von bis zu € 240,– erhalten. Werden Sie allerdings in diesem Jahr von Ihrem Arzt behandelt und es fallen hierfür Arzt- und Medikamentenkosten an, beteiligen Sie sich an diesen Kosten bis zu einer Höhe von € 300,–. In diesem Tarif beträgt Ihr Risiko also € 60,– pro Jahr. Vorsorgeuntersuchungen haben auf die Prämienzahlung keinen Einfluss.

Die Prämienzahlung an Versicherte darf bis zu 20 %, für einen oder mehrere Tarife einschließlich Prämienzahlungen (Beitragsrückerstattung) 30 % der vom Mitglied im Kalenderjahr getragenen Beiträge ausmachen. Es gilt ein **Höchstbetrag** von € 600,– im Kalenderjahr.

Tipp:
Im Verhältnis zur Beitragsrückerstattung sind Selbstbehalttarife die zweitbeste Variante. Bei den Selbstbehaltmodellen gehen Sie immer das Risiko ein, einen kleinen Betrag selbst übernehmen zu müssen. Das Risiko ist aber überschaubar und wirtschaftlich tragbar, zumal Sie bei praktisch allen Kassen zwischen unterschiedlich hohen Selbstbehalttarifen wählen können. So können Sie auf Wunsch das finanzielle Risiko noch weiter verkleinern.

➔ Besondere Wahltarife

Die Krankenkasse muss in ihrer Satzung für freiwillig versicherte **hauptberuflich Selbstständige** sowie für Personen, die bei Arbeitsunfähigkeit keinen Anspruch **auf Entgeltfortzahlung** für mindestens sechs Wochen haben, einen Krankengeldtarif anbieten (§ 53 Abs. 6 SGB V). Im Einzelnen müssen ein gemeinsamer Tarif sowie Tarife für die nach dem **Künstlersozialversicherungsgesetz** versicherten Personen (selbstständige Künstler und Publizisten) angeboten werden.

Seit November 2008 können Kassen in ihrer Satzung für bestimmte Mitgliedergruppen, für die sie den Umfang der Leistungen nach dem SGB V beschränken, der Leistungsbeschränkung entsprechende **Prämienzahlungen vorsehen.** Hier geht es beispielsweise um Personen, die sich im **Ausland** aufhalten, die sich in **Untersuchungshaft** befinden oder nach dienstrechtlichen Vorschriften Anspruch auf **Heilfürsorge** haben oder als **Entwicklungshelfer** Entwicklungsdienst leisten (§ 16 SGB V).

Pflegebedürftigkeit und die Leistungen der gesetzlichen Pflegeversicherung

I. Die Leistungen der gesetzlichen Pflegeversicherung im Überblick

In der öffentlichen Wahrnehmung ist die Pflegeversicherung häufig auf das Pflegegeld und die Sachleistungen beschränkt. Dabei ist das Leistungsspektrum sehr viel umfangreicher. Die Leistungen sind im Elften Buch des Sozialgesetzbuchs (SGB XI) geregelt und können hinsichtlich des Empfängers unterschieden werden in

- Leistungen, die direkt an den Pflegebedürftigen gehen, und
- Leistungen, die sich an den Pflegenden richten.

Geregelt ist das Recht der gesetzlichen Pflegeversicherung im Sozialgesetzbuch Elftes Buch (SGB XI). Sofern nicht anders angegeben, handelt es sich bei den genannten Paragrafen um solche des SGB XI.

1. Leistungen für Pflegebedürftige

Zu unterscheiden sind:

- Pflegegeld (§ 37 SGB XI),
- häusliche Pflegesachleistungen (§ 36 SGB XI),
- Kurzzeitpflege (§ 42 SGB XI),
- Tages- und Nachtpflege (§ 41 SGB XI),
- Ersatzpflege (§ 39 SGB XI),
- vollstationäre Pflege (§ 43 SGB XI),
- Pflegehilfsmittel und technische Hilfsmittel (§ 40 SGB XI),
- Verbesserung des Pflegeumfelds (§ 40 SGB XI),
- Leistungen für Demenzerkrankte.

Diese Leistungen für Pflegebedürftige finden Sie ausführlich weiter hinten in den Abschnitten VI. ff. dargestellt.

2. Leistungen für Pflegende

Pflegepersonen – so heißen im Gesetz die Pfleger – erhalten keine direkten Geldleistungen. Die Pflegebedürftigen geben allerdings i. d. R. das von der Pflegeversicherung erhaltene Pflegegeld an die Pflegeperson weiter. Dieses **Pflegegeld** ist **steuer- und sozialversicherungsfrei** und unterliegt nicht dem Progressionsvorbehalt.

Weiterhin bekommen Pflegepersonen indirekte Hilfen, die den Sozialversicherungsstatus sicherstellen, sowie Unterstützungsleistungen im organisatorischen Bereich:

- Pflegekurse für Angehörige (§ 45 SGB XI),
- Beratungsangebote für Pflegende,
- soziale Absicherung des Pflegenden (§ 44 SGB XI),
- Anspruch auf Pflegezeit bei Aufrechterhaltung des Arbeitsplatzes (Pflegezeit-Gesetz),
- Anspruch auf Familienpflegezeit (seit dem 1. 1. 2012, »Gesetz zur besseren Vereinbarkeit von Pflege und Beruf«).

II. Soziale und private Pflegeversicherung: Die Unterschiede

Die Pflegeversicherung ist als Pflichtversicherung ausgelegt. Das heißt: Jeder Bundesbürger muss in die Pflegeversicherung einzahlen. Der Verstoß dagegen wird mit Bußgeld geahndet.

Unterschieden wird formal die **soziale (gesetzliche) Pflegepflichtversicherung (SPV)** und die **private Pflegepflichtversicherung (PPV).** In der SPV, so die gesetzlich korrekte Bezeichnung, sind alle diejenigen versichert, die Mitglied einer gesetzlichen Krankenversicherung sind. Freiwillige Mitglieder einer gesetzlichen Krankenkasse können sich von der Versicherungspflicht befreien lassen und sich privat pflegeversichern. Ob das Sinn macht, mag dahingestellt bleiben. **Achtung:** Die Befreiung von der Versicherungspflicht kann nicht widerrufen werden.

Personen, die **privat krankenversichert** sind, müssen sich bei einem privaten Krankenversicherungsunternehmen pflegeversichern. Auch hier gilt der Grundsatz: Pflegeversicherung folgt Krankenversicherung.

Organisiert wird die soziale Pflegeversicherung in eigenständigen Körperschaften des öffentlichen Rechts, den **Pflegekassen.** Die private Pflegeversicherung wird als eigenständiger Tarif bei den jeweiligen privaten Krankenversicherungsunternehmen angeboten, Bezeichnung: PVN (Normalversicherte) und PVB (Beamte).

Beihilfeberechtigte bekommen ihre Leistungen von zwei Stellen: einmal von der Beihilfe durch den Dienstherrn im Umfang ihres Beihilfe-Anspruchs, den Rest von ihrer privaten Beihilfe-Ergänzungsversicherung.

Die Leistungen sind für beide Bereiche identisch. Das gilt auch für die Beihilfe-Leistungen. Unterschiede gibt es bei der Begutachtung der Pflegebedürftigkeit und beim Beitrag.

➔ Wer begutachtet?

In der sozialen Pflegeversicherung wird die Begutachtung eines Pflegefalls durch den **Medizinischen Dienst der Krankenkassen (MDK)** vorgenommen. Für die Privatversicherten ist die Firma **MedicProof** zuständig, eine Gesellschaft, die von allen privaten Krankenversicherungen getragen wird. Beihilfeberechtigte werden ebenfalls durch MedicProof begutachtet.

Die Beurteilungskriterien zur Zuordnung der Pflegestufe sind für beide Organisationen gleich.

➔ Die Beiträge in der sozialen Pflegeversicherung

Die soziale Pflegeversicherung wird wie die gesetzliche Krankenversicherung im Umlageverfahren finanziert. Erhoben wird der Beitrag proportional zum Einkommen, maximal bis zur Beitragsbemessungsgrenze in der Kranken- und Pflegeversicherung (2012 € 3 825,– pro Monat). Der Beitragssatz beträgt seit dem 1. 7. 2008 1,95 %.

Kinderlose Versicherte, die 1940 oder später geboren sind, zahlen einen **Zuschlag** von 0,25 Prozentpunkten. Erhoben wird der Zuschlag erst ab einem Alter von 24 Jahren. Kinderlosigkeit ist definiert als »hatte nie Kinder«.

Die Beitragslast teilen sich Arbeitnehmer und Arbeitgeber je zur Hälfte. Zwei Besonderheiten sind zu beachten:

- Liegt der **Beschäftigungsort** in Sachsen, trägt der Arbeitgeber nur 0,475 %, der Versicherte 1,475 %. Grund: Zur Finanzierung der Kosten insgesamt wurde bei Einführung der Pflegeversicherung zum Ausgleich der Kosten der Arbeitgeberanteile ein Feiertag abgeschafft. Ausnahme: Sachsen, deshalb ist dort der Arbeitgeberanteil geringer.
- Sind Sie bereits **Rentner,** so tragen Sie den Beitrag für die Pflegeversicherung in **voller Höhe** bis zur Beitragsbemessungsgrenze alleine.

Der Beitragspflicht unterliegen auch die Betriebsrenten und als Besonderheit die **Kapitalauszahlung einer Direktversicherung.** Gegen diese Regelung wurden eine ganze Reihe von Verfahren beim Bundesgerichtshof und beim Bundesverfassungsgericht geführt. Bislang sind jedoch alle Verfahren zuungunsten der versicherten Ruheständler ausgegangen. Einzige Ausnahme: Soweit eine Direktversicherung z. B. nach dem Ausscheiden des Arbeitnehmers aus einem Beschäftigungsverhältnis vom Arbeitnehmer mit eigenen Beiträgen fortgeführt **und** der Arbeitnehmer anstelle des Arbeitgebers als Versicherungsnehmer im Versicherungsschein aufgeführt wird, bleibt die auf diese Zeit entfallende Kapitalauszahlung bei der Beitragsbemessung unberücksichtigt.

➔ Die Beiträge in der privaten Pflegepflichtversicherung

In der privaten Pflegepflichtversicherung werden die Beiträge nach dem Alter für jede versicherte Person berechnet. Nach Männern und Frauen wird nicht unterschieden. Eine Art beitragsfreie Familienversicherung für Ehepartner gibt es auch nicht. Ehepartner, die privat versichert sind, müssen unabhängig vom Einkommen einen Beitrag entrichten. Die private Pflegepflichtversicherung wird nach dem Kapitaldeckungsverfahren finanziert. Das heißt, es werden Rücklagen für das Alter gebildet. Damit müssen die Beiträge wegen des Älterwerdens nicht angepasst werden. Unter finanziellen Gesichtspunkten hat sich dieses Verfahren bislang gut bewährt.

Tipp:
Kinder sind immer beitragsfrei mitversichert, auch in der privaten Pflegeversicherung. Die beitragsfreie Versicherung endet mit der Anspruchsberechtigung auf Kindergeld. Eventuell verlängert sich der Zeitraum um Wehrdienst- oder Zivildienstzeiten. Studenten zahlen einen eigenen Beitrag von derzeit rund € 13,–.

Beihilfeberechtigte zahlen 40 % des normalen Beitrags.

III. Anspruchsvoraussetzungen und Prinzipien der Pflegeversicherung

Ähnlich wie in der Arbeitslosen- und der Rentenversicherung werden auch in der Pflegeversicherung Leistungen nur nach Erfüllung einer **Vorversicherungszeit** (Anwartschaft) gewährt. Darüber hinaus gibt es auch in der Pflegeversicherung Regeln, die den sinnvollen Umgang mit Versicherungsleistungen gewährleisten sollen. Die wichtigste davon ist der in § 3 geregelte »Vorrang der häuslichen Pflege«. Anders formuliert lautet der **Grundsatz: »ambulant vor stationär«.**

1. Pflegebedürftigkeit

Leistungen der Pflegeversicherung erhält in der Regel nur, wer vom **Medizinischen Dienst der Krankenkassen (MDK)** mindestens in die (niedrigste) **Pflegestufe I** eingestuft wurde.

→ Pflegestufe I

Dafür muss der Betroffene wenigstens 90 Minuten pro Tag fremde Hilfe benötigen. Mehr als die Hälfte davon – also mindestens 46 Minuten – muss auf die Grundpflege entfallen. Unter »Grundpflege« sind beispielsweise zu verstehen die Körperpflege (Waschen, Baden, Duschen, Haar-, Mund-, Zahn- und Nagelpflege) sowie die Unterstützung beim An- und Auskleiden, Lagern und Betten. Die übrigen 44 Minuten dürfen in den Bereich der hauswirtschaftlichen Hilfen, insbesondere fürs Einkaufen und Kochen, fallen.

In § 14 Abs. 1 ist definiert, wer als **pflegebedürftig** gilt. Zugleich ist hier die Einschränkung formuliert, dass der Pflegebedarf »voraussichtlich für mindestens sechs Monate« bestehen muss.

Achtung: Die sog. **Behandlungspflege**, die von der Krankenkasse (und nicht von der Pflegekasse) zu übernehmen ist, gehört nicht zur Grundpflege. Sie wird also auch nicht mitgerechnet, wenn geprüft wird, ob der Betroffene 46 Minuten Grundpflege pro Tag benötigt. Zur medizinischen Behandlungspflege werden beispielsweise Verbandswechsel, Injektionen, Blutdruck- und Blutzuckerkontrolle, Wundversorgung, medizinische Einreibungen und Medikamentenüberwachung oder die Gabe von Augentropfen gerechnet.

Wer die genannte Voraussetzung erfüllt, hat Anspruch auf Leistungen der Pflegeversicherung und wird mindestens in Pflegestufe I, gegebenenfalls aber auch in eine höhere Stufe eingruppiert.

→ Leistungen manchmal auch bei »Pflegestufe Null«

Der enge Pflegebegriff des Gesetzes, der sich an körperlichen Gebrechen orientiert, wird schon lange kritisiert. Folge hiervon ist vor allem: Wer (wie viele Demente) zwar den ganzen Tag Aufsicht und Betreuung benötigt, weil er z. B. das Gas unter dem Kochtopf nicht mehr abstellt und damit sich und andere gefährdet, zählt nach den Pflegekriterien des Gesetzes weiterhin aber häufig nicht als pflegebedürftig.

Vorschläge für einen erweiterten Pflegebegriff wurden bereits diskutiert. Doch schon seit dem 1. 7. 2008 gibt es für viele Demenzkranke mehr finanzielle Unterstützung. Das entscheidende Stichwort heißt hier: **eingeschränkte Alltagskompetenz.** Soweit diese vorliegt, können die Patienten jährlich einen **Betreuungsbetrag** von bis zu € 2 400,– erhalten, auch wenn sie offiziell noch nicht als pflegebedürftig gelten. Die neue Leistung kommt nicht nur für sogenannte Altersverwirrte, sondern für alle Personen mit demenzbedingten Fähigkeitsstörungen, geistigen Behinderungen oder psychischen Erkrankungen infrage.

2. Vorversicherungszeit

Ein Anspruch auf Leistungen besteht nach § 33 Abs. 2 nur dann, wenn innerhalb einer **Zehn-Jahres-Rahmenfrist** vor der Antragstellung mindestens zwei Jahre anrechnungsfähige Vorversicherungszeiten erfüllt sind. Darin unterscheidet sich die gesetzliche Pflegeversicherung von der gesetzlichen Krankenversicherung. Anrechnungsfähig als Vorversicherungszeit sind alle Zeiten einer Mitgliedschaft oder einer Familienversicherung in der Pflegeversicherung.

3. Ambulant vor stationär

Ein eherner Grundsatz der Pflegeversicherung ist direkt am Anfang des SGB XI in § 3 verankert: Dort heißt es: »Die Pflegeversicherung soll mit ihren Leistungen **vorrangig die häusliche Pflege** und die Pflegebereitschaft der Angehörigen und Nachbarn unterstützen, damit die Pflegebedürftigen möglichst lange in ihrer häuslichen Umgebung bleiben können. Leistungen der teilstationären Pflege und der Kurzzeitpflege gehen den Leistungen der vollstationären Pflege vor«.

Das bedeutet: Der Pflegebedürftige kann nicht frei wählen, ob er zu Hause oder im Heim gepflegt wird. Dieser Grundsatz stimmt weitgehend mit den Wünschen vieler Menschen überein, die ebenfalls so lange wie möglich innerhalb ihrer **eigenen vier Wände** verbleiben möchten. Daher wird bislang nur etwa ein Drittel der Pflegebedürftigen in Pflegeheimen versorgt. Wäre dieser Anteil höher, so wäre die Finanzierung der Pflege noch weit mehr als bisher zum Gegenstand politischer Auseinandersetzungen geworden.

Vor der Aufnahme in ein Heim muss der MDK ausdrücklich eine **Empfehlung** hierfür aussprechen. Die Pflegekassen gehen aber davon aus, dass in einer Reihe von Fällen der Umzug in ein Heim geboten oder zumindest ohne weitere Prüfung akzeptabel ist. Das gilt etwa dann, wenn ein Pflegebedürftiger bereits in Pflegestufe III eingestuft worden ist, also schwerstpflegebedürftig ist. Ähnliches gilt, wenn die räumliche Situation in der Wohnung des Pflegebedürftigen die Pflege nicht zulässt oder keine Angehörigen oder Freunde existieren, die die Pflege übernehmen könnten.

Tipp:
Wer meint, dass ein Umzug in ein Pflegeheim erforderlich ist, sollte das bei der Begutachtung dem Vertreter des MDK deutlich machen. Zumeist wird der MDK diesen Wunsch in seinem Gutachten berücksichtigen. Keineswegs sollten Pflegebedürftige auf eigene Faust in ein Heim umziehen. Sonst lehnt die Pflegekasse die Finanzierung der stationären Pflege ab.

IV. Die Pflegestufen

→ Pflegestufe I

Anspruch auf die Standardleistungen der Pflegeversicherung hat, wer mindestens in Pflegestufe I eingestuft und damit als pflegebedürftig anerkannt wird. Die Betroffenen können dann beispielsweise – wenn sie ohne Inanspruchnahme eines Pflegedienstes von Angehörigen zu Hause gepflegt werden – monatlich ein Pflegegeld von € 235,– erhalten. Bei höherer Pflegebedürftigkeit gibt es auch entsprechend höhere Leistungen.

→ Pflegestufe II (Schwerpflegebedürftige)

Hierbei handelt es sich um Personen, die bei der Grundpflege (also Körperpflege, Ernährung und Mobilität) mindestens dreimal täglich zu verschiedenen Tageszeiten der Hilfe bedürfen und zusätzlich mehrfach in der Woche Unterstützung bei der hauswirtschaftlichen Versorgung benötigen. Der tägliche Zeitaufwand dafür muss mindestens drei Stunden betragen. Hiervon müssen mindestens zwei Stunden auf die Grundpflege entfallen.

→ Pflegestufe III (Schwerstpflegebedürftige)

Als »schwerstpflegebedürftig« gelten Personen, die bei der Grundpflege jeden Tag rund um die Uhr der Hilfe bedürfen und zusätzlich mehrfach in der Woche Unterstützung bei der hauswirtschaftlichen Versorgung benötigen. Der tägliche Zeitaufwand muss mindestens fünf Stunden betragen. Dabei müssen auf die Grundpflege mindestens vier Stunden entfallen.

Im Rahmen der Pflegestufe III gibt es darüber hinaus bei außergewöhnlich hohem Pflegebedarf eine **Härtefallregelung** mit zusätzlichen Leistungen. Voraussetzung ist dabei, dass der Pflegeaufwand »das übliche Maß der Pflegestufe III weit übersteigt« (§ 36 Abs. 4). Inoffiziell werden solche Härtefälle als Pflegestufe IV bezeichnet. Die **Härtefallrichtlinien** sehen vor, dass der Zeitaufwand für die Grundpflege mindestens sieben Stunden täglich beträgt, wovon zwei Stunden in der Nacht liegen. Einen besonders hohen Pflegebedarf nimmt die Pflegekasse unter anderem bei Krebskranken im Endstadium und bei Querschnittslähmung an.

Tipp:
Wer in stärkerem Maße Hilfe benötigt, kann bei der Pflegeversicherung jederzeit die Eingruppierung in eine höhere Pflegestufe beantragen. Doch die Einstufung in eine höhere Pflegestufe ist nicht in jedem Fall vorteilhaft. Wer zu Hause lebt und zu Hause gepflegt wird, für den bringt eine Einstufung in eine höhere Pflegestufe zwar Vorteile mit sich. Denn dann gibt es beispielsweise für diejenigen, die (nur) von Angehörigen betreut werden, ein höheres Pflegegeld. Für diejenigen, die in einem Heim leben, ist die Einstufung in eine höhere Pflegestufe dagegen meist nachteilig: Die Pflegekasse zahlt dann zwar einen höheren Zuschuss zu den Heimkosten, das Heim darf aber auch einen entsprechend höheren Pflegesatz berechnen. Unterm Strich steigen hierdurch die Belastungen der Betroffenen in der Regel deutlich stärker an als der Zuschuss der Pflegekasse. Im Ergebnis muss der Betroffene mehr zahlen als bisher.

Bessert sich der Gesundheitszustand, kann sich ein Antrag auf eine niedrigere Pflegestufe lohnen. So paradox es klingt: Weil die Heimkosten an die Pflegestufe gebunden sind, empfiehlt es sich für Heimbewohner, deren gesundheitliche Situation sich gebessert hat bzw. die wieder mehr Dinge selbstständig verrichten können, die Einstufung in eine niedrigere Pflegestufe zu beantragen – etwa statt Pflegestufe III die Einstufung in Pflegestufe II. Denn dann sinkt zwar der Zuschuss der Pflegekasse, aber deutlich stärker sinkt in der Regel der Pflegesatz des Heims. Unterm Strich bleibt den Betroffenen so mehr für ihren Lebensunterhalt.

V. Nadelöhr: Antragstellung und Begutachtung durch den Medizinischen Dienst der Krankenkassen

Wenn Sie Leistungen aus der Pflegeversicherung erhalten wollen, müssen Sie zunächst bei Ihrer Pflegekasse einen **Antrag** stellen. Pflegebedürftige bzw. ihre Angehörigen sollten diesen Antrag so früh wie möglich stellen, und zwar sobald der Betroffene voraussichtlich für längere Zeit Pflege benötigt.

Wer den Antrag zu spät stellt, erhält auch erst später Leistungen der Pflegekasse. Denn § 33 Abs. 1 regelt: »Wird der Antrag später als einen Monat nach Eintritt der Pflegebedürftigkeit gestellt, werden die Leistungen **vom Beginn des Monats der Antragstellung an** gewährt«. Das bedeutet: Tritt Pflegebedürftigkeit etwa nach einem Schlaganfall im Januar ein, wird ein Antrag auf Anerkennung als pflegebedürftig jedoch erst im Mai gestellt, so setzen die Leistungen der Pflegekasse auch erst am 1. Mai ein.

Nach der Antragstellung beauftragt die Pflegekasse (die ihren Sitz bei der Krankenkasse des Betroffenen hat) den **Medizinischen Dienst der Krankenkassen (MDK)** mit der Begutachtung des zu Pflegenden. Dieser vereinbart dann einen Besuchstermin in der Wohnung des Patienten (bzw. bei Heimbewohnern in der Einrichtung). Die Unternehmen der privaten Pflegepflichtversicherung beauftragen als Gutachter die eigens dafür gegründete **Medicproof GmbH,** für die die gleichen Maßstäbe wie für den MDK gelten.

Der MDK bzw. Medicproof beurteilen in ihrem **Gutachten:**

- ob jemand pflegebedürftig ist,
- in welche Pflegestufe der Betroffene eingestuft wird,
- ob ggf. eine stationäre Pflege empfohlen wird oder ob eine ambulante Betreuung ausreicht sowie
- wie viele Stunden pflegende Angehörige gegebenenfalls wöchentlich mit der Pflege beschäftigt sind.

Antragsberechtigt sind die pflegebedürftige Person oder ein Bevollmächtigter bzw. naher Angehöriger des Betroffenen. Der Antrag kann auch telefonisch gestellt werden.

Tipp:
Anträge werden häufig in Krisensituationen gestellt. In solchen Fällen neigen Angehörige häufig zum schnellen telefonischen Antrag. Empfehlenswert ist es allerdings (schon allein aus Beweisgründen), den Antrag schriftlich zu stellen. Dann können Sie nachher belegen, wann der Antrag gestellt wurde.

→ Zwei Wochen lang Pflegetagebuch führen

Beim Besuch des MDK ist es sinnvoll, dass Angehörige des Betroffenen anwesend sind. Insbesondere gilt das für Angehörige, die den Betroffenen pflegen. Sinnvoll ist es dabei, wenn die Pflegenden vorab ein **Pflegetagebuch** führen, in dem genau protokolliert ist, wobei dem Pflegebedürftigen geholfen werden muss und wie viel Zeit das in Anspruch nimmt.

Tipp:
Dokumentieren Sie die notwendigen Hilfeleistungen zwei Wochen lang in einem Pflegetagebuch. Zeichnen Sie alle täglichen Verrichtungen, bei denen Unterstützung gebraucht wird, detailliert auf. Pflegetagebücher gibt es kostenlos bei der zuständigen Pflegekasse. Das ausgefüllte Tagebuch sollten Sie dem Gutachter des MDK zusammen mit den Unterlagen der behandelnden Ärzte vorlegen.

→ Nicht den Helden spielen

Kaum jemand stellt sich gern als besonders hilfebedürftig dar. Viele Menschen neigen dazu, sich möglichst positiv zu präsentieren. Der Besuch des MDK wird dann als eine Art Prüfung verstanden, die es zu bestehen gilt. Dazu passt nicht unbedingt das Eingeständnis, dass man beim Toilettengang, beim Waschen und Aufstehen Hilfe benötigt. Wichtig ist deshalb, dass sich Pflegebedürftige und ihre Angehörigen klarmachen, dass für eine angemessene Begutachtung eine realistische Selbstdarstellung der Betroffenen erforderlich ist. Schwächen sollten dabei weder unter- noch übertrieben werden.

→ Pflegende Angehörige: Den Zeitbedarf genau festhalten

In den Begutachtungsrichtlinien der Pflegekassen ist der Zeitbedarf für typische Hilfeleistungen festgelegt. So ist für eine Ganzkörperwäsche eine Zeit von 20 bis 25 Minuten vorgegeben. Diese Werte gelten für Standardfälle. Im Einzelfall kann es natürlich länger dauern. Zum Beispiel dann, wenn der Pflegebedürftige sich dagegen wehrt, gewaschen zu werden – also Hindernisse überwunden werden müssen. Gerade auf solche Einzelheiten sollten pflegende Angehörige hinweisen.

Nach dem Besuch beim Pflegebedürftigen erstellt der MDK ein Gutachten, das einen Vorschlag zur Einstufung in eine Pflegestufe enthält. Die Pflegekasse erlässt dann einen entsprechenden Bescheid.

➔ Kurze Entscheidungsfristen

Generell gilt seit dem 1. 7. 2008: Wer einen Antrag auf Anerkennung der Pflegebedürftigkeit gestellt hat, dem muss innerhalb von fünf Wochen nach Antragstellung das Ergebnis mitgeteilt werden. Eine verkürzte Frist von zwei Wochen gilt, wenn ein Angehöriger des Betroffenen zu dessen Pflege eine Pflegezeit beantragt hat. Noch kürzer, nämlich eine Woche, ist die Frist, wenn der Antrag aus einem Krankenhausaufenthalt oder aus einer stationären Rehabilitationsmaßnahme heraus gestellt wird.

Tipp:
Wer mit der Einstufung nicht einverstanden ist, kann gegen den Bescheid innerhalb eines Monats Widerspruch einlegen. Das kann zunächst formlos erfolgen. Die Formulierung könnte etwa lauten: »Hiermit erhebe ich gegen Ihren Bescheid vom ..., mit dem Sie mich in Pflegestufe I einstufen, Widerspruch. Eine genauere Begründung werde ich nachreichen«. Zugleich sollten Sie im formlosen Widerspruchsschreiben darum bitten, dass Ihnen das Gutachten des MDK zur Verfügung gestellt wird. So können Sie die bei der Einstufung zugrunde gelegten Zeiten überprüfen. Falls Ihre eigenen Einschätzungen hiervon abweichen, sollten Sie der Pflegekasse einen detaillierten Zeitplan mit genauen Angaben über die benötigte Pflege zusenden. Nach einem Widerspruch wird der Betroffene ein zweites Mal begutachtet. Gegebenenfalls kann hierbei auch eine Stellungnahme des Hausarztes helfen.

VI. Ambulante und teilstationäre Leistungen für Pflegebedürftige

Rund zwei Drittel der Bezieher von Leistungen aus der Pflegeversicherung werden ambulant gepflegt.

1. Leistungen für die häusliche Pflege: Das Pflegegeld (§ 37)

Die am häufigsten in Anspruch genommene Leistung ist das Pflegegeld. Anspruch hierauf haben Pflegebedürftige, die von Angehörigen oder von selbst engagierten Pflegekräften gepflegt werden. Pflegegeld wird abgestuft nach der Pflegebedürftigkeit gezahlt. Es beträgt seit dem 1. 1. 2012:

Pflegestufe	
I	€ 235,–
II	€ 440,–
III	€ 700,–

Die oben genannten Beträge sind monatliche Höchstbeträge. Sie werden nur gezahlt, wenn während des gesamten Monats Pflegebedürftigkeit bestand. Tritt die Pflegebedürftigkeit im Laufe eines Monats ein, wird das Pflegegeld anteilig gezahlt.

Beispiel:
Der MDK stellt bei Herrn G. die Pflegestufe II fest. Die Pflegebedürftigkeit besteht ab 11. Januar. Dann erhält Herr G. nur für den Rest-Januar – für 20 Tage also – Pflegegeld. Das sind € 293,33 (= 2/3 von € 440,–).

Ebenso erfolgt nur eine anteilige Auszahlung, wenn die Pflege um mehr als vier Wochen unterbrochen wird, z. B. durch:

- eine stationäre Krankenhausbehandlung,
- stationäre medizinische Rehabilitationsmaßnahmen oder
- häusliche Krankenpflege mit Grundpflege und hauswirtschaftlicher Versorgung, bezahlt von der Krankenkasse.

→ Wann beginnt die 4-Wochen-Frist?

Sie beginnt mit der Aufnahme ins Krankenhaus oder der Reha-Maßnahme bzw. mit dem Tag der ersten Krankenpflege.

Beispiel:
Frau L. muss vom 21. 4. bis einschließlich 31. 5. ins Krankenhaus. Der Aufenthalt dauert länger als vier Wochen. Betroffen sind die Monate April und Mai. Die Zahlungen des Monats April werden um 10/30 gekürzt, die des Monats Mai entfallen.

Bei jeder Maßnahme beginnt die 4-Wochen-Frist erneut. Ausnahme: Zwei Maßnahmen folgen unmittelbar aufeinander.

Beispiel:
Folgt auf einen zehntägigen Krankenhausaufenthalt unmittelbar eine Rehabilitationsmaßnahme im Umfang von fünf Wochen, so werden die Zeiten zusammengezählt. Sie gelten als »eine« Maßnahme.

→ Wann wird das Pflegegeld ausgezahlt?

Das Pflegegeld wird monatlich rückwirkend gezahlt. Kommt es zu Überzahlungen, beispielsweise weil ein Krankenhausaufenthalt erfolgte, so sind die Leistungen anteilig zurückzuzahlen.

Achtung: Im Falle des Todes des Pflegebedürftigen wird das Pflegegeld bis zum Ende des Sterbemonats gezahlt.

→ Unter welchen Voraussetzungen wird Pflegegeld gezahlt?

Wie schon erwähnt, wird das Pflegegeld auch für selbst beschaffte Pflegepersonen gezahlt. Um sicherzustellen, dass diese »Laienpflege« nicht zu einer Fehlversorgung führt, müssen Pflegegeldempfänger eine **regelmäßige Beratung nachweisen.**

→ Wie wird das Pflegegeld steuerlich und sozialversicherungsrechtlich behandelt?

Das Pflegegeld stellt beim Pflegenden **keine steuerpflichtige Einnahme** dar. Auch werden **keine Sozialversicherungsbeiträge** darauf erhoben. Geben Sie als Pflegebedürftiger das Geld weiter an die Pflegekraft, so stellt das Geld auch bei dieser keine Einnahme im Sinne des Steuer- und Sozialversicherungsrechts dar. Das heißt, dass eine solche Zahlung beispielsweise auch nicht das Recht auf Familienversicherung in der Krankenversicherung berührt.

2. Häusliche (ambulante) Pflegesachleistungen (§ 36)

Wird die Pflege zu Hause nicht von nahen Angehörigen oder anderen Pflegepersonen durchgeführt, so können Sie einen **ambulanten Pflegedienst** beauftragen. Diese Pflegedienste haben einen sogenannten Versorgungsvertrag mit den Pflegekassen. Die Bezahlung erfolgt nach einem vereinbarten Vergütungssystem. Im Gesetz wird das »Sachleistung« genannt, weil es direkt abgerechnet wird und der Pflegebedürftige das Geld nicht bekommt. Je nach Pflegestufe können Sie seit dem 1. 1. 2012 Leistungen im folgenden Wert abrufen, die von der Kasse bezahlt werden:

Pflegestufe	
I	€ 450,–
II	€ 1 100,–
III	€ 1 550,–

Das Gesetz sieht auch eine erhöhte Leistung für sogenannte Härtefälle vor. Das sind Pflegefälle, die einen **erhöhten Pflegebedarf in Stufe III** haben. Beispielsweise kann das regelmäßige Absaugen der Lunge einen solchen zusätzlichen Aufwand bedeuten. Für solche Fälle können Leistungen in der Stufe III bis zu **€ 1 918,– monatlich** in Anspruch genommen werden.

Tipp:
Bei der Vergütung müssen Sie aufpassen! Einige Pflegedienste haben zwar einen Versorgungsvertrag mit der Pflegekasse abgeschlossen, aber keine Vergütungsvereinbarung. In diesem Fall werden die oben genannten häuslichen Pflegesachleistungen auf 80 % begrenzt. Eine solche Kürzung geht voll zulasten des Pflegebedürftigen. Sie darf auch nicht durch die Hilfe zum Lebensunterhalt (früher Sozialhilfe) ausgeglichen werden.

➔ Kann ich Geld- und Sachleistungen kombinieren?

Grundsätzlich ja. Man spricht dann von sog. **Kombinationsleistungen.** Sie kommen beispielsweise dann zum Tragen, wenn Sie als Angehöriger oder Freund unter der Woche den Pflegebedürftigen durch einen Pflegedienst betreuen lassen, am Wochenende die Pflege aber selber übernehmen. Dabei wird das Pflegegeld um den prozentualen Anteil gekürzt, der bei den Sachleistungen nicht in Anspruch genommen wurde.

Beispiel:
Liegt Pflegestufe II vor, so beträgt das Pflegegeld € 440,–, die maximale häusliche Sachleistung € 1 100,–. Werden beispielsweise für € 733,– Sachleistungen abgerufen, so sind nur zwei Drittel der Sachleistungen verbraucht. Deshalb kann noch ein Drittel des Pflegegelds (= € 146,67) beansprucht werden.

Achtung: Sie können die Kombinationsleistungen nicht beliebig wechseln. An eine Entscheidung über die Aufteilung sind Sie sechs Monate lang gebunden.

3. Verhinderungspflege (§ 39)

Bei der häuslichen Pflege kann es immer wieder einmal vorkommen, dass die pflegende Person verhindert ist. Krankheit oder der notwendige Erholungsurlaub sind solche Anlässe. In diesem Fall übernimmt die Pflegekasse die Aufwendungen für eine Ersatzpflegekraft. Die Kosten werden für maximal vier Wochen im Kalenderjahr gewährt. Sie sind auch finanziell nach oben begrenzt. Der Höchstsatz orientiert sich am Höchstbetrag der häuslichen Pflegesachleistungen für die Pflegestufe III.

Wenn die Vertretung mit dem Pflegebedürftigen bis zum zweiten Grad verwandt ist, verringert sich der Höchstsatz auf den Höchstbetrag des Pflegegelds in Stufe II. In diesem Fall können aber nachgewiesene Aufwendungen, zum Beispiel Fahrtkosten, zusätzlich erstattet werden.

4. Tages- und Nachtpflege (§ 41)

Pflegebedürftige haben einen Anspruch auf sogenannte teilstationäre Pflege in Einrichtungen der Tages- oder Nachtpflege, wenn die häusliche Pflege nicht oder nicht ausreichend sichergestellt werden kann. Die Nachtpflege in einer Einrichtung kann beispielsweise einem Angehörigen ermöglichen, Nachtruhe zu finden, wenn – was häufig bei Dementen der Fall ist – der Pflegebedürftige eine Störung des Tag-Nacht-Rhythmus hat und nachts unruhig umherläuft.

Einrichtungen zur Tages- oder Nachtpflege entsprechen im Prinzip den stationären Einrichtungen – mit dem einzigen Unterschied, dass die Pflegebedürftigen dort nicht rund um die Uhr betreut werden, sondern nur tagsüber oder nachts. Die Leistungen der Einrichtung werden seit dem 1. 1. 2012 bis zu folgenden Höchstbeträgen übernommen:

Pflegestufe	
I	€ 450,–
II	€ 1 100,–
III	€ 1 550,–

→ Was ist, wenn neben der Tages- oder Nachtpflege Sachleistungen oder Pflegegeld in Anspruch genommen werden?

Seit dem 1. 7. 2008 gibt es erheblich verbesserte Möglichkeiten, die Tages- oder Nachtpflege in einer Einrichtung mit der ambulanten Pflege zu Hause zu kombinieren. Der höchstmögliche Gesamtanspruch aus der Kombination von Leistungen der Tages- und Nachtpflege mit ambulanten Sachleistungen oder dem Pflegegeld steigt durch die Reform von 2008 auf das 1,5-Fache des bisherigen Betrags. Tages- und Nachtpflege können voll in Anspruch genommen werden, ohne dass der Anspruch auf Pflegegeld oder Sachleistungen durch ambulante Dienste verloren geht.

Beispiel:
Für die Nachtpflege der Mutter von Frau Z. (eingestuft in Stufe II) übernimmt die Pflegekasse Kosten bis in Höhe von € 1 100,– (Höchstbetrag der Pflegestufe II). Daneben kann sie entweder noch ein Pflegegeld bis zu € 220,– (= 50 % von € 440,– in Pflegestufe II) erhalten. Oder sie nimmt zusätzlich häusliche Pflegedienste bis zum Betrag von € 550,– (= 50 % von € 1 100,– in Pflegestufe II) in Anspruch.

Die Pflegereform 2008 hat in diesem Punkt eine deutliche Verbesserung gegenüber den bisherigen Regelungen gebracht. Waren davor die Höchstbeträge für Tages- oder Nachtpflege ausgeschöpft, blieb kein Geld mehr für zusätzliche Sachleistungen übrig.

Achtung: Wenn Sie die Hälfte der möglichen Leistungen für die Tages- und Nachtpflege in Anspruch nehmen, können Sie weiterhin das volle Pflegegeld erhalten oder die volle Sachleistung in Anspruch nehmen.

Beispiel:
Für die Nachtpflege des Vaters von Frau Z. (eingestuft in Stufe III) werden € 775,– (= 50 % des Höchstsatzes von € 1 550,–) in Anspruch genommen. Daneben kann er noch das volle Pflegegeld in Höhe von € 700,– erhalten und an seine Tochter weitergeben.

5. Kurzzeitpflege (§ 42)

Kann die häusliche Pflege nicht oder nicht im erforderlichen Umfang durchgeführt werden, hat der Pflegebedürftige in bestimmten Fällen Anspruch auf sogenannte Kurzzeitpflege in einer stationären Einrichtung.

Dazu gehören:

- Übergangszeiten nach einer stationären Behandlung oder
- Krisensituationen, die eine häusliche Pflege vorübergehend unmöglich machen.

Zu solchen Krisensituationen zählen beispielsweise Krebserkrankungen im Endstadium.

Kurzzeitpflege ist auf vier Kalenderwochen im Jahr begrenzt. Maximal werden seit dem 1. 1. 2012 Aufwendungen bis zur Höhe von € 1 550,– übernommen.

VII. Stationäre Sachleistungen: Die vollstationäre Pflege (§ 43)

Ist häusliche oder teilstationäre Pflege (Tages- und Nachtpflege) nicht möglich, hat der Pflegebedürftige Anspruch auf Unterbringung in einer stationären Einrichtung. Übernommen werden seit dem 1. 1. 2012 die Kosten für Pflege, Unterkunft und Investitionskosten bis zu:

Pflegestufe I	€ 1 023,–
Pflegestufe II	€ 1 279,–
Pflegestufe III	€ 1 550,–
Härtefälle	€ 1 918,–

Achtung: Entscheidet sich der Pflegebedürftige für eine stationäre Unterbringung, obwohl das Gutachten des MDK ambulante Pflege als ausreichend und möglich ausweist, so erhält er weniger Leistungen. Der Zuschuss wird dann auf die Beträge begrenzt, die bei ambulanter Sachleistung getragen würden.

VIII. Pflegehilfsmittel und technische Hilfsmittel (§ 40)

Die Pflegekasse soll durch Hilfsmittel, die die Pflege erleichtern, eine selbstständigere Lebensführung ermöglichen. Eine ärztliche Verordnung ist nicht erforderlich. Der MDK oder die Pflegefachkraft geben eine entsprechende Empfehlung an die Pflegekasse. Diese berät den Pflegebedürftigen oder den Pflegenden. Den Antrag auf Übernahme der Mittel können Sie mündlich oder schriftlich stellen.

→ Was sind Pflegehilfsmittel?

Dazu gehören alle Produkte, die im Rahmen der Pflege eingesetzt und verbraucht werden. Dies sind etwa:

- Desinfektionsmittel,
- Schutzbekleidung (z. B. Einmal-Handschuhe, Fingerlinge, Mundschutz),
- saugende Betteinlagen.

Von der Pflegekasse erhalten Sie ein vollständiges Hilfsmittelverzeichnis. Manchmal ist die Abgrenzung zu einer medizinisch notwendigen Hilfe nicht ganz klar. Da hilft der Arzt. Dieser verordnet beispielsweise Windeln, die nicht zu den Pflegehilfsmitteln zählen.

Darüber hinaus gibt es noch die sogenannten **technischen Pflegehilfsmittel.** Darunter fallen u. a. Rollstühle, Pflegebetten oder Notrufsysteme. Auch Hilfen, die zwar fest verankert werden müssen, aber keine baulichen Veränderungen in der Wohnung erfordern, gehören dazu, z. B. Bad-Lifter oder Handgriffe, die im Bad eingebaut werden müssen.

IX. Verbesserung des Pflegeumfelds (§ 40)

Pflege zu Hause ist nicht nur eine belastende Angelegenheit, manchmal müssen auch Vorkehrungen in der Wohnung getroffen werden, damit die Pflege durchgeführt oder erleichtert werden kann. So kann es notwendig sein, für Rollstuhlfahrer die Türen verbreitern zu lassen. Im Bad kann ein Lift das Waschen oder Baden erheblich erleichtern, oder man braucht eine bodengleiche (barrierefreie) Dusche.

Für solche Verbesserungen des Pflegeumfelds übernehmen die Pflegekassen bis zu € 2 557,–. Die Maßnahmen werden jedoch nicht komplett bezahlt. Der Zuschuss richtet sich nach den Gesamtkosten. Der Pflegebedürftige soll jedoch einen Eigenanteil tragen, der seinen Einkünften entspricht. Das sind in der Regel 10 % der Kosten bis maximal 50 % des Einkommens des Pflegebedürftigen.

X. Leistungen für Demenzerkrankte

Bei der Pflegeversicherung wurden Menschen mit solchen Leiden – etwa Alzheimer-Kranke – früher nur unzureichend berücksichtigt. Das liegt am engen Pflegebegriff des SGB XI, der sich an körperlichen Gebrechen orientiert. Wer den ganzen Tag Aufsicht und Betreuung benötigt, zählt nach den Pflegekriterien des Gesetzes häufig nicht als pflegebedürftig – wenn nicht weitere rein körperliche Leiden hinzukommen.

Seit dem 1. 7. 2008 begründet alleine eine Demenz bereits einen Leistungsanspruch.

➔ Leistungen bei eingeschränkter Alltagskompetenz

Menschen mit eingeschränkter Alltagskompetenz – so heißt es im Gesetz – können nun **jährlich** einen Betreuungsbetrag von **bis zu € 2 400,–** erhalten, auch wenn sie offiziell noch nicht als pflegebedürftig (= keine Zuordnung zu einer Pflegestufe) gelten. Die neue Leistung kommt nicht nur für sogenannte Altersverwirrte, sondern für alle Personen mit demenzbedingten Fähigkeitsstörungen, geistigen Behinderungen oder psychischen Erkrankungen infrage.

Den Höchstbetrag von € 2 400,– pro Jahr gibt es für Personen mit höherem allgemeinen Betreuungsbedarf. Bei geringerem Bedarf wird ein **Grundbetrag von € 1 200,–** gezahlt.

➔ Zweckgebundene Leistung

Den Betroffenen wird jedoch, anders als bei der allgemeinen Pflege, kein Geld zur freien Verfügung ausgezahlt. Die Mittel werden vielmehr für gesetzlich normierte **Sachleistungsangebote** zur Verfügung gestellt. Die Pflegekasse übernimmt im Rahmen der gesetzlich vorgesehenen Beträge die Kosten für Tages-, Nacht- und Kurzzeitpflege oder andere Entlastungs- und Betreuungsleistungen. Die Anbieter rechnen dabei entweder direkt mit der Pflegekasse ab oder sie stellen den Betroffenen eine Rechnung aus, die dann bei der Pflegekasse eingereicht wird.

Tipp:
Um den Betreuungsbetrag zu erhalten, müssen die Betroffenen oder ihre Angehörigen einen Antrag bei der Pflegekasse stellen.

➔ Betreuungsbetrag wird auch zusätzlich gewährt

Um es aber nochmals deutlich zu machen: Führt die Demenzerkrankung dazu, dass pflegerische und hauswirtschaftliche Unterstützung erforderlich wird, und sind Sie als pflegebedürftig eingestuft, so haben Sie – wie bisher bereits – ebenfalls Anspruch auf die normalen Leistungen der Pflegeversicherung. Der Betreuungsbetrag wird dann jedoch auf Antrag noch **zusätzlich** gewährt.

Zusätzliche Leistungen gibt es auch bei stationärer Unterbringung. Allerdings fließt das Geld nicht direkt an den Pflegebedürftigen, sondern an die stationäre Einrichtung, die dafür besondere Betreuungs- und Therapieangebote vorhalten muss.

Beispiel:
Herr R. ist an Demenz erkrankt. Er bekommt zusätzlich zu seinem Pflegegeld der Stufe II (€ 440,–) ein Pflegegeld aufgrund seiner Demenzerkrankung in Höhe von € 100,– oder € 200,–.

Frau T. zeigt bereits leichte Anzeichen von Alzheimer, die eine umfangreichere Betreuung erforderlich machen. Für die Einstufung in die Pflegestufe I reicht der Hilfebedarf nicht aus. Sie erhält aber die Leistung für Demenzerkrankte, nachdem der MDK die Erkrankung und den Schweregrad festgestellt hat.

Das Arbeitslosengeld I: Worauf Sie Anspruch haben

I. Das Wichtigste in Kürze

Das **Arbeitslosengeld (ALG) I** ist eine – zeitlich begrenzte – **Versicherungsleistung.** Darauf haben alle registrierten Erwerbslosen Anspruch, die lange genug in die Nürnberger Arbeitslosenkasse eingezahlt haben und auf dem Arbeitsmarkt verfügbar sind. Ob und wie viel **Vermögen** oder Ersparnisse sie haben, spielt hier keine Rolle – anders als beim Arbeitslosengeld II (»Hartz IV«, erläutert im nächsten Kapitel).

Das Arbeitslosengeld I ist geregelt im Sozialgesetzbuch Drittes Buch (SGB III).

➔ Vorversicherungszeit

Damit es ALG I gibt, müssen innerhalb der letzten zwei Jahre – rückgerechnet vom Tag, an dem die Leistung beantragt und beansprucht wird – in der Regel mindestens zwölf versicherungspflichtige Beschäftigungsmonate (dazu zählen auch Zeiten mit Krankengeld) nachgewiesen werden. Eine Ausnahme gibt es jetzt für Arbeitnehmer mit häufigen kurzen Beschäftigungszeiten.

➔ Anspruchsdauer

Diese hängt vom Alter des Antragstellers und der Zeit der (vorherigen) sozialversicherten Beschäftigung ab. Arbeitslose unter 50 Jahren können höchstens ein Jahr lang ALG I bekommen. Und zwar dann, wenn sie innerhalb der letzten fünf Jahre vor der Antragstellung mindestens 24 sozialversicherte Monate zusammenbekommen. Länger gibt es ALG I nur für 50-Jährige und ältere, und zwar maximal 24 Monate für Erwerbslose ab 58 Jahren.

➔ Höhe des Arbeitslosengeldes I

Das ALG I beträgt

- 67 % vom letzten Verdienst, wenn ein Arbeitsloser oder sein Ehepartner für mindestens ein Kind Anspruch auf Kindergeld oder den steuerlichen Kinderfreibetrag hat,
- 60 % vom letzten Verdienst für alle anderen Arbeitslosen.

Ausschlaggebend für die Berechnung des Arbeitslosengeldes ist in der Regel das »pauschalierte Nettoentgelt« in den letzten 12 Monaten vor der Arbeitslosigkeit. Dabei werden nicht genau die Abzüge zugrunde gelegt, die für den einzelnen Arbeitnehmer tatsächlich maßgebend waren. So wird z. B. die Lohnsteuer berücksichtigt, wie sie sich aus der amtlichen Lohnsteuertabelle ergibt. Für die Betroffenen bedeutet das vor allem: Besondere Freibeträge – etwa bei einer Behinderung – zählen hier nicht.

Tipp:
Mit der neuen Steuerklasse »IV-Faktor« gibt es für Lohnsteuerzahler allerdings seit 2010 eine Ausnahme, die Verheirateten interessante Gestaltungsmöglichkeiten bietet (mehr dazu unter III.2).

- **Nebenverdienst:**
  Bis zu 15 Stunden pro Woche dürfen ALG-I-Empfänger einen bei der Agentur angemeldeten Nebenjob ausüben. Wer 15 Stunden oder länger arbeitet, gilt nicht mehr als arbeitslos und verliert damit auch seinen Anspruch auf ALG I. Nebeneinkünfte werden allerdings – soweit sie höher als € 165,– pro Monat sind – auf das ALG I angerechnet. Werbungskosten können abgesetzt werden.
- **Zusätzliche Sozialleistungen:**
  Wer ALG I bezieht, hat – bei niedriger Unterstützung – ggf. auch zusätzlich Anspruch auf Wohngeld oder aufstockendes Arbeitslosengeld II.

II. Wer erhält ALG I und wie lange?

1. Die Regel: 12 Monate Versicherungszeit bringen Anspruch

Das Arbeitslosengeld I (ALG I) ist eine – zeitlich beschränkte – Leistung der gesetzlichen Arbeitslosenversicherung. Es wird von den Arbeitsagenturen an Erwerbslose gezahlt, die vor der Arbeitslosmeldung längere Zeit Beiträge zur Arbeitslosenversicherung abgeführt haben. Auf ALG I haben Arbeitslose – unabhängig vom eigenen Vermögen – einen Rechtsanspruch. Auch auf das Einkommen der Kinder oder des Ehepartners kommt es nicht an.

ALG I wird nach dem Gesetz nur für Arbeitnehmer gezahlt, die

- arbeitslos sind,
- sich bei der Arbeitsagentur arbeitslos gemeldet und
- die notwendige Anwartschaftszeit (»Vorversicherungszeit«) erfüllt haben.

Die Vorversicherungszeit erfüllen Erwerbslose, die in einer **Rahmenfrist** von **zwei Jahren** vor Eintritt der Arbeitslosigkeit mindestens zwölf Monate lang sozialversicherungspflichtig beschäftigt waren.

Tipp:
Auch mehrere kürzere Beschäftigungszeiten bringen einen Anspruch auf ALG I. Dabei spielt es keine Rolle, ob Sie diese zwölf Monate ohne Unterbrechung (an einem Stück) gearbeitet haben oder ob es zwischendurch Beschäftigungspausen gegeben hat. Es zählen allerdings nur die Beschäftigungsverhältnisse der letzten beiden Jahre.

2. Die Ausnahme: Anspruch auf ALG I bereits nach sechs Versicherungsmonaten

Mit einer zunächst bis zum 1. 8. 2012 befristet geltenden Regelung wurden für Arbeitnehmer, die überwiegend kurze Jobs ausüben, die Hürden vor dem Anspruch auf ALG I gesenkt.

Arbeitnehmer, die häufig nur kurze Beschäftigungsverhältnisse hatten, erhalten nun Arbeitslosengeld I, wenn sie innerhalb der letzten beiden Jahre mindestens sechs Monate mit einer versicherungspflichtigen Beschäftigung nachweisen können. Wer diese Voraussetzung erfüllt, kann dann drei Monate lang ALG I erhalten. Wer mindestens acht Monate sozialversicherter Arbeit nachweist, erhält maximal vier Monate ALG I. Bei mindestens zehn Versicherungsmonaten gibt es ALG I für fünf Monate.

Wer innerhalb der letzten 24 Monate vor dem Antrag auf Arbeitslosengeld I auf zwölf oder mehr Monate versicherungspflichtiger Beschäftigung kommt, für den gelten die »normalen« Anwartschaftszeit-Regeln, die mindestens einen Anspruch auf sechs Monate ALG I ermöglichen.

Um von der neuen Sonderregelung profitieren zu können, müssen die Betroffenen zwei Voraussetzungen gleichzeitig erfüllen:

- Zum einen kommt es auf die Dauer ihrer Beschäftigungsverhältnisse in den letzten beiden Jahren vor einem Antrag auf ALG I an. Die Beschäftigungsverhältnisse müssen überwiegend auf kurze Zeit (maximal auf sechs Wochen) befristet gewesen sein. Wer beispielsweise in den letzten beiden Jahren in fünf verschiedenen, jeweils auf sechs Wochen befristeten Filmprojekten beschäftigt war, erfüllt diese Voraussetzung. Wer dagegen zwei befristete Jobs hatte, die jeweils drei Monate dauerten, erfüllt diese Voraussetzung nicht.

- Von der Sonderregelung zur Anwartschaft profitiert nur, wer zuletzt höchstens ein durchschnittliches Jahreseinkommen erzielt hat. Genauer: Das Einkommen der Betroffenen darf im Jahr vor der Arbeitslosigkeit die Bezugsgröße nach § 18 Abs. 1 SGB IV nicht überschritten haben. Diese Bezugsgröße liegt z.B. bei einem Bruttojahreseinkommen von € 31 500,– / € 26 880,– alte / neue Bundesländer.

3. Für Arbeitslose unter 50: Maximal gibt es ein Jahr lang ALG I

Wer ALG I beantragt und **unter 50 Jahre** alt ist, kann diese Leistung nur **maximal ein Jahr** lang beziehen.

Zwölf Monate ALG I gibt es allerdings nur für diejenigen, die in der maßgeblichen **Rahmenfrist** von fünf Jahren vor der Antragstellung mindestens 24 Monate lang sozialversicherungspflichtig beschäftigt waren. Bei kürzeren versicherungspflichtigen (Beitrags-)Zeiten läuft das ALG I entsprechend kürzer:

Dauer des Anspruchs auf ALG I für Arbeitslose		
Versicherungsmonate innerhalb der letzten fünf Jahre vor Antragstellung		Dauer des Anspruchs in Monaten
unter 50 Jahren	12[1)]	6
	16[1)]	8
	20[1)]	10
	24[1)]	12
ab 50 Jahren	30[1)]	15
ab 55 Jahren	36[1)]	18
ab 58 Jahren	48[1)]	24

1) Davon müssen 12 Monate innerhalb der letzten zwei Jahre vor dem Antrag auf Arbeitslosengeld I nachgewiesen werden. Ansonsten besteht kein Anspruch auf ALG I.

Wer nur zwölf Monate versicherungspflichtig beschäftigt war, erhält für sechs Monate ALG I. Bei jeweils vier zusätzlichen Beitragsmonaten verlängert sich dann der Anspruch um jeweils zwei Monate.

Achtung: Verwirrende Rahmenfristen

Für die **Dauer der Zahlung von ALG I** ist eine **Fünf**jahresfrist maßgebend. Wenn die Arbeitsagenturen dagegen prüfen, ob die Betroffenen überhaupt einen **Anspruch auf ALG I** haben, legen sie die **zwei**jährige Anspruchs-Rahmenfrist zugrunde. Nur wer innerhalb dieser zwei Jahre zwölf versicherungspflichtige Monate nachweisen kann, erhält überhaupt ALG I.

4. Für 50-Jährige und ältere gibt es länger Arbeitslosengeld I

Wer mindestens 50 Jahre alt ist, kann künftig bis zu 15 Monate ALG I erhalten. Für Arbeitslose zwischen 55 und (unter) 58 Jahren gibt es die Leistung für maximal 18 Monate – bei nachgewiesenen 36 Beschäftigungsmonaten. Wer 58 oder älter ist, bekommt bis zu 24 Monate ALG I. Dies gilt dann, wenn der Betroffene in den letzten fünf Jahren mindestens 48 Monate mit versicherungspflichtiger Tätigkeit nachweisen kann.

Tipp:
Unter Umständen kann es sich für Sie lohnen, Ihren Antrag auf ALG I aufzuschieben. Wenn die Dauer Ihres Anspruchs ausgerechnet wird, kommt es nicht auf Ihr Alter am Tag der Entlassung an. Es zählt vielmehr das Alter an dem Tag, an dem Sie den Antrag auf die Leistung von ALG I stellen. Dieses Datum wird in Ihrem Antrag vermerkt.

Wenn Sie z. B. kurz vor Ihrem 58. Geburtstag arbeitslos werden, sollten Sie genau kalkulieren. Falls Sie befürchten, längere Zeit ohne Job zu bleiben, sollten Sie mit Ihrem Antrag auf ALG I warten, bis Sie 58 Jahre alt sind. Nach § 118 Abs. 2 SGB III können Sie, bis die Arbeitsagentur über Ihren Antrag auf ALG I entschieden hat, noch bestimmen, dass Ihr Anspruch erst ab einem späteren Termin wirksam werden soll – etwa an Ihrem 58. Geburtstag. Dann erhalten Sie zwar bis zum Tag der Antragstellung keine Unterstützung, können dafür aber später unter Umständen länger ALG I kassieren. Beachten Sie aber, dass Sie dann in der Wartezeit unter Umständen nicht krankenversichert sind. Sie sollten sich in diesem Fall daher auch mit Ihrer Krankenkasse in Verbindung setzen.

5. Eltern- und Pflegezeit können Anspruch auf ALG I bringen

Die Elternzeit und die Betreuung eines pflegebedürftigen Angehörigen zählen mit, wenn die Ämter prüfen, ob Sie Anspruch auf ALG I haben. Zunächst zur Elternzeit:

→ ALG-I-Anspruch durch Elternzeit

Seit Anfang 2003 ist es möglich, auch durch die Zeit der Erziehung eines Kindes unter drei Jahren einen (neuen) Anspruch auf ALG I zu erwerben. Wer ein volles Kindererziehungsjahr nachweisen kann, erwirbt eine Anwartschaft auf sechs Monate ALG I oder verlängert einen bereits bestehenden Anspruch entsprechend. Zwei Jahre Kleinkinderziehung bringen sogar einen neuen Anspruch auf zwölf Monate ALG I. Dafür müssen allerdings folgende zwei Voraussetzungen erfüllt sein:

→ Vorherige Beschäftigung

Ansprüche bei der Arbeitslosenversicherung erwirbt nur, wer unmittelbar vor dem Beginn der Erziehungszeit (bzw. der Mutterschutzfrist) sozialversichert beschäftigt war oder ALG I bezogen hat.

Tipp:
Wenn Sie vor Beginn der Kindererziehung nicht sozialversicherungspflichtig beschäftigt waren, kann es sich für Sie lohnen, sich einen sozialversicherten Aushilfsjob zu besorgen. Das kann ein ganz kurzer Job, z. B. Halbtagsjob für vier Wochen, sein, er muss nur sozialversicherungspflichtig sein. Nach dem Ende der Aushilfsbeschäftigung können Sie sich (wieder) voll der Kindererziehung widmen. Die Kindererziehungszeit nach der sozialversicherungspflichtigen Zwischenbeschäftigung sichert dann ALG-I-Ansprüche. Dies gilt allerdings nur, bis das Kind drei Jahre alt ist.

Übrigens: Wenn Sie aufgrund einer früheren sozialversicherungspflichtigen Beschäftigung noch einen Restanspruch auf ALG I haben, so können Sie sich (statt eine Zwischenbeschäftigung aufzunehmen) auch für kurze Zeit dem Arbeitsmarkt zur Verfügung stellen und für kurze Zeit ALG I beantragen. Die weitere Zeit, in der Sie Ihr Kind bis zum dritten Geburtstag zu Hause betreuen, würde dann ebenfalls als Anwartschaftszeit fürs ALG I gelten. Die Folge: Nach der Elternzeit hätten Sie auch Anspruch auf diese Leistung.

→ Während der Kindererziehung kein Bezug von ALG I

Neue Ansprüche auf ALG I erwerben junge Eltern zudem nur, wenn sie während der Kindererziehung kein ALG I beziehen. Der Bezug von Elterngeld ist dagegen unschädlich, ebenso der Bezug von ALG II.

Tipp:
Für junge Mütter – gerade für Alleinerziehende – kann es sich auszahlen, auf ALG I zu verzichten und das an sich »schlechtere« ALG II zu beantragen. In der Zeit des Bezugs von ALG II können sie unter den geschilderten Bedingungen einen neuen Anspruch auf die Versicherungsleistung ALG I aufbauen.

Normalerweise ist ein Verzicht auf ALG I zwar nicht möglich. Denn wer keine Arbeit hat, muss im Prinzip andere Sozialleistungen vorrangig beantragen, bevor ihm ALG II bewilligt wird. Für Mütter kleinerer Kinder gilt jedoch eine Ausnahmeregelung. Wenn die Kinder noch nicht drei Jahre alt sind, sind die Betroffenen nicht verpflichtet, sich dem Arbeitsmarkt zur Verfügung zu stellen.

Arbeitslosengeld nach Zeiten der Kindererziehung wird meist **fiktiv bemessen.** Die Höhe des ALG I hängt dabei u. a. von der Qualifikation und der jährlich neu berechneten Höhe der Bezugsgröße ab. Die Höhe des fiktiven ALG können Sie ganz leicht mit dem Arbeitslosengeld-Rechner der Arbeitsagentur unter www.pub.arbeitsamt.de ermitteln.

→ ALG-I-Anspruch durch Pflegezeit

Auch bei der maximal sechsmonatigen Auszeit vom Job für die Angehörigenpflege (**Pflegezeit**), die Arbeitnehmer seit Juli 2008 nehmen können, gelten ähnliche Regeln wie bei der Elternzeit.

Wer zeitweise aus der sozialversicherten Beschäftigung aussteigt, um einen Angehörigen zu pflegen, ist in der Job-Pause ohne eigene Kosten arbeitslosenversichert – und zwar maximal für sechs Pflegemonate. Die Betroffenen sind in der Pflegezeit »versicherungspflichtig«. Wie viele Stunden sie pro Woche mit der Pflege beschäftigt sind, spielt für die ersten sechs Pflegemonate keine Rolle. Die Beiträge für die Betroffenen übernimmt die Pflegeversicherung.

Wer seine Auszeit für die Pflege über die 6-Monats-Frist hinaus verlängert oder ggf. seine Beschäftigung für die längere Betreuung eines Angehörigen ganz aufgibt, kann sich nach diesen sechs Monaten freiwillig gegen Arbeitslosigkeit versichern. Die Entscheidung für die freiwillige Weiterversicherung müssen die Betroffenen innerhalb von drei Monaten nach dem Ende der sechsmonatigen Pflegezeit treffen. Den Beitrag in Höhe von derzeit rund € 8,– (West) bzw. € 7,– (neue Länder) müssen die Betroffenen selbst entrichten – eine Beteiligung der Pflegekasse gibt es nach dem Ende der 6-Monats-Frist nicht.

6. Häufig Anspruch auf ALG I nach Auslaufen der Erwerbsminderungsrente

Erwerbsminderungsrenten werden von der Rentenversicherung in aller Regel nicht auf Dauer, sondern nur für einen befristeten Zeitraum bewilligt. Was ist aber, wenn nach Ablauf des Bewilligungszeitraums von – beispielsweise – zwei Jahren die Rente auf Zeit nicht erneut bewilligt wird? Nun, in diesen Fällen besteht häufig ein Anspruch auf ALG I. Denn durch die Zeit des Rentenbezugs wird ein neuer Anspruch auf diese Leistung erworben.

Tipp:
Die Zeit des Bezugs einer Rente wegen voller Erwerbsminderung gilt als versicherungspflichtig in der Arbeitslosenversicherung. Dies trifft dann zu, wenn die Betroffenen unmittelbar vor dem Bezug der Rente als Arbeitnehmer versicherungspflichtig waren oder ALG I erhalten hatten. Ein Bezug von ALG II vor der Rente führt dagegen nicht dazu, dass die Zeit des Rentenbezugs als Versicherungspflichtzeit zählt.

Beispiel:
Peter Schwarz hat, bevor ihm zum 1. 3. 2010 die Rente auf Zeit wegen voller Erwerbsminderung bewilligt wurde, Arbeitslosengeld bezogen. Daher zählen die kompletten 24 Monate seines Rentenbezugs bis Ende Februar 2012 als versicherungspflichtig. Er hat somit einen neuen Anspruch auf zwölf Monate ALG I erworben. Da er bei einer Antragstellung im März 2012 in den letzten beiden Jahren kein versicherungspflichtiges Arbeitsentgelt bezogen hat, wird die Höhe seines Arbeitslosengeldes I fiktiv bemessen.

III. Wie hoch ist mein Anspruch auf ALG I?

Die Regeln zur Berechnung des ALG I sind alles andere als einfach. Denn es gibt eine Reihe von Sonderbestimmungen, die dafür sorgen, dass das ALG I anders berechnet wird und höher ausfällt als im »Normalfall«. Im Folgenden erfahren Sie zum einen, wie die Standardregelungen funktionieren. Unser besonderes Augenmerk liegt jedoch auf den **Sonderregeln.** Denn die Arbeitsagenturen kommen von sich aus meist nicht auf die Idee, dass für einen Arbeitslosen Ausnahmeregelungen für die Berechnung des ALG I zutreffen. Teilweise formuliert das Gesetz sogar ausdrücklich, dass Erwerbslose von sich aus die Anwendung einer günstigeren Regelung verlangen müssen.

1. So wird Arbeitslosengeld normalerweise berechnet

Im Standardfall wird das ALG I auf Grundlage des letzten Arbeitseinkommens der Betroffenen berechnet. Als Arbeitslosengeld I zahlen die Ämter Ihnen im Normalfall 60 % des vorherigen Nettoverdienstes. Soweit Sie mindestens ein Kind haben, für das Sie Kindergeld erhalten, liegt die Lohnersatzquote bei 67 % des vorherigen »Nettoentgelts«.

Tipp:
Für Arbeitslose ist es damit besonders wichtig, zu prüfen, ob sie Anspruch auf Kindergeld haben. Auf die Zahl der Kinder kommt es dabei nicht an. Entscheidend für die Arbeitsagenturen ist, ob Arbeitslose oder ihre (Ehe-)Partner für mindestens ein Kind einen Anspruch auf Kindergeld bzw. einen steuerlichen Kinderfreibetrag haben – dabei reicht auch ein halber Freibetrag. Auch die Kinder des eingetragenen Lebenspartners werden berücksichtigt.

Insbesondere Erwerbslose, die wieder oder zum ersten Mal (weil sie ein Baby bekommen haben) Anspruch auf Kindergeld haben, sollten dies der Agentur sofort melden. Auch Erwerbslose mit volljährigen Kindern sollten genau prüfen, ob für diese (etwa weil ein Kind arbeitslos wird oder eine Ausbildung aufnimmt) erneut oder noch immer ein Anspruch auf Kindergeld besteht. Denn in diesem Fall gibt es nicht nur den staatlichen Kinderzuschuss, sondern auch höhere Leistungen der Arbeitsagentur. Die Agentur rechnet dabei nach dem »Monatsprinzip« ab: Auch wenn ein Kind – beispielsweise – erst am 31. Oktober geboren wurde, steht den Eltern für den vollen Oktober der höhere Leistungssatz beim ALG I zu. Die 7 % mehr ALG I können bis zu € 150,– pro Monat ausmachen!

→ Maßgeblich ist das Nettoentgelt

Das Nettoentgelt, das bei der Berechnung des ALG I zugrunde gelegt wird, ist allerdings nicht identisch mit dem zuletzt verdienten Nettolohn oder -gehalt.

So werden nicht die steuerlichen Abzüge berücksichtigt, die für den einzelnen Arbeitslosen tatsächlich maßgebend sind. Der Pauschbetrag für Schwerbehinderte, Unterhaltszahlungen sowie weitere Frei- und Pauschbeträge bleiben bei der Berechnung des Arbeitslosengeldes I im Regelfall außen vor (zur Ausnahme siehe III.2).

Außerdem wird nicht unbedingt die zuletzt auf der Steuerkarte des Betroffenen eingetragene Steuerklasse berücksichtigt. Bei der Berechnung des ALG I wird vielmehr in aller Regel die Lohnsteuerklasse zugrunde gelegt, die zu Beginn des Kalenderjahrs, in dem die Arbeitslosigkeit eingetreten ist, auf der Steuerkarte eingetragen war. Spätere Änderungen der **Lohnsteuerklasse** werden bei der Berechnung des ALG I in der Regel nicht berücksichtigt. Dies ist vor allem für Verheiratete wichtig, die gewisse Wahlmöglichkeiten bei der Steuerklassenkombination haben. Der Wechsel der Steuerklasse aufgrund einer Änderung des Familienstandes wird dagegen selbstverständlich sofort wirksam.

Tipp:
Wenn Sie jetzt bereits wissen, dass Sie im kommenden Jahr arbeitslos werden, kann es sich für Sie lohnen, heute bereits Steuerklasse III zu wählen und Ihrem Ehepartner Klasse V zu überlassen.

2. Die neuen Gestaltungsmöglichkeiten durch Steuerklasse IV-Faktor

Seit das Faktorverfahren zur Steuerklasse IV Anfang 2010 eingeführt wurde, gibt es von den geschilderten Regeln zur Berechnung des ALG I eine wichtige Ausnahme – und zwar in zweierlei Hinsicht:

- Ein Wechsel in Lohnsteuerklasse »IV-Faktor« wird von den Arbeitsagenturen anerkannt. Dies gilt auch dann, wenn die Betroffenen kurz vor Eintritt der Arbeitslosigkeit oder in der Zeit, in der sie bereits ALG I beziehen, in Klasse »IV-Faktor« wechseln.
- Zudem werden bei Arbeitslosen über die Klasse »IV-Faktor« auch individuelle steuerliche Pausch- und Freibeträge bei der Berechnung des ALG I berücksichtigt. Damit fließen u.a. steuerliche Abzugsbeträge für Behinderte

und für Unterhaltsverpflichtungen, aber auch für die Fahrten des Ehepartners zu dessen Arbeitsplatz und für andere Werbungskosten, in die Berechnung des ALG I ein und bescheren den Betroffenen höhere Leistungen.

Das Faktorverfahren regelt § 39 f EStG, der bereits mit dem Jahressteuergesetz (JStG) 2009 eingeführt wurde. Das Faktorverfahren muss beim Finanzamt mit dem Antrag auf Lohnsteuer-Ermäßigung beantragt werden. Der Antrag für das laufende Kalenderjahr ist jeweils bis zum 30. November möglich, für das Jahr 2012 also beispielsweise letztmals Ende November 2012. Die Ehepartner wählen dann z. B. anstelle der Steuerklassenkombination III / V die Steuerklassenkombination IV-Faktor / IV-Faktor.

Tipp:
Für Arbeitnehmer, die bislang Steuerklasse V hatten und ihre Arbeit verlieren, ist ein Wechsel in IV-Faktor in aller Regel empfehlenswert. Der Ehepartner verliert dann zwar die »günstige« Steuerklasse III. Er muss daher höhere Lohnsteuerabzüge hinnehmen. Zu viel vorausgezahlte Lohnsteuer wird aber bei der – sowohl bei der Kombination III / V als auch beim Faktorverfahren – obligatorischen Steuererklärung erstattet. Wer bereits Steuerklasse IV hat, kann über den Faktor individuelle Frei- und Pauschbeträge geltend machen.

Das Faktorverfahren kommt **nur** für **verheiratete** Arbeitslose in Betracht. Die Berücksichtigung steuerlicher Frei- und Pauschbeträge bei einer Teilgruppe von Arbeitslosen, die durch das Faktorverfahren quasi durch die Hintertür erfolgt, verstößt allerdings nach Expertenmeinung gegen den Gleichheitsgrundsatz des Grundgesetzes (Art. 3 Abs. 1 GG).

Tipp:
Ledige Arbeitslose – um nur die zahlenmäßig bedeutendste Gruppe von Betroffenen herauszugreifen –, deren ALG I wegen der Nichtberücksichtigung von individuellen steuerlichen Frei- und Pauschbeträgen niedriger ausfällt als das ihrer verheirateten Kollegen, können unter Verweis auf die Verfassungswidrigkeit des Faktor-Verfahrens gegen ihren Bescheid Widerspruch einlegen und Klage gegen die Bemessung ihres ALG I erheben. Es liegt allerdings nicht in der Hand der Bundesagentur für Arbeit, solchen Widersprüchen stattzugeben. Die BA muss die Widersprüche ablehnen, da sie mit ihren Entscheidungen an das derzeit geltende Recht gebunden ist. Ggf. sollten Betroffene deshalb versuchen, ein Widerspruchsverfahren hinsichtlich einer möglichen Erhöhung des ALG I wegen eventuell zu berücksichtigender Freibeträge ruhen zu lassen, bis die Frage höchstrichterlich geklärt ist.

Steuerklasse IV-Faktor und Arbeitslosengeld – so funktioniert das Verfahren

Nehmen wir an, im Jahr 2012 verdient eine Ehefrau monatlich € 1 950,–, ihr Ehemann € 3 000,–. Bei diesen Einkommensverhältnissen ist für Arbeitnehmer – steuerlich gesehen – die Steuerklassenkombination III/V sinnvoll. Nun verliert die Ehefrau jedoch Ende März ihren Arbeitsplatz. Um der Ehefrau ein höheres Arbeitslosengeld I zu sichern, beantragt das Paar noch im März den Wechsel in Steuerklasse IV-Faktor. Dieser Wechsel wird ab dem Folgemonat April wirksam und von der Agentur für Arbeit nach der derzeitigen Erlasslage auch anerkannt.

Bei der Berechnung des Faktors geht das Finanzamt folgendermaßen vor: Der Ehemann hat ein voraussichtliches Jahreseinkommen von € 36 000,– (= 12 × € 3 000,–). Für ihn beträgt auf Basis von Steuerklasse IV die Jahreslohnsteuer € 5 711,–. Die Ehefrau hat nur in den Monaten Januar bis März Einkünfte erzielt. Weitere Einkünfte stehen bislang noch nicht fest. Der voraussichtliche jährliche Bruttoarbeitslohn der Ehefrau beläuft sich damit auf € 5 850,–. Lohnsteuer fällt hierbei nicht an.

Insgesamt ergeben sich für das Ehepaar (€ 5 711,– + € 0,– =) € 5 711,– an potenziell zu zahlender Lohnsteuer, wenn jeder nach Steuerklasse IV (ohne weitere individuelle Freibeträge) besteuert würde. Nun beantragt das Ehepaar die Anwendung des Faktor-Verfahrens. Das Finanzamt errechnet jetzt, wie hoch die zu erwartende Steuerbelastung des Ehepaars im Rahmen der späteren Veranlagung wäre. Nehmen wir an, dass dabei folgende Frei- und Pauschbeträge berücksichtigt werden: Der Ehemann hat für ein Kind aus erster Ehe monatlich € 300,– an Unterhaltskosten zu zahlen; dies sind € 3 600,– im Jahr. Die Ehefrau ist zu 70 % behindert und kann hierfür einen Pauschbetrag in Höhe von € 890,– geltend machen. Dazu spenden die beiden € 600,– im Jahr an »Brot für die Welt«. Damit können insgesamt € 5 090,– an zusätzlichen Abzugsbeträgen beim Finanzamt im Rahmen des Faktor-Verfahrens geltend gemacht werden; die voraussichtlich zu zahlende Einkommensteuer sinkt auf € 2 604,–.

Hätten beide Ehepartner Steuerklasse IV (ohne Freibeträge), so würden sie insgesamt € 5 711,– an Steuern vorauszahlen. Der »IV-Faktor« errechnet sich in diesem Fall durch die Rechenoperation 2 604 : 5 711 und beträgt damit 0,456 oder 45,6 %. Dieser Faktor wird nun – wenn die Anwendung des Faktor-Verfahrens beim Finanzamt beantragt wird – sowohl beim Ehemann als auch bei der Ehefrau berücksichtigt.

Beim Ehemann wird monatlich nicht die volle Lohnsteuer abgeführt, die bei Klasse IV fällig würde, sondern nur ein Teil in Höhe von 45,6 %. Bei der Ehefrau erhöht der »IV-Faktor« das ALG I. Dies ist übrigens mit dem ALG-I-Rechner der Bundesagentur für Arbeit leicht nachvollziehbar (http://www.pub.arbeitsamt.de / alt.html). Kreuzt man hier »IV-Faktor« als Steuerklasse an, so öffnet sich ein Feld zur Eintragung des Faktors. Trägt man dort 0,456 ein, so ergibt sich bei einem Bruttolohn von € 1 950,– für Arbeitslose mit Kind ein monatlicher Zahlbetrag in Höhe von € 954,–. Zum Vergleich: Mit Steuerklasse IV (ohne Faktor) würde sich nur ein monatliches Arbeitslosengeld I in Höhe von € 873,60 ergeben, mit der ursprünglichen Steuerklasse V sogar nur von € 719,70.

3. Die wichtigsten Sonderregeln zur Berechnung des ALG I

Mehr Arbeitslosengeld I steht Ihnen häufig zu,

- wenn Sie in den letzten dreieinhalb Jahren Ihre Arbeitszeit verkürzt haben (»Teilzeit-Bonus«).
- wenn Sie im letzten Jahr vor Eintritt der Arbeitslosigkeit weniger verdient haben als im Jahr zuvor (»Härtefall-Regelung«).
- wenn Sie in den letzten zwei Jahren schon einmal Arbeitslosengeld I bezogen haben (»Bestandsschutz«).

→ Der »Teilzeit-Bonus«

Wenn Sie in den letzten Jahren Ihre Arbeitszeit verkürzt haben, wird Ihr Arbeitslosengeld unter Umständen auf Basis des früheren höheren Einkommens berechnet. Beispiel: Zuletzt haben Sie 2011 bei einer wöchentlichen Arbeitszeit von 29,5 Stunden monatlich brutto € 2 100,– verdient. Als ALG I würden Sie in diesem Fall normalerweise monatlich € 814,20 bekommen (mit Steuerklasse IV und ohne Kind).

Wenn Sie nun innerhalb der letzten dreieinhalb Jahre mindestens sechs Monate lang Vollzeit tätig waren, haben Sie jedoch Anspruch auf ein höheres ALG I. Beispiel: Bis vor anderthalb Jahren waren Sie wöchentlich 38 Stunden tätig und haben monatlich brutto € 2 800,– verdient. Als monatliches Arbeitslosengeld I stehen Ihnen damit € 1 048,20 zu – pro Monat immerhin € 234,– mehr, als wenn die Leistung auf Grundlage Ihres letzten Einkommens berechnet würde.

Wenn Sie Ihre Arbeitszeit verkürzen oder einen neuen Job mit kürzerer Arbeitszeit annehmen, verdienen Sie zwar weniger. Das Gesetz begrenzt jedoch die Nachteile bei einem möglichen Arbeitsplatzverlust. Wenn Sie Ihre Stelle verlieren, können Sie nämlich unter Umständen so viel Arbeitslosengeld I erhalten, als hätten Sie bis zuletzt mit Ihrer früheren längeren Arbeitszeit weitergearbeitet. Dafür müssen allerdings die folgenden drei Voraussetzungen gleichzeitig erfüllt sein: Sie müssen Ihre Arbeitszeit

- um mehr als fünf Stunden
- und zugleich um mehr als 20 % verkürzt haben,
- weiterhin müssen Sie in den letzten dreieinhalb Jahren noch mindestens sechs Monate mit der früheren längeren Arbeitszeit beschäftigt gewesen sein.

→ Die Härtefallregelung

Gar nicht so selten passiert es, dass Arbeitslose im letzten Jahr vor der Arbeitslosigkeit bereits weniger als zuvor verdient haben – etwa weil sie Abstriche von ihrem Lohn hingenommen haben, um ihren Arbeitsplatz zu retten. In solchen Fällen greift eine Härtefallregelung des SGB III. Diese sorgt dafür, dass das Arbeitslosengeld I wenigstens etwas höher ausfallen kann, als aufgrund des letzten Gehalts zu erwarten wäre.

Die Regelung funktioniert folgendermaßen: Der »Bemessungsrahmen« für die Höhe des Arbeitslosengelds I kann von ein auf zwei Jahre verlängert werden, »wenn es unbillig hart wäre, von dem Bemessungsentgelt im Bemessungszeitraum auszugehen« (§ 130 Abs. 3 Nr. 2 SGB III).

Wann eine »unbillige Härte« vorliegt, definiert der Gesetzgeber nicht genau. Die Bundesagentur für Arbeit geht davon aus, dass dies der Fall ist, wenn sich bei der 2-Jahres-Frist ein um mehr als 10 % höheres Bemessungsentgelt ergibt als bei der 1-Jahres-Frist.

Tipp:
Wer zuletzt weniger verdient hat, sollte in jedem Fall nachrechnen, ob für ihn die Härtefallregelung des Gesetzes infrage kommt. Falls ja, kann man einen formlosen Antrag stellen. Diesen sollte man zusammen mit der Arbeitsbescheinigung des letzten Beschäftigungsbetriebs bei der Arbeitsagentur abgeben. Zugleich sollte man in jedem Fall kontrollieren, dass der Arbeitgeber auch das Gehalt des vorletzten Jahres korrekt auf der Bescheinigung angegeben hat.

→ Die Bestandsschutz-Regel

Waren Sie in den letzten beiden Jahren schon einmal arbeitslos? Haben Sie damals Arbeitslosengeld I bezogen? In diesem Fall sollten Sie unbedingt prüfen, welches Arbeitsentgelt damals bei der Berechnung Ihrer Geldleistung zugrunde gelegt wurde. Denn Ihnen steht eine Art »Bestandsschutz« bei der Bemessung Ihres ALG I zu.

Im Normalfall gilt: Wer seit der letzten Arbeitslosigkeit eine versicherungspflichtige Beschäftigung von mindestens zwölf Monaten nachweisen kann, hat einen (neuen) Anspruch auf Arbeitslosengeld I erworben. Die Höhe der Leistung berechnet sich dann nach dem Verdienst des **letzten** Beschäftigungsverhältnisses. Manchmal muss allerdings der Verdienst des **vorletzten** Beschäftigungsverhältnisses zugrunde gelegt werden. § 131 Abs. 4 SGB III bestimmt: »Hat der Arbeitslose innerhalb der letzten zwei Jahre vor der Entstehung des Anspruchs Arbeitslosengeld bezogen, ist Bemessungsentgelt mindestens das Entgelt, nach dem das Arbeitslosengeld zuletzt bemessen worden ist.«

Die Bestandsschutzregelung sichert Ihnen innerhalb der letzten zwei Jahre auch nach einer sehr schlecht bezahlten Zwischenbeschäftigung und sogar nach einer Beschäftigung mit einer niedrigeren Wochenarbeitszeit die einmal erreichte Höhe des Arbeitslosengeldes I.

Tipp:
Sie sollten aber auf zwei Dinge achten: Zum einen muss die Zwischenbeschäftigung arbeitslosenversicherungspflichtig (gewesen) sein. Bei Jobs mit weniger als 15 Stunden werden keine Beiträge zur Arbeitslosenversicherung abgeführt. Zum anderen sollten Sie bei Ihrer (erneuten) Arbeitslosmeldung die Arbeitsagentur sicherheitshalber darauf hinweisen, dass Sie in den letzten zwei Jahren schon einmal ein höheres ALG I bezogen haben. Zeigen Sie Ihren früheren Bewilligungsbescheid bei der Arbeitsagentur vor. Kontrollieren Sie die neue Höhe bei Ihrem Arbeitslosengeld I genau. Denn bei dem Massenandrang, dem sich die Agenturen gegenübersehen, können gerade bei der Berücksichtigung von solchen Ausnahmeregelungen Fehler passieren.

Achtung: Wenn Sie Ihre Arbeitszeit künftig senken möchten, bekommen Sie geringere Unterstützung. Es gibt nicht nur Härtefall-Regeln, die dafür sorgen, dass das ALG I höher ausfällt. Der Zug kann auch in die Gegenrichtung fahren: Wenn Sie etwa in Zukunft – anders als bisher – nur Teilzeit arbeiten wollen (bzw. aus gesundheitlichen oder sonstigen Gründen nur noch Teilzeit arbeiten können) und sich der Arbeitsagentur nur für Teilzeitjobs zur Verfügung stellen, hat dies Folgen für Ihr ALG I. Dann werden bei der Berechnung der Leistung nämlich nur noch Teile Ihres vorherigen Einkommens angerechnet. Bei einer gewünschten Verkürzung der Arbeitszeit um ein Drittel werden beispielsweise nur zwei Drittel des vorherigen Einkommens berücksichtigt.

4. Nachträgliche Korrektur der Arbeitslosengeld-Höhe aufgrund von Arbeitgeber-Nachzahlungen

Die Höhe der Leistungen der Arbeitsagentur wird in der Regel aufgrund der Gehaltsangaben berechnet, die die Arbeitgeber in den Arbeitsbescheinigungen nachweisen. Diese Bescheinigungen werden von den Firmen meist unmittelbar vor oder kurz nach dem Ende des Beschäftigungsverhältnisses ausgefüllt. Häufig kommt es aber vor, dass Arbeitslose noch einige Zeit nach dem Ende ihres letzten Beschäftigungsverhältnisses Nachzahlungen von ihrer früheren Firma erhalten.

Das kann ganz verschiedene Gründe haben: Oft wird erst nach dem Ende des Beschäftigungsverhältnisses klar, ob die Betroffenen einen Anspruch auf Prämien oder Provisionen haben. Oder eine vor dem Ende des Beschäftigungsverhältnisses bereits beschlossene Tariferhöhung war beim Ausscheiden noch nicht berücksichtigt. Es ist aber auch denkbar, dass das Arbeitsgericht erst nach dem Ende der Beschäftigung einer Klage einer Höhereinstufung zustimmt. Und manchmal gibt es in den Lohn- oder Gehaltsabrechnungen simple Rechenfehler zum Nachteil der Betroffenen.

In all diesen Fällen hat eine Nachzahlung des früheren Arbeitgebers zur Folge, dass auch das ALG I neu berechnet werden muss. Die nachträglich eingegangenen Lohn- bzw. Gehaltsbestandteile müssen auch bei der Berechnung des ALG I berücksichtigt werden.

Voraussetzung für eine Neuberechnung der Zahlung der Arbeitsagentur ist weiter: Die Nachzahlung des Arbeitgebers darf nicht nur »auf dem Papier stehen«, sondern sie muss dem Arbeitslosen tatsächlich zugeflossen sein. Von dieser Regel gibt es nur eine Ausnahme: Wenn der ehemalige Arbeitgeber wegen Insolvenz nicht zahlungsfähig ist, wird auch ein nicht erfüllter Nachzahlungsanspruch berücksichtigt.

Tipp:
Wenn Sie entsprechende Nachzahlungen von Ihrem früheren Arbeitgeber erhalten (oder nur wegen dessen Zahlungsunfähigkeit nicht erhalten) haben, sollten Sie dies der Arbeitsagentur umgehend mitteilen. Weisen Sie die Zahlung nach – beispielsweise durch eine Kopie des Überweisungsbelegs. Ggf. muss Ihr Arbeitgeber dann auch eine korrigierte Arbeitsbescheinigung abgeben. Ihr ALG I muss dann neu bemessen werden – und zwar vom Beginn Ihrer Arbeitslosigkeit an. Sie können dann nicht nur für die Zukunft mit einer höheren Unterstützung rechnen, sondern Sie bekommen auch eine Nachzahlung der Arbeitsagentur für die Vergangenheit.

IV. Wichtig für ältere Arbeitslose

Die Rente mit 67 kommt. Ab 2012 wird das Regelalter für die Rente angehoben. Der vorzeitige Renteneintritt wird aber bereits seit längerer Zeit Stück für Stück verbaut. Länger arbeiten ist also angesagt. Doch Jobs für Ältere sind nach wie vor Mangelware. Umso wichtiger ist für die Betroffenen die Arbeitslosenversicherung.

1. ALG I gibt es bis zum Regelrentenalter

Wer 30 oder 40 Jahre alt ist und keinen Job hat, kann ALG I bekommen. Was aber gilt beispielsweise für 63-jährige Arbeitslose, die auch eine Altersrente beziehen könnten? Steht den Betroffenen dann Altersrente oder Geld von der Arbeitslosenversicherung zu? Die kurze Antwort: Häufig können Ältere sich frei zwischen beiden Leistungen entscheiden.

§ 117 Abs. 2 SGB III bestimmt nämlich: »Arbeitnehmer, die das für die Regelaltersrente im Sinne des Sechsten Buches (SGB VI, d. Red.) erforderliche Lebensjahr vollendet haben, haben vom Beginn des folgenden Monats an keinen Anspruch auf Arbeitslosengeld.« Im Umkehrschluss bedeutet dies: Bis zum 65. Lebensjahr bzw. seit dem 1. 1. 2012 entsprechend den erhöhten Renten-Altersgrenzen noch etwas länger besteht Anspruch auf ALG I.

Achtung: Ob dabei im Einzelfall überhaupt ein Rentenanspruch besteht, spielt für die Arbeitslosenversicherung keine Rolle. Auch diejenigen, die die fünfjährige Wartezeit für die Altersrente nicht erfüllen, erhalten kein ALG I mehr, sobald das Regelrentenalter von 65 Jahren + x Monaten erreicht ist.

Tipp:
Als älterer Arbeitsloser sollten Sie sich nicht vorschnell für die Rente entscheiden. Häufig gibt es wichtige finanzielle Gründe für das ALG I – und gegen einen vorzeitigen Renteneintritt. Zunächst mag das »Freiheitsargument« für die Rente sprechen: Schließlich sind Rentenbezieher (endlich) nicht mehr von der Arbeitsagentur abhängig, müssen sich nicht mehr dort melden und können so lange, wie sie wollen, wegfahren. Doch wenn Sie diese »Freiheit« wählen, müssen Sie dafür häufig teuer bezahlen: mit monatlichen Renteneinbußen bis zum Lebensende.

→ ALG I ist häufig höher als die Rente

Gerade bei Frauen (die häufig weniger Rentenversicherungsjahre vorweisen können als Männer und oft auch weniger verdient haben) fällt die gesetzliche Altersrente häufig sehr niedrig aus. Mit Geld von der Arbeitsagentur stellt man sich dann meist besser.

Tipp:
Lassen Sie sich in jedem Fall vor dem Rentenantrag genau ausrechnen, mit wie viel Rente Sie rechnen können und wie hoch ggf. der Abschlag für den vorzeitigen Rentenbeginn ist.

→ Jedes Jahr registrierter Arbeitslosigkeit erhöht die Rente

Hinzu kommt: Wer nicht vorzeitig in Rente geht und weiterhin arbeitslos gemeldet bleibt, für den zählt bei der Rente auch die Arbeitslosenzeit als Versicherungszeit. Ein Jahr Bezug von ALG I schlägt bei einem Erwerbslosen, der vor der Arbeitslosigkeit ein durchschnittliches Einkommen erzielt hat, mit einer Erhöhung der späteren monatlichen Rente um € 15,– bis € 20,– zu Buche.

→ Wer vorzeitig in Rente geht, wird häufig durch Rentenabschläge bestraft

Die meisten Rentenberechtigten können aufgrund der Spargesetze der letzten Jahre zwar noch ein vorzeitiges Altersruhegeld in Anspruch nehmen. Sie werden dafür aber mit erheblichen Abschlägen bei den Altersbezügen bestraft. Wer schon mit 60 in Rente geht, muss vielfach mit einer Rentenkürzung um 18 % rechnen. Und: Diese Rentenkürzung gilt nicht nur bis zum Erreichen des Regelrentenalters (65. Lebensjahr + x Monate), sondern lebenslänglich!

2. Auch den Gründungszuschuss gibt es bis zum Regelrentenalter

Sich selbstständig zu machen – das ist auch für manche ältere Arbeitnehmer eine passende Möglichkeit, um Arbeitslosigkeit zu vermeiden oder um den Ausstieg aus der Arbeitslosigkeit zu finden. Wer sich selbstständig machen will, wird von den Arbeitsagenturen häufig gefördert. Seit August 2006 gibt es den Gründungszuschuss, der das vorher gezahlte Überbrückungsgeld und den Existenzgründungszuschuss für die sog. Ich-AG ersetzt hat. Den Gründungszuschuss erhalten jüngere wie ältere arbeitslose Arbeitnehmer gleichermaßen.

Nach dem Erreichen des Regelrentenalters (65. Lebensjahr + x Monate) entfällt der Anspruch auf Gründungszuschuss. Nichts spricht also dagegen, sich, z. B. im Alter von 63 Jahren, mit der Gründungszuschuss-Förderung der Arbeitsagenturen selbstständig zu machen.

Seit dem 28. 12. 2011 gelten allerdings ungünstigere Regelungen. Dennoch lohnt es sich nach wie vor, den Gründungszuschuss in Anspruch zu nehmen. Die wichtigsten Neuregelungen:

Der Rechtsanspruch auf den Gründungszuschuss ist entfallen, es handelt sich künftig nur noch um eine »**Kann-Leistung**«, die nach dem Ermessen der Arbeitsagenturen gewährleistet wird. Die **Höhe des Zuschusses** ist unverändert. Gezahlt wird das vorher gewährte Arbeitslosengeld sowie ein Zuschlag von € 300,– pro Monat, der für die soziale Absicherung der Gründer vorgesehen ist (dessen Verwendung aber ins Belieben der Gründer gestellt ist). Die **Förderungsdauer** wurde radikal gekürzt: Statt neun Monate lang wird der Zuschuss nur noch für sechs Monate gezahlt. Der 300-Euro-Zuschlag wird – allerdings nur für Gründungen, deren Tragfähigkeit bereits mehr oder weniger belegt ist – auf Antrag für weitere neun Monate gezahlt.

Zudem gibt es den Gründungszuschuss nur noch dann, wenn noch ein **Restanspruch auf fünf Monate ALG I** besteht. Bisher reichte ein Restanspruch von drei Monaten. Wer von vornherein nur Anspruch auf sechs Monate Arbeitslosengeld I hat, muss den Gründungszuschuss also bereits im ersten Monat der Arbeitslosigkeit beantragen.

Tipp:
Anträge auf Gründungszuschuss sollten möglichst in der ersten Jahreshälfte, noch besser innerhalb der ersten drei Monate eines Kalenderjahrs gestellt werden. Denn wenn der für den Gründungszuschuss vorgesehene »Topf« aufgebraucht ist, haben spätere Antragsteller das Nachsehen. Die Weichen für eine mögliche spätere Förderung werden bereits zu Beginn der Arbeitslosigkeit mit dem Abschluss der sog. Eingliederungsvereinbarung getroffen. In dieser Vereinbarung wird festgehalten, welche Schritte die oder der Arbeitslose unternimmt, um die Arbeitslosigkeit zu überwinden.

Gründungsinteressenten sollten dafür sorgen, dass in die Eingliederungsvereinbarung bereits ihr Interesse an einer Existenzgründung festgehalten und ggf. die Teilnahme an Existenzgründungsseminaren vereinbart wird. Künftig werden die Arbeitsvermittler noch mehr Wert als bislang auf den Vorrang der Vermittlung in eine versicherte Beschäftigung legen. Gründungsinteressenten, die eine Qualifikation haben, die auf dem Arbeitsmarkt nachgefragt ist, sollten sich besonders gut auf das Erstgespräch bei der Arbeitsagentur vorbereiten (Tipps dazu finden sich u. a. auf www.gruendungszuschuss.de); sie brauchen nämlich besonders gute Argumente, wenn sie eine Gründungsförderung erhalten wollen. Generell gilt: Der Businessplan, den Arbeitslose vorlegen müssen, wenn sie den Gründungszuschuss beantragen, sollte formal fehlerfrei und gut ausgearbeitet sein. Dafür lohnt es sich, die Hilfe professioneller Berater in Anspruch zu nehmen, weil die Arbeitsagenturen künftig wohl den Gründungszuschuss bei kleinen Unstimmigkeiten im Businessplan ablehnen werden.

Die selbstständige Tätigkeit können Sie auch schon während des ALG-I-Bezugs starten und die Einkünfte als angemeldetes Nebeneinkommen abrechnen. Die Arbeitsagenturen fördern die Existenzgründung von Arbeitslosen, die Ansprüche auf ALG I haben – unabhängig davon, wie lange diese Ansprüche noch bestehen. Die vollen Leistungen zur Existenzgründung werden auch dann noch bewilligt, wenn die Betroffenen einen guten Teil ihres Anspruchs auf ALG I aufgebraucht haben. Die Selbstständigkeit kann man so – ganz legal – während der Arbeitslosigkeit vorbereiten und sogar ausprobieren.

Tipp:
Gerade unter dem Gesichtspunkt der »Rentenoptimierung« bringt die Variante, vor die eigentliche Gründung eine Erprobungsphase mit ALG-I-Bezug plus Nebeneinkommen zu schieben, für ältere Gründungsinteressenten erhebliche Vorteile. Denn die Zeit des Bezugs von ALG I bringt zusätzliche Rentenansprüche. Die Arbeitsagenturen führen immerhin auf Basis von 80 % des Bruttoarbeitsentgelts vor der Arbeitslosigkeit Beiträge an die Rentenversicherung ab.

3. Lohnkostenzuschuss für ältere Arbeitnehmer

Durch Eingliederungszuschüsse, die an Arbeitgeber gezahlt werden, soll deren Bereitschaft, Arbeitslose mit Vermittlungshemmnissen einzustellen, gefördert werden (§§ 88 – 92 SGB III). Grundsätzlich beträgt der Zuschuss maximal 50 % des Arbeitsentgelts und wird für bis zu 12 Monate gezahlt. Für Schwerbehinderte kann er bis zu 70 % des Arbeitsentgeltes ausmachen; eine Förderung ist für bis zu 60 Monate, für schwerbehinderte Ältere ab 55 Jahren sogar für bis zu 96 Monate möglich.

Den Eingliederungszuschuss muss der einstellende Arbeitgeber beantragen, und zwar vor Abschluss des Arbeitsvertrags. Als älterer Arbeitsloser können Sie aber mit Ihrem Arbeitsvermittler besprechen, ob Sie per Lohnkostenzuschuss gefördert werden. Grundsätzlich besteht auf Eingliederungszuschüsse **kein Rechtsanspruch.** Deren Gewährung soll sich nach den Eingliederungserfordernissen richten, was den Vermittlern einen großen Beurteilungsspielraum lässt.

Tipp:
Ein möglicher Zuschuss ist für manche Arbeitgeber ein gutes Argument für die Einstellung. Dennoch sollten Sie den Zuschuss – selbst wenn Sie einen Eingliederungsgutschein haben – im Einstellungsgespräch nicht zu früh ins Gespräch bringen. Damit könnten Sie Ihre Bewerbung entwerten. Wenn Sie am Ende des Gesprächs eigentlich ein »gutes Gefühl« haben, aber gleichzeitig befürchten, dass die Firma Ihnen gegenüber möglicherweise doch einen jüngeren Bewerber vorziehen wird, können Sie – sozusagen als letzte »Trumpfkarte« – den Gutschein »aus dem Ärmel ziehen«. Übrigens: Nach wie vor muss der Arbeitgeber den Zuschuss beantragen – und nicht der Arbeitslose.

V. Hilfe bei Bewerbungen: Das Vermittlungsbudget

Zum 1. 1. 2009 wurden etliche konkrete Regelungen zu den sog. **Bewerbungs- und Mobilitätshilfen** im Arbeitslosenrecht gestrichen. Dafür wurde ein »Vermittlungsbudget« geschaffen, über das die örtlichen Arbeitsagenturen nun freier als früher verfügen können. Der Vorteil: Damit sind auch Hilfen finanzierbar, bei denen sich die Arbeitsvermittler bisher schwergetan haben. Zum Beispiel sind jetzt auch Ausgaben fürs »persönliche Outfit« drin – etwa für einen Friseurbesuch oder für eine angemessene Kleidung, wenn ansonsten etwa eine Bewerbung für einen bestimmten Arbeitsplatz chancenlos wäre. Die örtlichen Arbeitsagenturen haben dabei viel Spielraum, um die nun bewusst unkonkreten Vorgaben des Gesetzgebers auszufüllen. Der Haken an der Sache: Bei der Bewerbungs- und Reisekostenübernahme handelt es sich um »Kann-Leistungen«. Ist die Kasse der Arbeitsagentur leer, werden solche Anträge abgelehnt.

Viele Arbeitsagenturen orientieren sich bei den Bewerbungs- und Mobilitätshilfen jedoch an den bisherigen gesetzlichen Regeln. Bewerbungskosten wurden bislang bis € 260,– pro Jahr und € 5,– pauschal pro nachgewiesener Bewerbung erstattet. Wer eine Stelle gefunden hat, aber in eine andere Stadt umziehen muss, konnte bislang eine Trennungskostenbeihilfe (bis zu € 260,– pro Monat nach altem Recht) bei doppelter Haushaltsführung oder auch eine Umzugskostenbeihilfe (bisher bis zu € 4 500,–) beantragen. All das ist im Grundsatz auch weiterhin möglich – ggf. kann die Förderung noch höher sein.

Tipp:
Die Leistungen nach dem Vermittlungsbudget müssen in aller Regel beantragt werden, bevor die Ausgaben getätigt werden. Übrigens: Alle genannten Leistungen übernehmen die Agenturen ebenso wie die anderen Mobilitätshilfen auch für Erwerbslose, die – wie die meisten erwerbslosen (Hoch-)Schulabsolventen – kein ALG I erhalten.

VI. Nebeneinkünfte von Arbeitslosen

Das SGB sieht ausdrücklich vor, dass Sie neben dem Arbeitslosengeld I einen **Nebenjob** mit maximal **14,9 Stunden pro Woche** ausüben können und damit zugleich Lohn oder Gehalt und Geld von der Arbeitsagentur beziehen. Wenn Sie genau 15 Stunden oder mehr in der Woche arbeiten, gelten Sie nicht mehr als arbeitslos im Sinne des Gesetzes. Damit verlieren Sie – selbst bei einem relativ niedrigen Nebeneinkommen – Ihren Anspruch auf ALG I. Wenn Sie Nebeneinkommen aus Erwerbstätigkeit erzielen, müssen Sie dies innerhalb von **drei Tagen nach der Aufnahme** des Nebenjobs bei der Arbeitsagentur **anmelden. Nebeneinkommen** wird aber **auf das Arbeitslosengeld I angerechnet,** sofern es nach Abzug bestimmter Kosten € 165,– im Monat übersteigt.

➔ So wird das Nebeneinkommen angerechnet

Bezieher von ALG I dürfen Vermögen oder Einkünfte aus **anderen Quellen als Erwerbsarbeit** in beliebiger Höhe haben. Das schmälert ihren Anspruch auf ALG I nicht. Anderes gilt bei Erwerbseinkünften.

- Nicht jedes Arbeitseinkommen wird auf das ALG I angerechnet. **Anrechnungsfrei** sind sog. Aufwandsentschädigungen für ehrenamtliche und nebenberufliche Tätigkeiten bis zu € 2 100,– im Jahr bei Einrichtungen des öffentlichen Rechts oder Institutionen, die von der Körperschaftsteuer befreit sind (u.a. Kirchen, Wohlfahrtsverbände, Behörden jeglicher Art, Sportvereine, Schulen und Volkshochschulen). Das gilt z.B. für eine Tätigkeit als Kursleiter bei einem Sportverein oder für das Pflegegeld, das Erwerbslose für die Betreuung eines pflegebedürftigen Angehörigen bekommen. Anrechnungsfrei bleiben auch die ersetzten Reise- und Werbungskosten. Auch diese Nebentätigkeiten müssen aber der Arbeitsagentur gemeldet werden.
- Die Arbeitsagentur berücksichtigt nicht das volle Nebeneinkommen aus einer Beschäftigung. Von den **Bruttoeinkünften** werden **Steuern und Sozialversicherungsbeiträge abgezogen,** außerdem **Werbungskosten,** wie etwa Fahrtkosten zur Arbeitsstelle, Gewerkschaftsbeiträgen oder Arbeitsmittel (PC, Drucker). Als Werbungskosten können alle Ausgaben abgesetzt werden, die auch steuerrechtlich berücksichtigt werden!
- Das so ermittelte anrechenbare Nebeneinkommen verringert das ALG I nur dann, wenn ein bestimmter **Freibetrag** überschritten wird. **Monatliches Nebeneinkommen bis zur Höhe von € 165,– wird grundsätzlich nicht berücksichtigt.** Dieser 165-Euro-Freibetrag steht Arbeitslosen auch dann in voller Höhe zu, wenn sie nur eine Woche im Monat arbeiten. Es erfolgt also keine Umrechnung auf (niedrigere) wöchentliche Freibeträge. Ist das anrechenbare Nebeneinkommen in einem Monat höher als der insgesamt absetzbare Betrag (Summe absetzbare Ausgaben + € 165,–), wird der übersteigende Betrag voll vom ALG I abgezogen.

➔ Gestaltungsmöglichkeiten bei der Arbeitszeit nutzen

Bei selbstständigen Nebentätigkeiten – etwa als Grafiker, Journalist oder Handwerker – können Beschäftigte ihre Arbeitszeit recht frei gestalten. Das

Gleiche gilt bei vielen Nebenjobs. Ein Arbeitsloser kann z. B. innerhalb eines Monats in einer Gaststätte 40 Stunden als Kellner aushelfen. Die Aufteilung dieser Arbeitszeit ist beliebig. In einem solchen Fall gibt es für Erwerbslose zwei günstige Regelungen:

- Die **Arbeitszeit** kann auf einen möglichst langen Zeitraum »**gestreckt**« werden, sodass auf jede Beschäftigungswoche weniger als 15 Stunden entfallen. Statt z. B. 40 Stunden in einer Woche zu arbeiten bietet sich eine Verteilung der Arbeit auf drei oder vier Beschäftigungswochen mit jeweils weniger als 15 Arbeitsstunden pro Woche an. In diesem Fall besteht durchgehend ein Anspruch auf ALG I. Das Nebeneinkommen wird allerdings bei entsprechender Verdiensthöhe angerechnet und das ALG I um den Anrechnungsbetrag gekürzt.
- Die **Arbeitszeit** kann in einem kurzen Zeitraum »**zusammengeballt**« werden. Der Aushilfskellner kann also sämtliche 40 Arbeitsstunden in eine Beschäftigungswoche legen. In dieser Zeit hat er dann ein ganz normales sozialversicherungspflichtiges Beschäftigungsverhältnis. Während dieser Woche muss er sich bei der Arbeitsagentur abmelden, ein Unterstützungsanspruch besteht dann natürlich nicht. Vorteil: In diesem Fall kann er seinen vollen Kellnerverdienst ungekürzt behalten. Nach der Beschäftigungswoche kann er – sofern er sich erneut bei der Arbeitsagentur als arbeitslos meldet – wieder das volle ALG I bekommen. Wichtig: Während der Abmeldungszeit wird der Anspruch auf ALG I nicht aufgebraucht!

Tipp:

Eine kurzfristige Abmeldung kann Ihnen Vorteile bringen. Gerade wenn Sie befürchten müssen, längere Zeit ohne Job zu bleiben, ist es für Sie von Vorteil, wenn Sie sich durch eine zeitweise Abmeldung bei der Arbeitsagentur Ihren Anspruch auf ALG I aufsparen. Wenn Sie Ihre Arbeitslosigkeit für weniger als sechs Wochen unterbrechen und der Arbeitsagentur das Ende des Unterbrechungszeitraumes vorher mitteilen, müssen Sie sich nach dem Ablauf der Unterbrechungszeit nicht erneut bei der Arbeitsagentur arbeitslos melden und keinen neuen Antrag auf ALG I stellen. Denn die Leistungen von der Agentur werden dann nach der angemeldeten Unterbrechungszeit ohne erneute Meldung weitergezahlt. Dieses Verfahren sollten Sie allerdings in jedem Fall mit der Arbeitsagentur genau absprechen! Achtung: Wenn Sie sich zwischenzeitlich abmelden, sind Sie nicht mehr über die Arbeitsagentur gesetzlich krankenversichert und müssen sich unter Umständen freiwillig krankenversichern. Erkundigen Sie sich bei Ihrer Krankenkasse.

➔ Vorteile mit fortgesetzten Nebenbeschäftigungen aus der Vor-Arbeitslosenzeit

Zweit- und Drittbeschäftigungen kommen auch in Deutschland zunehmend in Mode. Für den Fall, dass die Betroffenen ihren Hauptjob verlieren, den Nebenjob aber weiter ausüben, gilt eine Sonderregelung: Die Betroffenen dürfen von ihren Nebeneinkünften nicht nur – wie andere Arbeitslose – € 165,– behalten, sondern vielfach auch den vollen Verdienst. Anrechnungsfrei ist das Nebeneinkommen, das die Betroffenen in den zwölf Monaten vor dem Bezug von ALG I im Schnitt monatlich erzielt haben.

Achtung: Diese vorteilhafte Regelung gilt nur dann, wenn die Erwerbslosen die Nebenbeschäftigung in den letzten 18 Monaten vor dem Eintritt der Arbeitslosigkeit mindestens zwölf Monate lang ausgeübt haben.

VII. Pflichten und Strafen

1. Zumutbare Arbeitsangebote müssen angenommen werden

»Drei Stellen darf man doch ablehnen, oder?« Dieser Irrglaube hält sich bei etlichen Arbeitslosen. Tatsache ist jedoch: Sie müssen jede zumutbare Stelle annehmen, die die Arbeitsagentur Ihnen anbietet. Das ist eine der Grundregeln der Arbeitslosenversicherung, die dafür sorgen soll, dass die Versicherung nicht über Gebühr belastet wird. Doch welche Stellen sind zumutbar?

➔ Kein Berufs- und Qualifikationsschutz für Erwerbslose

Erwerbslose müssen grundsätzlich auch Stellen annehmen, die unterhalb ihrer beruflichen Qualifikation sind. Auf einen Berufsschutz können sie sich nicht berufen.

➔ Drastische Einkommenssenkungen möglich

Das Gesetz regelt genau, welche Einkommenseinbußen die Arbeitsagenturen den Betroffenen abverlangen können. Schon in den ersten drei Monaten der Arbeitslosigkeit ist die Vermittlung in eine – gemessen an früherer Beschäftigung – 20 % niedriger dotierte Stelle möglich. Vom vierten bis zum sechsten Monat der Arbeitslosigkeit muss sogar eine 30 % schlechter bezahlte Stelle angenommen werden. Vergleichsmaßstab ist dabei immer das volle Einkommen vor der Arbeitslosigkeit. Als Orientierungsmaßstab kann man dabei das »Leistungsentgelt« nehmen, das der Bemessung des ALG I zugrunde liegt. Dieses entspricht in etwa dem Nettolohn vor der Arbeitslosigkeit; dabei werden auch ein 13. Monatsgehalt und andere Einmalzahlungen berücksichtigt. Das Leistungsentgelt ist dem Bewilligungsbescheid der Arbeitsagentur zu entnehmen.

Beispiel:
Wenn das ALG I aufgrund eines Leistungsentgelts von € 1 500,– netto (monatlich) berechnet wurde, gilt nach vier Monaten Arbeitslosigkeit die Vermittlung in eine Stelle als zumutbar, die netto nur mit € 1 050,– im Monat dotiert ist (€ 1 500,– ./. 30 % = € 1 050,–).

Ab dem 7. Monat der Arbeitslosigkeit ist eine Beschäftigung nur dann nicht zumutbar, wenn das zu erzielende Arbeitseinkommen nach Abzug der notwendigen Aufwendungen (Werbungskosten) niedriger ist als das ALG I des Betroffenen.

Sittenwidrige Löhne sind nicht zumutbar

Selbst Löhne unterhalb der tariflichen oder ortsüblichen Standards gelten als zumutbar. Allerdings bestimmt § 36 Abs. 1 SGB III: »Die Agentur für Arbeit darf nicht vermitteln, wenn ein Ausbildungs- oder Arbeitsverhältnis gegen die guten Sitten verstößt.« Wann ein Arbeitsvertrag sittenwidrig ist, ist bisher aber nicht eindeutig definiert. In einzelnen Gerichtsentscheidungen wurden Löhne, die um 29 % bis 33 % unter dem Tariflohn bzw. dem ortsüblichen Lohn lagen, noch als angemessen akzeptiert. Vergleichsmaßstab ist immer die Branche, in die der Betroffene vermittelt werden soll.

In einigen Bereichen gibt es aber allgemein verbindliche Tarifverträge, die nicht unterschritten werden dürfen. Dies gilt z. B. in der Zeitarbeit, im Bau- und im Reinigungsgewerbe. In diesen Branchen gelten die Tarifverträge für alle Beschäftigten, also auch für die vormaligen Empfänger von ALG I.

Tipp:
»Ich ziehe keinesfalls für einen neuen Job um.« Das sollten insbesondere alleinstehende Arbeitslose bei der Arbeitsagentur nicht erklären. Denn sonst gelten sie unter Umständen als »nicht verfügbar«. Das ALG I kann dann gestrichen werden. Denn ein Umzug gilt für Arbeitslose grundsätzlich als zumutbar. Ausnahmen: Wer beispielsweise familiäre Bindungen hat oder sich um pflegebedürftige Eltern kümmern muss, kann nach wie vor »Nein« zum Ortswechsel sagen. Auch wenn eine Vermittlung im sog. Tagespendelbereich aussichtsreich ist, kann man in den ersten drei Monaten der Arbeitslosigkeit einen Umzug ausschließen.

→ Pendeln und Befristung sind zumutbar

Zumutbar ist für Arbeitslose nach wie vor auch das **Pendeln.** Wer eine Vollzeit-Tätigkeit sucht, muss eine tägliche Hin- und Rückfahrtzeit von maximal 150 Minuten (hin und zurück mit öffentlichen Verkehrsmitteln) in Kauf nehmen. Auch eine getrennte Haushaltsführung wird für ehemalige Arbeitslose als »vorübergehend« (bis zu sechs Monate lang) zumutbar angesehen. Bei einer angebotenen täglichen Beschäftigung von sechs und weniger Stunden muss ein Arbeitsloser sich zwei Stunden Wegzeiten zumuten lassen.

Die genannten Zeiten gelten im Normalfall. Wer **besondere Umstände** geltend machen kann (Kinderbetreuung, Pflege oder eigene gesundheitliche Probleme), dem können derart lange An- und Abfahrzeiten allerdings nicht abverlangt werden. Wenn andererseits in einer Region unter vergleichbaren Arbeitnehmern längere Pendelzeiten üblich sind, gelten auch diese als Maßstab. Besondere Umstände im Einzelfall werden also – so oder so – berücksichtigt.

Hinnehmen müssen Arbeitslose auch die Vermittlung in eine **befristete Arbeitsstelle,** wobei weder im Gesetz noch in den Durchführungsanweisungen der Agenturen eine Mindestdauer für ein befristetes Arbeitsverhältnis genannt wird. Wenn durch die Aufnahme einer zeitlich begrenzten Beschäftigung die Aufnahme einer Dauerbeschäftigung verhindert wird, dürfen Erwerbslose allerdings nicht in einen befristeten Job vermittelt werden. In diesem Fall muss jedoch bekannt sein, wann die unbefristete Beschäftigung beginnt.

2. Verpflichtung zu eigenen Aktivitäten bei der Arbeitsuche

Wer ALG I beantragt, findet im Antragsformular der Arbeitsagentur den Punkt 2a: »Ich bin bereit, alle Möglichkeiten zu nutzen, um meine Beschäftigungslosigkeit zu beenden«. Wer diese Aussage verneint, hat von vornherein keinen Unterstützungsanspruch. Wer bei dieser Frage sein Kreuzchen im »Ja«-Kästchen macht, hat zunächst seine Bereitschaft zur Eigeninitiative glaubhaft bekundet. Nachweisen müsste er seine Arbeitsuche erst dann, wenn es konkrete Anhaltspunkte gibt, die Zweifel an seinem aktiven Bemühen aufkommen lassen. Solche Zweifel können z. B. aufkommen, wenn Sie auf »Einladungen« der Arbeitsagentur nicht reagieren.

Tipp:
Wer trotz formeller Aufforderung der Arbeitsagentur nicht in ausreichendem Maße Eigenbemühungen bei der Arbeitsuche nachweist, kann mit einer zweiwöchigen Sperrzeit belegt werden. Grundsätzlich kann den Betroffenen das ALG I bei fehlenden Eigenbemühungen aber auch ganz gestrichen werden. Z. B. dann, wenn ein Arbeitsloser erklärt, dass er sich lediglich auf Arbeitsangebote der Arbeitsagentur hin bewirbt und keine eigenen Aktivitäten unternehmen möchte.

3. Eingliederungsvereinbarungen sind verbindlich

Eingliederungsvereinbarungen sollen spätestens zu Beginn der Arbeitslosigkeit zwischen Arbeitsvermittlern und Arbeitslosen abgeschlossen werden. Dabei geht es um eine verbindliche Vereinbarung darüber, wie die Arbeitsagentur Sie bei der Arbeitsuche unterstützt und welche Bemühungen Sie selbst unternehmen, um einen Arbeitsplatz zu bekommen.

Unter »Aktivitäten der Agentur für Arbeit« könnte dort beispielsweise festgehalten werden: »Wir ermöglichen Ihnen an einem Bewerbungstraining teilzunehmen.« Unter »Vereinbarte Aktivitäten des Kunden bis zum nächsten Termin« könnte dort formuliert werden: »Ich erstelle innerhalb des nächsten Monats mit Unterstützung von der Arbeitsagentur eine aussagekräftige Bewerbungsmappe und entwickle eine Bewerbungsstrategie.«

Kommt keine Vereinbarung zustande, so drohen keine Sanktionen, sondern es gelten dann die »Normal-Regeln« der Arbeitsvermittlung. Das bedeutet:

- Sie sind persönlich zur aktiven Arbeitsuche verpflichtet und müssen – sobald Sie dazu aufgefordert werden – auch konkrete Belege hierfür vorlegen.
- Sie müssen zumutbare Arbeits- und Eingliederungsmaßnahmen annehmen, die die Agentur Ihnen anbietet (siehe VII.1).

Mit einer **Sperrung des ALG I** müssen Sie dann rechnen, wenn Sie auf konkrete Vorschläge und Angebote der Arbeitsagentur nicht reagieren oder diese ablehnen.

Beispiel:
Der Vermittler schickt Ihnen eine förmliche Einladung zu einem Bewerbungstraining, die eine Belehrung über die Rechtsfolgen enthält. Dann sind Sie grundsätzlich verpflichtet, an dem Training teilzunehmen. Andernfalls droht Ihnen eine Sperrzeit.

Wenn Sie der Ansicht sind, dass Ihr Vermittler Sie schlecht behandelt, können Sie grundsätzlich auch um einen Wechsel des Vermittlers bitten. Auch hier gilt: Bevor Sie selbst aktiv werden, sollten Sie sich bei einer Arbeitsloseninitiative oder in einem Arbeitslosenzentrum beraten lassen.

4. Wenn die Agentur vorlädt, sollten Sie unbedingt hingehen

Arbeitslose können während der Zeit, in der sie Anspruch auf ALG I haben, aufgefordert werden, sich bei der Arbeitsagentur oder einer sonstigen Dienststelle der Bundesagentur für Arbeit persönlich zu melden oder zu einem ärztlichen oder psychologischen Untersuchungstermin zu erscheinen.

Bei **Meldeversäumnissen** tritt eine einheitliche **Sperrzeit von einer Woche** ein. Die Betroffenen erhalten dann für eine Woche kein ALG I. Zudem verkürzt sich die Dauer ihres Anspruches auf die Leistung um eine Woche.

Tipp:
Warten Sie die Meldeaufforderung gar nicht erst ab, sondern nutzen Sie die Dienste der Arbeitsvermittlung aktiv, um in Ihrem eigenen Interesse eine möglichst gut bezahlte, ansprechende Arbeit zu finden, in der Sie Ihre Fähigkeiten anwenden können. Fragen Sie Ihren Vermittler gezielt nach Hilfen der Arbeitsagentur. Vereinbaren Sie immer dann einen Termin, wenn Sie konkrete Wünsche an die Arbeitsvermittlung oder Fragen zur Arbeitsuche haben. Vereinbaren Sie Ihre eigenen Termine mit der Arbeitsagentur! Wenn Sie so vorgehen, vermeiden Sie auch bürokratische Meldeaufforderungen zur Überprüfung Ihrer Verfügbarkeit. Denn wenn Sie von der Arbeitsagentur eine Aufforderung zur Meldung bekommen, geht es häufig um Ihre Leistungsansprüche. Durch solche Aufforderungen wird oft nur geprüft, ob Sie der Arbeitsvermittlung tatsächlich zur Verfügung stehen.

Vorsicht bei Brückentagen: Viele Arbeitnehmer nutzen sog. Brückentage – etwa den Freitag nach einem Feiertag, der auf den Donnerstag fällt – für einen Kurzurlaub. Manche Arbeitsvermittler laden deshalb gerne kurzfristig an solchen Freitagen zu einem Vermittlungsgespräch ein. Klar ist: Wenn Sie offiziell zu einem solchen Termin geladen werden, müssen Sie diesen unbedingt wahrnehmen. Ein unangemeldeter Kurzurlaub gilt keinesfalls als wichtiger Grund, um der Vorladung nicht Folge zu leisten. Tipp: Beantragen Sie für den Brückentag, an dem Sie wegfahren wollen, ganz offiziell einen Urlaubstag.

5. Wer sich nicht an die Regeln hält, riskiert eine Sperrzeit

Wenn Ihnen eine Sperrzeit droht, bedeutet das: Sie müssen ggf. bis zu zwölf Wochen ohne Leistungen von der Arbeitsagentur auskommen. Noch schlimmer ist häufig: Auch die Dauer Ihres Anspruchs auf ALG I wird zusammengestrichen; wer beispielsweise Anspruch auf 52 Wochen ALG I hätte, bekommt die Leistung nach einer Sperrzeit von zwölf Wochen nur noch insgesamt 40 Wochen. Im Einzelfall wird die Leistungsdauer sogar um bis zu sechs Monate verkürzt.

Eine zwölfwöchige Sperrzeit erhält beispielsweise, wer nach Ansicht der Arbeitsagentur seine Arbeitslosigkeit vorsätzlich oder grob fahrlässig herbeigeführt hat. Dies gilt z. B. für Erwerbslose, die ihre Stelle ohne wichtigen Grund selbst gekündigt haben. Die Sperrzeiten wegen »selbst verschuldetem« Arbeitsplatzverlust können aber in besonderen **Härtefällen** auf sechs Wochen halbiert werden.

Tipp:
Ein Antrag auf Herabsetzung der Sperrfrist lohnt sich immer dann, wenn Arbeitslose für ihr Verhalten, das zu der Sperrfrist geführt hat, »gute Gründe« oder eine »plausible Entschuldigung« haben. Dies ist z. B. der Fall, wenn man kündigt, weil das Arbeitsklima im Betrieb ständig gespannt ist oder man sich Schikanen (Mobbing) ausgesetzt sieht.

Auch wer seine Arbeitslosigkeit »vorsätzlich oder grob fahrlässig« nicht beendet – indem er beispielsweise ohne wichtigen Grund Arbeitsangebote, die von den Agenturen als zumutbar angesehen werden, nicht annimmt oder »zumutbare« Bildungsmaßnahmen ablehnt bzw. abbricht –, erhält eine Sperrzeit. Dabei gilt folgender **Grundsatz:** Je häufiger ein Arbeitsloser die Angebote der Arbeitsagentur ignoriert, desto härter wird die Strafe. Die zwölfwöchige Sperrzeit wird also erst nach der dritten Ablehnung verhängt.

VIII. Die soziale Absicherung während des Bezugs von ALG I

Auch während des Bezugs von ALG I stehen Arbeitslose unter dem Schutz der gesetzlichen Renten-, Kranken- und Pflegeversicherung.

F

1. Wer ALG I erhält, erwirbt auch Rentenansprüche

Wer ALG I bezieht, ist in der Regel gesetzlich rentenversichert. Allerdings: Die Arbeitslosenzeit ist für die Rente weit weniger wert als die Beschäftigungszeit. Die Arbeitsagenturen überweisen nur auf Basis von **80 % des Brutto-Arbeitseinkommens** vor der Arbeitslosigkeit Beiträge an die Rentenversicherung.

Beispiel:
Wenn ein Erwerbsloser zuletzt monatlich brutto € 2 000,– verdient hat, berechnet die Bundesagentur für Arbeit (BA) die Rentenversicherungsbeiträge auf der Basis von € 1 600,–. Davon werden nach dem derzeit (2012) geltenden Beitragssatz 19,6 % an die Rentenversicherung abgeführt, das sind € 313,60. Zum Vergleich: Solange der Betroffene noch beschäftigt war, wurden monatlich € 392,– (Arbeitgeber- und Arbeitnehmerbeitrag) an die Rentenkasse überwiesen.

Faustregel: Durch ein Jahr Bezug von ALG I verringern sich die Rentenansprüche eines vormaligen Durchschnittsverdieners um etwa € 5,– monatlich (verglichen mit den Ansprüchen, die der Betroffene als Beschäftigter erarbeiten würde). Wenn Sie es genauer wissen wollen, sollten Sie sich bei einer Informations- und Beratungsstelle der DRV Bund einen Termin geben lassen, um sich darüber zu informieren, wie (negativ) sich Monate oder gar Jahre der Arbeitslosigkeit auf Ihrem Rentenkonto auswirken.

2. Mit ALG I sind Sie in der Regel gesetzlich kranken- und pflegeversichert

Wer ALG I erhält, ist in der Regel über die jeweils zuständigen Ämter gesetzlich kranken- und pflegeversichert. Auch an der kostenlosen Familienversicherung seiner Angehörigen ändert sich nichts. Im Folgenden wird nur auf mögliche »Problemfälle« eingegangen.

➔ Nach Arbeitsplatzverlust noch einen Monat kranken- und pflegeversichert

Auch nach dem Ende einer versicherungspflichtigen Beschäftigung besteht noch für die Dauer von einem Monat ein Kranken- und Pflegeversicherungsschutz. Pflichtmitglieder einer gesetzlichen Kranken- und Pflegekasse, die kurz nach dem Ausscheiden aus einem Arbeitsverhältnis erkranken, bekommen zunächst weiterhin von der Kasse die üblichen Leistungen (§ 19 Abs. 2 SGB V).

Dieser »nachwirkende« Versicherungsschutz gilt auch für Familienangehörige, für die ein Anspruch auf »Familienversicherung« besteht. Nach einem Monat endet allerdings der Versicherungsschutz – unabhängig davon, ob eine eventuelle Krankheit ausgeheilt ist oder nicht.

→ Problemfall Abfindung

Wenn Ihr ALG I wegen Zahlung einer Abfindung ruht, müssen Sie sich in jedem Fall um Ihren Krankenversicherungsschutz kümmern.

Soweit Sie Pflichtmitglied einer gesetzlichen Krankenkasse waren, läuft Ihr (nachwirkender) Krankenversicherungsschutz nach dem Ende des Arbeitsverhältnisses zunächst einen Monat weiter. Danach müssen Sie sich selbst freiwillig bei Ihrer Kranken- und Pflegekasse oder privat krankenversichern, um gegen das Risiko bei Krankheit und Pflegebedürftigkeit abgesichert zu sein.

→ Problemfall Sperrzeit / Urlaubsabgeltung

Wenn zu Beginn Ihrer Arbeitslosigkeit eine **Sperrzeit** verhängt wurde und Sie deshalb zunächst kein ALG I erhalten, sind Sie durch die Arbeitsagentur erst ab dem zweiten Monat Ihrer Arbeitslosigkeit kranken- und pflegeversichert. Das Gleiche gilt, wenn das ALG I wegen **Urlaubsabgeltung** ruht. Wer – wie die meisten Arbeitnehmer – vor der Arbeitslosigkeit in einer gesetzlichen Kasse **pflichtversichert** war, für den greift im ersten Monat der Sperrzeit der kostenlose »nachwirkende Versicherungsschutz« für einen Monat.

Wer vor der Arbeitslosigkeit **freiwillig** in einer gesetzlichen Kasse versichert war, muss sich dagegen im ersten Sperrzeitmonat weiterhin auf eigene Kosten versichern. Denn der nachgehende Versicherungsschutz ist ein Exklusivangebot für Pflichtversicherte. Wer einen gesetzlich versicherten Ehepartner hat, ist allerdings in der Regel über diesen kostenlos mitversichert. Auch privat Krankenversicherte müssen im ersten Sperrzeitmonat ihre private Versicherung in der Regel fortführen. Ab dem zweiten Monat können sie sich zwischen gesetzlicher Versicherung über die Arbeitsagentur und Fortführung der privaten Versicherung entscheiden.

→ Problemfall private Krankenversicherung

Wenn Sie zuletzt privat krankenversichert waren, haben Sie als Bezieher von ALG I die Chance, (wieder) in die gesetzliche Krankenversicherung zu wechseln.

Wer **jünger als 55 Jahre** ist, ALG I bezieht und keinen Befreiungsantrag stellt oder gestellt hat, wird automatisch in der gesetzlichen Kranken- und Pflegeversicherung pflichtversichert. Die Bundesagentur für Arbeit übernimmt dann für die Betroffenen die vollen Beiträge zu einer gesetzlichen Kranken- und

Pflegeversicherung. Hierdurch sind ggf. auch Familienmitglieder (Kinder, Ehepartner), die einen Anspruch auf Familienhilfe in der gesetzlichen Kranken- und Pflegeversicherung haben, kostenlos mitversichert.

Tipp:
Nach § 5 SGB V können ALG-I-Bezieher die mit der privaten Krankenversicherung abgeschlossenen Verträge für sich selbst und – falls solche bestehen – auch für ihre Familienmitglieder kündigen. Viele, die sich zunächst – meist in jüngeren Jahren – für eine private Krankenversicherung entschieden haben (der dann mittlerweile meist auch eine private Pflegeversicherung gefolgt ist), können damit als Arbeitslose (wieder) in die gesetzliche Krankenversicherung überwechseln. Gerade für ältere Erwerbslose kann ein solcher Wechsel interessant sein.

Privatversicherte können jedoch auch weiterhin privat versichert bleiben. Dafür müssen sich die Betroffenen von der ansonsten automatisch eintretenden (gesetzlichen) Versicherungspflicht befreien lassen. Ein solcher Befreiungsantrag muss innerhalb der ersten drei Monate der Arbeitslosigkeit bei einer gesetzlichen Krankenkasse gestellt werden. Die Arbeitsagenturen zahlen für die Privatversicherten allerdings immer höchstens den Beitrag, den sie im Falle einer gesetzlichen Pflichtversicherung aufbringen müssten. **Achtung:** Die Arbeitsagenturen übernehmen zwar Beitragszahlungen für die privat versicherten Arbeitslosen, in keinem Fall aber für deren Kinder und – falls auch diese privat versichert sind – die Ehepartner.

➔ Problemfall 55 Jahre oder älter

Wenn Sie 55 Jahre oder älter sind, ist ein Wechsel in die gesetzliche Versicherung nur in Ausnahmefällen möglich. Dies geht nur dann, wenn Sie innerhalb der letzten fünf Jahre mindestens einen Monat gesetzlich krankenversichert waren. Dabei kommt es nicht darauf an, ob Sie in diesem Monat pflichtversichert, freiwillig oder als Familienmitglied (mit)versichert waren (§ 6 Abs. 3 a SGB V).

Falls Sie die Voraussetzung erfüllen und wieder in die – im Alter unter Umständen günstigere – gesetzliche Krankenversicherung wechseln wollen, sollten Sie bei der Arbeitsagentur Ihre Krankenversicherungs-Unterlagen aus den letzten fünf Jahren vorlegen. Die Arbeitsagentur wird Sie dann bei der gesetzlichen Krankenkasse Ihrer Wahl pflichtversichern.

3. Auch wer ALG I bezieht, darf in Urlaub fahren

Bezieher von ALG I können – mit Genehmigung der Arbeitsagentur – bis zu drei Wochen (21 Kalendertage) pro Jahr in Urlaub fahren. Dieser Anspruch auf »erlaubte Ortsabwesenheit« bezieht sich nach der »Erreichbarkeitsanordnung« der Bundesagentur für Arbeit auf Kalenderjahre und nicht auf Jahre des Leistungsbezugs. Ob Sie im gleichen Kalenderjahr auch in Ihrem letzten Job Urlaub genommen haben, spielt keine Rolle.

Beispiel:
Wenn Sie im März 2012 arbeitslos wurden, dürfen Sie – soweit Sie nicht schnell eine neue Stelle finden – in der Regel im Jahr 2012 noch drei Wochen Urlaub von der Arbeitsagentur nehmen. Die Geldzahlungen von der Arbeitsagentur laufen in dieser Zeit weiter.

Wenn Sie länger wegfahren wollen, können Sie noch drei Wochen **Mehrurlaub** nehmen. Während dieser zusätzlichen Wochen gibt es allerdings kein ALG I und Sie sind nicht durch die Agentur kranken- und pflegeversichert. Mehr als insgesamt sechs Wochen im Jahr genehmigt die Arbeitsagentur keinen Aufenthalt »außerhalb des zeit- und ortsnahen Bereichs«, wie es in der »Erreichbarkeitsanordnung« heißt. Wenn Sie trotzdem länger wegbleiben, müssen Sie auch das für die ersten drei Urlaubswochen überwiesene ALG I zurückzahlen.

Arbeitslose müssen ihre urlaubsbedingte Ortsabwesenheit in jedem Fall von der Arbeitsagentur genehmigen lassen. Generell soll allerdings über die Bewilligung von Urlaub (die grundsätzlich auch schon zu Beginn der Arbeitslosigkeit möglich ist) »einzelfallbezogen« entschieden werden. Entscheidend ist dabei, ob ein Urlaub einer beruflichen Eingliederung im Wege steht. Das bedeutet: Wenn Sie z. B. bereits ohnehin zum 1. 12. 2012 einen neuen Arbeitsplatz gefunden haben, dürfte einer Urlaubsbewilligung in der zweiten Novemberhälfte nichts im Wege stehen.

Tipp:
Wenn Sie ohne Genehmigung in den Urlaub fahren, müssen Sie damit rechnen, dass Ihnen Ihr ALG I gestrichen wird. Wenn Sie die Reise schon vor der Arbeitslosigkeit gebucht haben, sollten Sie der Arbeitsagentur auch vorrechnen, wie hoch die Rücktrittskosten wären – am besten mit einem Beleg des Reisebüros.

Wenn Sie schulpflichtige Kinder haben und bereits vor der Arbeitslosigkeit einen Familienurlaub in den Schulferien Ihrer Kinder festgemacht haben, sollten Sie dies Ihrem Vermittler bereits beim ersten Vermittlungsgespräch mitteilen. Allerdings haben Sie auch in diesem Fall keinen Rechtsanspruch auf die Gewährung von Urlaub. Ihre Chancen, Urlaub bewilligt zu bekommen, steigen rapide, wenn Sie belegen können, dass Sie mit großer Sicherheit bald eine neue Stelle antreten werden.

Spätes »Ja«

Die Arbeitsagenturen sagen meist zwar »Ja« zum Urlaub – allerdings sehr spät. In der Regel kommt die Zustimmung frühestens zwei Wochen vor Urlaubsantritt, häufig noch kurzfristiger. Denn vorher sei – so die Agenturen – nicht absehbar, ob während der Urlaubszeit Vermittlungschancen bestünden. Eine frühzeitige Buchung und eine Nutzung von günstigen Frühbucher-Rabatten ist für Arbeitslose deshalb kaum möglich – oder zumindest riskant, denn im Zweifelsfall hat die Arbeitsvermittlung Vorrang.

Tipp:
Rechnen Sie damit, dass Sie unmittelbar nach dem (angemeldeten) Urlaub kurzfristig zur Vorsprache bei der Arbeitsagentur aufgefordert werden. Wenn Sie dieser Meldeaufforderung nicht nachkommen, müssen Sie hinnehmen, dass Ihnen das ALG I so lange gestrichen wird, bis Sie bei der Dienststelle erscheinen. Falls Sie aufgrund »unvorhersehbarer und für den Arbeitslosen unvermeidbarer Ereignisse« (§ 3 Abs. 3 Erreichbarkeitsanordnung) nicht rechtzeitig aus dem Urlaub zurückkehren können (etwa wegen der Verschiebung des Rückflugs durch die Fluggesellschaft oder wegen eines Unfalls), sollten Sie dies umgehend der Arbeitsagentur mitteilen. In solchen Fällen kann der dreiwöchige Urlaub um bis zu drei Tage verlängert werden.

→ Wenn die Arbeitsagentur »Nein« zum Urlaub sagt

Im Notfall kann man sich für die Zeit des Urlaubs von der Agentur abmelden. Dann muss man aber für diesen Zeitraum auf das ALG I verzichten. In einem solchen Fall sollten Sie sich unbedingt bei Ihrer Krankenkasse erkundigen, ob und wie der Krankenversicherungsschutz auch während der Urlaubszeit aufrechterhalten bleiben kann. Wer einen gesetzlich krankenversicherten Ehepartner hat, ist über diesen kostenlos familienversichert. Unverheiratete müssen sich ggf. freiwillig gesetzlich oder privat krankenversichern.

F

Nicht nur für Arbeitslose: Arbeitslosengeld II und Sozialgeld

I. Was Sie wissen sollten, wenn Sie Arbeitslosengeld II beantragen

Die folgenden Erläuterungen informieren Sie über die wichtigsten Regelungen zum Arbeitslosengeld II, wie sie ab dem **1. 1. 2012** gelten. Es sind also auch die zum Jahreswechsel 2011 / 12 erhöhten Regelsätze sowie die bereits im Frühjahr bzw. Anfang 2011 in Kraft getretenen Gesetzesänderungen berücksichtigt. Bevor es in die Einzelheiten geht, finden Sie zunächst einige geldwerte Tipps, die Sie von den Ämtern in dieser Form wohl nicht erhalten.

→ Für die ALG-II-Berechnung zählen nun alle Einkünfte ab Beginn des Antragsmonats

Arbeitslosengeld II (ALG II) gibt es seit 2011 **rückwirkend** jeweils ab dem Ersten eines Monats – auch wenn die Leistung erst am Monatsende beantragt wird.

Nach der gleichen Regel wird aber auch mit den **Einkünften** verfahren. Eine Steuererstattung, die beispielsweise am Monatsersten auf dem Konto eines ALG-II-Antragstellers eingeht, wird nun auch dann noch als Einkommen auf das ALG II angerechnet, wenn das ALG II erst 29 Tage später – also am 30. des Monats – beantragt wird. Das bedeutet: Wenn Sie beispielsweise in der Mitte eines Monats eine Steuererstattung erhalten, wird diese nur dann nicht auf den Anspruch auf ALG II angerechnet, wenn Sie Ihren Antrag auf den nächsten Monatsersten verschieben.

→ Für orthopädische Schuhe und therapeutische Geräte können Sie einen Mehrbedarfszuschlag erhalten

Seit 2011 haben ALG-II-Bezieher einen Rechtsanspruch auf die Übernahme der Kosten für orthopädische Schuhe und therapeutische Geräte. Geregelt ist dies im neu eingeführten § 24 Abs. 3 Nr. 3 SGB II.

→ Sechs Monate lang müssen die Ämter Ihnen auch unangemessene Heizkosten« erstatten

Streit gibt es immer wieder darüber, ob Heizkosten von ALG-II-Beziehern als angemessen gelten – auf Dauer werden nach dem Gesetz nämlich »unangemessene« Kosten nicht übernommen. Nun gilt jedoch: Auch in den Fällen, in denen die Heizkosten nach Ansicht der Ämter zu hoch ausfallen, werden diese zunächst einmal für einen Zeitraum von sechs Monaten im Regelfall voll übernommen. So hatte bereits das Bundessozialgericht (BSG) entschieden und jetzt ist dies auch in § 22 Abs. 1 SGB II ausdrücklich geregelt.

➔ Die Ämter müssen Warmwasserkosten übernehmen

Für ALG-II-Bezieher, bei denen die Kosten fürs warme Wasser nicht in den Heizkosten enthalten sind, weil sie ihr Warmwasser z. B. mit einem Boiler oder Durchlauferhitzer erzeugen, ist nun in § 21 Abs. 7 SGB II ein Mehrbedarf fürs warme Wasser vorgesehen. Dieser beträgt z. B. für einen Alleinstehenden € 9,– pro Monat. Wer sein Warmwasser zentral (etwa über eine Gasheizung) erzeugt, bei dem werden künftig die vollen Energiekosten übernommen; eine Kürzung um den Anteil fürs Warmwasser erfolgt nicht mehr.

➔ Die Miete darf nur dann direkt an Ihren Vermieter überwiesen werden, wenn Sie dies beantragen

ALG-II-Träger überweisen die Miete gerne direkt an den Vermieter. Viele Leistungsbezieher möchten dies allerdings nicht, denn so erfährt ihr Vermieter von ihrem ALG-II-Bezug. § 22 Abs. 7 SGB II regelt nun ausdrücklich, dass nur »auf Antrag« des Leistungsbeziehers direkt an den Vermieter gezahlt wird.

➔ Einmalige Einkünfte werden nur maximal sechs Monate lang angerechnet

Manchmal fließen ALG-II-Beziehern während des Leistungsbezugs höhere Einnahmen zu: etwa eine **Steuererstattung,** eine Lohnnachzahlung oder auch ein Lottogewinn. Klar ist: Diese Einkünfte werden auf einen Zeitraum von sechs Monaten gleichmäßig aufgeteilt und bei der Berechnung des ALG II monatlich mit einem entsprechenden Teilbetrag berücksichtigt. So wird auch verfahren, wenn die Einkünfte – etwa bei einer größeren Erbschaft – so hoch sind, dass der ALG-II-Anspruch für sechs Monate ganz entfällt. Wird nach dem Ablauf der sechs Monate erneut ALG II beantragt, so wird der verbliebene Rest der (ehemals) einmaligen Einnahme nicht mehr als Einkommen, sondern als **Vermögen** gewertet. Beim Vermögen gelten jedoch großzügigere Freibetragsregeln als beim Einkommen (siehe VII.).

➔ Anrechnung des Elterngelds auf das ALG II

Wie gewonnen, so zerronnen – das gilt künftig für viele ALG-II-Familien, die Elterngeld erhalten. Die Elterngeldstellen überweisen ihnen zwar € 300,– Elterngeld, dafür wird jedoch das ALG II entsprechend gekürzt. **Achtung:** Wenn das Elterngeld als Einkommensersatz, etwa für einen weggefallenen

Mini-Job, gezahlt wird, bleiben bis zu € 300,– anrechnungsfrei. Darüber müssen die Ämter jedoch informiert werden!

➔ Neue Bagatellgrenze von € 10,– pro Monat für Einnahmen

Ab sofort gilt eine neue Bagatellgrenze in der ALG-II-Verordnung: »Einnahmen, die innerhalb eines Kalendermonats € 10,– nicht übersteigen«, werden danach nicht auf das ALG II angerechnet. Die Regelung gilt für jedes Mitglied einer Bedarfsgemeinschaft (BG). Eine fünfköpfige Familie darf damit jeden Monat beispielsweise insgesamt € 50,– an Unterstützung von Verwandten erhalten. Die Beträge sollten dann aber jeweils in »10-Euro-Tranchen« an jedes BG-Mitglied überwiesen werden.

➔ Keine Sanktionen mehr bei Verweigerung einer Eingliederungsvereinbarung

Die Jobcenter sollen mit jedem ALG-II-Bezieher bzw. -Antragsteller eine sog. Eingliederungsvereinbarung abschließen. Viele Betroffene halten diese Vereinbarung für eine Farce. Wenn sie sich weigern, eine solche Vereinbarung abzuschließen, brauchen sie künftig nicht mehr mit Sanktionen zu rechnen. Kommt keine Vereinbarung zustande, so werden die Pflichten der Leistungsbezieher – unverändert – per Verwaltungsakt festgelegt.

➔ Sanktionen nun auch ohne vorherige konkrete Rechtsfolgenbelehrung

Wer beispielsweise eine vom Amt angebotene Arbeitsstelle nicht annimmt, muss mit einer Sanktion rechnen. **Achtung:** Nach einer Neuformulierung von § 31 Abs. 1 Satz 1 SGB II müssen die Ämter vorher zusammen mit dem Arbeitsangebot noch nicht einmal eine »Rechtsfolgenbelehrung« verschickt haben. Künftig reicht es, wenn die Betroffenen »Kenntnis« von den möglichen Folgen einer Stellenablehnung gehabt haben. Und diese wird schon dann vorausgesetzt, wenn jemand beim Antrag auf ALG II das Merkblatt des Jobcenters erhalten hat.

II. Wer hat Anspruch auf Arbeitslosengeld II?

Arbeitslosengeld II (ALG II) und Sozialgeld gehören mit knapp sieben Millionen Leistungsbeziehern zu den wichtigsten Sozialleistungen in Deutschland. Geregelt sind diese im **Zweiten Sozialgesetzbuch (SGB II).** Salopp spricht man auch von **Hartz IV,** weil es sich um eines der Gesetze handelt, die von der sog. Hartz-Kommission auf den Weg gebracht wurden, die nach dem ehemaligen VW-Manager Peter Hartz benannt wurde.

1. Das Wichtigste in Kürze

Mit dem ALG II wurde die Arbeitslosenhilfe abgeschafft und durch die »**Grundsicherung für Arbeitsuchende**« ersetzt. Darauf haben auch Erwerbsfähige Anspruch, die früher Sozialhilfe erhielten.

Die wichtigste Leistung des SGB II ist das sog. Arbeitslosengeld II (ALG II). Das erhält nach § 7 SGB II jeder, der

- erwerbsfähig und
- hilfebedürftig ist,
- seinen gewöhnlichen Aufenthalt in der Bundesrepublik Deutschland hat und
- älter als 15 Jahre ist, aber das gesetzliche Regelrentenalter (65 Jahre + x Monate entsprechend der schrittweisen Einführung der Rente mit 67 Jahren) noch nicht erreicht hat.

Diese Voraussetzungen müssen **gleichzeitig** erfüllt sein. Zudem muss ein **Antrag** gestellt werden. Dies sollte man – wenn die Anspruchsvoraussetzungen erfüllt sind – so schnell wie möglich tun. Denn Geld vom Amt gibt es erst ab dem Monat der Antragstellung.

Faktisch spielt die oben genannte Höchstaltersgrenze meist keine Rolle – jedenfalls dann nicht, wenn ALG-II-Bezieher mit 63 Jahren ein vorgezogenes Altersruhegeld beanspruchen können. In diesem Fall müssen sie nämlich in der Regel Altersrente statt ALG II beantragen.

Voraussetzung ist auch **nicht,** dass Antragsteller arbeitslos sind, vorher das reguläre Arbeitslosengeld I bezogen oder Beiträge an die Arbeitslosenversicherung gezahlt haben. Die Leistung nennt sich zwar »Arbeitslosengeld II«. Doch dieser Begriff ist – wie die Bundesagentur für Arbeit selbst einräumt – irreführend. Die Leistung kommt nämlich auch für Menschen infrage, die in Lohn und Brot stehen, aber wenig verdienen und / oder eine große Familie zu versorgen haben (sog. **Aufstocker**, mehr dazu unter II.2).

Anders als beim regulären Arbeitslosengeld I gibt es übrigens beim ALG II **keine 15-Stunden-Grenze für Nebentätigkeiten.** ALG II können also auch hilfebedürftige Arbeitnehmer erhalten, die 15 Stunden oder mehr in der Woche arbeiten – eine Begrenzung der Arbeitszeit nach oben hin existiert nicht.

➔ Was bedeutet »hilfebedürftig«?

Das ALG II wird grundsätzlich nur an Bedürftige gezahlt, egal ob sie selbstständig, abhängig beschäftigt oder arbeitslos sind. Hilfebedürftig ist, wer seinen Unterhaltsbedarf nicht oder nicht ausreichend aus eigener Kraft sichern kann. Voraussetzung ist dabei, dass Einkommen und Vermögen bestimmte Grenzen nicht überschreiten. Wie hoch diese Grenzen sind, wie Einkommen angerechnet wird und welches Vermögen erlaubt ist, dazu mehr unter VI. und VII.

➔ Was bedeutet »erwerbsfähig«?

ALG II erhalten nur »Erwerbsfähige«. Als erwerbsfähig gilt jeder, der (noch) mindestens drei Stunden am Tage arbeiten kann. Bei der Beurteilung der Erwerbsfähigkeit kommt es allein auf gesundheitliche Aspekte an. ALG-II-Bezieher sind verpflichtet, ihre Arbeitskraft voll zur Sicherung ihres Lebensunterhalts einzusetzen. Im Grundsatz gilt dabei nahezu jede Arbeit als zumutbar. Die zuständigen Träger sollen die Hilfebedürftigen dabei mit »Hilfen zur Eingliederung« unterstützen.

➔ Sozialgeld für nicht erwerbsfähige Angehörige in der »Bedarfsgemeinschaft«

Leistungen nach dem SGB II können auch nicht erwerbsfähige Angehörige erhalten, sofern sie mit ALG-II-Empfängern im gemeinsamen Haushalt leben – genauer: in einer sog. Bedarfsgemeinschaft (siehe III.). Die Unterstützung für nicht erwerbsfähige Familienmitglieder – zumeist zählen dazu Kinder unter 15 Jahren – nennt sich allerdings nicht Arbeitslosengeld II, sondern **Sozialgeld. Studenten** haben grundsätzlich keinen Anspruch auf ALG II; ausgenommen sind nur bestimmte Fälle, in denen die Förderungshöchstdauer nach dem BAföG abgelaufen und ein baldiges Studienende zu erwarten ist (ALG II dann als Darlehen).

2. ALG II gibt es auch für Arbeitnehmer und Selbstständige

Der Begriff »ALG II« ist – wie erwähnt – irreführend. Tatsächlich sind weniger als die Hälfte der Bezieher von ALG II arbeitslos. Da dies in der Öffentlichkeit häufig kaum registriert wird, soll auf zwei wichtige Zielgruppen des SGB II eigens hingewiesen werden: Arbeitnehmer und Selbstständige mit niedrigen Einkünften:

→ ALG II für Arbeitnehmer

Für viele Arbeitnehmer – insbesondere solche mit kinderreichen Familien – reicht der Lohn kaum für den Lebensunterhalt aus. In solchen Fällen kommt zur **Aufstockung des Lohns** Arbeitslosengeld II infrage. Zuletzt profitierten davon weit über eine Million Arbeitnehmer.

Den Betroffenen kommt dabei zugute, dass es für die Anrechnung von Erwerbseinkommen beim ALG II Sonderregeln gibt, die nach dem Prinzip funktionieren: »Arbeit soll sich lohnen«. Erwerbseinkommen wird daher weniger stark angerechnet als sonstige Einkünfte. Einzelheiten werden unter VI. 3 erläutert.

Tipp:
Prüfen Sie, ob Anspruch auf Kinderzuschlag besteht. In vielen Fällen steht bedürftigen Familien von Erwerbstätigen allerdings statt ALG II der Kinderzuschlag nach dem Kindergeldgesetz zu. Welche der beiden Leistungen infrage kommt, können häufig nur Mathematiker entscheiden. Gerade Arbeitnehmer mit mehreren Kindern sollten deshalb am besten zwei Anträge stellen – einen Antrag auf ALG II beim zuständigen Träger vor Ort und einen Antrag auf Kinderzuschlag bei der Familienkasse der Arbeitsagentur. Dabei sollten Sie jeweils darauf hinweisen, dass Sie auch die andere Leistung beantragt haben. **Achtung:** Wird Ihr Antrag auf ALG II unter Verweis auf Ihren Anspruch auf den Kinderzuschlag abgelehnt, so geht Ihnen nichts verloren: Den Kinderzuschlag erhalten Sie später rückwirkend ab dem Zeitpunkt, an dem Sie ALG II beantragt haben.

→ ALG II für Selbstständige

ALG II ist eine staatliche Leistung, die bei »Bedürftigkeit« gezahlt wird. Damit kommt sie – anders als früher die Arbeitslosenhilfe – auch für Selbstständige infrage, die zu wenig zum Leben haben.

Besonders wichtig: Kein Selbstständiger muss vor dem Antrag auf ALG II sein Gewerbe abmelden. Die Tätigkeit als Selbstständiger kann während des Bezugs von ALG II weitergeführt werden.

Achtung: Wer längere Zeit eine selbstständige Tätigkeit ausübt, ohne Gewinn zu erzielen, wird vom zuständigen Sachbearbeiter nach der Nachhaltigkeit seiner Tätigkeit gefragt werden und muss damit rechnen, in Kürze Angebote für eine Angestelltentätigkeit zu erhalten.

Die Einkünfte aus der selbstständigen Tätigkeit werden allerdings auf das ALG II angerechnet. Wie das funktioniert, können Sie in Kapitel VI. 4 nachlesen.

III. ALG II erhalten nur Mitglieder einer Bedarfsgemeinschaft

Arbeitslosengeld II erhält, wer als bedürftig im Sinne des SGB II gilt. Dabei kommt es nicht auf die Bedürftigkeit des Einzelnen, sondern auf die Bedürftigkeit der »Bedarfsgemeinschaft« (BG) an. Dieser Begriff wurde durch das SGB II neu eingeführt. Wer wissen will, ob ihm ALG II zusteht, sollte zunächst prüfen, wer zu seiner BG zählt.

1. Wer gehört zu einer Bedarfsgemeinschaft?

Die Leistungen nach dem SGB II werden – anders als beim Arbeitslosengeld I – nicht für Einzelpersonen, sondern für **Haushalte** gewährt. Genauer gesagt: Es gibt sie für sog. Bedarfsgemeinschaften (BG). ALG II wird gezahlt, wenn der Bedarf aller Antragsteller, die zur BG gehören, höher ist als deren anrechenbares Einkommen. Sofern im Haushalt mehrere Personen leben, bilden etwa Alleinerziehende mit ihren Kindern eine solche Gemeinschaft, ebenso wie Ehepartner oder Partner einer »eheähnlichen Gemeinschaft«, unter Umständen aber auch gleichgeschlechtliche Paare.

Kinder zählen in der Regel mit zur BG. Seit August 2006 werden meist auch volljährige Kinder unter 25 Jahren, die noch bei ihren Eltern leben, mit zu dieser Gemeinschaft gezählt. Sobald die Kinder 25 Jahre alt sind, bilden sie allerdings in jedem Fall eine eigene BG – auch wenn sie noch im Haushalt ihrer Eltern leben. Die Folge: Die Betroffenen müssen dann – wenn sie diese Leistung erhalten wollen – einen eigenen Antrag auf ALG II stellen.

Doch auch Kinder unter 25 Jahren werden manchmal **nicht** der BG ihrer Eltern zugeschlagen. Dies ist beispielsweise der Fall, wenn sie bereits Ausbildungsentgelt oder anderes Einkommen erhalten, das ihren eigenen Bedarf deckt.

Übrigens: Im rechtlichen Sinn zählt auch ein Alleinlebender als BG.

Generell gilt: Alle Mitglieder der BG müssen ihr Einkommen anrechnen lassen. Die Ämter ermitteln dann das Gesamteinkommen der Gemeinschaft und prüfen, ob dieses nach den gesetzlichen Maßstäben über oder unter dem (lebens)notwendigen Bedarf liegt. Wenn es zu niedrig ist und auch das Vermögen die Grenzen des Erlaubten nicht überschreitet (siehe VII.), gibt es ALG II und Sozialgeld.

Bedarfsgemeinschaft: Wer gehört dazu – und wer nicht?

Eine Bedarfsgemeinschaft bilden:

- Alleinstehende,
- Ehepaare mit und ohne Kinder unter 25 Jahren,
- schwule bzw. lesbische Paare nach dem Lebenspartnerschaftsgesetz und ihre Kinder unter 25 Jahren,
- Alleinerziehende und ihre Kinder unter 25 Jahren,
- eheähnliche Lebensgemeinschaften mit oder ohne Kinder unter 25 Jahren,
- »lebenspartnerschaftsähnliche« homosexuelle Paare mit und ohne Kinder unter 25 Jahren.

Nicht zur Bedarfs-, möglicherweise aber zur »Haushaltsgemeinschaft« (siehe III. 3) gehören:

- minder- oder volljährige Kinder, die schon selbst ein Kind haben,
- Kinder mit eigenem Einkommen, das ihren Bedarf deckt,
- Kinder ab 25 Jahren,
- Verwandte und Eltern der ALG-II-Bezieher.

2. Sonderfall nicht eheliche Lebensgemeinschaft

Ein Paar, das wie in einer Ehe zusammenlebt, gilt für die Ämter genau wie ein Ehepaar als Bedarfsgemeinschaft. Seine Einnahmen und Vermögenswerte werden deshalb zusammengerechnet, wenn geprüft wird, ob ein Anspruch auf ALG II besteht. Man spricht in solchen Fällen der nicht ehelichen Lebensgemeinschaft von **eheähnlicher Gemeinschaft** oder **Einstehensgemeinschaft.**

Ob eine eheähnliche Gemeinschaft vorliegt, mussten früher in Zweifelsfällen die Ämter nachweisen. Seit 2006 ist die Beweislast umgekehrt. Seitdem sollen die Ämter nach § 7 Abs. 3 a SGB II stets »vermuten«, dass eine Eheähnlichkeit vorliegt, falls nur eines der folgenden vier Kriterien erfüllt ist: Wenn Partner

- länger als ein Jahr zusammenleben,
- mit einem gemeinsamen Kind zusammenleben,
- Kinder oder Angehörige im Haushalt versorgen oder
- befugt sind, über Einkommen oder Vermögen des anderen zu verfügen.

Ist eines dieser Kriterien erfüllt, so kann bei »verständiger Würdigung« der wechselseitige Wille der Partner angenommen werden, »Verantwortung füreinander zu tragen und füreinander einzustehen«, also nicht nur das Bett, sondern auch das Geld miteinander zu teilen.

➔ Zwei Wege, die Vermutung einer eheähnlichen Gemeinschaft zu widerlegen

Der Gesetzgeber gibt den Betroffenen allerdings die Gelegenheit, die Vermutung, dass eine eheähnliche Gemeinschaft besteht, zu widerlegen. Dafür bleiben zwei Wege:

- Zum einen können sie nachweisen, dass keines der vier Kriterien erfüllt ist.
- Zum anderen kann die Vermutung »durch andere Umstände entkräftet« werden. Dabei handelt es sich – so die Bundesagentur für Arbeit (BA) – »um eine Einzelfallprüfung und eine Einzelfallentscheidung«. Die Betroffenen müssten dabei »die jeweiligen individuellen Merkmale, die bei der Partnerschaft gegen eine eheähnliche Gemeinschaft sprechen«, darlegen. Die Tatsachen, die dabei angeführt werden könnten, seien – so die BA – »so vielfältig wie das Leben«.

Entscheidend dürfte dabei das vom Bundesverfassungsgericht in seinem Grundsatzurteil vom 17. 11. 1992 (Az. 1 BvL 8/87) vorgegebene **Kriterium** der **Ausschließlichkeit** sein. Als eheähnlich ist danach eine Verbindung nur dann anzusehen, wenn sie auf Dauer angelegt ist und daneben keine weitere Lebensgemeinschaft zulässt. Wenn das bei unverheirateten Paaren nicht zutrifft, sollten sie dies gegenüber den Behörden offenlegen.

➔ »Einstehensgemeinschaft« kann auch Vorteile bringen

Wer in einer Einstehensgemeinschaft lebt, hat beim ALG II häufig Nachteile. Unter Umständen wird das ALG II beispielsweise verweigert, weil der Partner über ein zu hohes Einkommen oder Vermögen verfügt – es ist aber auch das Gegenteil denkbar. So kann beispielsweise eine Frau mit recht hohen Ersparnissen beim ALG II davon profitieren, dass ihr Partner keine Rücklagen hat. Die Betroffene kann dann die nicht ausgeschöpften Vermögensfreibeträge ihres Freundes ausnutzen. Unter Umständen entsteht so durch die Einstehensgemeinschaft erst ein Anspruch auf ALG II.

3. Was ist eine Haushaltsgemeinschaft?

Wenn ALG-II-Bezieher mit Verwandten oder Verschwägerten einen gemeinsamen Haushalt führen, vermutet der Gesetzgeber, dass sie von diesen finanziell unterstützt werden – und kürzt ggf. die monatlichen Überweisungen. Das betrifft beispielsweise Eltern, die noch mit ihrem volljährigen Kind, das bereits Arbeitseinkommen hat, zusammenleben. Das Gesetz spricht dann von einer **Haushaltsgemeinschaft.** Folgen für den ALG-II-Anspruch hat das Zusammenleben in einem Haushalt allerdings nur, soweit eine finanzielle Unterstützung durch die Verwandten oder Verschwägerten »nach deren Einkommen und Vermögen erwartet werden kann«.

Dass Verwandte oder Verschwägerte ihre Angehörigen unterstützen, wird nur dann vermutet, wenn diese als »bereinigtes Einkommen« (also nachdem alle absetzbaren Beträge, die auch ALG-II-Beziehern mit Einkommen zugestanden werden, abgezogen sind, siehe VI.) mehr als das Doppelte des Regelbedarfs zuzüglich der Unterkunftskosten zur Verfügung haben.

Tipp:
Die Vermutung von regelmäßigen Geldzahlungen ihrer Verwandten können die betroffenen Bedarfsgemeinschaften allerdings entkräften. Soweit zwischen der BG und der Person, mit der sie in einem Haushalt zusammenlebt, keine gegenseitige Unterhaltspflicht besteht (etwa zwischen Onkel und Neffe), »reicht eine entsprechende schriftliche Erklärung des Angehörigen dann aus, wenn keine anderweitigen Erkenntnisse den Wahrheitsgehalt dieser Erklärung in Zweifel ziehen«, heißt es in den Fachlichen Hinweisen der BA. In den (wenigen) Fällen, in denen Eltern mit ihren minderjährigen Kindern nicht in einer Bedarfsgemeinschaft leben, wohl aber in einer Haushaltsgemeinschaft, gilt die Vermutung der gegenseitigen Unterstützung nach den Fachlichen Hinweisen der BA allerdings als »unwiderlegbar«.

4. Was gilt bei einer Wohngemeinschaft?

Besonders Jüngere leben häufig – aus Kostengründen – in einer Wohngemeinschaft (WG). Wer als Single in einer WG lebt, gilt nach dem SGB II grundsätzlich als alleinstehend. Er bildet für sich eine Bedarfsgemeinschaft und kann für sich alleine einen Antrag auf ALG II stellen. Das Einkommen und Vermögen der Mitbewohner darf dann nicht berücksichtigt werden.

Mitglieder einer WG brauchen beim Antrag auf ALG II auch keine Auskunft zu Namen und Vermögen ihrer Mitbewohner zu geben. Das hat das Bundesverfassungsgericht bereits am 2. 9. 2004 in einem Beschluss zur Datenerhebung für das ALG II ausdrücklich klargestellt (Az. 1 BvR 1962/04): Es reiche, wenn er gegenüber der Behörde den vom Mitbewohner »getragenen Mietanteil benennt oder die Untermietzahlungen als Einkommen angibt«. Denn durch solche Zahlungen mindern sich die monatlichen Überweisungen von den Ämtern für Wohn- und Heizkosten.

IV. So wird der Anspruch auf ALG II berechnet

Wer selbst ausrechnen möchte, ob und wie viel ALG-II-Leistungen ihm und seiner Familie (der Bedarfsgemeinschaft) zustehen, muss in drei Schritten vorgehen:

- Zunächst muss ausgerechnet werden, wie hoch die zuständigen Ämter den »Bedarf« einschätzen, der den Antragstellern nach dem SGB II zugebilligt wird.
- Danach ist das anrechenbare Einkommen zu bestimmen.
- Nun muss der Unterschied zwischen Bedarf und anrechenbarem Einkommen ausgerechnet werden. Ist das Einkommen niedriger als der Bedarf, so wird es aufgestockt. Andernfalls besteht kein Anspruch auf ALG II.

1. Der Bedarf entscheidet

Jedem Hilfebedürftigen in einer Bedarfsgemeinschaft steht zunächst eine »Regelleistung zur Sicherung des Lebensunterhalts« zu. Diese nennt sich bei Erwerbsfähigen Arbeitslosengeld II und bei Nicht-Erwerbsfähigen (soweit sie noch nicht das reguläre Rentenalter erreicht haben) – dazu zählen auch Kinder unter 15 Jahren – **Sozialgeld.** Für die Höhe der Leistung macht es keinen Unterschied, ob es sich um Sozialgeld oder Arbeitslosengeld II handelt.

Die Regelleistung für Alleinstehende beträgt seit Januar 2012 bundeseinheitlich € 374,–. Für Familienmitglieder gelten je nach Alter abgestufte Sätze (siehe folgende Tabelle). Durch diese Leistungen sollen – wie es im Gesetz heißt – »Ernährung, Kleidung, Körperpflege, Hausrat, Bedarfe des täglichen Lebens sowie in vertretbarem Umfang auch Beziehungen zur Umwelt und eine Teilnahme am kulturellen Leben« abgedeckt sein. So sollen die Regelleistungen etwa die Kosten für Strom, Warmwasser oder Telefon ausgleichen. Die Rechnungen dafür müssen die Hilfeempfänger also von den monatlichen Regelsätzen bezahlen.

ALG-II-Regelsätze pro Monat	**seit dem 1. 1. 2012**
Alleinstehende / Alleinerziehende	€ 374,–
Volljährige (Ehe-)Partner pro Person	€ 337,–
Kinder bis unter 6 Jahre	€ 219,–
Kinder von 6 bis 13 Jahren	€ 251,–
Kinder von 14 bis 17 Jahren	€ 287,–
unter 25-Jährige, die im Haushalt der Eltern leben oderohne Zustimmung des Amtes ausgezogen sind	€ 299,–

Beispiel:
Alleinerziehende Mutter mit zwei Jungen im Alter von 12 bzw. 13 Jahren; zu dritt bilden sie eine Bedarfsgemeinschaft. Seit Anfang 2012 hat die Familie einen Regelbedarf von € 374,– für die Mutter sowie jeweils € 251,– für die beiden Kinder. Insgesamt sind dies € 876,–.

→ Wohnungskosten werden extra berücksichtigt

Zusätzlich zu den Regelsätzen übernehmen die für das ALG II zuständigen Ämter die Ausgaben der Betroffenen fürs Wohnen. Zum Bedarf nach dem SGB II zählen nämlich auch die »angemessenen« Kosten für die Unterkunft. In der Regel müssen zunächst die vollen Kosten für die Wohnung und Heizung vom zuständigen Amt getragen werden (dazu mehr unter V.). Fortführung des obigen Beispiels: Wenn die monatliche Warmmiete € 500,– beträgt, erhöht sich der anerkannte Bedarf der Familie auf (€ 876,– + € 500,– =) € 1 376,–.

→ Manchmal gibt es zusätzlich Geld für »Mehrbedarf«

Manche ALG-II-Bezieher erhalten aufgrund ihrer besonderen Lebensumstände einen Mehrbedarf anerkannt, der durch einen entsprechenden Zuschlag zum Regelbedarf berücksichtigt wird. **Achtung:** In der Regel wird der Zuschlag nicht von Amts wegen gezahlt – er muss vielmehr **beantragt** werden.

- **Mehrbedarf für Alleinerziehende**

  Alleinerziehende sollen sich durch einen Zuschlag zur Regelleistung Entlastungen von der Kinderbetreuung »einkaufen« können (z.B. durch Babysitter oder Tagesmütter). Pro Kind unter 18 Jahren sind 12 % des Regelbedarfs für Alleinstehende als Mehrbedarf vorgesehen, maximal 60 %. Zwei Ausnahmen: Wenn Alleinerziehende ein Kind unter sieben Jahren betreuen, gilt ein Mehrbedarf von 36 % – das entspricht € 135,–. Der gleiche Betrag gilt, wenn Alleinstehende zwei Kinder unter 16 Jahren aufziehen. Neben dem Zuschlag steht den Betroffenen natürlich in jedem Fall auch noch der jeweilige Regelbedarf für die Kinder zu.

  Beispiele (Fortsetzung): Im Beispielsfall erhält die alleinerziehende Mutter zusätzlich € 135,–, insgesamt also € 1 511,–. Daneben besteht seit dem 7. 5. 2010 ein zusätzlicher Anspruch auf Mehrbedarf in Härtefällen (§ 21 Abs. 6 SGB II), siehe unten.

- **Mehrbedarf für Schwangere**

  Erwerbsfähige Schwangere erhalten von der 13. Schwangerschaftswoche an einen Zuschlag von 17 % ihres individuellen Regelbedarfs, maximal sind dies für einen vollen Monat € 64,–.

- **Mehrbedarfszuschlag für schwerbehinderte Menschen**

  Wer als schwerbehindert anerkannt ist, kann in Ausnahmefällen einen Zuschlag erhalten. Dieser wird allerdings meist nur für behinderte Familienangehörige gezahlt, die als nicht erwerbsfähig gelten und daher Sozialgeld (und nicht ALG II) beziehen. Sozialgeldbeziehern steht auf Antrag ein Mehrbedarf von 17 % des für sie maßgebenden Regelsatzes zu, wenn sie Inhaber eines Behindertenausweises mit dem Merkzeichen »G« (erhebliche Einschränkungen der Bewegungsfähigkeit im Straßenverkehr) sind. Erwerbsfähige ALG-II-Bezieher können nur dann einen Zuschlag (und zwar in Höhe von 35 %) erhalten, wenn ihnen eine vom Integrationsamt vermittelte Maßnahme zur Teilnahme am Arbeitsleben nach § 33 SGB IX oder Eingliederungshilfen nach dem SGB XII bewilligt wurden.

- **Mehrbedarf für kostenaufwendige Ernährung**

  Wer aus medizinischen Gründen auf eine Diät angewiesen ist, kann bei ärztlicher Verordnung einen Mehrbedarfszuschlag von maximal € 75,– erhalten. In der Regel allerdings nur bei Leiden, bei denen der Körper ausgezehrt wird, die also zu Gewichtsverlust und Schwäche führen, wie etwa Krebs, Aids oder entzündliche Darmerkrankungen.

- **Sonderbedarf für medizinische Hilfsmittel**

  Neu ist der Rechtsanspruch auf die Übernahme der Kosten für orthopädische Schuhe und therapeutische Geräte sowie die Übernahme von Eigenanteilen, soweit die Krankenkasse die Ausgaben hierfür nicht voll trägt (§ 24 Abs. 3 Nr. 3 SGB II). ALG-II-Bezieher können verlangen, dass die aus medizinischen Gründen benötigten angemessenen Gegenstände und Leistungen vom Jobcenter finanziert werden. Zunächst müssen die Betroffenen allerdings **vorrangige Ansprüche** geltend machen, z. B. bei orthopädischen Schuhen gegenüber der Krankenkasse. Nur bei den verbleibenden Eigenanteilen hilft der Sozialhilfeträger.

- **Mehrbedarf in Härtefällen**

  Außer den bisher genannten mehr oder weniger klar definierten Sondersituationen sind zahlreiche andere Sonderfälle denkbar. Immerhin beziehen rund sieben Millionen Menschen ALG II – und viele von ihnen haben aus ganz unterschiedlichen Gründen besondere und kostenträchtige Belastungen. Für diese Sonderbedarfe wurde nach dem Bundesverfassungsgerichtsurteil vom 9. 2. 2010 eine Neuregelung in § 21 Abs. 6 SGB II geschaffen. Hiernach besteht Anspruch auf Kostenerstattung, »soweit im Einzelfall ein unabweisbarer, laufender, nicht nur einmaliger besonderer Bedarf besteht«, der »erheblich von einem durchschnittlichen Bedarf abweicht«. Anwendungsfälle sind z. B. dauerhaft benötigte Hygienemittel bei HIV und Neurodermitis, Putz- und Haushaltshilfen für Rollstuhlfahrer sowie Kosten der Wahrnehmung des Umgangsrechts bei getrennt lebenden Eltern.

Mehrbedarfe im SGB II[1)]		**Betrag in €**	**Rechtsgrundlage**
Schwangere ab Beginn der 13. Woche	bei 100 % Regelbedarf	64,–	§ 21 Abs. 2 SGB II
	bei 90 % Regelbedarf	57,–	
	bei 80 % Regelbedarf	51,–	
Alleinerziehende mit einem Kind unter 7 Jahren bzw.mind. 2 Kindern unter 16 Jahren		135,–	§ 21 Abs. 3 Nr. 1 SGB II
Alleinerziehende mit minderjährigen Kindern – pro Kind 12 %, max. 60 %		45,–	§ 21 Abs. 3 Nr. 2 SGB II

Mehrbedarfe im SGB II[1]	Betrag in €	Rechtsgrundlage
erwerbsfähige Behinderte, die Leistungen zur Teilhabe am Arbeitsleben gem. § 33 SGB IX erhalten und bei Eingliederungshilfe nach § 54 Abs. 1 SGB XII	max. 131,–	§ 21 Abs. 4 SGB II, § 23 Abs. 1 Nr. 3 SGB II
Nicht-Erwerbsfähige, die voll erwerbsgemindert sind und einen Schwerbehindertenausweis mit Merkzeichen G haben	max. 64,–	§ 23 Abs. 1 Nr. 4 SGB II
für kostenaufwendige Ernährung	37,–/75,–	§ 21 Abs. 5 SGB II
bei unabweisbarem, laufendem und nicht einmaligem Bedarf (»Härtefallregelung«) für ALG-II- und Sozialgeldbezieher	in tatsächl. Höhe	§ 21 Abs. 6 SGB II
für Warmwasserzubereitung bei dezentraler Warmwassererzeugung	2,– bis 9,– (pro Person)	§ 21 Abs. 7 SGB II

1) Die Summe der Mehrbedarfszuschläge darf nicht höher sein als die Regelleistung, die der betreffenden Person zusteht. Wer beispielsweise als Regelleistung € 374,– erhält, kann damit zusammen mit den Mehrbedarfszuschlägen insgesamt höchstens € 748,– erhalten. Zusätzlich kann noch der Sonderbedarf für medizinische Hilfsmittel gewährt werden.

So errechnet sich der Bedarf:

Regelsätze (siehe obige Tabelle)	+ €_____
Wohn- und Heizkosten	+ €_____
Möglicher Mehrbedarf	+ €_____
Gesamtbedarf	= €_____

2. Die Berechnung der anrechenbaren Einkünfte

Die Leistungen nach dem SGB II definieren eine »Grundsicherung«, die jedem Hilfesuchenden und seiner Familie zustehen soll. Soweit das eigene Einkommen der Bedarfsgemeinschaft nicht ausreicht, **stocken die Ämter** die Einkünfte auf das gesetzlich vorgesehene Grundsicherungsniveau **auf.** Das bedeutet aber auch: Alle anrechenbaren Einkünfte der BG führen dazu, dass die Ämter weniger oder gar nichts auszahlen. Der Betrag, auf den eine BG Anspruch hat, errechnet sich, indem von ihrem gesamten »Bedarf« das komplette anrechenbare Einkommen abgezogen wird. Den Unterschiedsbetrag überweist das zuständige Amt monatlich.

Beispiel:
Die Verkäuferin Yvonne S. hat als Einkünfte zunächst das Kindergeld für die beiden Söhne von insgesamt € 368,–. Hinzu kommt das Arbeitseinkommen von Yvonne S. Als Verkäuferin verdient sie in einem Halbtagsjob monatlich € 750,– brutto bzw. € 593,– netto. Der Nettoverdienst wird allerdings – Stichwort: »Arbeit soll sich lohnen« – nicht voll auf das ALG II angerechnet. € 230,– hiervon werden ihr als Freibetrag für Erwerbstätigkeit zugestanden (zur Berechnung siehe VI.). Das anrechenbare Erwerbseinkommen von Yvonne S. reduziert sich damit auf (€ 593,– ./. € 230,– =) € 363,–. Zusammen mit dem Kindergeld hat die Familie damit anrechenbare Einkünfte in Höhe von (€ 363,– + € 368,– =) € 731,–. Sie werden dem oben errechneten Bedarf gegenübergestellt.

3. Die Berechnung des ALG-II-Anspruchs

Abschließend folgt die Saldierung von Bedarf und anrechenbarem Einkommen. Eine einfache Rechenaufgabe, für die keine Gesetzeskenntnis mehr erforderlich ist:

So errechnet sich der ALG-II-Anspruch:

Bedarf der Familie

./. anrechenbare Einkünfte

= **ALG-II-Anspruch**

Beispiele (Fortsetzung): Im Beispielsfall stehen der Bedarfsgemeinschaft von Yvonne S. und ihren beiden Söhnen monatlich (Bedarf € 1 511,– ./. anrechenbare Einkünfte € 731,– =) € 780,– als Leistungen nach dem SGB II zu.

V. Bezahlt werden nur angemessene Wohnkosten

Neben den standardisierten Leistungen für den Lebensunterhalt (siehe IV.) übernehmen die zuständigen Ämter für die Betroffenen auch die **Kosten für Unterkunft und Heizung.** Diese Regelung gilt sowohl für Mieter als auch – soweit sie Anspruch auf ALG II haben – für Eigentümer von Wohnimmobilien.

1. Die Regelungen für Mieter

Grundsätzlich müssen die Unterkunftskosten »angemessen« sein. Doch auch wer eine sehr teure Wohnung hat und in finanzielle Bedrängnis kommt, sollte sich nicht scheuen, ALG II zu beantragen. Denn bei der Berechnung von möglichen Ansprüchen müssen zunächst einmal die vollen Kosten für die Warmmiete berücksichtigt werden – auch wenn diese sehr hoch ausfallen. Dies gilt in der Regel mindestens für die ersten sechs Monate des Bezugs von ALG II.

Wer in einer sehr teuren Wohnung lebt, wird spätestens nach einem halben Jahr zu einer Senkung seiner Unterkunftskosten aufgefordert. Denn auf Dauer werden nur die »angemessenen« Kosten übernommen. Dann kann man versuchen, durch eine Untervermietung die eigenen Kosten zu senken oder man muss sich eine preiswertere Wohnung suchen. Falls allerdings trotz intensiver Wohnungssuche nichts Billigeres zu finden ist, müssen die Ämter weiterhin die vollen Kosten für die Warmmiete tragen.

Tipp:
Regeln Sie rechtzeitig mit Ihrem persönlichen Ansprechpartner bzw. Sachbearbeiter beim Amt, wie Sie ggf. Ihre Wohnungssuche nachweisen können.

→ Welche Wohnkosten gelten als angemessen?

Das ist von Ort zu Ort verschieden. In Großstädten mit hohem **Mietniveau** müssen weit höhere Kosten für das Wohnen übernommen werden als auf dem Land. Vor Ort gibt es meistens Tabellen über die **Obergrenze** der Wohnkosten, die von den Ämtern getragen werden. In Berlin akzeptieren die für ALG II zuständigen Ämter beispielsweise bei einer Familie mit zwei Kindern maximal eine Bruttowarmmiete bis € 619,–. In Düsseldorf gibt es für eine vierköpfige Familie höchstens € 747,– als Kaltmiete (einschließlich »kalter« Nebenkosten) und zusätzlich noch die Heizkosten.

Auch die **Wohnungsgröße** spielt dabei eine Rolle. Einem Alleinstehenden werden zumeist 45 m^2 zugestanden, für jede weitere Person sind es 15 m^2 mehr (siehe folgende Tabelle). Bei einer vierköpfigen Familie sind es also zumeist 90 m^2. Diese Werte spielen aber nur für die Berechnung der Mietobergrenzen eine Rolle. Falls beispielsweise € 7,– pro Quadratmeter als angemessen gelten, dann darf die Wohnung eines Alleinstehenden höchstens (7 × € 45,– =) € 315,– kosten, egal wie groß sie ist.

ALG II: Angemessene Wohnungsgröße für Mieter

Haushaltsgröße	Angemessene Wohnungsgröße
1 Person	45 m^2
2 Personen	60 m^2
3 Personen	75 m^2
4 Personen	90 m^2
5 Personen	105 m^2
6 Personen	120 m^2

Tipp:
Die Ämter müssen ggf. auch die Kosten für eine größere Wohnung übernehmen, wenn die derzeitige zu klein ist. Auch wenn die Wohnung kein Bad oder keine Dusche hat, gilt das als unzumutbar. Die Betroffenen können sich eine bessere Wohnung suchen, deren »angemessene« Kosten die Ämter dann auch übernehmen müssen.

Beispiel:
Eine 75-m^2-Wohnung gilt für ein Paar mit einem Kind als angemessen. Kommt ein weiteres Kind hinzu, reicht das jedoch nicht mehr. Dann kann sich die Familie nach Rücksprache mit dem Amt eine größere Wohnung mit »angemessener« Miete suchen.

Hinsichtlich der **Warmwasserkosten** gab es 2011 eine günstige Änderung. Bislang waren diese Kosten nach Ansicht des Gesetzgebers grundsätzlich im Regelbedarf enthalten. Für die Mehrheit der Leistungsbezieher, bei denen die Warmwasseraufbereitung zusammen mit der Heizung erfolgt, hatte das nach der alten Rechtslage zur Folge, dass die vom Jobcenter übernommenen Heizungskosten um den darin enthaltenen Anteil für die Erzeugung von Warmwasser gekürzt wurden. Solche Abschläge gibt es nun nicht mehr. Stattdessen ist für Leistungsbezieher, bei denen die Kosten fürs warme Wasser nicht in den Heizkosten enthalten sind, nun ein **Mehrbedarf für die Wassererwärmung** vorgesehen. Dieser beträgt für Alleinstehende € 8,60 im Monat (aufgerundet: € 9,–), für Ehepaare oder Paare in eheähnlicher Gemeinschaft monatlich € 15,50 (aufgerundet: € 16,–).

2. Die Regelungen für Eigentümer

Wer Wohneigentum besitzt und selbst nutzt, darf dieses auch als Bezieher von ALG II behalten – vorausgesetzt, das Eigentum ist »angemessen«. So gilt für eine vierköpfige Familie ein Haus mit 130 m^2 als akzeptabel (mehr dazu unter VII. 3).

Andere Regeln gelten bei der Kostenübernahme: Zwar übernehmen die Ämter, wenn ein Haus oder eine Eigentumswohnung als akzeptabel eingestuft ist, Unterkunftskosten – doch längst nicht alle Kosten. Übernahmefähig sind z. B. angemessene Schuldzinsen für Hypotheken, Grundsteuer, Wohngebäudeversicherung, Erbbauzins, Nebenkosten wie bei Mietwohnungen sowie die notwendigen Instandhaltungskosten. Hinsichtlich der Kosten für die Warmwasserbereitung gelten die gleichen Regelungen wie für Mieter. Probleme für Eigentümer ergeben sich vor allem bei folgenden Punkten:

→ Die Ausgaben dürfen nicht höher sein als die von Mietern

Die Ausgaben werden nur dann in ihrer tatsächlichen Höhe berücksichtigt, wenn sie den angemessenen Unterkunftsbedarf nicht übersteigen. Mit anderen Worten: Für Eigentümer werden keine höheren Unterkunftskosten übernommen als für Mieter. Entsprechend entschied das Bundessozialgericht auch bereits mehrfach, so am 15. 4. 2008 (Az. B 14/7 b AS 34/06 R). Die Betroffenen sind deshalb gezwungen, innerhalb relativ kurzer Zeit ihre Unterkunftskosten zu senken (etwa durch Untervermietung). Falls sie noch Rücklagen haben – was für Bezieher von ALG II ja in Grenzen erlaubt ist (siehe VII. 1) –, können sie die nicht übernommenen Unterkunftskosten auch hieraus bestreiten.

→ An der Schuldentilgung beteiligen sich die Ämter nicht

Viele Immobilienbesitzer haben mit der Bank, die die Immobilie finanziert, eine jährliche Tilgungsrate von 1 % oder 2 % vereinbart. Diese Ausgaben werden von den Trägern des ALG II nicht übernommen. Denn Leistungen nach dem SGB II sollen – so die Begründung des Gesetzgebers – nicht der Vermögensbildung dienen.

Tipp:
Bei finanziellen Engpässen sollten Sie rechtzeitig mit dem finanzierenden Geldinstitut über eine Senkung der Tilgungsrate bzw. über eine Aussetzung der Tilgung verhandeln.

VI. Wie Einkommen angerechnet wird

Einige Einkommen werden beim ALG II überhaupt nicht berücksichtigt. Diese anrechnungsfreien Einkünfte dürfen Sie also behalten, zusätzlich zum ALG II und Sozialgeld. Andere Einkünfte werden nicht vollständig angerechnet. Einen kleinen Teil davon dürfen Sie behalten, um damit bestimmte Ausgaben (beispielsweise Beiträge zu Versicherungen) bestreiten zu können. Dieses Verfahren nennt sich »**Einkommensbereinigung**«. Vom Einkommen aus Erwerbstätigkeit bleibt für Sie persönlich noch etwas mehr übrig als von anderen Einkünften. Das soll – so das Ziel des Gesetzgebers – »Arbeitsanreize« schaffen.

1. Nicht alle Einkünfte werden berücksichtigt

Eigene Einkünfte verringern in der Regel die Ansprüche auf ALG II und Sozialgeld. Es gibt nur wenige Ausnahmen:

Grundrenten nach dem Bundesversorgungsgesetz, Blindengeld und kleinere Zuwendungen der Wohlfahrtspflege sind anrechnungsfrei.

Eine Reihe von Kommunen gewährt Schülern aus Familien, die ALG II beziehen, **Fahrtkostenzuschüsse,** da die Ausgaben für Schulfahrten durch das SGB II nicht gedeckt sind. In den Fachlichen Hinweisen der BA zu § 11 SGB II ist nun geregelt, dass diese Zuschüsse nicht auf das ALG II angerechnet werden dürfen.

Nicht angerechnet wird ebenfalls das **Pflegegeld der Pflegeversicherung,** das Betroffene von einem Pflegebedürftigen für dessen Versorgung erhalten. Dies gilt allerdings nicht für diejenigen, die aus der Pflege einen »Job« machen, die Pflege also gewerblich ausüben. Anrechnungsfrei ist das Pflegegeld nicht nur bei der Verwandtenpflege, sondern auch – so die Fachlichen Hinweise der BA – wenn »eine sittliche Verpflichtung« zur Pflege besteht. Diese »kann auch infolge innerer Bindungen, z. B. als Stiefkind, Partner in eheähnlicher Gemeinschaft oder langjährige Haushaltshilfe, angenommen werden, insbesondere bei Vorliegen einer Haushaltsgemeinschaft«.

Andere Regelungen gelten für das **Pflegegeld,** das **Pflegeeltern für die Betreuung von Pflegekindern** erhalten. Dieses wird nach § 11 Abs. 4 SGB II teilweise auf das ALG II angerechnet.

Anrechnungsfrei ist **Elterngeld** in Höhe von € 300,–, wenn dieser Betrag als Ersatz für ein weggefallenes Erwerbseinkommen gezahlt wird – andernfalls wird Elterngeld fast vollständig auf ALG II angerechnet.

Einmalige Einnahmen (etwa ein **Geldgeschenk** der Großeltern) sind anrechnungsfrei, wenn sie für jedes Mitglied der Bedarfsgemeinschaft monatlich eine Bagatellgrenze von € 10,– nicht übersteigen.

Achtung: ALG-II-Bezieher haben ggf. auch Anspruch auf **Urlaub.** Unter Umständen interessieren sich die Ämter dafür, wie der Urlaub – etwa die Flugreise – finanziert wurde. Soweit Freunde oder Verwandte die Flugtickets finanzieren, gilt ein solches Geschenk für die Arbeitsagenturen als anrechenbares Einkommen.

Energiekostenerstattungen, die sich auf Zeiten beziehen, in denen der Betroffene bzw. die Bedarfsgemeinschaft ALG II bezog, sind »nicht als Einkommen zu berücksichtigen«, regeln die Fachlichen Hinweise der BA. Wer allerdings erst gerade ALG II beantragt hat und für das vergangene Jahr eine Kostenerstattung erhält, hat Pech gehabt. Der Betrag wird voll als Einkommen angerechnet.

Fast alle anderen Einkommen mindern die ALG-II-Zahlungen. Angerechnet werden damit beispielsweise **Kindergeld,** das reguläre **Arbeitslosengeld I, Krankengeld** und andere Sozialleistungen, aber auch einmalige Einnahmen wie eine **Steuerrückerstattung** oder **Lotteriegewinne,** die die Betroffenen während des ALG-II-Bezugs erzielen. Auch der Gründungszuschuss für (ehemalige) ALG-I-Bezieher, die sich selbstständig gemacht haben, wird auf den ALG-II-Bedarf angerechnet.

2. Einkommensbereinigung bei Einkünften, die nicht aus Erwerbstätigkeit stammen

Bedarfsgemeinschaften, die ALG II erhalten, haben meist irgendein kleineres Einkommen, das aber ohne »aufstockende« Zahlungen von Arbeitslosengeld II oder Sozialgeld nicht zum Leben ausreicht. Die Einkünfte mindern zwar die Hilfezahlungen, allerdings werden sie nicht vollständig berücksichtigt. Es erfolgt vielmehr eine »**Einkommensbereinigung**«, bei der einige Ausgaben des Einkommensbeziehers abgezogen werden.

Vom Einkommen, das nicht aus Erwerbstätigkeit stammt, werden folgende Ausgaben bzw. Pauschalen abgezogen:

→ Beiträge zu gesetzlich vorgeschriebenen sowie von privaten Versicherungen

Diese sind in voller Höhe vom Einkommen absetzbar. Hierzu gehört als wohl wichtigster Ausgabenposten für motorisierte Leistungsempfänger die **Kfz-Haftpflichtversicherung.**

→ Versicherungspauschale für sonstige angemessene private Versicherungen

Dafür wird eine Pauschale von € 30,– monatlich eingeräumt. Abgedeckt werden sollen damit beispielsweise Hausrat-, Haftpflicht- oder Sterbeversicherungen. Wenn zwei volljährige Mitglieder einer Bedarfsgemeinschaft Einkünfte erzielen, so können beide jeweils € 30,– hiervon absetzen – und damit für sich behalten. Ob die Betroffenen tatsächlich entsprechende private Versicherungen abgeschlossen haben, spielt keine Rolle. Minderjährige können die 30-Euro-Pauschale von ihren Einkünften nur dann absetzen, wenn sie nachweislich entsprechende Versicherungen haben, wobei diese zudem »angemessen« sein müssen. Bei Volljährigen wird dies nicht geprüft.

→ Beiträge zur »Riester«-Rente

Der Mindesteigenbeitrag zur »Riester«-Rente, der bei ALG-II-Beziehern häufig bei € 5,– im Monat liegt, kann voll vom Einkommen abgesetzt werden.

Tipp:
Für Bezieher von ALG II lohnt sich der Abschluss eines »Riester«-Vertrags – jedenfalls dann, wenn sie ein Einkommen haben, von dem sie die »Riester«-Beiträge absetzen können. In diesem Fall müssen sie faktisch keinen eigenen Sparbeitrag leisten und bauen dennoch Ansprüche zu ihrer Alterssicherung auf, die die Ämter ihnen – solange nur der Mindesteigenbeitrag (wenn mehr eingezahlt wird: maximal € 2 100,–) eingezahlt wird bzw. worden ist – auch nicht als Vermögen anrechnen können (siehe VII. 2).

→ Angemessene Beiträge zur Gesundheits- und Altersvorsorge von nicht gesetzlich Versicherten

Dieser Freibetrag ist beispielsweise dann wichtig, wenn ein Mitglied einer Bedarfsgemeinschaft von der gesetzlichen Rentenversicherung befreit ist. In diesem Fall können die Beiträge zur Rentenversicherung oder zu einer Kapitallebensversicherung »in nachgewiesener Höhe« (so die Fachlichen

Hinweise der BA zu § 11 SGB II) abgesetzt werden. **Privat krankenversicherte** ALG-II-Bezieher können ebenfalls den von ihnen entrichteten Beitrag zum Basistarif absetzen.

→ Beispiel für die Einkommensanrechnung

Folgendes Beispiel eines Ehepaars zeigt, wie die Einkommensanrechnung funktioniert.

Beispiel:
Der erwerbslose Ehemann hat als Einkommen Arbeitslosengeld I in Höhe von € 692,–. Er hat einen Riester-Vertrag, bei dem er € 25,– pro Monat einzahlt. Die Ehefrau bezieht € 250,– Rente wegen teilweiser Erwerbsminderung und hat ansonsten kein Einkommen. Sie besitzt ein »angemessenes« Kraftfahrzeug und zahlt dafür halbjährlich € 360,– an die Kfz-Versicherung, das sind pro Monat € 60,–. Welcher Teil des ALG I und der Unterhaltszahlung wird angerechnet, wenn das Paar ALG II beantragt?

- **Einkommensbereinigung beim Ehemann**

Einkünfte:		
Arbeitslosengeld I		**€ 692,–**
Abzüge:		
Versicherungspauschale	€ 30,–	
Riester-Beiträge	€ 25,–	
Insgesamt	= € 55,–	
Anrechenbar		**€ 637,–**

- **Einkommensbereinigung bei der Ehefrau**

Einkünfte:		
Erwerbsminderungsrente		**€ 250,–**
Abzüge:		
Versicherungspauschale	€ 30,–	
Kfz-Versicherung	€ 60,–	
Insgesamt	= € 90,–	
Anrechenbar		**€ 160,–**

Das Ehepaar hat insgesamt ein Monatseinkommen in Höhe von € 942,–. Als anrechenbar gelten davon jedoch nur € 797,–. Dieser Betrag wird mit ihrem Mindestbedarf beim ALG II verrechnet. Beträgt der Bedarf des Paars beispielsweise € 950,–, so erhält es zusätzlich zu seinen sonstigen bisherigen Einkünften monatlich (€ 950,– ./. € 797,– =) € 153,– an Leistungen nach dem SGB II.

3. Einkommensanrechnung bei Arbeitnehmereinkommen

Für (potenzielle) ALG-II-Bezieher mit Erwerbseinkommen gelten vorteilhaftere Sonderregelungen. Das Erwerbseinkommen wird um **pauschale Absetzbeträge** »bereinigt«. Das soll – so das Ziel des Gesetzgebers – »Arbeitsanreize« schaffen. Den Hilfebeziehern soll deshalb von ihren Löhnen oder Einnahmen aus selbstständiger Erwerbstätigkeit etwas übrig bleiben.

➔ Nur das Nettoeinkommen zählt

Zunächst einmal gilt: Nur das Nettoeinkommen wird beim ALG II berücksichtigt. Steuerliche Gestaltungsmöglichkeiten (etwa: Steuerklassenwechsel von Ehepartnern, um zunächst mehr Steuern abzuführen und sich diese später im Rahmen der Steuererklärung erstatten zu lassen) funktionieren hierbei jedoch kaum. Denn ALG-II-Bezieher und Antragsteller sind verpflichtet, ihre steuerlichen Verhältnisse so zu gestalten, dass ihr Nettoeinkommen möglichst hoch ausfällt.

Tipp:
Von Arbeitnehmern mit hohen Werbungskosten (etwa wegen einer weiten Fahrt zur Arbeit) werden die Ämter allerdings in der Regel nicht verlangen, dass diese einen Freibetrag auf der Steuerklasse eintragen lassen. Von sich aus sollten erwerbstätige ALG-II-Bezieher also beim Finanzamt nicht aktiv werden. Denn durch den Verzicht auf die Eintragung von Steuerfreibeträgen auf der Steuerkarte sinkt das anrechenbare Einkommen. Wenn die Werbungskosten dann später bei der Einkommensteuererklärung geltend gemacht werden, winkt eine Steuererstattung. Vorteilhaft ist dies allerdings nur, wenn die Betroffenen zum Zeitpunkt der Steuererstattung kein ALG II mehr beziehen. Andernfalls zählt die Steuererstattung nämlich als anrechenbares Einkommen.

→ Die Einkommensbereinigung

Als zweiter Schritt findet eine Einkommensbereinigung statt. Wie diese vorgenommen wird, hängt von der Höhe des Bruttoeinkommens ab (siehe folgende Tabelle) und wird nach einem recht komplizierten Verfahren durchgeführt.

Bruttoverdienste bis € 100,– sind grundsätzlich anrechnungsfrei (Grundfreibetrag). Neben diesem Grundfreibetrag gelten bei höheren Arbeitseinkommen zusätzlich noch folgende Freibeträge, die zu einem Gesamtfreibetrag addiert werden:

- 20 % des Teils, der auf das Bruttoarbeitseinkommen zwischen € 100,– und € 1 000,– entfällt. Wer genau € 1 000,– verdient, darf davon also neben dem 100-Euro-Grundfreibetrag noch € 180,– (= 20 % von € 900,–) behalten. Insgesamt bleiben für ihn damit € 280,– übrig.
- 10 % des Teils, der auf das Bruttoeinkommen zwischen € 1 000,– und € 1 200,– entfällt.
- Für ALG-II-Berechtigte mit mindestens einem minderjährigen Kind kommen nochmals 10 % der Bruttoeinkünfte zwischen € 1 200,– und € 1 500,– hinzu.

Von ihrem Arbeitseinkommen können Bezieher von ALG II pauschal absetzen:[1)]	
Bruttolohn	**Absetzbetrag**
€ 100,–	€ 100,–
€ 200,–	€ 120,–
€ 300,–	€ 140,–
€ 400,–	€ 160,–
€ 500,–	€ 180,–
€ 600,–	€ 200,–
€ 700,–	€ 220,–
€ 800,–	€ 240,–
€ 900,–	€ 260,–
€ 1 000,–	€ 280,–
€ 1 100,–	€ 290,–
€ 1 200,–	€ 300,–
€ 1 300,–	€ 310,–[2)]

Von ihrem Arbeitseinkommen können Bezieher von ALG II pauschal absetzen:[1]	
€ 1 400,–	€ 320,–[2]
€ 1 500,–	€ 330,–[2]

1) Hier sind nur die Werte zu den vollen Hunderter-Beträgen vom Bruttolohn aufgeführt. Zwischenwerte (z. B. können bei einem Bruttolohn von € 750,– pauschal € 230,– abgesetzt werden) können hier aus Platzgründen nicht angegeben werden.

2) Diese Werte gelten nur für ALG-II-Bezieher mit minderjährigen Kindern.

Beispiel:
Burkhard M., Vater von drei Kindern, verdient als Verkäufer in München € 1 805,– brutto. Davon bleiben nach Abzug von Steuern und Sozialversicherungsbeiträgen netto € 1 426,– übrig. Hiervon bleiben € 330,– anrechnungsfrei. Sein anrechenbares Erwerbseinkommen beträgt demnach nur € 1 096,–.

Tipp:
ALG-II-Bezieher, die monatlich mehr als € 400,- verdienen, sollten prüfen, ob ihre absetzbaren Ausgaben (Werbungskosten, Riester-Beiträge, Beiträge zur Kfz-Versicherung und die 30-Euro-Pauschale für Versicherungen) höher als der Grundfreibetrag von € 100,- sind. In diesem Fall werden die tatsächlichen Ausgaben anerkannt. Dies lohnt sich insbesondere für Arbeitnehmer mit hohen Fahrtkosten.

4. Einkommensanrechnung bei Einkünften aus selbstständiger Tätigkeit

Grundsätzlich können – bei Bedürftigkeit – auch Selbstständige Arbeitslosengeld II erhalten. Anspruch hierauf haben die Betroffenen, wenn deren Arbeitseinkommen nicht ausreicht, um ihren Bedarf (bzw. den Bedarf ihrer Bedarfsgemeinschaft) abzudecken. Die Regeln zur Bestimmung des anrechenbaren Einkommens sind im Grundsatz die gleichen, die auch bei Arbeitnehmern angewandt werden. Zahlreiche Details sind allerdings durch die ALG II/Sozialgeld-Verordnung verschärft worden, die Anfang 2008 in Kraft getreten ist. Sie betreffen durchweg die Einkommensermittlung.

Wenn die Ämter ausrechnen, ob ein Anspruch auf ALG II besteht, gehen sie generell vom Einkommen der Betroffenen im **künftigen** Bewilligungszeitraum aus, das sind in der Regel die kommenden sechs Monate. Da die künftigen Einkünfte bei Selbstständigen vorab oft nicht bekannt sind, werden sie in aller Regel geschätzt, beispielsweise aufgrund von Nachweisen über Einnahmen und Ausgaben in den letzten sechs Monaten oder auf Grundlage der Einnahmen-Überschuss-Rechnung für das letzte Kalenderjahr. Auf Grundlage der Einkommensschätzung wird dann das ALG II zunächst vorläufig bewilligt. Endgültig abgerechnet wird später anhand der tatsächlichen Entwicklung der Einnahmen und Ausgaben der Betroffenen.

Wenn – nach dem Ende eines Bewilligungszeitraums – ermittelt wird, wie hoch die Einkünfte der selbstständigen ALG-II-Bezieher tatsächlich waren, werden die tatsächlichen Betriebseinnahmen der Betroffenen im Bewilligungszeitraum (ggf. einschließlich Umsatzsteuer) den »tatsächlich geleisteten notwendigen Ausgaben ohne Rücksicht auf steuerrechtliche Vorschriften« gegenübergestellt. Dabei werden nur »**notwendige Ausgaben**« anerkannt. Was das bedeutet, macht folgendes Beispiel aus den Fachlichen Hinweisen der BA deutlich.

Beispiel:
»Ein Selbstständiger benötigt einen PC lediglich für das Schreiben einfacher Angebote und Rechnungen. Ein Hochleistungscomputer ist hierfür nicht erforderlich, ein einfaches Modell zu einem günstigen Preis ist ausreichend. Wurde der PC aber nachweislich vor dem Zeitpunkt erworben, zu dem mit dem Eintritt von Hilfebedürftigkeit zu rechnen war, sind Ratenzahlungen, die der Hilfebedürftige nicht vermeiden kann, abzusetzen.«

Die Abkehr von steuerrechtlichen Regelungen bringt neben Nachteilen (etwa: ein teurer Computer wird möglicherweise nicht anerkannt) aber auch Vorteile mit sich: So lässt das Finanzamt bei teuren Investitionen nicht zu, dass diese »auf einen Schlag« steuerlich abgesetzt werden. Diese müssen vielmehr verteilt auf mehrere Jahre »abgeschrieben« werden. Die Arbeitsagenturen müssen dagegen, wenn – beispielsweise – ein Hochleistungs-PC für einen selbstständigen ALG-II-Bezieher erforderlich sein sollte, die hierfür anfallenden Kosten sofort (= innerhalb des Bewilligungszeitraums) anerkennen.

Tipp:
Selbstständige, die ALG II beziehen, sollten vor allen größeren Investitionen vorab Kontakt mit ihrem Fallmanager aufnehmen und klären, ob er diese Ausgaben als »angemessen« ansieht. Im Streitfall sollten Betroffene eine schriftliche Anfrage an den ALG-II-Träger richten und darin begründen, weshalb für die Fortführung ihrer selbstständigen Tätigkeit eine teure Anschaffung notwendig ist. Auch sollten sie einen schriftlichen Bescheid verlangen.

VII. Wie viel Vermögen ist erlaubt?

Die für das ALG II zuständigen Ämter prüfen jeweils, ob ein Antragsteller von seinen Rücklagen leben kann. Ist das der Fall, dann erhält er zunächst einmal keine Leistungen – jedenfalls so lange nicht, wie sein Vermögen höher ist als erlaubt. Feste Regeln, wie zu berechnen ist, wie lange Antragsteller, die über »zu hohe« Rücklagen verfügen, davon zu leben haben, gibt es nicht. Klar ist nur: Absichtlich bedürftig machen darf sich niemand. Im Zweifelsfall sollte man also ggf. belegen können, dass das kurz vor Antragstellung noch vorhandene überschüssige Geld für »vernünftige« Zwecke ausgegeben wurde – etwa für die Sprachreise eines Kindes, einen neuen PC oder – bei Hausbesitzern – für einen neuen Brenner.

Als »**Vermögen**« gilt nach dem Antragsformular zum ALG II »die Gesamtheit der in Geld messbaren Güter einer Person, bewertet zum Zeitpunkt der Antragstellung«.

Zum Vermögen zählen demnach neben Bargeld, Sparbüchern und Wertpapieren auch Lebens- / Rentenversicherungen. Wertpapiere werden mit ihrem Tageskurs bzw. Rücknahmepreis (Investmentfonds) bewertet, bei Kapitalversicherungen zählt der sog. Rückkaufswert, der in den jährlichen Mitteilungen zum Stand der Policen aufgeführt ist. Auch der Wert eines Autos, das nicht »angemessen« ist, oder einer Immobilie, die nicht selbst bewohnt oder nicht »angemessen« ist, zählt zum anrechenbaren Vermögen.

1. Das erlaubte (Geld-)Vermögen

Wer hohe finanzielle Rücklagen gebildet hat, muss zunächst entsparen und diese – zumindest teilweise – aufbrauchen, bevor ein Anspruch auf ALG II besteht. Ein »angemessenes« Vermögen ist allerdings auch für ALG-II-Bezieher erlaubt. Was das genau bedeutet, ist teilweise bereits im SGB II festgelegt – und zum Teil vom Bundessozialgericht ausgelegt worden.

Generell wird dabei zwischen **frei verfügbaren Ersparnissen** und **Vermögen zur Alterssicherung** unterschieden. Für beide gibt es unterschiedliche Freibeträge.

→ Grenzwerte für frei verfügbares Vermögen

Allen Personen einer Bedarfsgemeinschaft wird zunächst einmal ein altersunabhängiger Freibetrag von € 750,– für »notwendige Anschaffungen« zugestanden. Dazu kommt ein **Freibetrag von € 150,– pro Lebensjahr.**

Wer 21 Jahre oder älter ist, kann seinen **Grundfreibetrag** nach der Methode Alter in Jahren × € 150,– ausrechnen. Einem 40-Jährigen stehen damit € 6 000,– **Schonvermögen** plus € 750,– für notwendige Anschaffungen zu. Mit einem Barvermögen von € 6 750,– kann er damit ALG II erhalten. Entscheidend ist dabei das Alter zu Beginn eines Bewilligungsabschnitts. Bei (Ehe-)Paaren können beide Partner den Freibetrag von € 150,– pro Lebensjahr geltend machen. Wenn zwei 40-Jährige das ALG II beantragen, werden Ihnen damit Vermögensfreibeträge in Höhe von insgesamt (2 × 40 × € 150,– =) € 12 000,– zugestanden. Mit ihren zusätzlichen Freibeträgen für notwendige Anschaffungen (2 × € 750,–) dürfen die (Ehe-)Partner insgesamt € 13 500,– Schonvermögen besitzen.

→ Für Kinder gelten niedrigere Freibeträge

Für Kinder sowie für alle ALG-II-Bezieher bzw. -Antragsteller unter 21 Jahren gilt ein Freibetrag in Höhe von € 3 100,–. **Achtung:** Die Vermögensfreibeträge von Kindern und Eltern in einer Bedarfsgemeinschaft werden nicht zusammengerechnet! Für Kinder und Eltern wird damit getrennt geprüft, ob ihre jeweiligen Rücklagen die Freibetragsgrenzen sprengen. Auch Geschwister untereinander können nicht auf nicht ausgeschöpfte Freibeträge ihres Bruders bzw. ihrer Schwester zurückgreifen.

Anders ist aber die Regelung beim 750-Euro-Freibetrag für notwendige Anschaffungen. Dieser wird – falls ein Kind diesen Freibetrag nicht »ausnutzt« – den Eltern zugerechnet.

Beispiel:
Ein Kind besitzt ein Sparbuch mit einem Guthaben von € 3 100,– – und keine weiteren Rücklagen. Damit ist der Vermögensfreibetrag des Kindes »aufgezehrt«, nicht aber sein zusätzlicher 750-Euro-Freibetrag. In diesem Fall dürfen die Eltern über die ihnen zustehenden Freibeträge hinaus € 750,– mehr an Rücklagen besitzen.

→ 750-Euro-Zusatzfreibetrag für Altersvermögen

Neben dem Grundfreibetrag von € 150,– pro Lebensjahr für »verwertbares« Vermögen gesteht das SGB II für besondere Rücklagen für das Alter (z. B. Ersparnisse in einer Kapitallebensversicherung oder einer privaten Rentenversicherung) einen zusätzlichen Freibetrag in Höhe von € 750,– pro Lebensjahr und Partner zu. Damit stehen einem (Ehe-)Paar, bei dem beide 40 Jahre alt sind, zusätzlich insgesamt (2 × 40 × € 750,– =) € 60 000,– zu, allerdings ausdrücklich nur für »geldwerte Ansprüche, die der Altersvorsorge dienen« (§ 12 Abs. 2 Nr. 3 SGB II).

Gemeint sind damit nicht etwa Ersparnisse aus Riester-Verträgen (die ohnehin nicht verwertet werden müssen, siehe VII. 2), sondern Rücklagen aus **zusätzlichen privaten Verträgen zur Alterssicherung.** Es zählen allerdings hier nur private Altersrücklagen, über die die Antragsteller oder ihre Partner vor dem Rentenalter nicht verfügen können. Der Zusatz-Freibetrag von € 750,– pro Lebensjahr zur Altersvorsorge wird übrigens allen Erwerbsfähigen in einer Bedarfsgemeinschaft gewährt. Lediglich Kindern unter 15 Jahren wird er nicht zugestanden, da diese nach § 7 Abs. 1 SGB II als »nicht erwerbsfähig« gelten.

Tipp:
Wenn Sie über Rücklagen zur Alterssicherung verfügen, lassen Sie sich rechtzeitig durch Ihren Versicherer beraten. Diese Verträge müssen eventuell geändert werden. Dazu wird das Geld bis zum Eintritt in den Ruhestand festgelegt, mindestens bis zu Ihrem 60. Geburtstag (Vertragsabschluss nach dem 31. 12. 2011: 62. Geburtstag). **Achtung:** Damit ist das Geld für jede anderweitige Verwendung vor Rentenbeginn gesperrt – und zwar unwiderruflich.

2. Betriebs-, »Riester«- und »Rürup«-Renten: Diese Verträge zur Alterssicherung sind geschützt

Beim ALG II gelten – mit unterschiedlichen juristischen Begründungen – sowohl das Vermögen aus Riester- als auch aus den Rürup-Verträgen als geschützt. In der Regel trifft dies auch für Betriebsrenten zu. Auf die Höhe der Rentenansprüche kommt es dabei nicht an.

→ Betriebsrenten / Direktversicherungen

Betriebliche Altersversorgungen werden in der Regel nicht berücksichtigt, wenn die Ämter ausrechnen, wie hoch die Rücklagen von ALG-II-Antragstellern sind. Dies gilt in jedem Fall, wenn eine Betriebsrente erst im Ruhestand gezahlt wird und vorher nicht kapitalisiert werden kann. Nach § 2 des Gesetzes zur betrieblichen Altersversorgung besteht nämlich vor Eintritt des Versorgungsfalles »keine Möglichkeit, den Versicherungsvertrag zu beleihen, zu verpfänden, abzutreten oder das Versicherungskapital durch Kündigung des Vertrages in Anspruch zu nehmen«, wie die Fachlichen Hinweise der BA zu § 12 SGB II ausdrücklich vermerken.

Achtung: Wenn die Ansprüche eines Arbeitnehmers auf eine betriebliche Altersversorgung nach dem Ausscheiden aus dem Betrieb abgefunden werden – was ausnahmsweise (nicht jedoch bei einer Direktversicherung) möglich ist –, gilt der ausgezahlte Betrag als anrechenbares Vermögen. Ebenso gehören Ansprüche, die ein Arbeitnehmer nach Beendigung eines Beschäftigungsverhältnisses durch eigene Beiträge erwirbt, zum anrechenbaren Vermögen.

→ »Riester«-Verträge

»Riester«-Verträge können jederzeit gekündigt und aufgelöst werden. Daher sind sie – wie »normale« Lebensversicherungen ohne Verwertungsausschluss – zunächst einmal verwertbar. Dennoch sind sie »ALG-II-sicher« – jedenfalls so lange, wie ein Riester-Sparer den Vertrag nicht kündigt. Dafür sorgt eine Sonderregelung in § 12 Abs. 2 Nr. 2 SGB II. Danach ist »Altersvorsorge in Höhe des nach Bundesrecht ausdrücklich als Altersvorsorge geförderten Vermögens einschließlich seiner Erträge« vom »Vermögen abzusetzen«. Geschützt sind die kompletten Guthaben (Eigenbeiträge und Zulagen).
Achtung: Staatlich gefördert werden nur Einzahlungen in Höhe von maximal € 2 100,– pro Jahr. Riester-Sparern steht es frei, auf ihren Sparverträgen mehr einzuzahlen. Die über die 2 100-Euro-Grenze hinaus eingezahlten Beträge sind nicht »ALG-II-sicher«. Wird ein Riester-Vertrag vorzeitig gekündigt, so entfällt der Verwertungsschutz.

Tipp:
Auch ALG-II-Bezieher können – soweit sie dies noch nicht getan haben – einen Riester-Vertrag abschließen. Soweit die Betroffenen Einkommen erzielen, das beim ALG II angerechnet wird – das können auch andere Sozialleistungen wie ALG I sein –, können sie die Beiträge für Riester-Verträge von ihrem Einkommen absetzen.

→ »Rürup«-Verträge

Seit 2005 können steuerlich besonders geförderte private Leibrentenversicherungen abgeschlossen werden (»Basis-Rente«), die nach ihrem Erfinder Bert Rürup salopp auch »Rürup-Renten« genannt werden. Die Renten können nach § 10 EStG »nicht vor Vollendung des 60. Lebensjahres« (Abschlüsse nach dem 31. 12. 2011: 62. Lebensjahr) ausgezahlt werden. Sie gehören daher nach § 12 SGB II nicht zum zu berücksichtigenden Vermögen, weil sie nicht »verwertbar« sind; sie bleiben daher bei der Bedürftigkeitsprüfung zum ALG II unberücksichtigt. Diese Ansicht vertritt im Übrigen auch die BA in ihren Fachlichen Hinweisen zu § 12 (Randziffer 12.7.) SGB II. Rürup-Renten sind damit unpfändbar und »ALG-II-sicher«. Dies gilt allerdings nur für die Ansparphase. Soweit der Vertrag einen Beginn der Rentenzahlung mit dem 60. Lebensjahr vorsieht, gelten die ausgezahlten Rentenbeträge beim ALG II als anrechenbares Einkommen.

3. Angemessenes Wohneigentum dürfen Sie behalten

ALG-II-Beziehern gesteht der Gesetzgeber ein »angemessenes« Wohneigentum zu. Dabei kommt es nach dem Gesetz darauf an, ob das Eigentum »von **angemessener Größe**« ist (§ 12 Abs. 3 SGB II). Klar ist damit: Das SGB II stellt **nicht** auf den **Wert** der Immobilie ab. Auch eine sehr gut ausgestattete Wohnung in einem begehrten Stadtteil kann deshalb für einen ALG-II-Bezieher erlaubt sein – vorausgesetzt, die Größe ist angemessen.

Das **Bundessozialgericht** hat die **Angemessenheits-Regeln** hinsichtlich des Wohneigentums in mehreren Entscheidungen definiert:

- Im Urteil vom 16. 5. 2007 (Az. B 11 b AS 37 / 06 R) ging es um eine vierköpfige Familie, die in ihrem Eigenheim am Ammersee lebte, das eine Wohnfläche von 159 m^2 hatte und auf einem 561 m^2 großen Grundstück stand. Das Haus sei zu groß, befand das BSG. Deshalb stünden der Familie keine ALG-II-Leistungen zu.
- Im ersten Urteil vom 7. 11. 2006 ging es um eine ledige Frau (Jahrgang 1979), die Eigentümerin einer 75 m^2 großen Eigentumswohnung war, die aus drei Zimmern zuzüglich Küche und Bad bestand (Az. B 7 b AS 2 / 05 R). Dies befanden die Richter für angemessen.

Inhaltlich stimmen die Urteile überein. Beide Senate des Gerichts entschieden: Was angemessen ist, richtet sich nach den Vorgaben des II. Wohnungsbaugesetzes. Danach darf ein angemessenes **Familienheim** im Regelfall eine Wohnfläche von 130 m^2 nicht überschreiten. Dies gilt für einen Vierpersonenhaushalt. Für jeden weiteren Haushaltsangehörigen gelten zusätzliche 20 m^2 als akzeptabel. Umgekehrt gibt es entsprechende Abschläge bei kleineren Haushalten, wobei auch für einen Alleinstehenden noch ein Haus mit 90 m^2 als angemessen angesehen wird.

Für **Eigentumswohnungen** gelten nach dem früheren Wohnungsbaugesetz jeweils um 10 m^2 niedrigere »Angemessenheitsgrenzen«, wobei für einen Einpersonenhaushalt eine 80-m^2-Wohnung noch gerade als angemessen angesehen wird.

ALG II: Angemessene Haus- und Wohnungsgrößen für Eigentümer		
Haushaltsgröße[1)]	**Haus**	**Eigentumswohnung**
6 Personen	170 m^2	160 m^2
5 Personen	150 m^2	140 m^2
4 Personen	130 m^2	120 m^2
3 Personen	110 m^2	100 m^2
2 Personen	90 m^2	80 m^2
1 Person	90 m^2	80 m^2

1) Bei größeren Haushalten gibt es einen Zuschlag von 20 m^2 je weiterem Haushaltsangehörigen.

Achtung: Nach den BSG-Maßstäben, über die sicher noch nicht das letzte Wort gesprochen ist, würden gerade ältere Häuschenbesitzer häufig zum Verkauf ihrer Immobilie gezwungen. Denn bei 50-Jährigen oder Älteren sind die Kinder vielfach bereits aus dem Elternhaus ausgezogen. Die Hausgröße – in aller Regel mindestens 110 m^2, kleinere Häuser gibt es nur selten – bleibt aber naturgemäß unverändert und wäre nach den neuen BSG-Werten »unangemessen«. Der Kommentar der Bundessozialrichter Eicher / Spellbrink zum SGB II vertritt hierzu allerdings die Position, dass von der rein auf die Personenzahl abzielenden Betrachtungsweise Abstand genommen werden solle. Gemeint ist damit wohl, dass bei der Prüfung der Angemessenheit weiterhin von der Personenzahl in der Zeit vor dem Auszug der Kinder ausgegangen werden sollte.

→ Die Angemessenheit der Immobilie nachweisen!

Aber auch, wenn die Wohnung oder das Haus die oben genannten Grenzwerte überschreitet, ist die Entscheidung über die Unangemessenheit der Immobilie noch nicht gefallen. Dann wird eine **Einzelfallprüfung** vorgenommen. In einem solchen Fall sollte man alles tun, um nachzuweisen, dass die Immobilie trotzdem »angemessen« ist. Wer drei oder mehr Kinder hat, für den können möglicherweise auch 160 m² Wohnfläche als angemessen gelten. »Maßgeblich sind die Lebensumstände im Einzelfall, wie z. B. Familienplanung oder voraussichtliche Dauer der Hilfebedürftigkeit«, heißt es in den Fachlichen Hinweisen der BA.

Beispiel:
Einem 57-jährigen Arbeitslosen kann schwerlich zugemutet werden, seine etwas zu große Wohnung zu verkaufen und stattdessen eine kleinere Wohnung zu erwerben. Dies gilt erst recht, wenn die neue kleinere Wohnung, die er vielleicht finden und kaufen könnte, teurer als diejenige ist, in der er zum Zeitpunkt des ALG-II-Antrags lebt.

Wenn Ihnen unklar ist, ob Ihr Wohneigentum als angemessen gilt und ob Ihnen ggf. eine Verwertung zugemutet werden kann, dann sollten Sie sich noch rechtzeitig vor Ihrem ALG-II-Antrag über die an Ihrem Wohnort geltenden Regeln informieren und sich bei einer Sozialberatungsstelle bzw. bei einer örtlichen Arbeitsloseninitiative kundig machen. Wichtig ist auch: Wenn Sie hinsichtlich der »Angemessenheit« und »Verwertbarkeit« Ihrer Immobilie anderer Ansicht sind als die Arbeitsagentur, können Sie selbstverständlich gegen deren Bescheid Widerspruch einlegen und Klage erheben.

→ Arbeitslosengeld II als Darlehen

Um zu vermeiden, dass gerade Ältere wegen einer vorübergehenden Notlage ihr Häuschen verkaufen müssen, hat der Gesetzgeber in § 24 Abs. 5 SGB II die Möglichkeit geschaffen, in Härtefällen »Leistungen als Darlehen zu erbringen«. Die Gewährung eines zurückzuzahlenden Darlehens an Hausbesitzer kann in diesen Fällen davon abhängig gemacht werden, dass »der Anspruch auf Rückzahlung dinglich oder in anderer Weise gesichert wird«. Im Klartext: Es kann ein Eintrag ins Grundbuch verlangt werden, der der Behörde Eigentumsrechte am Haus sichert.

4. Wann ist ein Kraftfahrzeug angemessen?

Empfänger von ALG II dürfen einen Pkw im Wert von bis zu € 7 500,– besitzen. Dieser gilt in jedem Fall als angemessen. Das entschied das BSG am 6. 9. 2007 (Az. B 14/7 b AS 66/06 R). In Einzelfällen kann ALG-II-Beziehern aber auch ein teureres Auto zugestanden werden, z. B. im Fall einer »behinderungsbedingten Zusatzausstattung«.

Bei der Prüfung des aktuellen Wertes eines Autos sollen sich die Ämter – so die Fachlichen Hinweise der BA – auf die »im Internet angebotenen Wertermittlungsprogramme« stützen. Ein kostenloses Programm findet sich zum Beispiel unter www.dat.de.

Nach dem SGB II gilt nach wie vor, dass »**für jeden in der Bedarfsgemeinschaft** lebenden erwerbsfähigen Hilfebedürftigen« ein **Kraftfahrzeug** erlaubt ist (§ 12 Abs. 3 Nr. 2 SGB II). Im Extremfall dürfen Mutter, Vater und die volljährigen Kinder jeweils ein Auto (oder auch ein Motorrad) besitzen – wenn die Fahrzeuge angemessen sind.

Bei einem mit einem Kredit finanzierten Fahrzeug werden bestehende Kreditverbindlichkeiten vom (Rest-)Wert des Autos abgezogen. Ist das Kfz nach Abzug der Schulden mehr wert als € 7 500,–, müssen ALG-II-Antragsteller den Wagen nicht unbedingt verkaufen. In diesem Fall gilt nur der über € 7 500,– hinausgehende Betrag als anrechenbares Vermögen.

Beispiel:
Ein 50-jähriger Alleinstehender besitzt ein Kfz, das einen aktuellen Wert von € 10 000,– hat. € 2 500,– hiervon zählen als anrechenbares Vermögen. Dem Antragsteller wird jedoch ein deutlich höheres Vermögen zugestanden – und zwar mindestens € 8 250,– (€ 150,– × 50 Lebensjahre ergibt € 7 500,–; hinzu kommt noch der altersunabhängige Freibetrag von € 750,– für notwendige Anschaffungen (siehe VII. 1)). Das Auto »verbraucht« von den erlaubten € 8 250,– nur € 2 500,–. Betragen seine sonstigen Rücklagen maximal € 5 750,–, so darf der Antragsteller das Kfz behalten und kann dennoch ALG II bekommen. Ansonsten müsste er sich entweder ein billigeres Auto zulegen oder einen Teil seiner Ersparnisse auflösen und diesen zunächst verbrauchen.

Die Kfz-Haftpflicht muss im Normalfall vom Regelsatz oder aus Rücklagen bezahlt werden. Wer aber neben dem ALG II noch über andere Einkommen verfügt, kann die Kfz-Haftpflichtprämie vom zu berücksichtigenden Einkommen absetzen. Das betrifft auch diejenigen, die ALG II als Aufstockung zu anderen Sozialleistungen erhalten.

VIII. Was gilt bei der Renten-, Kranken- und Pflegeversicherung?

→ Rentenversicherung

Seit Anfang 2011 gilt die Zeit des ALG-II-Bezugs nicht mehr als Pflichtversicherungszeit in der gesetzlichen Rentenversicherung; die ALG-II-Träger führen keinerlei Rentenbeiträge mehr für die Betroffenen ab. Nun gilt die Zeit des ALG-II-Bezugs als **Anrechnungszeit ohne Bewertung.** Doch ganz wertlos ist die ALG-II-Zeit für die Rente nicht: Wer vorher bereits einen Anspruch auf **Erwerbsminderungsrente** erworben hatte, verliert diesen in der Zeit, in der er ALG II erhält, nicht. Ebenso trägt diese Zeit zur Erfüllung der »Wartezeit« von 35 Jahren bei, nach der eine vorzeitige Altersrente (beispielsweise für Schwerbehinderte und langjährig Versicherte) bezogen werden kann.

→ Krankenversicherung

Hier muss zwischen gesetzlich und privat versicherten Leistungsbeziehern bzw. Antragstellern unterschieden werden: Für **gesetzlich Versicherte** und ihre mitversicherten Familienangehörigen gibt es während des ALG-II-Bezugs bei der Kranken- und Pflegeversicherung keine Probleme: Die Betroffenen werden auf Kosten der Ämter in einer gesetzlichen Kasse ihrer Wahl bzw. in ihrer bisherigen Kasse pflichtversichert. Zuzahlungen zu Kassenleistungen müssen sie weiterhin leisten, und zwar in Höhe von jährlich € 44,88 für chronisch Kranke bzw. von € 89,76 für alle anderen Krankenversicherten. Diese Beträge gelten sowohl für Alleinstehende als auch für Bedarfsgemeinschaften, die ALG II erhalten.

Komplizierter ist die Situation von **privat Krankenversicherten.** Seit 2009 können Privatversicherte jetzt auch dann nicht mehr Pflichtmitglied in der gesetzlichen Krankenversicherung (und ebenso wenig in der gesetzlichen Pflegeversicherung) werden, wenn sie ALG-II-Leistungen beziehen. Denn nach § 5 Abs. 5 a SGB V »ist nicht versicherungspflichtig, wer unmittelbar vor dem Bezug von Arbeitslosengeld II privat krankenversichert war«. Gleiches gilt auch für Nicht-Krankenversicherte, wenn für sie dem Grunde nach – etwa weil sie zuletzt privat versichert waren – die private Krankenversicherung zuständig ist. Es gilt damit der **Grundsatz: Privat bleibt privat.**

Dieser Grundsatz gilt nicht nur für den »Hauptverdiener« in einer »ALG-II-Bedarfsgemeinschaft«, sondern für alle ihre Mitglieder. Wenn in einer vierköpfigen Familie jedes Familienmitglied privat krankenversichert ist, so muss also jedes Familienmitglied auch dann seinen eigenen Versicherungsvertrag behalten, wenn etwa der Betrieb des Vaters insolvent wird und ALG-II-Leistungen beantragt werden müssen. Und es müssen dann die Beiträge zu vier privaten Krankenversicherungspolicen finanziert werden.

Privat Krankenversicherte, die ALG II benötigen, sind deshalb regelmäßig verpflichtet, sich im sog. **Basistarif** der privaten Krankenversicherung (PKV) zu versichern. Er deckt das Leistungsspektrum ab, das dem der Gesetzlichen entspricht, und ist damit »angemessen«. Die Prämie für diesen Basistarif müssen die ALG-II-Träger übernehmen, entschied das Bundessozialgericht mit Urteil vom 18. 1. 2011 (Az. B 4 AS 108/10 R).

Die Prämie für den Basistarif darf den Höchstbeitrag in der Gesetzlichen nicht überschreiten. Sie darf damit z. B. im Jahr 2012 höchstens € 592,88 pro Monat betragen. Für Bezieher von ALG II und Sozialhilfe begrenzt das Versicherungsaufsichtsgesetz (VAG) diesen Beitrag noch zusätzlich auf die Hälfte des Höchstbetrags für den Basistarif, 2012 also auf € 296,44. Mehr dürfen die privaten Versicherer von Hilfebedürftigen nicht kassieren. Dieser (Höchst-)Betrag wird aber auch nahezu von allen PKV-Unternehmen verlangt.

Tipp:
Auch privat Krankenversicherte, die bislang durch die Wahl eines Tarifs mit erheblichem Selbstbehalt günstiger versichert waren, sollten für den Fall, dass sie auf ALG II angewiesen sind, den Wechsel in den teureren Basistarif prüfen. Denn obwohl die Jobcenter durch den von einem privat versicherten ALG-II-Bezieher gewählten Selbstbehalt-Tarif Geld sparen, müssen sie sich nicht an den Krankheitskosten, die der Betroffene wegen des von ihm gewählten Tarifs hat, beteiligen (Landessozialgericht NRW vom 16. 5. 2011, Az. L 19 AS 2130/10).

→ Pflegeversicherung

Für die Pflegeversicherung gibt es keine besonderen Regelungen: Wer Kassenmitglied ist, ist zwangsläufig auch Mitglied der gesetzlichen Pflegeversicherung mit der gleichen Beitragsverpflichtung wie alle Pflegeversicherten. Privat Krankenversicherte sind auch privat pflegeversichert – auch als ALG-II-Bezieher. Die Jobcenter müssen auch diese Beiträge übernehmen.

IX. Was gilt bei Urlaub und Ortsabwesenheit?

Grundsätzlich gilt für Bezieher von ALG II: Wenn sie Urlaub nehmen möchten, benötigen sie die Zustimmung des Amtes. Generell sind sie zwar zur Anwesenheit am Ort verpflichtet. Das Amt – konkret: der persönliche Ansprechpartner – kann jedoch die »Ortsabwesenheit« erlauben. Wer sich ohne Erlaubnis länger von seinem Wohnort entfernt, riskiert Sanktionen und eine Streichung des ALG II. So weit die Grundregeln.

➔ Kein Hausarrest für ALG-II-Empfänger

Wer ALG II erhält, muss für das zuständige Amt nicht telefonisch erreichbar sein. Wie ALG-II-Bezieher ihre Zeit verbringen, bleibt ihnen selbst überlassen – soweit sie die in der Eingliederungsvereinbarung festgeschriebenen Verpflichtungen erfüllen. Sie müssen allerdings nach der sog. **Erreichbarkeitsanordnung,** die im Wesentlichen auch für Bezieher von ALG II gilt, »Mitteilungen des Arbeitsamtes persönlich zur Kenntnis nehmen können« (und entsprechend reagieren können). Dieser Anforderung genügt der Leistungsbezieher, »wenn er sich täglich einmal in seiner Wohnung aufhält, um die Briefpost in Empfang und zur Kenntnis zu nehmen«, hat das Bundessozialgericht bereits am 20. 6. 2001 entschieden (Az. B 11 AL 10/01 R). Praktisch bedeutet dies: Nach Eingang der Briefpost am Freitag dürfen sich ALG-II-Bezieher beispielsweise bis Sonntagabend außerhalb ihres Wohnorts bei Verwandten aufhalten.

Auch bei **Verheirateten** oder **Partnern** einer eheähnlichen Gemeinschaft ist das zuständige Amt bei der Urlaubsentscheidung zu fragen. Denn ALG II ist eine Leistung für die gesamte Familie bzw. Bedarfsgemeinschaft. Folge: Ein nicht erwerbstätiger (Ehe-)Partner kann nicht einfach unangekündigt mit in Urlaub fahren, sondern muss diesen von seinem persönlichen Ansprechpartner beim ALG-II-Träger genehmigen lassen.

➔ Achtung bei Brückentagen!

»Brückentage« – etwa der Freitag nach einem Feiertag, der auf den Donnerstag fällt – werden gern für einen Kurzurlaub genutzt. Manche Arbeitsvermittler laden deshalb gerne kurzfristig an solchen Freitagen zu einem Vermittlungsgespräch ein. Klar ist: Wer offiziell zu einem solchen Termin geladen wird, muss diesen unbedingt wahrnehmen. Ein unangemeldeter Kurzurlaub ist kein wichtiger Grund, der es rechtfertigt, der Vorladung nicht Folge zu leisten.

Tipp:
Für den Brückentag sollten Betroffene ganz offiziell einen Antrag auf Urlaub stellen.

→ Urlaub meist nur kurzfristig

Die Erreichbarkeitsanordnung enthält aber auch eine Urlaubsregelung: Für drei Wochen im Jahr dürfen Bezieher von ALG II mit Zustimmung des Amtes in Urlaub fahren, soweit dadurch nicht ihre Vermittlung in Arbeit gefährdet ist. Die Geldzahlungen laufen in dieser Zeit weiter.

Leistungsbezieher müssen ihre urlaubsbedingte Ortsabwesenheit in jedem Fall vom zuständigen Amt vorher genehmigen lassen. Das »Ja« zum Urlaub gibt es allerdings in der Regel nur sehr kurzfristig. »Der Urlaubswunsch muss etwa eine Woche vor der geplanten Reise eingereicht werden«, verlangt die BA. Die Zustimmung hängt davon ab, ob für den geplanten Zeitraum konkrete Eingliederungsaktivitäten oder Vermittlungsvorschläge vorliegen.

Erwerbstätige Aufstocker haben in jedem Fall einen Urlaubsanspruch wie alle anderen Arbeitnehmer. Sie haben mindestens Anspruch auf Urlaub nach den Bestimmungen des Bundesurlaubsgesetzes (vier Kalenderwochen Urlaub bei einer 5-Tage-Arbeitswoche) bzw. auf den jeweils in Tarifverträgen geregelten Urlaub. Den Urlaub müssen sie mit ihrem Arbeitgeber absprechen. Die mit dem ALG II befassten Ämter müssen dann diesen Urlaub eines Aufstockers akzeptieren. Vergleichbare Regelungen für »**selbstständige Aufstocker**« fehlen in den Fachlichen Hinweisen. Für sie dürfte jedoch nichts anderes gelten.

Tipp:
Selbstständige Bezieher von ALG II sollten bei den Ämtern darauf bestehen, dass ihnen mindestens ein vierwöchiger Urlaub genehmigt wird.

X. Zumutbare Arbeitsangebote und Ein-Euro-Jobs

Grundsätzlich ist »**jede Arbeit zumutbar**«. Und wer eine zumutbare Arbeit ablehnt, muss mit einer Leistungskürzung rechnen. Das bestimmt das SGB II.

→ Beispiel Lohn

ALG-II-Bezieher müssen auch Jobs mit einem Verdienst unterhalb der Höhe des gezahlten ALG II annehmen. Falls das Einkommen aus der Erwerbstätigkeit nicht zur Existenzsicherung ausreicht, wird es durch ergänzende ALG-II-Leistungen aufgestockt. Auch Löhne unterhalb der tariflichen oder ortsüblichen Standards gelten als zumutbar. Nur »sittenwidrig« darf die Entlohnung nicht sein. Wann ein Arbeitsvertrag sittenwidrig ist, ist bisher nicht eindeutig definiert. In einzelnen Gerichtsentscheidungen wurden

Löhne, die um etwa ein Drittel unter dem Tariflohn bzw. dem ortsüblichen Lohn lagen, als unangemessen angesehen. In den Fachlichen Hinweisen zu § 10 SGB II bezieht sich die BA ausdrücklich auf die Rechtsprechung des Bundesarbeitsgerichts: »Sittenwidrigkeit ist für die Fälle anzunehmen, in denen die Lohngestaltung durch ein auffälliges Missverhältnis gegenüber dem allgemeinen Lohnniveau für vergleichbare Arbeiten gekennzeichnet ist. Ein solch auffälliges Missverhältnis liegt nach Auffassung des Bundesarbeitsgerichts vor, wenn die Entlohnung nicht einmal 2/3 eines in der betreffenden Branche und Wirtschaftsregion üblicherweise gezahlten Tariflohns beträgt« (BAG, Urteil vom 22. 4. 2009, Az. 5 AZR 436/08).

→ Beispiel Arbeitsgelegenheiten (»Ein-Euro-Jobs«)

Auch die Teilnahme an sog. Arbeitsgelegenheiten gilt für ALG-II-Empfänger als zumutbar. Dabei handelt es sich um nicht sozialversicherte Beschäftigungsverhältnisse, die »gemeinnützig und zusätzlich« sein müssen. Dafür gibt es ergänzend zum ALG II eine »Mehraufwandsentschädigung« von ein bis zwei Euro pro Stunde.

→ Beispiel Mini-Jobs

Zumutbar sind für ALG-II-Bezieher auch sog. Mini-Jobs bis € 400,–, die für Arbeitnehmer sozialversicherungsfrei sind. Auch die Vermittlung in Teilzeitjobs ist generell möglich (für Bezieher von Arbeitslosengeld I gelten dagegen Mini-Jobs als nicht zumutbar).

→ Beispiel befristete Tätigkeit

Auch diese sind für ALG-II-Bezieher zumutbar (Gleiches gilt übrigens auch für Bezieher von Arbeitslosengeld I).

→ Beispiel Arbeitsweg

Eine Arbeit darf nicht allein deswegen abgelehnt werden, weil der Beschäftigungsort weiter entfernt ist als ein bisheriger Arbeitsort. Bei der Beurteilung der zumutbaren Pendelzeiten hält die BA »in der Regel« die Entfernung für zumutbar, »die in der Region bei vergleichbaren Arbeitnehmern üblicherweise zwischen Wohnort und Arbeitsstelle« anfällt. Als Vergleichswerte sind – so die BA – anzusetzen

- bei einer täglichen Arbeitszeit von 6 Stunden: 2,5 Stunden Pendelzeit (Hin- und Rückfahrt mit öffentlichen Verkehrsmitteln),
- bei einer täglichen Arbeitszeit von mehr als 6 Stunden: 3 Stunden Pendelzeit.

→ Beispiel Qualifikations-/Berufsschutz

Ein Berufsschutz – d.h., zumutbar ist nur der zuletzt ausgeübte bzw. der erlernte Beruf – existiert für Bezieher von ALG II nicht (bei diesem Punkt gibt es keine Unterschiede zum Arbeitslosengeld I).

→ Beispiel Unzumutbarkeit

Kindererziehung: Die vom Amt geforderte Aufnahme einer Erwerbstätigkeit darf abgelehnt werden, wenn dadurch die Erziehung eines Kindes unter drei Jahren gefährdet wird. Ist das Kind drei Jahre und älter, so gilt die Arbeitsaufnahme nur dann als unzumutbar, wenn das Kind »nicht in einer Tageseinrichtung, in der Tagespflege im Sinne der Vorschriften des SGB VIII (Kinder- und Jugendhilfe) oder auf andere Weise, z.B. durch Verwandte, betreut werden kann«.

Pflege eines Angehörigen: Wenn sich die Erwerbstätigkeit nicht mit der Pflege eines Angehörigen vereinbaren lässt, besteht keine Arbeitsverpflichtung.

Weitere Ausnahmen: Wenn ein grundsätzlich erwerbsfähiger Hilfebedürftiger zu einer bestimmten Tätigkeit »körperlich, geistig oder seelisch nicht in der Lage« (§ 10 Abs. 1 Nr. 1 SGB II) ist, darf er »Nein« zu einer konkreten Arbeit sagen.

XI. Antragstellung, Auszahlung des ALG II und weiteres Verfahren

Arbeitslosengeld II wird **nur auf Antrag** gewährt und erst ab dem Monat der Antragstellung. Wer den Antrag am Monatsletzten stellt, bekommt also ggf. ab dem Monatsersten Leistungen. Um einen Antrag zu stellen, muss man nicht gleich den kompletten Antrags-Fragebogen ausfüllen und abgeben. Die Beantragung kann man zunächst auch formlos erledigen, etwa durch eine mündliche Vorsprache beim zuständigen Amt und im Extremfall sogar telefonisch.

Tipp:
Wer zunächst formlos ALG II beantragt, sollte sich vom Amt sicherheitshalber immer eine schriftliche Bestätigung der Antragstellung geben lassen. Das kann beispielsweise per Eingangsstempel und Unterschrift des Sachbearbeiters auf dem Antragsvordruck geschehen. Ansonsten können Sie später nicht nachweisen, dass Sie die Leistung tatsächlich beantragt haben. Am besten sollten Sie Ihren Antrag deshalb schriftlich stellen. Das geht etwa so: »Hiermit beantrage ich für mich und meine Familie ab sofort Arbeitslosengeld II.« Dazu noch Name, Adresse, Datum und Unterschrift. Das reicht zunächst.

Wer mit einem Bescheid vom Amt nicht einverstanden ist, dem bleibt genau ein Monat Zeit, um **Widerspruch** dagegen einzulegen – und zwar ab dem Zeitpunkt des Eingangs des Schreibens. Diese Frist muss stets in den Bescheiden der Ämter mitgeteilt werden. Eine solche »Rechtsbehelfsbelehrung« muss auch über die Möglichkeit der Gegenwehr gegen die Entscheidung des Amtes informieren. Ein Widerspruch muss schriftlich – am besten per Einschreiben mit Rückschein – erfolgen.

Achtung: ALG-II-Familien, die gegen Bescheide von Ämtern vorgehen wollen, müssen Folgendes beachten: Bei Widerspruch und Klage muss jedes Familienmitglied einzeln seine individuellen Leistungsansprüche verfolgen, da es einen »Gesamtleistungsanspruch« der kompletten Bedarfsgemeinschaft nicht gibt. Dies folgt aus einem BSG-Urteil vom 7. 11. 2006 (Az. B 7 b AS 8/06 R).

Tipp:
Alle volljährigen Mitglieder der Bedarfsgemeinschaft sollten im Briefkopf als Absender genannt werden und den Text unterschreiben. Dieser lautet dann etwa: »Hiermit legen wir Widerspruch gegen den Bescheid vom ... ein.« Sind auch die Ansprüche von minderjährigen Kindern betroffen, dann lautet der Text: »Hiermit legen wir – auch als gesetzliche Vertreter für unsere minderjährigen Kinder (Namen aufführen) – Widerspruch gegen den Bescheid vom ... ein.«

Wird ein Widerspruch abgelehnt, erhalten Sie einen Widerspruchsbescheid. Gegen diesen ist innerhalb eines Monats Klageerhebung möglich. Dafür sind die Sozialgerichte zuständig. Die Klage muss in zweifacher Ausfertigung beim Gericht eingereicht werden. Dabei sollte man in jedem Fall an eine Fotokopie für die eigene Akte denken. Wem die Klageformulierung schwerfällt, der kann seine Klage auch bei der sog. Rechtsantragsstelle des

Sozialgerichts zu Protokoll geben. Dort sitzen erfahrene Urkundsbeamte, die für die Betroffenen **kostenlos** eine Klage aufsetzen.

Das **Verfahren vor dem Sozialgericht** ist derzeit noch **kostenlos.** Wer allerdings vor Gericht unterliegt und einen Rechtsanwalt mit der Wahrnehmung seiner Interessen beauftragt hatte, muss für die Kosten seines Anwalts selbst aufkommen. Die Kosten für eine Beratung und gerichtliche Vertretung durch einen Anwalt lassen sich aber minimieren, wenn man Beratungs- und Prozesskostenhilfe bekommt. Antragsteller oder Bezieher von ALG II sollten stets prüfen, ob sie einen entsprechenden Anspruch auf Unterstützung bei den Kosten für ihren Anwalt haben.

Bis eine rechtskräftige Entscheidung vorliegt, müssen Sozialleistungsbezieher unter Umständen monatelang warten. So viel Zeit hat aber kaum jemand, wenn es um die Existenzsicherung geht. Daher gibt das Sozialgerichtsgesetz in § 86 b Abs. 2 die Möglichkeit der **einstweiligen Anordnung;** in einem einstweiligen Verfahren soll schneller entschieden werden. Wer durch eine negative Entscheidung des SGB-II-Trägers in eine Notlage gebracht wird, kann deshalb Widerspruch einlegen und gleichzeitig eine einstweilige Anordnung beantragen.

Abkürzungsverzeichnis

a.A.	Anderer Ansicht
a.a.O.	am angegebenen Ort
Abs.	Absatz
Abschn.	Abschnitt
AbwAG	Abwasserabgabengesetz
a.F.	alte Fassung (des Gesetzes)
AG	Amtsgericht
AGB	Allgemeine Geschäftsbedingungen
AGBG	Gesetz zur Regelung des Rechts der Allgemeinen Geschäftsbedingungen
AGG	Allgemeines Gleichbehandlungsgesetz
AgV	Arbeitsgemeinschaft der Verbraucherverbände e.V.
AHB	Allgemeine Haftpflichtversicherungsbedingungen
AIZ	Allgemeine Immobilienzeitung
AKB	Allgemeine Bedingungen für die Kraftfahrtversicherung
Alt.	Alternative
AltTZG	Altersteilzeitgesetz
AnfG	Anfechtungsgesetz
AO	Abgabenordnung
AP	Arbeitsrechtliche Praxis (Sammlung der Entscheidungen des Bundesarbeitsgerichts, der Landesarbeitsgerichte und Arbeitsgerichte)
ARB	Allgemeine Rechtsschutzversicherungsbedingungen
ArbG	Arbeitsgericht
ArbGG	Arbeitsgerichtsgesetz
ArbStVO	Arbeitsstättenverordnung
ArbZG	Arbeitszeitgesetz
AUB	Allgemeine Unfallversicherungsbedingungen
AVB	Allgemeine Versicherungsbedingungen
AVBEltV	Allgemeine Bedingungen für die Elektrizitätsversorgung von Tarifkunden
AVBGasV	Verordnung über Allgemeine Bedingungen für die Gasversorgung von Tarifkunden
AZ	Aktenzeichen
BA	Bundesagentur für Arbeit
BAföG	Bundesausbildungsförderungsgesetz
BAG	Bundesarbeitsgericht
BAK	Blutalkoholkonzentration
BauGb	Baugesetzbuch
BauNVO	Baunutzungsverordnung
BauR	Baurecht (Zeitschrift)
BayObLG	Bayerisches Oberstes Landesgericht

BB	Der Betriebsberater (Zeitschrift)
BBG	Bundesbeamtengesetz oder Beitragsbemessungsgrundlage
BBiG	Berufsbildungsgesetz
Bd.	Band
BDSG	Bundesdatenschutzgesetz
BEEG	Gesetz zum Elterngeld und zur Elternzeit
BetrAVG	Gesetz zur Verbesserung der betrieblichen Altersversorgung
BetrKV	Betriebskostenverordnung
BetrVG	Betriebsverfassungsgesetz
BGB	Bürgerliches Gesetzbuch
BGB-InfoV	BGB-Informationspflichtenverordnung
BGBl	Bundesgesetzblatt
BGH	Bundesgerichtshof
BGH LM	Rechtsprechung des Bundesgerichtshofs (Lindenmaier-Möhring)
BGH Warn	Rechtsprechung des Bundesgerichtshofs (Warneyer)
BGHZ	Entscheidungen des Bundesgerichtshofs in Zivilsachen (amtliche Sammlung)
BImSchG	Bundesimmissionsschutzgesetz
BMAS	Bundesministerium für Arbeit und Soziales
BEMA	Bewertungsmaßstab Ärzte
BMG	Bundesministerium für Gesundheit
BMJ	Bundesministerium der Justiz
BMWi	Bundesministerium für Wirtschaft und Technologie
BNatSchG	Bundesnaturschutzgesetz
BNotO	Bundesnotarordnung
b+p	Betrieb und Personal (Zeitschrift)
BRAO	Bundesrechtsanwaltsordnung
BSG	Bundessozialgericht
BtG	Betreuungsgesetz
BUrlG	Bundesurlaubsgesetz
BUZ	Berufsunfähigkeits-Zusatzversicherung
II. BV	Zweite Berechnungsverordnung
BVerfG	Bundesverfassungsgericht
BVerfGE	Entscheidungen des Bundesverfassungsgerichts (amtliche Sammlung)
BVerwG	Bundesverwaltungsgericht
BVerwGE	Entscheidungen des Bundesverwaltungsgerichts (amtliche Sammlung)
bzw.	beziehungsweise
CCI	Computerrecht Intern (Zeitschrift)
CR	Computer und Recht (Zeitschrift)
DAR	Deutsches Autorecht (Zeitschrift)
DAT	Deutsche Automobil Treuhand GmbH
DB	Der Betrieb (Zeitschrift)

d.h.	das heißt
DIN	Deutsche Industrie-Norm
DVNÄG	Durchführungsverordnung zum Namensänderungsgesetz
ec	Eurocheque
EGBGB	Einführungsgesetz zum BGB
EGG	Gesetz über rechtliche Rahmenbedingungen für den elektronischen Geschäftsverkehr
EheG	Ehegesetz
EnEV	Energieeinsparverordnung
EntgfzG	Entgeltfortzahlungsgesetz
EnWG	Energiewirtschaftsgesetz
ErbbRVO	Verordnung über das Erbbaurecht
EStG	Einkommensteuergesetz
EuGH	Europäischer Gerichtshof
EVO	Eisenbahn-Verkehrsordnung
EZA	Entscheidungssammlung zum Arbeitsrecht
f.	folgende
FamRZ	Zeitschrift für das gesamte Familienrecht
FernAbsG	Fernabsatzgesetz
FernUSG	Gesetz zum Schutz der Teilnehmer am Fernunterricht
ff.	fortfolgende
FGG	Gesetz über die Angelegenheiten der freiwilligen Gerichtsbarkeit
GasGVV	Gasgrundversorgungsverordnung
GBO	Grundbuchordnung
GewO	Gewerbeordnung
GG	Grundgesetz
GKG	Gerichtskostengesetz
GmbH	Gesellschaft mit beschränkter Haftung
GOÄ	Gebührenordnung für Ärzte
GOZ	Gebührenordnung für Zahnärzte
GrdstVG	Grundstücksverkehrsgesetz
GrEStG	Grunderwerbsteuergesetz
GrStG	Grundsteuergesetz
GVBl	Gesetz- und Verordnungsblatt
GVG	Gerichtsverfassungsgesetz
GvKostG	Gerichtsvollzieherkostengesetz
HausratV	Verordnung über die Behandlung der Ehewohnung und des Hausrats
HeizkostenV	Verordnung über Heizkostenabrechnung
HGB	Handelsgesetzbuch
h.M.	herrschende Meinung
HOAI	Honorarordnung für Architekten und Ingenieure
HWiG	Gesetz über den Widerruf von Haustürgeschäften und ähnlichen Geschäften
HwO	Gesetz zur Ordnung des Handwerks

IATA	International Air Transport Association
i.d.F.	in der Fassung
InfVO	Verordnung über die Informationspflichten von Reiseveranstaltern
inkl.	inklusive
InsO	Insolvenzordnung
i.V.m.	in Verbindung mit
JArbSchG	Jugendarbeitsschutzgesetz
JÖschG	Gesetz zum Schutz der Jugend in der Öffentlichkeit
JuSchG	Jugendschutzgesetz
JWG	Jugendwohlfahrtsgesetz
KAG	Kommunalabgabengesetz
KG	Kommanditgesellschaft
KG-Berlin	Kammergericht Berlin
KO	Konkursordnung
KostO	Kostenordnung
KSchG	Kündigungsschutzgesetz
LAG	Landesarbeitsgericht bzw. Lastenausgleichsgesetz
LAGE	Entscheidungen der Landesarbeitsgerichte
LBO	Landesbauordnung
LG	Landgericht
LSozG	Landessozialgericht
LuftVG	Luftverkehrsgesetz
MaBV	Makler- und Bauträgerverordnung
MBKK	Musterbedingungen für die Krankheitskosten- und Krankenhaustagegeldversicherung
MBKT	Musterbedingungen für die Krankentagegeldversicherung
MDR	Monatszeitschrift für Deutsches Recht
MMR	Multimedia und Recht (Zeitschrift)
MontÜbk	Montrealer Übereinkommen
MuSchG	Mutterschutzgesetz
m.w.N.	mit weiteren Nachweisen (z.B. aus Schrifttum und Rechtsprechung)
MwSt.	Mehrwertsteuer
NachwG	Nachweisgesetz
NÄG	Namensänderungsgesetz
n.F.	neue Fassung (des Gesetzes)
NJW	Neue Juristische Wochenschrift (Zeitschrift)
NJW-RR	NJW-Rechtsprechungsreport (Zeitschrift)
n.rk.	nicht rechtskräftig
n.v.	nicht veröffentlicht
NVersZ	Neue Zeitschrift für Versicherung und Recht
NZA	Neue Zeitschrift für Arbeits- und Sozialrecht
NZM	Neue Zeitschrift für Miet- und Wohnungsrecht
NZV	Neue Zeitschrift für Verkehrsrecht
o.dgl.	oder dergleichen

OEG	Opferentschädigungsgesetz
OHG	offene Handelsgesellschaft
OLG	Oberlandesgericht
OLGZ	Entscheidungen der Oberlandesgerichte in Zivilsachen
OVG	Oberverwaltungsgericht
OWiG	Gesetz über Ordnungswidrigkeiten
PBefG	Personenbeförderungsgesetz
PflVG	Pflichtversicherungsgesetz
PKH	Prozesskostenhilfe
PostG	Postgesetz
PreisAngVO	Preisangabenverordnung
ProdHG	Produkthaftungsgesetz
RBerG	Rechtsberatungsgesetz
RDG	Gesetz über außergerichtliche Rechtsdienstleistungen
RDV	Recht der Datenverarbeitung (Zeitschrift)
RegTP	Regulierungsbehörde für Telekommunikation und Post
RRA	ReiseRecht aktuell (Zeitschrift)
r + s	Recht und Schaden (Zeitschrift)
Rspr.	Rechtsprechung
RVG	Rechtsanwaltsvergütungsgesetz
RW	Recht der Wohnungswirtschaft (Zeitschrift)
ScheckG	Scheckgesetz
SchwbG	Schwerbehindertengesetz
SG	Soldatengesetz bzw. Sozialgericht
SGB	Sozialgesetzbuch
SGG	Sozialgerichtsgesetz
SMS	Short Message Service
sog.	sogenannte / -r
StGB	Strafgesetzbuch
StPO	Strafprozessordnung
StromGVV	Stromgrundversorgungsverordnung
StVE	Straßenverkehrs-Entscheidungen
STVG	Straßenverkehrsgesetz
StVO	Straßenverkehrsordnung
StVZO	Straßenverkehrs- und Zulassungsordnung
TDDSG	Teledienste-Datenschutzgesetz
TDG	Teledienstgesetz
TDSV	Telekommunikationsdienstunternehmen-Datenschutzverordnung
TKG	Telekommunikationsgesetz
TKV	Telekommunikationsverordnung
TvöD	Tarifvertrag für den öffentlichen Dienst
TzBfG	Teilzeit- und Befristungsgesetz
UÄndG	Gesetz zur Änderung unterhaltsrechtlicher, verfahrensrechtlicher und anderer Vorschriften

UrhG	Urheberrechtsgesetz
UVG	Unterhaltsvorschussgesetz
UWG	Gesetz gegen den unlauteren Wettbewerb
v.	vom
VerbrKrG	Verbraucherkreditgesetz
VersR	Versicherungsrecht (Zeitschrift)
VG	Verwaltungsgericht
VGH	Verwaltungsgerichtshof
vgl.	vergleiche
VHB	Allgemeine Bedingungen für die Neuwertversicherung des Hausrats
VO	Verordnung
VOB	Verdingungsordnung für Bauleistungen
VRS	Verkehrsrecht-Sammlung
VuR	Verbraucher und Recht (Zeitschrift)
VVG	Versicherungsvertragsgesetz
VwGO	Verwaltungsgerichtsordnung
VwVfG	Verwaltungsverfahrensgesetz
WA	Warschauer Abkommen
Warn-Rspr	Warneyer, Die Rechtsprechung
WE	Wohnungseigentum (Zeitschrift)
WEG	Wohnungseigentumsgesetz
WEZ	Zeitschrift für Wohnungseigentum
WHG	Wasserhaushaltsgesetz
WM	Wertpapiermitteilungen (Zeitschrift)
WM/WuM	Wohnungswirtschaft und Mietrecht (Zeitschrift)
w.o.	wie oben
WoBindG	Wohnungsbindungsgesetz
WoFG	Wohnraumförderungsgesetz
WoFlV	Wohnflächenverordnung
WoVermG	Gesetz zur Regelung der Wohnungsvermittlung
ZAP	Zeitschrift für die Anwaltspraxis
z.B.	zum Beispiel
ZDG	Zivildienstgesetz
ZdK	Zentralverband des Kraftfahrzeuggewerbes
ZfIR	Zeitschrift für Immobilienrecht
ZfS	Zeitschrift für Schadensrecht
ZMR	Zeitschrift für Miet- und Raumrecht
ZOV	Zeitschrift für offene Vermögensfragen
ZPO	Zivilprozessordnung
ZSEG	Gesetz über die Entschädigung von Zeugen und Sachverständigen
ZVG	Zwangsversteigerungsgesetz
zzt.	zurzeit

Index

A

B

W

Z